BENS PÚBLICOS GLOBAIS

Editado por
INGE KAUL
ISABELLE GRUNBERG
MARC A. STERN

BENS PÚBLICOS GLOBAIS

Tradução de
ZAIDA MALDONADO

1ª edição

EDITORA RECORD
RIO DE JANEIRO • SÃO PAULO

2012

CIP-BRASIL. CATALOGAÇÃO-NA-FONTE
SINDICATO NACIONAL DOS EDITORES DE LIVROS, RJ

B418 Bens públicos globais / organizadores: Inge Kaul, Isabelle Grunberg, Marc A. Stern; tradução de Zaida Maldonado. – Rio de Janeiro: Record, 2012.

   Inclui bibliografia e índice
   ISBN 978-85-01-05909-3

   1. Propriedade pública. 2. Propriedade – Aspectos sociais. 3. Cooperação internacional. I. Kaul, Inge. II. Grunberg, Isabelle. III. Stern, Marc A.

11-6595   CDD: 363
          CDU: 364

Título original em inglês:
GLOBAL PUBLIC GOODS

Copyright © 1999 by Inge Kaul, Isabelle Grunberg e Marc A. Stern
Copyright © 1999 by United Nations Development Programme

Esta tradução de *Global Public Goods*, originalmente publicada em inglês em 1999, é publicada mediante acordo com a Oxford University Press, Inc.

Todos os direitos reservados. Proibida a reprodução, armazenamento ou transmissão de partes deste livro através de quaisquer meios, sem prévia autorização por escrito. Proibida a venda desta edição em Portugal e resto da Europa.

Texto revisado segundo o novo Acordo Ortográfico da Língua Portuguesa.

Direitos exclusivos de publicação em língua portuguesa para o Brasil
adquiridos pela
EDITORA RECORD LTDA.
Rua Argentina, 171 – 20921-380 – Rio de Janeiro, RJ – Tel.: 2585-2000,
que se reserva a propriedade literária desta tradução.

Impresso no Brasil.

ISBN 978-85-01-05909-3

Seja um leitor preferencial Record.
Cadastre-se e receba informações sobre nossos
lançamentos e nossas promoções.

EDITORA AFILIADA

Atendimento direto ao leitor:
mdireto@record.com.br ou (21) 2585-2002.

SUMÁRIO

PRÓLOGO   9
Tommy Koh

PREFÁCIO   11
James Gustave Speth

AGRADECIMENTOS   15

COLABORADORES   17

INTRODUÇÃO   19
Inge Kaul, Isabelle Grunberg e Marc A. Stern

CONCEITOS   39

DEFININDO BENS PÚBLICOS GLOBAIS   41
Inge Kaul, Isabelle Grunberg e Marc A. Stern

BENS PÚBLICOS INTERGERACIONAIS:
ESTRATÉGIAS, EFICIÊNCIA E INSTITUIÇÕES   59
Todd Sandler

A ECONOMIA POLÍTICA DA COOPERAÇÃO INTERNACIONAL   91
Lisa L. Martin

ESTUDOS DE CASOS 105

EQUIDADE E JUSTIÇA 107

A Equidade em uma Estrutura de Bens Públicos Globais 109
J. Mohan Rao

A Justiça Distributiva como um Bem Público Internacional:
Uma Perspectiva Histórica 131
Ethan B. Kapstein

Justiça Global: Além da Equidade Internacional 159
Amartya Sen

EFICIÊNCIA DE MERCADO 169
Acordos Profundos de Integração e de Comércio:
Bons para os Países em Desenvolvimento? 171
Nancy Birdsall e Robert Z. Lawrence

Instabilidade Financeira Internacional 197
Charles Wyplosz

PATRIMÔNIO AMBIENTAL E CULTURAL 237
Montreal versus Kyoto:
A Cooperação Internacional e o Meio Ambiente Global 239
Scott Barrett

Novas Estratégias para o Fornecimento de Bens Públicos Globais:
Aprendendo com os Desafios Ambientais Internacionais 267
Geoffrey Heal

O Patrimônio Cultural como um Bem Público:
Análise Econômica Aplicada a Cidades Históricas 287
Ismail Serageldin

SAÚDE 311
Vigilância Epidemiológica Global:
A Cooperação Internacional no Monitoramento de
Doenças Infecciosas 313
Mark W. Zacher

SUMÁRIO

A Saúde como um Bem Público Global 331
Lincoln C. Chen, Tim G. Evans e Richard A. Cash

CONHECIMENTO E INFORMAÇÃO 351
O Conhecimento como um Bem Público Global 353
Joseph E. Stiglitz

Comunicações Globais para um Mundo mais Equitativo 371
J. Habib Sy

A Face Pública do Ciberespaço 389
Debora L. Spar

PAZ E SEGURANÇA 407
Prevenindo Conflitos Mortais:
Da Manutenção da Casa Global à Vigilância de Vizinhos Globais 409
David A. Hamburg e Jane E. Holl

A Paz como um Bem Público Global 425
Ruben P. Mendez

AS IMPLICAÇÕES DAS POLÍTICAS 459

Bens Públicos Internacionais e o Argumento a Favor da Ajuda
Externa 461
Rajshri Jayaraman e Ravi Kanbur

Bens Públicos Regionais na Assistência Internacional 479
Lisa D. Cook e Jeffrey Sachs

CONCLUSÃO 495
Bens Públicos Globais: Conceitos, Políticas e Estratégias 495
Inge Kaul, Isabelle Grunberg e Marc A. Stern

GLOSSÁRIO 553

LEITURAS ADICIONAIS 555
Compiladas por Priya Gajraj

SOBRE OS COLABORADORES 559

ÍNDICE 567

PRÓLOGO

Tenho muito prazer em escrever o prólogo deste importante volume. Considero este um livro de importância por três razões.

Primeira, acredito que o livro abre novos caminhos ao extrapolar o conceito de "bens públicos" do nível nacional para o nível global. O livro traz o convincente argumento de que os dois testes de um bem público, a não rivalidade e a não exclusão, podem ser aplicados no nível global a temas tais como o meio ambiente, a saúde, a cultura e a paz. Em particular, estou persuadido de que a estabilidade financeira, a Internet e o conhecimento podem ser considerados bens públicos globais.

Segunda, concordo com a tese do livro de que vivemos em um mundo cada vez mais integrado e interligado. Neste novo mundo, a soberania do Estado vem se alterando devido a dois desenvolvimentos opostos. De um lado, os Estados são forçados a cooperar de modo a solucionar seus problemas. Isto se aplica ao meio ambiente, à saúde, à paz, ao conhecimento e, como recentemente testemunhamos, à estabilidade financeira. De outro lado, a tendência é na direção da subsidiaridade, ou o princípio de devolução do poder de decisão ao nível mais baixo possível.

Terceira, penso que o livro argumenta convincentemente pela necessidade de repensarmos a natureza da assistência internacional. Não é mais o suficiente dirigirmos a assistência internacional aos países recebedores ou a setores especiais. O motivo é serem alguns bens públicos globais extensivos a vários setores. Como financiarmos bens públicos globais? São adequadas as instituições existentes? Se não o são, como deveriam ser reformuladas? Precisamos de novas instituições? Como incorporarmos em nossas instituições o *éthos* da tripartição: governo, empresas e sociedade civil?

Este livro busca responder a estas e a muitas outras questões de importância política. Ele proporciona uma nova estrutura intelectual com a qual podemos repensar a assistência internacional. Também oferece um poderoso novo argumento a favor de um acréscimo na cooperação internacional de modo a suprirmos os bens públicos globais necessários para concedermos uma face humana à globalização.

Professor Tommy Koh
Embaixador Não Residente
Ministério das Relações Exteriores
Cingapura

Diretor executivo
Fundação Ásia-Europa

Prefácio

Por séculos os bens públicos nacionais têm feito parte da teoria econômica de governo. Como qualquer estudante de política pública sabe, não é novidade alguma a ideia de a sociedade precisar de que o governo supra as falhas do mercado em atingir a eficiência e a equidade na alocação e distribuição de recursos. Esta, ademais, é uma ideia conservadora. Pressupõe que os bens e serviços privados sempre constituirão o grosso das aquisições dos indivíduos. Deve-se permitir aos mercados funcionarem. Contudo, alguma fonte externa tem de suprir aqueles "bens de consumo coletivos" dos quais a sociedade também precisa, mas que o setor privado não recebe incentivos adequados para fornecer.

Podemos nos alinhar com Adam Smith entendendo o Estado como o provedor de bens públicos em algumas áreas: manter a oferta de moeda, fazer cumprir os direitos de propriedade, promover mercados competitivos, proporcionar a defesa nacional e administrar a justiça. Ou podemos afirmar que sociedades centradas nas pessoas requerem uma ampla gama de bens supridos publicamente, desde seguros sociais, serviços de saúde e auxílio-educação, até transporte público, parques nacionais e auxílio-alimentação. Mas seja qual for a posição tomada neste debate, se reconhece amplamente que os bens e serviços públicos nacionais são fundamentais ao bem-estar das pessoas, e que os governos e os mercados devem trabalhar em conjunto para fornecê-los.

Este livro leva o conceito de bem público para além da fronteira nacional. Ao fazê-lo, transforma as dimensões do debate e eleva o conceito a um novo e urgente plano de importância. Os autores iniciam pela observação de que, em muitas arenas da política pública, as questões antes consideradas puramente nacionais hoje em dia transbordam de suas fronteiras e têm alcance e impacto global. Eles sugerem que um mundo em globalização requer uma teoria de bens públicos globais para conquistar tais objetivos cruciais como a estabilidade financeira, a segurança humana ou a redução da poluição ambiental. Na verdade, apontam que a origem de muitas das crises internacionais atuais provém de uma grave insuficiência no fornecimento de bens públicos globais.

Considere, por exemplo, o caso da segurança humana global. Ao início deste debate emergente, o *Relatório do desenvolvimento humano*, de 1994, analisou as ameaças à paz mundial em termos de uma série de desafios transnacionais: crescimentos populacionais descontrolados, disparidades nas oportunidades econômicas, degradação ambiental, migração internacional excessiva, produção e tráfico de narcóticos e terrorismo internacional. O relatório argumentava que o mundo precisa de uma nova estrutura de cooperação internacional para lidar com esses tipos de ameaças globais. Este argumento permanece marcadamente relevante hoje em dia quando refletimos sobre como melhor lidar com uma série de questões de política pública internacional — dos direitos humanos e saúde, ao trabalho e meio ambiente. Uma teoria de bens públicos globais formaria parte essencial de uma tal nova estrutura, proporcionando nova motivação para diferentes tipos de assistência ao desenvolvimento.

Afinal, a sociedade sempre esteve disposta a gastar dinheiro com bens públicos nacionais. Devíamos estar igualmente dispostos a pagar por bens globais que servem ao nosso interesse comum, sejam eles sistemas compartilhados de controle ambiental, a destruição dos armamentos nucleares, o controle de doenças transmissíveis como a malária e o HIV/Aids, a prevenção de conflitos étnicos ou a redução no fluxo de refugiados. E devíamos estar preparados a financiar tais bens por meio de mecanismos inovadores baseados nos princípios da reciprocidade e da responsabilidade coletiva, princípios que vão além do conceito de assistência oficial para o desenvolvimento (ODA, *official development assistance*).

É lógico, ainda necessitamos da ODA, porém, reformada e redirecionada. Seu objetivo principal deveria ser ajudar a erradicar a pobreza extrema por meio de um desenvolvimento humano sustentável. De fato, com a parcela de 20% da humanidade sendo a mais rica e atualmente até 135 vezes mais rica do que os 20% mais pobres, e com a pobreza se disseminando em todas as sociedades, mas especialmente nos países em desenvolvimento, há uma necessidade urgente de acrescermos o nível de ODA.

Mas a pobreza não pode ser detida se não tivermos paz ou estabilidade financeira ou segurança ambiental. O desenvolvimento humano sustentável não poderá ser alcançado se não prevenirmos os conflitos, administrarmos com sabedoria os sistemas de mercado ou revertermos o esgotamento dos solos, da energia, da água potável e do ar puro. A equidade em uma geração ou entre gerações não é realizável sem um sistema internacional que identifique e rateie os custos ambientais, que lide com os efeitos desestabilizadores de uma arquitetura financeira frágil ou que auxilie as pessoas de todas as partes a se beneficiarem do estoque acumulado do conhecimento global. As origens e os efeitos de tais desafios e a responsabilidade por eles transcendem às fronteiras nacionais. Além da ODA, precisamos portanto de uma nova forma de cooperação internacional que abarque o comércio, as dívidas, os investimentos, os fluxos financeiros e a tecnologia, e que inclua pagamentos e incentivos aos países para garantir um suprimento adequado de bens públicos globais. Algumas ideias sobre como um tal sistema pode ser construído e financiado se encontram neste livro.

Espero que este livro traga um novo impulso ao debate sobre o futuro da cooperação internacional no novo milênio. É um livro que merece ser lido atentamente e discutido vigorosamente por todos com algo em jogo neste futuro. Em um mundo em processo de globalização e cada vez mais interdependente, isto implica, deveras, um vasto grupo de leitores. Todos nos beneficiaríamos enormemente de um mundo que se centra nas pessoas e fornece equidade, sustentabilidade e paz às gerações vindouras.

James Gustave Speth
Administrador
Programa das Nações Unidas para o Desenvolvimento

AGRADECIMENTOS

Este livro não teria sido possível sem as diversas valiosas contribuições, comentários e sugestões que recebemos de um grande número de indivíduos e organizações. Agradecimentos especiais a James Gustave Speth, administrador do Programa das Nações Unidas para o Desenvolvimento (UNDP – United Nations Development Program), que nos desafiou a um reexame do sistema de cooperação internacional atual. Durante todo o tempo nos beneficiamos de sua liderança visionária, seu interesse e dedicação a este projeto.

Também gostaríamos de expressar nossa gratidão a Eimi Watanabe, administradora adjunta e diretora do Bureau de Política do Desenvolvimento do UNDP, por seu constante apoio e substanciais comentários. Reconhecemos, em particular, o seu interesse por tornar a análise relevante aos povos mais vulneráveis.

Os contornos deste livro surgiram de uma reunião de especialistas realizada em Nova York em novembro de 1997. A seguir, os colaboradores apresentaram esboços dos capítulos em uma reunião em junho de 1998. Somos gratos aos participantes destas reuniões e a todos que compartilharam suas ideias e observações conosco. Gostaríamos de agradecer em especial a Kwesi Botchwey, Ralph C. Bryant, Richard Cooper, Barry Eichengreen, Poul Engberg-Pedersen, Marco Ferroni, Albert Fishlow, Catherine Gwin, Jessica Mathews, Rohinton Medhora, Jean-Claude Milleron, Sanjay Reddy, Oscar de Rojas, Alfredo Sfeir-Younis, John Sewell, Paul Streeten e Klaus Winkel.

Também queremos agradecer aos representantes dos Estados-membros da ONU em Nova York, que se puseram à nossa disposição para consultas durante a preparação dos rascunhos iniciais. O Overseas Development Council (ODC) foi um parceiro intelectual durante todo o projeto, e, em particular, deu início à pesquisa apresentada por Rajshri Jayaraman e Ravi Kanbur neste volume.

Gostaríamos, especialmente, de reconhecer o apoio recebido de Todd Sandler, que foi extremamente generoso com o seu tempo e conhecimento e que trabalhou incansavelmente por um manuscrito melhor. Quaisquer imperfeições que permaneceram no texto são de inteira responsabilidade dos organizadores.

Também devemos agradecimentos especiais aos nossos colegas do UNDP que levantaram profundas questões e ofereceram agudas apreciações: Adel Abdellatif, Rafeeuddin Ahmed, Thelma Awori, Jean Barut, Nardos Bekele-Thomas, Neil Buhne, Suely Carvalho, Berhe Costantinos, Siba Das, Abdoulaye Dieye, Moez Doraid, Gana Fofang, Fawaz Fokeladeh, Sakiko Fukuda-Parr, Michael Heyn, Nay Htun, Zahir Jamal, Bruce Jenks, Richard Jolly, Terence Jones, Henning Karcher, Anton Kruiderink, Normand Lauzon, Roberto Lenton, Carlos Lopes, Elena Martinez, Peter Matlon, Paul Matthews, Jan Mattsson, Charles McNeill, Brenda McSweeney, Saraswathi Menon, Achola Pala Okeyo, Minh Pham, Frank Pinto, Ravi Rajan, Jordan Ryan, Jakob Simonsen, Jerzy Szeremeta, Sarah Timpson, Mourad Wahba, Augustine Zacharias e Fernando Zumbado.

Devemos imensamente a Priya Gajraj, cuja ajuda e organização empreendendo pesquisas de apoio, revisões e solucionando problemas foram preciosas em todas as etapas de produção deste livro.

O livro também se beneficiou da ajuda de Ken MacLeod da Oxford University Press, do projeto de *design* de Gerald Quinn, da revisão e produção finais de Bruce Ross-Larson e sua equipe na Communications Development Incorporated. Somos muito gratos pela excelente colaboração que destes recebemos.

Por fim, somos gratos a Flora Aller, Rocio Kattis e Zipora Vainberg-Rogg, que proporcionaram apoio administrativo valioso ao nosso trabalho.

Comentários dos leitores acerca desta publicação serão igualmente muitíssimo apreciados. Favor enviar observações e perguntas acerca deste livro para UNDP Bureau for Development Policy / Office of Development Studies (ODS), UH-401, 336 East 45th Street, Nova York, NY 10017, USA.

Fax: (212) 906-3676

E-mail: ods@undp.org

COLABORADORES

SCOTT BARRETT
London Business School

NANCY BIRDSALL
Fundo Carnegie para a Paz
Internacional

RICHARD A. CASH
Instituto para o Desenvolvimento
Internacional de Harvard

LINCOLN C. CHEN
Fundação Rockefeller

LISA D.COOK
Universidade de Harvard

TIM G. EVANS
Fundação Rockefeller

PRIYA GAJRAJ
Programa das Nações Unidas para o
Desenvolvimento

ISABELLE GRUNBERG
Programa das Nações Unidas para o
Desenvolvimento

DAVID A. HAMBURG
Comissão Carnegie para a Prevenção de
Conflitos Mortais

GEOFFREY HEAL
Universidade de Columbia

JANE E. HOLL
Comissão Carnegie para a
Prevenção de Conflitos Mortais

RAJSHRI JAYARAMAN
Universidade de Cornell

RAVI KANBUR
Universidade de Cornell

ETHAN B. KAPSTEIN
Universidade de Minnesota

INGE KAUL
Programa das Nações Unidas para o
Desenvolvimento

ROBERT Z. LAWRENCE
Universidade de Harvard

LISA L. MARTIN
Universidade de Harvard

RUBEN P. MENDEZ
Centro de Estudos Internacionais e
Regionais de Yale

J. Mohan Rao
Universidade de Massachusetts, Amherst

Jeffrey Sachs
Instituto para o Desenvolvimento Internacional de Harvard

Todd Sandler
Universidade Estadual de Iowa

Amartya Sen
Universidade de Cambridge

Ismail Serageldin
Banco Mundial

Debora L. Spar
Faculdade de Administração de Harvard

Marc A. Stern
Programa das Nações Unidas para o Desenvolvimento

Joseph E. Stiglitz
Banco Mundial

J. Habib Sy
Partners for African Development

Charles Wyplosz
Graduate Institute of International Studies, Genebra

Mark W. Zacher
Universidade de British Columbia

Introdução

Inge Kaul, Isabelle Grunberg e Marc A. Stern

Vivemos em um mundo volátil. Novas oportunidades trazem promessas cada vez maiores de bem-estar e prosperidade. Porém, aprisionado em uma rede de tensão e contradição, este mundo sofre uma crise após a outra.

Milagres econômicos foram conquistas difíceis em lugares como o Leste Asiático; hoje, a turbulência financeira e a dificuldade social predominam. O fim da Guerra Fria alimentou as esperanças de uma paz duradoura e um dividendo de paz; em vez disso, os embates civis, os conflitos e até o genocídio mais uma vez feriram a paisagem. Nem bem os povos do mundo começaram a usufruir da perspectiva de uma vida mais longa e mais saudável, quando novas doenças — e algumas antigas — a muitos de novo levaram, desafiando o progresso da medicina. E enquanto os avanços tecnológicos parecem ter-nos libertado de muitas limitações naturais, incluindo-se o tempo e o espaço, os ecossistemas se entulham de refugos e de poluição. Entrementes, o crescimento contínuo da injustiça global, mensurada pela diferença entre os mais pobres e os mais ricos no mundo, exerce tensão continuada no tecido social global. Se permitirmos que essas tendências atuais persistam, e as crises supurem, a promessa de um mundo melhor retrocederá ainda mais.

As crises têm um custo alto. Causam sofrimento humano, degradam o meio ambiente e são extremamente ineficientes — um desperdício de investimentos e uma drenagem dos recursos futuros para o desenvolvimento. Esses fatores são bem conhecidos, e têm gerado uma crescente literatura acerca de como assegurarmos um crescimento e um desenvolvimento humano mais sustentáveis.

Apresentando os Bens Públicos Globais

Para melhor compreendermos as raízes da crise global, seja ela estrondosa (as quebras financeiras) ou silenciosa (a pobreza), propomos examinar os atuais desafios da criação de políticas sob as lentes dos bens públicos globais.

Primeiro, o que é um bem público? Sabemos que o mercado é o meio mais eficiente de produção de bens privados. Mas o mercado depende de um conjunto de bens que por si só não pode proporcionar: direitos de propriedade, previsibilidade, segurança, nomenclatura e assim por diante. Esses bens com frequência precisam ser fornecidos por mecanismos não pertencentes ao mercado ou por mecanismos modificados de mercado. Além disso, como discutido em nosso capítulo "Definindo Bens Públicos Globais", as pessoas precisam de ambos os bens, os públicos e os privados, empreendam elas ou não transações de mercado — a paz é um exemplo. Os bens públicos são reconhecidos como trazendo benefícios dificilmente restringíveis a um único "comprador" (ou grupo de "compradores"). Contudo, uma vez estes fornecidos, muitos usufruem deles gratuitamente. Os nomes das ruas são um exemplo. Um meio ambiente despoluído é outro. Sem um mecanismo de ação coletiva, a produção desses bens pode ser insuficiente.

Ou tomemos a educação, que beneficia a pessoa sendo instruída. Para calcularmos os seus benefícios, consideramos a renda ganha pela pessoa durante toda a sua vida, tendo recebido instrução, e dela subtraímos o que ganharia sem instrução. Mas essa cifra não retrata toda a história. E quanto aos inúmeros patrões que essa pessoa terá durante a sua vida, e às economias feitas por estes porque não precisaram fornecer-lhe treinamento? E os benefícios que a alfabetização traz a todas as empresas que dependem da palavra escrita para serem anunciadas? E os benefícios àqueles que emitem alertas públicos, utilizam cartazes ou buscam implementar leis? Se puséssemos uma cifra em todos esses benefícios, diminuiria a quantia acumulada apenas pela pessoa recebedora da instrução. Essa diferença entre os benefícios públicos e os privados é denominada externalidade. E por causa de sua substancial externalidade, a educação é um bem público.

A estabilidade financeira, assim como muitos dos temas tratados neste livro, possui características de bem público. Um banco ou instituição financeira pode gerar enormes lucros por meio de empréstimos de risco. Tudo que tem a perder é o seu capital, se fracassar. Mas em um sistema financeiro complexo e interdependente, os custos de uma única instituição quebrar são, na verdade, bem mais altos — com frequência múltiplos —, pois uma quebra pode levar a mais fracassos e quebras. A diferença entre o custo privado para um banco e o custo público, novamente, mede as externalidades de um comportamento arriscado — neste exemplo, as externalidades negativas.

Conquanto os bens públicos sejam entendidos como apresentando grandes externalidades (e difusos benefícios), uma definição mais rígida se apoia em um julgamento de como o bem é consumido: se ninguém pode ser barrado de consumi-lo, então é não exclusivo. Se pode ser consumido por muitos sem esgotar-se, então é não rival em consumo. Bens públicos puros, que são raros, possuem ambos esses atributos, enquanto os bens públicos impuros os possuem em graus menores, ou apresentam uma combinação deles.

Examinar mais uma vez o caso da educação pode nos ajudar a compreender por que é difícil produzir bens públicos em quantidade apropriada. Imagine uma situação onde existam muitas pessoas analfabetas e muitos empregadores procurando funcionários. O primeiro empregador de uma pessoa seria quem assumiria o encargo de instruí-la. Mas por que esse primeiro empregador deveria pagar por todos os custos dessa instrução, enquanto os empregadores futuros colherão gratuitamente os seus frutos? Essa é uma possibilidade que poderia impedir qualquer empregador de pagar pelos custos de treinar a sua força de trabalho. A solução seria todos os empregadores em conjunto angariarem os recursos para financiar a educação, ou para ao menos transpor o hiato entre os benefícios trazidos pela instrução do indivíduo — pelos quais o próprio indivíduo poderia pagar — e os benefícios extras que eles, empregadores, recebem dessa instrução enquanto grupo. Mas já que outros, além dos empregadores, também se beneficiam dessa instrução, em geral, toda a comunidade é chamada a envolver-se nesse esforço.

De forma simplificada, é esse o dilema do fornecimento de bens públicos. E com a globalização, as externalidades — os custos e os benefícios "extras" — cada vez mais são assumidos por pessoas em outros países. Com efeito, questões que tradicionalmente haviam sido apenas nacionais, hoje são globais porque se situam além do alcance de uma só nação. E as crises persistem talvez porque nos faltem os mecanismos políticos adequados para tratarmos de tais bens públicos globais. Além do mais, a universalidade das crises atuais sugere que podem todas provir de uma causa comum, tal como uma falha comum na criação de políticas, em vez de virem de problemas específicos a uma questão. Se assim for, respostas vindas de políticas específicas a uma questão, típicas até hoje, seriam insuficientes — permitindo às crises globais persistirem e mesmo multiplicarem-se.

Ao aplicarmos o conceito de bens públicos globais, buscamos os bens cujos benefícios transcendam fronteiras, gerações e grupos populacionais. Todos os bens públicos, sejam locais, nacionais ou globais, tendem a sofrer de um fornecimento insuficiente. A razão é precisamente por serem públicos. Para os atores individuais, deixar que outros forneçam o bem é amiúde a melhor e a mais racional estratégia — para depois dele usufruir, de graça. Em nível internacional, esse problema da ação coletiva é composto do hiato entre as externalidades cujos alcances se tornam mais e mais internacionais e o fato de que a principal unidade formadora de políticas permanece sendo o Estado-nação.

O Propósito deste Livro

Nossa proposição é de que a turbulência atual revela uma insuficiência grave de bens públicos globais. Para explorarmos essa proposição, investigamos duas indagações cruciais. A primeira é se — e em que medida — o conceito de bens públicos globais é útil na descrição e na análise dos desafios globais. Se o for, a segunda indagação é se podemos encontrar opções e estratégias realizáveis para a criação de políticas que se apliquem a todos os casos e assegurem uma oferta mais confiável de bens públicos globais — desde a eficiência de mercado até a equidade, a saúde, a sustentabilidade do meio ambiente e a paz. Sem esses bens públicos globais, a segurança e o desenvolvimento humanos serão elusivos.

Como se Estrutura este Livro

Essas questões são investigadas com base em selecionadas áreas de interesse da criação de políticas, em estudos de casos que formam o âmago deste livro. Oferecemos breves resumos dos casos estudados ao início de cada grupo de capítulos na segunda parte do livro. Unindo os casos estudados, duas seções, uma sobre os conceitos e a outra sobre as implicações das políticas.

A primeira parte do livro apresenta o cenário. O capítulo de Kaul, Grunberg e Stern explora a literatura acerca de bens públicos e proporciona uma definição de bens públicos globais. Todd Sandler examina os bens públicos intergeracionais, em particular os aspectos estratégicos de seu fornecimento, discutindo os arranjos institucionais para sua alocação. A seguir, Lisa Martin apresenta um apanhado das atuais teorias de cooperação internacional, chamando nossa atenção para os papéis desempenhados pelas organizações internacionais e pelos atores não estatais no auxílio aos Estados para que efetivem os benefícios da cooperação. A este respeito, talvez a função mais útil das organizações internacionais seja a de redução das incertezas — proporcionando informação sobre a questão em caso e sobre as preferências e o comportamento daqueles que têm algo em jogo na questão — Estados, organizações não governamentais e assim por diante.

Após os Estudos de Casos, a terceira parte do livro lida com o exame das implicações da criação de políticas. O capítulo escrito por Rajshri Jayaraman e Ravi Kanbur questiona: quando devem os países doadores financiar o provimento de bens públicos globais através da assistência? Os autores verificam que a assistência melhor contribui à provisão de bens públicos quando estes bens dependem do "elo mais fraco". Por exemplo, o sucesso na erradicação de doenças como a malária ou a varíola depende do esforço dos últimos países a albergarem essas doenças. O gasto com os bens públicos nos países pobres são também especialmente recomendados quando esses países têm papel preponderante em certa área ou questão, como na preservação dos espécimes tropicais, por exemplo. Lisa Cook e Jeffrey Sachs discutem a necessidade de um maior enfoque nos bens públicos regionais, tanto para suprir as necessidades especializadas das regiões em separado quanto para coordenar as contribuições regionais aos bens públicos globais. Apontando o financiamento minúsculo destinado atualmente ao nível regional, Cook e Sachs recomendam diversos procedimentos para

INTRODUÇÃO

a melhoria da capacidade de as organizações de ajuda internacional auxiliarem as nações a trabalhar juntas por bens públicos regionais. Considerando o sucesso do Plano Marshall no desenvolvimento da cooperação na Europa do pós-Segunda Guerra Mundial, os autores sugerem que uma cooperação para o desenvolvimento regional no futuro poderia seguir um modelo similar.

Apresentamos no capítulo de conclusão uma síntese de todos os capítulos, destilando suas conclusões e mensagens para a criação de políticas que ajudam a responder às duas perguntas principais do livro. Nesta conclusão, o leitor também irá encontrar inúmeras referências aos capítulos individuais. O objetivo foi relacionar as conclusões mais gerais com as mais concretas, e também mostrar como alguns dos pontos mais abrangentes se aplicam às específicas questões das áreas.

O PONTO DE PARTIDA

Não partimos do nada. A formulação sistemática da teoria de bens públicos começou com "The Pure Theory of Public Expenditure" (1954), de Paul Samuelson. *The Logic of Collective Action* (1971), de Mancur Olson, analisou em profundidade os problemas de fornecimento. A aplicação do conceito de bens públicos aos desafios globais teve início ao final da década de 1960, em especial com "The Tragedy of the Commons" (1968), de Garrett Hardin, seguido por "Collective Goods and International Organization" (1971), de Bruce Russett e John Sullivan. Mais de uma década depois, *The World in Depression 1929-1939* (1986), de Charles Kindleberger, analisou a crise econômica do anos 1930 como o fracasso em proporcionar bens públicos globais de importância-chave, tais como um sistema de comércio aberto e um emprestador internacional de último recurso. Contribuições mais recentes ao debate incluem *International Public Finance* (1992), de Ruben Mendez, e *Global Challenges: An Approach to Environmental, Political, and Economic Problems* (1997), de Todd Sandler. Portanto, a análise dos bens públicos já foi aplicada aos problemas globais. Mas tem havido surpreendentemente pouco exame do que sejam de fato os bens públicos globais — e poucas tentativas de se mapear uma tipologia de tais bens.

Relacionada de perto com a questão do fornecimento dos bens públicos globais está a pergunta da ciência política: por que os Estados cooperam com os acordos internacionais e os seguem, ou deles fogem? Uma rica literatura de linhas diferentes se desenvolveu acerca dessa pergunta, especialmente desde os anos 1980 (ver, por exemplo, Keohane, 1984; Krasner, 1986; Gilpin, 1987; Mayer, Rittberger e Zurn, 1993; e Instituição Brookings 1994-1998). Muito dessa literatura concentra-se na cooperação entre os governos. Em nossa análise, estendemos o debate para levarmos em conta o fato de que vivemos em um mundo de múltiplos atores.

Também nos apoiamos na literatura sobre o desenvolvimento, que indaga como a atividade econômica pode ser traduzida em mais amplas escolhas humanas e melhor bem-estar para as pessoas (veja, entre outros, Sen, 1987; Dasgupta, 1995; e UNDP, vários anos). Até agora, essa literatura preocupou-se principalmente com os países em desenvolvimento. Contudo, a divisão do mundo em países "desenvolvidos" e países "em desenvolvimento" já não é mais válida em sua forma tradicional. Torna-se evidente que uma renda alta não é garantia de um desenvolvimento equitativo ou sustentável. O desafio de garantir-se a segurança humana existe no Sul tanto quanto no Norte, apesar de com frequência apresentar formas diferentes. E os bens públicos globais provavelmente serão críticos no enfrentamento desses desafios em todos os países.

Ademais, consultamos a literatura sobre a assistência (por exemplo, Riddell, 1996; Stokke, 1996; Berg, 1997; Banco Mundial, 1998; e UNDP, 1999) que, surpreendentemente, nem sempre se apoia nas teorias dos regimes internacionais. Essas teorias têm, em larga escala, se concentrado na criação de tratados internacionais e no papel das organizações internacionais. A assistência — o lado operacional da cooperação internacional, em oposição ao lado da determinação de normas e padrões — tem se centrado basicamente nos países, guiando-se por prioridades de um desenvolvimento nacional. Tem tido poucas, se algumas, ligações sistemáticas com os acordos internacionais. Mas em resposta aos desafios globais atuais, a agenda da assistência precisa se expandir. Além das razões morais e éticas ligadas a suas preocupações com o desenvolvimento "puramente" nacional, os países pobres necessitam receber transferências para contribuírem à provisão dos bens públicos globais — no interesse mútuo de todos. Os beneficiários podem ser, por exemplo, países que renunciem a oportunidades de desenvolvimento de modo a conservar florestas prístinas abrigando biodiversidade ou absorvendo monóxido de carbono, ou países que requerem ajuda para criar boas instituições e práticas para a segurança do sistema financeiro mundial.

Essa discussão se beneficia, igualmente, de uma abundante análise de questões específicas. Sem todas essas diferentes publicações especializadas (todas citadas nos capítulos), não teria sido possível empreender essa análise multidisciplinar e multinivelada que aqui buscamos. Procuramos combinar esses textos porque as diferentes questões que abordam começaram a se interceptar. Os desafios globais atuais não podem ser adequadamente compreendidos nos apoiando em uma só ramificação da literatura.

A abordagem multidisciplinar, de múltiplos níveis e múltiplas questões, também nos permitiu oferecer uma perspectiva comparativa ao estudo dos desafios globais. Se bem que os interesses ambientais com frequência sejam tratados em um quadro de bens públicos, outras questões tais como a estabilidade financeira, a equidade ou a cultura têm raramente sido tratadas desse ponto de vista. Os elementos do paradigma ambiental sem dúvida informam muito da análise aqui feita.

As Principais Mensagens da Criação de Políticas

Adentramos uma nova era na criação de políticas públicas; uma era marcada por um número crescente de interesses que atravessam as fronteiras nacionais. Esta é a mensagem predominante que emana deste estudo, e ela impõe um duplo desafio. Precisamos deslocar a cooperação internacional do seu lugar tradicional nos "assuntos externos" e transformá-la em uma criação de políticas aplicáveis à maioria das, ou se possível a todas, áreas das questões internas. E precisamos desenvolver os conceitos e os instrumentos necessários para a superação dos problemas da ação coletiva. Em particular, esse desafio irá requerer ações que "internalizem as externalidades" — para lidarmos com os fenômenos potencialmente contagiosos em suas fontes, antes de eles transbordarem de suas fronteiras.

Todos os assuntos examinados nos estudos de casos constituem, em um sentido ou em outro, bens públicos globais. Também ilustram a nova natureza de muitos bens públicos globais — o que chamamos, na Tabela 1 do capítulo de conclusão, de *resultados de políticas globais*. Diferentemente de outras questões globais que envolvem relações entre os países — ou questões fronteiriças, tais como o transporte ou as tarifas — muitos dos problemas atuais das políticas internacionais requerem uma convergência das políticas por trás das fronteiras e, também crescentemente, fundos comuns. Essa necessidade de convergência pode incluir organizações que proporcionem serviços em nome de todos os países, como a vigilância das tendências globais ou os arranjos para socorro dos países em crise.

Vários fatores estão por trás deste novo tipo de bem público global. Entre eles, a crescente abertura dos países — facilitando o trânsito dos "males" globais. Um outro é o número crescente dos riscos sistêmicos globais — exigindo um maior respeito pelos limites de sustentabilidade. Um terceiro é a força dos protagonistas não estatais e transnacionais, tais como o setor privado e a sociedade civil, aumentando a pressão contra os governos para que adiram a normas de políticas comuns, dos direitos humanos básicos aos padrões técnicos.

Nessas condições as ações globais tais como a redução da poluição, a erradicação das doenças ou a supervisão eficiente dos bancos são importantes para os objetivos das políticas nacionais. Sem as conquistas pelos governos nacionais de políticas que realmente "importem" em áreas de questões específicas, os bens públicos globais — tais como a sustentabilidade ambiental, a saúde ou a estabilidade financeira — não terão chance de emergir. O que, por seu turno, põe em perigo os objetivos políticos nacionais de muitos países, criando um mal público global.

A maioria dessas mudanças vem se fazendo há décadas. Mas apenas recentemente têm os efeitos acumulados dessas mudanças atraído uma atenção séria dos analistas políticos, dos líderes políticos e do público em geral. São debatidas do ponto de vista da gestão da globalização. Não é muito surpreendente, portanto, descobrirmos que a criação de políticas não foi ainda ajustada por completo. Essa observação torna mais interessante a identificação de precisamente onde, e por que, o sistema atual fracassa em tratar as novas questões eficazmente.

Os estudos de casos neste livro apontam para três importantes pontos fracos nos arranjos atuais do fornecimento de bens públicos globais.

- *O hiato jurisdicional*, ou seja, a discrepância entre um mundo globalizado e as unidades separadas, nacionais, de criação de políticas. Com efeito, como a criação de políticas ainda hoje é predominantemente nacional, tanto no seu foco como no seu âmbito, um hiato se cria pelo simples fato de muitos dos desafios de hoje serem globais. A ansiedade dos criadores de políticas nacionais em relação à perda de soberania para os mercados globais e para as sociedades civis pode ser em parte interpretada como motivada pela ausência de uma estratégia clara que relacione os objetivos dessas políticas nacionais com a diplomacia internacional. Muitos governos apenas começam a acordar para o desencontro entre as suas abordagens tradicionais na criação de políticas e as exigências do novo cenário político internacional.
- *O hiato na participação*. As últimas décadas têm testemunhado o surgimento de novos e importantes atores no cenário global. Mas a cooperação internacional ainda é basicamente um processo intergovernamental no qual outros protagonistas participam nas margens, minando a eficácia dos esforços tradicionais de tratar as questões de política global. Esse hiato na participação também se estende aos grupos marginais e sem voz, apesar da difusão da democracia. Expandindo o papel da sociedade civil e do setor privado nas negociações internacionais, os governos podem aumentar suas influências sobre os resultados das políticas enquanto, no decurso, promovem o pluralismo e a diversidade. Mantendo em mente as questões da legitimidade e da representatividade, as estruturas de tomada de decisão em várias organizações multilaterais importantes precisam ser reavaliadas, dada a constante privatização e descentralização dos poderes político e econômico nas décadas recentes.
- *O hiato no incentivo*. A cooperação internacional hoje é mais abrangente, movendo-se das questões entre países e questões entre fronteiras — ou seja, das regras do tráfego internacional — para as questões por trás das fronteiras. Essa abrangência torna a implementação, ou o lado operacional, dos acordos internacionais ainda mais importante. Mas o acompanhamento operacional desses acordos se apoia por demais exclusivamente nos mecanismos da ajuda, ignorando muitas outras opções práticas de políticas que poderiam fazer da cooperação a estratégia preferida tanto dos países em desenvolvimento como dos países industrializados.

INTRODUÇÃO   27

Os bens públicos globais portanto sofrem de muitos tipos de problemas de ação coletiva. Um grande obstáculo é a incerteza quanto ao problema e à praticabilidade da realização das possíveis opções políticas. Mas mesmo quando a incerteza se resolve, surgem outros impedimentos. A criação de políticas públicas e seus mecanismos e ferramentas ainda refletem mais as realidades do passado do que as atuais. Para transformarmos males públicos globais em bens públicos globais, são necessários urgentes ajustes nas políticas. Na verdade, debates sobre reforma estão em curso em diversas áreas — desde a da saúde até as das finanças e da paz.

Muitas das propostas aqui ecoam esses debates. Mas elas também acrescentam uma importante dimensão. Mostram que a reforma precisa ir além do controle dos males. Remendos no sistema atual não serão suficientes. De forma a ultrapassarmos uma constante prevenção e gerenciamento de crises e sermos capazes de lançar nossa visão mais uma vez a um desenvolvimento positivo e construtivo, precisamos rever os princípios fundamentais da criação de políticas. Duas mudanças básicas se fazem necessárias. Primeira, a cooperação internacional deve ser parte integrante da criação nacional de políticas públicas. Claramente, a linha divisória entre os assuntos internos e os externos se tornou embaçada, exigindo uma nova abordagem. Segunda, a cooperação internacional deve ser uma proposição justa para todos se pretende ser bem-sucedida. Com um consenso acerca desses dois pontos, o resto pode até ser de bem fácil conquista.

As principais recomendações políticas deste livro acerca dos procedimentos que poderiam ser tomados para fecharmos os três hiatos identificados nas políticas demonstram esse ponto.

FECHANDO O HIATO JURISDICIONAL

Uma recomendação geral emerge dos capítulos sugerindo que os governos devam assumir a responsabilidade total pelos efeitos transnacionais causados por seus cidadãos. Em outras palavras, os países devem aplicar a esses transbordamentos um princípio político bastante enraizado nacionalmente: o princípio de se "internalizar externalidades". Muitos bens públicos assim como males públicos resultam de externalidades — ou dos benefícios e custos não considerados pelos atores em suas tomadas de decisão. É também uma razão importante dos bens públicos serem insuficientemente fornecidos e os males públicos serem difundidos em larga escala.

O propósito de estendermos a aplicabilidade desse princípio aos transbordamentos internacionais é fortalecer a capacidade dos Estados-nação de lidarem com a interdependência global. Sua implicação é deixar a cooperação internacional começar "em casa", com políticas nacionais que pretendam, no mínimo, reduzir ou evitar de todo os transbordamentos negativos transnacionais — e preferivelmente irmos além disso, gerando externalidades positivas no interesse geral.

Um primeiro passo nessa direção poderia envolver o estabelecimento de perfis para as externalidades nacionais de modo a ajudar no enfoque dos transbordamentos, os positivos e os negativos, de cada nação. Esses perfis deveriam servir para facilitar as negociações entre as nações, aumentando a transparência dos impactos que os Estados exercem uns sobre os outros e sobre os comuns globais. Tais perfis também tornariam os países mais propensos a se responsabilizarem pelas externalidades geradas dentro de suas fronteiras.

Uma política de internalização de externalidades pode também exigir que os ministérios governamentais nacionais desenvolvam um mandato claro de cooperação internacional. Isso seria especialmente importante para os ministérios com ligações externas extensas, tais como o do trabalho, da saúde, do meio ambiente, do comércio ou das finanças. Como corolário, seria útil aos ministérios terem um orçamento duplo — um para os gastos internos e outro para financiar a cooperação internacional, enquanto assegura a coordenação eficiente dessas atividades externas.

Vários autores enfatizam ser a cooperação regional uma contribuição importante para o fornecimento dos bens públicos globais — como uma intermediária entre as preocupações nacionais e as globais. Isso se aplica ao processo de estabelecermos prioridades — decidirmos quais bens públicos globais produzir e o quanto deles fornecer — e a implementação — traduzindo os interesses globais em ações concretas de acompanhamento a um nível mais baixo. Por exemplo, porque as prioridades e necessidades diferem regionalmente, com frequência até sub-regionalmente, não existe uma só abordagem padrão para, digamos, a pesquisa médica ou agrária. E mais, ao passo que harmonizar políticas e padrões pode ser crucial para aumentar a eficiência do mercado, a uniformidade é amiúde uma solução inadequada. Deste modo, um esforço cauteloso deve ser feito para que os bens públicos globais adiram ao princípio da subsidiaridade — transportando as tomadas de decisão sobre as prioridades e as implementações para tão perto quanto possível do nível local. Em muitos casos isso significa fortalecer órgãos regionais e confiar-lhes a responsabilidade de intermediação entre os níveis nacional e global.

Na medida em que a internalização das externalidades em nível nacional ou regional não seja uma opção realizável ou eficiente, ou quando não haja mercados, as organizações internacionais podem facilitar "trocas de externalidades" entre os países ou entre os governos e outros protagonistas globais. Muitas organizações internacionais, inclusive as do sistema da ONU, estiveram originalmente preocupadas em fortalecer os setores — tais como os da saúde, da educação, da cultura, da produção de alimentos, dos mercados de trabalho e da indústria. Mas pouco levaram em conta os encadeamentos para o alcance de resultados concretos — tais como

INTRODUÇÃO 29

a segurança dos alimentos, a paz, o crescimento equilibrado ou o conhecimento compartilhado.

Esses resultados com frequência surgem de uma combinação de variados esforços: não só a capacidade para o desenvolvimento em cada setor, mas também os vínculos entre os setores e os vínculos internacionais. É por isso que uma negociação entre países e entre questões para a obtenção de resultados se tornará uma forma importante de cooperação internacional na nova paisagem política. A reorganização de algumas instituições atuais também pode ajudar. Por exemplo, a Organização das Nações Unidas para Educação, Ciência e Cultura (Unesco) poderia se ligar à Organização Mundial da Propriedade Intelectual (Wipo) para tornar-se um importante "banco do conhecimento", combinando dois interesses complementares: a criação de conhecimento e sua disseminação.

Em suma, o processo de criação de políticas requerido para lidar eficazmente com os bens públicos globais é circular, é uma espiral. Suas raízes se firmam em nível nacional, onde por razões de eficiência e eficácia deve residir a responsabilidade primária para internalização das externalidades. A ação em nível global é a segunda melhor opção, porque a cooperação internacional implica custos — em particular, os custos de transações das negociações entre um amplo grupo de atores. Mas para se evitar os problemas da ação coletiva e para garantirmos uma justa divisão das responsabilidades, tais custos são em algumas instâncias inevitáveis — e provavelmente modestos se comparados com os custos de não agirmos. A cooperação internacional não é mais apenas um caso de relações exteriores. É antes de tudo, e principalmente, um processo de formulação de política nacional.

FECHANDO O HIATO NA PARTICIPAÇÃO

A seção anterior discutiu a divisão da responsabilidade no fornecimento de bens públicos globais entre níveis diferentes — o nacional, o regional e o global. Esta seção examina a distribuição horizontal das oportunidades entre todos os principais atores — o governo, o povo, a sociedade civil e os negócios — contribuindo para a produção e o consumo dos bens públicos, e estabelecendo prioridades entre os diversos tipos de bens públicos. Para que o processo de fornecimento funcione, essas três etapas devem ser completamente participativas. Todos os atores devem ter uma voz, devem ter uma oportunidade adequada de fazer a contribuição deles esperada, e devem ter acesso aos bens que resultam. Se esse requisitos não forem cumpridos, o caráter público dos bens públicos permanecerá uma potencialidade, não uma realidade. E em vez de agir como um "estabilizador", os bens públicos globais poderiam agravar as iniquidades. Como os capítulos relevantes neste livro argumentam, a Internet é um bem público global cujo caráter público tem de ser perseguido deliberadamente.

O fato de que alguns bens públicos apresentam problemas de acesso pode soar paradoxal, porque bens públicos são, ao menos parcialmente, não exclusivos. Contudo barreiras ao acesso são diferentes de exclusão. Na teoria, qualquer um pode acessar a Internet e, portanto, a Internet parece ser um bem não exclusivo. Mas na prática, os pobres com frequência não têm acesso à Internet porque carecem do dinheiro para pagar um provedor, para obter treinamento para o uso de computadores ou, ainda mais simplesmente, para adquirir um computador; ou, quando a opção de instalações públicas para acesso a computadores é disponível, digamos nas bibliotecas ou nos correios, não têm tempo de frequentá-las.

Igualmente, não podemos tirar proveito completo de boas estradas, mesmo as sem pedágio, a não ser que tenhamos um veículo motorizado. Para nos beneficiarmos do bem público de um bom sistema de justiça, com frequência precisamos dos recursos para pagar um advogado. E muitas crianças não podem se beneficiar de um sistema de ensino gratuito porque não têm como se deslocar até a escola ou porque precisam trabalhar para sustentar a família.

O acesso aos bens públicos passa, em parte, por considerações de equidade. Quando o acesso é custoso, os bens públicos acabam por beneficiar apenas àquela parte da população que pode pagar pelo acesso. E quando financiado pelos impostos, então o fornecimento dos bens públicos pode tornar-se regressivo, no sentido fiscal de uma redistribuição de recursos dos pobres para os ricos. Mas a eficiência também está em jogo. Ampliando o acesso a esses bens, podemos gerar benefícios difundidos a um baixo custo já que, uma vez paga a conexão, normalmente custa muito pouco para um consumidor adicional se beneficiar do mesmo bem público.

Em nível global, é igualmente importante garantirmos que os bens públicos globais sejam acessíveis a todos, especialmente se o esforço de produção foi um empreendimento conjunto. Por exemplo, muitas oportunidades de se fazer uso de um conhecimento (grátis) são perdidas devido ao analfabetismo. Mas a preocupação com o acesso é também importante de modo a garantirmos que a política pública não esteja reforçando tendências existentes indesejáveis, como a crescente iniqüidade. Já que a equidade é um lubrificante crucial para a cooperação internacional, o fornecimento de bens públicos globais para todos poderia sofrer se as questões de equidade não forem tratadas — como ilustra o exemplo da mudança climática global, onde o progresso foi detido não apenas por questões de incerteza científica, mas também por preocupações com a justiça e a equidade de algumas das opções de política.

Para garantirmos que todos os atores envolvidos tenham voz na determinação dos bens públicos prioritários, existem ao menos quatro dimensões necessárias numa reforma das instituições existentes.

INTRODUÇÃO

- Primeira, se faz necessária uma melhor representação Norte-Sul na cúpula de muitas organizações internacionais. Compartilhamos da opinião emitida por alguns analistas (Sachs, 1998) de que um passo importante seria a expansão do grupo dos grandes países industrializados, de G-8 para G-16, para incluir oito grandes países em desenvolvimento.
- Segunda, a sociedade civil e o setor privado têm formado alianças transnacionais bem além do alcance dos governos nacionais. Igualmente, suas ações por vezes determinam os resultados políticos muito mais do que as ações dos próprios governos. Já que soluções eficazes a problemas globais prementes provavelmente não surgirão de fóruns que excluam esses atores importantes, uma nova tripartição é recomendada, envolvendo o governo, as empresas e a sociedade civil.
- Terceira, existem incentivos poderosos para solucionarmos os problemas atuais à custa das gerações futuras, particularmente porque essas sociedades futuras não possuem uma voz nas deliberações atuais. Para garantirmos que esse não será o caso, esforços especiais devem ser feitos para levarmos em conta um período mais longo e para avaliarmos apropriadamente o futuro. Sugerimos um novo Conselho de Curadoria Global das Nações Unidas agindo como os curadores de um desenvolvimento sustentável ou "de curso constante".[1]
- Quarta, é importante para as organizações internacionais mais novas e mais voltadas para as questões, garantir um aumento do aspecto interdisciplinar, ou, dito de outro modo, uma representação apropriada de todas as preocupações e interesses relacionados. Por exemplo, se os representantes dos interesses sociais estivessem presentes quando os pacotes de auxílio financeiro fossem negociados, os custos sociais das crises financeiras poderiam ser consideravelmente reduzidos.

O mundo já se move nessas direções, em particular na direção de um mais completo envolvimento da sociedade civil e das empresas nos processos intergovernamentais — uma nova forma de tripartição. Uma questão ainda não resolvida é a de como ajustar a representação indireta da sociedade civil e das empresas através dos governos com sua representação direta nos fóruns internacionais. A preocupação é que esses grupos acabem sendo super-representados. A julgar, porém, pelas reflexões sobre esse assunto nos capítulos deste livro, notadamente nos capítulos sobre a equidade, parece que as pessoas têm muitos interesses não relacionados às suas nacionalidades ou cidadanias — tais como as preocupações dos ambientalistas, dos advogados, dos médicos ou das feministas. Muitos indivíduos atuam internacionalmente não somente como naturais de um país em particular mas também como "cidadãos globais". Não obstante, concordamos que uma abordagem mais sistemática à representação civil e das empresas nos fóruns intergovernamentais se faz urgentemente necessária — especialmente porque essa nova tripartição parece tão importante na garantia do caráter público dos bens públicos globais.

Como diversos autores argumentam, os países algumas vezes recuam dos comprometimentos internacionais porque não têm certeza de terem os recursos — e capacidades — para cumprir os novos compromissos. Isso frequentemente é uma razão preponderante no fornecimento insuficiente dos bens públicos globais, desde a vigilância na saúde até a redução da poluição. Em tais casos, seria amiúde mais eficaz para a comunidade internacional amparar os países pobres no cumprimento de seus compromissos do que arcar com os custos da resultante superprodução de males públicos globais. A verdadeira participação exige que todos os atores com algo em jogo na cooperação sejam capazes de se envolver no debate acerca das prioridades globais, por serem capazes de ser representados e por poderem cumprir seus compromissos internacionais. A necessidade de amparar os Estados incapazes de reunir os recursos para participar completamente das negociações internacionais é portanto uma parte importante na garantia de uma agenda válida de bens públicos globais. Igualmente importante, quando os bens públicos globais dependem das contribuições da maioria, ou de todas, as nações, a necessidade de irmos em apoio da construção de capacidade em alguns Estados para habilitá-los a cumprir os seus compromissos internacionais.

Em suma, aumentar a participação nas tomadas de decisão, na produção e no consumo de bens públicos globais é crucial para garantirmos equidade na criação de políticas internacionais. Sem isso, o processo careceria de legitimidade.

FECHANDO O HIATO NO INCENTIVO

Para ser duradoura e gerar os resultados esperados, a cooperação deve ser compatível com o incentivo. Isto é, deve oferecer benefícios líquidos a todos os grupos participantes, e todos os atores devem considerar justos os benefícios. Esta é uma mensagem que repercute alta e clara por todos os capítulos. As sugestões dos autores de como conquistar tal capacidade incentivadora são abrangentes, mas permanecem focalizadas em procedimentos práticos de utilidade para os formadores de políticas. Entre as ideias mais promissoras, destacam-se as seguintes.

Duas abordagens de baixo custo para a melhoria do fornecimento dos bens públicos globais são o aproveitamento dos transbordamentos adotados e das oportunidades de se combinarem os ganhos nacionais (ou privados) com os globais (ou públicos).[2] Ambas buscam aproveitar os benefícios públicos das ações de interesse próprio dos Estados, das empresas e dos indivíduos. Um exemplo viável seria, entre outros, o Protocolo de Montreal (Nações Unidas, 1987), que estipula a erradicação

INTRODUÇÃO

gradual do uso de substâncias que destroem o ozônio. Sua adoção foi possível pela confluência dos interesses público e privado.

Pagamentos compensatórios serão um elemento importante de qualquer estratégia de incentivo aos bens públicos globais. Tais pagamentos poderão ser necessários onde as preferências políticas e as prioridades dos países divergirem. O Fundo para o Meio Ambiente Global (GEF, Global Environment Facility) assim como o Fundo Multilateral para o Desenvolvimento, estabelecidos com o Protocolo de Montreal, ilustram essa abordagem.

Onde os benefícios de um bem público global podem ser ao menos parcialmente limitados, pode-se tentar uma abordagem de "clube" para garantir que aqueles que se beneficiam mais do bem paguem a maior cota dos custos. Muitas organizações — a Organização Mundial do Comércio (OMC), a Organização para Cooperação e Desenvolvimento Econômico (OCDE), Organização do Tratado do Atlântico Norte (Otan) — exigem que os seus membros cumpram certos critérios antes de lhes conceder admissão. Uma ideia inovadora surgida deste estudo é a possibilidade de se aplicar essa mesma abordagem na liberalização dos mercados financeiros internacionais — criando-se clubes de países com níveis similares de sofisticação institucional e de liberalização de conta capital. O comprometimento de um país às políticas de apoio à estabilidade financeira acarretaria na sua associação ao clube e, com essa, benefícios tais como um amparo coletivo no caso do país vir a ser afetado por um contágio financeiro.

Existem também muitas oportunidades importantes para usarmos as forças de mercado e o mecanismo de preços na melhoria do fornecimento, ou na preservação, dos bens comuns. Muitos bens públicos (ar puro, águas limpas, pesca oceânica) são subvalorizados enquanto outros (conhecimento tecnológico em certas áreas) são supervalorizados. Ajustar os preços, onde for necessário, estabelecer as estruturas básicas para o surgimento de mercados são passos cruciais que a comunidade internacional deve dar em algumas áreas de política para garantir os resultados de política desejados. Na verdade, essa prática política já se iniciou — os direitos da pesca e de poluição são, em alguns casos, já negociáveis.

Essas recomendações mostram que, além da ajuda, existem muitas outras bases racionais e métodos de financiamento que poderiam pagar pelos custos do fornecimento dos bens públicos globais. Contudo, a assistência oficial para o desenvolvimento (ODA) é com frequência utilizada para financiar bens públicos globais, tais como a proteção da camada de ozônio ou os custos de crises financeiras, tornando-a ainda mais escassa para os países mais pobres, que dela dependem para cumprir mesmo suas mais básicas preocupações com o desenvolvimento nacional. Por exemplo, muitos governos contribuem para o GEF em seus orçamentos para a assistência, e os fundos de assistência são utilizados em iniciativas de prevenção e gerenciamento de crises financeiras globais. Estimamos que um em cada quatro dólares de ajuda patrocina bens públicos globais em vez de patrocinar os interesses puramente nacionais dos países pobres. Nossa sugestão é rotularmos a atual ramificação da ODA como ODA(C), para as alocações dos países à assistência dos Estados pobres em seus esforços nacionais — e estabelecermos um novo código de conta, ODA(G), para as prioridades globais.

Com base nesse código de conta, poderíamos listar todos os gastos relacionados com os bens públicos globais, muitos dos quais hoje escapam a um registro. Alguns exemplos incluem os pagamentos por serviços obtidos através de arranjos de mercado, compensações, assim como uma assistência adicional que pode ser estimulada ao tornarmos os bens públicos globais acessíveis a todos.

Como explicado acima, garantirmos que os países em desenvolvimento tenham capacidade de se envolver no debate da política global e de agir em suas prioridades é um elemento crucial da cooperação internacional numa era de bens públicos globais. Por essa razão, pode não ser o bastante considerarmos a equidade e o acesso tão só na base de uma questão depois da outra. É também importante que os países pobres possuam os meios de desempenhar um papel ativo na negociação de trocas de externalidades, na convergência de políticas e nas outras formas de cooperação internacional que sustentam os objetivos globais. Sugerimos a criação de um "Fundo de Participação Global", autoadministrado pelos países em desenvolvimento, para apoiar o envolvimento justo de todos nos arranjos globais. Um tal fundo ampliaria o trabalho da Conferência das Nações Unidas sobre Comércio e Desenvolvimento (Cnuced) em apoio aos países em desenvolvimento. Propostas similares surgem dos estudos de casos a favor de arranjos autoadministrados em nível regional, tais como fundos de assistência e versões regionais do Fundo Monetário Internacional (FMI).

Muitos desses novos métodos de financiamento não podem funcionar sem que os procedimentos de financiamento público nacionais sejam ajustados para reconhecerem a dimensão internacional de muitos ministérios setoriais. O orçamento duplo recomendado acima, através do qual uma porção do orçamento dos ministérios nacionais seria destinada à cooperação internacional, é crucial para abrir novas possibilidades de lidarmos com os transbordamentos além-fronteiras, e para promovermos a cooperação visando à produção de externalidades globais positivas.

Bens Públicos Globais: Quem se Beneficia?

O que os Estados e as pessoas ganham desse novo *kit* de ferramentas da cooperação internacional? Em nível mais geral, melhorar a cooperação internacional fortalecerá a capacidade dos governos nacionais de conquistarem os objetivos de suas políticas nacionais. Com o prosseguimento da integração global, os objetivos de política interna — como a saúde pública, o crescimento econômico ou a proteção ambiental — são mais e mais sujeitos às forças internacionais. Para alcançarem seus objetivos nacionais, os governos devem cada vez mais se voltar para a cooperação internacional na conquista de algum controle sobre as forças que atravessam suas fronteiras e afetam suas populações. Pouco nos surpreendemos, por conseguinte, ao constatarmos que as consultas internacionais em áreas tão diversas quanto o comércio, as finanças, o despejo dos resíduos, a segurança dos alimentos e das populações têm atraído mais interesse nas ações e políticas nacionais. Portanto existe uma ampla justificação para a abordagem mais sistemática e integrada da cooperação internacional. Para a conquistarmos, a criação de políticas nacionais e internacionais deve formar um contínuo, onde especialistas em questões se tornem diplomatas, e os diplomatas acrescentem a perícia técnica às suas capacidades.

Para as nações em desenvolvimento a perspectiva de uma abordagem sistemática aos bens públicos globais traz a esperança de uma alocação mais equitativa dos recursos globais no tratamento das prioridades de seus interesses. Estabelecendo critérios objetivos na definição de um bem público global, as agendas de desenvolvimento do Norte e do Sul que frequentemente parecem conflitar tornam-se comparáveis — e portanto negociáveis. Conquanto a prevenção do aquecimento global e a expansão do acesso ao estoque do conhecimento mundial sejam ambos bens públicos globais, grupos diferentes de países, compelidos por variadas razões, concedem-lhes prioridades diferentes. Mas já que ambas constituem bens públicos globais, a possibilidade de um *quid pro quo* se sugere muito mais fortemente do que se argumentássemos que cada uma é em essência um bem "privado" — um bem "do Norte" ou um bem "do Sul", sem um denominador de bem comum.

Mas isso é apenas o primeiro e o mais óbvio dos benefícios. Muitos bens públicos globais, como um regime de livre comércio ou mercados financeiros bem ajustados, requerem uma sólida rede de participantes globais, e isso proporciona uma base racional para visarmos aos esforços em prol da capacitação nacional. Essas atividades, por definição, vêm apoiar os bens públicos globais, mesmo enquanto acarretam amplos benefícios positivos para o país. Sendo assim, na medida em que melhores regulamentações ou capacidades administrativas nos países em desenvolvimento conduzam a resultados desejáveis globalmente, a comunidade internacional é incentivada a apoiar essas atividades. Os fundos para essas atividades, então, deveriam provir de contas outras que as destinadas à assistência, como sugerido pela conta ODA(G). Diferenciando o financiamento destinado a um bem público global e o financiamento destinado à assistência, os países em desenvolvimento podem concentrar a assistência para o desenvolvimento nas prioridades de desenvolvimento nacionais. Além disso, teriam uma voz nas decisões de como alocar os recursos não assistenciais — através do diálogo participativo na priorização dos bens públicos globais.

Para os países industrializados a perspectiva de uma abordagem mais ordenada na gestão dos interesses de políticas globais deve aliviar o encargo financeiro que atualmente suportam quando as crises internacionais irrompem — seja nos mercados de capitais, na saúde, no meio ambiente ou na paz. O atual método de lidarmos com essas questões os ameaça como problemas independentes, impedindo oportunidades importantes de negociações recíprocas que poderiam melhorar a cooperação. Um processo mais formal de identificação e classificação de bens públicos globais permitiria aos Estados explorarem trocas de apoio mútuo que poderiam trazer ganhos a todas as partes. E mais, a distribuição de responsabilidades poderia ser conduzida a um cenário mais universal, permitindo a alguns Estados reivindicarem crédito pelos bens públicos que já fornecem — e exigirem contribuições similares de outros. Sem uma estrutura que promova a ligação das questões e a reciprocidade mútua, a desconfiança e a animosidade podem impedir os Estados de se unirem mesmo quando todos estariam se beneficiando da cooperação.

Ao examinarmos as custosas crises econômicas, militares, humanitárias e sociais da década passada, fica claro que o sistema internacional se encontra em geral aprisionado a um reagir a circunstâncias devastadoras — em questões de qualquer área — até bem depois do prejuízo ser causado. Prevenir as crises antes de elas acontecerem, e estarmos mais bem preparados para aquelas que não foram antecipadas, é um modo bem mais eficiente e eficaz de administrarmos nossos assuntos. Consequentemente, há um argumento bem prático para a reavaliação da criação de políticas nacionais e internacionais.

O ímpeto político para uma tal reavaliação poderia vir da energia que uma maior equidade e justiça nas relações internacionais poderia liberar. Essa visão explica a forte ênfase aqui feita nas tomadas de decisão mais participativas, no forjamento de uma nova tripartição entre governos, sociedade civil e empresas, na criação de um Conselho de Curadoria Global das Nações Unidas para os bens públicos e na expansão do grupo G-8 para G-16. Ignorar a necessidade de tais reformas poderia facilmente resultar em uma série contínua de crises globais, aumentando os riscos de uma provável resposta pública contra a globalização.

Essas preocupações, e a noção de prioridades globais compartilhadas, já estão conosco faz muito tempo. Inspiraram os esforços de líderes políticos e de outros após as duas devastadoras guerras mundiais do século XX. As lições recebidas dos horrores desses conflitos incentivaram líderes a perseguirem novos mecanismos de cooperação internacional na esperança de que os conflitos entre as nações pudessem ser resolvidos de modo pacífico, e que as sementes econômicas e sociais dos conflitos pudessem ser exterminadas antes de firmarem suas raízes. Mas esses líderes não eram apenas idealistas. Suas preocupações eram as mais práticas possíveis — prevenir a guerra, eliminar a privação.

INTRODUÇÃO

É o momento de retomarmos essa ambição. Assistindo a um mundo cujas instituições se mostram cada vez mais fora de sintonia com as realidades econômicas, sociais e humanas de nossa época, enxergamos uma necessidade premente de revisitarmos nossos confortáveis padrões diplomáticos e os atualizarmos. Ainda há tempo para tratarmos essa dramática desconexão entre as instituições e a realidade. Fazê-lo requer liderança, visão e fé de que o nosso futuro não é meramente trabalho do destino mas sim nosso para ser moldado.

NOTAS

As opiniões aqui apresentadas são inteiramente dos autores e não necessariamente da instituição à qual se afiliam.

1. A fim de esclarecermos: essa proposta sugere a criação de um novo conselho de curadoria, não uma revitalização do Trusteeship Council estabelecido com a Carta das Nações Unidas para supervisão da administração dos antigos territórios coloniais. Este Trusteeship Council suspendeu suas operações em outubro de 1994, com a independência de Palau.
2. Os transbordamentos adotados surgem a cada vez que os usuários existentes de, por exemplo, um padrão, se beneficiam da adoção deste padrão por um novo membro. Também entram em jogo quando a adoção de um novo padrão (por exemplo, carros que funcionam apenas com gasolina livre de chumbo) força outros a também adotá-lo em seguida.

REFERÊNCIAS BIBLIOGRÁFICAS

Banco Mundial. 1998. *Assessing Aid: What Works, What Doesn't, and Why*. Um Relatório de Pesquisa de Políticas. Nova York: Oxford University Press.

Berg, Elliot. 1997. *Rethinking Technical Cooperation: Reforms for Capacity Building in Africa*. Nova York: Programa das Nações Unidas para o Desenvolvimento.

Brookings Institution. 1994-98. Projeto da Série Integrating National Economies. Washington, DC.

Dasgupta, Partha S. 1995. *An Inquiry into Well-Being and Destitution*. Oxford: Clarendon Press.

Gilpin, Robert G. 1987. *The Political Economy of International Relations*. Princeton, NJ: Princeton University Press.

Hardin, Garrett. 1968. "The Tragedy of Commons". *Science* 162 (dezembro): 1.243-48).

Keohane, Robert O. 1984. *After Hegemony: Cooperation and Discord in the World Political Economy*. Princeton, NJ: Princeton University Press.

Kindleberger, Charles P. 1986. *The World in Depression 1929-1939*. Berkeley: University of California Press.

Krasner, Stephen D. 1986. *International Regimes*. Ithaca, NY, e Londres: Cornell University Press.

Mayer, Peter, Volker Rittberger e Michael Zurn. 1993. "Regime Theory: State of the Art and Perspectives". Em Volker Rittberger e Peter Mayer, orgs., *Regime Theory and International Relations*. Nova York: Oxford University Press.

Mendez, Ruben P. 1992. *International Public Finance: A New Perspective on Global Relations*. Nova York: Oxford University Press.

Olson, Mancur. 1971. *The Logic of Collective Action*. Cambridge, MA: Harvard University Press.

Organização das Nações Unidas. 1987. *Montreal Protocol on Substances that Deplete the Ozone Layer*. Série de Tratados da ONU 26369. Montreal, Canadá.

UNDP (Programa das Nações Unidas para o Desenvolvimento). Vários anos. *Human Development Report*. Nova York: Oxford University Press.

——. 1999. *The Future of Aid: Regional Perspectives*. ODS Discussion Paper 17. Nova York: UNDP, Bureau de Estudos para o Desenvolvimento.

Riddell, Roger. 1996 *Aid in the 21st Century*. ODS Discussion Paper 6. Nova York: Programa das Nações Unidas para o Desenvolvimento, Bureau de Estudos para o Desenvolvimento.

Russett, Bruce M., e John D. Sullivan. 1971. "Collective Goods and International Organization". *International Organization* 25(4): 845-65.

Sachs, Jeffrey. 1998. "Making it Work". *The Economist*. 12 de setembro.

Samuelson, Paul A. 1954. "The Pure Theory of Public Expenditure". *Review of Economics and Statistics* 36 (novembro): 387-89.

Sandler, Todd. 1997. *Global Challenge: An Approach to Environmental, Political, and Economic Problems*. Cambridge: Cambridge University Press.

Sen, Amartya K. 1987. *On Ethics and Economics*. Oxford e Nova York: Basil Blackwell.

Stokke, Olav, org. 1996. *Foreign Aid Toward the Year 2000: Experiences and Challenges*. Londres: Frank Cass.

CONCEITOS

Definindo Bens Públicos Globais

Inge Kaul, Isabelle Grunberg e Marc A. Stern

Finais de semana são dias excelentes para se ir às compras — em cidades como Manila, Nairóbi, Cairo, Buenos Aires e Londres e também em muitas cidades menores e áreas rurais. As pessoas se movem, apressadas, pelos mercados lotados e os supermercados refrigerados levando suas sacolas e carrinhos de compras repletos de bens: pão, arroz, legumes, sapatos e, quem sabe, brinquedos e doces. Raras vezes, se alguma vez, alguém saiu às compras procurando por sinaleiras de tráfego. Contudo, poucos dos nossos compradores de fim de semana poderiam passar sem essas sinaleiras. Encontrar-se-iam presos em engarrafamentos ou impedidos de atravessar as movimentadas ruas e rodovias. Sem os sinais luminosos, algumas pessoas até poderiam sofrer acidentes no trajeto para o mercado. O motivo por que ninguém carrega sinaleiras de trânsito em seus carrinhos de compras é que todos esperam encontrá-las no lado de fora, como um bem público. Dentro das lojas, a atenção dos compradores se concentra nos bens privados.

Para o bem-estar as pessoas precisam de ambos os bens: privados e públicos. Este capítulo se concentra nos bens públicos, no mundo do lado de fora dos sistemas de mercados. Primeiro, apresentamos o conceito de bens públicos e descrevemos alguns de seus principais elementos. Depois, refinamos essa definição genérica e identificamos as características diferenciais dos bens públicos *globais*, o assunto principal deste capítulo e deste livro. Ao passo que existe uma literatura de rápido crescimento acerca da globalização da atividade econômica e de suas implicações para a política pública, pouca atenção tem sido conferida à noção de bens públicos globais. Todavia, sabemos que uma atividade econômica domesticamente eficaz e o bem-estar das pessoas requerem bens públicos apropriados. A pergunta é, como a expansão da atividade econômica para além das fronteiras afeta a demanda dos bens públicos? Em particular, será que acarreta uma necessidade de bens públicos globais? Para responder a essa pergunta, é importante compreendermos as principais propriedades e os aspectos distintivos dos bens públicos internacionais, incluindo os bens públicos locais e globais.

Os bens públicos globais devem satisfazer dois critérios. O primeiro é que seus benefícios tenham fortes qualidades de caráter público — isto é, sejam marcados pela não rivalidade no consumo e a não exclusão. Esses traços os situam na categoria geral de bens públicos. O segundo critério é que seus benefícios sejam quase universais em termos de países (estendendo-se a mais de um grupo de países), povos (servindo a diversos, ou de preferência a todos, grupos populacionais) e gerações (tanto a geração atual como as futuras, ou ao menos suprindo as necessidades das gerações atuais sem impedir as opções de desenvolvimento das gerações futuras).[1] Esta propriedade torna a humanidade como um todo o *publicum*, ou a beneficiária dos bens públicos globais.

BENS PÚBLICOS: A DEFINIÇÃO GENÉRICA

Para compreendermos o que é um bem público, é útil examinarmos sua contraparte, um bem privado, e discutirmos o que significa termos um mercado de bens privados. Numa transação de mercado um comprador ganha acesso a um bem (ou serviço) em troca de dinheiro ou, às vezes, de um outro bem. Compradores e vendedores se encontram por meio do mecanismo de preço, e se tudo corre do modo perfeito, como manda o figurino, a economia pode alcançar um estado de máxima eficiência no qual os recursos são postos ao seu uso mais produtivo. Uma condição-chave para uma transação de mercado, porém, é que a propriedade (ou o uso de um bem) possa ser transferida ou negada sob a condição geradora da troca — o pagamento de seu preço. Deste modo, bens privados tendem a ser exclusivos e rivais em consumo. Um pedaço de bolo, uma vez consumido, não pode ser desfrutado por outros. Com os bens públicos, o assunto é diferente.

As principais propriedades dos bens públicos: a não rivalidade no consumo e a não exclusão

O conceito de bens públicos tem sua raiz na erudição do século XVIII. David Hume discutiu as dificuldades inerentes ao fornecimento de "bens comuns" em seu *Treatise of Human Nature* (Tratado da natureza humana), publicado em 1739. Uns 30 anos depois, Adam Smith analisou questões semelhantes em seu *Inquiry into the Nature and Causes of the Wealth of Nations* (Uma investigação da natureza e das causas da riqueza das nações). Não intentaremos apresentar uma relação resumida da literatura que desde então apareceu acerca desse tema. Como Shmanske (1991, p. 4) observa, é "uma literatura tão vasta e variada que a menção de bens públicos traz à mente uma dúzia de questões diferentes, cada qual trazendo os seus próprios modelos idiossincráticos e se apoiando em seus próprios conjuntos de pressuposições". Em vez de apresentarmos um resumo exaustivo, mapearemos, em linguagem não técnica, as características mais importantes dos bens públicos e esclareceremos algumas das questões-chave envolvidas — notadamente aquelas que nos auxiliarão a compreender a natureza dos bens públicos *globais*.[2]

BENS PÚBLICOS PUROS: O bem público ideal possui duas qualidades principais: seus benefícios são a não rivalidade no consumo e a não exclusão. De modo a ser-

CONCEITOS

mos mais detalhados, considere de novo o exemplo da sinaleira de trânsito. Se uma pessoa atravessa a rua com segurança graças ao bom funcionamento de uma sinaleira (e graças à obediência da parte dos motoristas defronte do sinal vermelho), esse fato não afasta a utilidade dessa sinaleira para outras pessoas. Portanto, os benefícios do sinal luminoso são não rivais em consumo. Ao mesmo tempo, seria extremamente difícil em termos políticos e sociais e bastante custoso em termos econômicos restringir-se o uso da sinaleira a uma pessoa ou grupo e obrigar todas as outras pessoas a caminharem longas distâncias para encontrar em algum outro lugar uma travessia segura. Assim, os benefícios da sinaleira de trânsito são não exclusivos, ou exclusivos tão só a um custo proibitivo. Na verdade, poderíamos argumentar que quando um número maior de pessoas obedece aos sinais luminosos, seus benefícios aumentam para cada indivíduo. Isso porque o uso frequente indica uma ampla aceitação pública da função da sinaleira como reguladora do fluxo de trânsito. Sem uma tal aceitação, sua utilidade seria pequena e poderia até tornar-se uma inconveniência.

Rigorosamente falando, há um mercado de sinaleiras de trânsito: podem ser compradas e vendidas, embora talvez não sejam postas em carrinhos de compras. Mas o *regime* dos sinais luminosos — as sinaleiras, seu significado compartilhado e as expectativas comportamentais que implicam — é um bem público.

A paz é um outro exemplo de um bem público puro. Quando existe, todos os cidadãos de um país dela usufruem; e o seu desfrute por, digamos, populações rurais, não exclui de seus benefícios as populações urbanas. Um argumento semelhante pode ser feito para a lei e a ordem ou para uma boa gestão macroeconômica (ver Jervis, 1988; Cowen, 1992; e Mendez, 1997).

Bens Públicos Impuros: Poucos bens são totalmente públicos ou totalmente privados. A maioria possui benefícios mistos. Os bens que apenas parcialmente atingem um ou ambos os critérios de definição são denominados bens públicos impuros. Porque os bens impuros são mais comuns do que os do tipo puro, utilizamos o termo "bem público" englobando ambos os bens públicos: os puros e os impuros. Como demonstra esta discussão aqui e as em outros capítulos deste volume, muitas das implicações do caráter público permanecem salientes mesmo quando um bem é apenas parcialmente não rival ou parcialmente não exclusivo. Sendo assim, nosso uso geral do termo "bem público" é uma simplificação útil.

De acordo com essa definição, sugerimos examinar os extremos do contínuo público-privado: o "privado puro" e o "público puro". Até mesmo uma atividade como o consumo de uma refeição nutritiva, que a princípio pode parecer altamente privada, num exame mais próximo possui benefícios públicos. Uma boa refeição aumenta a boa saúde das pessoas, e uma boa saúde aumenta suas capacidades de aquisição de habilidades e de trabalhar de forma produtiva. Isso, por sua vez, beneficia não apenas as pessoas mas também as suas famílias e a sociedade como um todo. Os benefícios imediatos, contudo, são em sua maioria privados.

Os bens públicos impuros encaixam-se em duas categorias. Bens que são não rivais em consumo, mas exclusivos, são bens de clube (Tabela 1; ver também Cornes e Sandler, 1996). Bens que são na maior parte não-exclusivos mas rivais em consumo são recursos de fundo comum (ver G. Hardin, 1968; Wijkman, 1982; Stone, 1993; Cooper, 1994; Carraro e Siniscalco, 1997; Dasgupta, Mäler e Vercelli, 1997; e Sandler, 1997). Bens públicos com um valor de existência são comprados não porque podem ser consumidos, mas porque as pessoas obtêm valor do conhecimento de que o bem existe. A biodiversidade se encaixa nessa classe de bens, assim como a preservação dos monumentos e das artes. Bens meritórios são bens subsidiados pelas políticas porque sua existência ou o seu consumo (como no caso das artes) é altamente valorizado pela comunidade (ver Mead, 1993 e Loomis, 1996).

Externalidades

As externalidades surgem quando um indivíduo ou uma empresa age mas não arca com todos os custos (externalidade negativa) ou todos os benefícios (externalidade positiva; Stiglitz, 1997) de sua ação. Por exemplo, a educação das mulheres tem efeitos positivos na sobrevivência das crianças e na diminuição do crescimento populacional. O despejo de poluentes num rio, em contraste, pode prejudicar a natureza e os seres humanos. Dito de outra maneira, as externalidades são subprodutos de certas atividades — transbordamentos para a esfera pública. Cornes e Sandler (1996, p. 6) argumentam que os bens públicos, notadamente os bens públicos puros, "podem ser considerados casos especiais de externalidades".

TABELA 1

Bens privados e públicos

	Rival	*Não rival*
Exclusivo	Bem privado	Rede de Conexão Bem de clube (em sua maioria, não rivais dentro do clube)
Não exclusivo	Bem sujeito ao congestionamento ou ao esgotamento ainda assim acessível a todos Alguns são comuns globais (a órbita geoestacionária)	Bem público puro Valor de existência Alguns são comuns globais (o alto-mar, a camada de ozônio)

Nota: Os bens públicos aparecem na área reticulada.

A discussão precedente levanta a questão do que é positivo e do que é negativo. Para os economistas, as externalidades positivas e negativas são distinguidas por suas utilidades positivas ou negativas para terceiros. Sendo assim, aqui reservaremos o termo "bem público" aos bens e atividades com utilidade positiva, incluindo externalidades positivas. Se uma inconveniência estiver envolvida, usaremos o termo "mal público".

Conquanto a utilidade e a inconveniência sejam noções comumente aceitas, ignoram a questão de priorização. Nos níveis regional, nacional e global, a maioria dos julgamentos acerca do que é desejável pode tão só resultar de um processo político, dadas as tremendas disparidades nas condições de vida e nos sistemas de valores existentes dentro dos países, quanto mais no mundo. Assim, uma régua de medição tem de ser encontrada dentro do consenso existente das políticas. Por exemplo, se a sociedade valoriza o conhecimento, uma biblioteca poderia ser considerada um bem de grande utilidade positiva. Outras comunidades, contudo, podem preferir gastar seus recursos em estradas. Igualmente, a priorização existe de fato na criação de políticas globais. Deve ser tornada transparente e participativa.

Problemas de fornecimento de bens públicos

Por serem não rivais em consumo e não exclusivos, os bens públicos normalmente enfrentam problemas de fornecimento, assim, com frequência são mencionados como um caso de falha de mercado (ver Bator, 1958; Davis e Hulett, 1977; e Malinvaud, Milleron e Sen, 1998). Esses bens provocam padrões de comportamento que, do ponto de vista do agente individual, são bastante lógicos. De um ponto de vista coletivo, todavia — como o de uma comunidade regional, uma nação ou a humanidade como um todo —, o resultado fica aquém do ótimo e pode ser desastroso. Os dois principais problemas que afetam o fornecimento dos bens públicos são conhecidos na literatura como "a carona" e o "dilema do prisioneiro".

O PROBLEMA DA CARONA. Como mencionado, Hume primeiro descreveu o fenômeno da carona nos meados do século XVIII. Em sua opinião, a conquista da cooperação de mil cidadãos que reunidos trabalhariam pelo bem comum fracassaria devido ao incentivo de um indivíduo de "desvencilhar-se do trabalho e dos custos, e (...) colocar toda a carga sobre os outros" (Hume, 1961, p. 478). Garrett Hardin reprisou o problema em seu conhecido ensaio "The Tragedy of the Commons" (A tragédia dos comuns). Em sua formulação, os pastores compartilhando um pasto comum estão "presos em um sistema que compele (cada um) a aumentar o seu rebanho ilimitadamente" (G. Hardin, 1968, p. 1244), portanto levando a um consumo desmedido do pasto e à degradação do solo. Olson (1971, p. 113) argumenta que mesmo o altruísmo ou um propósito comum não superariam o poderoso incentivo de evitar-se contribuir com recursos pessoais aos esforços comuns. As pessoas podem temer que indicar um interesse, digamos, por estradas melhores, também as prenderá a terem de pagar a conta. Qualquer que seja a razão, a tentação de pegar carona, usufruir de um bem sem desembolso, ou de simplesmente não exprimirmos nossas preferências, envia sinais enganosos aos fornecedores. Como resultado a oferta e a demanda não conseguem encontrar um equilíbrio, os bens públicos são insuficientemente fornecidos e as alocações de recursos ficam abaixo do ótimo.

Os mercados funcionam bem no fornecimento de bens privados. Para o provimento de bens públicos, porém, precisamos de mecanismos adicionais, tais como a cooperação. Contudo, como veremos a seguir, é mais fácil falar-se em cooperação do que realizá-la.

O Dilema do Prisioneiro. Na teoria do jogo o dilema do prisioneiro descreve uma situação na qual a ausência de informação impede a colaboração entre dois prisioneiros (ver R. Hardin, 1971; Brams, 1973; Riker e Ordeshook, 1973; Kimber, 1981; Conybeare, 1984; e Oye, 1986). Os prisioneiros são mantidos em celas separadas e portanto não são capazes de combinar uma história comum em suas defesas. Assim, cada prisioneiro deve sozinho escolher a melhor estratégia para lidar com a polícia: negar o crime ou confessá-lo. Seus promotores, entrementes, explicam desse modo as punições: se ambos os prisioneiros negarem o crime, cada um será condenado a um ano de prisão por uma acusação menor que pode ser provada sem confissão. Se um confessar e o outro negar, aquele que colaborar será recompensado com a liberdade, ao passo que o outro será condenado a cinco anos de cadeia pelo crime e pela mentira. Se ambos confessarem, os dois cumprirão uma sentença reduzida de três anos.

O prisioneiro A logo se dá conta de que não importa a escolha do prisioneiro B (negação ou confissão), ele sempre se sairá melhor se confessar o crime. Se o prisioneiro B negar o crime, o prisioneiro A sairá impune por ter confessado. Se o prisioneiro B confessar, o prisioneiro A enfrentará três anos de prisão se também confessá-lo, e cinco se negá-lo. Sendo assim, o prisioneiro A confessará. O prisioneiro B, com essas mesmas escolhas, também confessará. Resultado: ambos os prisioneiros confessarão o crime e cada um cumprirá três anos de prisão (Tabela 2).

O "dilema" do prisioneiro surge do fato de que ambos estariam melhor com a cooperação — negando o crime — do que com a defecção — confessando-o. Se pudessem manter-se em silêncio, cada um cumpriria apenas um ano em vez de três. Não podendo comunicar-se, e portanto não tendo a oportunidade de colaborar em proveito mútuo, ambos saem perdendo, cumprindo um total de seis anos detrás das grades em vez de apenas dois. Os quatro anos extras de punição representam a perda acumulada para os dois prisioneiros como resultado da incapacidade de criarem um resultado cooperativo para si mesmos.

CONCEITOS

O dilema do prisioneiro é de grande interesse aos estudantes de relações internacionais e de outras áreas de conflito e cooperação pois representa, em termos simples, muitas situações da vida real na qual duas ou mais partes enfrentam similares incentivos para "desertar" de uma participação a não ser que sejam estabelecidos mecanismos facilitando a comunicação e gerando a confiança. Um exemplo real são os padrões trabalhistas. Na ausência de fóruns de negociação que abranjam toda a indústria, as empresas individuais que desejem melhorar suas condições de trabalho teriam de agir isoladamente. Provavelmente, relutariam em melhorar suas condições de trabalho, alegando um aumento nos custos que poria em risco sua competitividade. Como resultado, empresa alguma melhoraria suas condições de trabalho. De fato, sob pressões competitivas, surge um incentivo perverso de reduzirem-se os padrões trabalhistas, ainda que muitas — ou a maioria — das empresas preferissem aumentar os seus padrões. Vemos assim, em um caso prático, como a ausência da comunicação e da capacidade de se combinar uma estratégia comum podem conduzir a uma estratégia com resultados abaixo do ótimo — embora cada empresa agisse racionalmente, segundo o seu próprio ponto de vista.

TABELA 2

O dilema do prisioneiro

		Prisioneiro A	
		Nega	Confessa
Prisioneiro B	Nega	A e B, cada um, recebem 1 ano	A recebe 0 ano, B recebe 5 anos
	Confessa	A recebe 5 anos, B recebe 0 ano	A e B, cada um, servem 3 anos

Num contexto nacional a solução para as falhas do mercado e os problemas da ação coletiva é, com frequência, trazer o Estado para melhorar as condições de cooperação, entre outros modos, estabelecendo novos ou mais claros direitos de propriedade, determinando normas e padrões ou proporcionando incentivos fiscais. Em alguns casos o poder coercivo do governo produz ótimos resultados socialmente. Em muitas outras instâncias o Estado desempenha um papel catalítico essencial. Não obstante, a oferta de bens públicos também sofre de falhas estatais, tais como a busca de rentabilidade por parte dos criadores de políticas e burocratas, as parcialidades no gasto público em favor de segmentos influentes da população ou os impasses políticos entre grupos de interesse concorrentes (Olson, 1971; ver também Strange, 1996 e

Banco Mundial, 1997). Desta forma os bens públicos com frequência enfrentam um risco duplo: uma falha do mercado acrescida de uma falha do governo. Em tais casos, a cooperação é quase sempre incitada pela defesa da sociedade civil de um interesse público (como o controle da poluição) ou pela ameaça de um desastre iminente ou presente (tal como a "tragédia dos comuns").

LEVANDO OS BENS PÚBLICOS AO NÍVEL GLOBAL

A suposição alinhavando tacitamente a discussão precedente, assim como outras discussões desse tema, é que os bens públicos têm caráter nacional. Até recentemente essa suposição poderia ser defendida em muitos, se não na maioria, dos casos. Mas hoje em dia os bens públicos internacionais, e particularmente os globais, estão tornando-se mais centrais ao bem-estar nacional e individual. Pertencentes à classe dos males públicos, se incluem os exemplos das crises bancárias (que com frequência produzem efeitos em série pelo mundo), dos crimes e fraudes na Internet, e dos riscos à saúde acrescidos devido ao aumento do comércio e do turismo, mas também das práticas difundidas pelo mundo do abuso das drogas e do fumo. Entre os bens públicos, um exemplo marcante é o número em rápido crescimento de regimes internacionais fornecendo estruturas comuns para o transporte e a comunicação internacionais, o comércio, a taxação harmoniosa, as políticas monetárias, a governança e muito mais. Na maioria, se não em todas essas áreas, as questões de políticas que tradicionalmente eram resolvidas no nível interno estão agora sujeitas ao escrutínio e à coordenação internacionais.

Este não é o lugar de examinarmos por que os bens e os males públicos se globalizam; deixamos esse assunto para os outros capítulos deste volume. O que aqui importa é de fato repensarmos, sob uma perspectiva global, as características de um bem público — ou seja, suas qualidades não rivais e não exclusivas. A questão principal a ser esclarecida é a de quais os critérios a serem usados na identificação de um bem público global. De particular importância, a questão de quem deveriam ser os beneficiários — o *publicum* — de um bem público de modo que se qualifique como global. Essa é uma questão importante porque vivemos em um mundo altamente dividido e iníquo onde alguns atores são mais influentes do que outros na determinação da agenda de políticas públicas e onde alguns bens, mesmo bens supostamente públicos, são mais facilmente acessíveis a uns do que a outros. Responder a questão do beneficiário e avaliar o caráter público de um bem irão, além do mais, auxiliar na análise — e na correção — dos problemas do fornecimento. Por exemplo, pode proporcionar pistas de quem possivelmente pega carona em quem e precisa de incentivos para cooperar. Um conceito de bens públicos globais é crucial para uma política pública eficaz sob as crescentes condições de abertura econômica e interdependência entre os países. Como mencionado, o conceito de "bem público global" não recebeu muita atenção, apesar da rápida proliferação da literatura sobre a globalização e seus efeitos na criação de políticas nacional (ver Kindleberger, 1986; Streeten, 1995; e Sandler, 1998).

Identificando o público global

A despeito do desaparecimento da divisão Leste-Oeste ao final dos anos 1980 e da crescente abertura econômica e integração do mercado, o mundo continua a ser marcado por agudas disparidades e nítidas linhas divisoras. Sendo assim, não é nenhum assunto simples determinar-se o alcance que um bem público deveria apresentar para se qualificar como global. Três divisões aparentam ser de significado especial em nosso contexto — a saber, a divisão das populações mundiais em países, em grupos socioeconômicos e em gerações.

PAÍSES. Estados-nação formam elementos centrais de importância na comunidade internacional. Desde a Paz de Westfália em 1648, os Estados-nação têm desfrutado de soberania política formal e desempenhado papel-chave dando forma à atividade humana — econômica, social, cultural e política — dentro de suas fronteiras. Por variadas razões e intenções, os Estados (países) formam grupos como os fóruns regionais (por exemplo, na Ásia, na América Latina, na África Subsaariana ou na Europa), os blocos de comércio (como o Acordo de Livre Comércio da América do Norte (Nafta), ou o Mercado Comum do Sul, o Mercosul), as alianças para a defesa (como a Otan) e os clubes (como a Organização para Cooperação e Desenvolvimento Econômico, (G-7) ou G-77).

Portanto, um primeiro requisito para um bem público comum é que se estenda a mais de um grupo de países. Se um bem público se aplicasse apenas a uma região geográfica — digamos, a América do Sul — seria um bem público regional, e possivelmente um bem de clube (ou seja, um bem com benefícios exclusivos).

GRUPOS SOCIOECONÔMICOS. Como as análises das tendências do desenvolvimento humano nos últimos 50 anos demonstraram, as disparidades socioeconômicas crescem tanto entre os países quanto dentro deles (UNDP, 1998). Os ricos se tornam mais ricos e os pobres mais pobres, não apenas em termos de renda mas também em muitos outros aspectos, incluindo o acesso ao conhecimento, à informação e à tecnologia. Ser rico ou pobre não é só uma questão de ser um cidadão de um país pobre ou de um país rico. Antes, a riqueza e a privação existem lado a lado, tanto nos países mais pobres quanto nos mais ricos. Assim, mesmo um bem público apresentando benefícios difundidos mundialmente, no sentido de que alcança a todas as nações (ou ao menos, a um grande número de nações pertencentes a diferentes grupos de países), seus benefícios podem ser acessíveis tão só a um segmento mais rico da população, marginalizando ainda mais ao pobre.

A Internet, por exemplo, ocasiona um tal risco porque tem um custo alto de acesso (os custos de um computador, de uma linha telefônica, e algumas vezes o pagamento pelos serviços de um provedor). De modo semelhante, males públicos globais, tais como a malária ou a tuberculose, se ficarem sem atenção, com frequência prejudicam mais aos pobres do que aos ricos. Isso porque o pobre pode não ter recursos para o tratamento ou proteção médica ou porque, com frequência, o único recurso de um pobre é a sua saúde ou força física. Mas o mundo não se divide só em termos de renda. A etnia, o sexo, a religião, as afiliações políticas e outros fatores também separam as pessoas. Então, para um bem público ser global, os seus benefícios devem alcançar não só um amplo espectro de países mas também um amplo espectro da população global.

Gerações. Os dois pontos anteriores sugerem que, no plano ideal, a humanidade como um todo deveria ser a beneficiária dos bens públicos globais. Mas a vida de um indivíduo é limitada. Assim, é importante especificarmos qual geração temos em mente quando dizemos "humanidade". O movimento ambiental nos relembrou da importância de uma perspectiva de longo termo. Como argumenta o relatório da Comissão Brundtland, *Our Common Future* (Comissão Mundial sobre o Meio Ambiente e o Desenvolvimento 1987, p. 43), um desenvolvimento sustentável é um "desenvolvimento que supre as necessidades do presente sem comprometer a capacidade das gerações futuras de suprirem suas próprias necessidades". Essa definição de sustentabilidade se aplica não só à dívida ambiental (isto é, aos danos irreversíveis aos recursos naturais) mas também às dívidas financeiras e de outros tipos. Qualquer tipo de uso coletivo envolvendo o futuro levanta questões de equidade entre gerações.

Alguns autores, inclusive Sandler neste livro, traçam uma distinção entre os bens públicos globais intrageracionais e os bens públicos intergeracionais. Como Sandler observa, com frequência nos defrontamos com os ganhos e perdas desses dois tipos de bens. Um de seus exemplos é a energia nuclear: pode aumentar a disponibilidade de energia para as gerações da atualidade, mas acaba por criar o lixo nuclear. Sendo assim, acreditamos que os transbordamentos intergeracionais devem ser incluídos na definição geral de um bem público. Portanto, a terceira marca qualificadora de um bem público global é que supra as necessidades das gerações atuais sem impedir as das gerações futuras.

A definição de um bem público global aqui sugerida é exigente. Descreve o tipo ideal de bem público global. Mas, como observado, um bem público puro é raro — e também um bem público *global* puro. Mantendo isso em mente, um modo prático de resumirmos a discussão precedente é oferecermos uma definição máxima de um bem público global puro e uma definição mínima de um bem público global impuro. Um bem público global puro é marcado por sua universalidade — ou seja, beneficia a todos os países, pessoas e gerações. Um bem público global impuro tenderia para a universalidade em que beneficiaria mais do que um grupo de países, e não discriminaria entre qualquer segmento populacional ou conjunto de gerações.

Da mesma maneira que usamos a expressão "bem público" para denotar bens públicos puros e impuros, usaremos a expressão "bem público global" para denotar tanto os impuros quanto os puros bens públicos globais. A justificativa é, ainda uma vez, de ordem prática: ambos os tipos de bens públicos globais apresentam desafios semelhantes para a criação de políticas. O principal entre eles é a questão repetidamente levantada na literatura acerca das relações internacionais e a cooperação: na esfera internacional, onde não há um governo, como se produzem os bens públicos? (Ver Kindleberger, 1986).

Diferenciando os bens públicos globais dos não globais

Nossa noção de global não é meramente geográfica — ou seja, global como o oposto de local, nacional ou regional. Mais propriamente, é multidimensional, incluindo, além da dimensão geográfica, uma dimensão sociológica e temporal. Escolhemos essa definição multidimensional para fazer justiça às complexidades do mundo real. O resultado, porém, é uma definição mais complexa. Assim, é útil refletirmos não apenas sobre o que é um bem público global mas também sobre quais os tipos de bens que não se qualificariam como tal.

Claramente, se um bem público beneficiasse a um só país ou região, não seria global, mas sim nacional ou regional. Nessa linha, o serviço de segurança empreendido pela Otan durante a Guerra Fria para os países do bloco ocidental foi um bem público para a aliança ou, em termos mais gerais, um bem de clube. E se um plano de investimento multilateral rendesse benefícios exclusivamente aos investidores internacionais privados, seria um bem de clube de âmbito mundial, possivelmente mesmo um bem privado — mas não um bem global, segundo a nossa definição.

Por outro lado, um programa para aliviar a pobreza da África Subsaariana poderia ser um bem público global se, suprindo as necessidades das populações locais, também contribuísse à prevenção de conflitos e à paz internacional, diminuísse a degradação ambiental de consequências potencialmente internacionais e melhorasse as condições de saúde globais. Em contraste, as doações às vítimas de catástrofes são redistribuições voluntárias de bens privados, de um proprietário a outro, motivadas basicamente pela empatia, em vez de por interesses globais. As transferências privadas e o fornecimento de bens públicos não necessariamente diferem em um sentido moral ou ético. Apenas possuem características técnicas diferentes: a (não) rivalidade e a (não) exclusão.

Todas essas considerações demonstram que é importante nos guardarmos de uma apressada categorização dos bens públicos como globais ou não globais. Uma decisão sobre essa questão requer uma avaliação cuidadosa e uma análise de seu impacto, assim como um diálogo participativo acerca de suas políticas entre todos os atores e beneficiários envolvidos.

Uma tipologia de bens públicos globais

Já diferenciamos os bens públicos globais puros e impuros. A seguir iremos agrupar os bens públicos globais segundo um outro critério, a saber, sua posição na cadeia de produção. Aqui sugerimos uma distinção entre os bens públicos globais finais e os intermediários.

- Bens públicos globais finais são mais resultados do que "bens" no sentido usual. Podem ser tangíveis (como o meio ambiente ou o patrimônio comum da humanidade) ou intangíveis (como a paz ou a estabilidade financeira).
- Bens públicos globais intermediários, tais como os regimes internacionais, contribuem para o fornecimento dos bens públicos globais finais. Observe que bens públicos globais, tais como o crescimento econômico, surgem de uma mistura de contribuições públicas e privadas.

Outra vez, essa distinção apresenta significativa relevância para as políticas. Para ilustrá-la: um acordo sobre a redução do clorofluorcarbono (CFC) não é intrinsecamente um bem. A conquista desse objetivo — como um produto intermediário — importa principalmente em termos do bem final, uma camada de ozônio intacta. Em geral, o caráter público do bem final importa mais e pode dar margem à inatividade coletiva internacional. Normalmente, os bens públicos globais são resultantes de diversas atividades, privadas e públicas. O propósito de se identificarem os bens públicos globais intermediários é enfatizar a área, ou as áreas, onde a intervenção pública internacional pode se fazer necessária de modo a proporcionar um bem público global em particular. Para ficarmos com o exemplo da camada de ozônio, o bem público global intermediário necessário poderia ser um acordo tal como o do Protocolo de Montreal.

Talvez os mais importantes bens públicos intermediários sejam os regimes internacionais. Tais regimes proporcionam a base para muitos outros produtos intermediários com benefícios públicos globais — incluindo-se, por exemplo, os sistemas de vigilância internacional, a infraestrutura internacional ou os programas de assistên-

CONCEITOS

cia financeira internacionais. Os regimes internacionais assumem formas diferentes que podem estar intimamente relacionadas, mas que podem, não obstante, ser distinguidas:

- Acordos internacionais são declarações de compromisso geralmente determinando prioridades políticas, princípios, normas ou padrões, assim como procedimentos e obrigações de criação de políticas.
- Organizações são órgãos ou mecanismos, normalmente resultando de acordos internacionais, visando, entre outras coisas, facilitar as consultas e as negociações entre as partes envolvidas, monitorar a obediência aos tratados e proporcionar outros tipos de informação, ou desempenhar atividades operacionais (para mais detalhes sobre regimes internacionais, ver Keohane, 1984; Krasner, 1986; e Ruggie, 1993).

Entre as organizações internacionais, há uma distinção daquelas que apoiam as consultas e as negociações, aquelas destinadas a proporcionar informação vital aos Estados através do monitoramento e da vigilância, e aquelas dedicadas às atividades operacionais. Um número crescente de acordos internacionais requer acompanhamento operacional em nível de país.

Os regimes internacionais se estendem a uma gama de atividades cada vez maiores, desde os transportes e as comunicações até a saúde, o meio ambiente, a demografia, os sistemas judiciais, os direitos humanos e a política macroeconômica. Ainda que muitos regimes globais sejam intergovernamentais por natureza, as organizações internacionais da sociedade civil e o setor privado desempenham um crescente papel na determinação internacional das normas e padrões assim como nas atividades operacionais internacionais. Basta lembrarmos das organizações internacionais para os direitos humanos, tais como a Anistia Internacional ou a Human Rights Watch, ou das organizações humanitárias, tais como a Cruz Vermelha ou os Médicos sem Fronteiras. Um outro exemplo é a International Standards Organization (ISO), uma parceria pública-privada.

Os benefícios da construção de um regime global são o aumento da previsibilidade nas relações internacionais e nas atividades além-fronteiras, que reduzem os riscos de conflitos e mal-entendidos. Como resultado os custos transacionais diminuem, encorajando a cooperação e melhorando a eficiência. Em alguns casos os regimes internacionais ajudam a promover — ou restaurar — o universalismo, como no reconhecimento universal dos direitos humanos básicos, inclusive os direitos das mulheres.

Contudo, como Olson (1973, p. 873) observa, "o desejo de paz... de arranjos financeiros bem-orquestrados no comércio multilateral, de avanços no conhecimento básico, e de um planeta ecologicamente viável são hoje virtualmente universais, ainda assim, esses bens coletivos são fornecidos apenas esporadicamente ou de forma escassa". Na seção seguinte oferecemos algumas explicações para essa inação e esse suprimento insuficiente de bens públicos globais.

Os problemas de suprimento de bens públicos globais

Os bens públicos se definem essencialmente pela existência de problemas de provisão; por sua natureza, não podem com facilidade ser supridos pela "mão invisível" do mercado. Examinando a questão do comércio internacional do ponto de vista dos bens públicos, Conybeare (1984, p. 7) observa que "no jogo do bem público o grau de baixo valor ótimo é normalmente considerado em função da medida em que as qualidades públicas estão presentes e do número de seus beneficiários". Como já mencionado, os bens públicos globais podem variar em suas qualidades de não rivalidade e não exclusão. A esse respeito, não são diferentes de qualquer outro bem público. Em termos de beneficiários, contudo, a maioria dos bens públicos globais de fato variam dos outros bens públicos: seus grupos de beneficiários tendem a ser bastante numerosos, com frequência atingindo bilhões. Como consequência, os beneficiários de bens públicos globais são mais variados, incluindo-se países em desenvolvimento e países industrializados, pobres e ricos, e povos de culturas diferentes vivendo em ecossistemas diferentes e vindo de diferentes ambientes históricos. Portanto, devemos esperar que os interesses e preocupações variem e que a cooperação não seja de fácil conquista devido em parte às diferenças nas prioridades de políticas e outras preferências — talvez, com frequência, apenas decorrentes de uma ausência de informação e de compreensão e confiança mútua.

É certo que bilhões de pessoas não negociam diretamente umas com as outras. Em muitas instâncias seus governos o fazem em seu nome, reduzindo o número de participantes nas negociações para cerca de 185 — ainda assim um grupo de difícil manejo na criação de acordos de cooperação. Mas como Cooper e outros (1989) e Putnam (1988) salientam, negociações intergovernamentais são em geral processos de duas etapas. Ainda que negociem uns com os outros internacionalmente, os governos também têm de consultar seus diversos eleitorados em casa sobre os emergentes compromissos ou as outras propostas na mesa de negociações. Essa necessidade automaticamente multiplica o número de participantes envolvidas em qualquer negociação. Ademais, como demonstram vários capítulos deste livro, as negociações intergovernamentais cada vez mais recebem um escrutínio atento da sociedade civil internacional, portanto, as organizações não governamentais (ONGs) são um outro fator que devemos levar em conta. Também o são as organizações internacionais dos negócios, tais como as Câmaras Internacionais de Comércio, assim como as multinacionais e outras corporações. Dado o grande número de participantes e beneficiários e a tremenda incerteza que resulta de suas presenças (acrescidas às incertezas técnicas que com frequência cercam as questões sob negociação), só podemos esperar que problemas de ação coletiva abundem, tais como o carona ou o dilema do prisioneiro.

Além do mais, como explicado por Martin neste livro, os Estados se comportam internacionalmente como atores privados, motivados por interesses nacionais. Essa tendência levanta a questão de quem se posicionará em nível global para cortar o nó górdio da inação coletiva. Em nível nacional esse papel é assumido pelo Estado, embora as falhas estatais a esse respeito também ocorram domesticamente. Globalmente, contudo, o risco de falhas "estatais" é sistêmico devido à ausência de uma soberania global. Essa ausência torna ainda mais importante examinarmos o papel dos atores não estatais no fornecimento dos bens públicos globais.

A despeito dessas dificuldades, que potencialmente poderiam impedir a oferta de bens públicos globais, há um impressionante — e crescente — volume de regimes nacionais, assim como muitos outros exemplos de cooperação internacional, bem-sucedidos.

Conclusão

No mundo em rápida globalização de hoje, o bem-estar das pessoas depende de alcançarmos um equilíbrio cuidadoso não somente entre os bens privados e públicos mas também entre os bens domésticos, regionais e globais. Assim é importante termos uma definição e uma compreensão claras dos bens públicos globais.

Definimos os bens públicos globais como resultados (ou produtos intermediários) que tendem para a universalidade no sentido de que beneficiam a todos os países, grupos populacionais e gerações. No mínimo, um bem público global atingiria os seguintes critérios: os seus benefícios se estendem a mais de um grupo de países e não discriminam a nenhum grupo populacional nem qualquer conjunto de gerações, atuais ou futuras.

Nossa discussão demonstrou que em um mundo imensamente dividido, os bens públicos globais levantam a conhecida questão de como garantirmos o seu fornecimento, dado que internacionalmente não haja um equivalente de uma instituição nacional de governo. Mas os bens públicos globais também levantam duas outras questões: quem define a agenda política, e portanto as prioridades de alocação de recursos? E quem determina se os bens públicos globais são de fato acessíveis a todos os grupos populacionais? Ambas essas questões — priorização e acesso — são áreas importantes para as pesquisas futuras e os debates de políticas.

Notas

As opiniões aqui apresentadas são inteiramente dos autores e não necessariamente da instituição à qual se afiliam.

1. Esta definição da distribuição dos benefícios dos bens públicos globais relacionada às gerações se funda na definição de desenvolvimento sustentável oferecida pela Comissão Mundial sobre o Meio Ambiente e o Desenvolvimento (Comissão Brundtland) (1987).
2. Uma descrição inicial de bens públicos foi feita pelos economistas Knut Wicksell e Erik Lindhal no período entreguerras. Economistas italianos (tais como Francesco Ferrara) nas décadas de 1850 e 1860 foram pioneiros. Muitos desses clássicos iniciais foram traduzidos e apresentados em Musgrave e Peacock (1959). Para leitores da língua inglesa, textos clássicos acerca dos bens públicos incluem Musgrave (1959), Samuelson (1954) e Buchanan (1968).

Referências Bibliográficas

Banco Mundial. 1997. *World Development Report 1997: The State in a Changing World.* Nova York: Oxford University Press.

Bator, Francis M. 1958. "Anatomy of Market Failure". *Quarterly Journal of Economic* 72: 351-79.

Brams, Steven. 1973. *Game Theory and Politics.* Nova York: MacMillan.

Buchanan, James. 1968. *The Demand and Supply of Public Goods.* Chicago: Rand MacNally.

Carraro, Carlo, e Domenico Siniscalco, org., 1997. *New Directions in the Economic Theory of Environment.* Nova York: Cambridge University Press.

Comissão Mundial sobre o Meio Ambiente e o Desenvolvimento (Comissão Brundtland). 1987. *Our Common Future.* Nova York: Oxford University Press.

Conybeare, John A. C. 1984. "Public Goods, Prisoner's Dilemmas and the International Political Economy". *International Studies Quarterly* 28: 5-22.

Cooper, Richard N. 1994. *Environment and Resource Policies for the World Economy.* Washington, DC: Brookings Institution.

Cooper, Richard N., et al. 1989. *Can Nations Agree? Issues in International Economic Cooperation.* Washington, DC: Brookings Institution.

Cornes, Richard, e Todd Sandler. 1996. *The Theory of Externalities, Public Goods and Club Goods.* 2ª ed. Cambridge: Cambridge University Press.

Cowen, Tyler. 1992. "Law As a Public Good". *Economics and Philosophy* 8: 249-67.

Dasgupta, Partha, Karl-Göran Mäler e Alessandro Vercelli, org., 1997. *The Economics of Transnational Commons.* Nova York: Oxford University Press.

Davis, J. Ronnie, e Joe R. Hulett. 1977. *An Analysis of Market Failure: Externalities, Public Goods, and Mixed Goods.* Gainesville: University Press of Florida.

Hardin, Garret. 1968. "The Tragedy of Commons". *Science* 162: 1243-48.

CONCEITOS

Hardin, Russell. 1971. "Collective Action As an Agreeable n-Prisoner's Dilemma". *Behavioral Science* 16: 472-81.

Hume, David. 1961 [1739]. *A Treatise of Human Nature*. Garden City, NJ: Dolphin Books.

Jervis, Robert. 1988. "Realism, Game Theory and Cooperation". *World Politics* 15(3).

Keohane, Robert. 1984. *After Hegemony: Cooperation and Discord in the World Political Economy*. Princeton, NJ: Princeton University Press.

Kimber, Richard. 1981. "Collective Action and the Fallacy of the Liberal Fallacy". *World Politics* 33: 178-96.

Kindleberger, Charles P. 1986. "International Public Goods without International Government". *American Economic Review* 76(1): 1-13.

Krasner, Stephen D. 1986. *International Regimes*. Ithaca, NY e Londres: Cornell University Press.

Loomis, John B. 1996. "How Large Is the Extent of the Market for Public Goods: Evidence From a Nationwide Contingent Valuation Survey". *Applied Economics* 28: 779-82.

Malinvaud, Edmond, Jean-Claude Milleron e Amartya K. Sen, org., 1998. *Development Strategy and the Market Economy*. Nova York: Oxford University Press.

Mead, Walter J. 1993. "Review and Analysis of Recent State-of-the-Art Contingent Valuation Studies". Em Jerry A. Hausman, org., *Contingent Valuation: A Critical Assessment*. Amsterdam: North Holland Press.

Mendez, Ruben P. 1997. "War and Peace from a Perspective of International Public Economics". Em Jürgen Brauer e William Gissy, org., *Economics of Peace and Conflit*. Aldershot, UK: Avebury.

Musgrave, Richard A., e Alan T. Peacock, org. 1959. *Classics in the Theory of Public Finance*. Londres: Macmillan.

Olson, Mancur. 1971. *The Logic of Collective Action*. Cambridge, MA: Harvard University Press.

———. 1973 "Increasing the Incentives for International Cooperation". *International Organization* 27(2): 866-74.

Oye, Kenneth, org. 1986. *Cooperation under Anarchy*. Princeton, NJ: Princeton University Press.

UNDP (Programa das Nações Unidas para o Desenvolvimento). 1998. *Human Development Report 1998*. Nova York: Oxford University Press.

Putnam, Robert. 1988. "Diplomacy and Domestic Politics: The Logic of Two-Level Games". *International Organization* 42(3): 427-60.

Riker, William H., e Peter C. Ordeshook. 1973. *An Introduction to Positive Political Theory*. Englewood Cliffs, NJ: Prentice Hall.

Ruggie, John Gerard, ed. 1993. *Multilateralism Matters: The Theory and Praxis of an Institutional Form*. Nova York: Columbia University Press.

Samuelson, Paul A. 1954. "The Pure Theory of Public Expenditure". *Review of Economics and Statistics* 11: 387-89.

Sandler, Todd. 1997. *Global Challenges*. Cambridge: Cambridge University Press.

———. 1998. "Global and Regional Public Goods: A Prognosis for Collective Action". *Fiscal Studies* 19(1): 221-47.

Shmanske, Stephen. 1991. *Public Goods, Mixed Goods, and Monopolistic Competition*. College Station: Texas A & M University Press.

Smith, Adam. 1993. [1776]. *Inquiry into the Nature e Causes of the Wealth of Nations*. Nova York: Oxford University Press.

Stiglitz, Joseph E. 1997. *Economics*. 2ª ed. Nova York: W. W. Norton.

Stone, Christopher D. 1993. *The Gnat Is Older than Man: Global Environment and the Human Agenda*. Princeton, NJ: Princeton University Press.

Strange, Susan. 1996. *The Retreat of the State*. Cambridge: Cambridge University Press.

Streeten, Paul. 1995. *Thinking About Development*. Cambridge e Nova York: Cambridge University Press.

Wijkman, Per Magnus. 1982. "Managing the Global Commons". *International Organization* 36(3): 511-35.

BENS PÚBLICOS INTERGERACIONAIS
Estratégias, Eficiência e Instituições

TODD SANDLER

Vivemos em um "admirável mundo novo" onde as decisões hoje tomadas acerca da alocação dos bens públicos podem gerar consequências que transpõem as fronteiras das políticas e das gerações. Embora os aspectos internacionais dos bens públicos tenham recebido considerável atenção nos últimos anos, em particular os concernentes às atividades ambientais,[1] os bens públicos intergeracionais têm recebido atenção relativamente escassa.[2] Um bem público puro (ou mal público puro) intergeracional gera benefícios (ou custos) não rivais e não exclusivos dentro e entre gerações. Por exemplo, uma medicina de engenharia genética que cure os cânceres pode beneficiar pessoas em todo o mundo pelo período de vida da geração da descoberta e por gerações vindouras. Igualmente, uma perda na biodiversidade pode trazer consequências globais desfavoráveis às gerações atuais e a todas as gerações subsequentes. Outros bens públicos intergeracionais incluem a erradicação das doenças, o refreamento do aquecimento global, a limitação da degradação na camada de ozônio, a preservação da cultura, a coibição dos conflitos étnicos e a criação de normas culturais. No caso dos conflitos étnicos, as atrocidades cometidas por uma geração podem causar ódios que alimentam conflitos por gerações e gerações, como se evidencia na Bósnia, no Kosovo, no Norte da Irlanda, em partes do Oriente Médio e em algumas áreas da África. Normas culturais e leis promovendo um comportamento cooperativo dentro ou entre gerações podem trazer imensos benefícios intergeracionais.

Embora seja tentador aplicarmos usuais medidas de reparação dos problemas dos bens públicos transnacionais aos problemas dos bens públicos transgeracionais, essa não é necessariamente uma solução eficaz. Por exemplo, adotarmos uma maior cooperação transnacional pode exacerbar a ineficiência intergeracional caso essa cooperação conduza a um fornecimento ainda maior de alguma atividade que beneficie a geração atual à custa das gerações futuras (John e Pecchenino, 1997; Sandler, 1978). Portanto, a expansão da energia nuclear por meio da cooperação internacional melhora o bem-estar contemporâneo mas cria um problema ainda maior de contenção de resíduos nucleares para as gerações futuras. Do mesmo modo, a ajuda internacional visando a desenvolver os recursos naturais de um país para aliviar sua pobreza — como o financiamento pelo Banco Mundial de represas na América do Sul — pode resultar em enormes perdas em biodiversidade, limitando as oportunidades das gerações futuras. Este último exemplo diz respeito a um desenvolvimento sustentável associado a uma preservação do capital natural de modo a manter as oportunidades das gerações futuras.[3]

Outros aspectos que diferenciam as medidas de reparação dos bens públicos transnacionais das medidas de reparação dos bens públicos transgeracionais envolvem a negociação, as interações estratégicas e o planejamento institucional. Para os bens públicos intergeracionais, o caráter sequencial natural das gerações traz implicações profundas ao planejamento das estruturas institucionais e aos tipos de estratagemas que podem ocorrer entre as partes envolvidas. Uma geração anterior pode, por exemplo, tirar partido de sua vantagem de primeira jogadora e pôr o fardo maior de um bem público intergeracional nas costas da geração seguinte. O encadeamento de gerações pode afetar os pontos de ameaça dos negociadores, associados aos fracassos na conquista de um acordo. Quando as instituições são planejadas para corrigir as falhas de mercado vinculadas aos bens públicos transgeracionais, o cálculo dos ganhos líquidos do vínculo depende do resultado na ausência de um acordo. Esse ponto do *status quo* também representa o bem-estar dos participantes, que deve ser melhorado se um arranjo institucional pretende melhorar a vida de todos. Há uma ampla gama de interações estratégicas para os bens públicos intergeracionais posto que os problemas de ação coletiva podem surgir nas nações, entre nações, entre gerações ou entre nações e gerações.

Este capítulo tem cinco propósitos principais. Primeiro, apresenta uma taxonomia dos bens públicos com benefícios cruzando as fronteiras geracionais ou nacionais. Segundo, descreve as implicações para a eficiência econômica de uma variedade de bens públicos que afetam as nações ou gerações. Terceiro, explora os aspectos estratégicos dos bens públicos intergeracionais. Quarto, oferece princípios para o planejamento de arranjos institucionais, intencionados a tratar das preocupações de alocação dos bens públicos transgeracionais. Quinto, aplica a análise por todo o capítulo a casos específicos de bens públicos intergeracionais.

Alguns *insights* sobre políticas derivam desta análise. No plano nacional, é improvável que os tomadores de decisões atinjam os níveis ótimos desses bens públicos. Se uma percepção intergeracional dos transbordamentos de bens públicos for encorajada apenas em um país, então o bem-estar deste país pode até deteriorar com os outros países pegando carona em sua maior perspicácia. Portanto, a cooperação e uma mais aguçada percepção dos transbordamentos devem apresentar uma dimensão tanto internacional quanto intergeracional para que todas as nações saiam ganhando. Se as instituições forem adequadamente planejadas para proporcionar esses bens públicos intergeracionais, então a extensão da percepção dos criadores de políticas em ambas essas dimensões deve ser antecipada. Simples arranjos de clube podem alocar com eficiência recursos para os bens públicos intergeracionais com benefícios exclusivos. Os sistemas de mercado podem operar razoavelmente bem para os bens públicos intergeracionais que apresentem uma grande cota de benefícios específicos a uma nação ou a uma geração. Quando uma intervenção se fizer necessária, as estruturas supranacionais precisam ser planejadas de modo a responder aos custos e benefícios transacionais envolvidos. Vínculos frouxos ou desestruturados, que conservem os custos transacionais, deveriam ser experimentados inicialmente.

UMA TAXONOMIA DE BENS PÚBLICOS

A criação de uma taxonomia dos bens públicos que proporcionam benefícios transpondo nações e gerações impõe a escolha de quais os atributos desses bens enfatizarmos. Duas distinções são essenciais aos bens públicos intergeracionais — a saber, uma distinção entre os transbordamentos de benefícios intrageracionais e os intergeracionais, e uma distinção entre os transbordamentos de benefícios regionais e os globais. A dimensão espacial do bem público determina os relevantes tomadores de decisões — por exemplo, o órgão executivo para os bens públicos nacionais, um planejador social (ou seja, um líder) ou nações individuais para os bens públicos regionais e um órgão mundial ou coletividades regionais para os problemas globais. Se outros atributos não forem considerados, o esquema de classificação 2 x 2 é idêntico ao de Sandler (1997, p. 67-68). O refreamento do aquecimento global se encaixa na categoria de bem público intergeracional pois os gases causadores do efeito estufa (como o dióxido de carbono) permanecem longamente na atmosfera; também se encaixa na categoria global porque o aquecimento atmosférico afeta as temperaturas do mundo todo. Em contraste, a resolução de um incidente terrorista está sujeita a render tão só benefícios públicos localizados para as gerações atuais.

Essa taxonomia inicial pode agora ser estendida. Embora a não rivalidade e a não exclusão possam, elas mesmas, ser associadas com todo um contínuo de categorias, uma abordagem útil é a de nos concentrarmos em, digamos, quatro tipos de bens públicos que afetam a necessidade e a forma das estruturas institucionais visando a corrigir as falhas de mercado. Expandindo a taxonomia 2 x 2 para 16 categorias, listo bens públicos puros, bens públicos impuros, bens de clube e bens públicos com produtos em comum. Para a gama de seus recebedores, os bens públicos puros proporcionam benefícios totalmente não rivais e não exclusivos, ao passo que os bens públicos impuros rendem benefícios parcialmente rivais e/ou parcialmente não exclusivos. Se, digamos, o congestionamento diminui os benefícios de um bem disponíveis às outras pessoas, então esses benefícios são parcialmente rivais. Uma subclasse importante dos bens públicos impuros consiste em bens de clube, os quais possuem benefícios parcialmente rivais que podem ser excluídos. Em nível nacional, os clubes proporcionam uma oportunidade a seus membros de alocarem recursos privadamente para um bem público sem intervenção governamental. Similarmente, as nações podem formar um clube de modo a compartilhar um bem público exclusivo sem a necessidade de uma estrutura de governo supranacional. Assim, a Organização Internacional de Telecomunicações por Satélite (Intelsat), um consórcio privado com nações e empresas como seus membros, opera como um clube compartilhando uma rede de satélites de comunicação transmitindo a maioria dos telefonemas internacionais e redes de televisão. Uma quarta classe inclui atividades de bem público rendendo dois ou mais produtos que variam quanto ao grau do seu caráter público. Por exemplo, uma ajuda externa "casada" pode, ao financiar a infraestrutura de um país em desenvolvimento ou patrocinando o bem-estar de suas populações, render benefícios públicos ao recebedor da ajuda e para o mundo em geral. Como a ajuda está vinculada aos interesses do país doador, espera-se que o doador obtenha um ou mais benefícios específicos do país recebedor por proporcionar a sua doação. Se, por exemplo, ao doador são concedidas bases militares no solo do recebedor, então, tanto benefícios de segurança como de interesse estrangeiro são conferidos ao doador.

A taxonomia de 16 elementos é oferecida na Tabela 1, completa com quatro exemplos de cada tipo. Os bens públicos intrageracionais e os intergeracionais se distinguem por transbordamentos regionais e globais, assim como pelas quatro classes de bens públicos. Já que a supressão de um incêndio proporciona benefícios públicos puramente regionais apenas para a geração atual, é posta no agrupamento de cima, à esquerda, com a poluição das águas continentais, que podem ser despoluídas no espaço de uma geração. O controle de inundações e de doenças de animais são igualmente exemplos de bens públicos puros regionais.

TABELA 1

Taxonomia de bens públicos baseada nas características dos bens

		Público puro	*Público impuro*	*De clube*	*De produtos em comum*
Intrageracionais	Regional	• Supressão de incêndios florestais • Despoluição de águas continentais • Controle de doenças animais • Controle de inundações	• Hidrovias • Rios • Rodovias • Parques locais	• Mercados comuns • Forças para gerenciamento de crises • Rede elétrica • Redes de informação	• Manutenção da paz • Forças militares • Assistência médica • Assistência técnica
	Global	• Despoluição de oceanos • Previsões de tempo • Estações de monitoramento • Corte Mundial	• Alocação do espectro eletromagnético • Transmissões de satélite • Serviço postal • Controle de doenças	• Canais • Corredores aéreos • Internet • Vias de transporte	• Ajuda externa • Socorro em calamidades • Interdição de drogas
Intergeracionais	Regional	• Preservação de pântanos • Limpeza de lagos • Limpeza de lixo tóxico • Redução do descarte de chumbo	• Redução da chuva ácida • Proteção da pesca • Proteção da caça • Redução da emissão de compostos orgânicos voláteis	• Parques nacionais • Sistemas de irrigação • Lagos • Cidades	• Manutenção da paz • Controle de inundações • Organização do Tratado do Atlântico Norte • Normas culturais
	Global	• Proteção da camada de ozônio • Prevenção do aquecimento global • Erradicação de doenças • Criação de conhecimento	• Uso extremado de antibióticos • Pesca oceânica • Proteção da Antártida • Fomentar revoluções	• Parques transnacionais • Órbitas geoestacionárias • Órbitas polares • Barreiras coralinas	• Preservação de florestas tropicais • Colônias espaciais • Nações unidas • Diminuição da pobreza

Na coluna dos bens públicos puros, a despoluição dos oceanos proporciona benefícios com transbordamentos globais para a geração atual. As previsões do tempo sobre o El Niño representam um bem público global porque esse fenômeno afeta grandes porções da terra. Essas previsões são intrageracionais porque um tal fenômeno meteorológico apresenta curta duração. Outras previsões meteorológicas mais localizadas seriam regionais. As estações de monitoramento atmosférico e a Corte Internacional de Justiça representam adicionais bens públicos intrageracionais. Já que a Corte Internacional de Justiça está disponível a todas as nações, concedendo audiência a controvérsias sobre acordos, proporciona benefícios não exclusivos para todo o mundo. A capacidade da Corte de resolver uma controvérsia entre um conjunto de nações não limita sua capacidade de tratar as controvérsias adicionais entre outras nações, portanto seus benefícios são também não rivais.

Alguns bens públicos se enquadram em mais de uma categoria, dependendo de como forem definidos. Os bens públicos puros regionais, intergeracionais, incluem a preservação dos pântanos, a limpeza de lagos, do lixo tóxico, e a redução do descarte de chumbo, ao passo que os bens públicos globais puros, intergeracionais, envolvem interromper a redução na espessura da camada de ozônio, diminuir o aquecimento global, erradicar as doenças e gerar conhecimento. Todos esses exemplos proporcionam benefícios não rivais e não exclusivos. A remoção de um poluente proporciona benefícios a todos que residem na região do transbordamento. Na região do transbordamento, todos recebem os benefícios da despoluição. Se o impacto da remoção da poluição for de duração suficientemente longa, pode beneficiar as gerações futuras.

Na coluna dos bens públicos impuros, os exemplos vão desde as hidrovias, que permitem o transporte local de bens e serviços, até o uso extremado de antibióticos, que afeta o bem-estar das gerações atuais e das futuras. No caso de todos os bens públicos impuros listados, o congestionamento reduz a qualidade dos serviços disponíveis aos usuários com o aumento geral da utilização. Com mais embarcações cruzando as hidrovias, o tempo de tráfego cresce. O barulho e a interferência caracterizam o congestionamento no caso do espectro eletromagnético, pois um aumento na utilização exige bandas de espessuras menores separando os usuários. No caso dos antibióticos ocorre uma forma de congestionamento intertemporal, com o uso acrescido de antibióticos hoje em dia aumentando a probabilidade de as bactérias sobreviventes desenvolverem uma imunidade e decrescendo a eficácia futura dos antibióticos. A chuva ácida é impura porque sua dispersão se baseia na rivalidade espacial — isto é, quanto mais longe está um país da fonte das emissões de enxofre ou de óxido de nitrogênio, menores serão as emissões depositadas no solo deste país (Murdoch, Sandler e Sargent, 1997; Sandnes, 1993). Um fenômeno similar se aplica à emissão dos compostos orgânicos voláteis (VOCs). Causando uma degradação duradoura ao meio ambiente, a chuva ácida e os compostos orgânicos voláteis têm efeitos intergeracionais. Uma vez que a exploração da pesca e da caça pode resultar em populações diminuídas das espécies ou até mesmo em extinção, o uso desses bens também implica consequências intergeracionais.

A Tabela 1 lista 16 bens de clube. Um mecanismo de exclusão para esses bens de clube pode ser uma cobrança de taxas visando a interiorizar os custos acumulados associados a uma unidade de utilização. Se a taxa de cobrança pretende atingir a eficiência, então deve ser igual aos custos marginais acumulados que um novo uso ou unidade de utilização impõe sobre o conjunto dos membros. O total das taxas pagas pelos usuários é igual aos seus usos multiplicados pela taxa por uso; usuários com uma forte preferência pelo bem de clube o utilizarão com mais frequência e pagarão taxas totais mais altas. Os bens de clube regionais incluem os bens cujos usuários são específicos a uma região — mercados comuns, forças para a gestão de crises, redes elétricas, parques nacionais, rodovias. Em contraste, os bens de clube globais — o Canal do Panamá, os estreitos, os corredores aéreos, a Internet, as órbitas polares — são compartilhados por países mundo afora. A distinção entre os bens de clube intrageracionais e os intergeracionais tem a ver com a natureza do congestionamento desses bens e se a utilização apresenta uma consequência intergeracional. Para os bens de clube intergeracionais, o congestionamento toma tanto uma forma padrão, na qual a utilização atual diminui a experiência de consumo dos usuários atuais, quanto uma forma intertemporal, na qual a utilização atual afeta a qualidade do bem de clube para os usuários atuais e os futuros. Esta última forma de rivalidade é conhecida como depreciação por utilização (Sandler, 1982).

Considere um parque nacional. Uma vez que o uso desse parque ultrapasse sua capacidade de acomodação — isto é, seu limite de resistência ao uso e sua capacidade de regeneração a seu estado natural para o próximo período —, seu meio ambiente começa a deteriorar. Como um outro exemplo, um sistema de irrigação pode acumular sedimentos com o uso, resultando em uma eficiência reduzida ou em uma depreciação por utilização. Ainda um outro bem de clube intergeracional envolve o compartilhar de órbitas geoestacionárias a mais de 35 mil quilômetros acima do equador, altitude na qual um satélite gira em torno da Terra em sincronia com sua rotação de forma que o satélite permanece estacionário sobre um ponto da superfície terrestre. Quando posto nesta faixa orbital, apenas três satélites são necessários para prover um serviço de ponto-a-multiponto por toda a terra (exceto nos polos). O congestionamento toma a forma de um sinal de interferência atemporal e a possibilidade de colisões, que podem envolver satélites descartados e em funcionamento que se afastam até 160 quilômetros. Deixar satélites abandonados em órbita, uma prática comum, leva a uma externalidade intertemporal de congestionamento. Os bens de clube intergeracionais podem ser administrados eficientemente por uma coletividade de membros, denominados *clubes intergeracionais* (ver adiante).

A última coluna na Tabela 1 indica os bens públicos nos quais uma atividade gera como benefícios dois ou mais frutos produzidos em conjunto. Assim, as forças militares de um país podem fornecer objetivos visando à defesa civil e ao gerenciamento de crises terroristas centradas puramente na nação, enquanto também dissuade a agressão em casa e contra os aliados do país. Essa dissuasão é um bem público puro para todos os aliados. Igualmente, o socorro nas calamidades pode contribuir para a posição na comunidade mundial da nação que presta o socorro. Se um benefício intergeracional é derivado, o bem se coloca nos dois agrupamentos de baixo da coluna. A manutenção da paz pode gerar benefícios intrageracionais ou intergeracionais; portanto a sua posição em dois agrupamentos. Quando a manutenção da paz inibe a aquisição do ódio que pode ser passado de uma geração à outra, conquista-se um bem público intergeracional. Similarmente, a ajuda externa ou o alívio da pobreza, ao melhorar a saúde do povo de um país, podem beneficiar a geração atual e a futura. A preservação das florestas tropicais proporciona benefícios públicos intergeracionais em escala global por conta da absorção do carbono e da preservação da biodiversidade. O controle de inundações pode levar a produtos em conjunto mais localizados que sejam parcialmente intergeracionais em aspecto se uma represa tiver longa duração. Fornecendo descobertas científicas, as colônias espaciais podem produzir benefícios globais intergeracionais. As normas culturais que sustentam o fornecimento cooperativo de bens públicos podem também render benefícios tanto às gerações presentes quanto às futuras.

BENS PÚBLICOS PUROS INTERGERACIONAIS: A PERCEPÇÃO DE TRANSBORDAMENTOS

Para dar um gostinho dos problemas de eficiência de alocação impostos por um bem público intergeracional, esboçamos um modelo simplificado no qual existem duas regiões, $r = 1, 2$, com três gerações, $j = 1, 2, 3$, em cada região. Cada geração vive por um só período de modo que, na análise inicial, não haja gerações sobrepostas em nenhuma das regiões. O conjunto de pessoas na j^n geração da r^n região é representada por Ω_{jr}. Como um bem público intergeracional, o bem q é produzido por região no período 1 e então dura por três períodos. No primeiro período e nos subsequentes um bem privado, y, é produzido e completamente consumido durante o período da produção; sendo assim, o bem privado não possui aspectos intergeracionais. Inicialmente, só se permite produzir o bem público no período 1.

Os detalhes do modelo são apresentados no Apêndice 1. Em essência, há três ingredientes no modelo: uma função de utilidade para cada indivíduo, uma limitação exigindo que o consumo de bens privados em cada período iguale a produção de

CONCEITOS

bens privados, e uma limitação na possibilidade de produção em múltiplos períodos e múltiplas regiões. As funções de utilidade representam os gostos dos indivíduos pelo bem privado e pelo bem público intergeracional, enquanto a limitação na possibilidade de produção indica o quanto de cada bem pode ser produzido com os recursos disponíveis em épocas diferentes.

Um critério de eficiência se faz necessário se pretendemos investigar os aspectos de alocação de um bem público intergeracional. O conceito de eficiência intergeracional de Pareto (IPE) é aplicado e corresponde a uma posição na qual não é possível melhorarmos o bem-estar de qualquer pessoa em época alguma sem prejudicarmos alguma outra pessoa da geração atual ou de alguma outra geração (Page, 1977; Sandler e Smith, 1976). O critério de eficiência intergeracional de Pareto aplica o princípio de Pareto no tempo e no espaço porque leva em conta todos os períodos relevantes. Em particular, a otimização intergeracional de Pareto exige que a maximização da utilidade do indivíduo i^n seja sujeita à constância da utilidade de todos os outros indivíduos nas áreas e gerações relevantes.[4] Além disso, a função de transformação da produção e as limitações da produção-consumo do bem privado devem ser satisfeitas. Para alcançar a eficiência intergeracional de Pareto, o provedor do bem público intergeracional tem de levar em conta os benefícios marginais que o bem público de longa duração confere às pessoas na geração presente e nas futuras em *ambas* as regiões (ver Apêndice 1). Assim, o transbordamento de benefícios dos bens públicos a outras regiões e às gerações futuras deve ser levado em conta. Ademais, a soma exigida desses benefícios marginais sobre as regiões e as gerações deve ser igualada aos custos marginais associados com a produção do bem público no período 1. Uma condição semelhante se aplica a qualquer região que proporcione o bem público. Essa percepção plena dos transbordamentos é denominada *regra de percepção 1* (RP1) e serve como uma cota de nível ideal. Uma tal decisão previdente é antecipada somente se algum planejador social centralizado — tal como uma coletividade servindo aos interesses das duas regiões — tomou a decisão de alocação enquanto levava em conta os transbordamentos de benefícios ao longo do tempo e do espaço. Se mais regiões ou gerações foram afetadas pelo bem público, então o benefício marginal deve ser somado em todas as regiões e gerações relevantes.

Regras alternativas de percepção

Quando a decisão de alocação acerca do bem público intergeracional é tomada em nível regional ou nacional, o responsável pela decisão dificilmente leva em conta os transbordamentos de benefícios conferidos às outras regiões e às gerações futuras. Ao menos três níveis reduzidos de percepção são possíveis. No primeiro, um planejador ou instituição inter-regional pode levar em conta os transbordamentos de benefícios inter-regionais mas não dos benefícios intergeracionais. Neste caso, a regra de percepção 2 (RP2) igualaria os benefícios marginais tão só das gerações do presente nas duas regiões com os custos marginais (ver Apêndice 2).[5] Embora a RP1 inclua mais termos de benefícios marginais do que a RP2, a RP2 implica um nível mais baixo de provisão porque um benefício marginal agregado menor é igualado ao custo da produção marginal. A RP2 corresponde a uma instituição supranacional míope que tem a percepção das consequências inter-regionais da decisão por um bem público mas ignora suas consequências intergeracionais.

As duas seguintes regras de percepção são as mais relevantes e indicam a decisão de provisão para o bem público intergeracional sendo feita por um tomador de decisão em cada região. Neste cenário os planejadores regionais ou governos nacionais estão apenas interessados no princípio de Pareto no que este se aplica a seu povo, portanto não há nenhuma preocupação com os habitantes de fora da região.[6] Em um terceiro nível de percepção, os planejadores regionais ignoram os efeitos dos transbordamentos inter-regionais enquanto levam em conta os transbordamentos intergeracionais, de modo que os benefícios marginais sejam somados apenas sobre as gerações presentes e futuras da região antes de serem igualados aos custos marginais do bem público. Por simplificação supusemos que os custos marginais regionais do bem público sejam iguais aos custos marginais multirregionais na RP1, para que uma comparação do fornecimento possa ser facilmente feita entre a RP1 e a RP3. Dado o número menor de termos de benefícios marginais na RP3 comparada à RP1, o bem público intergeracional é insuficientemente fornecido em relação ao ideal. Isto ocorre porque os transbordamentos de benefícios inter-regionais são ignorados.

O quarto nível de percepção de transbordamentos, o RP4, prova ser o resultado mais provável, no qual ambos os transbordamentos inter-regionais e intergeracionais são ignorados pelos planejadores sociais regionais. Quando a RP4 se aplica, o nível de provisão para o bem público intergeracional é o mais baixo das quatro regras, somente importando os ganhos da geração atual na região provedora.

Representação diagramática

Para aplicar um aparato gráfico padronizado aos bens públicos intergeracionais (Cornes e Sandler, 1985; Sandler, 1992), eu supus que o projeto social dos planejadores regionais fosse dependente unicamente dos níveis de utilidade dos habitantes atuais.[7] Na Figura 1 as duas limitações (de produção) no contorno isobem-estar enfrentado pelo planejador social da região 1 são representadas sendo as curvas II e $I'I'$ para o caso onde a RP4 se aplica, de forma que cada região cuida apenas de sua própria primeira geração. A produção de q acontece em ambas as regiões, de modo que $q = q^1 + q^2$, e que os habitantes de qualquer uma das regiões retiram benefícios marginais do fornecimento do bem público em qualquer uma das regiões. Para um dado nível de q^2, digamos q_0^2, a RP4 é satisfeita ao longo da curva II no ponto A, onde a inclinação é zero.[8] A curva isobem-estar $I'I'$ representa um nível mais alto de bem-estar para a região 1, porquanto esta recebe um maior nível de inundamentos de q^2 para cada nível de seu próprio fornecimento de q^1. Se os inundamentos forem q_1^2, então a RP4 é satisfeita ao longo da $I'I'$ na Figura 1 no ponto B, onde o contorno do isobem-estar de novo atinge uma inclinação zero. A curva conectando os pontos de inclinação zero nos vários contornos isobem-estar para os diferentes níveis de inundamentos da região 2 é o caminho de reação de Nash, N^1_{RP4}, para a região 1. Este caminho de reação é tipicamente uma inclinação em declive, indicando que quando a região 2 fornece mais do bem público intergeracional, a região 1 fornece menos, pegando carona no fornecimento da região 2.

FIGURA 1

Caminho de reação de Nash para a região 1

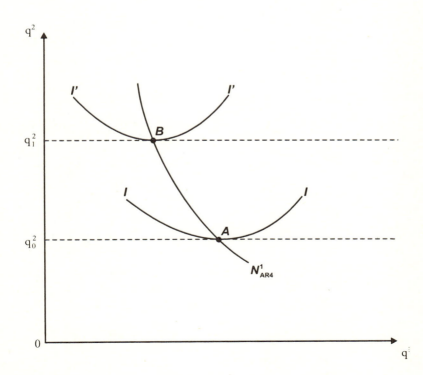

FIGURA 2

Equilíbrio de Nash para as duas regiões

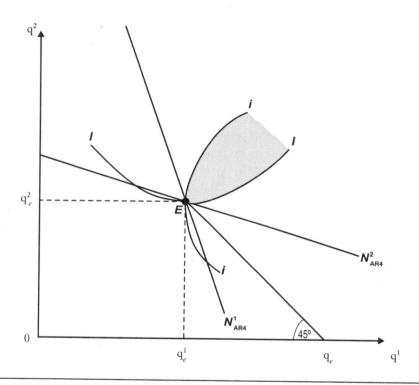

Os contornos isobem-estar da região 2 apresentam os seus pontos inferiores orientados para o eixo q^2. Uma tal curva, *ii*, é ilustrada na Figura 2. Semelhantemente, o caminho de reação de Nash da região 2 se encontra pela conexão destes pontos inclinados para o infinito — veja N^2_{RP4}, na Figura 2. O caminho de reação de Nash da região 2 também apresenta inclinação negativa, indicando que a região 2 reduz o seu fornecimento do bem público intergeracional quando a região 1 aumenta o seu fornecimento.[9] Se ambas as regiões obedecerem à RP4, então um equilíbrio de Nash ocorre no ponto E da Figura 2, com a região *r* proporcionando q^r_e para $r = 1, 2$. Se traçarmos uma linha de 45 graus do ponto *E* para o eixo q^1, então a interseção desta linha, q_e, é o nível multirregional total de fornecimento. A nordeste do ponto E, a região sombreada entre os respectivos contornos isobem-estar da região indica as alocações onde o bem-estar social de ambas as regiões pode ser aumentado. A interação estratégica associada com a RP4 conduz a um resultado abaixo do nível ótimo de Pareto em *E*, no qual o bem-estar de ambas as regiões poderia ser melhorado se ambas levassem em conta os inundamentos conferidos espacial e temporalmente.

Suponhamos que a região 1 assuma uma visão de mais longo alcance em relação à sua geração futura e leve em conta os transbordamentos intergeracionais dos bens públicos, satisfazendo a RP3. Suponhamos, ainda, que a região continue a satisfazer a RP4. Obedecendo à RP3, a região 1 inclui mais benefícios marginais em seus cálculos quando decide o seu nível de q^1 em vista de cada nível de inundamento de q^2. Como resultado, o fornecimento da região 1 do bem público intergeracional será maior para cada nível de q^2. Essa maior percepção intergeracional resulta em um desvio para a direita do caminho de reação de Nash da região 1, de N^1_{RP4} para N^1_{RP3}, na Figura 3. Depois desse desvio, o novo equilíbrio se dá em E', onde o nível geral de bem público aumentou de $0C$ para $0D$, de forma que uma previsão unilateral de longo alcance aumenta o nível geral de bem público intergeracional. A região 2 demonstra claramente estar melhor, porque contribuiu menos ao bem público mas consome mais dele devido ao aumento de inundamentos. A curva isobem-estar da região 2 (não

FIGURA 3

Maior percepção dos transbordamentos intergeracionais

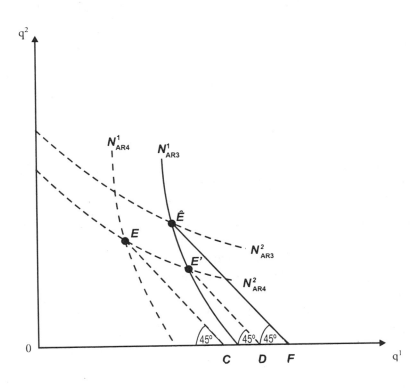

ilustrada na Figura 3) passando pelo ponto E' representa um nível maior de bem-estar do que a curva isobem-estar que passa pelo ponto E. Uma comparação do bem-estar social para a região 1 é mais difícil porque os contornos isobem-estar associados com N^1_{RP3} e o ponto E' são diferentes dos associados com N^1_{RP4} e o ponto E, já que a função social subjacente para o projetista da região 1 se modificou. Quanto menor o uso caroneiro da região 2 no aumento na produção da região 1, mais provavelmente a região 1 poderá também se beneficiar de sua maior preocupação por suas gerações futuras. A maior percepção dos transbordamentos intergeracionais da região 1 pode perder o seu bem-estar social líquido se o caminho de reação da região 2 for sufici-entemente inclinado, de modo que a região 1 perde inundamentos representativos com a resposta estratégica da outra região.

Um melhor cenário ocorre se a região 2 também se torna mais conscientizada e também obedece à RP3. Se isto ocorresse, então o caminho de reação de Nash da região 2 se desviaria para N^2_{RP3}, na Figura 3, e o equilíbrio $\hat{E}$ resultaria, onde o nível geral de fornecimento é $0F$, o que excede a $0D$. A distribuição de provisão sobrecarre-ga de $\hat{E}$ em relação a E depende dos desvios relativos para a direita dos caminhos de Nash. O cenário mais provável é que ambas as regiões contribuirão mais e estarão em melhor situação do que em E. Porque satisfazer a RP3 nada faz para interiorizar os transbordamentos inter-regionais, como requer a RP1, o equilíbrio em $\hat{E}$ não re-sulta numa eficiência intergeracional de Pareto. Levar em conta esses transbordamen-tos inter-regionais pode requerer alguma forma de vínculo supranacional entre as regiões.

Outras Interações Estratégicas

A análise agora se estende para investigar o comportamento estratégico tanto dentro de uma região quanto entre regiões no fornecimento de um bem público intergeracional. Novamente, apenas lidaremos com duas regiões, agora rotuladas de Leste e Oeste. Suponhamos, ainda, que no Leste espera-se que os jovens sirvam aos pais e sigam as vontades destes. Em contraste, a geração dos pais (a geração anterior) na região Oeste com frequência demonstra responsabilidade em relação à geração seguinte, e assim fazendo, demonstra ter bastante consciência das gerações futuras. Portanto, os rótulos Leste e Oeste distinguem entre uma região com suas responsabi-lidades voltadas para o passado e uma região de um altruísmo voltado para o futuro. Em ambas as regiões há duas gerações, a primeira vive por dois períodos, $j = 1, 2$, e a segunda vive apenas pelo período 2. Sendo assim, a geração 1, com o tempo, sobre-põe-se à geração 2.

O modelo

Um esboço do modelo subjacente é dado do ponto de vista do Leste, ou da região de visão retrógrada. Cada geração é agora representada por um simples indivíduo para simplificarmos a apresentação; convidamos o leitor a imaginar este indivíduo representativo como um projetista social para a sua geração. Mais uma vez um bem privado (y) e um bem público intergeracional (q) são supostos, em que y_E^{ij} denota o consumo da i^n geração do Leste do bem público atemporal no período j, e q_E^{ij} denota o fornecimento da i^n geração do Leste do bem público intergeracional no período j. A primeira utilização de período múltiplo da primeira geração do Leste,

1. $V_E^1 = V_E^1 \left[u_E^{11} \left(\bullet \right), u_E^{12} \left(\bullet \right) \right]$

depende das funções de utilidade do período único da geração durante a duração de sua vida. A utilidade de período múltiplo da geração 2 do Leste contém apenas u_E^{22} ($\bullet$). No período 1, o consumo da geração 1 do Leste do bem público intergeracional é $q_E^{11} + q_W^{11}$ ou a quantidade de fornecimento no primeiro período em ambos o Leste e o Oeste, onde q_W^{11} é determinado de fora. No período 2, o consumo da geração 1 do bem público é $q_E^{11} + q_E^{12} + q_E^{22} + q_W^{11} + q_W^{12} + q_W^{22}$ ou a quantidade do fornecimento no primeiro e no segundo períodos em ambos, o Leste e o Oeste. A primeira e a segunda gerações são limitadas pela transformação de período múltiplo indicando a capacidade de cada geração de trocar a produção dos dois bens.[10]

Cada geração escolhe o seu y e q para maximizar sua função de utilidade de múltiplos períodos sujeita à sua função de transformação.[11] Na solução de Nash, a primeira geração não possuiu incentivos para proporcionar o bem público intergeracional no período 2, então q^{12} é zero em ambos, o Leste e o Oeste. Isto ocorre porque os benefícios marginais derivados do fornecimento do bem público intergeracional no período 1 são sempre maiores do que os do fornecimento no período 2, porque o fornecimento no período 1 beneficia o provedor por dois períodos em vez de por um período. Ao tomar uma decisão alocativa envolvendo múltiplos períodos, a geração 1 prevê essa consideração e fornece o bem público imediatamente, suprindo, assim, apenas o bem privado no segundo período.

Considerações estratégicas

Se os transbordamentos regionais forem tomados como dados, então o comportamento estratégico no Leste envolve a decisão de fornecer q_E^{11} pela geração 1 e q_E^{22} pela geração 2, dado q_W^{11} e q_W^{22}. Isto pode ser representado pelos caminhos padrões de reação baseados nas curvas isobem-estar de transformação limitada para as gerações 1 e 2 no Leste. Na Figura 4, q_E^{11} é posto no eixo horizontal e q_E^{22} no eixo vertical. O caminho de Nash N^1 conecta os pontos em declive zero nos contornos isobem-estar da geração 1 para os diferentes níveis de q_E^{22} antecipados por vir da geração 2, no segundo período de vida da geração 1. Também na Figura 4, N^2 denota o caminho de reação da geração 2 aos inundamentos de q_E^{11}. Esses caminhos de reação de Nash pressupõem que o nível de inundamentos inter-regionais do Oeste seja fixo; um aumento nesses inundamentos do Oeste deslocaria ambos os caminhos de reação de Nash para a esquerda com os inundamentos substituindo o fornecimento próprio da região. Um decréscimo nesses inundamentos inter-regionais teria o efeito oposto.

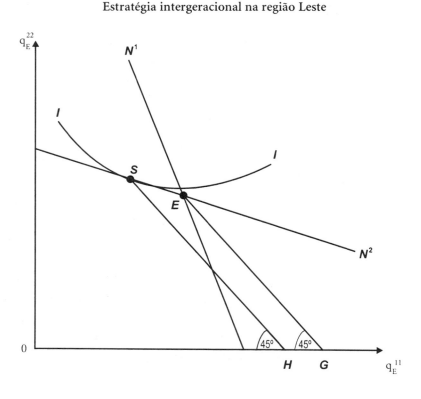

FIGURA 4

Estratégia intergeracional na região Leste

Se cada geração na região de visão retrógrada, ou região Leste, agir segundo o seu caminho de reação de Nash, então o equilíbrio se dará em E na Figura 4, onde $0G$ representa o fornecimento agregado do bem público nos dois períodos. O encadeamento de gerações permite uma resposta estratégica alternativa conhecida como comportamento de *líder-seguidor* (Sandler, 1992; Cornes e Sandler, 1996), no qual a

CONCEITOS 75

primeira geração age como o líder e a segunda como o seguidor. O líder sabe que o seguidor, que vem em segundo, tomará as quantidades fornecidas pelo líder como dadas; portanto o seguidor continua a manter o seu caminho de reação de Nash. O líder, contudo, trata o fornecimento do bem público do seguidor, q_E^{22}, como dependente da escolha do líder de q_E^{11} em relação ao caminho de reação de Nash do seguidor. Consequentemente, o líder busca conquistar a sua maior curva isobem-estar dentro do caminho de reação de Nash da geração 2. Na Figura 4, o equilíbrio líder-seguidor no Leste é S, onde a curva isobem-estar II é tangente à N^2. Em S o nível agregado de períodos múltiplos de q_E caiu de $0G$ para $0H$ com a primeira geração explorando a sua vantagem de primeira jogadora e forçando a segunda geração a assumir uma maior carga pelo bem público intergeracional. A curva isobem-estar da geração 1 através de S é mais alta do que a (não ilustrada) através do ponto E; o oposto é verdadeiro para o bem-estar da geração 2.

Regiões que apresentam visões muito diferentes das responsabilidades de uma geração para com a seguinte podem trazer efeitos profundos na maneira como os recursos são alocados para os bens públicos intergeracionais. Este *insight* pode explicar parcialmente por que os países industrializados possuem acordos ambientais mais solidamente firmados, tais como o Protocolo de Kyoto sobre o aquecimento global, ao passo que alguns países em desenvolvimento têm sido hesitantes.[12] Dada a sua orientação geracional, o Leste é propenso a se engajar numa estratégia de líder-seguidor. Em contraste, do Oeste se espera que use uma estratégia de Nash baseada no altruísmo em relação às suas futuras gerações, bem parecida com o caso da RP3 encontrado na seção precedente. A Figura 5 representa as interações estratégicas e suas consequências no Leste e no Oeste; o fornecimento do bem público intergeracional no Oeste se situa no eixo horizontal e o fornecimento no Leste, no eixo vertical. As curvas pontilhadas de Nash do Leste e do Oeste servem como casos de cotas de nível e indicam a resposta intergeracional em cada região multigeracional para níveis alternativos de inundamentos vindos da outra região. Em essência, esses caminhos ilustram a quantidade agregada de equilíbrio (por exemplo, $0G$) de $q_E^{11} + q_E^{22}$ da Figura 4 para níveis alternativos de q_W ($= q_W^{11} + q_W^{22}$), e portanto os desvios de N^1 e N^2. Cada aumento em q_W levaria as curvas N^1 e N^2 na Figura 4 a desviarem para a esquerda e para baixo, de modo que o equilíbrio E se moveria para o sudoeste, implicando um fornecimento reduzido de q_E ($= q_E^{11} + q_E^{22}$). Como resultado, as curvas de reação de Nash relacionadas a q_E e q_r na Figura 5 têm declive negativo para ambos, o Oeste e o Leste, como ilustrado.

Na Figura 5, a curva de reação líder-seguidor para o Leste também apresenta declive negativo, porque um aumento em q_W também desloca o equilíbrio S para o sudoeste na Figura 4, portanto reduzindo q_E. Porque a quantia agregada de q_E associada ao comportamento de líder-seguidor é sempre menor do que a do equilíbrio de Nash no Leste, a curva líder-seguidor do Leste deve situar-se abaixo de sua curva de Nash na Figura 5. Se o

Oeste aderir a seu caminho de Nash enquanto o Leste se atém a seu caminho de líder-seguidor, então o equilíbrio ficaria no ponto R, onde o nível agregado do bem público intergeracional é menor do que no nível *0J* do equilíbrio de Nash. O Leste deslocaria mais a responsabilidade pelo bem público para o Oeste devido às duas diferentes posturas dessas regiões em relação às gerações futuras. Essa tendência de deslocamento de responsabilidade entre o Leste e o Oeste se agrava se o Oeste demonstra o altruísmo em relação às futuras gerações, análogo à mudança de RP4 para RP3, de modo que a curva de Nash na Figura 5 se desloca para a curva de Nash do Oeste altruísta. Se isto ocorre, o equilíbrio em *F* para os dois caminhos sólidos resultaria em um nível geral maior de *q* porque *OK* excede *0J*. Em *F* o Oeste carrega a maior parte da responsabilidade pelo bem público intergeracional. Se os desvios fossem maiores, uma solução no canto do eixo horizontal se seguiria com o Leste pegando carona no Oeste. Se o nível geral de *q* em *F* relativo a *E* aumenta ou não, depende nos desvios relativos dos dois caminhos. Quanto maior o desvio no caminho de Nash Oeste relativo ao caminho de líder-seguidor do Leste, mais provavelmente o nível agregado de *q* irá aumentar.

FIGURA 5

Estratégia intergeracional das regiões Leste-Oeste

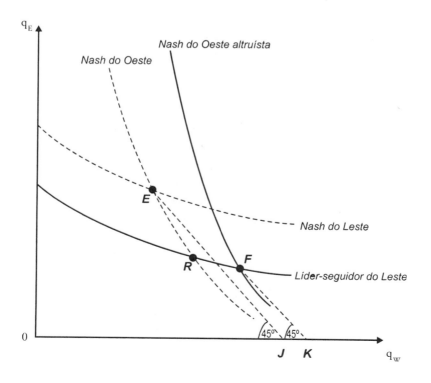

Essas diferenças nas responsabilidades intergeracionais sugerem que os países de regiões orientadas para o futuro sejam mais propensos a suprirem os bens como a cura de doenças, a proteção ambiental e as pesquisas inovadoras. Baseado nesses resultados, prevê-se que um desenvolvimento sustentável seja mais difícil de ser mantido nos países orientados para o passado do que nos países orientados para o futuro. Ainda mais preocupante é a realização de que os esforços por alguns países de alcançar um desenvolvimento sustentável, um bem público intergeracional, podem encorajar outros países a reduzirem os seus.

Produtos Comuns

Muitos cenários variados de produtos conjuntos são possíveis. Mais uma vez, considere o modelo básico de duas regiões (Leste e Oeste) e três gerações que se sobrepõem, cada qual vivendo por um período. Sempre que possível a mesma notação será mantida. Se pressupõe que uma atividade pública intergeracional (q) renda um benefício específico (x) a uma geração específica e região específica, e um benefício público intergeracional puro (z). Ou seja, o bem x beneficia apenas a geração da região suprindo a atividade q durante a duração de vida da geração, enquanto os benefícios de z transbordam para outras regiões e gerações. Suponha, ainda, que a atividade q é apenas suprida no primeiro dos três períodos. As relações do produto comum são

2. $x^{lr} = \alpha^r q^r, \quad r = E, W$

e

3. $z^r = \beta^r q^r, \quad r = E, W,$

onde α^r e β^r são constantes positivas representando quantas unidades dos respectivos produtos comuns derivam de cada unidade de atividade q^r. A quantia total do bem público intergeracional experimentado por indivíduo em qualquer geração é

4. $Z = z^E + z^w = \beta^E q^E + \beta^w q^w.$

Durante o período 1, a função de utilização do indivíduo i na região r é

5. $u^{ilr} = u^{ilr} \left(y^{ilr}, \alpha^r q^r, \beta^E q^E + \beta^w q^w \right), \quad r = E, W, \quad i \in \Omega_{ir}$

onde eu substituí por x^{lr} e Z baseado nas equações 2, 3 e 4. Os indivíduos nas gerações 2 e 3 têm apenas o bem privado y e o bem público intergeracional Z em suas funções de utilização porque não fornecem a atividade q. O restante do modelo é análogo ao descrito na segunda seção. Como antes, a troca de produção de períodos múltiplos se dá entre o bem privado e a atividade pública.

Na geração e região provedora se antecipa que o responsável pela decisão do bem público intergeracional se concentre nos benefícios obtidos pela geração atual apenas em sua própria região. Esse comportamento implica que a responsabilidade da soma dos benefícios marginais para os dois produtos produzidos em conjunto se iguale aos custos marginais da atividade q.[13] As responsabilidades pelos benefícios marginais refletem a produtividade de q em fornecer produtos específicos à região e de alcance regional de x e Z, respectivamente, como dado nas equações 2 e 3. Se a atividade intergeracional é, digamos, mais produtiva em render x do que Z, então esses benefícios específicos da região são enfatizados numa maior extensão ao determinarem o quanto de q se produzir. A geração provedora fracassa em levar em conta os benefícios que seu fornecimento de q supre à outra região e às futuras gerações, levando a um fornecimento abaixo do ótimo. Contudo, quanto maiores os benefícios específicos às gerações obtidos de q, mais motivada a geração em fornecer a atividade pública e menor a necessidade de intervenção.

Em seguida, suponha que a atividade q faça surgir um benefício x específico à região que também dure por três gerações. Quando agindo isoladamente, ainda se antecipa da primeira geração que foque em seus ganhos da atividade q, e, ao fazê-lo, ignore os benefícios intergeracionais conferidos por meio tanto de x como de Z. Isso significa que, diferentemente das outras análises prévias de produtos comuns, o aparecimento de benefícios específicos do provedor pode piorar a baixa otimização se surgirem transbordamentos temporais com respeito a esses últimos benefícios e forem também ignorados. No cálculo da extensão de baixa otimização, devemos calcular a soma de benefício da geração provedora obtido da atividade pública como uma cota dos benefícios totais recebidos por ambas regiões e todas as gerações.[14] Como essa cota cresce para um, de modo que a geração provedora recebe a maioria dos ganhos, a geração atual possui maiores incentivos de suprir a atividade pública. O altruísmo em relação às gerações futuras pode também aumentar os benefícios marginais percebidos pela geração provedora, motivando-a, assim, a levar em conta os transbordamentos das gerações futuras.

A presença de produtos comuns significa que uma cooperação inter-regional acrescida por meio de estruturas supranacionais pode piorar uma má alocação de recursos. Considere um cenário no qual cada região recebe benefícios privados específicos à região e um mal público inter-regional produzido em conjunto de uma atividade. E mais, suponha que o benefício privado afete apenas a geração atual enquanto o mal público influencia a presente geração e as futuras. Por exemplo, a produção de energia nuclear beneficia a geração atual mas dá margem a resíduos que põem em risco as gerações presentes e futuras em todo o mundo. Igualmente a queima de combustíveis fósseis aquece a geração atual mas aumenta a acumulação dos gases do efeito estufa, que podem prejudicar as gerações atuais e futuras por todo o mundo. Se um vínculo supranacional que avance os interesses da geração atual nas regiões cooperativas é formado, então o aumento induzido pela cooperação no fornecimento da atividade pública se ajusta às externalidades inter-regionais da presente geração, enquanto aumenta as externalidades negativas para as gerações futuras. Nos produtos conjuntos, os efeitos externos dizem respeito às regiões, aos produtos produzidos em conjunto e às gerações. Quando estão presentes externalidades negativas, os acordos e os vínculos que tratam de apenas uma ou duas dessas dimensões de efeitos externos podem piorar a alocação de recursos comparada a uma falta total de acordo. Alguns remédios padrões podem não mais se aplicar quando os produtos conjuntos impõem características temporais alternativas.

CLUBES INTERGERACIONAIS

Ao formarem uma estrutura para a correção das falhas de mercado envolvendo duas ou mais regiões, os criadores de políticas regionais consideram os custos transacionais que acompanham qualquer modo de alocação. Se esses custos transacionais forem menores do que os benefícios transacionais atribuídos a um mecanismo de alocação que aumente a eficiência, então a instituição pode se justificar (Sandler, 1997). Os arranjos institucionais que economizem os custos transacionais têm mais chances de serem viáveis. Um tal arranjo institucional é um clube, que pode ser formado quando os benefícios do bem público são exclusivos a custos mais baixos do que os benefícios da alocação atingidos equiparando gostos e taxas de usuário. Dependendo do bem compartilhado, os participantes do clube podem ser empresas, nações ou indivíduos. Para os bens de clube intergeracionais a cobrança necessária deve responder às perdas por congestionamento e depreciação impostas na margem pelo uso dos membros atuais e futuros. A depreciação por utilização surge quando um uso atual afeta a qualidade do bem de clube no presente e no futuro. Usuários que fazem um uso com frequência maior pagam mais no total das taxas mas pagam a mesma taxa por uso.

Assim, os clubes são capazes de responder às diferenças nos gostos monitorando o uso e cobrando por uso com base nos custos associados impostos ao conjunto de membros. Se, por exemplo, um uso causa uma grande depreciação para os usuários correntes e futuros, então a cobrança deve ser suficientemente alta para refletir essas perdas. Usuários que usem um bem de clube logo no início de sua oferta podem ter de pagar taxas de cobranças relativamente altas por qualquer deterioração resultante do bem de clube, já que qualquer depreciação afetará um grande número de gerações e membros subsequentes. Com o aumento do componente intertemporal da taxa de cobrança, os indivíduos são dissuadidos do uso, preservando portanto o bem. Os proventos das taxas de cobranças destinam-se a manter e prover o bem de clube, transmitido entre as gerações de seus membros. Se as taxas de cobranças forem adequadamente planejadas, então poderão financiar o bem de clube sem a necessidade de uma intervenção externa. Os bens de clube podem ser de propriedade dos membros e por eles operados (por exemplo, nações soberanas) para o seu próprio bem-estar.

Uma geração de membros pode reembolsar o investimento de uma geração anterior através de cotas patrimoniais, vendidas na transferência do bem de clube de uma geração à outra. O valor dessas cotas patrimoniais depende do valor residual do bem de clube. Se uma geração fosse míope e acabasse com o valor de um bem de clube por meio de depreciação e coletasse taxas de cobranças que não refletissem essa depreciação, então a geração míope receberia pagamentos menores na sua aposentadoria, quando os ativos do bem de clube fossem passados à geração seguinte (Sandler, 1982). Em um tal arranjo de clube as cotas da geração atual estão amarradas às consequências futuras, motivando-a deste modo a um comportamento previdente. Se o investimento de clube fosse em vez disso acrescido por dívidas, então a capacidade do clube de pagar seu empréstimo dependeria dele coletar taxas de cobranças suficientes para compensar qualquer depreciação através da manutenção. A capacidade de refinanciar o empréstimo entre as gerações depende diretamente do valor residual do bem compartilhado — a garantia na qual a dívida se apoiou. Quando uma geração se comporta como se fosse míope, menos dinheiro pode ser levantado durante o refinanciamento, e portanto esta geração é forçada a arcar com a responsabilidade de sua miopia. Com efeito, qualquer forma de financiamento garantido de um bem de clube proporcionaria incentivos à geração atual de coletar taxas de cobranças adequadas. Os clubes intergeracionais representam um meio "privado" de uma coletividade internalizar externalidades intergeracionais na forma de congestionamento e depreciação por utilização.

Como um exemplo de um bem de clube intergeracional, considere a Grande Barreira Coralina em frente à costa de Queensland, na Austrália. Aos visitantes desta barreira é cobrada uma taxa de usuário que reflete os efeitos do congestionamento de uma visita e seu impacto, com o tempo, na saúde da barreira. Se essas taxas de cobranças forem apropriadamente administradas para internalizar as externalidades às gerações atuais e às futuras, a proporção de visitas será devidamente restrita levando em conta os interesses intergeracionais. Os mesmos arranjos podem ser aplicados na proteção de parques transnacionais (como as reservas de caça) e de monumentos históricos (como o Taj Mahal ou as pirâmides do Egito). A gestão das florestas tropicais para o ecoturismo também pode se beneficiar da aplicação da teoria de clube. Mesmo as decisões sobre a população e o controle do tráfego nas cidades podem ser tomadas com o auxílio da teoria de clube intergeracional. Talvez o melhor exemplo de um clube intergeracional seja a "nave espacial terra", cujos membros são a população mundial em constante modificação.

Ao passar um ativo de um clube intergeracional de uma geração anterior a uma nova geração, a venda do ativo à nova geração ajuda a determinar os ativos de pensão. Essas receitas de pensão serão maiores se uma geração cuidou adequadamente de um bem de clube, desta forma proporcionando motivação para um comportamento previdente.

OUTRAS CONSIDERAÇÕES INSTITUCIONAIS

Quando a exclusão não é realizável, como no caso de alguns bens públicos puros intergeracionais, um arranjo de clube não é uma alternativa institucional. Para a redução do clorofluorcarbono (CFC), a proteção resultante da camada de ozônio rende benefícios que não podem ser recusados aos não contribuintes, hoje ou no futuro. As estruturas supranacionais (tais como as organizações internacionais ou os tratados) com a intenção de corrigir a falha de mercado associada aos bens públicos intergeracionais têm de ajustar-se a diversas considerações. Primeira, têm de incluir uma perspectiva intergeracional se o vínculo inter-regional pretende tratar tanto das externalidades espaciais como das temporais. Essa perspectiva intergeracional pode ser promovida incluindo-se entre os que tomam a decisão gerações sobrepostas: jovens, adultos de meia-idade e idosos (John e Pecchenino, 1997). Com o prolongamento da vida média das gerações por causa de uma melhor medicina e nutrição, mais gerações irão se sobrepor em qualquer época, e essa sobreposição pode auxiliar a manter uma mais aguçada percepção intergeracional.

Segunda, há uma necessidade de estruturas institucionais de longa permanência, que possam tomar e manter uma perspectiva intergeracional. As igrejas, por exemplo, têm sido particularmente hábeis na transmissão de doutrinas religiosas de uma geração à outra. Uma preocupação comum (por exemplo, o temor ao inferno) uniu gerações e as manteve unidas em uma busca similar. Enquanto cultura, essas doutrinas da igreja representam bens públicos intergeracionais. A fim de serem eficazes, essas instituições têm de ser suficientemente flexíveis e permitir uma evolução, uma vez que os gostos das gerações modificam-se ao longo do tempo.

Terceira, as instituições eficazes em proporcionar bens públicos intergeracionais têm de suprir a geração atual com uma cota suficientemente ampla de benefícios, para que esta seja adequadamente motivada a agir. Por fim, há menor necessidade de um arranjo institucional formal quando a cota da geração atual de benefícios de bem público é suficientemente ampla. Se a estrutura institucional que proporciona o bem público puder permanecer "livre" ou desestruturada, então isso economizará nos custos transacionais. Uma estrutura é livre se não há necessidade de um mecanismo para reforçar o cumprimento, se as decisões são unânimes, as reuniões pouco frequentes e a autonomia dos participantes é preservada (Sandler, 1997). Economizando nos custos transacionais, essas estruturas podem então ser viáveis, pois os benefícios transacionais não precisam ser muito grandes para justificar a instituição.

No caso da redução da camada de ozônio, os benefícios para a geração atual e para os seus descendentes imediatos foram grandes o bastante para contrabalançar os custos associados; assim, a geração atual deu início a cortes drásticos no uso de CFC. O Protocolo de Montreal e suas emendas subsequentes visando a diminuir o uso de CFC exigiram pouco controle, já que as nações consideraram positivos os benefícios líquidos envolvidos na participação. As reuniões acerca do Protocolo foram pouco frequentes e *ad hoc*. Para a chuva ácida, as responsabilidades espaciais relacionando as emissões aos depósitos significaram que a parte do leão das emissões de um país poluíam o seu próprio território. Essa realização proporcionou os incentivos certos para a formulação de um tratado de redução das emissões de enxofre. Se, de forma análoga, uma cota suficientemente temporal dos benefícios provindos do fornecimento de um bem público intergeracional é específica à geração atual, então isto é um bom augúrio de que uma ação será tomada. Qualquer ação que possa acrescer a cota percebida por uma geração atual dos ganhos de proporcionar-se um bem público intergeracional irá motivar o seu fornecimento.

Embora a cota de benefícios da geração atual pareça grande com a redução das emissões de CFC, através das quais a ameaça imediata à saúde de uma maior exposição à radiação ultravioleta é hoje experimentada, esse não é necessariamente o caso do aquecimento global, cujos efeitos desfavoráveis podem não ser percebidos por décadas. Esse fato sugere que o problema do aquecimento global não possui os incentivos apropriados de um ponto de vista intergeracional para garantir uma ação apropriada. Os esforços para a solução das incertezas relacionadas aos benefícios associados a um bem público intergeracional podem aumentar a cota percebida desses benefícios pela geração atual por meio de uma identificação mais adequada dos ganhos imediatos de uma ação e, como consequência, motivar essa ação.

Por último, considere a promoção de um desenvolvimento sustentável onde são feitos esforços para estender as oportunidades proporcionadas à geração seguinte (Solow, 1986; Toman, Pezzey e Krautkraemer, 1995). Se a geração atual pretende formar acordos transnacionais de visão previdente, então deve perceber uma alta cota dos benefícios resultantes. Quando a geração de hoje tem uma compreensão melhor das perdas associadas a suas decisões, sua percepção dos benefícios e custos subsequentes pode ser promovida. Essa percepção pode ser levada adiante instituindo-se uma mudança na contabilidade da receita nacional para incluir a depreciação ao estoque do capital natural. Os esforços de educar o público acerca das consequências ambientais das ações atuais podem promover o altruísmo em relação às gerações futuras e, consequentemente, devem apoiar um desenvolvimento sustentável.

Conclusão

A interação estratégica entre gerações difere da interação estratégica dentro de uma geração. Se um bem público intergeracional rende benefícios que transbordam para além das fronteiras e das gerações, então as políticas projetadas para corrigir apenas as externalidades transnacionais espaciais podem piorar a má alocação dos recursos. Este é especialmente o caso se a atividade pública proporciona benefícios positivos a curto prazo e custos negativos a longo prazo. Ademais, o natural encadeamento das gerações concede à geração presente uma vantagem potencial de primeira jogadora. Em um exemplo inter-regional sugestivo, uma região de visão retrógrada é descrita como mantendo um modelo de líder-seguidor, no qual a geração atual depende da geração seguinte, enquanto uma região de visão avançada é representada aderindo ao comportamento de Nash, a geração atual sendo altruísta em relação às futuras gerações. O resultado final é que a região de visão avançada assume uma maior parte da responsabilidade pelo fornecimento de bens públicos intergeracionais do que a região de visão retrógrada — um resultado que vaticina pobremente para os tratados ambientais envolvendo os poluentes mundiais.

As ações para aumentar a cota percebida dos benefícios de um bem público intergeracional à geração presente motivarão esta geração a proporcionar o bem. Os vínculos transnacionais que resultam em soluções de visão previdente serão facilitados se os esforços de promover-se uma percepção intergeracional forem bem-sucedidos para todos os participantes do vínculo. Políticas que aumentam a percepção de apenas alguns dos participantes terão resultados assimétricos, com a responsabilidade do bem público intergeracional sendo suportada pelas nações de visão avançada. Se os vínculos institucionais para o suprimento de bens públicos intergeracionais puderem ser mantidos livres ou desintegrados, então os custos transacionais serão economizados, promovendo a instituição do vínculo. Essa liberdade pode ser alcançada se a geração atual de cada participante percebe significativos benefícios específicos à sua geração.

Muita pesquisa permanece por ser feita acerca dos bens públicos intergeracionais. Por exemplo, precisamos de mais estudos sobre a questão dos descontos (Doeleman e Sandler, 1998). Uma análise mais completa se faz também necessária para representar o comportamento estratégico entre as gerações. Uma outra extensão ainda examinaria o papel da política de redistribuição de renda entre e dentro de gerações como um meio de promover-se o fornecimento do bem público.

Apêndice 1

Modelo Básico

Este Apêndice descreve o modelo básico usado na segunda seção do capítulo. A função de utilidade de um indivíduo é assim descrita

1a. $u^{ijr} = u^{ijr}\left(y^{ijr}, q\right), \quad i \in \Omega_{jr}, j = 1, 2, 3$ e $r = 1, 2.$

Cada uma dessas funções de utilidade é suposta como estritamente crescente, quase côncava, e duplamente diferenciável. A quantidade total de bem público produzido durante o período j, denotado por Y_j, deve igualar a quantia consumida durante o período j'', de modo que

2a. $Y_j = \sum\limits_{r=1}^{2} \sum\limits_{i \in \Omega_{jr}} y^{irj}$

para $j = 1, 2, 3$. Na equação 2a, os termos y^{ijr} representam o consumo do indivíduo i'' do bem privado durante o período j na região r. Essas quantidades de consumo individual são somadas aos indivíduos vivos durante o período j em uma dada região e depois às regiões para cada período. A produção em múltiplas regiões e períodos do bem privado é

3a. $Y = \sum\limits_{j=1}^{3} Y_j$

ou a soma da quantidade de produção nos três períodos. Uma limitação de período múltiplo da transformação para a economia de duas regiões indica como uma dada quantidade de recursos pode ser transferida entre as duas atividades de produção:

4a. $F\left(Y, q\right) = 0,$

onde o suprimento de recursos de período múltiplo é suprimido. Essa função é estritamente crescente e estritamente convexa em seus argumentos para assegurar que as condições de primeira ordem sejam suficientes para um máximo.

Para a eficiência intergeracional de Pareto a expressão de Lagrange associada, L, é:

CONCEITOS

$$L = u^{111}\left(y^{111}, q\right) + \sum_{r=1}^{3} \sum_{j=1}^{3} \sum_{i \in \Omega_{jr}} \lambda_{ijr}\left[u^{ijr}\left(y^{ijr}, q\right) - k^{ijr}\right] - \sigma F\left(\sum_{j=1}^{3} Y_j, q\right),$$

onde a soma sobre i no segundo termo no lado direito exclui o primeiro indivíduo. O λ e o σ são multiplicadores de Lagrange indeterminados, ao passo que a expressões k são níveis constantes de utilidade. A maximização da Lagrange com respeito às expressões y^{ijr} e q gera a condição de primeira ordem em (RP1), depois de uma simplificação para eliminar os multiplicadores de Lagrange:

RP1. $\displaystyle \sum_{r=1}^{2} \sum_{j=1}^{3} \sum_{i \in \Omega_{jr}} TMS_{qy}^{ijr} = TMT_{qy}.$

Na equação RP1 as expressões TMS representam a taxa marginal de substituição do bem público intergeracional pelo bem privado. A taxa marginal de substituição é a proporção das utilidades marginais dos dois bens e indica o *benefício marginal* ou valor, em termos do bem privado, que um indivíduo obtém do bem público intergeracional. Da esquerda para a direita, o expoente do TMS corresponde ao indivíduo, ao período e à região. No lado direito da equação RP1 a taxa marginal de transformação (TMT) do bem público pelo bem privado denota a proporção dos custos marginais dos dois bens.

APÊNDICE 2

REGRAS DE PERCEPÇÃO RP2, RP3 E RP4

As três regras de percepção adicionais são:

RP2. $\displaystyle \sum_{r=1}^{2} \sum_{i \in \Omega_{jr}} TMS_{qy}^{ijr} = TMT_{qy}$

RP3. $\displaystyle \sum_{j=1}^{3} \sum_{i \in \Omega_{jr}} TMS_{qy}^{ijr} = TMT_{qy}^{r}, r = 1, 2$

RP4. $\displaystyle \sum_{i \in \Omega_{jr}} TMS_{qy}^{ilr} = TMT_{qy}^{r}, r = 1, 2$

onde Ω_{1r} é a geração atual na região r para RP2 e RP4. O expoente de TMT denota a região.

Notas

1. Acerca dos bens públicos transnacionais, ver, por exemplo, Barrett (1993), Bryant (1995), Cornes e Sandler (1996, capítulos 17-18), Helm (1991), Murdoch e Sandler (1997), Runge (1993), Sandler (1992, 1996, 1997, 1998) e Sandler e Sargent (1995).

2. Os seguintes estudos consideram os bens públicos intergeracionais: Amsberg (1995), Bromley (1989), Doeleman e Sandler (1998), John e Pecchenino (1994, 1997), John e outros (1995) e Myles (1997).

3. Artigos recentes acerca da sustentabilidade incluem Buiter (1997), Doeleman e Sandler (1998), Howarth (1997) e Toman, Pezzey e Krautkraemer (1995). Sollow (1986) distingue três tipos de capital: o de fabricação humana, o humano e o natural. Numa sustentabilidade fraca o estoque de capital total deve ser mantido, portanto qualquer redução no capital natural tem de ser compensada por um acréscimo nos outros tipos de capital. Em contraste, os estoques de capital naturais não podem decrescer quando satisfaz uma forte sustentabilidade.

4. Este critério aplica índice de desconto zero de modo a tratar com igualdade os benefícios de cada geração. Para projetos de duração bastante longa, isso implicou o fator de desconto da unidade seguir a exigência de Heal (1997) por um desconto proporcional que ponha maior valor em benefícios futuros.

5. A Lagrange subjacente tem a mesma forma da do Apêndice 1, exceto que apenas os níveis de utilidade da primeira geração se mantêm constantes.

6. A função de transformação é agora específica à região e denotada por $F(Y^r, q^r) = 0$, onde Y^r representa a quantidade de produção no período múltiplo do bem privado e é somada ao longo dos três períodos. Assim Y^r é a soma do período múltiplo de Y^r_j, que é igual à soma de y^{ijr} apenas na geração j^n, enquanto q^r é o bem público intergeracional no período 1 na região r.

7. A função de bem-estar social subjacente é pressuposta como utilitária, que consiste em uma simples soma das funções de utilidade dos indivíduos relevantes.

8. Na Figura 1, a inclinação de uma curva isobem-estar para a região 1 é

$$\left(TMT^1_{qy} \Big/ \sum_{i \in \Omega_{11}} TMS^{i11}_{qy} \right) - 1.$$

Se essa equação for igual a zero, então a RP4 resulta.

9. Na Figura 2, o caminho de Nash para a região 2 é traçado mais plano do que a linha de 45 graus, enquanto o caminho de Nash para a região 1 é traçado mais aberto do que a

CONCEITOS

linha de 45 graus. Se ambos os bens forem normais com uma elasticidade de renda positiva menor do que um, então essas inclinações resultam e o equilíbrio de Nash é único e estável (Cornes e Sandler, 1996).

10. A transformação de período múltiplo da primeira geração é denotada por

$$F_E^1 \left(y_E^{11} + y_E^{12} , q_E^{11} + q_E^{12} \right) = 0$$

enquanto a função de transformação da segunda geração é dada por

$$F_E^2 \left(y_E^{22} , q_E^{22} \right) = 0$$

11. A Lagrange para a geração 1 do Leste é

$$V_E^1 \left[u_E^{11} \left(y_E^{11}, q_E^{11} + q_R^{11} \right), u_E^{12} \left(y_E^{12}, q_E^{11} + q_E^{12} + q_E^{22} + q_R^{11} + q_W^{12} + q_W^{22} \right) \right] - \sigma F_E^1 \left(\bullet \right),$$

e a Lagrange para a geração 2 é

$$V_E^2 \left[u_E^{22} \left(y_E^{22} , q_E^{11} + q_E^{12} + q_E^{22} + q_W^{11} + q_W^{12} + q_W^{22} \right) \right] - \Psi F_W^2 \left(\bullet \right).$$

12. A disparidade de renda entre o Leste e o Oeste também explica algumas das diferenças no comportamento de apoio ao meio ambiente, mas as diferenças estratégicas aqui apresentadas representam influências que vão além da disparidade de renda para explicar políticas ambientais alternativas.

13. Essa condição é

$$\sum_{i \in \Omega_{1r}} \left(\alpha^r TMS_{xy}^{ilr} + \beta^r TMS_{Zy}^{ilr} \right) = TMT_{qy}^r, \ r = E,\ W.$$

14. A condição de otimização intergeracional para uma percepção plena é

$$\sum_{j=1}^{3} \sum_{i \in \Omega_{jr}} \alpha^r TMS_{xy}^{ijr} + \sum_{r = E,W} \sum_{j=1}^{3} \sum_{i \in \Omega_{jr}} \beta^r TMS_{zy}^{ijr} = TMT_{qy}^r.$$

REFERÊNCIAS BIBLIOGRÁFICAS

Amsberg, Joachim von. 1995. "Excessive Environmental Risks: An Intergenerational Market Failure". *European Economic Review* 39(8): 1447-64.

Barrett, Scott. 1993. *Convention on Climate Change: Economic Aspects of Negotiations*. Paris: Organização para Cooperação e Desenvolvimento Econômico.

Bromley, Daniel W. 1989. "Entitlements, Missing Markets, and Environmental Uncertainty". *Journal of Environmental Economics and Management* 17(2): 181-94.

Bryant, Ralph C. 1995. *International Coordination of National Stabilization Policies*. Washington, DC: Institution Brookings.

Buiter, William H. 1997. "Generational Accounts, Aggregate Savings and Intergenerational Distribution". *Economica* 64(4): 605-26.

Cornes, Richard, e Todd Sandler. 1985. "The Simple Analytics of Pure Public Good Provision". *Economica* 52(2): 103-16.

———. 1996. *The Theory of Externalities, Public Goods, and Club Goods*. 2ª edição. Cambridge: Cambridge University Press.

Doeleman, Jacobus A., e Todd Sandler. 1998. "The Intergenerational Case of Missing Markets and Missing Voters". *Land Economics* 74(1): 1-15.

Heal, Geoffrey. 1997. *Valuing Our Future: Cost-Benefit Analysis and Sustainability*. ODS Discussion Paper 13. Nova York: Programa das Nações Unidas para o Desenvolvimento, Gabinete de Estudos para o Desenvolvimento.

Helm, Dieter, org. 1991. *Economic Policy towards the Environment*. Oxford: Blackwell.

Howarth, Richard B. 1997. "Sustainability As Opportunity". *Land Economics* 73(4): 569-79.

John, A. Andrew, e Rowena A. Pecchenino. 1994. "An Overlapping Generation's Model of Growth and the Environment". *Economic Journal* 104(6): 1393-1410.

———. 1997. "International and Intergenerational Environment Externalities". *Scandinavian Journal of Economics* 99(3): 371-87.

John, A. Andrew, Rowena A. Pecchenino, David E. Schimmelpfennig e Stacey L. Schreft. 1995. "Short-Lived Agents and the Long-Lived Environment". *Journal of Public Economics* 58(1): 127-41.

Murdoch, James C., e Todd Sandler. 1997. "The Voluntary Provision of a Pure Public Good: The Case of Reduced CFC Emissions and the Montreal Protocol". *Journal of Public Economics* 63(2): 331-49.

Murdoch James C., Todd Sandler e Keith Sargent. 1997. "A Tale of Two Collectives: Sulphur versus Nitrogen Oxides Emission Reduction in Europe". *Economica* 64(2): 281-301.

Myles, Gareth D. 1997. "Depreciation and Intergenerational Altruism in the Private Provision of Public Goods". *European Journal of Political Economy* 13(4): 725-38.

Page, Talbot. 1977. "Discounting and Intergenerational Equity". *Futures* 9(5): 377-82.

Runge, C. Ford. 1993. "International Public Goods, Export Subsidies, and Harmonization of Environmental Regulations". Em Matthew D. Shane e Harald von Witzke, orgs., *The Environment, Government Policies, and International Trade: A Proceedings*. Washington, DC: Departamento de Agricultura dos EUA, Serviço de Pesquisa Econômica.

Sandler, Todd. 1978. "Interregional and Intergenerational Spillover Awareness". *Scottish Journal of Political Economy* 25(3): 273-84.

———. 1982. "A Theory of Intergenerational Clubs". *Economic Inquiry* 20(2): 191-208.

———. 1992. *Collective Action: Theory and Applications*. Ann Arbor: University of Michigan Press.

———. 1996. "A Game-Theoric Analysis of Carbon Emissions". Em Roger Congleton, org., *The Political Economy of Environmental Protection: Analysis and Evidence*. Ann Arbor: University of Michigan Press.

———. 1997. *Global Challenge: An Approach to Environmental, Political, and Economic Problems.* Cambridge: Cambridge University Press.

———. 1998. "Global and Regional Public Goods: A Prognosis for Collective Action". *Fiscal Studies* 19(1): 221-47.

Sandler, Todd, e Keith Sargent. 1995. "Management of Transnational Commons: Coordination, Publicness and Treaty Formation". *Land Economics* 71(2): 145-62.

Sandler, Todd, e V. Kerry Smith. 1976. "Intertemporal and Intergenerational Pareto Efficiency". *Journal of Environmental Economics and Management* 2(3): 151-59.

Sandnes, Hilda. 1993. *Calculated Budgets for Airborne Acidifying Components in Europe, 1985, 1987, 1988, 1989, 1990, 1991, and 1992.* EMEP/MSC-W Report 1/93. Oslo, Noruega: Norske Meteorologiske Institutt.

Solow, Robert M. 1986. "On the Intergenerational Allocation of Natural Resources". *Scandinavian Journal of Economics* 88(1): 141-49.

Toman, Michael A., John Pezzey e Jeffrey Krautkraemer. 1995. "Neoclassical Economic Growth Theory and 'Sustainability'". Em Daniel W. Bromley, org., *The Handbook of Environmental Economics.* Oxford: Blackwell.

A Economia Política da Cooperação Internacional

Lisa L. Martin

Nos últimos quinze anos o campo das relações internacionais produziu um bom número de estudos sobre a cooperação internacional e as instituições internacionais. São estudos que possuem relevância imediata para a conceituação de uma nova era e de uma nova abordagem da cooperação internacional para o desenvolvimento. Logo que entendemos a cooperação para o desenvolvimento como um problema de fornecimento de bens públicos globais, nossa atenção é de imediato desviada para os problemas de interação estratégica e do comportamento oportunista enfrentados pelos Estados ao tentarem cooperar na busca de objetivos mutuamente benéficos.

Baseando-se nos modelos dos bens públicos e suas preocupações afins, a literatura sobre a cooperação internacional identifica problemas estratégicos que os Estados devem superar se pretendem cooperar eficazmente — e como as organizações internacionais podem facilitar os esforços estatais de cooperação, principalmente fornecendo informação. Este capítulo resume as afirmações centrais da ciência política sobre as condições para a cooperação internacional e os papéis das organizações internacionais e dos atores não estatais que auxiliam aos Estados a conquistar os benefícios da cooperação. Concluímos que as funções mais úteis das organizações internacionais envolvem o fornecimento de informação sobre as preferências e os comportamentos estatais — particularmente, seus padrões e seu conhecimento causal.

Teorias de Cooperação Internacional

Desde o início da década de 1980 o campo das relações internacionais vem sendo dominado amplamente por debates acerca do conceito de cooperação internacional (Oye, 1986). Estimulando essa inovação teórica, tivemos os desenvolvimentos na nova economia institucional e na teoria do jogo, utilizando as ideias de acordos autorreforçados, comportamento oportunista e ausência de obrigação legal que tão bem caracterizam a arena internacional (Keohane, 1984). A literatura moderna sobre a cooperação internacional afastou-se de forma importante dos anteriores conceitos liberais de cooperação ou "idealistas". Buscava mostrar que, mesmo ao tecermos suposições um tanto pessimistas sobre os interesses e as intenções dos Estados, podíamos identificar condições sob as quais os Estados considerariam benéfico e possível cooperar uns com os outros. A literatura traz condições específicas que devem facilitar a cooperação e os variados tipos de informação necessários. O exame da necessidade de informação tem chamado a atenção dos teóricos ao papel das organizações internacionais, consideradas em mais detalhes adiante.

As teorias de cooperação internacional deram um largo salto à frente ao aceitarem a suposição de que os Estados centram-se em seus interesses e conflitam com os interesses dos outros Estados. Os teóricos aceitaram o desafio de mostrar como a cooperação pode ainda assim surgir — e mesmo demonstrar alguma estabilidade. O principal conjunto de artigos nesta área é o livro editado por Kenneth Oye (1986), *Cooperation under Anarchy*. A ênfase na anarquia foi uma parte especialmente importante da agenda dessa pesquisa porque eliminou a possibilidade de que a cooperação fosse ser executada por agentes externos. Como Oye explica, "as nações vivem em perpétua anarquia, pois nenhuma autoridade central impõe limites na busca dos interesses soberanos" (1986, p. 1). A declaração de que as relações internacionais sejam um terreno anárquico simplesmente significa que os acordos entre os Estados somente durarão se forem autorreforçados. As organizações internacionais podem desempenhar um papel preponderante, como elaboramos a seguir, mas é um engano considerar esse desempenho como sendo um reforço direto dos acordos. As organizações internacionais, se possuem algum poder de reforço, têm tão só uma capacidade mínima de forçar os Estados a fazerem aquilo que não desejam fazer. Em vez disso, as organizações auxiliam na cooperação criando as condições que tornam os acordos autorreforçados.

Antes de entrarmos nos detalhes, é importante enfatizarmos uma das premissas principais desses estudos. Do ponto de vista desses estudos, as instituições internacionais não são consideradas como uma forma de governo mundial, como tentativas fracassadas de um governo mundial ou como precursoras de um governo mundial. Nem são as instituições internacionais conceituadas como se posicionando acima dos Estados, delegando mandatos ou fazendo cumprir acordos. Um "governo mundial", na verdade, pouco ou nada tem a ver com o que os cientistas políticos entendem como as funções que as instituições internacionais podem desempenhar. Antes, essas instituições são consideradas atores que adquirem autoridade e poderes apenas como resultado das delegações dos Estados-membros.

Em sua maior parte, os poderes delegados consistem em vários tipos de fornecimento de informação, como o monitoramento, a imposição de padrões e a distribuição da perícia científica. O cumprimento de acordos internacionais quase sempre continua descentralizado nas mãos dos Estados-membros, em vez de sob responsabi-

CONCEITOS 93

lidade da organização em si. Algumas organizações internacionais, como a Organização Mundial do Comércio e a Corte de Justiça Europeia, mais e mais se envolvem na resolução de controvérsias. Mas mesmo com essas funções, as organizações são adequadamente compreendidas como auxiliando os Estados na resolução de seus dilemas de cooperação, e não agindo como um executor autoritário de regras e normas. Proporcionando aconselhamento sobre a interpretação de acordos internacionais e especificando o comportamento estatal, a resolução de controvérsias é entendida adequadamente como mais um tipo de provisão de informação.

O modelo básico de interesses estatais adotado pela nova literatura sobre cooperação é o modelo do dilema do prisioneiro. O dilema do prisioneiro capta a lógica dos motivos mistos, na qual os Estados podem ganhar alcançando acordos cooperativos mas também enfrentam incentivos para renegar esses compromissos. Em jogos com uma conclusão definitiva, previsível, a lógica do dilema do prisioneiro conduz inexoravelmente à defecção, com os atores incapacitados de atingir os ganhos potenciais provenientes da cooperação. Mas quando um jogo de dilema do prisioneiro se repete indefinidamente, os atores podem adotar estratégias de reciprocidade que lhes permitem alcançar a cooperação e o equilíbrio mutuamente benéficos. A reciprocidade consiste em estratégias do tipo olho por olho, dente por dente, onde a cooperação é recebida com cooperação, e a defecção com defecção. As teorias de cooperação internacional definem a cooperação como um mútuo ajuste de políticas estatais visando a alcançar resultados que todos preferem ao *status quo* (Keohane, 1984). A cooperação é claramente diferenciada da harmonia, na qual os Estados perseguem políticas que os outros Estados preferem sem qualquer ajuste mútuo explícito. Porque as situações do dilema do prisioneiro apresentam aos Estados incentivos para renegarem os arranjos cooperativos, tornam a distinção entre harmonia e cooperação particularmente clara e convincente.

Baseando-se na lógica do dilema do prisioneiro, os teóricos identificaram condições genéricas para a cooperação internacional. A questão básica, aqui, é o que permite às estratégias de reciprocidade de operarem eficazmente. Fundamental ao seu sucesso é a informação confiável sobre vários aspectos da situação, incluindo as ações e intenções de outros, suas crenças, padrões de comportamento relevantes e a relação entre as ações e os resultados (ou seja, o conhecimento causal). As estratégias de reciprocidade requerem que os Estados possam monitorar o comportamento uns dos outros e retaliar quando os outros faltarem com os seus compromissos. Uma capacidade fraca de monitoramento, resultando em "interferências" nas observações das ações estatais, rapidamente pode minar a prática da reciprocidade e portanto a possibilidade de cooperação estável. Axelrod (1984), em um cenário experimental, demonstra como pequenos enganos no monitoramento do comportamento dos atores em um dilema do prisioneiro podem rapidamente conduzir a feudos e ciclos de retaliação, tornando a conquista da cooperação deveras problemática. Informação deficiente de qualquer tipo pode minar o uso da reciprocidade no suporte da cooperação, tornando o fornecimento de informação uma das chaves para a cooperação internacional bem-sucedida. Por essa razão o restante deste capítulo focaliza como as organizações internacionais e os outros atores podem proporcionar tipos variados de informação, facilitando deste modo a cooperação internacional.

Como discutido a seguir, o dilema do prisioneiro não é o único modelo apropriado para a cooperação internacional. Mas é extremamente importante por chamar a atenção para os motivos mistos com os quais os Estados se defrontam — e a certos obstáculos genéricos à cooperação internacional. É também um modelo fértil por concentrar a pesquisa na questão da reciprocidade, uma estratégia comum na manutenção da cooperação nas relações internacionais. O comportamento cooperativo requer o estabelecimento de condições nas quais as estratégias de reciprocidade podem funcionar eficazmente, em especial as condições de boa informação.

O Papel das Organizações Internacionais

De acordo com a teoria contratual (ver, por exemplo, Krasner, 1983; Keohane, 1984; e Goldstein, 1996), os Estados com frequência enfrentam problemas do tipo do dilema do prisioneiro, nos quais comportamentos individualmente racionais geram resultados que a ninguém satisfazem. Em economia, uma tal situação é denominada falha de mercado porque um mercado que funciona adequadamente deveria prevenir resultados abaixo do ótimo. Em relações internacionais essa situação tem sido chamada de jogo de colaboração, enfatizando o fato de que os Estados precisam colaborar se querem alcançar individualmente os seus próprios objetivos específicos (Martin, 1992; Snidal, 1985; Stein, 1983).

A motivação por trás da criação e manutenção de instituições é permitir aos Estados alcançarem a fronteira de Pareto, o conjunto de resultados no qual os ganhos em comum não são mais disponíveis. Na fronteira de Pareto qualquer ganho de um Estado por definição resulta em perdas para os outros. Alcançar a fronteira de Pareto num dilema do prisioneiro requer uma boa informação sobre a situação e sobre os outros participantes. Um modo de pensarmos sobre o que faz a informação é concebê-la como removendo ou tornando transparentes as paredes que separam os prisioneiros uns dos outros. Livres dessas paredes, eles podem descobrir os interesses e ações uns dos outros, concordar em padrões de comportamento e aprender sobre a relação entre suas ações e os resultados destas.

Keohane (1984) explica como as instituições internacionais podem ajudar os Estados a vencer os dilemas das ações coletivas. Ele argumenta que uma falha de mer-

CONCEITOS

cado não ocorre se os custos das transações são negligenciáveis e os direitos de propriedade são definidos com clareza. Como ele aponta, "o teorema de Coase poderia ser interpretado... como prevendo que os problemas da ação coletiva poderiam ser facilmente superados na política internacional por meio de negociação e ajustes mútuos" (Keohane, 1984, p. 86). Sob essas condições, os Estados deveriam ser capazes de fazer e manter acordos mutuamente benéficos. Mas na política internacional os custos das transações são altos e os direitos de propriedade com frequência mal definidos. Portanto os Estados amiúde podem fracassar em superar os problemas da ação coletiva por causa do temor de que os outros reneguem os acordos, ou porque são incapazes de monitorar adequadamente o comportamento dos outros ou aprender sobre as preferências dos outros ou porque agem de modo oportunista já que os mecanismos de punição são inadequados.

É neste ponto que entram as instituições — para permitir aos Estados superarem tais problemas e alcançarem acordos mutuamente benéficos. A função primária das instituições neste quadro é permitir que as estratégias de reciprocidade operem eficientemente (Keohane, 1986). As instituições desempenham essa função fornecendo informações acerca das preferências dos outros, de suas intenções, comportamento, padrões de comportamento e conhecimento causal. Assim, na teoria contratual o efeito primário das instituições é um efeito de eficiência, no que elas permitem aos Estados chegarem a acordos mais próximos da fronteira de Pareto. As instituições, neste modelo racionalista, não modificam os interesses estatais subjacentes. Antes, ao transformarem o ambiente de informação, modificam as estratégias estatais de tal maneira que Estados com interesses próprios cooperam com mais facilidade e confiança uns com os outros.

A literatura acerca dos recursos de fonte comum chegou a uma conclusão semelhante. Uma descoberta dessa literatura é que a cooperação é facilitada quando os usuários de um recurso de fonte comum podem monitorar o cumprimento uns dos outros das regras conjuntas a um custo razoável. Em outras palavras, a informação acerca do cumprimento torna-se central para a resolução dos dilemas dos recursos de fonte comum — como no caso dos exemplos da vida real da conservação das populações globais de baleias, do controle do comércio de espécies ameaçadas de extinção e da proteção dos ambientes marinhos regionais.

Alguns autores têm reagido à teoria contratual apontando que os problemas de colaboração não são os únicos impedimentos à cooperação enfrentados pelos Estados. Os Estados também enfrentam problemas de distribuição, de coordenação e de negociação (Krasner, 1991; Fearon, 1998). Todos esses problemas giram em torno de controvérsias sobre onde os Estados se posicionarão na fronteira de Pareto — e não em torno da menos contestada questão de como se alcançar a fronteira de Pareto. Em qualquer padrão institucionalizado de cooperação existem inúmeros modos de se cooperar, e muitos podem não ser com facilidade distinguidos uns dos outros em termos de eficiência (isto é, todos se situam na fronteira de Pareto). Os Estados que concordam em coordenar suas taxas de mercado discordarão precisamente sobre qual a paridade apropriada; os Estados que cooperam entre si por meio de uma aliança militar discordarão precisamente sobre o quanto cada um deve contribuir para a defesa mútua.

Estudos iniciais sobre regimes internacionais argumentaram que tais problemas de coordenação eram de mais fácil solução do que os problemas de colaboração — e que os regimes tinham pouco a contribuir nessas soluções (Stein, 1983). Mas esse argumento tem sido muito contestado. Problemas de negociação podem ser tão devastadores para a esperança de uma cooperação internacional como o são os problemas de cooperação. Ademais, os problemas de negociação são resolvidos sob condições diferentes. Fearon (1998) demonstrou, por exemplo, que embora a longa sombra do futuro possa aumentar as esperanças de encontrarmos acordos mutuamente benéficos, também intensifica os problemas de negociação porque quaisquer negócios fechados trarão consequências que alcançam um futuro distante. Apenas os problemas de coordenação sem consequências distributivas — uma categoria rara — se prestam a uma solução rápida. Em outros casos os Estados retardarão, ameaçarão, esconderão ou distorcerão as informações, e em geral se engajarão em toda sorte de técnicas veneráveis da arte de governar que fazem da política internacional um negócio fascinante embora impiedoso.

Como se resolvem os problemas de negociação? Krasner (1991) segue a tradicional linha realista, argumentando que um exercício direto do poder estatal determina qual dos possíveis resultados acaba escolhido. O Estado mais poderoso simplesmente escolhe o resultado que prefere; outros Estados têm pouca escolha a não ser a aceitação. O poder não é a única solução possível ao problema da negociação. Garrett e Weingast (1993) indicam o papel dos pontos focais na resolução de problemas de coordenação. O conceito de ponto focal data de Schelling (1960) e inicialmente referia-se às soluções que soavam "óbvias", naturais: reencontrar-se na Estação Central quando duas pessoas se perdem uma da outra na cidade de Nova York, ou a divisão meio a meio dos benefícios da cooperação.

Garrett e Weingast ampliam essa noção para incluir pontos focais "construídos", os pontos escolhidos intencionalmente e promovidos pelos atores internacionais. Concentram-se em especial na Corte de Justiça Europeia, argumentando que sua escolha da norma de mútuo reconhecimento como um método para completar o mercado internacional da União Europeia (UE) é um importante exemplo de um ponto focal construído. Afirmam que a capacidade do tribunal de estabelecer pontos focais explica o porquê de ter sido tão influente na integração europeia, embora (ao menos até recentemente) careça de poder de execução.

CONCEITOS 97

Sendo assim, utilizando a analogia do ponto focal construído, os analistas concluíram que as instituições internacionais podem operar para resolver problemas de coordenação. Essa análise da negociação e da coordenação é de importância porque reforça o argumento central deste capítulo de que a informação é essencial à cooperação internacional. Negociação diz respeito à escolha de uma entre várias soluções sustentáveis a um problema, e os Estados em geral discordarão sobre quais dessas soluções preferem. Com a evolução das análises dos problemas de negociação para incluir a consideração de noções tais como a de pontos focais, descobrimos que os problemas de negociação são em grande parte problemas de informação. Construindo pontos focais, o que em geral envolve o estabelecimento de um padrão, as organizações podem fornecer a informação necessária para permitir aos Estados superarem os problemas de negociação, como o fez a Corte de Justiça Europeia quando especificou o reconhecimento mútuo como o caminho para a realização do mercado interno da UE. Esse fornecimento de um ponto focal ou informação determinadora de padrão pode ser potencialmente desempenhado por Estados poderosos (ou mesmo por empresas) no lugar de organizações internacionais. Mas porque os outros Estados sempre suspeitarão dos motivos dos Estados poderosos, confiar nas organizações para a determinação de padrões e a identificação de pontos focais é com frequência mais eficaz, como o descobriram os membros da União Europeia.

Em suma, as abordagens racionalistas das instituições internacionais presumem que os Estados se voltem para as instituições numa tentativa de resolver problemas de cooperação. Esses problemas de cooperação se definem por interesses estatais padronizados. Sob essa perspectiva as instituições modificam os padrões de comportamento estatal não por meio de uma modificação dos objetivos estatais mas sim pela modificação de estratégias e crenças — influenciando o ambiente de informações. Fornecem informação sobre os Estados, suas preferências, comportamentos e intenções. Também fornecem informações acerca das relações entre os meios e os fins — como políticas particulares levarão a diferentes resultados. Um tal conhecimento causal é essencial, por exemplo, para a compreensão de como a escolha de um regime especial de taxa cambial afetará variáveis macroeconômicas importantes. Os equilíbrios nos modelos racionalistas se definem por uma combinação de crenças e estratégias (Morrow, 1994) e as instituições operam diretamente sobre ambas.

Os casos discutidos em outros capítulos neste livro ilustram muitos dos argumentos gerais aqui apresentados. Os capítulos sobre justiça distributiva, por exemplo, tornam mais concreta a discussão sobre a negociação e a importância da informação na resolução de problemas de negociação, uma vez que a justiça distributiva e a negociação, ambas, se referem à distribuição dos benefícios da cooperação. Sen e Rao (neste volume) analisam a equidade como um bem público global, e Kapstein discute aqui como os conceitos de justiça distributiva foram integrados ao sistema internacional desenvolvido depois da Segunda Guerra Mundial. Como a precedente discussão da negociação sugeriu, as preocupações com a equidade podem impedir a criação de instituições internacionais e serem abordadas por instituições bem-planejadas.

Também podemos ver um crescente consenso de que o fracasso em se garantir uma distribuição relativamente equitativa dos benefícios da cooperação pode impedir, ou ao menos enormemente retardar, a criação de mecanismos cooperativos. Se bem que os estudiosos legais, sociólogos e filósofos se inclinem a rastrear esse fato às normas profundamente enraizadas do que é considerado justo, os cientistas políticos se concentram mais nos incentivos à negociação e no desejo dos atores de aumentarem suas cotas de quaisquer benefícios produzidos. Se a falta de equidade impede a criação de mecanismos cooperativos que a todos beneficiariam, a equidade passa a apresentar algumas características de bem público. Esses argumentos sobre a justiça distributiva sugerem que deveríamos voltar nossas atenções para como as organizações internacionais podem operar de modo a aumentar a distribuição equitativa dos benefícios da cooperação.

Em muitos dos casos considerados neste livro, tais como as questões ambientais, as compensações aos perdedores nos acordos podem ser a chave tanto no acréscimo da eficácia quanto no aumento da equidade. Mas proporcionar compensação àqueles que perdem a curto prazo através de acordos internacionais levanta um sem-número de problemas estratégicos, a maioria relacionados com a conquista do acesso às informações de alta qualidade. Os perdedores têm incentivos para exagerarem suas perdas, aumentando assim suas reivindicações à compensação. Em contrapartida, os que precisam proporcionar a compensação enfrentam incentivos de minimizar os cálculos das perdas, e de encontrar desculpas para não cumprirem com os recursos prometidos.

As organizações internacionais podem interferir para aliviar esses dilemas estratégicos de várias maneiras. Podem proporcionar análises das reivindicações dos perdedores como compensação — digamos, avaliando a extensão das perdas econômicas devido a qualquer participação em acordos internacionais. As organizações também podem estabelecer padrões para as contribuições aos fornecimentos em comum e tornar públicas as informações sobre os Estados que ficam aquém de suas obrigações nesses casos. A discussão sobre equidade e justiça distributiva, portanto, esclarece alguns dos tipos de informação que são necessários se os Estados pretendem solucionar os problemas de negociação e de cooperação — e enfatiza o papel que pode ser desempenhado pelas organizações internacionais no fornecimento de tais informações.

Os capítulos neste livro sobre os acordos ambientais, por Barrett e Heal, também fornecem exemplos concretos dos problemas estratégicos que os Estados enfrentam

CONCEITOS

ao buscarem cooperar uns com os outros e como a falta de informação pode impedir essa cooperação. A tecnologia e a criação de mercados para os direitos de poluir irão aliviar enormemente as dificuldades de aumentarmos o fornecimento de bens ambientais, como estes capítulos demonstram. Mas a dependência na tecnologia e nos mercados por si só provavelmente não irá tirar as organizações internacionais do negócio de ajudar a proteger o meio ambiente. Mesmo se a tecnologia facilita a conclusão de acordos globais, as tentações do não cumprimento desses acordos persistirão. Os países pobres, em especial, se preocuparão com os custos de aplicação da nova tecnologia e podem sentir-se tentados a ignorar os termos dos acordos ambientais, especialmente se acreditarem que sua obediência não será percebida e recompensada (ou que a trapaça não acarretará punição). Esse é o problema clássico de informação incompleta considerado em teorias de cooperação internacional, e conduz diretamente à proposição de que as organizações internacionais podem ser valiosas no monitoramento da obediência dos acordos internacionais e tornar pública essas informações. Um tal monitoramento possivelmente será percebido como menos intruso do que um monitoramento feito pelos outros Estados.

De modo semelhante, a dependência nos direitos de poluir negociáveis pode funcionar como uma solução eficaz tão só se a informação sobre a obediência aos limites permitidos for amplamente disponível. Um problema que tem importunado a implementação de sistemas negociáveis de permissão é precisamente a dificuldade de se monitorar se os participantes dos arranjos estão excedendo aos seus limites. As teorias de cooperação sugerem fortemente que esse é precisamente o tipo de situação na qual a delegação de funções de monitoramento a organizações internacionais (ou, em alguns casos, a atores não estatais) pode melhorar o bem-estar de todos, limitando o grau de trapaça. A cooperação ambiental ilustra a demanda por monitoramento e por uma informação confiável sobre se os Estados estão cumprindo os acordos internacionais — e o papel potencial das organizações internacionais no fornecimento dessa informação.

ATORES NÃO ESTATAIS: ONGS E COMUNIDADES EPISTÊMICAS

O problema da cooperação para o desenvolvimento cada vez mais requer que os Estados interajam produtivamente com atores não estatais. Esses atores podem facilitar a cooperação para o desenvolvimento ou, no pior dos casos, interferir de modo significativo com a busca dos bens públicos globais. As organizações não governamentais (ONGs) e as comunidades epistêmicas (ou de especialistas) proporcionam vários tipos de informação que são relevantes à busca dos objetivos coletivos. As ONGs também exercem efeitos importantes na determinação de agendas e na evolução da atenção pública para os objetivos globais (Sen, neste livro). Um foco na função de fornecimento de informações das organizações internacionais nos leva à questão de se alguns tipos de informações poderiam ser fornecidos tão eficazmente por outros tipos de atores, como as ONGs e as comunidades epistêmicas.

Os atores não estatais devem ser compreendidos como complementos nas organizações internacionais, em lugar de seus substitutos. Conquanto os atores não estatais possam fornecer informações vitais para facilitar a cooperação e o fazem, as tarefas de filtragem, de classificação, de divulgação e de autenticação dessas informações recaem apropriadamente às organizações internacionais. A questão, sob essa perspectiva, é a de encontrarmos maneiras para que esses atores trabalhem juntos, complementando os pontos fortes uns dos outros, em vez de tentarem acabar uns com os outros.

Primeiro, considere o papel em rápida expansão que as ONGs desempenham na política global. As ONGs já deslocaram-se bem para além dos grupos de base nacional do início do século XX. Crescentemente, têm organização, membros e objetivos transnacionais (Keck e Sikkink, 1998). Trabalhando como redes de defesa, formam agendas, divulgam eventos por todo o mundo, aumentam a consciência pública e emitem relatórios sobre a obediência aos padrões internacionais de comportamento. Uma vez que as ONGs normalmente se constroem sobre fundações de princípios solidamente mantidos e possuem redes de origem popular e em diversos países, elas adquirem legitimidade e persuasão em suas abordagens dos problemas globais. Como Sen (neste volume) aponta, alguns grupos não governamentais transcendem aos interesses individuais ou mesmo nacionais para promoverem interesses — globais — universais. Num curto prazo, a maior contribuição desses grupos à provisão dos bens públicos globais podem ser suas atividades de divulgação da falta de obediência às normas internacionais, tais como os direitos humanos ou as normas ambientais. A longo prazo podem exercer uma contribuição ainda maior pela modificação das atitudes públicas em relação a tais questões, como exerceram sobre a escravatura e os direitos das mulheres.

Um conceito relacionado de perto com o das ONGs é o das comunidades epistêmicas (Haas, 1992). Como as ONGs, as comunidades epistêmicas são redes de defesa. Mas acrescentam um elemento de conhecimento científico ou especializado, especializando-se em defesas baseadas em conhecimento. Sendo assim, proporcionam o que chamei de conhecimento causal. As atividades das comunidades epistêmicas nas questões ambientais são especialmente destacáveis. Com o evoluir do conhecimento científico acerca dos temas ambientais e as comunidades epistêmicas conquistando um consenso de como a atividade humana altera o meio ambiente, esse conhecimento é filtrado para as políticas internas, os governos nacionais e as negociações internacionais. Como as ONGs, as comunidades epistêmicas fornecem informações e, ao longo do tempo, modificam as atitudes públicas. A contribuição

CONCEITOS

distintiva, e crescente, das ONGs e das comunidades epistêmicas pode ser a capacidade que têm de exercer um impacto direto nas negociações internacionais sobre questões de interesse global. Especialistas presentes em negociações sobre o meio ambiente ou em questões econômicas podem influenciar enormemente as negociações e a estrutura dos acordos internacionais. Uma questão institucional é se uma tal representação é mais eficaz na construção de acordos eficientes e bem-planejados se os especialistas desempenham apenas um papel informal, de aconselhamento, ou se lhes é conferido um lugar mais formal na mesa de negociação.

Para tornar mais concretos esses argumentos sobre as ONGs e as comunidades epistêmicas, me volto para a saúde pública. Zacher (neste volume) concentra-se em um aspecto da saúde pública, o fornecimento de informações sobre a incidência de doenças infecciosas. Dois problemas estratégicos parecem centrais neste caso: o fornecimento de informação confiável sobre doenças e a boa vontade dos governos de divulgarem surtos de doenças infecciosas em seus territórios quando tais revelações podem trazer consequências econômicas negativas. Zacher ressalta que fontes múltiplas de informação, tais como a Internet, vêm se tornando disponíveis.

Num primeiro exame isso pode sugerir que o fornecimento de informações não enfrenta um problema de provisão e que as organizações internacionais têm pouco valor a acrescentar no fornecimento de informações, contrariamente à importante lição das teorias de cooperação internacional. Mas a disponibilidade de múltiplas fontes de informações não soluciona automaticamente o problema de provisão de informação. É inteiramente possível que algumas fontes não governamentais sejam parciais ou tendam ao erro. A multiplicação de fornecedores de informação poderia, na prática, resultar na proliferação de interferências e informações incorretas, em vez de informações de alta qualidade que os Estados necessitam para adequadamente tratarem as ameaças à saúde pública.

Essa análise sugere que pode fazer mais sentido concebermos o papel das organizações internacionais como o de filtrar as informações disponíveis em vez de fornecê-las diretamente. Quando surgissem anúncios de doenças infecciosas, seria de extremo valor para a comunidade internacional termos um especialista imparcial, que avaliasse esse anúncio e providenciasse alguma indicação de sua possível precisão. As organizações internacionais têm mais chance de estar mais bem-posicionadas do que os Estados para exercerem essa filtragem.

Se as organizações internacionais tomassem para si essa filtragem, contribuiriam para a resolução do segundo problema estratégico — fazer os governos revelarem as informações sobre doenças em seus territórios. Os governos podem ser dissuadidos de emitir relatórios preliminares de doenças pelo temor de que estes seriam divulgados pela Internet e os veículos da mídia, sem permitir que primeiramente os especialistas estabelecessem a precisão dos comunicados. Serem capazes de dirigir-se, talvez discretamente, a um órgão imparcial de especialistas poderia aumentar enormemente a disposição dos governos legitimamente preocupados em anunciar surtos de doenças de um modo oportuno e aberto.

Como a informação no exemplo da saúde sugere, os atores privados e as organizações internacionais possuem forças de equilíbrio e podem trabalhar em conjunto para aumentar a cooperação internacional. As ONGs apresentam a vantagem de estarem mais próximas do povo, distribuídas mundo afora e unidas em redes. São muitíssimo importantes, por conseguinte, no fornecimento de informações iniciais rápidas sobre problemas, tais como os surtos de doenças infecciosas. As comunidades epistêmicas, em contraste, trabalham em menor escala, fornecendo informações científicas que aumentam a capacidade dos atores de desenvolverem estratégias que irão conquistar seus resultados desejados.

As organizações internacionais em geral não podem competir com as ONGs quanto ao acesso às bases populares — ou com as comunidades epistêmicas em ter acesso direto ao último conhecimento científico. Mas possuem, com efeito, as vantagens de alta visibilidade e de um nível de autoridade que provém dos poderes a elas delegados pelos seus Estados-membros. Por isso, podem complementar de modo vital as atividades dos atores privados mesmo onde as ONGs e as comunidades epistêmicas estejam muito envolvidas. Como na saúde pública, podem filtrar informações das ONGs; como no meio ambiente, podem estruturar as opiniões das comunidades epistêmicas às negociações internacionais. Além disso, onde a cooperação requer um monitoramento direto das atividades governamentais — por exemplo, para garantir o cumprimento de acordos formais internacionais —, parece não haver um substituto para as atividades de autoridades das organizações internacionais. Elas possuem uma legitimidade não conquistada pelos atores privados, e deste modo são as mais indicadas para se engajar num monitoramento potencialmente intruso do comportamento dos governos.

Conclusão

Estudos da cooperação internacional e dos bens públicos combinam análises teóricas e empíricas das condições dos atores com interesses próprios de cooperarem uns com os outros de um modo estável e sustentável. Não precisamos presumir que os atores sejam altruístas ou idealistas para explicarmos por que podem cooperar uns com os outros. Tudo de que precisamos é demonstrar que todos podem se beneficiar dos esforços cooperativos. Mas os analistas precisam então enfrentar os obstáculos à cooperação. A resolução desses problemas requer informações de alta qualidade sobre os Estados, suas preferências, ações e intenções, padrões relevantes de comportamento, e sobre o conhecimento científico ou causal. Em todas essas áreas, as organizações

CONCEITOS

internacionais são planejadas para fornecer, ou por si mesmas ou em colaboração com ONGs e comunidades epistêmicas, as informações relevantes.

Com a prática da ajuda para o desenvolvimento distanciando-se do modelo tradicional de doador-receptor para modelos cooperativos mais multilaterais, esses obstáculos genéricos à cooperação cada vez mais importarão. Ao nos deslocarmos para uma era onde o desenvolvimento é conceituado como um problema de fornecimento de bens públicos globais em vez de uma transferência direta de recursos, a estrutura das futuras instituições de cooperação para o desenvolvimento se modificará. Uma das lições principais é que as organizações internacionais podem substancialmente facilitar a busca de objetivos cooperativos globais, com frequência por meio do fornecimento de informações confiáveis de alta qualidade sobre as características e ações dos Estados.

Nota

A autora agradece a Mark Zacher as úteis observações.

Referências Bibliográficas

Axelrod, Robert. 1984. *The Evolution of Cooperation*. Nova York: Basic Books.

Fearon, James D. 1998. "Bargaining, Enforcement, and International Cooperation". *International Organization* 52(2): 269-305.

Garrett, Geoffrey, e Barry Weingast. 1993. "Ideas, Interests, and Institutions: Constructing the EC's Internal Market". Em Judith Goldstein e Robert Keohane, org., *Ideas and Foreign Policy*. Ithaca, NY: Cornell University Press.

Goldstein, Judith. 1996. "International Law and Domestic Institutions: Reconciling North American 'Unfair' Trade Laws". *International Organization* 50(4): 541-64.

Haas, Peter, org. 1992. "Epistemic Communities and International Policy Coordination". *International Organization* 46(1).

Keck, Margaret E., e Kathryn Sikkink. 1998. *Activists beyond Borders: Advocacy Networks in International Politics*. Ithaca, NY: Cornell University Press.

Keohane, Robert O. 1984. *After Hegemony: Cooperation and Discord in the World Political Economy*. Princeton, NJ: Princeton University Press.

———. 1986. "Reciprocity in International Relations". *International Organization* 20(1): 1-27.

Krasner, Steven D., org. 1983. *International Regimes*. Ithaca, NY: Cornell University Press.

———. 1991. "Global Communications and National Power: Life on the Pareto Frontier". *World Politics* 43(3): 336-56.

Martin, Lisa L. 1992. "Interests, Power, and Multilateralism". *International Organization* 46(4): 765-92.

Morrow, James D. 1994. "Modeling the Forms of International Cooperation". *International Organization* 48(3): 387-423.

Oye, Kenneth A., org. 1986. *Cooperation under Anarchy*. Princeton, NJ: Princeton University Press.

Schelling, Thomas C. 1960. *The Strategy of Conflict*. Cambridge, MA: Harvard University Press.

Snidal, Duncan. 1985. "Coordination versus Prisoner's Dilemma: Implications for International Cooperation and Regimes". *American Political Science Review* 79(4): 923-42.

Stein, Arthur A. 1983. "Coordination and Collaboration: Regimes in an Anarchic World". Em Steven D. Krasner, org. *International Regimes*. Ithaca, NY: Cornell University Press.

ESTUDOS DE CASOS

EQUIDADE E JUSTIÇA

EFICIÊNCIA DE MERCADO

PATRIMÔNIO AMBIENTAL E CULTURAL

SAÚDE

CONHECIMENTO E INFORMAÇÃO

PAZ E SEGURANÇA

EQUIDADE E JUSTIÇA

A EQUIDADE EM UMA ESTRUTURA DE BENS PÚBLICOS GLOBAIS
J. Mohan Rao

A JUSTIÇA DISTRIBUTIVA COMO UM BEM PÚBLICO INTERNACIONAL:
UMA PERSPECTIVA HISTÓRICA
Ethan B. Kapstein

JUSTIÇA GLOBAL: ALÉM DA EQUIDADE INTERNACIONAL
Amartya Sen

À primeira vista a estrutura de bens públicos globais não se presta com facilidade a discussões de questões distributivas tais como a equidade. Afinal de contas, os bens públicos globais parecem envolver principalmente benefícios compartilhados, e não questões de "quem fica com o quê?". Os três capítulos nesta seção demonstram, contudo, que a equidade situa-se no centro tanto do conceito de bem público como no de sua implementação.

Como indicado no capítulo "Definindo Bens Públicos Globais", alguns bens públicos globais são objetivos e resultados finais (tais como a paz) e outros são intermediários (tais como os regimes internacionais). A equidade é as duas coisas. Estes três capítulos concedem luz a questões de definição e de provisão desse importante bem público e iluminam suas dimensões globais.

O capítulo de J. Mohan Rao proporciona a base de sustentação do argumento teórico. A equidade, argumenta Rao, alinhava e suporta a ordem e a cooperação sociais, indispensáveis para a provisão conjunta de bens públicos — inclusive em nível global. Além disso, a equidade se faz necessária não só para organizar o suprimento dos bens públicos mas também para definir a demanda de bens públicos e responder à pergunta: o bem público de quem deve fazer parte da agenda? Finalmente, a equidade em si mesma é um bem público: embora muitas pessoas desejem uma sociedade equitativa, esse objetivo raramente é conquistado quando os indivíduos agem isoladamente. As pessoas precisam comprometer-se como grupo a uma visão comum de equidade e acompanhá-la de uma ação conjunta.

Conquanto Rao tenda a apoiar-se nas instituições formais — sejam Estados, governos locais ou organizações internacionais — para o fornecimento dos bens públicos, Amartya Sen enfatiza o fato de que os atores não estatais, operando transnacionalmente, estejam com frequência em primeiro plano nas normas globais e padrões de equidade e justiça. A visão das pessoas do que é justo e razoável depende apenas marginalmente de suas cidadanias, e mais de suas identidades pessoais e profissionais. Portanto, essencialmente, a justiça possui uma inescapável qualidade global. Como Sen observa, é importante distinguirmos entre a equidade dentro dos países e a equidade em um cenário global, transnacional.

Uma preocupação com a justiça distributiva está em um certo grau incrustada nas instituições atuais da economia mundial, segundo Ethan B. Kapstein. Kapstein nos lembra que uma ordem econômica justa há muito tem sido avaliada como um bem público global, especialmente depois da Segunda Guerra Mundial, quando o sistema Bretton Woods foi criado. Para os líderes que refletiam sobre as causas da guerra, as relações entre a dificuldade econômica e o conflito global eram por demais evidentes. Kapstein mostra que a arquitetura pós-guerra apoiava-se em dois pilares: a criação de riquezas e sua distribuição. A riqueza deveria ser criada principalmente por meio do livre comércio internacional, enquanto sua distribuição ficava sob a responsabilidade das instituições internas. Todavia, essa abordagem tornou-se cada vez menos eficiente com o passar do tempo. O único caminho à nossa frente hoje, argumenta Kapstein, é tratarmos essas preocupações em um nível internacional.

A Equidade em uma Estrutura de Bens Públicos Globais

J. Mohan Rao

Com a aproximação do novo milênio, uma economia verdadeiramente global toma forma e uma cultura global emerge. Alimentada por uma comunicação em tempo real e por revoluções na tecnologia da informação, pela rápida convergência das políticas nacionais e pela troca crescente de ideias, imagens e estilos de vida através das fronteiras nacionais e culturais, esta era de globalização apresenta novas oportunidades e ameaças incomuns. Contudo, a democracia global não está à vista em parte alguma. Regras e princípios para prevenirmos, e até gerenciarmos, as crises econômicas ou são inexistentes ou *ad hoc* e incompletas. Regras e padrões passíveis de cumprimento para a proteção do meio ambiente, do trabalho e dos direitos humanos globais ainda aguardam ser amplamente aceitos, quanto mais implementados. Ao passo que o volume numérico da classe média conectado às redes globais (e com os recursos de serem parte do consumismo global) cresceu e se difundiu, enormes segmentos da população mundial permanecem marginalizados. Porém, incluídos ou excluídos, poucos estão livres de um sentido crescente de vulnerabilidade quanto às forças globais.

Ao mesmo tempo, a integração global reduziu as capacidades administrativas do Estado-nação e impõe riscos de desintegração nacional. A eficácia da política macroeconômica de um Estado e de sua capacidade fiscal de lidar com choques e instabilidades são cada vez mais limitadas pela privatização, pela liberalização do mercado e pela crescente mobilidade do capital. Nos países industrializados a desintegração se manifesta na queda dos salários ou no crescente desemprego dos semiqualificados, no aumento da dispersão salarial e na ascendente participação nos lucros (em relação aos salários) na renda nacional. Nos países em desenvolvimento, nem o mercado nem o Estado é capaz de incluir e integrar grandes partes da população que há muito ocupam as margens, devido aos crescentes diferenciais entre os salários dos semiqualificados e dos sem qualificação e ao lento aumento dos empregos formais em relação ao emprego informal. Muitas nações não estão preparadas para enfrentar os efeitos sociais e políticos dos grandes choques, embora o Estado-nação permaneça sendo o último recurso para a resolução (política) de escolhas de ajuste.

Sendo assim, a globalização econômica e cultural parece ter introduzido um período de transição difícil e potencialmente instável para o mundo. Mesmo se supusermos que um livre comércio e uma mobilidade irrestrita de capital possam resultar na equalização do fator de preço global e na igualdade internacional, a transição pode levar décadas — se não séculos. Enquanto isso, muitas áreas de urgente preocupação global podem ser tratadas com sucesso apenas por meio da ação coletiva internacional. Mas podem soluções eficientes e eficazes ser encontradas se as questões de distribuição, equidade e justiça forem postas de lado?

Em jogo estão as questões de como distribuir os custos incorridos e os benefícios ganhos de uma ação cooperativa para a criação de bens públicos globais ou a minimização de males públicos globais. As questões de equidade também estão implicadas nas origens dos problemas globais em si mesmos. As negociações internacionais são influenciadas por forças econômicas e de negociação desiguais e pelas diferentes etapas de desenvolvimento nas quais se encontram as nações. Essas negociações seriam comparativamente fáceis se as nações economicamente desiguais estivessem convergindo em padrões de vida e se as fatias globais estivessem vigorosamente aumentando. Mas exceto em exemplos restritos, tal como o dos países-membros da Organização para Cooperação e Desenvolvimento Econômico (OCDE), a divergência econômica internacional — países ricos crescendo mais rápido do que os pobres — tem sido a regra, enquanto a taxa de crescimento da renda mundial foi mais lenta de 1980 a 1995 do que o foi na "era de ouro" (1950-79).[1]

Essas dificuldades são acrescidas pelo fato de que o mundo tem tido de prestar mais atenção ao bem-estar das gerações futuras, confrontadas com crescentes ameaças ambientais. Por exemplo, os desacordos de hoje entre os países ricos e os pobres acerca da divisão da cota de poluição global podem afetar as decisões sobre a cota global em si, o que trará consequências para as nações no futuro. Os desacordos podem também transbordar para áreas não relacionadas da negociação internacional. Embora os custos e as desigualdades do passado racionalmente não devessem importar nas decisões presentes e futuras, as considerações de equidade tornam tais "passados", ao menos indiretamente, relevantes nas negociações internacionais. Também desempenharam um papel na longa história de negociações do Acordo Geral de Tarifas e Comércio (GATT). Com frequência, contudo, a ignorância e os interesses especiais camuflam as ponderações distributivas ou as mantêm fora da agenda aberta nas discussões internacionais. Um fracasso no confronto dessas considerações de um modo transparente e democrático não apenas derrota a justiça processual e substantiva mas também pode produzir soluções ineficientes e mesmo ineficazes. No fim, tais fracassos podem minar a legitimidade e a sustentabilidade do novo globalismo.

Daí o argumento básico deste capítulo — de que os critérios de equidade e distribuição devam estar no âmago de uma estrutura de bens públicos globais para a cooperação internacional. No decurso da elaboração do argumento, também levaremos em conta as considerações econômicas usuais no tratamento dos bens públicos em um contexto nacional, assim como as justificativas predominantes a favor (ou contra) da incorporação da equidade, da justiça e da coesão social como critérios na busca da cooperação internacional. A este respeito, importantes diferenças e semelhanças entre os contextos nacional e internacional serão enfatizadas.

Será que a equidade desempenha um papel de destaque no fornecimento de bens públicos globais? Podemos argumentar que uma certa combinação de cooperação internacional e da coerção na produção de tais bens parece possível, mesmo se baseada apenas no interesse próprio. Isso não pareceria exigir, em absoluto, uma coesão social para além das fronteiras nacionais — incluindo-se as noções aceitas de equidade e de outras normas culturais. Contudo, essa visão não reconhece a presença penetrante e a influência potencial das considerações de equidade na cooperação global. Essa influência pode ser considerada em três níveis. Primeiro, a equidade e a justiça promovem um comportamento cooperativo, em si necessário para o fornecimento dos bens públicos. Embora a coesão social possa não ser uma precondição absoluta para o fornecimento dos bens públicos, o seu valor reside em facilitar a cooperação e conceder maior legitimidade e sustentação às regras globais. Esse é o aspecto instrumental penetrante da equidade num contexto de bens públicos globais.

Segundo, quando o sistema é considerado justo e equitativo, as nações dele participam de boa vontade. De outro modo, suas contribuições individual e coletivamente tenderão a ser insuficientes para fazer o sistema funcionar bem, ou até, apenas funcionar. Quanto aos bens públicos, tanto a oferta quanto a demanda são fundamentalmente influenciadas pela equidade no financiamento e na distribuição desses bens e no acesso a eles. No mínimo, as noções de eqüidade horizontal (o tratamento igualitário de iguais) e de equidade vertical (uma distribuição progressiva das responsabilidades) no financiamento são com frequência invocadas. Ademais, quando os recursos são limitados e nem todos os bens públicos podem ser supridos, questões de eqüidade podem surgir na escolha dos bens a serem providos posto que nem todos desejam ou precisam dos mesmos bens igualmente. Assim sendo, as preocupações com a equidade permeiam a definição de bens públicos, a negociação para o fornecimento de bens públicos e a questão do acesso a eles, mesmo num contexto global.

Terceiro, a equidade global é em si mesma um bem público que, sem a cooperação ou a coerção (ou seja, num cenário descentralizado), pode ser insuficientemente suprida. Esse fornecimento insuficiente pode ser devido, por exemplo, a não haver um mercado privado por meio do qual as nações ou indivíduos possam cumprir suas necessidades de dar.

A primeira seção deste capítulo prepara a cena delineando o continuado papel da desigualdade entre as nações na formação do mundo. A segunda seção considera o valor instrumental potencial da coesão social na oferta de bens públicos (a equidade nos bens públicos). Depois, o capítulo considera como os fatores distributivos afetam a demanda e a oferta de bens públicos. A seguir, dedica-se à proposição (originalmente de Thurow, 1971) de que a distribuição de renda é em si um bem público. A seção final oferece conclusões.

O restante do capítulo ilustra o valor da equidade na produção e na distribuição dos bens públicos e o seu valor como um bem público em si.

UM MUNDO NECESSITADO DE EQUIDADE

Não obstante sólidas reivindicações para a convergência internacional, a desigualdade internacional é uma força poderosa. Possivelmente seja o baluarte da ordem internacional (embora, como a seção seguinte demonstra, existam qualificações importantes a essa proposição). Dois aspectos dessa ordem se destacam. Primeiro, mesmo quando a ação global é coordenada (ou orquestrada), capacidades nacionais, militares, econômicas e organizacionais imensamente desiguais continuam exercendo uma influência poderosa. Segundo, as heranças desiguais de riqueza e as assimetrias na divisão do trabalho continuam a estruturar os mercados mundiais, e, portanto, os resultados dos mercados.

O mundo de hoje é um mundo de enorme diversidade cultural e de imensas disparidades no *status* econômico das nações. Neste mundo fragmentado e desigual nem todas as nações ou grupos dentro das nações estão simétrica e igualmente integrados com os mercados globais. Se todos tivessem acesso livre e competitivo aos mercados e jogassem num campo nivelado, então poderíamos esperar que os mercados produzissem forças igualadoras. Mas os campos estão longe de ser nivelados, e o acesso dificilmente é livre e competitivo. Essas circunstâncias determinadas localmente geram poderosas forças econômicas que formam, e sustentam, desenvolvimentos que desigualam em vez de igualar, tanto dentro das nações como entre nações.

É certo que houve mudanças significativas — a rápida convergência dos padrões de vida e de renda entre os países industrializados por volta do final dos anos 1960, o declínio geral da hegemonia econômica dos EUA, e mudanças políticas, tais como o abandono das taxas cambiais fixas, o relaxamento dos controles de capital e a ascensão da competitividade na exportação a uma paridade virtual com o bem-estar doméstico como objetivo da política macroeconômica. De modo similar, a convergência nos regimes econômicos foi acelerada pelo término da Guerra Fria e o colapso da União

ESTUDOS DE CASOS

Soviética. Esses eventos também em parte reavivaram a hegemonia dos EUA e tiveram um importante impacto na criação de regras[2]. Por exemplo, cresce a demanda por campos de ação nivelados em áreas tão diversas quanto o comércio de serviços e o investimento estrangeiro — e mesmo nos padrões trabalhistas e na legislação do trabalho infantil.[3]

Quão grande foi a mudança? Sua dimensão pode ser julgada apenas em relação à demanda por uma "nova ordem econômica internacional", que parece ter sido o grito de guerra de todos, menos das nações da OCDE, até apenas dez anos atrás. Examine Uruguai Round das negociações do GATT, que abandonou o princípio de tratamento especial para os países em desenvolvimento. Esse abandono foi uma extraordinária guinada para longe do princípio de regras diferenciadas, na direção a um princípio de uma regra para todos. Os otimistas podem afirmar ser esse o único princípio equitativo, a igualdade perante a lei aplicada às nações. Os pessimistas podem considerá-la um abandono dos princípios elementares da equidade horizontal e vertical. A diferença reflete visões opostas de como os mercados do mundo real funcionam.

Novas divisões nas classes sociais e nos interesses econômicos também estão aparecendo, em nível nacional quanto transnacional, numa resposta direta à globalização — clivagens entre os que obtêm sucesso na economia globalizada e os que estão presos em seu repuxo.[4] Ainda que muitos países em desenvolvimento pareçam escorregar na hierarquia econômica, abundam vencedores e perdedores individuais. Tanto para os países ricos como para os pobres a globalização parece estar reduzindo o espaço disponível da busca de políticas autônomas. Até a responsabilidade para com os eleitores parece estar diminuindo, com os políticos de todas as gamas tendo crescentemente de aplacar os mercados globais e garantir a competitividade.

Existe também uma capacidade desigual de participação significativa em negociações internacionais. Os governos permanecem sendo os atores principais nas negociações, embora os órgãos não governamentais e as empresas multinacionais tenham emergido como poderosos grupos de pressão. Todavia, muitos países pobres não possuem os recursos técnicos e financeiros para identificar seus interesses, muito menos persegui-los com vigor. Nesse sentido, novas regras internacionais de jogo estão sendo escritas sem o envolvimento de muitos dos jogadores e times.[5] As questões a seguir exemplificam o tipo de implicações distributivas envolvidas na atual agenda global:

- *Política ambiental.* Enquanto os países em desenvolvimento apontam o dedo para o uso profligador *per capita* dos recursos naturais pelos países industrializados, os países industrializados prontamente condenam o contínuo e rápido crescimento populacional nos países em desenvolvimento.[6]

- *Comércio internacional.* Embora as instituições para o livre comércio tenham sido fortalecidas, nenhum esforço foi feito para garantir-se que os países pobres não sofram os piores efeitos gerados pelo declínio dos preços e pela instabilidade dos preços de suas exportações. Essas mazelas surgem, ao menos em parte, do crescimento descoordenado das exportações oriundas dos países pobres e do protecionismo dos países ricos.[7]
- *Finanças.* O perdão de dívidas não é bem-visto em muitos países — inclusive nos que (como a Alemanha) a prosperidade pós-guerra se construiu, ao menos parcialmente, sobre o perdão de suas dívidas. As externalidades dos sistemas financeiros podem ser brutalmente injustas, tanto internacional quanto domesticamente, como mostra a recente crise asiática. Uma falha em controlar-se a volatilidade do mercado gera um impacto muito mais severo nos países em desenvolvimento do que nos industrializados basicamente porque os choques expõem as inadequações das redes de segurança e quaisquer fraquezas nos sistemas políticos.
- *Transações globais e economias nacionais.* Alguns bens públicos globais (o cumprimento do livre comércio, por exemplo) podem ser compreendidos como estando a erodir os bens públicos nacionais ou a criar externalidades negativas. Assim, o livre comércio pode aumentar as desigualdades salariais dentro de um país e corroer o consenso social em uma ampla frente ou, mais especificamente, pode alterar as normas nacionais no que seriam de outro modo considerados direitos inalienáveis — os padrões trabalhistas, por exemplo. Contudo, a criação de regras globais e a implementação de instituições são em geral fundamentais à ordem mundial, e são exemplos de bens públicos globais que precisam ser providos centralmente.

EQUIDADE PARA OS BENS PÚBLICOS

A incapacidade dos mercados de suprirem os bens públicos é um caso clássico de falha de mercado. O fornecimento de bens públicos, seja nacional ou global, é resultado da cooperação ou de coerção, não da competição de mercado. A cooperação de todos os agentes não é uma precondição necessária porque, em princípio, um subconjunto de agentes pode adquirir um monopólio privado no fornecimento do bem público, ou direitos de monopólio podem ser exercidos por um Estado dominante. Ademais, seja de poucos ou de muitos, um acordo cooperativo precisa ser reforçado, e o cumprimento pode requerer a coerção. Mesmo quando resultantes de cooperação, os esforços para a oferta de bens públicos podem produzir conflitos (reais ou latentes) acerca da partilha dos custos ou acerca do alcance do bem público. Daí a seguinte indagação: seria a ordem, em vez da equidade, a verdadeira precondição para um fornecimento conjunto dos bens públicos? "Sim" é a resposta dada por três escolas de pensamento ocidental: o hobbesianismo, o liberalismo e a teoria de estabilidade hegemônica.

A visão de Hobbes

Segundo Thomas Hobbes, a guerra de todos contra todos irá surgir entre os agentes com ou sem desigualdades preexistentes. Mas as desigualdades podem exacerbar enormemente os conflitos na oferta de bens públicos. Não deveria ser surpresa nenhuma, então, que uma tradição dominante entre os pensadores políticos concentre-se intensamente, se não exclusivamente, na desigualdade internacional como o fundamental determinante da ordem mundial. Pois a ordem (seja a produzida por um governo mundial formal ou produzida de outro modo) é uma condição necessária para a produção de outros bens públicos. Se a ordem é a mãe de todos os bens públicos nacionais, só pode também o ser em nível internacional.

A economia global reflete as regras existentes ou os arranjos sociais, políticos e econômicos. Estes são o resultado não do acaso mas de "decisões humanas tomadas no contexto de instituições criadas pela humanidade e de conjuntos de regras e costumes autodeterminados" (Strange, 1988). De acordo com a dominante tradição do pensamento político, a ordem internacional é o resultado de uma rígida hierarquia internacional de coerção. Estados-nação não são perseguidores egoístas do poder por hipótese. Antes, o motivo de Hobbes de "eminência" se impõe sobre eles por suas próprias existências e pela competição resultante. Sem hierarquia, pode tão somente haver anarquia.

A tradição liberal

O pensamento liberal, particularmente a economia liberal depois de Adam Smith, tem resistido à implicação mercantilista de que, num mundo hierárquico, as políticas econômicas nacionais precisem ser planejadas numa estrutura de soma zero. A postura liberal nas relações internacionais — particularmente depois da revolução neoclássica de 1870 — se constrói das bases, começando com o indivíduo em vez de com o Estado-nação, e é bastante coerente com a sua postura intranacional. As considerações distributivas não ocupam nenhum lugar essencial na busca científica da economia convencional, uma posição que se ajusta bem ao modelo do ator egoísta que é a sua fundação. Posto que a ordem não é objeto de exame, nem a eminência nem nenhuma outra fonte inicial de desigualdade desempenha um papel essencial. Em vez disso, o Estado-nação é compreendido como de algum modo construído como um contrato social para a promoção da competição criadora de valor (a regra do mercado) e para conter a competição destrutiva (a lei da selva). É fácil compreender que uma vez estabelecida a regra do mercado, o clássico problema liberal de se porem rédeas no Estado se afirma, e portanto a solução liberal do *laissez-faire*.[8] Embora a possibilidade de cooperação entre agentes com interesses próprios permaneça uma barreira teórica difícil, não é insuperável.

O ponto de vista liberal é reforçado quando deslocado de um contexto nacional para um internacional. Na visão liberal, a ordem e a eficiência globais podem ser asseguradas por um sistema de mercado desde que os Estados-nação não interfiram nas transações além-fronteiras entre os agentes, exceto para fazer cumprir os direitos de propriedade e os contratuais. Aqui, parece que o minimalismo estatal é levado um passo adiante do que no contexto nacional. A liberdade contratual garante que a economia mundial não seja menos harmonizada automaticamente pelo mercado do que a economia nacional. Além disso, contudo, um mercado globalizado baseado no *laissez-faire* dentro e entre nações automaticamente disciplina os Estados candidatos a predadores (a preocupação tradicional do liberalismo) e limita a tomada e o controle da política pública (a preocupação principal da recém-surgida doutrina de economia política neoclássica). Em outras palavras, enquanto aceita que as políticas sejam endógenas, o neoliberalismo vê no mercado global a solução para as mazelas da economia política nacional (ver Srinivasan, 1985). O globalismo de mercado é o antídoto ideal para o dirigismo de Estado.

A teoria da estabilidade hegemônica

Um tratamento mais simétrico da ordem nacional e global vem de Kindleberger (1970) e outros. Principia pela observação de que os períodos de grande prosperidade para a economia mundial também foram tempos de grande ordem internacional — ou seja, períodos em que os bens públicos internacionais (o livre comércio, a paz e a segurança) e um modo de equilibrar os pagamentos internacionais estavam assegurados. Essa observação afirma o princípio da economia liberal dos ganhos vindos do comércio. Mas nessa visão a ordem internacional normalmente se apoia na superação por um poder hegemônico do problema do caroneiro. Não menciona, contudo, a possibilidade de que o problema do predador possa ser reproduzido em nível global (isto é, pelo imperialismo). Sem dúvida, o primeiro poder econômico seria o principal beneficiário de sua hegemonia. Então, não há nenhuma solução para a questão de se o líder age como um verdadeiro monopolista ou como um ditador benevolente, preparado para usar dos seus cofres para subsidiar aos necessitados ou subornar os recalcitrantes (uma forma de *noblesse oblige*).

Pela régua da coerência interna, nenhuma das três posições carrega mais peso do que as outras duas. Ademais, nenhuma pressupõe quaisquer laços primordiais de conexão, de solidariedade, equidade ou coesão social entre os indivíduos ou agrupa-

ESTUDOS DE CASOS

mentos nacionais. E ainda que a teoria liberal possa ser otimista acerca da possibilidade de cooperação entre os perseguidores de interesse próprio ou agnóstica em relação à origem da ordem nacional ou global, as teorias de Hobbes e as teorias hegemônicas se apoiam na hierarquia e na coerção para gerarem uma ordem da anarquia. O paradigma liberal afirma os valores de democracia e igualdade, que os paradigmas de Hobbes e os hegemônicos rejeitam como irrealistas.

Mas a posição liberal também ignora o papel que a desigualdade (ou a igualdade) pode desempenhar na construção de uma ordem política. A equidade e a justiça não são nem pré-requisitos necessários nem consequências necessárias da ordem produzida. Em suma, poderia parecer bastante possível construir-se uma teoria de bens públicos sem espaço algum para a equidade. Num tal mundo a equidade nem é um bem público nem é necessária para o fornecimento de bens públicos "adequados".

Segue-se, então, que a equidade e a justiça não desempenham papel algum na ordem mundial? Certamente, a equidade e a justiça figuram proeminentemente nas discussões e negociações internacionais acerca da identificação, da oferta e da distribuição dos bens públicos. Mas isso pode ser uma ilusão. Talvez as considerações de equidade derivem de interesses próprios. Conversas sobre justiça em geral disfarçam as realidades subjacentes de poderes de negociação mais ou menos organizados. Em outras palavras, o interesse próprio é o objetivo real, a linguagem da justiça é a moeda de negociação. Se as considerações de equidade prevalecem, é porque podem ser instrumentais na garantia de arranjos realizáveis e razoavelmente eficientes para a oferta de bens públicos.

O modelo oficial corrente de interesse próprio e de jogadores racionais, contudo, destina-se a topar com dificuldades. Rigorosamente falando, o interesse próprio implica que a equidade não tenha nem valor instrumental nem valor em si mesma. Ademais, em um modelo fechado de interesse próprio, como o oferecido pela economia política neoclássica, todas as políticas públicas serão tomadas por grupos perseguidores de interesses próprios. Numa tal visão de isolados agentes, grupos e Estados, as exortações normativas não encontram lugar e a política parece adentrar um beco sem saída determinista. Mesmo as inovações têm de ser limitadas a mudanças nas tecnologias, nos recursos ou no conhecimento.

O interesse próprio também rende entrelaçados paradoxos para a construção dos valores sociais e da democracia — isto é, para o processo através do qual as escolhas sociais são feitas. Comumente, a democracia é considerada como a realização do interesse público por meio da participação. Mas o paradoxo de Arrow demonstra que o interesse público não é significativa ou coerentemente definido pela agregação democrática das preferências individuais. Por outro lado, a democracia (o ato de votar) é em si mesma um paradoxo aparentado ao dilema do prisioneiro: é um bem público que apenas pode ser realizado se os cidadãos individuais não cederem à tentação racional de pegarem carona ao optarem por não votar. Contudo, as pessoas ainda votam, algumas até baseadas no interesse público. E esses paradoxos não impediram aos teóricos de tomarem posições normativas tanto na justiça processual como na substantiva. A contradição aparente entre posições positivas e normativas se reconcilia, distinguindo-se entre o mero interesse próprio e o interesse próprio esclarecido.

O interesse próprio esclarecido

O estrito interesse próprio resulta com frequência num fracasso em proporcionar o bem público. Por exemplo, todos nós poderíamos auxiliar um desconhecido que necessita de ajuda. Mas cada um de nós possui o incentivo de pegar carona (ou seja, deixar esse auxílio nas mãos de outro), e se todos pensarmos assim, ninguém será ajudado. Cada pessoa evita o pequeno custo da ajuda, porém paga o alto preço de não receber a ajuda quando dela precisa. Uma visão mais antiga, mas ainda comum, é a de que tais problemas de cooperação podem ser tratados mesmo por indivíduos com interesses próprios (ou nações) desde que saibam onde se situa o seu interesse próprio.

Todavia, Keynes (1963 [1926], p. 312) apontou há muito tempo ser um equívoco supor-se que "o interesse próprio esclarecido sempre aja no interesse público. Nem é verdade que o interesse próprio em geral seja esclarecido; com mais frequência, os indivíduos que agem isoladamente para promoverem os seus próprios fins são por demais ignorantes ou fracos para alcançarem mesmo esses fins".[9] Com efeito, sempre que o dilema da cooperação é resolvido, os indivíduos podem ser considerados como tendo exercido o interesse próprio esclarecido. Mas essa descrição pós-fato nada nos diz acerca das distinções entre o mero interesse próprio e o interesse próprio esclarecido antes de o fato ocorrer.

Um significado de interesse próprio esclarecido emerge da análise de jogos repetidos do tipo dilema do prisioneiro. Quando um jogo de dilema do prisioneiro é repetido, os jogadores são capazes de abrir mão de ganhos imediatos em troca da promessa de futuros benefícios no decurso dos jogos subsequentes. Desde que se importem com os benefícios futuros (que tenham uma taxa de desconto suficientemente baixa), uma solução cooperativa pode surgir. O esclarecimento é um telescópio não muito imperfeito por meio do qual o futuro é observado. Devemos, porém, nos precaver de generalizar essa solução para todas as situações de bens públicos. Em particular, devemos nos preocupar se essa solução pode fazer sentido no fornecimento da ordem social — porque todos os agentes devem concordar implicitamente e com antecedência em suspender a lei da selva por um tempo suficiente para o jogo ordenado do dilema do prisioneiro se repetir e a solução cooperativa ser encontrada. Claramente, isso presume a solução em vez de proporcioná-la.

ESTUDOS DE CASOS

O enraizamento social e a legitimidade

A ideia de que todas as economias sejam enraizadas socialmente circula há bastante tempo. Um clássico a este respeito é *Great Transformation*, de Karl Polanyi. O "desenraizar" da economia de suas amarras sociais e políticas nunca poderá ser completo e mais do que temporário. Portanto uma sociedade, incluindo-se o seu fornecimento de bens públicos, não se funda apenas no interesse próprio. A reciprocidade, a preocupação mútua, o jogo limpo e a justiça devem contar entre as motivações fundamentais da ação e da cooperação humanas.[10] Em termos criados por Hirschman (1970), uma saída e uma voz, os mecanismos padrões da alocação de recursos nos mercados e nos Estados, são insuficientes. A lealdade — compromissos e normas sociais que criem e sustentem a coesão social — proporciona o elo perdido. Como nos argumentos realista e individualista, os bens públicos são imediatamente fornecidos pela cooperação e pela coerção; mas a coesão é a base de ambas.

A justiça e a igualdade são inseparáveis. Portanto a busca de padrões globais implicitamente apela para a noção de igualdade, não meramente uma igualdade formal mas sim uma igualdade substantiva. Pois é difícil compreender-se como mesmo o mais básico dos direitos humanos — o direito à vida — possa ser separado da capacidade e da oportunidade de obtenção dos meios de vida. Não é de admirar que a Declaração Universal dos Direitos Humanos afirme sugestivamente que "Toda pessoa tem direito ao trabalho. (...) Toda pessoa tem direito a um padrão de vida capaz de assegurar a si e a sua família, saúde e bem-estar, inclusive alimentação, vestuário, habitação, cuidados médicos, os serviços sociais indispensáveis, e o direito à segurança em caso de desemprego. (...) Toda pessoa tem direito à educação" (Departamento de Informação Pública das Nações Unidas 1998, artigos 23 e 25). Como Speth (1997) nota, a Declaração de Viena de 1993 é uma declaração poderosa, afirmando que o direito ao desenvolvimento implica que os Estados da comunidade internacional têm o dever de promover esse direito.

De um modo mais geral, a construção política de regras, leis, instituições e bens públicos procede dentro de um contexto moral. Isso significa que mesmo a negociação social se condiciona a premissas morais. Conquanto possamos argumentar que a produção dos bens públicos e a distribuição de seus custos dependam do poder de negociação dos agentes envolvidos, seria um engano compreendê-las apenas nesses termos. A negociação é conduzida em um contexto social ou moral que define um critério de legitimidade, conceito que não possui significado num mundo de interesses próprios. Embora os indivíduos e os grupos possam exercer seus poderes de rompimento (ou ameaçar fazê-lo) para conquistarem seus fins, suas raízes sociais influenciam e condicionam quais fins são por eles considerados apropriados e quais meios considerados legítimos.

Para um cético pode parecer óbvio que a economia global não possa ser moralmente enraizada porque falta ao mundo uma cultura comum ou uma coesão nascida de uma solidariedade nacional ou tribal. Uma tal suposição mostra-se, explícita, na visão de King (1998) ao comparar a união monetária europeia à unificação alemã:

> *Pensas de fato que teria sido politicamente possível [a Alemanha Ocidental] ter feito transferências de bilhões de dólares a um país estrangeiro? Sofrer padecimentos por compatriotas (alemães orientais), embora compatriotas recentes, é uma coisa. Sofrer a posse de uma moeda comum com estrangeiros é menos animador. (p. 6.)*

É verdade, as diferenças culturais são normalmente mais pronunciadas entre os países do que dentro deles. Mas nações e tribos não são menos uma construção eterna do que o é a comunidade das nações. A afirmação de King congela a história não apenas por sua visão da nação alemã, mas por negar uma possibilidade semelhante à ideia de uma Europa verdadeiramente unida. Inversamente, amiúde falta coesão às nações quando as elites controlam o Estado. Nem é a solidariedade internacional apenas um produto da imaginação de alguém. A lealdade, a solidariedade e a coesão social desconhecem fronteiras além das erigidas pela história.[11]

A Equidade na Oferta — e na Demanda — de Bens Públicos

Seja a negociação social criando os bens públicos governada por interesses próprios ou por laços comunitários, a sua conquista requer que os bens públicos ou as externalidades sejam identificados, seus custos e benefícios determinados, a opinião e a influência mobilizadas, o financiamento público assegurado e a produção dos bens providenciada e eficazmente monitorada. As considerações distributivas e de equidade podem entrar no processo em qualquer um desses pontos. Já que os bens públicos são produzidos centralmente, seu financiamento requer um partilhar equitativo das responsabilidades. As desigualdades de recursos, de organização e de capacidades podem afetar a oferta de bens públicos (inclusive da ordem). No lado da demanda, a distribuição é um importante determinante para o fornecimento dos bens públicos, embora sua influência seja mediada por uma negociação social possivelmente governada por desigualdades existentes. E as desigualdades influenciam as informações, as ideias, a mídia e a linguagem por meio da qual as reivindicações são feitas ou rejeitadas.

Financiando os bens públicos

Considere, primeiro, a divisão de responsabilidades. Não só é inevitável, mas está fadada a criar ineficiências. No mundo rarefeito da economia do bem-estar, evitam-se as ineficiências por meio de transferências de quantias globais. Na realidade, contu-

ESTUDOS DE CASOS

do, as taxas e transferências reais são determinadas endogenamente pelas políticas reais. Em acréscimo à influência de um interesse próprio gritante, a equidade horizontal e a vertical são, na prática, evocadas como critérios na divisão das responsabilidades e na determinação das capacidades de pagamento. A este respeito não há uma assimetria evidente entre os contextos global e nacional. A prática passada já entrincheirou os critérios da capacidade de pagamento em muitas áreas — por exemplo, as contribuições para o sistema da ONU ou para instituições de Bretton Woods ou para as emergências *ad hoc*. Critérios similares parecem prováveis de desempenhar um importante papel na divisão das responsabilidades futuras em relação, por exemplo, à proteção ambiental.

A oferta de bens públicos

Segundo, a desigualdade tem uma influência poderosa na oferta de bens públicos. Bens (ou males) públicos, inclusive a ordem (ou a desordem) social, são com frequência produtos conjuntos do Estado, das instituições cívicas e dos cidadãos. Tanto os atos de omissão como os de comissão estão envolvidos. Sendo assim, um grupo étnico ou ocupacional pode perturbar a ordem para pressionar suas reivindicações impondo, com isso, custos ao restante da sociedade. Em outras palavras, embora a ordem social possa apropriadamente ser considerada um bem público, sua produção não pode ser completamente centralizada. Antes resulta de uma negociação social explícita ou implícita, porque os grupos privados podem ativamente externalizar os custos da desordem sobre os outros. O mesmo igualmente se aplica, embora em graus diferentes, a outros bens públicos ou quase públicos. Por exemplo, os critérios médicos são produzidos em conjunto pelas regulamentações do Estado, pelos códigos profissionais e pelas práticas individuais.

Os grupos sociais podem ser mais ou menos organizados e mais ou menos capazes de exercer influência individual e coletiva para modificar a distribuição da riqueza e da renda — inclusive o fornecimento dos bens públicos — a seu favor. Assim fazendo, precisam confrontar-se com outros grupos com o mesmo objetivo. Naturalmente, esses grupos são diferenciados uns dos outros pela desigualdade, o que cria um potencial de conflito social. Daí a desigualdade poder impor custos diretamente relacionados a conflitos e custos de impasses ou de outras soluções aquém do ótimo. Em suma, a fatia do bolo depende do modo como o bolo for cortado. As normas de equidade podem evoluir, em parte, para limitar os custos dos conflitos.

É verdade que os bens públicos estão seriamente envolvidos na preservação das desigualdades existentes. A demanda efetiva por vários bens públicos (inclusive as regras de propriedade ou a regulamentação do mercado) refletirá essas desigualdades. Contudo, como vimos, a equidade geral, incluindo-se o fornecimento de bens públicos, pode ser um elemento estabilizador e de aumento de eficiência na negociação social.

Aplicações na criação de políticas globais

Desnecessário dizer que apenas os grupos com algum poder extrairão a redistribuição como pagamento pela paz social. No contexto global (como no nacional) pode-se argumentar que os pobres sejam impotentes. Por exemplo, os países pobres endividados virtualmente não possuem opções de saída abertas a eles. Mais geralmente, a ausência de um órgão estatal global com mesmo só um mínimo de representação democrática pode ser considerada uma desvantagem particular para a participação e a influência global dos países pobres. As negociações políticas no cenário atual estão fragmentadas em várias agências internacionais e fóruns de representações bastante desiguais. Porque as principais agências de seguridade e financeiras sejam gritantemente pouco representativas, os membros mais fracos da comunidade mundial ficam em desvantagem para insistir em suas reivindicações, mesmo em outros foros. Por fim, o costumeiro toma lá dá cá de um processo político amplamente integrado dentro das nações fica fragmentado no nível global. Isso dificulta ainda mais para as nações informarem-se sobre os possíveis ganhos e perdas das diferentes questões, tornando difíceis as negociações coerentes e flexíveis no plano internacional. Assim, o mecanismo da voz é um tanto fraco no contexto global.

Mas pode parecer que a opção de saída seja consideravelmente mais forte, já que os grupos afligidos podem simplesmente escolher ficar de fora de propostas particulares e, portanto, enfraquecer a cooperação internacional. Num contexto nacional uma tal teimosia seria rapidamente respondida com sanções estatais coercivas. O quão longe essa diferença estende-se depende da coerência e da eficácia com que as organizações internacionais possam regular a ação nacional.

A demanda por bens públicos

O terceiro canal principal de influência da desigualdade é através da demanda dos bens públicos. A desigualdade internacional sugere que as nações estão em etapas diferentes de desenvolvimento, o que afeta tanto suas necessidades de bens públicos globais como suas capacidades de auxiliar a supri-los. A disposição de pagar por bens públicos parece provável de ser marcadamente diferenciada (em linguagem econômica, as elasticidades Engel da demanda por bens públicos podem bem ser diferentes da unidade). Pode haver diferenças entre os países industrializados e os países em desenvolvimento com respeito à necessidade de bens públicos globais, como a proteção dos direitos de propriedade intelectual, a proteção do meio ambiente global, a

ESTUDOS DE CASOS

regulamentação das corporações multinacionais ou da mobilidade de capital, a segurança dos trabalhadores e outros critérios trabalhistas e assim por diante.

Afora as variadas elasticidades da renda, a outra razão básica para as diferenças na demanda dos bens públicos globais tem a ver com o custo e a disponibilidade de alternativas "privadas" (ou seja, nacionais). Por exemplo, os países em desenvolvimento são bem mais vulneráveis aos choques financeiros porque carecem dos absorvedores internos de choques dos países ricos. A "tecnologia" de autofornecimento não se encontra disponível de modo uniforme pelas nações. Ainda uma outra razão para as variações no lado da demanda tem a ver com a complementaridade entre as ações globais e as nacionais. Um acesso eficaz aos bens públicos pode ser uma função doméstica dos gastos de recursos e das ações. Portanto, um país não pode fazer uso dos códigos internacionais contra a corrupção ou a atividade criminal se carece dos meios para implementá-los em casa. Ao contrário, ele pode tornar-se um refúgio para o crime.

A globalização aumenta a demanda por regras internacionais. Contudo, também torna mais difícil um acordo às regras. A competição crescente pelos mercados globais está produzindo maiores conflitos internacionais acerca de padrões em áreas tais como as relações trabalhistas e o ambiente de trabalho, as relações entre as corporações transnacionais e as nações, e os impactos ambientais. Têm emergido tensões entre o capital globalizado e os interesses nacionais. Cresce a preocupação com a fraude nos mercados de valores, a segurança dos bancos, o desregramento dos mercados de trocas, e a ausência de padrões nas telecomunicações, na segurança, na saúde e no meio ambiente. Algumas dessas preocupações situam-se claramente além do controle dos Estados-nação individuais. Em alguns casos, as tentativas de controle podem tão só prejudicar quaisquer benefícios que os Estados possam obter da operação dos relevantes empreendimentos ou fluxos de recursos. Em relação aos empreendimentos transnacionais, mesmo a designação dos lucros para subsidiárias ou outras partes de suas redes internacionais se resolve internamente e portanto deve refletir os poderes e os interesses dos gestores — um elemento arbitrário que possui implicações significativas para a tributação e outras políticas (Vernon, 1993). A competição pelo capital estrangeiro na forma de impostos mais baixos e outras concessões fiscais deve ser a consequência, com efeitos particularmente desfavoráveis nos países em desenvolvimento.

Para resumir, há muitas semelhanças, em vez de diferenças, na distribuição dos bens públicos em nível global e nacional. Mas a ausência de órgãos formais razoavelmente representativos do poder estatal no plano global é a diferença mais importante. O Estado não é apenas o instrumento proeminente de coerção na sociedade, também possui o potencial de ser um poderoso instrumento de equidade, justiça e eficiência. Quando é amplamente representativo, o Estado pode reconciliar demandas conflitantes, especialmente permitindo negociações de redistribuição. Atualmente, uma combinação de instituições representativas e hegemônicas auxilia a captar alguns dos benefícios de uma verdadeira cooperação. Mas a gama completa de benefícios não é realizada.

A Equidade e a Justiça como Bens Públicos

Este capítulo argumenta que as normas, que produzem coesão social e definem motivos morais, podem ser instrumentais na conquista e no sustento da cooperação sem a qual os bens públicos seriam insuficientemente supridos. Também argumenta que as normas de imparcialidade e de justiça proporcionam pontos focais em torno dos quais o conflito social pode ser mitigado e as negociações sociais que aumentam a eficiência podem ser feitas. Essas funções capacitantes e lubrificantes da equidade estabilizam e legitimam a ordem política. Mas a justiça social pode ter uma terceira importante conexão com o fornecimento dos bens públicos — a equidade e a justiça sociais são em si mesmas bens públicos.

Como observado, os motivos morais e as contingências históricas têm um papel importante a desempenhar na construção da ordem e dos bens públicos; no mínimo, a base de interesse próprio do fornecimento dos bens públicos é substancialmente problemática. Mas esse argumento também tem uma contraparte normativa importante. Assim como a equidade e a justiça podem estar entre os importantes blocos de construção de uma sociedade, uma sociedade pode se encontrar na paradoxal posição de não fornecer tanta equidade quanto os seus cidadãos desejam. Em outras palavras, enquanto a equidade pode ajudar a proporcionar outros bens públicos, a equidade em si mesma pode ser negligenciada como um bem público. Segundo Thurow (1971), o primeiro a salientar esse ponto, quando as pessoas obtêm utilidade da doação, das rendas de outras pessoas e da distribuição de renda em si, a conquista da eficiência econômica pode acarretar redistribuições de renda substanciais. Ou seja, a conquista da equidade é em si mesma um aspecto da conquista da eficiência.

Quando as pessoas se importam com a distribuição de renda, esta surge como um bem público puro. Isto porque todos na sociedade defrontam a mesma distribuição de renda, o que significa que o "consumo" deles desse bem é não exclusivo e não rival. Como com outros bens públicos, existe a probabilidade de um fornecimento insuficiente na ausência de instituições adequadas para garantirem a cooperação. Como Mary Wollstonecraft observou (1792, citada no UNDP, 1994), "é a justiça, não a caridade, que falta no mundo". O paradoxo da injustiça em meio à caridade surge essencialmente como um jogo de confiança ou como um dilema do prisioneiro. Suponha que cada um de nós se importe com os pobres ou desfavorecidos mas não

ESTUDOS DE CASOS

possua nenhum instrumento sensível com o qual expressar nossa solidariedade. Por exemplo, a habilidade de identificar os necessitados ou infortunados pode estar além do alcance dos indivíduos. Tais problemas de informação e de administração podem ser fácil e eficientemente resolvidos por meios coletivos. Converter a solidariedade e o sentimento de irmandade em oportunidade genuína e em liberdade verdadeira para todos — da necessidade econômica, da opressão política e da negação cultural — é uma questão de ação coletiva e de arranjos sociais. Enquanto uma economia de mercado de pequeno alcance viceje com um individualismo isolado, a equidade pode sofrer devido ao paradoxo do isolamento.

Todos esses argumentos pintam um quadro circular do lugar da equidade na organização social; por um lado, pode ser um poderoso instrumento de cooperação social. Por outro lado, a equidade pode ser negligenciada pela carência de cooperação social. Isso traz duas implicações cruciais. Primeira, não podemos confiar nos dados observáveis na medição da verdadeira força da demanda por equidade e justiça em nenhum dado tempo e lugar. Um nível baixo de coesão social pode explicar uma pobre cooperação e, portanto, um baixo fornecimento de bens públicos. Porém, uma baixa coesão social em si pode ser explicada por um baixo fornecimento público de equidade.[12] Segunda, com o tempo pode haver uma resposta positiva envolvendo equidade e coesão social de um lado e cooperação e o fornecimento de bens públicos de outro. É sob essa luz que a incitação de Parfit (1978) para levarmos a sério a equidade e cultivá-la pode ser compreendida:

Poucas soluções políticas [à provisão dos bens públicos] podem ser introduzidas por uma só pessoa... Mas uma solução [política] é um bem público, beneficiando a cada indivíduo, cumpra o indivíduo ou não a sua parte na criação dessa solução. Na maioria dos grandes grupos, não será melhor para cada indivíduo se este cumprir a sua parte... O problema é maior quando não há um governo... O problema é ainda maior quando algum grupo dominante se opõe à sua solução... As soluções morais são, então, com frequência melhores; e são com frequência as únicas soluções atingíveis. Nós precisamos portanto dos motivos morais. Como podem estes ser introduzidos? Felizmente, esse não é o nosso problema. Eles existem. É assim que resolvemos muitos dilemas do prisioneiro. Precisamos fortalecer esses motivos, e difundi-los mais amplamente.

(p. 38-39, destaques meus)

O interesse pessoal não será o suficiente. A equidade tem de ser levada a sério. A equidade tem de ser cultivada para melhor render os favoráveis efeitos dinâmicos sobre a cooperação. Mas também devemos reconhecer o elemento de referência pessoal em todo o argumento — não meramente descrevendo o fenômeno social, mas intervindo ativamente nele.

Conclusão

A transição para um mercado globalmente integrado expôs dois tipos de deficiências nos arranjos institucionais para a gestão dos mercados. Por um lado, os mercados globalizantes corroeram a autonomia e cegaram os instrumentos das políticas que os Estados-nação empunham. Por outro, as instituições e as regulamentações internacionais para tratarem os desafios emergentes têm permanecido inadequadas. Nos dois casos, há uma acrescida vulnerabilidade às forças imprevisíveis do mercado. Ademais, tanto no nível nacional como internacional, existe a percepção de que novas regras de jogo vêm sendo geradas em campos de ação desnivelados, e que os ideais de equidade e justiça parecem um tanto distantes das preocupações dos tecnocratas e dos criadores de políticas nacionais e internacionais. Sendo assim, às preocupações acerca da vulnerabilidade econômica possivelmente se unirão as perguntas acerca da legitimidade política e da efetiva democracia.

Em um certo sentido, estes são ainda dias iniciais para a integração global. Boa parte da população e da economia mundial permanece marginalizada. Com efeito, se a integração global pode ter sucesso em incluir os marginalizados dentro das nações e para além delas é ainda uma questão aberta. Por outro lado, é razoável supor-se que as partes dinâmicas das economias em desenvolvimento e em transição verão um rápido crescimento econômico e da exportação. Um tal ímpeto nas exportações, particularmente quando vindo de países como o Brasil, a China e a Índia, possivelmente produzirá deslocamentos marcantes nos países da OCDE em termos de salário e desigualdades gerais.

Essas proposições quase não admitem disputa. Portanto, a implicação é evidente em si mesma: não apenas o mundo precisa de um grande empurrão na direção de uma maior cooperação para estabelecerem-se regras e instituições adequadas para as economias globais emergentes, mas a criação desses bens públicos globais deve prestar atenção especial aos critérios de equidade, de legitimidade e de democracia. A estabilidade, a segurança, a democracia e a paz de alcance mundiais não podem ser fundadas em um sistema de regras que deixa muito do que tem valor para as pessoas de carne e osso e as comunidades entregue aos caprichos do mercado. Em particular, a equidade, a legitimidade e a democracia não são apenas meios importantes para afetar a cooperação, mas fins valiosos. O tempo parece por demais longe quando as nações estarão completamente integradas, os fatores de preços igualados e a unidade nacional essencialmente esquecida, de modo que uma atenção possa ser dada à desigualdade individual de alcance mundial. Mas também o tempo já se foi em que a desigualdade podia ser tratada exclusivamente como um assunto nacional.

ESTUDOS DE CASOS

NOTAS

1. Ver Rao (1998b), para uma análise da divergência de renda em 1960-79 e em 1980-95.
2. Para uma análise geral do papel das políticas na estruturação dos mercados globais, ver Cox (1994) e Underhill (1994).
3. Mas as empresas multinacionais têm resistido com sucesso às tentativas de incorporarem-se padrões trabalhistas no Acordo de Livre Comércio da América do Norte (Nafta) ou cláusulas sociais no GATT (Collingsworth, Goold e Harvey, 1994). O Nafta e o GATT se concentraram em proteger os direitos de propriedade da comunidade dos negócios, e em milhares de páginas de regras não mencionaram os direitos básicos dos trabalhadores.
4. A novidade de tais divisões não deve ser exagerada. Afinal de contas, diferenças semelhantes surgiram sob o colonialismo. Não obstante, as diferenças têm emergido tão rapidamente e tão difundidamente (tanto nos países industrializados como nos países em desenvolvimento) a ponto de constituírem uma nova e poderosa força de desintegração nacional.
5. Essa desigualdade é a base do conceito de Susan Strange (1988) de "poder estrutural" — ou seja, o poder de formar as regras do próprio jogo.
6. Ver Agarwal e Narain (1991), para uma crítica do critério de uso marginal baseado em considerações de equidade.
7. Para uma análise dos termos recentes da história do comércio dos países em desenvolvimento, ver Avramovic (1992). Para as implicações da liberalização, ver Bleaney (1993).
8. Dito de modo diferente, o pensamento e a prescrição liberais se preocupam primariamente com a prevenção da solução monopolista ou predatória do problema dos bens públicos, não com como as soluções alternativas emergem.
9. Não fica claro o que Keynes tinha em mente como solução, a não ser talvez uma crença no progresso do conhecimento para superar a ignorância e numa tecnocracia correspondente para superar a fraqueza.
10. Mesmo sendo os motivos humanos diversos, não se segue que sejam necessariamente invariáveis através do tempo e do espaço. Para uma discussão das possíveis abordagens, ver Rao (1998a).
11. Mesmo de um ponto de vista descritivo do mundo, as nações influenciam umas às outras em termos de comportamento econômico. Como Gerschenkron (1962) argumentou, expectativas alteradas produzidas pela interdependência internacional são uma força dirigente da história moderna do capitalismo.
12. Esse não é o único problema que surge quando buscamos avaliar a importância relativa da equidade em tempos e locais diferentes. O interesse próprio com frequência está encoberto pela linguagem dos direitos e da justiça sociais, e não podemos com facilidade distinguir a verdadeira influência do poder da influência das normas.

Referências Bibliográficas

Agarwal, Anil, e S. Narain. 1991. *Global Warming in an Unequal World.* Nova Delhi: Centro para Ciência e Meio Ambiente.

Avramovic, Dragoslav. 1992. *Developing Countries in the International Economic System: Their Problems and Prospects in the Markets for Finance, Commodities Manufactures and Services.* Estudo Especial 3 para o Relatório para Desenvolvimento Humano. Nova York: Programa das Nações Unidas para o Desenvolvimento.

Bleaney, Michael. 1993. "Liberalization and the Terms of Trade of Developing Countries: A Cause for Concern?" *World Economy* 16: 452-66.

Collingsworth, Terry, J. William Goold e Pharis J. Harvey. 1994. "Time for a Global New Deal". *Foreign Affairs* 73: 8-14.

Cox, Robert W. 1994. "Global Restructuring: Making Sense of the Changing International Political Economy". Em Richard Stubbs e Geoffrey R.D. Underhill, orgs., *Political Economy and the Changing Global Order.* Nova York: St. Martin's Press.

Departamento de Informação Pública das Nações Unidas. 1998. *Declaração Universal dos Direitos Humanos.* Nova York: Departamento de Informação Pública das Nações Unidas.

Gerschenkron, Alexander. 1962. *Economic Backwardness in Historical Perspective.* Cambridge, MA: Harvard University Press.

Hirschman, Albert. 1970. *Exit, Voice and Loyalty.* Cambridge, MA: Harvard University Press.

Keynes, John Maynard. 1963[1926]. "The End of Laissez-Faire". Em *Essays in Persuasion.* Nova York: W. W. Norton.

Kindleberger, Charles. 1970. *Money and Power: The Economics of International Politics and the Politics of International Economics.* Nova York: Basic Books.

King, Edmund. 1998. "Carta ao editor". *The Economist,* 16 maio: 6.

Parfit, Derek. 1978. "Prudence, Morality, and the Prisoner's Dilemma". *Proceedings of the British Academy* 65. Oxford: Oxford University Press.

UNDP (Programa das Nações Unidas para o Desenvolvimento). 1994. *Human Development Report 1994.* Nova York: Oxford University Press.

Polanyi, Karl. 1944. *The Great Transformation.* Nova York: Farrar e Rinehart.

Rao, J. Mohan. 1998a. "Culture and Economic Development". Em *World Culture Report: Creativity and Markets.* Paris: Organização das Nações Unidas para Educação, Ciência e Cultura.

———. 1998b. "Development in the Time of Globalization". Programa das Nações Unidas para o Desenvolvimento, Nova York.

Srinivasan, T. N. 1985. "Neoclassical Political Economy, the State and Economic Development". *Asian Development Review* 3: 38-58.

Speth, James Gustave. 1997. "Freedom from Poverty: A Fundamental Human Right". Seminário de abertura ao Fórum Sueco para o Desenvolvimento, Estocolmo.

Strange, Susan. 1988. *States and Markets: An Introduction to International Political Economy.* Nova York: Basil Blackwell.

Thurow, Lester. 1971. "The Income Distribution As a Public Good". *Quarterly Journal of Economics* 85: 327-36.

Underhill, Geoffrey R. D. 1994. "Introduction: Conceptualizing the Changing Global Order". Em Richard Stubbs e Geoffrey R. D. Underhill, orgs., *Political Economy and the Changing Global Order*. Nova York: St. Martin's Press.

Vernon, Raymond. 1993. "Sovereignty at Bay: Twenty Years Later". Em Lorraine Eden e Evan H. Potter, orgs., *Multinationals in the Global Political Economy*. Nova York: St. Martin's Press.

Wollstonecraft, Mary. 1792. *A Vindication of the Rights of Woman*. Londres: J. Johnson.

A Justiça Distributiva como um Bem Público Internacional

Uma perspectiva histórica

Ethan B. Kapstein

Quando os aliados começaram a libertar dos nazistas a Europa Ocidental no verão de 1944, um grupo de burocratas das finanças internacionais das forças vitoriosas reuniu-se em Bretton Woods, New Hampshire, para dar forma à ordem econômica pós-guerra. Embora o grande plano de paz e estabilidade desses homens jamais fosse de todo concretizado num mundo marcado pela guerra e logo adentrando a Guerra Fria, eles, não obstante, concederam à economia global a sua forma e visão básicas. Dito de maneira simples, essa economia combinaria os benefícios utilitários da produção de riquezas do livre comércio com os benefícios sociais de um Estado do bem-estar social, o *welfare state*. Os líderes pós-guerra, criadores desse sistema, almejavam reconciliar as demandas nacionais por justiça social com a paz e a prosperidade globais. Neste sentido, a justiça social foi altamente estimada como um bem público internacional.

As políticas distributivas possuíam o caráter de um bem público internacional e, como tal, havia a necessidade de encontrarem-se maneiras de assegurar que essas políticas não obtivessem um fornecimento insuficiente. Essa foi a tarefa central enfrentada pelas organizações internacionais da família das Nações Unidas (incluindo-se o Banco Mundial e o Fundo Monetário Internacional). Essas organizações avançariam a dupla abordagem à justiça distributiva ao garantir que a divisão do trabalho internacional acompanhasse o desenvolvimento do Estado do bem-estar social.

Esse modelo serviu razoavelmente bem durante as primeiras poucas décadas depois da guerra aos trabalhadores dos países industrializados, embora seja questionável como serviu aos trabalhadores dos países em desenvolvimento. Hoje, as bases dessa estrutura começam a mostrar sua idade.

O compromisso com a justiça social firmado nas instituições iniciais se enfraqueceu, levantando sérias indagações. Em que medida foi bom os líderes pós-guerra terem conferido à economia global uma dimensão social? Até que ponto é estável a

132 BENS PÚBLICOS GLOBAIS

estrutura que construíram? E quais as possíveis modificações ou alternativas para assegurarmos a justiça distributiva na economia global?

APRENDENDO COM A HISTÓRIA: A JUSTIÇA SOCIAL COMO UM BEM PÚBLICO INTERNACIONAL

Em uma reunião na costa de Newfoundland em agosto de 1941, meses antes do ataque japonês a Pearl Harbor, o presidente dos EUA, Franklin Roosevelt, e o primeiro-ministro inglês, Winston Churchill, assentaram as bases de colaboração em tempos de guerra e cooperação pós-guerra. Prometeram que ao final da guerra buscariam assegurar "padrões trabalhistas melhorados, avanço econômico e segurança social para todos os países e povos". Também prometeram solenemente proporcionar "a ausência do medo e da necessidade" (*Carta do Atlântico*, 1941).

A Carta do Atlântico inspirou-se no fracasso do Tratado de Versalhes e da Liga das Nações em conquistarem uma paz duradoura, e no colapso da economia mundial durante a Grande Depressão, com os seus efeitos políticos desastrosos (Wilson, 1991). De fato, as lições do passado pesavam bastante sobre os planejadores pós-guerra. Desejavam reconstruir uma economia global, mas reconheciam que as questões da economia internacional não podiam ser tratadas em separado das mudanças sociais domésticas. A perturbação social, acreditavam, fora o calcanhar de aquiles da globalização do século XIX. Confrontados com os tumultos domésticos diante da rápida industrialização e modernização, os Estados desgastaram-se sob os seus critérios de ouro, carecendo de recursos de políticas econômicas por meio dos quais responder com redes de segurança sociais. Políticas radicais alimentaram o desejo dos privados de direitos por uma voz na criação de políticas. Os resultados inevitáveis — como ensinado em estudos influentes como *The End of Economic Man* (1939), de Peter Drucker, e *The Great Transformation* (1944), de Karl Polanyi — foram o fascismo e a guerra.

Ao mesmo tempo, longe de promover a prosperidade e a paz, a economia internacional tornara-se um terreno de combate ao final do século XIX. A política britânica de "livre comércio", construída sobre o seu poder industrial e financeiro e o Império, oferecia pouca evidência de que os ganhos do comércio estivessem sendo amplamente distribuídos. A Alemanha rejeitara o livre comércio em torno de 1870, e os Estados Unidos nunca o adotaram. A Primeira Guerra Mundial fracassara em reconciliar as tensões econômicas entre os grandes poderes, embora o enorme *boom* dos anos 1920 os houvesse tranquilizado. A Grande Depressão, contudo, deslanchou uma nova espiral de conflitos. Em 1930, a economia mundial havia quebrado e blocos rivais formavam-se em torno dos grandes poderes. Mais uma vez, o resultado inevitável foi a guerra.

ESTUDOS DE CASOS

Portanto, os planejadores pós-guerra deviam encontrar um modo de suavizar as tensões, tanto dentro como entre os Estados. Os modelos do século XIX de uma política de equilíbrio e uma economia de *laissez-faire* haviam falhado, e os anos da guerra viram seus protagonistas trabalhando fervorosamente em novos planos para o futuro. Tornaram-se abertos a um batalhão de ideias sobre como o mundo deveria ser.

Deste modo, a busca por justiça social e por políticas que vieram a ser associadas com esta foram mais do que uma resposta realista aos fracassos dos governos do início do século XX de manterem a paz e a prosperidade. Foram também uma rejeição ideológica de muito do pensamento econômico e político do século XIX. Os líderes pós-guerra rejeitaram o fio darwinista da economia do *laissez-faire* (exemplificada por Herbert Spencer) que parecia justificar a miséria como inevitável, até mesmo saudável, nas economias de mercado; essa visão era inconsistente com a estabilidade doméstica e a paz mundial. A visão de Spencer de que "a justiça requer que os indivíduos recebam rigorosamente as consequências de suas condutas. (...) O superior receberá o bem de sua superioridade; e o inferior, o mal de sua inferioridade" (citado em Hawkins, 1997, p. 86) parece uma receita garantida para o distúrbio político. Em vez de concentrarem-se unicamente no indivíduo como o responsável por seu destino, as sociedades como um todo carregariam a responsabilidade pelo bem-estar econômico de seus cidadãos.

Essa visão alternativa de economia política foi maravilhosamente representada por John Maynard Keynes, mas possuía profundas raízes históricas em ambos os lados do Atlântico. Com efeito, com o capitalismo industrial pesando sobre os trabalhadores no século XIX, vários grupos religiosos, políticos e trabalhistas articularam modelos político-econômicos alternativos que rejeitavam o *laissez-faire* e o *status quo* de pobreza e sofrimento difundidos. Os socialistas, cartistas e utópicos estiveram entre os que escreveram, discursaram e agitaram em favor dos trabalhadores, exigindo, entre outras coisas, uma legislação trabalhista, sufrágio, salário mínimo, seguro-desemprego, pensões e organizações coletivistas. Em suma, buscaram destruir o aspecto de mercadoria do trabalho e libertá-lo do destino das ditas leis naturais e de mercado. Ao passo que apenas o movimento socialista obteria um impacto político difundido nos avançados países industrializados, outros grupos promoviam ideias que acabaram alcançando uma ampla audiência e, quando o momento estivesse maduro (durante a Grande Depressão, por exemplo, e ao final da Segunda Grande Guerra), iriam ajudar a dar forma ao debate de políticas.

Nos Estados Unidos, o século XIX conheceu o crescimento do movimento do evangelho social e sua nova economia política. Os membros desse movimento consideravam a filosofia da economia do *laissez-faire* egoísta, desumana, não cristã, sem ética, imoral e bárbara. Era, nas palavras de um pregador, "a ciência da extorsão, a gentil arte de esmigalhar as faces dos pobres". E um outro perguntava: "Não é evi-

134 BENS PÚBLICOS GLOBAIS

dente que o nosso sistema econômico está diametralmente oposto ao ensinamento cristão?" (citado em Fine, 1964, p. 175).

O historiador Sidney Fine diz que "o principal problema tratado pelos exponentes do evangelho social foram as relações entre capital e trabalho". Os líderes do movimento acusavam a economia clássica de tratar o trabalho como "apenas uma mercadoria a ser comprada no mais barato mercado e vendida no mais caro". Argumentavam que os trabalhadores tinham direito a mais do que isso, e que "o empregador deve lembrar ao tratar com seus empregados que não está lidando com mercadorias das quais retirará lucro mas com filhos de Deus, cujo bem-estar deve ser de sua preocupação" (citado em Fine, 1964, p. 175).

Assim, os cristãos sociais imploravam por um fim do sistema salarial e convidavam aos empregadores que pagassem um salário justo — um salário que permitisse aos trabalhadores manter um padrão de vida decente. Julgavam que a ética, em vez do lucro, deveria encontrar-se ao centro da vida econômica. Como o influente pregador Washington Gladden declarou: "a economia sem a ética é uma ciência mutilada — uma representação de Hamlet sem Hamlet" (citado em Fine, 1964, p. 177).

As ideias do movimento do evangelho social e da nova economia política gradativamente começaram a penetrar as políticas dos EUA. Com as sórdidas condições dos trabalhadores e suas famílias tornando-se um tema constante das reportagens e fotografias nos jornais, e com o fortalecimento dos sindicatos trabalhistas, a política pública lentamente respondeu às exigências dos trabalhadores. Em meio a esses grupos e ideias, as raízes do progressismo estadunidense e o New Deal.

Como explicou Roosevelt em sua penúltima mensagem ao Congresso, em janeiro de 1944, "chegamos à nítida conscientização do fato de que a verdadeira liberdade individual não pode existir sem a segurança e a independência econômica... Aceitamos, por assim dizer, uma segunda Carta de Direitos sob a qual uma nova base de segurança e de prosperidade pode ser estabelecida para todos — independente de posição, raça ou credo". Ele então listou vários direitos econômicos, inclusive o direito ao trabalho e a "ganhar o suficiente para proporcionar alimentação e vestuário e recreação adequados" (citado em Israel, 1966, p. 2881).

Entre os economistas, Keynes exerceu papel central nesse movimento social, focalizado no papel do Estado de gerar oportunidade e segurança para todos os seus cidadãos. "As falhas proeminentes da sociedade econômica na qual vivemos", escreveu em *The General Theory*, "são o seu fracasso em proporcionar emprego a todos e sua distribuição arbitrária e desigual das riquezas e rendas" (Keynes, 1964, p. 372ss). Keynes direcionou seu trabalho à retificação dessas falhas, e suas teorias formaram o grosso do centro do *welfare state* pós-guerra.

A ideia de um mínimo social para todos teve ampla aceitação ideológica ao final da guerra. Mesmo Friedrich Hayek afirmou haver duas formas de segurança econô-

ESTUDOS DE CASOS

mica — um nível mínimo de subsistência para todos, e a segurança de um dado padrão de vida — e que a primeira, a seu ver, não admitia debates. "Não há motivo", escreveu, "para esse primeiro tipo de segurança não ser assegurado a todos em uma sociedade que alcançou o nível geral de riqueza atingido pela nossa." Prosseguindo, declarou que "não pode haver dúvida de que um mínimo de alimento, abrigo e vestuário suficientes para preservar a saúde e a capacidade de trabalho pode ser assegurado a todos" (Hayek, 1944, p. 133). Em parte alguma Hayek argumentou que o mercado agindo por si próprio forneceria esse mínimo social.

Ao rastrear a renovada difusão de ideias religiosas e morais na arena política internacional depois da Segunda Guerra Mundial, David Lumsdaine (Lumsdaine, 1993) observa que essas ideias vieram preencher um vácuo intelectual. As tragédias do início do século XX tão só parecem confirmar as desagradáveis profecias pregadas pelos membros do evangelho social e dos movimentos a este relacionados. O fracasso da economia do *laissez-faire* em reconhecer a dignidade humana, a fraqueza do Estado de cuidar dos necessitados e a aparente incapacidade dos governos de cooperarem na direção de objetivos comuns apontavam para a necessidade de uma nova ordem internacional, construída com organizações multilaterais a seu centro. Essas organizações suprimiriam as antigas rivalidades, resolveriam as necessidades econômicas emergenciais e promoveriam uma ordem social justa no interesse da paz e da prosperidade.

A ONU foi a peça central dessas organizações. No espírito do Tratado de Versalhes, a Carta das Nações Unidas relacionava o bem-estar econômico à estabilidade política. Assim, o artigo 55 afirma que "com o fim de criar condições de estabilidade e de bem-estar, necessárias às relações pacíficas e amistosas entre as Nações... as Nações Unidas promoverão: a. A elevação dos níveis de vida, o pleno emprego e as condições de progresso e de desenvolvimento econômico e social" (Nações Unidas, 1945). E o artigo 23 da Declaração Universal dos Direitos Humanos proclama que "toda pessoa tem direito ao trabalho, à livre escolha de emprego, a condições justas e favoráveis de trabalho e à proteção contra o desemprego". A escravidão e a servidão foram também banidas: "Toda pessoa tem direito à vida, à liberdade e à segurança pessoal" (Nações Unidas, 1948).

O trabalho internacional entusiasmou-se com a estrutura emergente do pós-guerra. A Federação Mundial de Sindicatos de Comércio (WFTU, World Federation of Trade Unions), fundada em 1945, acreditava poder desempenhar um papel crucial nas organizações internacionais e auxiliar a conduzir as nações do mundo a um plano pacífico. Nas palavras de um grande sindicalista britânico, Walter Citrine, "A ONU não poderia ser um sucesso sem o apoio do povo... se a WFTU se retirasse, a ONU desmoronaria" (citado em Silverman, 1990, p. 15). Os líderes sindicais agora visionavam um mundo corporativista no qual "todos os elementos da sociedade" seriam representados nos debates econômicos e políticos (citado em Silverman, 1990, p. 17).

Como essa breve recapitulação sugere, os líderes do pós-guerra resolveram construir uma economia global que seria bem mais institucionalizada e constitucionalizada do que o fora no século XIX, e o fariam no interesse da estabilidade política, do crescimento econômico e da justiça social — todos ligados de modo inextricável nas mentes dos líderes do pós-guerra. Como originalmente concebido, a estabilidade política internacional seria proporcionada pelas Nações Unidas, apoiada pelas forças do Conselho de Segurança para a garantia de seu cumprimento. Mas com o evoluir da estrutura pós-guerra, as esperanças postas nas Nações Unidas se dissiparam e os EUA e a União Soviética assumiram quase todo o poder hegemônico em suas esferas de influência.

O crescimento econômico seria promovido pelo multilateralismo livre e a divisão internacional do trabalho, facilitado por organizações, tais como o Acordo Geral de Tarifas e Comércio, o Banco Mundial e o Fundo Monetário Internacional. A justiça social, por sua vez, seria território do *welfare state*, por meio do pleno emprego e de políticas sociais que prometiam empregos com salários de subsistência aos trabalhadores e educação a seus filhos, com uma rede de segurança para amortecer os tempos difíceis. Com efeito, o novo sistema econômico internacional, ao contrário do sistema do século XIX, deveria ser moldado de forma a conceder ao Estado uma considerável autonomia no campo social.

A noção sobreposta era a de que o livre comércio promovia a paz por meio da interdependência, enquanto promovia a prosperidade por meio da eficiência provinda da divisão do trabalho. Assim, do ponto de vista cosmopolita, o livre comércio era considerado ótimo.

Contudo, o livre comércio também trazia consequências distributivas, tanto dentro dos Estados como entre eles. Dentro dos Estados, o comércio produzia vencedores e perdedores, e as políticas de bem-estar social capacitariam aos perdedores de ajustarem-se à mudança estrutural, enquanto os planos de redistribuição de renda, quando necessários, seriam introduzidos no interesse da coesão social. O comércio também produzia vencedores e perdedores entre os Estados. Daí a concessão aos países em desenvolvimento de ajuda estrangeira, investimentos, fluxos de tecnologia e taxas preferenciais para auxiliá-los a tornarem-se parceiros completos na economia global. Deste modo, ambas as demandas da eficiência e da equidade seriam servidas.

OS DOIS PILARES DO GRANDE PLANO PÓS-GUERRA

Os dois pilares do grande plano para a era do pós-guerra construíram-se em nível nacional, na forma de um Estado de bem-estar social, e em nível internacional, na forma de um livre comércio.

ESTUDOS DE CASOS

Em nível nacional: o Estado de bem-estar social

Na ordem do pós-guerra, o Estado de bem-estar social agigantou-se como o provedor da justiça social. Ao final da guerra nenhum outro objetivo político-econômico tornara-se mais vital para as avançadas nações industrializadas do que o pleno emprego — com a parcial e crucial exceção dos Estados Unidos. Como escreveu o mais influente partidário de Keynes, Alvin Hansen, da Universidade de Harvard, em uma pesquisa sobre o planejamento pós-guerra: é nítido que "por todo o mundo, os líderes dos governos e das indústrias estão cada vez mais compromissados com um programa sustentável de pleno emprego" (Hansen, 1945, p. 19). Durante a guerra e suas imediatas consequências os governos da maioria dos países aliados prometeram adotar políticas de pleno emprego, algo que antes jamais haviam feito. Essas políticas foram consideradas necessárias por motivos políticos domésticos mas apresentavam também o caráter de um bem público internacional, já que a maioria dos líderes pós-guerra acreditavam ser o desemprego a causa principal da instabilidade política.

Quem comandava o ritmo era a Grã-Bretanha, agindo sob a influência das ideias de Keynes e marcada pela experiência de uma história que martelara um ponto: a paz europeia dependia, acima de tudo, da segurança econômica de seus trabalhadores. Em 1944 o governo tóri de Churchill emitiu o seu Relatório sobre o Emprego, que iniciava com as hoje famosas palavras: "O governo aceita como um de seus principais objetivos e responsabilidades a manutenção de um nível alto e estável de emprego depois da guerra" (Governo de Sua Majestade, 1944, p. 1). Com essas palavras, o Estado de bem-estar social posicionava-se como a pedra angular do planejamento econômico do pós-guerra.

O que era entendido por pleno emprego? Um de seus defensores mais influentes, William Beveridge (autor do Relatório sobre o Seguro Social de 1942 e do influente panfleto de 1944, *Full Employment in a Free Society*), o definiu nos seguintes termos: "Pleno emprego... significa sempre termos mais empregos desocupados do que homens desempregados, e não ligeiramente menos empregos. Significa que esses empregos oferecem salários justos, que são de um tal tipo, e têm uma tal localização que podemos razoavelmente esperar que os desempregados os aceitem; significa, por conseguinte, que o espaço de tempo normal entre a perda de um emprego e o encontro de outro será bastante breve" (Beveridge, 1944, p. 18).

E como se conquistaria o pleno emprego? Aqui, Beveridge e seus simpatizantes aceitavam a análise de Keynes de que os governos — os Estados — deviam engajar-se numa gestão ativa da demanda por meio da manipulação das políticas monetárias e fiscais. Como Beveridge escreveu acerca das novas responsabilidades estatais: "Ninguém mais possui o poder necessário(...) para garantir as despesas totais adequadas e, consequentemente, para proteger os seus cidadãos contra o desemprego maciço." Era uma tarefa, não menos que uma função, do Estado "defender os cidadãos contra os ataques de fora e contra o roubo e a violência em casa" (Beveridge, 1944, p. 29). Em outras palavras, o pleno emprego era agora uma tarefa fundamental de todo governo.

A Grã-Bretanha não estava só nesse compromisso com os seus trabalhadores e veteranos. Ao final da guerra a Austrália, o Canadá, a França, a Nova Zelândia e muitos outros países adotaram políticas semelhantes, e a Austrália se mostraria um defensor particularmente vociferante desse objetivo político nos fóruns internacionais. Mas um país acabou rejeitando o conceito de pleno emprego como o farol de sua política econômica do pós-guerra: os Estados Unidos.

De fato, a posição dos Estados Unidos era complicada e ambígua. Durante a guerra, a administração Roosevelt concedera alguns assentimentos na direção do pleno emprego, tanto em suas políticas domésticas como nas internacionais. Mas havia uma rígida oposição dos conservadores no Congresso, que compreendiam o pleno emprego como um primeiro passo na temida estrada de um planejamento econômico que deveria resultar inevitavelmente no socialismo. Esses mesmos conservadores já haviam combatido o New Deal, salvando os Estados Unidos dos piores excessos da administração Roosevelt. No contumaz jeito norte-americano um compromisso sobre o emprego seria conquistado, o qual, não obstante, no estilo da época, punha uma crescente responsabilidade da gestão econômica sobre o governo.

O fracasso da legislação do pleno emprego foi um tanto surpreendente posto que as autoridades do New Deal, como as suas contrapartes britânicas, haviam feito dele o seu objetivo econômico central para o período pós-guerra. Como escreve o historiador Alan Brinkley, "o pleno emprego era necessário... não apenas para poupar aos indivíduos a dor do desemprego, mas também — e mais importante — para proporcionar à nação o maior número possível de consumidores" (Brinkley, 1995, p. 229). Certamente, a demanda pelo pleno emprego envolveria um planejamento do governo para assegurar "a expansão do consumo civil" (Brinkley, 1995, p. 231). E foi exatamente esse aspecto — o governo como planejador — que despertou as sensibilidades dos críticos conservadores.

O fracasso norte-americano em declarar o pleno emprego como o seu explícito objetivo de política causou profundas preocupações em seus aliados dos tempos de guerra quando os planos para o mundo pós-guerra eram debatidos e esboçados. Os países temeram que, ao término da guerra, os Estados Unidos fossem cair numa recessão, até numa depressão, arrastando junto a economia mundial. Como a maior economia mundial, quaisquer decisões — ou não decisões — tomadas pelos Estados Unidos durante uma diminuição do ritmo econômico necessariamente repercutiriam mundo afora. Em essência, os Estados Unidos poderiam terminar proporcionando males públicos a outros países no lugar de bens públicos, como o fizera durante a

ESTUDOS DE CASOS

Grande Depressão com a passagem da notória tarifa Smoot-Hawley. Se Washington não se dispunha a obedecer a adoção de políticas agregadas de demanda visando a manter o pleno emprego, como ficavam os países menores que sofreriam em resultado?

A batalha sobre o pleno emprego alcançou o seu pico seguindo o discurso da União de Roosevelt em 1944, no qual ele afirmava que os direitos políticos por si próprios eram "inadequados para nos assegurar uma igualdade na busca da felicidade". "A segurança econômica e a independência", declarou, "foram fundamentais à liberdade humana" (citado em Israel, 1966, p. 2881). Com essas palavras, Roosevelt indicava permanecer compromissado com o New Deal ao se defrontar com o mundo pós-guerra.

Encorajada pelo discurso, uma coalizão de grupos liberais, com o apoio intelectual de acadêmicos como Alvin Hansen, pressionou a adoção de um Projeto de Lei de Pleno Emprego. Tal projeto de lei foi por fim introduzido no início de 1945 pelo senador James Murray, do estado de Montana; afirmava que "todos os norte-americanos capazes de trabalhar e à procura de emprego possuem o direito a um trabalho útil e remunerado. (...) É essencial que um pleno emprego permanente seja mantido nos Estados Unidos". Segundo esse projeto de lei, o presidente deveria planejar um orçamento nacional de produção e de emprego que estimasse "o número de empregos necessários durante o seguinte ano fiscal, ou anos fiscais, para assegurar um pleno emprego continuado" (citado em Brinkley, 1995, p. 261).

Com a morte do presidente Roosevelt, o Projeto de Lei de Pleno Emprego encontrou o seu principal defensor no presidente Harry Truman. Ele o chamou de um "caminho do meio", entre o estatismo e um mercado desregulado. Mas os opositores do projeto de lei o consideravam como o primeiro passo na subida da escorregadia ladeira do socialismo. A afirmação do projeto de lei de um direito ao trabalho podia com facilidade tornar-se a base para uma "vasta burocracia estatal que forçaria a todos a trabalhar e determinaria que empregos poderiam exercer" (Brinkley, 1995, p. 262). O projeto de lei não tinha chance de passar num Congresso crescentemente conservador. Por fim, em seu lugar, os Estados Unidos passaram o Employment Act, de 1946, uma lei que pedia ao governo para "usar todos os meios práticos... para patrocinar e promover... condições sob as quais serão fornecidos empregos úteis àqueles capazes, dispostos e à procura de emprego, e de promover o máximo de empregos, produção e poder de compra" (citado em Brinkley, 1995, p. 262). Apesar da linguagem mais cautelosa, contudo, os Estados Unidos haviam se unido a seus aliados dos tempos de guerra no reconhecimento de que o Estado precisa desempenhar um papel mais ativo na garantia do bem-estar econômico de seus cidadãos.

Em nível internacional: o livre comércio

O Estado de bem-estar social proporcionava tão somente uma peça do quebra-cabeça econômico do pós-guerra. A outra seria proporcionada pelo multilateralismo livre. O livre comércio serviria como um mecanismo para a paz e a prosperidade globais. Promoveria a paz por meio da interdependência, como havia sido discutido desde os tempos de Adam Smith e Immanuel Kant. Promoveria a prosperidade por meio da divisão do trabalho, que liberava os fatores de produção e os capacitava a concentrarem-se em seus usos mais eficazes. (O conceito de "liberalismo enraizado" é descrito, por exemplo, em Ruggie, 1983.)

Mas a teoria moderna do comércio também fora o assunto de um significativo debate desde a sua introdução por David Ricardo. Do ponto de vista da economia política, o livre comércio inevitavelmente prejudica aos bem-organizados interesses especiais — produtores e trabalhadores que buscam proteção contra a competição da importação. Do ponto de vista da segurança nacional, o livre comércio significa dependência em produtores estrangeiros para as necessidades militares estratégicas. E no nível internacional, o livre comércio levanta a questão dos ganhos relativos ou da distribuição dos ganhos provindos do comércio. Como Richard Gardner escreveu em *Sterling-Dollar Diplomacy*, "embora o livre comércio possa mostrar-se maximizando os rendimentos reais para o mundo como um todo, ele não o faz para cada uma de suas partes componentes. O multilateralismo pode mostrar-se beneficiando a todos apenas se houver algum mecanismo para a distribuição dos ganhos tanto dentro das nações como entre elas" (Gardner, 1996, p. 14).

A sabedoria de adotar-se o livre comércio como um primeiro princípio para a constituição da economia mundial foi uma questão importante que dividiu os Estados Unidos e seus aliados nos anos pós-guerra. Para a Grã-Bretanha e outros países industrializados, não era óbvio que a abertura do comércio e dos fluxos de investimentos fosse consistente com os objetivos econômicos domésticos. Os norte-americanos defendiam uma crença fervorosa de que esse era o caso, mas os britânicos e outros estavam menos certos; isso é um tanto irônico, dada a longa experiência britânica com o livre comércio, da qual os Estados Unidos não compartilhavam. Para os britânicos, a abertura do comércio era muito recomendada em termos de eficiência global, mas avançar os objetivos socioeconômicos nacionais não estava necessariamente entre os seus atributos. De qualquer modo, os britânicos acreditavam que sem a conquista do objetivo de política doméstica mais importante (o pleno emprego), a cooperação econômica internacional simplesmente não poderia manter-se.

Os países em desenvolvimento também suspeitavam da ideologia do livre comércio. Nos primeiros anos do pós-guerra, a literatura sobre o desenvolvimento econômico nos países menos desenvolvidos era dominada por críticas ao livre comércio.

ESTUDOS DE CASOS

Mais proeminentemente, Raul Prebisch e Gunnar Myrdal, ambos das Nações Unidas, "rejeitaram a teoria clássica do comércio internacional como inaplicável aos países menos desenvolvidos e argumentaram que, longe de agir como um mecanismo para o crescimento econômico, o comércio internacional havia sido responsável por retardar o desenvolvimento". Em vez disso, Prebisch e seu colega Hans Singer afirmavam que os países em desenvolvimento inevitavelmente enfrentariam um declínio nos termos de comércio dos produtos primários, enquanto Myrdal argumentava que o comércio internacional gerava retornos desiguais para os fatores de produção. "A principal inferência de política" dessas análises "era uma necessidade urgente de uma rápida industrialização baseada na substituição de importações" (Arndt, 1987, p. 73). Argumentavam ainda que os países industrializados deveriam tornar-se cúmplices da rápida industrialização e auxiliá-la por meio de tarifas preferenciais, da ajuda estrangeira e de transferências de tecnologia. Em essência, Singer e Myrdal clamavam por uma política internacional de redistribuição.

Os economistas neoclássicos de comércio disputaram essas afirmativas. Assim, Gerald Meier argumentou que as bases estatísticas da linha de ataque de Prebisch-Singer-Myrdal eram extremamente fracas, ao passo que o raciocínio analítico não era convincente. "É difícil", argumentava, "considerar seriamente o argumento de que um ritmo lento de desenvolvimento tenha sido devido a uma piora nos termos de comércio." Procurando a causa inicial do lento desenvolvimento, Meier apontou fatores domésticos em vez de internacionais. Com efeito, quando os impedimentos domésticos ao uso eficiente dos fatores fossem removidos, ele tinha certeza de que o comércio se mostraria um "gerador de crescimento" (Meier, 1963, p. 175ss).

Ambos os lados nesse debate encontraram um terreno comum ao clamarem pela assistência ao desenvolvimento. O Banco Mundial fora criado em Bretton Woods "para assistir no... desenvolvimento dos territórios dos membros pela facilitação do investimento de capital com propósitos produtivos". Embora o objetivo do Banco fosse "promover investimento estrangeiro privado" (Bird, p. 1, artigo 1) por meio do uso de garantias de risco do país, reconhecia a necessidade de usar o seu próprio capital para financiar os projetos de infraestrutura e, com o tempo, reduzir a pobreza. Programas bilaterais de ajuda estrangeira também desenvolveram-se por toda a era pós-guerra. A ajuda econômica estrangeira estadunidense foi promovida pelo programa "Point Four" de Harry Truman em 1949, no qual ele incitava ao país a "embarcar em um audacioso novo programa para tornar os benefícios de nossos avanços científicos e nosso progresso industrial disponíveis para a melhoria e o crescimento das áreas subdesenvolvidas" (citado em Espy, 1950, p. 3). De uma perspectiva econômica (esses programas também tinham uma justificativa de segurança na Guerra Fria), o objetivo era tornar possível para os países em desenvolvimento lucrarem com a divisão internacional do trabalho.

A despeito das desconfianças quanto ao livre comércio e da reconhecida necessidade de ajuda para a aceleração do desenvolvimento econômico, muitos criadores de políticas agiram na suposição de que a adoção de políticas econômicas liberais por todos os Estados conduziria a uma convergência no desempenho econômico. Nessa visão, os fundos de recursos naturais não determinavam a evolução dos padrões de vida a longo prazo. O sucesso econômico era, no fim das contas, uma função da interação entre o capital humano e os livres mercados, unidos a uma boa governança e a políticas sensatas (por exemplo, a abertura, a estabilidade macroeconômica e a disciplina fiscal). Porque os países com curto capital desfrutavam de retornos mais altos ao escasso capital, o capital lá fluiria. Porque os países com abundante força de trabalho não qualificada se concentrariam na produção e na exportação de bens, fazendo uso intenso desse fator, os retornos para o trabalho não qualificado acresceriam. A longo prazo, uma convergência na produtividade (em si uma função de uma maior integração de mercado) levaria a uma convergência de rendas.

Justiça Distributiva Global: Onde Estamos Agora?

O grande plano apresentou os efeitos pretendidos? A economia global pós-guerra ampliou ou estreitou o fosso entre vencedores e perdedores, tanto dentro dos países como entre eles? A resposta a essas perguntas certamente dependerá de se fomos ou não os beneficiários. Porém, esse fato em si aponta para o persistente fosso entre vencedores e perdedores nas relações econômicas globais.

No final da década de 1950 havia pouca evidência de que qualquer convergência se dava. Ao contrário, os países em desenvolvimento fracassavam em equiparar-se. Em 1961, a Comissão das Nações Unidas para a Europa produziu um relatório, *A Europa e as Necessidades Comerciais dos Países Menos Desenvolvidos*, que estimava as exportações e importações do "terceiro mundo" para os próximos 20 anos. O relatório previa que os fluxos de assistência oficial e as exportações de produtos primários responderiam apenas por dois terços das necessidades de importações dos países em desenvolvimento, deixando uma brecha de pelo menos US$ 15 bilhões. O relatório concluiu que essa quantia precisaria ser preenchida por exportações de manufaturados, e propunha um sistema generalizado de preferências para os países em desenvolvimento exportadores. Esse plano seria adotado pela Comunidade Econômica Europeia em 1971 e pelos Estados Unidos cinco anos mais tarde. Essencialmente, o Sistema Generalizado de Preferências equivalia a uma transferência de renda dos países industrializados para os países em desenvolvimento; portanto, era redistributivo. Contudo, na medida em que essa transferência era usada para financiar importações adicionais vindas dos países industrializados, o Sistema Generalizado de Preferências trazia ganhos a esses países e a seus setores de exportação.

O registro pós-guerra não justifica o otimismo inicial quanto ao comércio como um mecanismo de crescimento. Na década de 1990 o Fundo Monetário Internacional (FMI) relatou que "a maioria dos países em desenvolvimento fracassara em elevar suas rendas *per capita* para equipará-las às dos países industrializados". A Ásia foi a única região "a registrar um progresso significativo" (hoje, porém, com o colapso financeiro de 1997-98, duvida-se mesmo desses ganhos). Mas o FMI não responsabilizou a estrutura do sistema internacional. Antes concluiu o grau de convergência a longo prazo das rendas *per capita* dos países era "determinado por suas próprias políticas e recursos" (FMI, 1997, p. 77ss).

No geral, a evidência sugere que uma convergência de rendas de fato ocorreu nos anos imediatos do pós-guerra — particularmente dentro dos países industrializados e entre eles. Mais recentemente, contudo, as rendas mais uma vez começaram a distanciar-se, especialmente entre os países industrializados e os países em desenvolvimento. Hoje, nas palavras do economista do Banco Mundial, Lant Pritchett, existe "divergência, e como!" (Pritchett, 1995).

Nos últimos 30 anos, os mais pobres 20% da população mundial assistiram a sua cota da renda global cair de 2,3% para 1,4%. Enquanto isso, a cota do quintil mais rico aumentou de 70% para 85%. Como resultado, a razão da cota dos mais ricos para a dos mais pobres cresceu de 30:1 para 61:1 (UNDP, 1996).

As razões dessa mudança ainda são assunto de debate. Pode ser que houvesse alguma incompatibilidade entre os dois pilares da estratégia pós-guerra: uma economia globalizada destinava-se a criar um ambiente crescentemente desafiador para a condução de políticas distributivas em nível nacional. De fato, a globalização crescente, particularmente a mobilidade do capital, levantou questões por todo o mundo de se a autonomia estatal na política econômica estava sendo corroída. O FMI declarou que "deve esperar-se que a globalização crescentemente limite as escolhas dos governos das estruturas tributárias e taxas cambiais, especialmente nos menores países" (FMI 1997, p. 70). Ademais, aumentando a interdependência das políticas, a globalização impõe problemas gigantescos de ação coletiva.

No clássico relato de Richard Cooper, "uma interdependência crescente complica a busca bem-sucedida dos objetivos econômicos nacionais de três maneiras. Primeira, aumenta o número e a magnitude das perturbações às quais as balanças de pagamentos de cada país estão sujeitas, e isso por sua vez desvia a atenção política e os instrumentos de políticas para a restauração da balança externa. Segunda, torna lento o processo por meio do qual as autoridades nacionais, cada uma agindo por si própria, são capazes de alcançar os objetivos domésticos. Terceira, a resposta a uma maior integração pode envolver a comunidade das nações em movimentos neutralizadores que deixam todos os países em uma situação pior do que a que poderiam estar" (Cooper, 1968, p. 148).

Como Cooper sugere, a pressuposição subjacente à teoria da interdependência é que as consequências da política e do desempenho econômicos domésticos não podem ser facilmente contidas dentro das fronteiras nacionais. Certamente, uma teoria semelhante a essa foi defendida pelos planejadores do pós-guerra ao reconstruírem a economia mundial. Ironicamente, por isso formaram as instituições internacionais — para conter as crises domésticas e permitir uma certa autonomia na criação de políticas em nível nacional.

Todavia, existem questões crescentes, mesmo entre os economistas clássicos, acerca de se a estrutura político-econômica, como esta evoluiu, tem sucesso na reconciliação da autonomia nacional na política social com a crescente integração. Em um livro amplamente citado, Dani Rodrik argumenta que a mobilidade do capital chegou a um ponto em que está minando a habilidade do Estado "de gerar os recursos públicos necessários para financiar os projetos de seguro social" (Rodrik, 1997, p. 73). Cooper, é claro, indicou esse perigo uns 30 anos atrás. Os arquitetos de Bretton Woods jamais imaginaram um tão alto nível de integração de capital e Keynes, por sua vez, alimentava esperanças de que os mercados financeiros fossem permanecer nacionais.

Os dilemas da interdependência já estavam presentes, mesmo se moderados, no nascimento da ordem pós-guerra — com a preocupação pela autonomia da criação de políticas. Um grande temor dos planejadores pós-guerra era o de que, como nos anos 1930, uma depressão em um país (particularmente nos Estados Unidos) rapidamente se espalhasse, tomando conta do mundo. Esse risco significava que cada país tinha de cumprir os seus compromissos de buscar algum tipo de política de pleno emprego — ou seja, proporcionar bens públicos. Assim, no caso de uma recessão, os países teriam de estimular a demanda agregada à moda keynesiana. Essa necessidade criou o clássico problema da pressão internacional: com que direito poderiam os Estados pressionar outros governos por deixarem de fornecer o bem público da estimulação de suas economias domésticas? Onde os países receberam assistência do FMI ou do Banco Mundial, a condição do empréstimo poderia ser usada para pressionar as reformas, e os programas de assistência bilateral poderiam desempenhar uma função semelhante. Mesmo nesses casos, contudo, não ficava exatamente claro quanta influência os de fora teriam nas tomadas de decisão sobre a economia doméstica.

Essa questão geral hoje permanece. Em que extensão pode (ou deve) um grupo de países buscar influenciar as políticas econômicas de um outro? No fim das contas, parece que não há uma fórmula universal para as boas políticas econômicas. Como John Stuart Mill ensinava, a distribuição de riquezas e de recursos "é apenas uma questão de instituição humana. Uma vez criada, a humanidade, individualmente ou coletivamente, lida com ela como preferir. Pode pô-la à disposição de quem bem entender, em quaisquer termos. A distribuição da riqueza, portanto, depende das leis e costumes da sociedade" (Mill, 1970, p. 350).

ESTUDOS DE CASOS

POLÍTICAS PARA UM MUNDO JUSTO: O CAMINHO EM FRENTE

Quais políticas podem reconciliar a eficiência e a justiça na economia global? Em um mundo de fluxos de troca e de mobilidade de capital crescentes, as políticas nacionais dirigidas para a conquista da justiça distributiva irão, ao menos em um certo grau, ser limitadas pelas forças econômicas externas. Isso naturalmente nos leva à consideração do papel que as instituições internacionais podem desempenhar na formação de resultados econômicos consistentes com as nossas preocupações sociais. Organizações como o Banco Mundial e o FMI, por exemplo, sobressaem nas economias de vários de seus países membros, e os efeitos que causam no sistema econômico internacional vão bem além de sua base capital. Por meio dos aconselhamentos de política que articulam e dos sinais que enviam sobre o desempenho econômico nacional, suas influências repercutem amplamente por todos os mercados de capitais do mundo e por sua vez por todos os mercados de trabalho também.

É irônico que essas mesmas organizações amiúde declarem que a responsabilidade pelo bem-estar social se assenta firmemente no Estado-nação e na sua capacidade de um bom governo. Nessa linha, o FMI declara que os níveis de renda *per capita* a longo prazo de um país são determinados por suas próprias políticas e recursos. Contudo, ao mesmo tempo, o FMI nos diz que "se deve esperar que a globalização crescentemente limite as escolhas dos governos das estruturas tributárias e das taxas cambiais" (FMI, 1997, p. 70). Se os governos não possuem o poder de dar forma a sua política tributária, fica difícil compreender que tipo de poder terão sobre o desempenho econômico. Essas contradições não inspiram muita confiança na habilidade do FMI de proporcionar conselhos sensatos.

Afirmar que os Estados sozinhos sejam os responsáveis por seus destinos em uma economia global é pouco sincero por vários motivos. Primeiro, supõe ser verdade que boas políticas nacionais sejam suficientes para garantir bons resultados econômicos; por que, então, algum dia foram necessárias as organizações internacionais, e por que ainda hoje o são? Segundo, na medida em que a globalização solapa a capacidade de criação de políticas nacionais — como o FMI e o Banco Mundial admitem que faça em um certo grau —, métodos alternativos devem ser encontrados para transformar uma boa governança em realidade. Terceiro, posto que os benefícios da globalização não são distribuídos igualmente entre as nações, mecanismos internacionais se fazem necessários para assegurar que todos os jogadores ganhem o suficiente para permanecerem no jogo. E, por fim, posto que a globalização requer a coordenação internacional de políticas e o compartilhamento de informações com respeito às atividades de ambos os atores, estatais e não estatais, por definição, são necessários os esforços de uma governança internacional.

Esses pontos não são apresentados como uma defesa do argumento de que precisamos de um governo mundial. As instituições internacionais, inclusive as mais avançadas entre elas (como a União Europeia), são fundamentalmente criaturas de seus Estados-membros. Mas os Estados-membros podem usar essas organizações de inúmeras maneiras. Em alguns casos, as elites estatais exploram as organizações internacionais como um meio de escape às políticas domésticas, afirmando que as mãos do governo se encontram atadas nessa ou naquela questão. O FMI serve a esse propósito para os líderes dos países em desenvolvimento que buscam reformar as políticas econômicas em face de uma oposição doméstica. Por essa razão, os críticos das instituições internacionais com frequência apontam um déficit democrático entre as instituições e os cidadãos de seus países-membros.

Nesta seção forneci recomendações de políticas que deem voz àqueles que possuem menos influência na construção da economia global. Meu argumento básico é de que as organizações internacionais deveriam desempenhar um papel mais positivo e mais ativo garantindo que a justiça, não menos do que as considerações de eficiência, dê forma às políticas econômicas (para um argumento semelhante no contexto europeu, ver Scharpf, 1996). Tais políticas representam, a longo prazo, os interesses de todos aqueles que buscam avançar a globalização e acreditam em suas contribuições para a paz e a prosperidade mundiais. Auxiliando os desfavorecidos do mundo a realizarem seus talentos e viverem com dignidade, promovemos a produtividade, a estabilidade e a justiça. Em essência, portanto, a justiça social é um bem público internacional.

Uma nova Bretton Woods

As fundações institucionais da economia mundial começam a aparentar idade. A economia mundial aprendeu a viver com taxas cambiais flexíveis, mas se isso melhorou ou piorou sua saúde é assunto para debate. Conquanto correlação não seja causação, a mudança das taxas cambiais fixas para as flexíveis ocorrida nos anos 1970 também assistiu ao início de um mais lento crescimento e investimento dos países industrializados e a um aumento do desemprego e da desigualdade — condições que permanecem conosco até hoje (Davidson, 1998, p. 819). Uma tremenda mobilidade de capital (tanto ameaçada como real), em certo ponto nunca antecipada pelos arquitetos do pós-guerra, vem emergindo. Crescentes fluxos de trocas elevam o espectro da competição de soma zero no trabalho internacional. Com esses desenvolvimentos os trabalhadores não qualificados começam a temer por seus futuros, e bem o deviam, em meio a desemprego, pobreza, desigualdade e insegurança.

Se os grandes poderes desejam devolver a confiança na economia global, fariam bem em reunirem-se numa outra conferência de Bretton Woods. O propósito desse

ESTUDOS DE CASOS

encontro seria tratar questões do tipo: como vem se saindo a globalização em relação aos menos favorecidos, e o que pode ser feito para melhorar suas sinas? E é o sistema financeiro atual consistente com o crescimento e a estabilidade, ou devemos contemplar uma nova ordem? Esta última questão pareceria especialmente pertinente com a introdução na Europa Ocidental de sua nova moeda comum.

A política de migração está entre as questões mais significativas que qualquer nova Bretton Woods teria de tratar. Mesmo o Banco Mundial admite que, enquanto miríades de acordos internacionais foram feitos visando a promover a mobilidade do capital e o livre comércio, "a migração internacional de pessoas em busca de trabalho é o motivo do atraso nessa história" (Banco Mundial, 1997, p. 134). As pessoas não estão mais livres para migrar do que o estavam uma geração atrás, e muito menos livres, em muitos casos, do que o estavam seus avós. O papel da mobilidade da mão de obra e da migração na economia global é uma questão de primeira ordem, e deve ser tratado no interesse de assegurarmos aos trabalhadores o conjunto de maiores oportunidades possíveis. Existe pouca razão para que um indivíduo invista em educação, treinamento e aperfeiçoamento pessoal se não existem empregos disponíveis.

Uma segunda questão acerca da qual uma nova Bretton Woods deveria buscar um acordo é a de como conceder aos trabalhadores uma voz nas instituições internacionais. Os planejadores do pós-guerra inicialmente contemplaram a criação de uma organização sindical internacional que se preocuparia com as políticas comerciais e de emprego. Não sendo estabelecida uma tal entidade, as preocupações do comércio e do trabalho seguiram por caminhos diferentes, mas os trabalhadores infelizmente foram dar num beco sem saída. Mecanismos para garantir-se uma representação trabalhista no FMI, no Banco Mundial e em outras instituições do tipo seriam um modo de promover uma ordem global mais equânime, e um possível modelo poderia ser encontrado na Organização para Cooperação e Desenvolvimento Econômico (OCDE), que tem feito talvez mais do que qualquer organização multilateral para solicitar o parecer trabalhista.

Uma terceira questão para a agenda dessa reunião deveria ser a consideração de um mínimo social internacional. Isso não significa que podemos esperar um acordo sobre um salário mínimo global ou qualquer coisa do tipo. Antes, significa que cada país deveria definir o que constitui um padrão decente de vida para todos os seus cidadãos, incluindo-se o acesso à educação e aos serviços de saúde, salários e direito a redes de segurança social. Uma organização internacional, talvez o Banco Mundial ou o UNDP, deveria ser encarregada de produzir um relatório anual de política social, assim como o FMI produz estudos dos desempenhos macroeconômicos de seus países-membros. Falhas no suprimento de um mínimo social deveriam ser enfatizadas como metas para os esforços nacionais de reformas econômicas e para a assistência internacional.

Por fim, uma nova Bretton Woods teria de reconsiderar a liberalização do capital e como o capital móvel melhor pode ser atrelado aos interesses da eficiência e da justiça. Deveríamos considerar propostas como a "taxa Tobin" nas transações financeiras (ver mais adiante) e contemplar uma organização mundial tributária. Por causa de suas posições centrais no debate atual, essas ideias são discutidas em maior detalhe a seguir.

Ao pensarmos na possibilidade de uma nova Bretton Woods, devemos ser realistas e reconhecer que a última ocorreu apenas uma geração após um conflito mundial e uma depressão que envolveram os principais poderes. Hoje, a guerra e a privação econômica foram amplamente removidas nos países centrais da economia global; em contrapartida, pululam na periferia do mundo em desenvolvimento, onde tragicamente chamam menos atenção. Isso significa que falta um sentido de crise nas capitais mundiais, tornando improvável que tão cedo surjam iniciativas audaciosas. Visando aos interesses da realidade política, portanto, ofereço nos parágrafos seguintes algumas recomendações que se situam entre uma conferência de Bretton Woods de ampla escala de um lado e o tipo de consertos marginais hoje populares de outro.

Vincular a liberalização do comércio com os padrões trabalhistas e os programas de indenização do trabalhador

As políticas do comércio e do trabalho têm seguido trilhas separadas desde o final da Segunda Guerra Mundial. O Acordo Geral de Tarifas e Comércio e a sua sucessora, a Organização Mundial do Comércio, concentraram-se na redução das barreiras do comércio, enquanto a Organização Internacional do Trabalho foi responsável por avançar padrões trabalhistas centrais. Essa abordagem dualista chegou ao fim, e é hora de unirmos as questões.

O grande temor expresso pelos criadores de políticas e pelos economistas em geral sobre esse assunto é de que amarrar os acordos de comércio aos padrões trabalhistas centrais (a liberdade de associação e negociação coletivas, a não discriminação nas contratações e a proibição do trabalho forçado e infantil) empurrará o comércio mundial para baixo na escorregadia ladeira da proteção do comércio. O fracasso dos países em conquistar padrões trabalhistas internacionais, afirma-se, poderia ser usado como desculpa para interromper-se o comércio com eles, ou poderia aumentar os custos trabalhistas dos países a ponto de estes perderem a competitividade.

Porém, esses argumentos são absurdos por várias razões. Primeira, os padrões trabalhistas centrais, promulgados pela Organização Internacional do Trabalho, já existem. Segunda, o comércio internacional não é um direito, mas um privilégio, e

ESTUDOS DE CASOS

os países que buscam trocar e comerciar com a comunidade das nações devem aceitar critérios comuns. Terceira, a possibilidade de um livre comércio e de ser um membro da Organização Mundial do Comércio deveria ser acenada aos Estados que violam padrões trabalhistas centrais; senão, quais incentivos podemos oferecer? (para um excelente panorama geral do debate sobre os padrões trabalhistas, ver OCDE, 1996).

O sistema internacional com frequência respondeu com sanções aos países exibindo variados tipos de "mau comportamento". A Índia e o Paquistão receberam sanções de comércio dos EUA depois dos testes nucleares em 1998. O Iraque tem sido o alvo de um embargo das Nações Unidas desde 1990, e o Irã tem tido apenas acesso limitado aos mercados mundiais desde a sua revolução islâmica. Outros países que permanecem vítimas de ostracismo incluem Cuba, a República Democrática Popular da Coreia (também conhecida por Coreia do Norte) e a Líbia. Em suma, as sanções são usadas amplamente, mas por alguma razão não foram aplicadas a Estados que violam padrões trabalhistas centrais.

O sistema comercial mundial poderia exercer grande pressão sobre os países que deixam de adotar esses padrões. Países como a China veriam suas oportunidades econômicas severamente limitadas. Mas esse é um caso onde o sistema de comércio parece ser basicamente operado por e para as grandes corporações multinacionais, que continuamente rejeitam amarrar os acordos comerciais aos direitos trabalhistas.

Vale notar que a adoção vigorosa de padrões trabalhistas centrais pela comunidade internacional indicaria a aceitação das novas responsabilidades associadas. Um país que esteja disposto a abolir o trabalho infantil, por exemplo, pode precisar de ajuda externa para expandir o seu sistema escolar. Esse é o tipo de resposta coletiva que uma comunidade mundial inclinada a uma forma justa de globalização deveria estar disposta e capacitada a fazer.

Enquanto os países realizam acordos de livre comércio, também deveriam estar sensibilizados a como o comércio irá afetar os trabalhadores, e estabelecer programas de assistência para os trabalhadores deslocados. Com efeito, a indenização deveria ser outro padrão trabalhista central. Tradicionalmente, tais programas de indenização têm sido unicamente uma responsabilidade nacional. Mas, com um número crescente de países em desenvolvimento e economias em transição adentrando o sistema de comércio, a assistência internacional poderia ser de enorme valor nessa questão e poderia ajudar a manter o apoio político em prol de uma continuada globalização. De novo, se os benefícios do comércio são tão enormes, por que não sermos generosos com aqueles que se encontram no lado perdedor dessa mudança de política?

Estabelecer uma maior supervisão das atividades dos empreendimentos multinacionais e dos bancos

O comércio e as finanças atravessam fronteiras com relativa facilidade, os trabalhadores com menos, e os governos, nenhuma. Essa tensão reside no âmago de todos os esforços visando a uma maior supervisão internacional das atividades multinacionais. Embora a coordenação de políticas internacionais dos negócios multinacionais tenha tradicionalmente sido um exercício de compartilhamento de informações, cada vez mais se torna uma atividade de fiscalização, buscando impedir a competição internacional de deslanchar uma corrida para o fundo do poço no qual os países acabem por se aliviar de todas as taxas e autoridades regulatórias. Com a recente crise financeira no Sudeste Asiático, os clamores por controles mais acirrados dos fluxos de capitais que atravessam as fronteiras cresceram em intensidade e em volume.

Já há uma significativa atividade nessa área. Os bancos e as empresas de investimentos enfrentam as normas de adequação comum do capital estabelecidas pela Comissão de Supervisão Bancária da Basileia e pela Organização Internacional de Comissões de Valores; e a União Europeia é responsável pelas regulamentações regionais de tais áreas como a competição e a política antitruste (Kapstein, 1994). A OCDE e a Conferência das Nações Unidas para o Comércio e Desenvolvimento (UNCTAD) também estabeleceram códigos de conduta para os empreendimentos multinacionais em relação à proteção do consumidor e questões afins. Três questões de crescente destaque internacional, contudo, dizem respeito aos direitos dos trabalhadores, aos controles de capitais e à taxação internacional.

Os direitos dos trabalhadores e os padrões trabalhistas já foram discutidos. Aqui, simplesmente acrescentarei que na ausência de acordos internacionais vinculando os padrões de comércio aos trabalhistas, uma alternativa ou trilha complementar seria a de estabelecermos códigos mínimos de conduta para como as multinacionais tratam os seus funcionários. Esses códigos incluiriam os padrões trabalhistas centrais, assim como as provisões para um salário de subsistência e a indenização no caso de afastamento do trabalhador. Nessa linha já houve iniciativas por parte de acionistas minoritários de algumas importantes corporações — quase sempre com a objeção das diretorias —, mas em geral fracassaram em angariar os votos necessários nas reuniões de acionistas. Os governos, as organizações não governamentais (ONGs) e as organizações internacionais como a UNCTAD poderiam, portanto, exercer uma função útil formulando esses padrões, divulgando-os e monitorando o desempenho dos empreendimentos. De fato, na ausência de uma ação governamental positiva nessa direção em nível nacional, o estabelecimento de um código poderia proporcionar um caso interessante de como as ONGs e as organizações internacionais poderiam formar alianças transnacionais para o benefício dos interesses trabalhistas.

ESTUDOS DE CASOS

Com respeito aos investimentos de portfólio ou fluxos de "moeda quente", parece que os governos e as organizações internacionais estão de novo pensando seriamente em controles de capitais de algum tipo, seja por meio de uma política de taxação ou por meio de restrições quantitativas dos influxos. Com respeito à política de taxação, talvez a ideia mais proeminente seja a do economista James Tobin de uma taxa sobre todas as transações financeiras transnacionais, na esperança de reduzir tais fluxos e torná-los mais administráveis. Outras abordagens incluem impostos graduados de acordo como o tempo de duração que os investidores mantenham o seu dinheiro em um dado país. Tais políticas de graduação, que foram adotadas com sucesso no Chile, visam a penalizar os investidores de portfólio de curto prazo e recompensar os investimentos diretos de longo prazo.

A orientação nacional dessas medidas, contudo, pode significar que venham a perder sua eficiência com o tempo. Os Estados serão tentados a usar políticas diferentes no controle de capitais, incluindo-se a taxação, para a vantagem de suas economias e instituições financeiras domésticas. Uma vez que os grandes bancos e empresas de investimento tendem a ter uma voz significativa na criação da política interna, dado os seus desempenhos proeminentes na atividade econômica e na criação de dinheiro, as autoridades são sensíveis a suas preocupações competitivas e desenvolverão políticas de regulamentação que sejam de seus interesses (Kapstein, 1994). Ademais, as políticas monetárias e financeiras tendem a ser obscuras para muitos eleitores, e o trabalho com frequência fracassou em compreender como tais políticas afetarão os trabalhadores. Assim, as decisões sobre os mercados de capitais e de trabalho tornam-se dissociadas, quase sempre com desvantagem para o trabalho.

Esses comentários sugerem a existência de vários problemas associados à mobilidade de capital que deveriam ser tratados em nível internacional. Um dos mais proeminentes problemas sob a luz da crise do Sudeste Asiático concerne aos efeitos desestabilizadores da mobilidade do capital nas economias nacionais. Daí a discussão crescente de uma cooperação financeira internacional visando, por exemplo, supervisionar ou até limitar os empréstimos transnacionais efetuados por bancos e outras instituições financeiras (ver Wyplosz neste volume). Porque o trabalho tem sido tão massacrado por esses efeitos desestabilizadores, os seus representantes deveriam ter uma cadeira na mesa de negociações quando são tomadas decisões nessa área. Infelizmente, o centro de ação nesse debate tem sido o FMI, que pouco tem demonstrado ser sensível às preocupações dos trabalhadores ou aberto à participação destes em suas deliberações.

Uma segunda e potencialmente mais significativa questão no sentido da reformulação da economia política internacional concerne à taxação internacional do capital móvel. Como sabemos da literatura sobre finanças públicas, o imposto eficaz sobre o capital móvel é zero. Como sabemos pelos dados, os impostos sobre o capital móvel estão em queda. Conquanto a competição tributária tenha sido utilizada pelos Estados para os interesses de atrair investimento direto, tem também trazido muitos efeitos negativos, incluindo-se o declínio de receitas para os cofres dos governos. O fato de que a competição tributária possa levar com facilidade a uma corrida para o fundo do poço entre os Estados — na qual o capital móvel consegue sair impunemente sem pagar virtualmente nada a qualquer governo — sugere uma possível função para a coordenação internacional nessa área.

Provavelmente o maior defensor de uma organização tributária mundial tenha sido o funcionário do FMI, Vito Tanzi. Ele argumenta que uma tal organização poderia ter as seguintes funções:

- Identificar as tendências principais da política tributária de seus países-membros.
- Compilar estatísticas das taxas entre os países.
- Preparar um relatório anual sobre o desenvolvimento tributário mundial.
- Proporcionar assistência técnica na política e gestão tributárias.
- Desenvolver princípios e normas básicos para a política tributária.
- Criar um fórum internacional para discussão e debate sobre as questões tributárias.
- Arbitrar fricções entre países com respeito a suas políticas tributárias.
- Inspecionar os desenvolvimentos tributários e fazer recomendações para a criação de políticas (Tanzi, 1996).

Mais uma vez, qualquer organização desse tipo deveria conceder voz aos interesses do trabalhador em suas tomadas de decisão.

Em geral, os comentários aqui apresentados apontam para o crescente hiato entre os empreendimentos multinacionais e as instituições econômicas nacionais, incluindo-se o mercado de trabalho. Fechar esse hiato será um item de enorme importância na agenda internacional ao olharmos na direção do futuro. Formulando políticas que visem a conquistar esse objetivo, as preocupações dos trabalhadores devem ser levadas seriamente em conta. A estrutura atual das instituições internacionais não concede suficiente voz ao trabalho, e reformas nessa direção são necessárias se novas políticas pretendem ser bem-sucedidas.

Garantir que os empréstimos condicionais pelo Banco Mundial e o FMI sejam sensíveis às considerações de equidade

Se há algo que sabemos sobre os tempos que se seguem a uma crise econômica, é que os ricos normalmente ficam mais ricos e os pobres mais pobres. No interesse da estabilidade macroeconômica, os Estados terminam por cortar programas que beneficiam aos trabalhadores e aos desafortunados. E mais, as intervenções de organizações internacionais tais como o FMI e o Banco Mundial parecem nada fazer para alterar esse resultado. Ao contrário, o FMI apenas sugere metas para gastos orçamentários, e em geral evita fazer recomendações sobre quais itens devem ser cortados.

Os argumentos econômicos e morais apresentados neste livro indicam que o Banco Mundial e o FMI deveriam pensar mais nas consequências distributivas de suas políticas baseadas no empréstimo. Deveriam enfatizar mais as necessidades dos desafortunados e garantir que a educação e os programas de indenização recebessem fundos adequados. Neste aspecto, o anúncio do Banco Mundial de que buscaria criar 75 milhões de empregos no Sudeste Asiático por meio de seu projeto de empréstimos pós-crise é uma notícia bem-vinda (Solomon, 1998, p. A17). O Banco também declarou que concederá uma significativa atenção ao alívio da pobreza em seus programas de empréstimo a essa região com problemas.

De modo semelhante, o FMI poderia tomar uma linha mais agressiva na defesa dos pobres e desventurados em seus programas de estabilização macroeconômica. Assim fazendo, deveria consultar os trabalhadores, as ONGs e os outros grupos de interesse para assegurar-se de que está ouvindo um conjunto de vozes representativo. A suposição do FMI de que um orçamento equilibrado seja politicamente neutro é fundamentalmente falha, e o FMI precisa prestar mais atenção em quem perde e quem ganha com suas recomendações.

Investir no sistema de saúde e na saúde pública

Normalmente, quando pensamos na cooperação internacional na área da saúde, pensamos em termos de assistência humanitária. Essa cooperação visa ao bem, mas na verdade um bom sistema de saúde é também um importante contribuinte para o desempenho econômico. Nas palavras do diretor da Organização Mundial da Saúde, Gro Brundtland, novas pesquisas "tornam marcadamente claro que a má saúde conduz à pobreza os indivíduos, as populações e as nações" (citado em Altman, 1998, p. B10). Reconhecendo suas contribuições à produtividade e ao bem-estar dos trabalhadores, podemos perceber que o sistema de saúde deveria receber uma significativa atenção daqueles que promovem a globalização.

Porém esse parece não ser o caso. Por todo o mundo, milhões de pessoas morrem a cada ano de doenças infecciosas. Mais de 1 bilhão de pessoas não têm acesso a água potável, e cerca de 2 bilhões não usufruem de instalações sanitárias apropriadas. Pelo menos 840 milhões de pessoas passam fome todos os dias. Como resultado, aproximadamente um terço da população do mundo em desenvolvimento não deverá atingir os 40 anos (UNDP 1997, p. 5). É difícil desenvolver-se uma economia quando um grande número de trabalhadores está morrendo no que deveria ser a primavera de suas vidas.

Esses fatos parecem bem distanciados dos países industrializados, que deram largos passos no controle das doenças e da fome, na proteção ambiental e no suprimento das necessidades básicas humanas. Mas, mesmo nesses, o abismo entre os que têm e os que não têm é dramático. Nos Estados Unidos, aproximadamente 50 milhões de pessoas não têm seguro de saúde. Alguns bairros pobres mais uma vez conhecem o ressurgimento de doenças como a tuberculose, tornando perplexos os especialistas da área de saúde que julgavam ter vencido esses inimigos. Com efeito, muitos bairros pobres norte-americanos apresentam estatísticas na área de saúde que se parecem mais às dos países em desenvolvimento do que às dos países industrializados.

Na maioria das economias em transição pós-comunistas a situação do sistema de saúde beira ser catastrófica. Um planejamento ao estilo soviético legou uma devastação ambiental que envenenou duas gerações e levará ao menos um igual tempo para ser limpa. O alcoolismo, o uso de drogas e a má nutrição contribuem, ademais, às mortes prematuras. E médicos mal pagos enfrentam uma terrível falta de equipamentos e medicamentos nos antiquados hospitais e clínicas.

Essas questões da saúde pública deveriam ser tratadas como problemas econômicos por várias razões. Primeira, um ambiente insalubre e poluído representa uma barreira às chances de vida de um indivíduo. As pessoas que vivem sob essas condições são mais prováveis de adoecer e, por conseguinte, menos capazes de realizar seus talentos. O resultado, um desperdício de recursos humanos. Quanto mais dias de trabalho e de educação se perdem com doenças, mais a sociedade sofre. O trabalho e a educação são investimentos importantes, e se as pessoas estão incapacitadas, esse investimento é jogado fora.

Segunda, as pessoas e as empresas são mais inclinadas a investir em países onde os riscos à saúde sejam controláveis. Onde ameaças de doenças, de epidemias ou de fome pairam, os investidores compreensivelmente buscam outros lugares. Não surpreende que haja uma forte correlação entre saúde e riqueza.

Criar um ambiente saudável, então, parece fazer bastante sentido economicamente. Portanto, a saúde deveria receber maior consideração nos debates sobre reformas econômicas, com as medidas de estabilização macroeconômica, as políticas comerciais e afins. De novo, tomar esse partido poderia ser função de novas coalizões transnacionais reunindo os sindicatos, especialistas do sistema de saúde e ambientalistas. O sistema de saúde tem sido tradicionalmente o território de especialistas em medicina e de suas várias instituições nacionais e internacionais. Mas as palavras encorajadoras do diretor da Organização Mundial da Saúde, Gro Brundtland, citadas anteriormente, sugerem que os tempos estejam maduros para novas iniciativas nessa área.

ESTUDOS DE CASOS

Tornar a ajuda estrangeira mais eficaz

A ajuda estrangeira é necessária para compensar os efeitos polarizadores da globalização e para combater a tendência na direção de uma desigualdade crescente na economia mundial. Contudo, a ajuda estrangeira responde por uma pequena fração dos orçamentos tanto dos países industrializados como dos países recebedores de ajuda. De acordo com a OCDE, em 1996 a ajuda estrangeira oficial totalizou US$ 59,9 bilhões, baixando quase 6% em relação 1995. Ademais, essa ajuda respondeu por não mais do que 0,25% do produto interno bruto combinado dos membros da OCDE — "a taxa mais baixa registrada nos quase 30 anos desde que as Nações Unidas estabeleceram um objetivo de 0,70%" (Banco Mundial, 1997, p. 140). Embora os fluxos de investimentos privados para os países em desenvolvimento tenham crescido nos anos recentes, esses não são um substituto direto da ajuda estrangeira.

Até que ponto é eficaz a ajuda aos países em desenvolvimento? O que fazem os governos com o dinheiro? Em princípio, podem fazer duas coisas: investir em projetos que vão do sistema de educação ao sistema de saúde até a infraestrutura, ou podem transferir esse dinheiro aos seus cidadãos por meio de políticas tributárias ou pagamentos em dinheiro — mas a quem?

Em um recente estudo, Peter Boone (1996) constatou que, no lugar de transferir dinheiro aos pobres, alguns governos repassavam o dinheiro a seus ricos patrocinadores. A ajuda, com frequência, foi para o consumo de elites em vez de para os investimentos sociais. É claro, a ajuda (especialmente a ajuda bilateral) é concedida algumas vezes precisamente para alavancar as elites, em vez de ajudar aos mais necessitados. Portanto, os resultados apresentados por Boone não são exatamente surpreendentes.

Inversamente, o Banco Mundial (1998) constatou que a ajuda gerou o maior bem onde os governos estavam comprometidos com políticas eficazes. Essa constatação sugere que os doadores deveriam fazer mais para garantir que seus fundos estejam sendo usados para ajudar aos mais necessitados nos países-alvo. Em vez de abandonar de todo a ajuda, deveríamos buscar maneiras de melhorar o seu impacto sobre os pobres. Isso significa trabalharmos em proximidade com os países recebedores na garantia de que os fundos irão para o sistema de educação, de saúde e para o desenvolvimento de uma rede de segurança social. Em suma, a ajuda deveria ser usada para apoiar o amplo objetivo da transformação dos menos favorecidos nos mais produtivos. Desta forma, a ajuda também estaria nos interesses a longo prazo de uma maior integração econômica.

Conclusão

A justiça distributiva foi central ao planejamento da ordem da época pós-guerra. Se um meio século de guerra, depressão e revolução ensinara aos estadistas e planejadores pós-guerra alguma coisa, foi que a aflição econômica inevitavelmente conduz ao conflito. Como Franklin Roosevelt afirmou em sua mensagem de 1944 ao Congresso: "as pessoas com fome e desempregadas são a matéria da qual se tecem as ditaduras" (citado em Israel, 1966, p. 2881). Ademais, a instabilidade e a guerra criadas em um país haviam despedaçado a paz internacional. A revolução bolchevista de 1917 e a Alemanha entreguerras demonstraram que a privação econômica em qualquer lugar poderia conduzir a um conflito político em todos os lugares. Assim, pode-se argumentar que a justiça social é um bem público global — e uma vez suprida em um país, beneficia a todos em todos os lugares por sua contribuição à paz e à estabilidade mundiais.

Mas essa conclusão implica o perigo de que o bem público possa ser insuficientemente provido, seja porque aos Estados faltem os recursos fiscais com os quais cumprirem as promessas das políticas sociais, ou porque as ideologias nacionais alimentem turbulências domésticas, com o potencial para um transbordamento internacional.

Nas mentes dos planejadores pós-guerra, a justiça social deveria ser provida por uma estratégia dupla. Em nível internacional, a liberalização do comércio e das finanças deveria espalhar as oportunidades econômicas por todo o globo. Os efeitos polarizadores dos livres mercados, porém, deveriam ser corrigidos em nível nacional, em grande parte pelo Estado de bem-estar social.

Com a aceleração da globalização na década de 1970, se tornou mais difícil para os Estados lutarem pelo pleno emprego e por políticas redistributivas em um mundo de livre comércio e de livres movimentações de capitais. É interessante notar, contudo, que a livre movimentação de capitais não fazia parte da visão pós-guerra original. Na verdade, o propósito original do FMI era administrar as paridades fixas e coordenar as intervenções necessárias para suster o regime acordado em Bretton Woods. Se pretendemos lutar ativamente pela justiça distributiva (um pré-requisito para a paz), esse dilema deverá ser concretamente abordado e uma nova agenda de política internacional formulada. Talvez a agenda acima esboçada possa informar discussões atuais sobre uma nova arquitetura para a economia mundial.

Referências Bibliográficas

Altman, Lawrence K. 1998. "Next WHO Chief Will Brave Politics in Name of Science". *New York Times*. 3 fevereiro.

ESTUDOS DE CASOS

Arndt, Heinz Wolfgang. 1987. *Economic Development: The History of an Idea*. Chicago, IL: University of Chicago Press.

Banco Mundial. 1997. *World Development Report 1997: The State in a Changing World*. Nova York: Oxford University Press.

———. 1998. *Assessing Aid: What Works, What Doesn't, and Why*. Relatório de Pesquisa Política. Nova York: Oxford University Press.

Beveridge, William Henry. 1944. *Full Employment in a Free Society: A Report*. Londres: George Allen.

BIRD (Banco Internacional para Reconstrução e Desenvolvimento). *Artigos de Acordo*. Com emendas até 16 de fevereiro, 1989. Washington, DC.

Boone, Peter. 1996. "Politics and the Effectiveness of Foreign Aid". *European Economic Review* 40: 290-329.

Brinkley, Alan. 1995. *The End of Reform*. Nova York: Vintage.

Carta do Atlântico. 1941.

http://www.msstate.edu/archives/history/USA/WWII/charter.txt

Comissão das Nações Unidas para a Europa. 1961. *A Europa e as Necessidades Comerciais dos Países Menos Desenvolvidos*. Genebra.

Cooper, Richard. 1968. *The Economics of Interdependence*. Nova York: McGraw-Hill.

Davidson, Paul. 1998. "Post Keynesian Employment Analysis and the Macroeconomics of OECD Unemployment". *The Economic Journal* 108 (maio): 817-31.

Drucker, Peter D. 1939. *The End of Economic Man*. Nova York: The John Day Co.

Espy, Willard. 1950. *Bold New Program*. Nova York: Harper & Brothers.

Fine, Sidney. 1964. *Laissez-Faire and the General-Welfare State*. Ann Arbor, MI: University of Michigan Press.

FMI (Fundo Monetário Internacional). 1997. *World Economic Outlook* (maio). Washington, DC.

Gardner, Richard N. 1996. *Sterling-Dollar Diplomacy*. Oxford: Clarendon Press.

Governo de Sua Majestade. 1944. *White Paper on Employment*. Londres: Chancelaria de Sua Majestade.

Hansen, Alvin. 1945. *America's Role in the World Economy*. Nova York: Norton.

Hawkins, Mike. 1997. *Social Darwinism in European and American Thought*. Nova York: Cambridge University Press.

Hayek, Friedrich A. 1944. *The Road to Serfdom*. Chicago, IL: University of Chicago Press.

Israel, Fred, ed. 1966. *The State of the Union: Messages of the Presidents, 1790-1966*. Nova York: Chelsea House.

Kapstein, Ethan B. 1994. *Governing the Global Economy: International Finance and the State*. Cambridge, MA: Harvard University Press.

Keynes, John Maynard. 1964. *The General Theory of Employment, Interest and Money*. Nova York: Harvest.

Lumsdaine, David H. 1993. *Moral Vision in International Politics: The Foreign Aid Regime 1949-1989*. Princeton, NJ: Princeton University Press.

Meier, Gerald. 1963. *International Trade and Development*. Nova York: Harper & Row.

Mill, John Stuart. 1970. *Principles of Political Economy*. Nova York: Penguin.

Nações Unidas. 1945. *Carta das Nações Unidas e Estatuto da Corte Internacional de Justiça*. Nova York.

———. 1948. *Declaração Internacional dos Direitos Humanos*. Nova York. (disponível em *http://www.un.org/Overview/rights.html*)

OCDE (Organização para Cooperação e Desenvolvimento Econômico). 1996. *Trade, Employment and Labor*. Paris.

UNDP (Programa das Nações Unidas para o Desenvolvimento). 1996. *Human Development Report 1996*. Nova York: Oxford University Press.

———. 1997. *Human Development Report 1997*. Nova York: Oxford University Press.

Polanyi, Karl. 1944. *The Great Transformation*. Nova York: Farrar and Rinehart.

Pritchett, Lant. 1995. "Divergence, Big Time". *Journal of Economic Perspectives* 11: 3-17.

Rodrik, Dani. 1997. *Has Globalization Gone Too Far?* Washington, DC: Institute for International Economics.

Ruggie, John Gerard. 1983. "International Regimes, Transactions and Change: Embedded Liberalism in the Postwar Economic Order". Em Stephen D. Krasner, org., *International Regimes*. Ithaca, NY e Londres: Cornell University Press.

Scharpf, Fritz. 1996. "Economic Integration, Democracy and the Welfare State". Colônia, Alemanha: Max-Planck-Institut für Gesellschaftsforschung.

Silverman, Victor I. 1990. "Stillbirth of a World Order: Union Internationalism from War to Cold War in the United States and Britain, 1939-1949". Dissertação de Ph.D. University of California, Berkeley.

Solomon, Jay. 1998. "World Bank Says It Was Wrong on Indonesia". *Wall Street Journal*. 5 de fevereiro.

Tanzi, Vito. 1996. "Is There a Need for a World Tax Organization?" Estudo apresentado no Instituto International de Finanças Públicas, 26-29 de agosto, Tel-Aviv, Israel.

Wilson, Theodore. 1991. *The First Summit*. Lawrence, KS: University Press of Kansas.

JUSTIÇA GLOBAL

Além da Equidade Internacional

AMARTYA SEN

A equidade global é por vezes identificada com a equidade internacional. As duas, contudo, são noções bem diferentes — tanto em seus conteúdos constitutivos como com respeito a suas implicações políticas. Neste capítulo examino a natureza dessa distinção, que eu creio ser deveras central para a filosofia política, assim como para o escrutínio das políticas. Suas implicações para a compreensão dos bens públicos globais são também bastante extensas. O contraste entre a equidade global e a internacional se relaciona com diferenças bem profundas em:

- O domínio da *justiça social*: se as relações de justiça se aplicam principalmente *dentro* das nações, com as relações através das fronteiras sendo consideradas como relações *entre* nações.
- O conceito de *pessoa*: se as nossas identidades e responsabilidades são parasitárias à nacionalidade e à cidadania, o que deve lexicograficamente dominar sobre uma solidariedade baseada em outras classificações, tais como a identidade de um grupo e os pontos de vista de uma classe (incluindo-se as relações entre trabalhadores ou entre empresários com éticas particulares), o sexo (incluindo-se as preocupações feministas além das fronteiras locais), as obrigações profissionais (incluindo-se os compromissos dos médicos, educadores e trabalhadores sociais sem fronteiras) e as crenças políticas e sociais (com lealdades que competem com outras identidades).

Algo bastante importante está envolvido nessas distinções, possuindo implicações de longo alcance na natureza da razão prática em nível global e na escolha de ações dos potenciais agentes. As ideias de justiça — e as ações correspondentes — que atravessam as fronteiras não devem ser confundidas com as relações internacionais em geral, ou com as demandas por equidade internacional em particular.

O CONCEITO DE RAWLS DE JUSTIÇA COMO O QUE É JUSTO

Como em muitas outras discussões sobre a justiça social, é bastante útil começarmos pela noção de Rawls da "justiça como o que é justo" (Rawls, 1971, 1993). A estrutura da análise política e social iniciada pelas clássicas contribuições de John Rawls tem exercido um impacto profundo na compreensão contemporânea da natureza da justiça. Embora, como eu argumento a seguir, ao final, seja necessário um distanciamento importante das ramificações da análise de Rawls, a ideia básica da "justiça como o que é justo" é um ponto de partida apropriado.

Na estrutura de Rawls, o que é justo para um grupo de pessoas envolve o chegar-se a regras e princípios orientadores de organização social que concedem igual atenção aos interesses, preocupações e liberdades de todos. Ao organizar-se como esse conceito pode ser compreendido, o expediente de Rawls da "posição original" tem se mostrado útil. Na posição original hipotética, um estado imaginado de igualdade primordial, os indivíduos são considerados como chegando a regras e princípios-guias por meio de um exercício cooperativo no qual ainda não sabem exatamente quem serão (para não serem influenciados, na seleção de regras sociais, por seus próprios interesses adquiridos relacionados com suas situações reais, tais como suas respectivas rendas e riquezas).

A análise de Rawls procede da posição original para a identificação dos princípios de justiça particulares. Esses princípios são a prioridade da liberdade (o "primeiro princípio") dando precedência a uma liberdade máxima para cada pessoa, sujeita a uma liberdade semelhante para todos. O "segundo princípio" lida com outros assuntos, incluindo-se a equidade e a eficiência na distribuição das oportunidades, e inclui o Princípio da Diferença, que envolve o critério de alocação de "máximos e mínimos lexicográficos" no "espaço" da posse de bens primários (ou dos recursos para fins gerais) dos diferentes indivíduos, conferindo prioridade às pessoas em pior situação em cada conglomerado.

Podemos questionar a plausibilidade dos princípios específicos de justiça que Rawls obtém de seus princípios gerais do que é justo, e podemos, em especial, indagar se o expediente da posição original deve apontar sem escapatória para esses princípios de justiça (o meu ceticismo nesse ponto é apresentado em Sen, 1970 e 1990). Em particular, a adequação do enfoque de Rawls nos bens primários, o que torna o seu Princípio da Diferença voltado para os recursos em vez de voltado para a liberdade, pode ser questionada.[1] Não estou basicamente preocupado neste capítulo com esses debates específicos (embora, quando a preparação mais básica relacionada à ideia da posição original estiver completa, o peso dessas diferenças na aplicação da preparação terá de ser retomado na análise que segue).

Três Conceitos de Justiça Global

Meu enfoque neste capítulo é na questão mais elementar da composição da "posição original" e em suas implicações para o entendimento do que é justo, assim como as suas manifestadas consequências práticas. Em particular, quem são os indivíduos considerados, hipoteticamente, como havendo se reunido na posição original para forjar negócios e regras e princípios norteadores? São eles todas as pessoas do mundo — independentemente de suas nacionalidades e cidadanias — vistas como tendo chegado a regras que irão governar os assuntos de todo o mundo? Ou são, em vez disso, os cidadãos de cada nação, cada país em separado, reunidos em suas próprias posições originais?

Essas duas concepções diferentes podem ser identificadas, respectivamente, como "universalista" em um sentido mais abrangente, e "particularista", por sua orientação baseada na nação.

- *Grande universalismo.* O domínio do exercício do que é justo são todas as pessoas de todos os lugares tomadas juntas, e o expediente da posição original é aplicado a um exercício hipotético na seleção de regras e princípios de justiça para todos, entendidos sem as suas distinções de nacionalidade e outras classificações.
- *Particularismo nacional.* O domínio do exercício do que é justo envolve cada nação tomada em separado, às quais o expediente da posição original é correspondentemente aplicado, e as relações entre as nações são governadas por exercícios suplementares envolvendo a equidade internacional.

Embora a posição original não seja mais do que um produto de nossa imaginação construtiva, o contraste entre essas concepções rivais pode apresentar implicações de longo alcance para a forma de enxergarmos a justiça global. A formulação das demandas por justiça global, assim como a identificação das agências encarregadas de cumprir essas demandas são ambas influenciadas pela escolha da concepção apropriada e pela caracterização do domínio do que é justo. Mesmo a compreensão da natureza dos conceitos gêmeos que orientam este livro — "bens públicos globais" e "organização da casa global" — não escapa de ser influenciada pela escolha do domínio e do conceito de justiça. Questões do tipo de a casa *de quem* será organizada e *quais* resultados conjuntos e indivisíveis devem ser compreendidos como os relevantes bens públicos, invocam as questões subjacentes com respeito ao domínio da preocupação recíproca e à identificação das agências apropriadas.

Em breve argumentarei que nenhuma dessas concepções — o grande universalismo e o particularismo nacional — podem nos conferir uma compreensão adequada das demandas por justiça global, e que há uma necessidade de uma terceira concepção com um reconhecimento adequado da pluralidade das relações envolvidas por todo o globo. Mas, antes, gostaria de elaborar um pouco as afirmações de cada uma dessas duas concepções clássicas.

O grande universalismo possui uma estatura ética difícil de ser equiparada em termos de cobertura abrangente e abertura não sectária. Rivaliza com o universalismo do utilitarismo clássico e o de uma interpretação generalizada da concepção kantiana da ética raciocinada (ver Kant, 1785; Bentham, 1789; Mill, 1861; Sidgwick, 1874; Edgeworth, 1881; e Pigou, 1920). Pode falar em nome de toda a humanidade de um modo não permitido facilmente pelo separatismo das concepções particularizadoras nacionais.

E contudo o grande universalismo é de difícil adoção na resolução das implicações institucionais do conceito de Rawls da justiça como o que é justo. O exercício do que é justo por meio de um expediente como o da posição original é utilizado, na análise de Rawls, para gerar a escolha da estrutura básica política e social de cada sociedade, que opera como uma unidade política e na qual os princípios de justiça encontram suas aplicações. Há enormes dificuldades na tentativa de aplicar-se esse modo de raciocínio para o todo da humanidade, sem uma base institucional adequadamente abrangente que possa implementar as regras surgidas hipoteticamente na posição original ao mundo inteiro. Não seria, eu espero, entendido como desrespeitoso para com a nossa instituição anfitriã — as Nações Unidas — sugerir que esta não é de modo algum capaz de desempenhar esse papel. Com efeito, mesmo a própria concepção de Nações Unidas — como o nome indica — é completamente dependente de recorrer às organizações políticas e sociais básicas predominantes nos respectivos Estados nacionais.

Tudo isso pode sugerir, forçosamente, que buscamos a afabilidade e a coerência da concepção nacionalista particularista de justiça de Rawls. É essa, de fato, a direção tomada pelo próprio Rawls, considerando separadamente a aplicação do conceito de justiça como o que é justo em cada sociedade política, mas depois suplementando esse exercício por meio dos vínculos entre as sociedades e as nações pelo uso de normas intersociais. Essas interações formam o que Rawls denomina "direito dos povos" (ver Rawls, 1996). Os "povos" — como coletividades — em distintas formações políticas consideram suas preocupações uns com os outros (e os imperativos consequentes de tais vínculos). O princípio da justiça como o que é justo pode ser utilizado para iluminar a relação entre essas comunidades políticas (e não apenas entre indivíduos, como na concepção original de Rawls).

Deve-se notar, contudo, que nessa concepção particularista as demandas globais de justiça operam principalmente por meio de relações *intersociais* em vez de por meio de relações *de pessoa para pessoa*, que alguns podem considerar como centrais

ESTUDOS DE CASOS

para uma compreensão adequada das demandas de justiça global. Essa caracterização baseada na nação identifica, na verdade, o domínio da justiça *internacional*, definida de modo amplo. Os imperativos que seguem, a despeito dos limites da formulação, possuem conteúdo moral de longo alcance, analisado com característica lucidez por Rawls. Todavia, as restrições (identificadas na introdução deste estudo) de uma abordagem "internacional" — em oposição a uma mais diretamente "global" — se aplicam forçosamente a essa abordagem, o que limita o alcance do "direito dos povos" de Rawls.

Como devemos examinar o papel das relações diretas através das fronteiras entre pessoas diferentes cujas identidades incluem, *inter alia*, solidariedades baseadas em classificações outras que as divisões segundo nações e unidades políticas, tais como a classe, o sexo ou as crenças políticas e sociais? Como levarmos em conta as identidades profissionais (tais como a de ser um médico ou um educador) e os imperativos que geram, sem fronteiras? Essas preocupações, responsabilidades e obrigações podem não só não ser parasitárias às identidades nacionais e às relações internacionais, como também ocasionalmente percorrer direções contrárias às das relações internacionais. Mesmo a identidade de sermos um "ser humano" — talvez nossa mais básica identidade — pode ter o efeito, quando totalmente apreendida, de ampliar nosso ponto de vista, e os imperativos que podemos associar com a nossa humanidade compartilhada podem não ser mediados por nossa qualidade de membros em coletividades, tais como as "nações" ou os "povos". Ao escrever este capítulo, sentado em Calcutá, com o subcontinente indiano ainda estremecendo com os pós-choques das explosões nucleares, a perspectiva de simpatias e solidariedades *interpessoais* diretas através das fronteiras possui uma força que pode substancialmente transcender o particularismo nacional.

Necessitamos na verdade, creio eu, de uma concepção diferente de justiça global — uma que não seja nem tão irreal como a do grande universalismo de *uma* abrangente "posição original" por todo o mundo, nem tão separatista e unifocal como a do particularismo nacional (suplementada pelas relações internacionais). O ponto de partida dessa abordagem — eu a chamarei de "afiliação plural" — pode ser o reconhecimento do fato de que todos nós temos identidades múltiplas, e de que cada uma dessas identidades pode render preocupações e demandas que podem suplementar significativamente ou competir seriamente com outras preocupações e demandas emergindo de nossas outras identidades.

Com a *filiação plural* o exercício do que é justo pode ser aplicado a grupos diferentes (incluindo-se — mas não unicamente — as nações), e as respectivas demandas relacionadas com nossas múltiplas identidades podem todas ser levadas a sério (independentemente da maneira de como sejam por fim resolvidas as nossas reivindicações conflitantes). O exercício "do que é justo", que pode ser ilustrado com o expediente da posição original, não precisa buscar uma aplicação única. A posição original é um modo fértil de caracterizar-se a disciplina da reciprocidade e da universalização dentro de grupos, e pode ser utilizada para proporcionar percepção e inspiração para as diferentes identidades de grupo e afiliações. Nem é inteiramente necessário, para nos beneficiarmos da caracterização fundamental do que é justo de Rawls, elaborarmos um sistema complicado — como na própria teoria de Rawls — de especificação detalhada de uma emergência por etapas das estruturas básicas, da legislação e da administração. O expediente da posição original pode ser empregado em formas menos grandiosas, menos únicas e menos completamente estruturadas, sem conceder prioridade completa a uma formulação canônica envolvendo o particularismo nacional.

Por exemplo, um médico bem poderia perguntar que tipo de compromisso pode ter em uma comunidade de médicos e pacientes, mas as partes envolvidas não precisam necessariamente pertencer a uma mesma nação. (É bom lembrar que o juramento hipocrático não foi mediado — explicitamente ou por implicação — por nenhum contrato nacional.) De modo semelhante, uma ativista feminista poderia considerar quais deveriam ser os seus compromissos em tratar a especial privação das mulheres em geral — não necessariamente apenas em seu próprio país. As obrigações reconhecidas não podem ser, é claro, cada uma dominante sobre todas as preocupações concorrentes, porque pode haver demandas conflitantes emergindo de diferentes identidades e afiliações. O exercício de analisar a força relativa de demandas divergentes que surgem de afiliações competidoras não é inútil, mas negar nossas múltiplas identidades e afiliações apenas para evitar termos de enfrentar esse problema não é nem intelectualmente satisfatório nem adequado para uma política prática. A alternativa de subjugarem-se todas as afiliações a uma identidade preponderante — a de uma condição de membro em uma política nacional — não alcança a força e a relevância de longo alcance das diversas relações que atuam entre as pessoas. A concepção política de uma pessoa como um cidadão de uma nação — importante como o é — não pode passar por cima de todas as outras concepções e consequências comportamentais das outras formas de associação grupal.

Instituições e Multiplicidade de Agências

Há um grande número de agências que podem influenciar os arranjos e consequências globais. Algumas delas têm forma claramente "nacional". Estas são as políticas domésticas de Estados particulares, assim como as relações internacionais (contratos, acordos, intercâmbios) entre os Estados, operando através dos governos nacionais. Porém, outras relações e ações transnacionais com frequência envolvem unidades de operação econômica bastante diferentes dos Estados nacionais — tais como as em-

ESTUDOS DE CASOS

presas e os negócios, os grupos sociais e as organizações políticas, as organizações não governamentais e assim por diante — que podem operar localmente tanto quanto além-fronteiras. As empresas transnacionais constituem um desses casos especiais. Existem também organizações internacionais, que podem ter sido estabelecidas diretamente por Estados individuais agindo em conjunto (tais como a Liga das Nações ou as Nações Unidas) ou indiretamente, por uma já constituída organização internacional (tais como a Organização Internacional do Trabalho, o Fundo das Nações Unidas para a Infância, a Universidade das Nações Unidas, ou o Instituto Mundial para a Pesquisa de Desenvolvimento Econômico). Uma vez formadas, essas instituições adquirem uma certa medida de independência ao controle diário dos governos nacionais individuais.

Ainda outras instituições envolvem as entidades não governamentais e sem fins lucrativos que operam através das fronteiras organizando socorro, providenciando imunização, proporcionando educação e treinamento, apoiando associações locais, promovendo discussões públicas e se engajando em um sem-número de outras atividades. As ações podem também vir dos indivíduos em relação direta uns com os outros na forma de comunicações, argumentações e defesas que podem influenciar ações sociais, políticas e econômicas locais (mesmo quando os contatos não são de nível tão alto como, digamos, Bertrand Russell escrevendo para Nikita Kruschov sobre as confrontações nucleares da Guerra Fria). Para um entendimento adequado da justiça global (e *a fortiori*, para considerarmos o papel dos "bens públicos globais", sem mencionarmos o da "organização da casa global"), é extremamente importante tomarmos nota adequada da multiplicidade de agências e das justificativas para as suas respectivas operações.

Em suas operações além-fronteiras, as instituições transnacionais (e mais geralmente, os contatos transnacionais) inevitavelmente devem enfrentar as questões de propósito, relevância e correção, e essas questões não podem realmente ser dissociadas das preocupações de justiça. Lidando com esse requisito, uma abordagem seria repudiar os vínculos diretos além-fronteiras e firmar toda relação transnacional dentro da estrutura limitada de "relações internacionais", inclusive o "direito dos povos". Isso pode ser alcançado, mas tão só ao custo, eu discutiria, de grande empobrecimento do conteúdo e do alcance, e certamente de uma circunlocução maciça.

Uma alternativa mais apropriada seria pôr-se a questão da justiça — e do que é justo — nos vários, embora inter-relacionados, domínios envolvendo diversos grupos que cruzam as fronteiras nacionais. Esses grupos não precisam ser tão universalmente amplos quanto a coletividade de "todos" os povos do mundo, nem tão específicos e limitados quanto os Estados nacionais. Existem muitas questões de políticas que não podem ser razoavelmente tratadas em nenhum desses dois formatos extremistas.

Como deveria um conglomerado transnacional tratar a força de trabalho local, os outros negócios, os clientes regionais ou — mesmo — os governos nacionais ou administrações locais? Se existem questões do que é justo envolvidas, como deveriam essas questões ser formuladas — em que domínio? Se a difusão da ética dos negócios (gerando regras de conduta, promovendo confiança mútua ou controlando a corrupção) é um "bem público global", então temos de perguntar como a força e os méritos de éticas de negócio particulares devem ser avaliadas. Similarmente, se a solidariedade dos grupos feministas ajuda a gerar mudança social através das fronteiras (talvez por proporcionar apoio aos grupos locais, gerando críticas das políticas dos governos ou negócios ou simplesmente auxiliando a colocar o tratamento das desigualdades negligenciadas na agenda para discussão pública), então, as reivindicações de tais organizações — e na verdade de tais formas de pensamento — bem podem ser integradas na classe de bens públicos globais. Mas precisamos tratar a questão de como as afiliações e as interações, e suas consequências, serão avaliadas de modo normativo, evocando tais ideias como a justiça e o que é justo. Tudo isso clama por um uso extenso das perspectivas de afiliações plurais e uma aplicação da disciplina da justiça e do que é justo dentro desses respectivos grupos.

Uma Observação como Conclusão

Neste capítulo eu argumentei pela necessidade de distinguirmos entre a equidade global e a internacional. A distinção possui, creio eu, implicações de longo alcance para a política pública, assim como para a clareza conceitual. Tentei examinar algumas dessas implicações.

Os indivíduos vivem e operam em um mundo de instituições, muitas das quais operam através das fronteiras. Nossas oportunidades e perspectivas dependem crucialmente de quais instituições existem e de como elas funcionam.

Não só as instituições contribuem para as nossas liberdades, suas funções podem ser sensivelmente avaliadas sob a luz de suas contribuições para as nossas liberdades. Considerarmos o desenvolvimento como uma liberdade proporciona uma perspectiva na qual a avaliação das instituições pode ocorrer sistematicamente (ver Sen).

Embora diferentes comentaristas tenham escolhido concentrar-se em uma instituição em especial (tal como o mercado, o sistema democrático, a mídia ou o sistema público de distribuição), precisamos considerar todas para sermos capazes de enxergar o que podem fazer, individualmente ou em conjunto. Muitas dessas instituições — não só os mecanismos de mercado — atravessam vigorosamente as fronteiras nacionais e não atuam através de políticas nacionais. Trazem contribuições que pos-

ESTUDOS DE CASOS

suem fortes elementos de indivisibilidade e não exclusão, característicos dos bens públicos, e suas reivindicações por serem consideradas "bens públicos globais" é bastante forte. A literatura precisa atentar para essa questão de importância.

Nota

1. O contraste na perspectiva informacional na estrutura conceitual pode ter muitas implicações práticas, que eu discuto em Sen (1985b). Sobre suas relevâncias para a política econômica e questões relacionadas, ver também Sen (1984, 1985a), Hawthorn (1987), Drèze e Sen (1989), Griffin e Knight (1989), UNDP (1990), Anand e Ravallion (1993) e Desai (1995).

Referências Bibliográficas

Anand, Sudhir, e Martin Ravallion. 1993. "Human Development in Poor Countries: On the Role of Private Incomes and Public Services". *Journal of Economic Perspective* 7 (1): 133 50.

Bentham, Jeremy. 1789. *An Introduction to the Principles of Morals and Legislation*. Londres: Payne. Reedição Oxford: Clarendon Press (1907).

Desai, Meghnad. 1995. *Poverty, Famine and Economic Development*. Aldershot: Elgar.

Drèze, Jean, e Amartya K. Sen. 1989. *Hunger and Public Action*. Oxford: Clarendon Press.

Edgeworth, Francis Y. 1881. *Mathematical Psychics*. Londres: Kegan Paul.

Griffin, Keith, e John Knight, orgs., 1989. "Human Development in the 1980s and Beyond". *Journal of Development Planning* 19 (edição especial).

Hawthorn, Geoffrey, org. 1987. *The Standard of Living*. Cambridge: Cambridge University Press.

Kant, Immanuel. 1785. *Fundamental Principles of Metaphysics of Ethics*. Tradução inglesa de T. K. Abbott. Reedição Londres: Longman (1907).

Mill, John Stuart. 1861. *Utilitarianism*. Londres: Longman.

Pigou, A. C. 1920. *The Economics of Welfare*. Londres: Macmillan.

PNUD (Programa das Nações Unidas para o Desenvolvimento). 1990. *Human Development Report 1990*. Nova York: Oxford University Press.

Rawls, John. 1971. *A Theory of Justice*. Cambridge, MA: Harvard University Press.

———. 1993. *Political Liberalism*. Nova York: Columbia University Press.

———. 1996. *A Theory of Justice*. Oxford: Oxford University Press.

Sen, Amartya K. 1970. *Collective Choice and Social Welfare*. São Francisco, CA: Holden-Day. Reedição em Amsterdã: North Holland (1979).

———. 1984. *Resources, Values and Development*. Oxford: Blackwell e Cambridge, MA: Harvard University Press.

———. 1985a. *Commodities and Capabilities*. Amsterdã: North-Holland.

———. 1985b. "Well-being, Agency and Freedom: The Dewey Lectures 1984". *Journal of Philosophy* 82.

———. 1990. "Justice: Means versus Freedoms". *Philosophy and Public Affairs* 19.

———. Em preparo. *Development As Freedom*. Baseado em palestras dadas no Banco Mundial como um membro presidencial sob o título de "Public Policy and Social Justice", outono 1996, Washington, DC.

Sidgwick, Henry. 1874. *The Method of Ethic*. Londres: Macmillan.

EFICIÊNCIA DE MERCADO

ACORDOS PROFUNDOS DE INTEGRAÇÃO E DE COMÉRCIO: BONS PARA OS PAÍSES EM
DESENVOLVIMENTO?
Nancy Birdsall e Robert Z. Lawrence

A INSTABILIDADE FINANCEIRA INTERNACIONAL
Charles Wyplosz

Em uma economia eficiente, como a formulada pela teoria do equilíbrio geral, os preços refletem o equilíbrio entre a oferta e a demanda, e os recursos (terra, trabalho, capital etc.) vão para os seus usos mais produtivos. Assim, o "bolo" total é maior, embora com o mesmo montante investido — e esse resultado pode ser considerado um bem público. Os governos buscam uma maior eficiência de mercado estabelecendo parâmetros básicos para os mercados (regras, direitos de propriedade, licenciamento) e tentam equilibrar a eficiência com os outros objetivos. Cada vez mais os programas para o estímulo da eficiência do mercado vêm tornando-se internacionais. Estes dois capítulos discutem essas questões referindo-se, em especial, ao comércio e finanças internacionais.

Nancy Birdsall e Robert Z. Lawrence analisam a nova agenda para a liberalização do comércio: a harmonização das políticas "por trás das fronteiras". Com efeito, o livre comércio pode ser distorcido não só por barreiras alfandegárias (tais como tarifas ou cotas), mas também pelas diferenças no modo como os mercados internos são regulados. Por exemplo, dois países com regulamentações de segurança diferentes não oferecem um campo de ação nivelado para os investidores e exportadores. A necessidade de harmonizarem-se essas regras e políticas domésticas apresenta desafios e oportunidades para os países em desenvolvimento, afirmam Birdsall e Lawrence. Contra as vantagens de combaterem-se as corridas para o fundo do poço, é necessário pesar o risco de uma perda de soberania e legitimidade quando os sistemas reguladores são importados de fio a pavio. Os autores concluem recomendando um crescente papel dos países em desenvolvimento na criação das regras internacionais de harmonização dos padrões e práticas, assim como uma crescente assistência técnica e financeira para facilitar esse processo.

Analisando as finanças internacionais, Charles Wyplosz toma um ponto de partida ligeiramente diferente: aponta as ineficiências de mercado que prevalecem mesmo nos mercados globais altamente liberalizados e propõe soluções para essas falhas de mercado. A crise financeira e econômica iniciada no Sudeste Asiático em 1997 e difundida para a Rússia, o Leste Europeu e a América Latina em 1998 e 1999 proporciona o pano de fundo para esse estudo sobre a estabilidade financeira internacional como um bem público global. Wyplosz desembaraça a rede de falhas de mercado em funcionamento, retira uma fundamentação lógica para uma ação das políticas internacionais, tanto na prevenção como na cura das crises, descreve o sistema atualmente em vigor e oferece um plano de melhoria que vira de pernas para o ar muitas das práticas atuais. Defende, por exemplo, uma competição nas políticas em vez do monopólio de políticas desfrutado pelo Fundo Monetário Internacional, também retardar em vez de acelerar a liberalização financeira internacional, e defende uma condicionalidade *ex ante* em vez de *ex post*.

Conquanto os dois capítulos considerem essenciais à prosperidade os mercados eficientes, apontam as dificuldades de garantir-se a eficiência de mercado em uma escala global. Birdsall e Lawrence analisam os desafios de um ponto de vista político-econômico. Wyplosz concentra-se nas dificuldades que surgem do ponto de vista econômico e defende as intervenções na restauração da eficiência de mercado nesse contexto.

Acordos Profundos de Integração e de Comércio

Bons para os países em desenvolvimento?

Nancy Birdsall e Robert Z. Lawrence

As transações do comércio internacional são voluntárias e geram benefícios aos participantes. Quando Estados-nação concordam formalmente com outros Estados-nação a regras governando o comércio, os benefícios para estes e seus cidadãos provavelmente excedem aos custos, embora dentro das nações alguns cidadãos ganhem mais do que outros e alguns podem ficar em situação bem pior (ao menos na ausência de ajudas de custo dos ganhadores aos perdedores). Nos últimos 20 anos os acordos comerciais entre as nações foram além da redução de tarifas e de outras barreiras alfandegárias para acordos sobre as regras de jogo domésticas — direitos de propriedade intelectual, padrões de produtos, políticas de competição doméstica, intervenção governamental e, em um grau menor, padrões trabalhistas e ambientais. Esses acordos mais complexos trazem uma integração mais profunda entre as nações participantes — uma integração não só na produção dos bens e serviços mas também de padrões e de outras políticas domésticas. Como resultado, esses acordos implicam muito mais ganhos e perdas e levantam novas questões concernentes à divisão dos ganhos provindos das trocas — quais nações se beneficiam e, dentro das nações, quais grupos.

Esses acordos de "integração profunda" igualmente trazem implicações em nível global. A integração da economia global no comércio e nas finanças cria uma pressão para regras de jogo comuns por todo o mundo. Por um lado, uma tal coordenação global pode trazer benefícios a todos. Por outro, uma pressão para um acordo por demais rápido pode conduzir a regras inadequadas que não reflitam apropriadamente as preferências e necessidades das sociedades individuais. A pressa na adoção de tais regras pode criar uma reação, especialmente se o acordo nos países participantes não refletir um processo aberto e democrático que proporcione legitimidade política ou se não for apoiado por uma capacidade doméstica de gerir as novas regras com imparcialidade. Nesse caso, as tentativas de conquistarem-se regras e padrões comuns podem terminar por solapar a coordenação global.

Neste capítulo exploramos os custos e benefícios para os países em desenvolvimento da "integração profunda" que caracteriza as relações comerciais internacionais hoje em dia — às quais nos referiremos também como "o comércio moderno", com frequência associado com a participação em "clubes de comércio moderno" — por exemplo, multilateralmente, a Organização Mundial do Comércio (OMC) ou, regionalmente, o Acordo de Livre Comércio da América do Norte (Nafta), a Cooperação Econômica da Ásia e do Pacífico (Apec) ou o Mercado Comum do Sul (Mercosul). Enfatizamos, em especial, os países em desenvolvimento porque a brecha entre a renda destes e a das nações fortemente industrializadas sugere que as pressões por uma harmonização trazidas pelo comércio moderno e pelos clubes de comércio moderno levantam questões particularmente interessantes para os países em desenvolvimento e, portanto, em última instância, para o bem-estar global. Na primeira seção discutimos como a tendência na direção de uma integração profunda pôs fim ao tratamento especial dedicado aos países em desenvolvimento nos acordos de troca pós-guerra. A seguir, discutimos como o caráter moderno multilateral dos acordos comerciais, aumentando a eficiência geral dos mercados de trocas mundiais, pode gerar benefícios em nível global, alguns dos quais são particularmente relevantes para os países em desenvolvimento. Na terceira seção consideramos os benefícios adicionais específicos aos países em desenvolvimento, como resultado de suas participações. Depois, exploramos os custos potenciais confrontando os países em desenvolvimento por causa dessa tendência na direção de regras comuns. Seguindo um breve aparte sobre os acordos de comércio regionais para os países em desenvolvimento, concluímos com reflexões sobre os desafios políticos impostos à comunidade internacional e aos governos pela negociação em andamento de regras de comércio globais.

É claro, em nível global os clubes de comércio moderno são apenas um dos muitos clubes aos quais as nações se associam — lidando não apenas com o comércio mas também com os direitos humanos, o meio ambiente, as finanças, a segurança e as outras questões entre as nações. Esses vários clubes de nações reunidas constituem a infraestrutura da cooperação global atual. Os clubes de comércio estão entre as mais visíveis e mais poderosas partes dessa infraestrutura, sendo assim, as suas contribuições ou os seus custos para os países em desenvolvimento, e portanto para a cooperação global concebida de forma ampla, são particularmente importantes.

Neste capítulo não focalizamos explicitamente os benefícios da abertura para o crescimento econômico nos países em desenvolvimento, nem os ganhos com as reduções de tarifas e outras barreiras alfandegárias.[1] Em vez disso, baseados em um

ESTUDOS DE CASOS

grande conjunto de evidências, trabalhamos sobre a premissa de que os vínculos comerciais têm promovido o crescimento.[2] Nos concentramos nas implicações dos acordos comerciais em si mesmos e, em particular, nas implicações das medidas mais profundas, sem fronteiras, que os acordos comerciais modernos dos últimos dez anos crescentemente incluem.

Modificando a Política Comercial Internacional e os Países em Desenvolvimento

Nos últimos 50 anos as políticas comerciais internacionais evoluíram, com efeitos modificadores nos países em desenvolvimento. Aos mercados fechados e à integração superficial seguiram-se os mercados abertos e o aprofundamento da integração, especialmente entre os países industrializados, e, com o aprofundamento da integração alcançando alguns países em desenvolvimento, veio o fim do tratamento preferencial.[3]

Mercados fechados e integração superficial

No imediato período pós-guerra duas ideias sobre os países em desenvolvimento governaram os seus envolvimentos no comércio internacional. Uma foi a de que estes deviam buscar o desenvolvimento apenas por meio de um engajamento limitado na economia global geral. Em parte, essa visão foi uma resposta ao desastroso cenário internacional que prevalecera nos anos 30. Em parte, refletia o ceticismo acerca do potencial das forças do mercado e uma crença na capacidade dos governos de planejarem o desenvolvimento e alocarem recursos. E mais, havia a visão de que fatores políticos tais como o neocolonialismo haviam criado um sistema parcial, contra os países em desenvolvimento, e em particular, contra os produtores de produtos primários. Como resultado, a maioria dos países em desenvolvimento adotou políticas substitutas de importação e manteve altas barreiras alfandegárias e cotas restritivas.

A segunda ideia foi a de que quando os países em desenvolvimento adentravam de fato o comércio mundial, deveriam receber tratamento especial. Por exemplo, o Acordo Geral de Tarifas e Comércio (GATT), que reduzia tarifas sob o critério de nações mais favorecidas, recebeu uma emenda para providenciar um tratamento especial e diferencial aos países em desenvolvimento. Em princípio, os países em desenvolvimento usufruíam de considerável liberdade para perseguirem quaisquer políticas desejadas. Foram conferidas aos países em desenvolvimento indulgências no uso inicial de proteção industrial e de restrições comerciais com propósitos de balanço de pagamentos, e receberam acesso especial ao mercado sob o Sistema Generalizado de Preferências (GSP). Foram capazes de receber tratamento de nação mais favorecida de outros membros do GATT sem empreenderem uma grande liberalização em casa. (É certo que esses princípios nem sempre foram cumpridos, como exemplificam o fracasso dos países industrializados em liberalizar o comércio agrícola e o tratamento discriminatório das exportações têxteis dos países em desenvolvimento no Acordo Multifibras.)

O contexto para o engajamento limitado e o tratamento especial dos países em desenvolvimento foi o que pode ser denominado uma "integração superficial". Quando as barreiras nas fronteiras das nações eram altas, como o foram no imediato período pós-guerra, os governos e seus cidadãos podiam diferenciar marcadamente as políticas internacionais das políticas domésticas. As políticas internacionais lidavam com as barreiras alfandegárias, mas as nações tinham soberania sobre as políticas domésticas sem consideração por seus impactos nas outras nações. Em sua forma original o GATT, assinado nos anos 1940, enfatizava essa abordagem. As tarifas deveriam ser reduzidas sob o critério de nação mais favorecida e a discriminação contra os bens estrangeiros deveria ser evitada concedendo-lhes um tratamento nacional. Mas as regras do sistema de trocas, no geral, deixavam as nações livres para perseguirem políticas domésticas em outras área tais como a competição, o meio ambiente, a taxação, a propriedade intelectual e os critérios de regulamentação.[4] Na medida em que havia acordos internacionais em outras áreas de políticas — com efeito, houve acordos multilaterais internacionais sobre as práticas empresariais, os padrões trabalhistas, a propriedade intelectual e o meio ambiente — esses ocorriam fora do GATT, e na ausência de pressão ou de sanções, o cumprimento era, por motivos práticos, voluntário. Foi esse o caso, por exemplo, quando as nações assinaram as convenções sobre os padrões trabalhistas internacionais na Organização Internacional do Trabalho (OIT) ou os códigos de conduta para corporações multinacionais nas Nações Unidas.

Mercados abertos e integração profunda

Na década de 1980 a noção de que os países em desenvolvimento deveriam desenvolver-se por trás de altas barreiras começou a mudar. As nações em desenvolvimento responderam tanto ao sucesso quanto ao fracasso movendo-se na direção da liberalização e de uma orientação externa. No Sudeste Asiático o sucesso conduziu a pressões externas de liberalização sobre Taiwan (província da China) e a República da Coreia. Em outras partes, as mudanças na direção de uma orientação externa foram induzidas por problemas de endividamento, o exemplo do Sudeste Asiático, a necessidade de atrair novas formas de capital e o encorajamento do Fundo Monetário Internacional (FMI) e do Banco Mundial. O colapso do comunismo trouxe um grande novo grupo de nações ao mercado internacional. A China, o país em desenvolvimento maior e de maior crescimento, é apenas a mais visível dessas nações. Embora a remoção completa das barreiras alfandegárias não tenha sido alcançada, os líderes da maioria das nações concordam em princípio que o livre comércio é desejável, e muitos estão preparados para comprometer seus países a conquistá-lo em um futuro previsível. Ao final de 1994, por exemplo, 34 nações do hemisfério ocidental e 18 membros do fórum da Apec se comprometeram a conquistar um completo livre comércio e livre investimento regional.

Integração profunda entre os países desenvolvidos

Enquanto isso, aumentavam as pressões entre os países desenvolvidos para uma integração internacional mais profunda — ou seja, para a harmonização e a reconciliação das políticas domésticas. Um sem-número de novas questões emergiu na agenda das negociações internacionais, incluindo-se o comércio de serviços, a propriedade intelectual, as regras para os investidores estrangeiros, os padrões de produtos, as políticas de competição e os padrões trabalhistas e ambientais.

Uma combinação de forças políticas e comerciais dirigiu essa tendência na direção de uma integração profunda. Com o desmantelar das barreiras comerciais, o impacto das diferentes políticas domésticas tornou-se aparente, especialmente porque afeta a competição internacional. Mais e mais os principais atores políticos na sociedade (as empresas de negócios, a força de trabalho e os grupos da sociedade civil preocupados com o meio ambiente) clamam por um campo de ação nivelado. Para as coalizões representando os negócios, o problema é o *dumping* de produtos, para o setor trabalhista é o "*dumping* social", e para os ambientalistas, o "*ecodumping*". Os acordos comerciais oferecem a esses grupos um veículo lobista para mudanças em casa, seja modificando diretamente as regras comerciais ou utilizando o comércio como uma arma para reforçar acordos conquistados em outras partes.

Forças comerciais ainda mais poderosas dirigem a tendência na direção de uma integração profunda. O comércio e os investimentos estrangeiros tornaram-se crescentemente complementares. Competir com sucesso nos mercados estrangeiros cada vez mais requer o acesso à habilidade em marketing, vendas e serviços de consumo nesses mercados. A aquisição de pequenas empresas estrangeiras inovadoras em mercados importantes tornou-se vital para o sucesso competitivo. Além disso, com a intensificação da competição internacional, as vantagens de pequeno custo trazem enormes consequências. Algumas localidades nacionais em particular não são necessariamente apropriadas para a fabricação total de produtos complexos. Com as melhorias nas comunicações e nos transportes, as empresas são cada vez mais capazes de produzir produtos gerados em múltiplas localidades. As matérias-primas podem ser mais bem obtidas em um país, os processos de trabalho intensivos desempenhados em um segundo, e os processos tecnologicamente sofisticados em um terceiro.

Essas forças comerciais aumentaram a atenção dos investidores para as barreiras indiretamente inibindo o comércio, o grau de facilidade com que as empresas estrangeiras podem adentrar novos mercados, tanto pela aquisição quanto por um novo estabelecimento, e para os efeitos das regulamentações e taxas domésticas sobre as condições nas quais tais empresas podem operar. Os Estados Unidos, por exemplo, argumentam que as barreiras ao investimento estrangeiro no Japão constituem barreiras não tarifárias ao comércio. De um modo mais geral, as empresas que planejam usar os recursos de um país e vender em outros querem garantias quanto às regras e mecanismos governando o comércio. As empresas também preferem direitos de propriedade intelectual seguros e padrões e regulações técnicas compatíveis.

Integração profunda e o fim do tratamento preferencial

Um resultado lógico do deslocamento dos países desenvolvidos na direção de uma integração profunda e da crescente orientação externa dos países em desenvolvimento vem sendo a pressão — política e comercial — para uma integração profunda entre os países desenvolvidos e os países em desenvolvimento. Aumentando essa pressão, os programas de privatização de muitos países em desenvolvimento e os imensos esforços destes de atrair o capital de investimento estrangeiro. Essas pressões vêm solapando a lógica do tratamento preferencial para os países em desenvolvimento. O tratamento especial era claro quando os acordos comerciais se relacionavam com barreiras alfandegárias; os países desenvolvidos podiam simplesmente adotar tarifas mais baixas do que as dos países em desenvolvimento. Em contraste, os acordos abraçando a obediência a regras comuns implicam, por sua própria natureza, obrigações recíprocas.

Uma guinada na direção do tratamento recíproco fica evidente tanto nos acordos regionais como nos multilaterais. A única preferência que os países em desenvolvimento hoje normalmente recebem vem na forma de um período de transição mais longo para uma completa reciprocidade. Na Uruguai Round de negociações comerciais multilaterais, foram conferidos aos países em desenvolvimento períodos mais longos para adotarem novas disciplinas, tais como a propriedade intelectual, mas em geral não foram isentados nem de perto no mesmo grau em que antes eram isentados. Similarmente, os acordos recentes assinados pela União Europeia com as nações do Leste Europeu, do Oriente Médio e do Norte da África preveem uma reciprocidade muito mais completa. Sob o Nafta, uma vez decorrido o período de transição, as obrigações assumidas pelo México e seus parceiros mais desenvolvidos do Nafta (o Canadá e os Estados Unidos) são recíprocas. Nos acordos da Apec, os países em desenvolvimento receberam dez anos adicionais para adotarem um completo livre comércio e livre investimento até 2002, mas suas obrigações são, em última instância, semelhantes às de suas contrapartes desenvolvidas.

INTEGRAÇÃO PROFUNDA: MERCADOS MELHORADOS PARA TODOS

Um mercado internacional mais aberto e competitivo pode ser considerado como em si mesmo um bem público global. Como já observado, um mercado internacional mais aberto tem sido para a maioria dos países em desenvolvimento, assim como para os países industrializados, associado com um maior crescimento econômico e uma redução da pobreza, com a abertura do comércio tornando os produtores locais mais competitivos nos mercados globais, aumentando o acesso a novas tecnologias e estimulando o investimento estrangeiro.[5] Por sua vez, o maior crescimento e a pobreza reduzida nos países em desenvolvimento têm significado um sistema pós-guerra global mais seguro e mais estável.[6] Mas quais são os benefícios globais adicionais da ênfase crescente nas regras comuns e numa profunda integração dos recentes acordos comerciais?

Evitando corridas para o fundo do poço

Com a competição pelos fluxos de investimentos diretos internacionais tornando-se mais importante, as regras internacionais crescentemente mais claras das medidas para atrair o investimento estrangeiro e num menor, porém crescente, grau dos padrões ambientais e trabalhistas, que caracterizam os acordos comerciais modernos, podem em princípio ajudar todos os países a evitar a corrida para o fundo do poço na competição internacional.[7] Se regras claras de fato ajudam, não é uma questão simples, mas sim, como discutido a seguir, depende dos casos específicos. Porém, certamente, no caso da competição por investimentos, e para aqueles que de outro modo pegariam carona nos benefícios, por exemplo, de acordos ambientais globais, como o Protocolo de Montreal,[8] a ênfase emergente em regras claras e comuns cria o potencial de gerar incentivos para uma competição regulada. Códigos de conduta voluntários e programas conscientizados socialmente, cujos alcances são expandidos pelo comércio e pelos investimentos relacionados com o comércio, igualmente podem auxiliar a evitar uma corrida para o fundo do poço.

O estabelecimento de regras de jogo pode ser particularmente importante para os países em desenvolvimento, que de outra forma se sujeitariam, na busca de atraírem novos investimentos, à pressão constante de potenciais investidores por padrões mais baixos. Por exemplo, na ausência de um acordo de regras, já existe preocupação em países como Honduras de que os investidores estejam preparados para deslocar suas operações relativamente móveis de confecção de vestuário para os países vizinhos, a não ser que novos impostos, regulamentações ou outros privilégios sejam concedidos pelo governo nacional ou governos locais. Essa situação é perfeitamente análoga à do problema da competição de regulamentação enfrentado dentro dos estados norte-americanos na ausência de um acordo de padrões federais.

Controlando o oportunismo

As regras internacionais e a fiscalização dos acordos comerciais beneficiam a todos os países na medida em que limitam a capacidade das grandes empresas de tirarem partido do poder de monopólio. Isso é particularmente importante para os países em desenvolvimento, pois esses países não são tão prováveis de estar posicionados para levar vantagem das imperfeições do mercado. As empresas nas economias desenvolvidas com frequência exercem o monopólio ou o poder de mercado no comércio internacional, de modo que o mercado internacional do produto que produzem ou consomem se desvia marcadamente do modelo competitivo. Os países desenvolvidos podem, então, ficar numa posição de adotar políticas que aumentem o poder de mercado de suas próprias empresas — as chamadas políticas comerciais estratégicas — ou de melhorar os termos nos quais comerciam, utilizando as chamadas tarifas ótimas. Para ilustrar, os países com poder de mercado podem reduzir o preço mundial dos bens que importam limitando a demanda por meio de uma tarifa. (Esses ganhos com os preços de importação reduzidos podem fazer mais do que apenas contrabalançar as distorções para o consumo e a produção doméstica associadas com a tarifa; ver Krugman e Obstfeld, 1994, pp. 253-55.)

Restringindo o protecionismo

As regras acordadas podem também antecipar-se aos protecionistas em seus esforços de utilizar o processo político doméstico para resistirem à abertura comercial. Isso pode ser particularmente benéfico para os países em desenvolvimento. Por exemplo, do ponto de vista da saúde ou do ponto de vista ambiental a ausência de regras acordadas sobre os padrões dos produtos apoia os grupos protecionistas domésticos dos países industrializados em suas lutas contra a abertura de mercados como o agrícola e o têxtil com base em que as importações possam não alcançar os padrões locais.

ESTUDOS DE CASOS

Conquistando economias de escala

A harmonização dos padrões ou o reconhecimento mútuo de diferentes padrões para os produtos podem realizar economias de escala que atravessam países. Assim, os acordos internacionais podem permitir aos países, inclusive aos países pobres, melhor explorar suas vantagens comparativas por meio da realização de economias de escala. Isso melhora o mercado global para todos, reduzindo os custos médios da produção mundial.[9]

Mercados internacionais mais concorrentes

Todos os países exportadores têm um interesse em fazer com que os mercados internacionais sejam mais prontamente concorrentes — isto é, que as práticas não competitivas dos produtores existentes ou dos monopólios naturais que possam emergir em alguns setores não tornem impossível para novos produtores a sua entrada no mercado, permanentemente protegendo os produtores atuais da saudável ameaça da competição. Na medida em que os acordos internacionais sobre políticas, padrões, regulamentações e outras medidas criadoras de barreiras ao ingresso tiverem sucesso em tornar os mercados globais mais abertos, os países em desenvolvimento lucrarão.

INTEGRAÇÃO PROFUNDA: ALGUNS BENEFÍCIOS ADICIONAIS PARA OS PAÍSES EM DESENVOLVIMENTO

Os países em desenvolvimento que participam diretamente em acordos de comércio modernos podem capturar alguns benefícios adicionais.

Importação a baixo custo de instituições de práticas reconhecidas

As regras comuns de uma integração profunda com frequência significam que os países em desenvolvimento participantes podem beneficiar-se adotando as instituições e a infraestrutura de regras, e de criação de regras associada, sem terem de pagar os custos de desenvolvê-las. A participação em acordos internacionais proporciona um fórum através do qual os países em desenvolvimento podem "importar" novas instituições e sistemas de regulação que podem até não combinar exatamente com as suas condições domésticas, mas que já estão prontas, pré-testadas e proporcionam uma compatibilidade internacional. Para as nações do Leste Europeu, por exemplo, adotar políticas que se acomodem às normas da União Europeia (UE) é particularmente atraente, pois essas podem ser consideradas como os primeiros passos na direção de uma adesão completa à união.

Uma tal "importação" de instituições e de sistemas de regulação pode ser observada na difundida adoção de reformas financeiras nos países em desenvolvimento. Porque as relações de troca modernas criam pressões comerciais para os vínculos de investimento descritos acima, uma integração profunda irá naturalmente envolver uma integração dos acordos do setor financeiro quando os países, buscando atrair investimento estrangeiro, busquem igualmente assegurar aos investidores estrangeiros (e credores) a solidez de seus sistemas financeiros. Muitos países em desenvolvimento, especialmente na América Latina, estão adotando a supervisão bancária e os requisitos de segurança na regulamentação recomendados pela comunidade financeira internacional (a Comissão de Basileia). Esses, em geral, envolvem a importação não só de padrões reguladores mas também de padrões específicos de contabilidade e de auditoria. Alguns países, incluindo a Argentina e o México, abriram os seus sistemas bancários à posse estrangeira,[10] de modo que muitos bancos são de propriedade parcial ou completa de bancos estrangeiros. Uma vantagem dessa abertura é que esses países obtêm a importação instantânea da capacidade institucional e dos recursos humanos associados com o cumprimento dos padrões dos sistemas bancários da Organização para Cooperação e Desenvolvimento Econômico (OCDE). Isso não é diferente da importação pelos países dos padrões da Food and Drug Administration (FDA) quando anunciam que irão permitir apenas o uso de drogas aprovadas pela FDA; ou dos passageiros de todo o mundo preferindo as linhas aéreas aprovadas pela Federal Aviation Administration (FAA).

Melhorando as reformas domésticas

Quando os países em desenvolvimento ingressam em acordos modernos de trocas, com frequência comprometem-se a cumprir certas políticas domésticas particulares — por exemplo, uma política antitruste ou outras políticas de competição. Concordar com tais políticas pode ser do interesse dos países em desenvolvimento (além dos benefícios comerciais obtidos diretamente) porque esse compromisso pode reforçar o processo de reforma doméstica. Com efeito, a participação em um acordo internacional pode tornar realizáveis reformas domésticas benéficas ao país como um todo, que de outro modo poderiam ser rechaçadas com sucesso por grupos de interesse. Por exemplo, as negociações comerciais podem auxiliar a mobilizar grupos mais difusos, mas em última instância mais representativos, tais como os consumidores (assim como os potenciais exportadores), que se beneficiarão do comércio acrescido e cujos interesses mais acuradamente representam o bem-estar geral, contrabalançando, portanto, a influência dos produtores e dos trabalhadores organizados que competem com as importações. Em muitos casos, as forças domésticas interessadas na liberalização encontrarão suas causas fortalecidas se puderem representar suas políticas como encaixando-se em parte de um acordo internacional de liberalização.

Ademais, a participação em acordos internacionais poderá aumentar a credibilidade do processo de reforma em si. Isso é particularmente importante para os países em desenvolvimento, pois quanto mais acreditada e sustentável uma reforma comercial de liberalização, mais confiantes serão os investidores e mais rápida e profunda a mudança na produção de setores ineficientes para setores eficientes. Antes de as empresas empreenderem os investimentos necessários para servir aos mercados estrangeiros, precisam estar confiantes de que o acesso a esses mercados irá se realizar em breve. Quando os países, particularmente aqueles com uma longa história de proteção, proclamam sua recente lealdade ao comércio e ao investimento aberto, os investidores locais assim como os estrangeiros com frequência reagem ceticamente. Ao assumir compromissos que podem conduzir a sanções internacionais se rompidos, os países firmam as reformas e as tornam menos suscetíveis a mudanças políticas. Assim, quando o México tornou-se participante do Nafta, proporcionou uma garantia adicional aos investidores norte-americanos de que manteria um regime de comércio aberto e de que evitaria os riscos de uma guerra comercial de vizinho pobre com os Estados Unidos.

Catalisando tomadas de decisão mais abertas e democráticas

A necessidade de serem estabelecidas e sustentadas reformas associadas com os compromissos internacionais, ou mais geralmente, com a abertura dos regimes de trocas, tem encorajado a criação de novos mecanismos de desenvolvimento de um consenso político e social dessas mesmas reformas. Um exemplo recente de construção de consenso para reformas vem do Chile na época de sua transição de um regime militar para uma democracia. Num acordo tripartite assinado em 1990 pelo governo, pelos setores trabalhista e empresarial foi articulado um modelo de desenvolvimento equânime e democrático que se firmava nas políticas econômicas de mercado aberto adotadas sob o regime militar. O acordo refletiu uma guinada ideológica, identificando a empresa privada como o principal agente no desenvolvimento, e um mercado aberto e competitivo como o principal fator do crescimento e da distribuição. Essa discussão e discussões sucessivas resultaram em acordos adicionais nos anos seguintes sobre uma ampla gama de assuntos, incluindo-se a abertura de novos mercados e a busca da proteção ambiental, e conduziram também à rápida adoção de uma reforma trabalhista.

De modo similar, com os governos reconhecendo o perigo que a desconfiança pública impõe à aceitação dos acordos comerciais, eles cada vez mais convidam os setores empresariais, trabalhistas e os outros grupos civis da sociedade a participarem no processo de negociação. Antes de deslancharem as negociações comerciais da Área de Livre Comércio das Américas, por exemplo, os Estados Unidos reivindicaram a criação de uma Comissão da Sociedade Civil para falar pelos interesses de vários grupos. A ideia da comissão não foi particularmente bem-vinda pelos outros países, e o seu envolvimento e valor permanecem por serem constatados, mas a sua criação em si marca uma mudança em relação às negociações comerciais prévias que não lidaram com os tipos de questões domésticas que os acordos modernos englobam. Aconteça o que acontecer, o caso é que o processo de integração profunda, ao encorajar a reforma das políticas domésticas e ao trazer essas questões de reformas para a arena internacional, pode inspirar processos mais abertos e democráticos nos países onde a criação de políticas tem sido tradicionalmente de cima para baixo.

Um benefício menos óbvio de uma integração profunda com os outros países pode resultar para os países em desenvolvimento com regimes democráticos imaturos. Em 1996, por exemplo, o governo democraticamente eleito do Paraguai foi ameaçado por um golpe militar, e não ficou muito claro se o então presidente Juan Carlos Wasmosy estava disposto ou fosse capaz de tomar as medidas necessárias para resistir ao golpe. O Paraguai é um membro do acordo comercial do Mercosul, com a Argentina, o Brasil e o Uruguai. Fortalecidos por suas funções de membros comuns de um acordo comercial importante para o Paraguai, os governos dos três outros países participantes do Mercosul exerceram uma pressão imediata e forte nos grupos paraguaios relevantes, implicitamente ameaçando com a expulsão do clube comercial. Essa pressão benigna pode bem ter desempenhado um importante papel na prevenção do desmantelamento do jovem regime democrático paraguaio. De modo semelhante, embora obviamente ainda não com um resultado feliz, outros membros asiáticos do clube comercial da Associação das Nações do Sudeste Asiático (Asean) têm expressado ao governo da Malásia preocupação com a detenção no outono de 1998 do ex-ministro das finanças, Anwar Ibrahim.

Explorando o multilateralismo

O potencial das grandes e ricas economias de utilizarem as políticas comerciais estratégicas para aumentar o poder de mercado de suas empresas já foi mencionado. É um exemplo de como os países em desenvolvimento, carecendo de suficiente poder internacional, possuem um interesse especial em garantir que as regras do jogo sejam estabelecidas em um cenário multilateral no qual eles possam participar ativamente, em vez de serem defendidas num contexto de arranjos bilaterais nos quais os países em desenvolvimento individuais estejam provavelmente em desvantagem de negociação em relação a um maior e mais poderoso parceiro comercial.

Criação de regras em vez de aceitação de regras

De um ponto de vista mais geral e de longo prazo, uma participação ativa em negociações e um monitoramento permanente dos acordos de integração profunda podem modificar a natureza do diálogo entre os países em desenvolvimento e os países desenvolvidos — transformando os países em desenvolvimento em atores em vez de espectadores no cenário mundial e, portanto, colocando-os numa posição muito melhor para assegurarem seus interesses. De fato, as ações de diálogo e de construção de coalizão são em si mesmas protocolos importantes a serem estabelecidos para os assuntos internacionais. (De modo semelhante, os países em desenvolvimento podem conquistar uma voz mais eficaz no contexto dos acordos internacionais sobre os problemas atravessando as fronteiras e os problemas ambientais globais, outra fonte de falha de mercado, do que a voz que podem possuir nas negociações individuais bilaterais com os países vizinhos ricos. Ver Heal neste volume.)

INTEGRAÇÃO PROFUNDA: OS RISCOS PARA OS PAÍSES EM DESENVOLVIMENTO

Existem benefícios para os países em desenvolvimento de uma participação em acordos comerciais modernos, mas também existem riscos. As grandes diferenças nos níveis de renda e de desenvolvimento entre os países em desenvolvimento e os industrializados e a dominância dos maiores e mais ricos países industrializados nos mercados globais geram riscos e, portanto, custos potenciais para os países em desenvolvimento. O desafio principal é, consequentemente, o de como devem ser geridos esses riscos, minimizados quaisquer custos e, ao mesmo tempo, capturados os benefícios de uma maior integração nos mercados mundiais. Quais são os riscos?

Uma mão fraca nos cenários multilaterais

Um cenário multilateral traz vantagens potenciais, mas só se os países em desenvolvimento possuem suficientes recursos financeiros e humanos para serem negociadores ativos e eficazes de seus interesses. O envolvimento em negociações comerciais complexas com frequência se estende por muitos anos e requer um mínimo crítico de recursos. A falta de recursos adequados significa que muitos países, especialmente aqueles que são pequenos e pobres, ficam em uma desvantagem evidente no processo de negociação. Não surpreende que os países latino-americanos estejam buscando o treinamento e a assistência técnica do Banco Interamericano de Desenvolvimento para fortalecer suas capacidades de negociação — e, em contraste com o passado, estejam dispostos a receber empréstimos para o financiamento desses programas.

Políticas protecionistas nos mercados dos países desenvolvidos

Como apontado, a concordância sobre as regras em comum traz a vantagem para os países em desenvolvimento de poderem limitar os tipos de ações e a natureza das reclamações que os grupos protecionistas nos países ricos fazem para impedir as importações vindas dos países em desenvolvimento. Por outro lado, os mecanismos de pressão e as sanções entremeados nos acordos comerciais podem também proporcionar um incentivo adicional aos grupos protecionistas de tentarem usar o sistema para restringir a competição. Portanto, os países em desenvolvimento compreensivelmente temem que os acordos comerciais, inclusive padrões de produtos, sejam usados como um veículo por interesses políticos protecionistas poderosos nos países desenvolvidos para negar acesso aos produtores dos países em desenvolvimento. Esses temores se baseiam em parte na história do uso no passado da legislação norte-americana *antidumping* contra os produtores estrangeiros de baixo custo. O potencial dos interesses protecionistas de invocar regras *antidumping* tem criado uma incerteza de mercado considerável e implicado altos custos legais para os produtores, e potenciais produtores, fora dos Estados Unidos, mesmo quando, ao final, têm prevalecido nos tribunais norte-americanos. Os custos dessa incerteza, em termos de investimentos perdidos em novas atividades e custos legais diretos, podem ser relativamente mais altos para os produtores dos países em desenvolvimento nem que seja só porque eles tendam a ser menores e estão ingressando em mercados novos para eles.

Essa história leva os países em desenvolvimento a temerem que a concordância com regras de competição em comum e com padrões de investimento internacionais irá conduzir a um abuso dessas regras da parte dos poderosos participantes privados nos países mais ricos. Os países em desenvolvimento também se preocupam que a adoção de padrões em comum nessas áreas possa anular os seus esforços governamentais legítimos para ajudar suas empresas por meio de programas ou subsídios especiais a ingressarem em novos mercados.

Padrões inadequados: trabalho e meio ambiente

É inevitável que haja uma pressão sobre os países em desenvolvimento que buscam associar-se aos acordos internacionais para que adotem regras e instituições que podem não ser apropriadas dados os seus níveis de desenvolvimento ou as suas necessidades. Os países em desenvolvimento são particularmente sensíveis à pressão para incorporarem padrões ambientais e trabalhistas nos acordos comerciais por causa da história da exploração eficaz de padrões comerciais em comum por grupos poderosos nos países desenvolvidos. Assim como com os padrões de competição, os padrões nessas novas áreas podem ser utilizados por interesses protecionistas nos países ricos para fechar os mercados aos países pobres. Com efeito, os países em desenvolvimen-

ESTUDOS DE CASOS

to enfrentam as mesmas desvantagens de negociação nesses padrões que as enfrentadas quanto aos detalhes comerciais dos acordos de trocas; os mecanismos de criação de regras na OMC ainda estão sendo desenvolvidos, levantando contínuas questões de legitimidade.[11]

Ademais, se as barreiras históricas e políticas pudessem ser superadas e os acordos de padrões em comum pudessem ser conquistados, os países pobres com limitada capacidade institucional estariam mais vulneráveis à adjudicação baseada em seus controles inadequados desses padrões. Os países em desenvolvimento possuem menos capacidade e enfrentam custos mais altos com respeito a qualquer regime de regulação — de fato, é por isso que em áreas como a aprovação de medicamentos e a supervisão de bancos, eles se beneficiam (como observado) com a importação de fio a pavio desses padrões. Os custos potenciais diretos e indiretos de uma gestão doméstica de padrões em comum acordados são ilustrados por decisões recentes no contexto do Nafta, que tornaram os países participantes potencialmente responsáveis caso se possa provar que suas regulamentações domésticas causaram perdas de negócios e de rendimentos a empresas estrangeiras. O governo do Canadá, por exemplo, julgou prudente compensar uma corporação norte-americana por perdas associadas com a proibição ambiental canadense aos aditivos em combustíveis.

A questão mais fundamental é saber se está no interesse econômico e social dos países em desenvolvimento o ingressar em acordos que em geral requereriam o cumprimento de padrões locais mais altos no trabalho e no meio ambiente.[12] Em áreas como o trabalho e o meio ambiente um consenso do padrão apropriado deve ser atingido em cada sociedade, se esses padrões pretendem ser sustentados. Uma vez que os países desenvolvidos são mais ricos (por definição), já tendem a haver conquistado um acordo dentro de suas sociedades acerca de padrões que são mais custosos aos agentes privados de honrarem do que os padrões análogos dos países mais pobres. O temor proeminente na frente doméstica nos países em desenvolvimento é que o comprometimento com medidas sobre o meio ambiente ou o trabalho possa retardar seus desenvolvimentos. É comum os países em desenvolvimento apontarem a existência de um padrão duplo; quando eram pobres, os países desenvolvidos de hoje não aderiram às normas que agora buscam exigir dos outros.

Considere primeiro a questão ambiental, usando como exemplo a intensidade de poluição — ou seja, a poluição por unidade de produção. Existem ao menos três razões para se esperar níveis mais altos de poluição e maior intensidade de poluição nos países em desenvolvimento (ver Birdsall e Wheeler, 1993). Primeira, as atrações ambientais são bens normais; uma renda mais alta nos países desenvolvidos produz uma maior demanda por água e ar despoluídos. Segunda, os custos relativos do monitoramento e do cumprimento dos padrões de poluição são mais altos nos países em desenvolvimento, dada a escassez de pessoal treinado, a dificuldade de aquisição de equipamento sofisticado e os altos custos marginais de se empreender uma nova atividade governamental quando o foco das políticas está em alcançar e manter uma estabilidade de preço e gerir reformas de mercado. Terceira, o crescimento nos países em desenvolvimento está associado com um deslocamento da agricultura para a indústria, com uma rápida urbanização e com investimentos pesados em infraestrutura urbana; essa transição é mais provável de significar um aumento nos níveis de poluição por unidade de produção. Nos países desenvolvidos, em contraste, o crescimento está associado com o deslocamento para fora da indústria, para os serviços, e portanto com níveis decrescentes de poluição por unidade de produção.

Cada uma dessas diferenças estruturais é consistente com o que poderia ser denominada uma vantagem comparativa de "custo social" dos países em desenvolvimento na produção intensiva de poluição. Se existe uma tal vantagem comparativa, provavelmente será reforçada pelo livre comércio — significando maior intensidade de poluição.[13] Nesse contexto, fica politicamente difícil para um governo concordar com um padrão local mais exigente porque um tal acordo aparentemente descompensaria a vantagem econômica do aumento no comércio que buscava em primeiro lugar. Dito de outro modo, porque os padrões ambientais mais altos são consequência de uma demanda maior por tais padrões que surge com rendas mais altas, eles são difíceis de importar — ainda mais quando são considerados como acomodações necessárias a um parceiro comercial estrangeiro. Além disso, a imposição de um padrão mais alto não consistente com o nível de desenvolvimento de um país e com as preferências de seus cidadãos provavelmente reduzirá o nível de comércio em vez de aumentá-lo, e minará o próprio processo de crescimento que é a chave para se elevarem os padrões nos países pobres.

Existe, é claro, uma possibilidade de que os verdadeiros custos sociais da poluição não sejam apropriadamente refletidos nos padrões ambientais atuais em alguns países em desenvolvimento, onde os arranjos fiscais e de regulamentação não refletem em especial as opiniões da sociedade. Exemplos óbvios são os da ex-União Soviética e de outros Estados comunistas, onde uma pesada poluição industrial foi resultado das políticas de uma economia planejada; e os empreendimentos públicos na América Latina e na Ásia, que antes da privatização se encontravam em termos práticos isentos de seguir os padrões ambientais locais. Nesses casos é possível que a adesão a padrões mínimos acordados no contexto dos acordos comerciais de fato aproximaria mais as práticas locais de um alinhamento com as preferências da sociedade.

Um tal argumento, porém, vai contra a noção profundamente enraizada de soberania nacional e precisa ser feito com extrema cautela. Os padrões de regulamen-

ESTUDOS DE CASOS

tação podem trazer benefícios, mas também necessariamente impõem custos, e provavelmente não serão reforçados ou sustentados politicamente se foram o resultado de pressão daqueles que não pagam pelos custos — isto é, os de fora — usando os acordos comerciais para impor suas vontades aos de dentro. Antes, para serem sustentados, tais realinhamentos das práticas locais e das preferências sociais devem tomar forma, por meio de processos democráticos.

Nos países em desenvolvimento onde o processo de crescimento está funcionando e as taxas de investimento são saudáveis, a pressão da competição global provavelmente tem levado, de qualquer forma, muitas empresas a usar os métodos de produção mais eficientes e em geral, simultaneamente, os mais limpos. Nesses cenários, alguma harmonização formal dos padrões ambientais é possível porque é consistente com as forças de mercado. Uma formalização da harmonização poderia beneficiar os países em desenvolvimento nessas circunstâncias, acelerando o processo de ajuste a padrões mais limpos. Mas os benefícios da harmonização são muito mais difíceis de ser realizados nos países em desenvolvimento que sejam mais pobres ou que não estejam crescendo e, portanto, não estejam beneficiando-se de novos investimentos que englobam uma tecnologia eficiente e mais limpa. Dito de outro modo, os benefícios da harmonização provavelmente só podem ser concretizados nos países em desenvolvimento que se aproximam dos níveis de renda dos países desenvolvidos, e que também já se beneficiam internamente de um processo político razoavelmente aberto e deliberativo no estabelecimento de regras.

E quanto aos padrões trabalhistas? Atualmente estes estão entre os mais controvertidos aspectos do debate das políticas de trocas. A maior parte daqueles que defendem a introdução de padrões trabalhistas nos acordos comerciais têm o cuidado de enfatizar que não estão falando de requisitos detalhados, tais como um salário mínimo específico ou exigências de regulamentação específicas, que poderiam atribuir um valor aos produtos de alguns países que ficasse acima dos preços dos mercados internacionais. Em vez disso, eles têm em mente algo próximo aos padrões centrais que foram desenvolvidos pela Organização Internacional do Trabalho (OIT).[14] Esses incluem a liberdade de associação, o direito de formar organizações, o direito à negociação coletiva, a supressão do trabalho forçado, a não discriminação, salários iguais para homens e mulheres e regras restringindo o trabalho infantil (por exemplo, que a idade mínima para o trabalho não possa estar abaixo da idade de término do aprendizado compulsório).[15]

É certamente possível que ao aceitar tais obrigações em um cenário internacional, os países em desenvolvimento possam ser capazes de aumentar a credibilidade de seus compromissos de conquistarem tais padrões. É também possível que tais padrões poderiam aumentar a percepção nas economias desenvolvidas de que a competição internacional é mais justa. Mas a questão crucial, para os padrões de trabalho

BENS PÚBLICOS GLOBAIS

como para os padrões ambientais, não é só se a harmonização de padrões através de países faz sentido (no caso de um limitado conjunto de padrões trabalhistas centrais, que quase todos os países já reconhecem, pode fazer sentido). A questão crucial é se o uso de sanções comerciais, formalizadas no contexto dos acordos de trocas, para acelerar o desenvolvimento e o cumprimento de padrões trabalhistas nos países em desenvolvimento seria eficaz, benéfico e sustentável. Uma coisa é argumentar pela necessidade de acordos internacionais sobre o trabalho (ou o meio ambiente) e coisa bem diversa, argumentar que os clubes de comércio deveriam ser o veículo para reforçá-los nos países em desenvolvimento.

Os países em desenvolvimento resistem à vinculação do comércio aos padrões por ao menos duas razões. Primeira, os países em desenvolvimento seriam inevitavelmente os alvos das sanções de não cumprimento, já que quase por definição estão "atrasados" no cumprimento, se não na retórica, de tais padrões. Os custos para estes de lidarem com as disputas comerciais, sejam essas legítimas ou não, sem dúvida se intensificariam, pois se os potenciais para sanções fossem disponíveis, grupos políticos domésticos dos países desenvolvidos, em especial o trabalhista, seriam constantes e poderosos defensores do uso dos mecanismos de disputa comerciais da OIT, de um modo análogo ao uso pelos grupos empresariais das regras *anti-dumping*. Contudo, na maioria dos países em desenvolvimento uma ameaça ou uma invocação de fato das sanções comerciais não seria eficaz, e poderia mesmo ser contraproducente para a ajuda ao cumprimento dos padrões do trabalho infantil ou o gerar de apoio político doméstico para o cumprimento dos direitos à negociação coletiva.

Segunda, os países em desenvolvimento temem a ladeira escorregadia que o cumprimento de padrões por meio de sanções comerciais pode implicar. Embora muitos países em desenvolvimento tenham formalmente endossado tais padrões de trabalho centrais, como o direito de negociação coletiva e um mínimo de segurança no ambiente de trabalho, eles se preocupam legitimamente que a abertura da porta para sanções nos acordos comerciais no caso dos padrões centrais geraria uma pressão adicional para exigências impróprias — por exemplo, sobre o nível de salários. Seus temores são fortalecidos por uma combinação de pressões políticas domésticas nos países ricos, a ênfase em sanções comerciais (comparada com abordagens menos coercivas) pelos grupos preocupados com questões do trabalho e com a realidade que tais pressões fariam emergir na arena internacional, onde os países em desenvolvimento, uma vez seus poderes de veto abdicados, estão em uma evidente desvantagem de negociação.

A posição da Índia é ilustrativa. A Índia ratificou a maior parte das convenções da OIT, contudo continua a objetar tenazmente à introdução de tais padrões na OMC. De fato, em Cingapura, em 1996, os membros da OMC concordaram que a OIT, em vez de a OMC, era o local multilateral apropriado para os acordos sobre o cumprimento de padrões trabalhistas.

Existem alternativas para se fazerem cumprir os padrões através de sanções que seriam mais eficazes em elevar os padrões nos países em desenvolvimento, ao mesmo tempo apoiando a expansão do comércio e de seus benefícios de crescimento e apoiando o processo político doméstico que, em última instância, precisa apoiar padrões sustentáveis mais elevados. As alternativas levariam melhor em conta as perspectivas e as limitações enfrentadas pelos países em desenvolvimento. A comunidade internacional poderia concordar em um programa formal de assistência aos países em desenvolvimento, incluindo-se incentivos financeiros para os padrões trabalhistas centrais acordados domesticamente.[16] Em vez de recorrer-se a sanções comerciais coercivas, maior ênfase poderia ser posta em medidas não coercivas, que poderiam ser usadas para ajudar aos países que concordem em obedecer a padrões mais elevados — tal como relatar requisitos, monitoramento e consulta multilateral, divulgação e outras medidas de transparência (ver Hart, 1998). Essas medidas alternativas possuem a vantagem de construir e de fortalecer e um progresso que seja consistente com as forças de mercado. Podem também reforçar os benefícios dos códigos de conduta empresarial voluntários e de outros programas que se apoiam nas preferências dos consumidores nos países desenvolvidos.

De um modo mais geral, parece óbvio que, na questão dos padrões, a comunidade global se beneficiaria de um maior diálogo e compromisso entre os países de renda alta com os de renda baixa, e do reconhecimento num tal diálogo de que a brecha com frequência vasta entre os níveis de desenvolvimento dos países comerciantes inevitavelmente gera pressões econômicas e políticas domésticas propensas a criar conflitos legítimos. O comércio em si e os investimentos relacionados com o comércio já estão acelerando um processo saudável de padrões melhorados para o trabalho e o meio ambiente nos países em desenvolvimento; o desafio é encontrarem-se veículos mais eficazes e, para os países em desenvolvimento, menos arriscados, de aceleração desse processo.

Um Aparte Sobre os Clubes de Comércio Regionais

Há um contínuo debate acerca de se os clubes de comércio regionais minam o objetivo maior do livre comércio multilateral. Vale notar que, para os países em desenvolvimento, a evidência crescentemente sugere que existem benefícios comerciais e não comerciais associados ao regionalismo.

Para os países em desenvolvimento os benefícios mais óbvios dos acordos regionais de integração profunda são estritamente comerciais — por exemplo, quando envolvem a eliminação das diferenças na produção e nos padrões de produtos, reduzem os custos da produção. É verdade que os acordos mais profundos, ao tornarem as empresas regionais mais eficientes, podem levar a uma redução do comércio externo. Mas isso não constituiria necessariamente um desvio comercial que reduziria a eficiência dos mercados globais ou do bem-estar geral, contanto que o novo regime tornasse o produtor local suficientemente mais eficiente. Por exemplo, as mudanças nas regulamentações domésticas poderiam conceder às empresas internas vantagens de custo sobre as empresas de fora que resultariam tanto em menores importações como em custos internos mais baixos. (A adoção de um padrão comum dentro de uma região poderia igualmente tornar menos custosa para os produtores de fora da região a venda de seus produtos.) O investimento é também tornado mais acreditado e seguro se um acordo regional traz melhores mecanismos de governança e um acesso seguro aos grandes mercados estrangeiros, não impedido por autoridades aduaneiras ou por ações domésticas tais como o *antidumping*.

Os clubes de comércio regionais também oferecem vantagens não comerciais para os países em desenvolvimento. De um ponto de vista político, é mais fácil para um governo liberalizar com respeito a seus vizinhos do que fazê-lo multilateralmente. E os clubes regionais podem trazer benefícios políticos intrarregionais criando uma cultura de coordenação a qual se poderá recorrer durante tempos de crise, como ilustra o exemplo já citado do Paraguai e do Mercosul. Os clubes regionais podem também lidar mais eficazmente com os desafios regionais não comerciais, tais como a proteção ambiental e a migração. O regionalismo igualmente pode criar uma boa vontade regional, os interesses dos países podem tornar-se cada vez mais voltados para o bem-estar de seus vizinhos.

Os grupos comerciais regionais ilustram um ponto fundamental da questão dos padrões. Não existe razão, *a priori*, para se presumir que o suprimento de regimes de regulamentação e de outros bens públicos deva ser de responsabilidade única do Estado-nação ou, alternativamente, de um único arranjo global. Alguns bens e regras são mais bem fornecidos localmente, enquanto para outros, arranjos internacionais bilaterais e multilaterais podem ser mais apropriados. No caso dos acordos regionais, esse ponto parece até mais importante para os países em desenvolvimento, porque os acordos regionais têm maior probabilidade de refletir os padrões apropriados e de envolver possíveis transbordamentos não comerciais para os países em desenvolvimento.

CONCLUSÃO

Com a ampliação do alcance dos acordos comerciais, também amplia-se o potencial de concretização dos benefícios de uma integração econômica internacional mais profunda. O fornecimento de regras internacionais que mantenham os mercados de bens e serviços abertos e competitivos e que aumentem a compatibilidade dos padrões e das políticas internacionais são objetivos que valem a pena. Ao mesmo tempo, contudo, a negociação de regras apropriadas apresenta tremendos desafios políticos para a comunidade internacional em geral, e para os países em desenvolvimento em particular. Como Robert Putnam (1988) enfatiza, existem dois níveis para as negociações internacionais. Um nível envolve a negociação internacional entre governos nacionais; o outro nível envolve negociações domésticas dentro dos países entre o governo e seus cidadãos. Uma integração econômica internacional mais profunda naturalmente levanta preocupações em ambos os níveis.

Internacionalmente essas negociações são diferentes daquelas que lidam apenas com as barreiras alfandegárias. Com a pressuposição de que os mercados são competitivos, a teoria econômica sugere que a redução de barreiras alfandegárias tais como as tarifas irá beneficiar tanto a nação exportadora quanto a importadora. Por conseguinte, os acordos comerciais tradicionais podem ser considerados como vitórias para as partes envolvidas. Mas a teoria não sugere que isso será necessariamente o caso nos acordos mais profundos, que lidam com políticas por trás das fronteiras. Na verdade, tais acordos bem poderiam terminar em vitória para um e perda para outro. Por exemplo, um acordo internacional para reforçar os direitos de propriedade intelectual pode num balanço geral prejudicar um país com pouca ou nenhuma inovação doméstica e que anteriormente apenas copiava as inovações estrangeiras. Assim, um tal acordo acarreta maiores riscos para as nações menos poderosas e aponta a necessidade de amarrarem-se os acordos de modo que no balanço geral todas as nações percebam haver lucrado. Na Rodada Uruguai, por exemplo, muitos países em desenvolvimento estavam dispostos apenas a concluir um acordo sobre a propriedade intelectual em troca da eliminação do Acordo Multifibras, que restringia as exportações têxteis dos países em desenvolvimento.

Para os países em desenvolvimento as políticas reconciliadas ou harmonizadas podem ou não ser mais eficientes do que as políticas domésticas que vêm substituir ou disciplinar. Portanto, em contraste com o fluxo livre de bens e serviços, que por definição gera benefícios para os países em desenvolvimento como parceiros comerciais, a profunda integração dos modernos acordos comerciais provavelmente exigirá uma avaliação cuidadosa dos benefícios em comparação aos custos. Uma vez que mais profundo não significa automaticamente mais eficiente (ou mais equânime, como a imposição de uma integração profunda sob a forma do colonialismo nos relembra), cada avanço na direção de mais regras em comum requer para cada país uma avaliação dos benefícios comparados aos riscos. Resumindo, o diabo está nos detalhes.

As negociações para a conquista de uma integração profunda irão inevitavelmente tentar os países poderosos a usarem o acesso a seus mercados como iscas para alcançar acordos que sejam de seus interesses. Mas seria uma infelicidade se uma ordem comercial internacional refletindo o poder de mercado se estabelecesse. A curto prazo um tal sistema seria prejudicial aos países em desenvolvimento. A longo prazo, prejudicaria também aos países desenvolvidos. De fato, convém às grandes economias desenvolvidas ponderar que um sistema baseado no poder de mercado não esteja em seu interesse de longo prazo porque os maiores mercados na economia global do futuro provavelmente estarão em países como a China e a Índia.

O segundo fator de complicação é que esses acordos também afetam as relações políticas domésticas. Como os acordos internacionais crescentemente limitam as políticas domésticas, eles trazem toda uma gama de novos atores ao debate de se são desejáveis. Com efeito, já observamos que um possível benefício desses acordos é alterarem o debate interno entre os grupos de interesse domésticos. Mas isso poderia também criar um custo. Enquanto nos países em desenvolvimento os compromissos aos acordos internacionais podem fortalecer os esforços de uma reforma doméstica desejável, podem também antagonizar grupos lobistas domésticos anticomércio. Enquanto isso, em países de renda alta, tais como os Estados Unidos, a oposição aos acordos comerciais cresceu entre os grupos tanto da esquerda (que desejam usar os acordos comerciais para alcançar múltiplos outros objetivos) como os da direita (que reclamam da corrosão da soberania).

Existem duas implicações em nível global para a política. Primeira, com os países em desenvolvimento tornando-se mais profundamente integrados no mercado internacional, as instituições comerciais internacionais, mais notadamente a OMC, irão experimentar desafios adicionais com respeito à legitimidade dos acordos modernos e à capacidade de implementação internacional. Com o evoluir dos mecanismos de criação de regras internacionais, os principais poderes comerciais precisarão aceitar a lógica de um papel crescente dos países em desenvolvimento na criação de regras nessas instituições.

Segunda, se os modernos acordos comerciais regionais e multilaterais pretendem gerar o máximo de benefícios globais, os países em desenvolvimento devem ser capazes de participar ativa e eficientemente em suas negociações e possuir os recursos e as capacidades institucionais necessárias a suas implementações. Sempre foi assim, é claro, mas é mais crucial e mais evidente hoje em dia, dada a crescente complexidade dos modernos acordos e suas implicações políticas domésticas. Isso significa que os países em desenvolvimento precisam de assistência técnica e financeira para ocuparem os seus lugares na mesa de discussões. É do interesse esclarecido das economias mais ricas e poderosas financiar tal assistência — nem que seja apenas para garantir suas próprias participações nos benefícios internacionais.

ESTUDOS DE CASOS

NOTAS

Os autores são gratos a Lesley O'Connell por sua excelente ajuda com a pesquisa.

1. Esses benefícios são substanciais. Martin e Winters (1996) se referem a estudos, inclusive um da OMC, indicando os contínuos ganhos estatais globais com a liberalização do comércio de mercadorias sob a Rodada Uruguai, ganhos entre US$ 40 bilhões e US$ 258 bilhões em preços de 1992, dependendo de variadas suposições. Os ganhos para os países em desenvolvimento são bem maiores do que para os países desenvolvidos como a cota do PIB — em um estudo, 1,6% comparada a 0,7%.

2. Ver, por exemplo, Sachs e Warner (1995). Trabalhos prévios de Krueger (1974) sugerem por que a abertura do comércio nos países em desenvolvimento provavelmente promoveria o crescimento, encorajando a competitividade e desencorajando a busca de rentabilidade.

3. Essa seção se apoia amplamente no estudo de Lawrence (1998).

4. A carta da Organização Mundial do Comércio originalmente cobria uma gama mais ampla de questões, incluindo as práticas comerciais restritivas e os padrões trabalhistas, mas nunca foi adotada.

5. Existe uma numerosa literatura apoiando a visão de que o comércio e a integração aumentaram o crescimento nos países em desenvolvimento (ver, por exemplo, Sachs e Warner, 1995). Se os mercados de capitais abertos têm sido salutares é mais controvertido.

6. É verdade que a liberalização e a integração dos mercados de capitais nos anos 1990 tornaram muitos países em desenvolvimento crescentemente vulneráveis ao contágio financeiro. O contágio afetou em especial aqueles países em desenvolvimento que dependem maciçamente de empréstimos públicos ou privados de curto prazo para financiarem o investimento ou o consumo locais, incluindo alguns com políticas macroeconômicas relativamente sólidas. Os efeitos dos mercados de capitais abertos são tratados em Wyplosz (neste volume). Aqui estamos preocupados com os efeitos do comércio e dos investimentos de longo prazo (comparados aos fluxos de dívidas de curto prazo).

7. As condições teóricas para a ocorrência de uma corrida ao fundo do poço são complicadas e dependem de suposições acerca das taxas e dos instrumentos de subsídio disponíveis e da natureza das imperfeições do mercado. De fato, em certas circunstâncias as regulamentações ambientais e outras poderiam ser estabelecidas num patamar por demais elevado e poderia haver uma corrida para o topo — o fenômeno de "não no meu quintal". Para uma discussão a esse respeito, ver Wilson (1996).

8. Os signatários do Protocolo de Montreal concordaram em proibir o comércio dos bens contendo clorofluorcarbonos (CFCs) de produtos produzidos por países não signatários.

9. Onde esses benefícios são grandes, podem envolver ganhos e perdas. Por um lado, as específicas regulamentações locais podem atingir mais aproximadamente as preferências; por outro, as normas internacionais podem gerar benefícios de economias de escala.

10. É claro, o ímpeto inicial de fazê-lo foi atrair recursos para a recapitalização dos sistemas bancários enfraquecidos, particularmente depois da crise "tequila" do final de 1994 que teve início no México e afetou a Argentina.

11. Os órgãos da OMC que esboçam os padrões em comum para a saúde e o meio ambiente (por exemplo, o Codex Alimentarius) têm sido acusados de não serem democráticos e receptivos, ao menos aos interesses de grupos de consumidores e organizações não governamentais.

12. Não discutimos aqui os problemas ambientais internacionais. Para os problemas internacionais, tais como o risco de um aquecimento global, o caso do acordo internacional é muito mais claro do que para os problemas confinados dentro das fronteiras nacionais, embora até nos acordos internacionais países diferentes provavelmente enfrentariam diferentes prazos e responsabilidades financeiras para cumprirem os objetivos acordados.

13. Ironicamente, a evidência sugere para a América Latina que o efeito do livre comércio tem sido o de reduzir a intensidade de poluição, todo o resto permanecendo igual, ao induzir um deslocamento da capacidade produtiva para longe das indústrias protegidas que tendem enormemente a gerar intensa poluição (Birdsall e Wheeler, 1993).

14. Estes são detalhados no website da OIT; ver *http://www.ilo.org*.

15. O governo dos EUA, em especial, tem defendido a introdução desses padrões na OIT, mas o fato espantoso é que embora na prática adiram a essas convenções, os Estados Unidos apenas ratificam um dos direitos humanos fundamentais: a abolição do trabalho forçado.

16. Anderson (1996) sugere vincular um programa de aumento gradual dos padrões nos países em desenvolvimento ao incentivo de melhorias no acesso aos mercados da OCDE.

REFERÊNCIAS BIBLIOGRÁFICAS

Anderson, Kym. 1996. "The Intrusion of Environmental and Labour Standards into Trade Policy". Em Will Martin e L. Alan Winters, orgs., *The Uruguay Round and the Developing Countries*. Nova York: Cambridge University Press.

Birdsall, Nancy e David Wheeler. 1993. "Trade Policy and Industrial Pollution in Latin America: Where Are the Pollution Havens?" *Journal of Environment and Development* 2(1): 137-49.

Hart, Michael. 1998. "A Question of Fairness: The Global Trade Regime, Labor Standards, and the Contestability of Markets". Em Geza Feketekuty e Bruce Stokes, orgs., *Trade Strategies for a New Era: Ensuring U.S. Leadership in a Global Economy*. Nova York: Conselho das Relações Estrangeiras e o Instituto Monterey de Estudos Internacionais.

Krueger, Anne O. 1974. "The Political Economy of the Rent-Seeking Society". *American Economic Review* 64(3): 291-303.

Krugman, Paul R., e Maurice Obstfeld. 1994. *International Economics: Theory and Policy*. 3ª edição. Nova York: Harper Collins.

Lawrence, Robert Z. 1998. "Regionalism, Multilateralism and Deeper Integration: Changing Paradigms for Developing Countries". Estudo preparado para a conferência da Organização dos Estados Americanos sobre Arranjos Comerciais Multilaterais e Regionais: Uma Análise das Questões das Políticas Comerciais Atuais, 26-27 de maio, Washington, DC.

Martin, Will, e L. Alan Winters. 1996. "The Uruguay Round: A Milestone for the Developing Countries". Em Will Martin e L. Alan Winters, orgs., *The Uruguay Round and the Developing Countries*. Nova York: Cambridge University Press.

Putnam, Robert D. 1988. "Diplomacy and Domestic Politics: The Logic of Two-Level Games". *International Organization* 42(3): 427-60.

Sachs, Jeffrey D., e Andrew Warner. 1995. "Economic Reform and the Process of Global Integration". *Brookings Papers on Economic Activity 1*. Washington, DC: Institution Brookings.

Wilson, John Douglas. 1996. "Capital Mobility and Environmental Standards: Is There a Theoretical Basis for a Race to the Bottom?" Em Jagdish Bhagwati e Robert E. Hudec, orgs., *Fair Trade and Harmonization: Prerequisites for Free Trade?* Cambridge, MA: MIT Press.

Instabilidade Financeira Internacional

Charles Wyplosz

É uma triste verdade no mundo pós-guerra que a maioria das iniciativas de se fazer cumprir a cooperação financeira internacional tenha sido tomada sob a pressão de algum tipo de crise financeira.

— BIS 1996, p. 169.

Este capítulo encara a instabilidade como um desafio ao sistema financeiro internacional e investiga a natureza de "mal público" do fenômeno. A conclusão: a instabilidade financeira é um mal público internacional, mas não um mal clássico. A instabilidade não é puramente um subproduto técnico da produção dos serviços financeiros. Antes, é resultado de falhas de mercado, por razões ainda não totalmente compreendidas. Tendo exposto esse diagnóstico, o capítulo examina como as instituições e as políticas existentes lidam com a instabilidade financeira internacional, tanto para limitar sua acuidade como para lidar com suas implicações. A ênfase principal é retirar lições das experiências recentes (Europa, México, Sudeste Asiático) e dos recentes avanços teóricos, especialmente daqueles que melhoraram nossa compreensão das crises. O capítulo apresenta cinco propostas principais.

- Proceder com cautela na promoção da liberalização do capital. Não só deveria o "consenso" dos últimos dez anos — de que quanto mais cedo a conta do capital for liberalizada, melhor — ser suavizado, mas sua lógica deveria também ser invertida. Os países deveriam candidatar-se à liberalização, e uma lista de precondições é apresentada.
- Evitar as políticas macroeconômicas restritivas, os empréstimos altos e as políticas estruturais profundas dos pacotes recentes. Políticas de contração nem sempre são bem-adequadas à instabilidade financeira. Empréstimos altos também não são sempre necessários. E as políticas estruturais visando a práticas e instituições duradouras deveriam ser evitadas como parte de uma condicionalidade *ex post*, porque são excessivamente intrusas e não podem ser implementadas rápido o bastante durante uma crise.
- Complementar a condicionalidade *ex post* atual com uma condicionalidade *ex*

ante. Políticas estruturais visando a práticas e instituições duradouras são mais bem tratadas quando preparadas e implementadas ao longo do tempo, nem que seja só porque exigem uma criação de capacidade. Deveria ser concedido aos países um longo período para completarem um número de tarefas vitais para a estabilidade financeira. Aos que as realizam com sucesso, poderia ser oferecido um maior acesso aos fundos multilaterais.

* Suspender o pagamento de dívidas no caso de uma grande crise acompanhada de uma queda na taxa de câmbio. Tanto aos devedores soberanos como aos privados aprisionados em uma tal situação deveriam ser oferecidas soluções ordenadas.
* Findar o monopólio do Fundo Monetário Internacional (FMI) por meio da criação de FMIs regionais. O capítulo defende uma competição no ramo do aconselhamento das políticas internacionais.

A Instabilidade Financeira e seus Custos

As crises financeiras não são uma característica nova do mundo das finanças, como é bem documentado em Kindleberger (1939). Os mercados financeiros são inerentemente voláteis porque os preços dos ativos são governados por expectativas quanto ao futuro. Não existe nenhum "peso da história" para manter baixos os preços dos ativos, que reagem prontamente a qualquer informação que possa afetar futuros retornos. Não importa se a informação se provará correta ou se a análise do seu impacto nos preços dos ativos é exata. Isso já é informação do amanhã e volatilidade do amanhã. Todavia, volatilidade não é sinônimo de instabilidade.

Uma função-chave dos mercados financeiros é a de estimar o preço dos riscos. O preço dos ativos reflete tanto os retornos esperados quanto a incerteza circundando esses retornos. É normal que os preços variem constantemente. A instabilidade surge quando os preços dos ativos — que incluem as taxas de câmbio — demonstram uma volatilidade excessiva, o que ocorre quando a reação do mercado não se justifica pelas informações disponíveis na época.[1] Os pânicos, o comportamento de rebanho e a percepção tardia do significado de acontecimentos passados são exemplos do que gera a instabilidade financeira.[2] Uma reação extremada do mercado não é necessariamente o sintoma de um comportamento irracional. Em vez disso, é a consequência inevitável de uma atividade inerentemente arriscada. O comportamento de rebanho, por exemplo, reflete a tendência natural de esconder-se em meio ao bando quando as coisas ficam difíceis. Nem é o caso que grandes movimentações de capital sejam necessariamente um sinal de instabilidade. Podem representar respostas estabilizadoras do mercado a oportunidades em transformação, tanto como uma seca instantânea na movimentação de capitais para um país pode ser o sintoma excessivo da ansiedade do mercado acerca da situação naquele país.

A instabilidade financeira pode ser muito custosa, e as instituições financeiras são as primeiras na fila. Quando uma quebra, as outras ficam imediatamente ameaçadas

ESTUDOS DE CASOS

por causa dos extensos vínculos mútuos — e porque o público em geral sente-se ameaçado. As corridas aos bancos oferecem um vívido exemplo de "pânico racional": quando muitos depositantes correm para retirar suas economias, é uma atitude racional que todos os depositantes façam o mesmo, porque nenhum banco pode pagar sob solicitação todos os depósitos nele efetuados. As crises bancárias geralmente obrigam as autoridades a ir em socorro, pois nenhum país pode aguentar uma quebra de seu sistema bancário. Os custos sustentados pelo orçamento durante as recentes operações de socorro aos bancos, sob qualquer critério, são enormes (Tabela 1).

Mas os custos da instabilidade financeira não são apenas orçamentários. As alterações nos preços dos ativos afetam as posses das pessoas e seus padrões de vida e de consumo. Também afetam a capacidade dos emitentes de ativos de realizarem negócios, incluindo-se investimentos e empregos, algumas vezes até conduzindo a ondas desastrosas de falências. Isso, por sua vez, afeta os gastos agregados e pode precipitar grandes recessões, com frequência seguidas de perto por crises políticas.

TABELA 1

Estimativa dos custos das crises bancárias
(percentagem do PIB)

País	Anos	Custo
Argentina	1980-82	55
Benin	1988-90	17
Bulgária	1990 (década)	14
Chile	1981-87	41
Costa do Marfim	1988-91	25
Espanha	1977-85	10-15
Estados Unidos	1980 (década)	2.5-3.0
Finlândia	1991-94	< 10
Hungria	1987-presente	10-15
Israel	1977-83	30
Japão	1990 (década)	10
Mauritânia	1984-93	15
México	1994-presente	12-15
Polônia	1991-presente	< 10
Senegal	1988-91	17
Suécia	1990-93	< 10
Tanzânia	1987-95	10
Venezuela	1994-presente	18

Fonte: BIS 1997; Crockett 1997.

FIGURA 1

Efeitos das quedas da moeda nos países em desenvolvimento

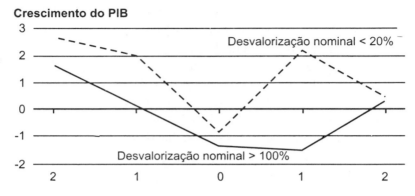

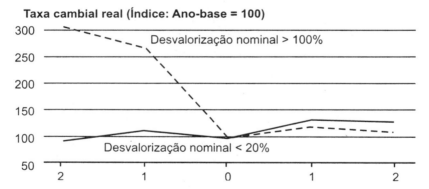

Nota: A figura plota os efeitos das quebras de moedas identificadas por Frankel e Rose (1996) utilizando um índice composto das alterações nas taxas cambiais e das quedas nas reservas cambiais estrangeiras. Os dois grupos representados na figura correspondem, *grosso modo*, ao quintil superior e ao inferior (em termos de desvalorização real) de cerca de 100 crises identificadas por Frankel e Rose e para as quais existem dados do PIB e das taxas cambiais no FMI (1998). O ano 0 é o ano da quebra da moeda.
Fonte: FMI 1998; Frankel e Rose 1996.

A crise do Sudeste Asiático proporciona um exemplo vívido. Uma mais sistemática descrição, se menos dramática, dos efeitos das crises nas moedas nos países em desenvolvimento é mostrada na Figura 1. A figura mostra a evolução do crescimento do PIB e da taxa de câmbio real em relação ao dólar norte-americano desde dois anos antes até dois anos depois da quebra. Quando a taxa cambial real deprecia mais do que 100% — um claro sinal de instabilidade financeira —, o crescimento do PIB cai cerca de 3 pontos percentuais por dois anos, e a recuperação subsequente é fraca. Quando a depreciação real é menor do que 20% — provavelmente correspondendo

ESTUDOS DE CASOS

a uma correção "normal" do desequilíbrio macroeconômico —, a recessão é menos profunda e menos duradoura. Crises são, portanto, diferentes de ajustes.

É A ESTABILIDADE FINANCEIRA UM BEM PÚBLICO INTERNACIONAL?

A estabilidade financeira pode ser considerada um bem público internacional porque a instabilidade financeira é um potencial mal público que se espalha pelos países. Mas os problemas da ação coletiva têm até agora conduzido a um fornecimento insuficiente do bem público internacional, com sérios efeitos de redistribuição. Para entendermos por que, a estabilidade financeira é mais bem abordada de sua imagem invertida — a instabilidade, como definida na seção anterior. Quando os preços dos ativos exibem uma volatilidade excessiva, milhões de decisões (de consumo, pelos indivíduos; de investimento, pelas empresas) são afetadas. Quando os fluxos de capitais de súbito inflam em uma direção ou outra, não só o setor privado defronta-se com a necessidade de uma reação imediata, mas as autoridades nacionais de repente enfrentam escolhas desagradáveis com reações políticas potencialmente desfavoráveis. Tais efeitos são claramente não rivais e não exclusivos: a instabilidade financeira é sem dúvida um mal público.

A instabilidade como um mal público: externalidades negativas

Tradicionalmente, os males públicos ocorrem através de externalidades negativas. Um bom exemplo é a poluição das águas. É inevitável que certos processos químicos de produção contaminem a água. Quando essa água é despejada em um rio, todos os habitantes rio abaixo sofrem com a externalidade negativa. Será que esse fato pede uma ação política e, se pede, qual? Uma distinção mais aprimorada ainda se faz necessária.

Algumas externalidades são pecuniárias, transmitidas pelo mecanismo de preço. Por exemplo, o congestionamento nas cidades resulta da aglomeração das pessoas numa faixa estreita de terra. Cada habitante é, sob certo aspecto, um aborrecimento para os outros. Essa externalidade (ignorando-se as poluições sonoras e do ar, assim como as externalidades positivas provindas da aglomeração) não pede uma ação política porque um mecanismo de mercado está em funcionamento. Os aluguéis das moradias, os custos dos transportes e os preços dos bens e serviços são mais altos do que nas áreas mais vazias: os moradores das cidades compram o direito econômico de contribuir para o congestionamento. Neste sentido, o mecanismo do congestionamento é autorregulador.

Outras externalidades são não pecuniárias porque não podem ser resolvidas pelos mercados. Tomemos a poluição das águas, para a qual não há um mercado. Ainda assim, a ação pública pode criar um mercado e tornar essa externalidade pecuniária. Para isso, os legisladores tão só precisam definir os direitos de propriedade. Se for decidido que cada cidadão possui o direito a água potável, as usinas químicas terão de escolher entre despoluir a água ou pagar uma indenização aos cidadãos que habitam rio abaixo. Direitos de poluição podem ser leiloados para o estabelecimento do nível "certo" das multas. Como alternativa, os legisladores podem estabelecer como princípio o direito de poluir. Os habitantes rio abaixo ainda poderiam decidir pagar a empresa para despoluir suas águas antes do despejo. Em ambos os casos, uma vez estabelecido o direito de propriedade, um mercado para os direitos pode se estabelecer. Importante salientar que a escolha de um direito em especial tem efeitos distributivos: se for o direito a água potável, as empresas enfrentam os custos; se for o direito de poluir, os residentes arcam com os custos. Presumivelmente, em uma democracia, a decisão é mais bem deixada à política.

Nem todas as externalidades podem tornar-se pecuniárias, contudo. A poluição do ar se estende para longe e ao acaso, dependendo de mudanças nos ventos e de chuvas fortuitas. Torna-se impossível definir precisamente as empresas causadoras dessa poluição e suas vítimas. O estabelecimento do princípio do ar puro permanece sendo uma possibilidade, mas se depender do mercado não irá funcionar. Por exemplo, as empresas não serão capazes de compensar todos os cidadãos afetados se o desejarem. Uma ação fora do mercado será necessária, tal como as normas de emissão e as multas.

A instabilidade financeira, como argumentado, é um subproduto natural do negócio de lidar com riscos. A uma volatilidade "normal" atribui-se um preço e, sendo assim, essa não requer uma intervenção pública. Por exemplo, uma instabilidade financeira crescente leva ao aumento dos prêmios de risco, a taxas de juros mais altas e a possíveis movimentações na taxa de câmbio. Com efeito, os mercados financeiros planejam instrumentos que permitem lidar com a incerteza resultante, e uma ampla gama de produtos se ajustam às variadas necessidades e gostos de riscos.

Mas a volatilidade "excessiva" que conduz a crises não recebe um preço. É uma externalidade negativa, e não pecuniária porque, como com a poluição do ar, suas fontes e vítimas são por demais difusas para serem identificadas. As corridas aos bancos, por exemplo, são desencadeadas pelos depositantes alarmados por rumores descontrolados, e depois afetam a todos os depositantes. Nenhum mecanismo de preço é disponível. A solução habitual é requerer-se que os depósitos bancários sejam segurados, se os bancos não o considerarem de seus interesses (sob pressão da competição) fazê-lo espontaneamente. O mercado de seguros pode estabelecer um preço para a redução dos custos potenciais sofridos pelos depositantes no caso de corridas ao banco, esperançosamente, reduzindo suas incidências. Todavia, nem todos os riscos podem ser segurados. O seguro, em si mesmo, é um negócio de risco e sofre de alguns dos mesmos defeitos dos serviços financeiros.

A instabilidade como um mal público: falhas de mercado

Um outro lado da instabilidade financeira complica mais ainda a situação. Ao contrário da opinião de muitos, os mercados financeiros não funcionam bem, pois são sujeitos a falhas. Isso é importante porque, com as externalidades não pecuniárias, as falhas de mercado são o mais poderoso argumento a favor de uma intervenção nas políticas. As falhas do mercado financeiro ocorrem por causa da difundida presença de assimetrias nas informações.[3]

A fonte genérica de assimetria nas informações é bastante simples: o emprestador normalmente sabe menos sobre a situação financeira do tomador do que este último. Porque a disponibilidade e o custo de qualquer empréstimo dependem da saúde financeira, quem toma um empréstimo tem o incentivo de falsear sua verdadeira situação. Essa é uma característica inevitável dos mercados financeiros, já que qualquer instrumento financeiro é, em última instância, um empréstimo. Os resultados são os riscos morais, a seleção adversa e os equilíbrios múltiplos.

- Os *riscos morais* ocorrem nos mercados financeiros quando, por exemplo, quem pede emprestado acumula dívidas em excesso, arriscando que quem empresta irá eventualmente concordar com termos mais suaves. Quem empresta pode não ser inocente, apostando no apoio do governo se muitos empréstimos azedarem, uma vez que a falência poderia desencadear uma corrida aos bancos ou pôr em risco outras instituições financeiras. O risco moral é o resultado de uma falha de mercado: quando as pessoas não enfrentam o custo total do comportamento de risco, elas jogam com riscos socialmente excessivos.
- A *seleção adversa* ocorre nos mercados financeiros quando, por exemplo, seguindo a um aumento nas taxas de juros, o mercado de crédito seca porque os emprestadores se recusam a emprestar, temendo que apenas os mais desesperados tomadores estejam dispostos a aceitar empréstimos caros. Os "bons" tomadores abstêm-se de tomar empréstimos porque o custo está se tornando excessivo. Essa seleção adversa pode impedir o mercado de funcionar porque se tornou por demais arriscado. Um aspecto particular do fenômeno é o racionamento do crédito: aqueles que emprestam simplesmente recusam-se a conceder empréstimos a potenciais tomadores considerados demasiado arriscados, quando o mecanismo de preço normal seria um elevado prêmio de risco.
- Os *equilíbrios múltiplos* parecem, na prática, bem específicos aos mercados financeiros.[4] Os preços dos ativos são governados por expectativas. O futuro, por

sua vez, pode ser afetado pelas condições atuais. Por exemplo, uma crise financeira hoje pode piorar o crescimento e afetar o preço das ações ou a taxa cambial no futuro. Quando expectativas sombrias justificam uma crise atual, a crise confirma a validade dessas previsões. Isso é um "mau" equilíbrio que bem pode coexistir com um "bom" equilíbrio onde os mercados permaneçam otimistas, estimulando os preços dos ativos e o crescimento futuro. A existência de múltiplos equilíbrios, profundamente vinculada à incerteza, abre a possibilidade de que os mercados financeiros em si sejam a fonte de uma crise: uma outra instância de um comportamento de rebanho racional com efeitos econômicos irracionais.

Portanto há bons motivos para os mercados gerarem instabilidade. E as seguradoras enfrentam um problema similar de informação assimétrica, levando ao risco moral e à seleção adversa e impedindo o seguro de auxiliar a resolver um número de deficiências do mercado financeiro, como explicado na discussão sobre as crises cambiais autorrealizadas.

A instabilidade como um mal público global

A instabilidade é um mal público nacional. De fato, os governos há muito lidam com ela em nível nacional. O princípio da subsidiariedade sugere que é aqui onde o fornecimento do bem público da estabilidade financeira deveria começar: cada país deveria lidar com os mercados sob sua jurisdição. Mas isso não é o suficiente — por três boas razões.

TRANSBORDAMENTOS INTERNACIONAIS. Um caso de externalidade. Os mercados normalmente desconhecem as fronteiras, especialmente os mercados financeiros. Ações de uma mesma empresa podem, em geral, ser comercializadas em todo o mundo. Os mercados das taxas cambiais são, por definição, internacionais. Os bancos e as outras instituições financeiras operam em muitos países. Como resultado, as mudanças excessivas de preço não são contidas dentro das fronteiras nacionais, e deslocamentos marcantes nos fluxos de capital para dentro e fora de um país podem ser desencadeados por acontecimentos bem distantes. O mercado financeiro mundial não é apenas uma instituição espantosamente poderosa — é também um veículo de poderosas externalidades.

Muitas dessas externalidades são pecuniárias: os prêmios de risco dos países e do câmbio geralmente se baseiam numa extensa indústria de índice de crédito, que monitora, a um custo, as condições econômicas e políticas mundo afora. Mas mesmo o negócio do índice de crédito enfrenta o problema da informação assimétrica. A falha das agências de índice de crédito, que não emitiram os sinais de alerta apropria-

ESTUDOS DE CASOS

dos antes da crise asiática (exceto pela Tailândia), foi por muitos observada. Uma consequência foi uma falha de mercado de proporções maciças: os mercados financeiros não fixaram o preço adequada e antecipadamente dos riscos da crise por vir. Não só os mercados falham em fixar o preço de externalidades pecuniárias, mas algumas externalidades são não pecuniárias. Por exemplo, quando a crise ocorreu na Tailândia, os mercados reagiram violenta (seleção adversa) e indiscriminadamente, espalhando a crise por todo o Sudeste Asiático e além, para o Brasil, a Polônia, a Rússia e vários outros países. O preço dessa externalidade não pode ser adequadamente fixado. Há o surgimento de um prêmio de mercado, mas ele deixa de levar em conta o fenômeno do contágio.

FALHAS DE MERCADO. O problema da informação assimétrica é mais agudo internacionalmente do que nacionalmente. Primeiro, a discrepância de informação entre emprestadores e tomadores é tornada mais difícil pela distância, as diferenças culturais e a capacidade de decifrarem-se idiossincrasias locais (econômicas, políticas e outras). Grandes instituições financeiras multinacionais reagem criando subsidiárias, porém, ainda assim alguns dos fracassos foram espetaculares (Barings, Daiwa, Drexel). A globalização abre novas fraquezas, com os operadores tentando tirar partido de furos legais internacionais.

Segundo, como apontado, quando a instabilidade se torna aguda em um país em especial, a reação dos emprestadores é de abruptamente limitar ou mesmo cortar os empréstimos para países "semelhantes". Num comportamento de rebanho típico, com o crescimento das incertezas, as instituições financeiras tendem a se proteger agarrando-se à manada. Na melhor das hipóteses, somente grandes empresas retêm o acesso a empréstimos estrangeiros, levando a sérios casos de seleção adversa. Pior ainda, quando o rebanho corre porta afora com todos os emprestadores tentando sair da zona de perigo, os mercados de ações e de câmbio quebram.

Terceiro, o risco moral se torna geopolítico. Os bancos e as outras instituições financeiras tendem a confiar na suposição de que o empréstimo internacional excessivo não pode ser sancionado pela omissão sistêmica. Quando a instabilidade financeira de um país devedor se torna aguda, os emprestadores estrangeiros, em vez de optarem por um litígio custoso e incerto, fazem *lobby* por fianças oficiais internacionais. Se recusam *ex ante* a incluir em seus contratos de empréstimos cláusulas podendo cobrir a área cinzenta entre um pagamento de dívida leal e uma omissão sem rodeios. *Ex post*, até mesmo embarcam em comportamento especulativo. Os custos da instabilidade são deslocados dos emprestadores e dos países tomadores do empréstimo para os governos dos países emprestadores. Ademais, uma aliança, de fato, entre tomadores e emprestadores com frequência busca extrair apoio das organizações internacionais e de países prósperos como os do G-7 ou do G-10. Com bastante frequência, as autoridades estão menos informadas que os emprestadores e tomadores.

Corridas para o Fundo do Poço. Quando as autoridades nacionais intervêm para lidar com as falhas de mercado, inevitavelmente impõem medidas prudentes custosas que afetam a lucratividade das instituições financeiras. O resultado é uma competição entre os sistemas reguladores: sistemas financeiros mais regulados podem ser mais seguros mas também operam em uma desvantagem competitiva. A segurança poderia ser suficientemente valorizada pelos clientes para justificar o custo extra. Porém, se fosse esse o caso, os bancos teriam espontaneamente tirado partido desse nicho de mercado, e isso ainda não aconteceu de fato até agora. O resultado é que os reguladores tendem a evitar timidamente as ações de políticas apropriadas, o que deixa as medidas visando ao aumento da estabilidade insuficientemente fornecidas.

As falhas de mercado podem trazer efeitos de redistribuição. Aqui, mais uma vez, a crise asiática proporciona uma ilustração marcante. Os custos para o Sudeste Asiático da crise financeira têm sido enormes: uma recessão profunda, um desemprego em marcado crescimento, falências difundidas e turbulência política. Examinada do Ocidente, onde as instituições emprestadoras em geral escaparam sem arranhões, existe pouco incentivo para defender ou mesmo monitorar a adoção por países tomadores de empréstimo de medidas econômica e politicamente custosas que poderiam prevenir uma crise.

Ademais, com as externalidades não pecuniárias, os reguladores puramente nacionais não levarão em conta os efeitos sobre os outros países das mesmas medidas por eles adotadas. Motivados estritamente pelo interesse nacional, podem subestimar o prejuízo para os outros países. Esse padrão reforça a suposição de que há muito pouco suprimento internacionalmente de medidas visando ao aumento da estabilidade.

O caso especial das crises cambiais autorrealizadas

Entre outras externalidades não pecuniárias, os equilíbrios múltiplos nos mercados financeiros precisam ser enfatizados, nem que só porque sua importância prática ainda não seja amplamente reconhecida. Os equilíbrios múltiplos foram a causa principal das crises cambiais autorrealizadas na Europa em 1992-93 (Eichengreen e Wyplosz, 1993), no México em 1995 (Sachs, Tornell e Velasco, 1996) e na Ásia em 1997 (Krugman, 1998; Wyplosz, 1998b). Os ataques autorrealizados em uma taxa de câmbio fixa ocorrem quando os mercados passam a esperar que uma crise force as autoridades a adotarem novas políticas. O mercado calcula que, uma vez que um ataque tenha forçado uma desvalorização ou o abandono do regime de taxa cambial fixo, o melhor caminho para as autoridades é uma política que teria sido incompatível com a situação prévia, em geral um relaxamento da postura monetária.

As crises autorrealizadas são um caso de equilíbrios múltiplos porque, sem o ataque do "mau equilíbrio", a melhor política teria sido uma continuação da postura de política pré-crise — o "bom" equilíbrio que era sustentável. Isso levou Eichengreen, Rose e Wyplosz (1996) a distinguirem dois tipos de crises. Crises de primeira geração são causadas pelos fundamentos errados, tais como uma política monetária excessivamente expansionista ou déficits orçamentários insustentáveis. Com essas crises é uma questão de quando, não de se. Crises de segunda geração são autorrealizadas: podem ou não acontecer. Ambos os equilíbrios, o bom e o mau, são possíveis, e é bastante arbitrário qual dos dois de fato acaba ocorrendo. Em poucas palavras, as crises de segunda geração ocorrem porque se espera que ocorram.

É certo que os ataques autorrealizados não podem surgir a não ser que alguma fraqueza subjacente impeça às autoridades de preservarem o "bom" equilíbrio. Tais fraquezas — sistemas bancários frágeis, alto desemprego, instabilidade política, grandes dívidas — são necessárias a uma crise, mas não são o suficiente. É provável que a maior parte dos países sofra de alguma fraqueza que poderia levar a um ataque autorrealizado, mas apenas uma pequena minoria jamais cai vítima deles. Ataques autorrealizados são inerentemente imprevisíveis (ver Wyplosz, 1998c). Seguem quatro importantes implicações.

Primeira, a imprevisibilidade (ao menos, dados os conhecimentos atuais) dos ataques autorrealizados significa que os mercados não podem adequadamente fixar um preço a um risco que esteja por demais difuso.[5] Portanto não é surpreendente que as agências de índices de crédito tenham falhado em prever as crises recentes. Mesmo se tivessem notado fraquezas, não tinham nenhuma maneira de dizer se e quando uma economia em especial poderia deslocar-se de um equilíbrio para o outro.

Segunda, os ataques autorrealizados criam um canal adicional para o contágio. Uma crise em um país pode levar os comerciantes, o público ou os investidores a reinterpretarem suas visões da estabilidade financeira em outros países. A Terça-feira Negra em 1987, a crise tequila, em 1995, e a Ásia, em 1997, oferecem exemplos.[6] Similarmente, quebras bancárias podem se espalhar além das fronteiras, não por causa das *holdings* em comum dos bancos mas por causa de uma reinterpretação da informação disponível.

Terceira, os criadores de políticas e as instituições financeiras internacionais foram treinados para considerar uma crise como o sancionamento de más políticas macroeconômicas. Os ataques autorrealizados podem ocorrer mesmo quando os fundamentos tradicionais — o orçamento, a inflação, a conta-corrente, a política monetária — estão "corretos". Em funcionamento, uma fraqueza que antes não foi em geral associada com os ataques especulativos. Ainda assim, os criadores de políticas e as instituições financeiras internacionais tendem a reagir com as clássicas medidas de contração, somando uma falha de mercado a uma "falha de política" (ver Sachs e Radelet, 1998, e Wyplosz, 1998a).

Quarta, a instabilidade financeira — definida como excessiva volatilidade nos preços ou fluxos — tem importantes implicações de redistribuição nacional e internacional. Em qualquer mercado financeiro, seja este global ou nacional, uma quantia de risco deve ser assumida por alguém. Esse risco resulta dos choques que continuamente fustigam as economias nacionais e mundiais (denominados incertezas extrínsecas) e das reações ocasionalmente desestabilizadoras dos mercados (incertezas intrínsecas).

Os intermediários financeiros oferecem serviços financeiros para reduzir a exposição de seus clientes aos riscos, desempenhando implicitamente o papel de uma seguradora. Assim fazendo, absorvem o risco (a um custo). Eles, então, geralmente reúnem o risco entre eles, comprando e vendendo seus compromissos para usuários finais até que o risco carregado por intermediário seja pequeno o bastante. Implicitamente, os intermediários financeiros proporcionam seguro uns aos outros. Embora eles, por conseguinte, absorvam parte do risco global, são bem-cuidadosos em limitar suas exposições. Quando uma crise ocorre, de súbito inchando a quantia de risco global, eles raramente se dispõem a intervir. São os usuários finais (as autoridades nacionais, as empresas, os indivíduos) que se postam para enfrentar uma grande dose do risco não segurável, que logo se traduz em perdas.

Claramente, os usuários finais mais ricos e mais sagazes financeiramente raras vezes são pegos de surpresa e sofrem grandes perdas. Os possuidores menos sofisticados de ativos acabam por absorver a maior parte dos riscos e perdas. Assalariados e contribuintes não possuem seguro ou o possuem parcialmente (por exemplo, através de benefícios por desemprego onde estes existem) contra as crises. Assim, as crises redistribuem a riqueza dos mais pobres para os mais ricos, nacional e internacionalmente, do baixo capital humano para o alto. Essa afirmação pode ser ilustrada se contrastando a Suécia e o Sudeste Asiático. Como a Ásia em 1997, seguindo a um colapso nos preços das moradias — em si a consequência de empréstimos imprudentes — a maioria dos bancos suecos tornou-se insolvente no início dos anos 1990. A Suécia subsequentemente caiu em recessão, mas seu destino não chega nem perto da atual crise asiática.

Portanto, ainda que algumas crises desempenhem a função útil de impor disciplina financeira aos agentes públicos e privados, esse processo é ineficiente e injusto. É verdade que as crises autorrealizadas não ocorreriam sem fraquezas preexistentes, mas a proporção do castigo para o mau comportamento é excessiva. Intervenções políticas são, consequentemente, necessárias para separar as reações normais do mercado financeiro das excessivas.

Os Mecanismos de Estabilidade Financeira Internacional

Esta seção apresenta e comenta os mecanismos existentes criados para promoverem a estabilidade financeira nacional e internacionalmente.

A provisão nacional de estabilidade financeira

POLÍTICAS MACROECONÔMICAS E ESTRUTURAIS ADEQUADAS. As próprias políticas podem ser uma fonte de instabilidade.[7] A estabilidade dos preços e as políticas macroeconômicas constantes e previsíveis — incluindo-se uma disciplina fiscal, uma conta-corrente sustentável e uma política cambial adequada — são precondições para a estabilidade financeira. Os requisitos estruturais incluem um processo de políticas apropriado, uma taxação redutora de distorções, mercados de trabalho eficientes e sistemas financeiros e bancários saudáveis.

Não sendo controvertida, essa é mais uma listagem de desejos do que uma descrição do que a maioria dos países poderá conquistar nos próximos dez anos. Mas mesmo que a maioria dos países não cumpra tais padrões exigentes, poucos deles enfrentarão os tipos de crises testemunhadas no Sudeste Asiático. Não importa quão inerentemente desejável, essa lista nem é necessária nem suficiente para a estabilidade financeira.

ESTRUTURA LEGAL ADEQUADA. Os direitos de propriedade devem ser claramente estabelecidos e rigorosamente cumpridos. Isso inclui as falências e a legislação da propriedade privada, inclusive os compromissos dos depositários no caso de quebra por instituições financeiras. O objetivo é assegurar que os depositários possuam um incentivo de monitorar adequadamente as instituições financeiras porque sabem que enfrentarão as consequências se não o fizerem. As intervenções do emprestador de último recurso devem ser imprevisíveis para evitar riscos morais. Há pouca dúvida de que essa lista seja de fato uma condição necessária para a estabilidade financeira.

CONTABILIDADE. A descrição dos mercados por parte dos economistas é com frequência considerada irreal porque pressupõe o compartilhamento de um nível incrivelmente alto de informação entre todos os agentes econômicos. Essa crítica é válida, mas existe mais de um modo de lidar com ela. No lugar de optar-se pelo "realismo" e conformar-se com segundas (ou n) melhores políticas que mexem com a lógica do mercado e no final prejudicam o crescimento, um objetivo maior deveria ser o de garantir que os mercados se assemelhem o máximo possível a sua estrutura teórica. Padrões de contabilidade, relatórios honestos e oportunos, auditorias, transparência nos riscos assumidos e divulgação de contas consolidadas, tudo isso trabalha para a conquista desse objetivo — e tudo requer legislação adequada e implementação minuciosa. Existe pouca dúvida de que práticas sólidas de contabilidade proporcionam amplos benefícios à sociedade como um todo.

Mercados Financeiros Eficientes e Profundos. Os mercados financeiros são mais estáveis quando funcionam bem — proporcionando uma ampla variedade de instrumentos, sistemas de pagamento seguros, competição aberta e privada de empresas financeiras (para evitar conflitos de interesses). E quanto mais eficientes são os mercados financeiros, mais complexos tendem a ser. A complexidade pode refletir um elevado grau de desempenho e sofisticação, mas pode também gerar uma ausência de transparência, tanto interna como externa. Existe uma tendência ao entusiasmo com a sofisticação, em parte porque os reguladores sentem às vezes que são tecnicamente menos alertas do que os engenheiros financeiros. Os controles sofisticados internos e externos precisam acompanhar a sofisticação do produto.

Regulação e Supervisão. A existência difundida de regulação e de supervisão representa uma admissão saudável de que não se pode permitir aos mercados financeiros funcionarem completamente livres. Essa admissão é uma fonte de tensão com a igualmente difundida visão de que a liberalização financeira é um passo adiante na estrada do desenvolvimento. Em princípio, a liberalização não deveria proceder mais rápido do que a regulação. Mais realisticamente, porque a regulação e a supervisão são improváveis de ser inteiramente eficazes, deve-se reconhecer que cada passo liberalizante causa instabilidade.

Monitorando os Fluxos de Capital. As movimentações livres de capital são consideradas uma condição de eficiência. Contudo, as crises financeiras raramente ocorrem nos países que limitam as movimentações de capital. Existem nítidas perdas e ganhos entre os custos da eficiência de restringirem-se as movimentações de capital e o custo de promover-se a estabilidade financeira. Ademais, os fluxos eficientes de capital podem ser refreados seletivamente, utilizando-se instrumentos de nova geração tais como as "taxas Tobin" operando com sucesso no Chile como depósitos exigidos. Tais ferramentas desencorajam fluxos especulativos de curto prazo sem prejudicar os fluxos de capital de longo prazo eficientes.[8]

Instituições internacionais: uma turnê panorâmica

Formalmente, o FMI se encarrega da estabilidade financeira internacional. Proporcionando apoio e aconselhamento aos países que enfrentam dificuldades nos pagamentos externos, o FMI obviamente visa a manter mercados cambiais ordenados e, quando uma crise irrompe, impedir a turbulência interna e o contágio internacional. Examinado desse ângulo, o FMI cumpre muitas das exigências mencionadas.

O Banco Mundial, entre outras tarefas, encarrega-se da reforma do setor financeiro. Proporciona financiamento e aconselhamento aos países desejosos de estabelecer o tipo de instituições já listadas, e os bancos regionais de desenvolvimento operam a seu lado.

ESTUDOS DE CASOS 211

Tanto o FMI como o Banco Mundial (com os bancos regionais) intervêm de país em país. Portanto, não lidam diretamente com as externalidades mas sim buscam impedir o contágio, circunscrevendo os focos de incêndio. Também difundem práticas reconhecidas por experiências acumuladas. Todavia, nem o FMI nem o Banco Mundial envolveram-se no estabelecimento de regras para prevenir ou limitar o fenômeno da carona. O vácuo foi preenchido por organizações variadas explicitamente criadas para promover a cooperação financeira internacional.

O G-7 nasceu de tentativas iniciais de estabilização das taxas cambiais em seguida ao término do sistema de Bretton Woods. Evoluiu para um monitoramento mútuo de bases amplas entre algumas das maiores economias. Muitas das mesmas funções são formalmente desempenhadas pela Organização para Cooperação e Desenvolvimento Econômico (OCDE) para um agrupamento maior de economias avançadas. A estabilidade financeira é com frequência uma preocupação importante de ambos, o G-7 e a OCDE, mas não operacionalmente. Outros clubes, tais como o G-10 e o G-24, operam com tarefas semelhantemente vagas.

O Banco de Pagamentos Internacionais (BIS) é um fórum de bancos centrais para discussões que com frequência visam à estabilidade financeira. Com o FMI e a OCDE, o BIS coleta dados e os torna disponíveis aos mercados. O BIS abriga, mas não administra, a Comissão de Supervisão Bancária da Basileia, uma instituição estabelecida explicitamente para promover práticas reguladoras em comum. A Comissão da Basileia é talvez a mais avançada forma de iniciativa internacional para alcançar estabilidade financeira pela adoção de medidas criadas para fortalecer os bancos, reduzindo o comportamento de risco e encorajando o monitoramento dos depositários.

Uma abordagem semelhante levou ao estabelecimento de duas outras instituições internacionais. A Organização Internacional de Comissões de Valores (Iosco) lida com a regulação dos mercados de ações, ao passo que a Comissão Internacional de Normas Contábeis (Iasc) se preocupa com as práticas de contabilidade. Em contraste com a Comissão da Basileia, as recomendações da Iosco e da Iasc não são automaticamente adotadas pelos países-membros.

A proliferação de instituições de *status* e membros diversos reflete a natureza do processo adotado até agora. Não houve um grande plano semelhante ao sistema de Bretton Woods. Lida-se com os problemas *ad hoc* por grupos de países preocupados ou associações profissionais (Iosco, Iasc). As instituições existentes (FMI, Banco Mundial, BIS, OCDE) ampliam o domínio de suas intervenções, algumas vezes sobrepondo-se, algumas vezes deixando brechas entre si. A maioria desses esforços é encabeçada pelas economias avançadas caso a caso, em grande parte, voluntariamente. Seguindo à crise mexicana, o esforço recente do G-10 levou ao relatório Draghi (BIS, 1997), não compulsório e, por enquanto, mais uma lista de boas intenções do que um instrumento para lidar com a instabilidade financeira internacional.

A crise asiática seguindo a crise mexicana revelou muitas rachaduras. O entusiasmo dos investidores com os mercados emergentes criou uma situação onde os riscos são muito grandes para países de mercados emergentes e crescentemente menos negligenciáveis para as economias avançadas. Esse desenvolvimento justifica um repensar e presumivelmente está por trás do debate sobre a "nova arquitetura" para os mercados financeiros internacionais.

Provavelmente já passamos a etapa na história onde os planos globais como o de Bretton Woods podem receber concordância. Grandes projetos requerem ou um líder ou um consenso internacional. Não existe mais um líder e, como observado, a instabilidade financeira conduz a uma redistribuição de rendas em larga escala, e qualquer reforma se destina a alterar o modo como os custos das crises são assumidos dentro e entre os países. Dados os montantes envolvidos, existe pouca esperança de se alcançar um consenso. Portanto, a "nova arquitetura" provavelmente se tornará uma desordenada construção pedra sobre pedra, muito como a necessidade levou à criação do G-7, do G-10, do G-24, da Iosco, da Iasc e da Comissão da Basileia.

Questões centrais mas não resolvidas

As crises financeiras e cambiais dos anos 1990 partilham várias novas características. A abertura comercial se espalhou. As políticas industriais declinaram. Os controles diretos sobre os mercados financeiros domésticos foram defasados. E as contas de capital foram liberalizadas. Entre os motivos por trás dessa ampla evolução estão a extinção do bloco soviético, o desencantamento com as intervenções estatais e os exemplos de reformadores bem-sucedidos em todos os continentes. O resultado tem sido um desempenho de crescimento mais amplo em todo o mundo, liderado pelos resultados espantosos no Sudeste Asiático.[9]

É isso o que torna a crise de 1997 emblemática. Exceto pela Tailândia, esses países não exibiram o tipo de má administração macroeconômica tradicionalmente associada com as crises cambiais estrangeiras (ver Krugman, 1998; Sachs e Radelet, 1998; e Wyplosz, 1998b). Apesar de algumas fraquezas estruturais, mas bastante difundidas por todo o mundo (endividamento de moeda estrangeira sem proteção de *hedging* e fracas regulações bancárias), a crise não foi prevista pelas organizações internacionais, pelas agências de índice de crédito e pelos investidores estrangeiros. Uma séria negligência generalizada seria uma interpretação. A crise autorrealizada é outra. O fato de que crises "surpreendentes" sejam mais frequentes após uma onda de liberalização financeira sustenta a afirmação de que esses ataques sejam autorrealizados. Refletem a maior capacidade dos mercados de forçar a mão dos formadores de políticas, mesmo quando não existe uma grave má administração.

ESTUDOS DE CASOS

Um aspecto particularmente inquietante é a "sabedoria após o fato", uma característica regular dessa nova geração de crises. Uma vez a crise ocorrida, há quase unanimidade quanto a sua causa. Cada nova crise revela uma fraqueza até aquele ponto negligenciada, e a lista de fraquezas cresce a cada crise. Fraquezas antes consideradas familiares e benéficas são depois reconhecidas como fatais. Com o passar do tempo, saberemos mais: se de fato existem crises autorrealizadas, e que características podem ser qualificadas *ex ante* como graves fraquezas. (Essa pesquisa já iniciou; ver Eichengreen, Rose e Wyplosz, 1995, 1996; Frankel e Rose, 1996; e Milesi-Ferreti e Razin, 1998.) A esta altura, contudo, temos de aceitar que a maioria dos países provavelmente exibe alguma fraqueza de aparência normal, deixando-os abertos à súbita instabilidade financeira aguda por motivos não compreendidos atualmente. As implicações dessa avaliação devem ser superenfatizadas. Clamam por um repensar cuidadoso sobre como se prevenir crises e como lidar com elas uma vez irrompidas.

A prevenção da instabilidade

VIGILÂNCIA: POR MELHORES POLÍTICAS MACROECONÔMICAS. Más políticas são uma fonte padrão de instabilidade financeira, então por que os países não fazem espontaneamente o que é melhor para eles? Quase sempre a culpa é posta nas políticas nacionais. Quando as reformas políticas são por demais difíceis, uma solução é buscar um "juiz" externo para propor e impor uma solução Pareto superior.[10]

Por que as instituições internacionais funcionariam melhor do que as nacionais? Uma razão é que a maioria das reformas que elevam o bem-estar total simultaneamente redistribuem as rendas, tanto nacional como internacionalmente. Os potenciais ganhadores são naturalmente circunspectos, enquanto os potenciais perdedores organizam a resistência, com frequência criando impasses políticos domésticos. As instituições de fora são algumas vezes consideradas como juízes com a autoridade de impor soluções visando ao aumento do bem-estar, os recursos financeiros de transferências de Pareto para compensar aos perdedores ou a ambos.

O FMI faz as duas coisas. Retira sua autoridade de seu conhecimento técnico, e oferece apoio financeiro, tanto direto (seus próprios recursos) como indireto (ajuda bilateral oficial ou fundos privados amarrados a uma adesão aos programas do FMI). As intervenções do FMI podem ser consideradas como uma transferência de Pareto da comunidade internacional para um país que está em dificuldade e ameaça a estabilidade financeira internacional. Isso não é o bastante, contudo, porque medidas para o aumento da estabilidade têm efeitos de redistribuição dentro de um país. Mas as transferências de Pareto dentro de um país não fazem parte dos procedimentos do FMI, o que levanta a questão de por que os programas do FMI funcionam. Além disso, poucos países se candidatam aos programas antes de a crise se estabelecer. Isso exclui o FMI de prevenir a instabilidade.

Informação. A visão oficial atual (FMI, G-7, G-10, G-24) enfatiza os méritos de uma melhor informação (quantidade, qualidade e oportunidade). Uma melhor informação pode ajudar, mas por duas razões seria gravemente enganoso limitarem-se os esforços à melhoria de informações. Primeira, a informação nunca é suficiente. Por exemplo, os procedimentos de informação e de vigilância são altamente desenvolvidos nos países membros da OCDE, ainda assim crises financeiras e corridas aos bancos ocorreram recentemente na Noruega, na Suécia e no Reino Unido. Erros de política e de administração não podem ser eliminados, e o encobrimento dos fatos é instintivo quando as dificuldades surgem.

Segunda, num mundo de equilíbrios múltiplos, o melhor que pode ser feito é traçarem-se listas de potenciais fraquezas. Sabemos muito pouco para fingirmos que temos a capacidade analítica de interpretar as informações disponíveis. Isso significa que os esforços atuais na construção de sinais iniciais de alerta estão fadados a fracassar. Como demonstrado em Wyplosz (1998c), os sinais iniciais de alerta tendem ou a silenciar quando as crises ocorrem ou a soar quando não há crise, o problema conhecido dos erros de tipo I e tipo II.[11] Um terceiro tipo de erro corresponde à possibilidade de que os alertas possam provocar uma crise.

Essas questões explicam bem a ambivalência atual acerca de se o FMI deveria revelar suas informações. Num esforço para aumentar o fluxo de informações, o FMI tem sofrido pressão para divulgar mais (toda?) a informação que possui. A reação do FMI tem sido morna, pois se preocupa em "falar demais", traindo, portanto, confianças, desencadeando uma crise e perdendo acesso a informações confidenciais. Ademais, ainda não foi provado que o FMI tenha uma vantagem comparativa em informação em relação aos investidores privados. Antigos membros da equipe do FMI não acreditam nisso (CEPR, 1998, p. 29).

Regulação e Supervisão. Os esforços para o estabelecimento de normas internacionais para a regulação e a supervisão são recentes, a maior parte datando da crise de 1987. A natureza de bem público da estabilidade financeira clama por uma ação pública. O risco de que uma pressão competitiva resulte em níveis cada vez mais baixos de regulação exige que a coordenação internacional estabeleça um campo de ação nivelado com as redes de segurança apropriadas.

No setor bancário, os países desenvolvidos adotaram as recomendações da Comissão da Basileia, mas os países em desenvolvimento estão atrasados. Exceto em uns poucos países latino-americanos, boas intenções não se traduziram em ações. Uma questão importante é se os países em desenvolvimento deveriam adotar as mesmas regras que os países desenvolvidos. Como as instituições financeiras dos países em desenvolvimento partem com uma desvantagem competitiva, a severidade das regras deveria ser inversamente relacionada ao desenvolvimento do sistema financeiro. Quanto menos desenvolvido é o sistema financeiro, mais arriscado é e piores as consequências de uma crise. Além disso, instituições mais fracas terão maior capacidade de competir internacionalmente se forem reconhecidamente sujeitas a regras mais severas.

Quando a Instabilidade Impera: Gerenciamento de Crises

A prevenção de crises já está bem-estabelecida, com boas esperanças de um progresso significativo nos países em desenvolvimento. O gerenciamento de crises é mais rudimentar no plano internacional. Também é mais controvertido, tanto em sua análise quanto em sua implementação.

Diagnóstico e prognóstico de crises

Uma vez que a instabilidade se estende, suas causas e prováveis efeitos precisam ser rápida e corretamente apreendidos. Na esteira da crise asiática, o caloroso debate público entre o FMI e seus críticos demonstrou o quão difícil pode ser esse exercício. A causa reside nas muitas questões pouco compreendidas listadas anteriormente. Crises baseadas em fundamentos são razoavelmente bem-compreendidas, deixando pouco espaço para desacordos. Mas, para as crises autorrealizadas, há uma necessidade urgente de se desenvolver uma estratégia para suas possíveis ocorrências. O perigo consiste em aplicar remédios antigos a uma doença nova.

- Primeiro, é essencial determinar o tipo de crise se desenvolvendo, mesmo que isso leve tempo e os mercados e os governos entrem em pânico.
- Segundo, algumas políticas são sempre apropriadas quando a instabilidade surge — e podem ser implementadas imediatamente enquanto a diagnose está sendo completamente elaborada. Por exemplo, desistir (talvez temporariamente) de um regime cambial fixo sempre parece ser uma resposta acertada.
- Terceiro, os programas do FMI deveriam ter uma flexibilidade embutida de modo a serem rapidamente adaptados, sem a perda de confiança ou de disciplina, quando o diagnóstico se firmar. Durante a crise asiática muito tempo se perdeu quando se evidenciou que uma política fiscal rigorosa pode não ter sido a recomendação apropriada. Parte da demora teve mais a ver com disfarçar o equívoco do que com uma criação de política apropriada.
- Quarto, a criação de políticas deveria ser menos sigilosa, permitindo diferentes visões de se externarem antes da tomada de decisões. Embora os debates públicos possam alimentar a instabilidade financeira, os erros de política são ainda mais prejudiciais.

A este respeito é surpreendente que os acordos para os programas do FMI não sejam liberados ao público. Há boas razões democráticas para tornar públicos estes compromissos. Há, também, boas razões econômicas: sinais para os mercados podem ajudar a estabilizar a situação, se o programa é bem-adaptado. E, se não, uma oportuna fiscalização pública e profissional é amplamente desejável.

Considerações semelhantes se aplicam ao prognóstico. A instabilidade financeira significa elevada incerteza. As previsões, sempre o calcanhar de aquiles da macroeconomia, tornam-se quase impossíveis de serem feitas com algum grau razoável de precisão em meio a instabilidades financeiras agudas. A sabedoria aceita de que a programação de políticas deve se construir em torno de previsões cria dificuldades formidáveis. Como com a diagnose, a prognose deveria ser objeto de considerável cautela. Em especial, as políticas baseadas em previsões precisam ser contingentes a ainda outras análises e descobertas. O argumento popular de que os programas, para estabelecerem credibilidade e disciplina, devem ser firmados com concreto é particularmente ingênua. Preservar políticas baseadas em suposições que se chocam contra as evidências é como dirigir um carro sobre o gelo sem os pneus adequados.

Contágio e interesses nacionais

A instabilidade financeira é com frequência contagiosa. Confinar em quarentena o paciente contagioso pode ser no geral uma boa política. Mas nem sempre o é.

O contágio pode estar baseado nos fundamentos. A depreciação e a recessão de um país provocam uma contração na demanda endereçada a seus parceiros comerciais ou concorrentes, que então sofrem um declínio nos preços dos ativos e uma depreciação da taxa cambial. Outras repercussões podem afetar mais países. É essa a fundamentação lógica da contenção. Mas isso não implica o equivalente econômico da quarentena — forçar um país em meio a uma crise financeira a adotar políticas preventivas de qualquer transmissão do choque. De modo ideal, a coordenação de políticas implica algum compromisso entre os interesses internacionais e os puramente nacionais. Além disso, se ao país inicialmente afetado é pedido que adote políticas preventivas de contágio, mas com algum custo para esse país, melhorar o bem-estar internacional justifica transferências de Pareto compensatórias vindas dos países mais saudáveis.

Crises autorrealizadas são um outro canal para o contágio. Por exemplo, quando surge uma crise autorrealizada em um país, os mercados podem reinterpretar a informação em outro país "semelhante" como uma indicação de que uma crise é também lá altamente provável. A Ásia, na esteira da queda tailandesa, é mais uma vez um desses casos — um caso no qual a prevenção do contágio se torna mais complicada.

ESTUDOS DE CASOS 217

Primeiro, como apontado, as clássicas políticas podem não funcionar quando uma crise é autorrealizada; poderiam, na verdade, piorar a situação (Sachs e Radelet, 1998). Segundo, a natureza difusa do que desencadeia uma crise autorrealizada torna difícil prever para onde o contágio se espalhará.

Risco moral e alívio de dívidas

Deve-se considerar aqui o risco moral ao setor público. Outro risco moral, para o comportamento dos empfestadores privados, é considerado a seguir. Em geral, um país enfrentando uma crise cambial precisa suspender o pagamento de sua dívida externa. De início a taxa de câmbio tende a sofrer uma profunda subavaliação, que depois se corrige. Neste ínterim, o valor da dívida estrangeira em moeda doméstica é inflado, justificando alguma suspensão de pagamentos. Mas o alívio de dívidas pode abrir a questão do risco moral. Como observado, o apoio internacional, absorvendo partes dos custos da instabilidade, pode proporcionar incentivos para os empfestadores privados de subestimarem os riscos — e para as autoridades nacionais de absterem-se de adotar medidas nacionais que proporcionam estabilidade (políticas macroeconômicas prudentes, regulação e supervisão). O FMI lida condicionalmente com o segundo risco assegurando que as autoridades nacionais enfrentem um sério custo. Em especial, o FMI tem sistematicamente rejeitado a suspensão das dívidas.

Dado o custo considerável das crises financeiras — o econômico e os de outros modos — é difícil acreditar que as autoridades nacionais nutram, ou apenas ignorem voluntariamente, os perigos da instabilidade financeira.[12] Punir um país em crise negando a suspensão de dívidas pode portanto ser um mau conselho. Contudo, até agora a preocupação com o risco moral tem bloqueado o apoio internacional a uma paralisação. Os países em desenvolvimento, que no passado frequentemente recorreram à moratória unilateral quando defrontados com crises financeiras, têm se abstido cautelosamente de fazê-lo recentemente. Uma razão é que os países em desenvolvimento cada vez mais tomam empréstimos de fontes privadas, tornando a gestão das dívidas mais comercial e menos política (Figura 2). Outra razão é que os anos 1980 levaram ambos os tomadores de empréstimos e os empfestadores a serem mais cautelosos. Ademais, os programas conduzidos pelo FMI têm envolvido empréstimos oficiais significativamente maiores com a exigência de que o pagamento das dívidas não seja interrompido. Contudo, existe movimento. Silenciosamente, o FMI começou a aceitar que seus empréstimos sejam usados para o pagamento de dívidas, uma prática que antes proibia. Ainda há resistência às paralisações por motivos de riscos morais.

FIGURA 2

Fluxos de capital líquido para a Ásia e a América Latina

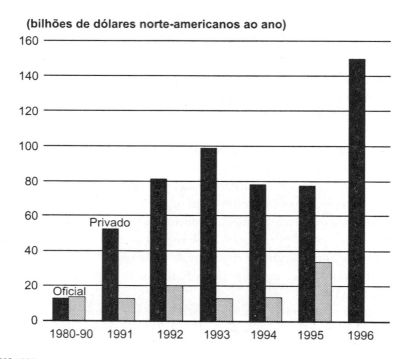

Fonte: BIS 1997.

O risco da seleção adversa

Assimetrias de informação também criam o problema da seleção adversa. O primeiro efeito é o enxugamento do crédito internacional. Quando os emprestadores privados se tornam preocupados com que os países tomadores de empréstimo, antes parecendo saudáveis, não sejam capazes de pagar suas dívidas, eles abruptamente interrompem os fluxos de créditos. Essa falha do mercado pode ter efeitos dramáticos e justificar que os emprestadores públicos (instituições financeiras internacionais e governos) intervenham urgentemente. Isso é razoavelmente compreendido e praticado. Todavia, uma outra manifestação do fenômeno da seleção adversa, pouco notada, é o outro lado da moeda da prevenção do risco moral: as condições rigorosas do FMI para minimizar o risco moral afastam os países na fase pré-crise.

Os países que enfrentam crescente instabilidade financeira podem escolher entre solicitar um programa do FMI e tentar vencer a tempestade sozinhos. Com frequência,

ESTUDOS DE CASOS

preferem arriscar-se sozinhos a enfrentar a certeza das condições do FMI percebidas como excessivamente rigorosas. Um exemplo é o último esforço do México de converter sua dívida em peso a uma dívida em dólar. Ao fazê-lo, não só um país aprofunda suas próprias feridas como também põe em perigo outros países suscetíveis de contágio.

Esse comportamento seguiu-se à crise tailandesa: meses se passaram antes do último país a ser atingido, a República da Coreia (mais tarde conhecido por Coreia), afundar sob a pressão do mercado e chamar o FMI, seguindo o padrão previamente estabelecido pela Malásia e pela Indonésia. O que acontece é que apenas os casos mais desesperados aparecem no "mercado" para programas do FMI. Casos moderados evitam as condições do FMI, implicitamente estigmatizando os países que solicitam esses programas. O resultado infeliz: quando o FMI por fim chega, a situação se tornou mais desesperadora e irremediável — e mais difícil de cercar do que se tivesse sido tratada a bom tempo. A demora pode fazer toda a diferença entre um empréstimo suave e um empréstimo pesado, e entre um caso isolado e uma onda de ataques por contágio.

Novas direções no gerenciamento de crises

A Instabilidade nem Sempre está Associada com Más Políticas Macroeconômicas. Instintivamente, parece, o FMI associa a instabilidade financeira à má administração política. Mas a existência provável de múltiplos equilíbrios clama por uma reavaliação. Até hoje, a resistência tem sido feroz. Uma vez que as crises autorrealizadas ocorrem tão só na presença de alguma fraqueza, uma instabilidade financeira aguda sempre pode ser explicada *ex post* por alguma forma de erro de política, mesmo se este não foi antes detectado. Cada episódio importante de crise nos ensina novas fontes de fraqueza em um processo sem fim de sabedoria pós-fato. Opositores a um *aggiornamento* em geral enfatizam a última sabedoria.

Fraquezas estruturais microeconômicas não pedem sistematicamente severas políticas macroeconômicas. Uma característica marcante da crise asiática tem sido a negação oficial de que as lições da Grande Depressão e das subsequentes crises financeiras se aplicavam (especialmente a crise de Outubro de 1987, assim como as crises bancárias da Escandinávia, do Reino Unido e dos EUA dos anos 1980 e 1990). Crises rapidamente produzem um esmagamento do crédito que, se não tratado adequadamente, logo é seguido por uma severa contração. Na Ásia, como em outras partes, o crescimento rápido do desemprego, o fechamento de fábricas, a recaída na pobreza e a perda de rendas — sem mencionar as crises políticas com profundas implicações de longo prazo — nos lembram 1929. Em contraste, no princípio das crises mais recentes, as autoridades dos países prontamente reagiram, tornando mais uma vez líquidos os mercados financeiros e recapitalizando as instituições financeiras com recursos orçamentais. Por que não a Ásia?

Além disso, a preocupação excessiva com o risco moral leva a não se perceberem os ganhos e perdas da seleção desfavorável. A imposição sistemática de rigorosas políticas macroeconômicas podem desencorajar e retardar a solicitação dos programas do FMI até que seja tarde demais. Precisa haver um incentivo para uma solicitação logo cedo — e um custo para uma solicitação tardia. As ferramentas podem ser a tradicional mistura de condicionalidade e tamanho do empréstimo.

PEQUENOS EMPRÉSTIMOS SÃO MAIS EFICIENTES. Uma característica marcante das crises mexicana e asiática tem sido o aumento maciço no tamanho dos pacotes organizados pelo FMI e financiados pelo Banco Mundial e pelos grandes doadores bilaterais. O FMI tem oferecido poucas explicações para esse novo fenômeno (que também leva a um pouco saudável embaçamento da distinção entre o FMI e o Banco Mundial). Ostensivamente, essas quantias correspondem a pagamentos de dívidas externas com vencimento em um horizonte não especificado. Parece também existir uma crença de que grandes quantias sejam necessárias para acalmar os mercados quando estes entram em pânico. Isso é ilusão. Os bolsos do FMI são por demais rasos para elevar o *ante* em um mundo de movimentações livres de capital.

Quando os ataques especulativos ocorrem, nenhuma quantia finita de dinheiro pode parar os mercados financeiros liberalizados. Existe uma estratégia melhor. O selo de aprovação do FMI — baseado na competência técnica de sua equipe, não na quantia de fundos envolvidos — permanece de alto valor. Por décadas a estratégia do FMI tem sido a alavancagem: pequenos empréstimos do FMI desencadeavam maiores quantias vindas de emprestadores privados, uma vez o setor privado reassegurado pelas condicionalidades e pela supervisão do Fundo. Essa estratégia permanece ainda mais válida hoje em dia.

LIMITAR INTERVENÇÕES INTRUSAS. O FMI desenvolveu sua capacidade de lidar com a má administração macroeconômica, uma prática controvertida porque efetivamente suspende alguns elementos de soberania enquanto inevitavelmente redistribui a renda. Mas em sua defesa o FMI pode se apoiar em dois argumentos principais. Primeiro, as falhas de mercado e os transbordamentos internacionais justificam as intervenções internacionais. Segundo, há um consenso razoavelmente amplo do que constituem "boas" políticas macroeconômicas.

Para muitas políticas microeconômicas, o segundo argumento desaparece. Além disso, os ganhos e perdas entre as intrusões e as externalidades menos favoráveis neste caso. Muitas externalidades microeconômicas são pecuniárias (um sistema financeiro fraco leva a elevados prêmios de risco), e a maioria das intervenções microeconômicas afeta aspecto mais profundo da soberania, particularmente quando tocam nos direitos de propriedade e na distribuição de renda. Em meio a uma crise, tais

ESTUDOS DE CASOS

intervenções são inevitavelmente consideradas chantagem. E levam tempo para ser implementada: uma vez terminada a crise, tendem a ser convenientemente esquecidas. Em vez disso, deveriam ser parte de uma estratégia de longo prazo, como discutido na seção seguinte.

ADAPTANDO POLÍTICAS À MOBILIDADE DO CAPITAL: POR UMA ABORDAGEM COERENTE

Esta seção reúne a análise anterior e concretiza propostas, algumas das quais estão em estudo pelo FMI como reação à crise asiática e, portanto, podem se materializar em breve. Outras serão controvertidas, mas a evolução do pensamento oficial tem sido tão rápida desde o final de 1997 que essas propostas podem logo parecer menos exóticas.

Liberalização de capital: invertendo a lógica

A liberalização do mercado financeiro traz recompensas em eficiência e resistência a choques, mas também gera instabilidade. Enfrentando resistências há décadas — dos governos, dos grupos de interesse e com frequência da opinião pública —, os promotores da liberalização do capital parecem ter apostado que a regulação e a supervisão seguiriam mais ou menos automaticamente. Na maior parte dos casos, não o fizeram. Essa abordagem tem se mostrado custosa, levando a perdas maciças na produção, à aflição humana e à turbulência política, enfraquecendo gravemente a causa válida para a liberalização.

SEQUENCIAMENTO. A liberalização do mercado financeiro internacional deveria ser o último passo de uma série que inicia com a adoção de normas apropriadas de contabilidade e de medidas prudentes consistentes com a etapa de desenvolvimento dos mercados — assim como com o estabelecimento de autoridades de supervisão. Os padrões de contabilidade não parecem ser controvertidos e podem ser prontamente importados. A regulação é mais complicada. Por exemplo, as regras da Comissão da Basileia foram criadas para os bancos dos países desenvolvidos. Nem o peso dos riscos nem os modelos internos são necessariamente apropriados aos países em desenvolvimento. De modo semelhante, a supervisão nos países desenvolvidos é levada a cabo por órgãos que precisam acumular experiência e capital humano consideráveis antes de serem totalmente operacionais.

AUTORIZAÇÃO PARA LIBERALIZAR. A prática atual é de encorajar os países de abrirem logo que possível, com frequência sem observarem as medidas de prudência. Uma abordagem melhor seria inverter a lógica e estabelecerem-se precondições para a admissão de países em liberalização nos mercados financeiros internacionais. Dada a presença de externalidades internacionais poderosas, os países, individualmente, não deveriam estar livres para criar regulação de prudência se pretendem abrir seus mercados financeiros.

Se essa lógica for aceita, é possível cortarem-se instituições financeiras emergentes dos mercados globais até que tenham adotado procedimentos prudentes adequados? Isso é feito individualmente de forma rotineira no setor privado quando cada instituição financeira cuidadosamente escolhe com quem conduzir negócios. Esse processo de seleção pode ser fortalecido de cinco modos:

- Primeiro, padrões internacionais do tipo de Basileia podem estipular que os negócios financeiros com contrapartes baseadas em países que não estejam implementando práticas apropriadas recebam uma classificação especial de alto risco.
- Segundo, as instituições financeiras de países não credenciados não deveriam ter acesso direto aos sistemas de pagamentos. Teriam de operar através de instituições de países credenciados, que teriam de refletir o risco associado.
- Terceiro, a posse estrangeira de instituições financeiras locais tem mostrado ser um modo eficiente de espalhar-se uma boa prática. As autoridades dos mercados emergentes com frequência desejam nutrir uma indústria doméstica em crescimento. Os argumentos de uma indústria iniciante geralmente escondem interesses privados não revelados à custa da estabilidade financeira. Remover tais proteções deveria ser uma precondição.
- Quarto, as agências de índice de crédito, que têm trabalhado especialmente mal recentemente, deveriam ser supervisionadas por uma agência internacional, pública ou privada. Embora esses serviços sejam proporcionados e comprados de forma privada, falhas passadas têm demonstrado que possuem efeitos sistêmicos justificando a preocupação pública. Alguns acontecimentos podem ser verdadeiramente imprevisíveis, mas as agências de índice de crédito podem também se ver em conflitos de interesse, assim como em comportamento de conluio ou de rebanho.
- Quinto, as autoridades internacionais e as nacionais deveriam evitar oferecer garantias de "grande demais para falir" às instituições financeiras, garantias que podem minar a vigilância de instituições financeiras privadas.

Regime de Taxa Cambial. As âncoras das taxas cambiais tendem a ser mantidas no lugar bem depois de sua utilidade ter se esgotado. O FMI, assim como reforçava as taxas de câmbio sob o sistema de Bretton Woods, podia agora encorajar mais a flexibilidade da taxa cambial nos países que liberalizassem suas contas de capital. Uma flexibilidade não significa necessariamente flutuações livres. Bandas de flutuação permitem uma flexibilidade significativa se forem largas o bastante; se forem ajustadas

ESTUDOS DE CASOS

(discreta ou lentamente) para assegurar que a taxa cambial de equilíbrio esteja incluída na banda e se as autoridades monetárias evitarem reforçar as minibandas implícitas dentro das bandas mais largas.

Alguns países podem decidir conservar um regime de taxa cambial fixo. Deveriam, como precondição para a liberalização do capital, tornar o regime sólido. Uma possibilidade seria explicitamente estabelecer-se a âncora da taxa de câmbio como o objetivo primário da política monetária. Na prática, isso significa o estabelecimento de um conselho administrativo da moeda ou juntar-se a uma união monetária. Uma outra possibilidade é o estabelecimento de restrições adaptáveis ao mercado do tipo, já mencionado, das adotadas no Chile[13] para as movimentações de capital.

As intervenções do FMI num decurso mais longo de tempo: condicionalidade ex ante

O período atual é, espera-se, um período de transição.[14] Com a abertura dos países em desenvolvimento ao comércio e às movimentações de capital, surgem as dificuldades iniciais comuns a qualquer empreendimento. Conviver com alguma instabilidade financeira requer a formação de instituições e a acumulação de capital humano. Com o tempo as economias emergentes estabelecerão o tipo de instituições que hoje estão sendo aprimoradas nos países desenvolvidos. Entrementes, o FMI sempre se vê no papel de bombeiro e sujeito a controvérsias devido às numerosas perdas e ganhos. A posição do FMI seria mais segura se, em vez de lidar com as consequências da instabilidade, promovesse um mais rápido ajustamento. Seus críticos argumentam, com razão, que apagar incêndios é um jogo sem fim — quando se permite que piromaníacos vaguem livremente. Uma abordagem possível é a complementação da tradicional condicionalidade *ex post* com uma nova condicionalidade *ex ante*.

A lógica é simples. Quando os mercados financeiros são globais, todos os países têm algo em jogo nas condições financeiras de qualquer país individual. Um país confrontando uma crise não pode ser abandonado: as externalidades, o contágio e outras falhas de mercado incitam os outros países a proporcionar apoio. O risco moral é inevitável. Como reação, o apoio é com frequência por demais limitado em velocidade e abrangência, freado por condições mais bem-planejadas para proteger aos que prestam socorro do que aos socorridos, e inevitavelmente controvertidas. Há uma "grande barganha": o socorro em troca de supervisão e cumprimento de regras. Socorros sem uma supervisão conduzem a riscos morais, mas o cumprimento de regras reduz a probabilidade de crises. A condicionalidade *ex ante* consiste na criação de "clubes" onde essa barganha poderia ser reproduzida, com uma ameaça confiável de suspensão da garantia no caso de insuficiente conformidade.[15]

A condicionalidade *ex ante* é assim definida. O FMI poderia estabelecer um número de regras que teriam de ser satisfeitas antes de um país ser elegível ao apoio. Essas regras incluiriam as medidas listadas anteriormente: políticas macroeconômicas apropriadas, padrões de informação, estabelecimento de normas de regulação e supervisão e, possivelmente, compromissos acerca de corrupção, intervenções estatais e abertura. Na maioria dos países, tais padrões não podem ser conquistados num curto espaço de tempo. A solução é o FMI divulgar que, além de uma data estabelecida (possivelmente dez ou mais anos), tão só apoiará os países registrados como havendo satisfeito todas as precondições.

Como funcionaria essa condicionalidade? Muitos países procurarão alcançar essas condições, e isso em si deveria diminuir seriamente a probabilidade de uma instabilidade rigorosa. Esses países desenvolverão o tipo de medidas para aumento da estabilidade já firmadas nos países desenvolvidos de muitas maneiras. Uma grave instabilidade será rara, mais provavelmente o resultado de genuína má sorte ou de ataques autorrealizados. Apoiar tais países não mais levantará as questões de risco moral que hoje atormentam as operações de socorro.

Outros países serão incapazes ou não estarão dispostos a acertar uma condicionalidade *ex ante*. Se um desses países enfrentar uma instabilidade financeira aguda, não será apoiado por um empréstimo do FMI. Sem dúvida sua situação será então desastrosa, não só para esse país mas para os outros países também. Por isso alguns aspectos importantes precisam ser resolvidos para tornar a proposta funcional.

Para começar, da ótica do bem público, a questão é se os outros países sofrerão. Os emprestadores e as outras partes das operações financeiras com esse país teriam sabido da situação de antemão e escolhido o comportamento de risco. Na maioria dos casos, a externalidade será pecuniária e portanto não justificaria a intervenção pública. Porém, alguns casos serão mais difíceis. Parceiros comerciais e concorrentes terão seus preços desvalorizados uma vez que a taxa de câmbio tenha quebrado. Em princípio, medidas especiais de proteção poderiam ser impostas temporariamente, mas seriam por demais fáceis de serem evitadas. Da mesma forma, os parceiros comerciais sentirão uma diminuição na demanda. Em princípio, *ex post*, algum tipo de apoio aumenta o bem-estar globalmente. O desafio é se criarem transferências de Pareto que não solapem o princípio da condicionalidade *ex ante*. Poderiam vir na forma de uma condicionalidade *ex post* limitada e severa.

Quem será responsável pela conformidade à regra em cada país? O setor privado ou as autoridades? Será responsabilidade das autoridades nacionais incumbirem-se das reformas necessárias e construir instituições adequadas. Os países poderiam ser elegíveis à assistência técnica e financeira — digamos, através de empréstimos do Banco Mundial. As autoridades nacionais também terão de exercer supervisão sobre os seus setores privados. Ninguém espera que a supervisão seja completamente efi-

ESTUDOS DE CASOS 225

caz, mas normas de regulação e supervisão podem ser desenvolvidas e acordadas internacionalmente.

Países inadimplentes, embora não elegíveis a empréstimos, poderiam ainda buscar aconselhamento técnico. Não há razão para o FMI, ou qualquer outra agência, recusar tais pedidos. O FMI poderia mesmo preparar e monitorar programas habilitados. E, mesmo sem empréstimos, tais programas serão atraentes para um país em crise se auxiliarem a restabelecer o acesso aos empréstimos privados estrangeiros ou se resultarem em prêmios de juros mais baixos.

Pode-se, é claro, levantar objeções. Claramente o ponto fraco é a política. Alguns países são grandes demais para falir e podem arriscar-se, não aceitando as condições. O que acontecerá se forem golpeados com uma crise? Uma vez socorrido um tal país, o que restará da condicionalidade *ex ante*? Mas o mesmo argumento não impediu a quase universal adoção das leis de falência, e os socorros verdadeiramente excepcionais de empresas grandes demais para falir mancham gravemente a integridade dos procedimentos de falência.

Uma versão suave seria o FMI, ou outra instituição, agir como cão de guarda da conformidade dos países aos padrões apropriados para o aumento da estabilidade, sem a ameaça de uma recusa de assistência numa crise.

Instituições para planejamentos ordenados

A crise recente trouxe à baila o risco moral dos emprestadores privados aos países em desenvolvimento, em contraste com o risco moral do setor público discutido anteriormente. Claessens, Dooley e Warner (1995), entre outros, mostram que os emprestadores em geral escapam ilesos da instabilidade financeira. Cobram prêmios substanciais por empréstimos a países de risco, soberanos e privados. Quando uma crise irrompe, são os principais beneficiários da assistência oficial. Esse cenário cria incentivos para uma concessão de empréstimos excessiva e arriscada, que por sua vez aumenta a instabilidade financeira. Contudo, em uma crise os emprestadores ainda insistem no pagamento completo das dívidas, o que com frequência piora a situação e aprofunda mais a instabilidade. Os dois problemas dos riscos morais (socorros que enfraquecem a disciplina nacional e socorros que encorajam empréstimos imprudentes) podem ser reduzidos estabelecendo-se instituições apropriadas.

Eichengreen e Portes (1995) oferecem propostas para os devedores soberanos, e algumas foram adotadas no Relatório Rey encomendado pelo G-10 (Grupo dos Dez, 1996). O objetivo é permitir um rápido acordo do reagendamento do pagamento das dívidas. Quando há um grande número de credores, cada um com direito a veto e o incentivo de correr porta afora, é difícil dar início a negociações — e mais ainda, conquistar acordos. As propostas contêm dois elementos cruciais. Primeiro, uma cláusula incorporada nos contratos de empréstimos especificaria como um representante dos dois obrigacionistas teria o poder de negociar com o país tomador de empréstimo que enfrenta uma crise financeira. Segundo, o direito de veto seria substituído pelo voto de uma maioria qualificada e partilhando cláusulas. As propostas são sensatas e foram aprovadas pelo G-10 em junho de 1996. Mas a implementação está parada pela oposição dos emprestadores, por razões óbvias.

As recomendações do Relatório Rey não são o bastante, porém. A crise asiática revelou a importância da solicitação de empréstimos privados no mecanismo que conduz a crises, e as aprofunda. Assim como o Relatório Rey foi incitado pela crise mexicana de 1994-95, a crise asiática de 1997 pede arranjos similares para os tomadores privados. A necessidade de paralisações e reagendamentos para os tomadores privados é ainda mais controvertida do que a para os tomadores soberanos.

Empréstimos a tomadores privados são operações de crédito comercial normais que se enquadram nos procedimentos padrões de falência no caso de uma inadimplência. Os oponentes às paralisações possuem fortes argumentos. Por que uma cláusula especial seria introduzida apenas porque o tomador está em um país em desenvolvimento? E mais, a crise asiática mostrou o perigo de tomadas de empréstimo de moeda estrangeira sem a proteção do *hedging*. O *hedging* é uma prática padronizada nos países desenvolvidos. Os acordos especiais permitindo às empresas de esperar uma fácil escapatória em uma quebra apenas piorariam o problema do risco moral. Existem, contudo, dois contra-argumentos crucialmente importantes.

Primeiro, podem faltar mercados: na maioria dos países em desenvolvimento, as empresas com frequência não podem tomar emprestado internacionalmente em sua própria moeda e os instrumentos de *hedging* não existem — ou são proibitivamente caros. Em segundo, há a possibilidade de crises autorrealizadas. Quando a taxa de câmbio deprecia-se a níveis bem abaixo de qualquer estimativa sensata de equilíbrio, os empréstimos que antes foram razoáveis tornam-se insuportáveis (Figura 3). Por fim a taxa de câmbio real precisa retornar ao equilíbrio, seja através da apreciação nominal, da inflação ou de ambas. Isso possibilitará o prosseguimento do pagamento das dívidas, mas enquanto isso a suavização dos encargos pede uma paralisação em todas as dívidas, privadas e públicas.

Isso se conquista em três etapas principais. Na primeira, as instituições devem ser as encarregadas de declarar uma paralisação. Na segunda, a legislação internacional deve aplicar-se a todos os acordos, privados e públicos, e a todos os devedores do país declarado em paralisação. Na terceira, deve se estabelecer um procedimento para organizarem-se as negociações subsequentes de reagendamento. Cada etapa levanta enormes questões. Qual instituição deveria se encarregar de declarar a paralisação? O FMI possui uma vantagem óbvia na informação, mas enfrenta conflitos de interesse. Pode, ele próprio, ser um emprestador, seu conselho é dominado por países emprestadores e existem vínculos óbvios entre os seus próprios programas, pagamento de dívidas e negociações com devedores. Um novo tribunal, independente, pode ser necessário para essa tarefa. A proposta recente de se estabelecer uma organização financeira internacional poderia ser posta a bom uso nesse caso.

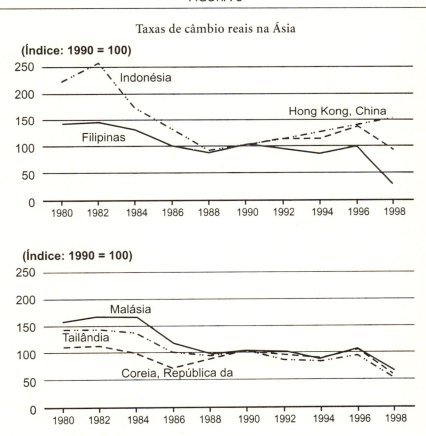

FIGURA 3

Taxas de câmbio reais na Ásia

Fonte: FMI, 1998; *The Economist*, 20 de junho de 1998.

Essa proposta claramente enfrenta um sério obstáculo de risco moral. Poderia facilitar por demais o reagendamento da rolagem das dívidas privadas, e poderia criar grupos dentro dos países em desenvolvimento opostos aos esforços nacionais de estabelecer-se a estabilidade financeira. E mais, os emprestadores reagirão elevando os prêmios de risco aplicados a todos os tomadores de empréstimos privados nos mercados emergentes, com efeitos negativos possíveis sobre o investimento produtivo e o crescimento. O primeiro problema seria atenuado pela condicionalidade *ex ante*, como proposta na seção anterior. Para a segunda questão, a perspectiva da resolução ordenada de uma crise pode empurrar para baixo as taxas de juros. No fim, uma simples suspensão da dívida privada não é novidade: ocorreu de fato em 1997-98, explicitamente para a República da Coreia e a Rússia, implicitamente para a Indonésia. A questão realista não é se, mas como.

Fundos monetários regionais

Quando o capital já foi liberalizado, o contágio pode ser rápido e difundido. Durante a crise asiática o FMI teve de reagir ligeiro a uma situação em rápida deterioração, enfrentando todos os ganhos e perdas e as dificuldades descritas anteriormente. A mistura de urgência e de novos desafios é uma receita para controvérsias e erros. Sem emitir uma opinião acerca do episódio, uma lição foi que o FMI pode cometer erros numa tal situação. Sob a suposição razoável de que a estabilidade financeira internacional repetidamente se desgastará nos anos vindouros, é altamente provável que erros, pequenos e grandes, ocorreram repetidamente. O planejamento de boas políticas implica essa possibilidade ser reconhecida e medidas atenuantes serem tomadas. A solução é a diversificação e o debate.

Um debate aberto antes da tomada de decisões só pode auxiliar a reduzir o risco de um grande erro de política. O FMI é bastante conhecido pelo vigor de seu debate interno, mas também por sua estrutura hierárquica. No fim, quando tudo já foi dito e feito, as decisões são tomadas por um pequeno número de pessoas. É assim que deve ser por motivos de eficácia, mas é conducente a erros. De mais a mais, em uma crise há um limite marcante do quanto pode ser discutido publicamente, portanto opiniões externas, de observadores não pertencentes à hierarquia, provavelmente não serão ouvidas a bom tempo.

A diversificação nas respostas políticas é impossibilitada pelo monopólio de fato sobre o aconselhamento de políticas usufruído pelo FMI. A justificação para o monopólio é, presume-se, o FMI ser o curador da ordem monetária mundial. Ter mais de um curador levantaria difíceis questões de coordenação e monitoramento: o cumprimento de regras não pode estar sujeito à competição. Porém a situação se modificou desde Bretton Woods. O FMI não mais faz cumprir uma regra específica. Antes visa a conquistar o objetivo um tanto nublado de uma estabilidade financeira internacional. E não se encontra só nesse empreendimento: outras instituições públicas e privadas, formais e informais (G-7, G-10, Iosco, Iasc, a Comissão de Basileia, agências de índice de crédito) partilham essa responsabilidade. O que singulariza o FMI é combinar supervisão com assistência condicional. Só o FMI pode acenar com uma isca ou com um chicote.

A supervisão não requer um monopólio. A proximidade às autoridades nacionais é uma vantagem na informação e uma desvantagem na liberdade de expressão e

ESTUDOS DE CASOS

de ação. De fato, o FMI não tem o monopólio da supervisão. Seu monopólio se limita à assistência condicional, e mesmo nesse âmbito vem retirando recursos de outras instituições e governos. Seu monopólio verdadeiro situa-se no estabelecimento dos termos de condicionalidade. É onde a controvérsia reside e onde os erros podem ocorrer — e é o que tem de ser repensado.

Como poderia haver competição no terreno do aconselhamento político? Consultores privados existem, mas não fornecem empréstimos multibilionários em dólar.[16] Instituições financeiras privadas já começaram a invadir o território do FMI. Por exemplo, George Soros fez enormes empréstimos de ponte ao governo russo. Porque a estabilidade financeira é um bem público, a competição não deveria vir do setor privado, mas sim deveriam existir mais FMIs. Assim como o Banco Mundial trabalha junto aos bancos de desenvolvimento regionais, o FMI poderia operar junto a fundos regionais, como foi sugerido nos primórdios da crise asiática. Seria um passo na direção da subsidiaridade.

Os benefícios seriam uma competição no planejamento dos programas de estabilização. Abordagens diferentes poderiam ser trazidas à baila, propostas, experimentadas e analisadas. Por exemplo, a abordagem do FMI de uma política fiscal apertada na crise asiática poderia ter sido implementada em alguns países, enquanto outros poderiam ter optado por uma diferente estratégia financiada publicamente de estimulação de suas economias imploditas. Poderia acontecer de, no final, a experiência ter vindicado o FMI — mas talvez não. A experimentação social não deve ser encorajada porque pode levar a perdas sociais drásticas. Mas o manejo não ortodoxo do FMI da crise asiática foi claramente uma experiência.[17]

Essa proposta situa-se claramente num extremo de uma escala de aceitação. Sem dúvida, se abre a três sérias objeções. Primeira, uma competição entre FMIs regionais poderia resultar em um declínio na condicionalidade. Alguns fundos regionais poderiam ser tentados a aumentar suas participações nos mercados oferecendo condições lenientes, acarretando desastres. É uma possibilidade. Contudo, somente fundos tolos conscientemente se engajariam numa tal competição. Fundos despreocupados se especializariam em atrair governos ávidos de obter aprovação internacional para políticas equivocadas. O resultado seriam maus resultados e programas de recuperação custosos. Fundos equivocados logo se encontrariam sem recursos. Seus acionistas preencheriam de novo os cofres somente se esperassem também precisar de tratamento indulgente. Emergiriam clubes de países maus e clubes de países virtuosos à vista de todos.[18] Há pouca dúvida de que, no fim, boas políticas recompensariam os bons fundos e conduziriam ao desaparecimento ou reforma dos maus. É claro, a transição poderia ser perturbadora e cara. Esse não é um argumento válido para a construção de instituições de longo prazo; o que conta é o valor atual da arquitetura proposta.

A segunda objeção concerne ao risco de politização. Fundos regionais poderiam perseguir objetivos não econômicos e evoluir em clubes adversários. Não há evidência de que os bancos de desenvolvimento regionais tenham seguido tal caminho. Se bem-sucedida, a existência de fundos regionais diluirá o poder correntemente usufruído pelos grandes acionistas do FMI. É justo reconhecer, contudo, que a distribuição atual de poder no conselho do FMI é altamente politizada, refletindo o equilíbrio político de 1944. Uma atualização já há muito é devida — e deveria ser considerada como a consequência natural e inevitável do surgimento de economias bemconduzidas em todo o mundo.

A terceira objeção é que governos astutos podem usar a competição para reter informações cruciais, proporcionando alguns bocados ao FMI e outros aos fundos regionais, ocultando, porém, o quadro geral. Dados os esforços atuais de disseminação de informações precisas e completas, isso representaria um passo para trás. A solução seria um acordo de partilhar sistematicamente todas as informações entre todos os fundos. Mas assimetrias de informação podem ser menores em nível regional do que em nível internacional, portanto os fundos regionais poderiam possuir um melhor entendimento da situação de seus constituintes do que o FMI possui. É essa a atração da subsidiaridade.

Conclusão

A instabilidade financeira está aumentando, consequência inevitável da liberalização das movimentações de capitais acontecendo. A instabilidade financeira prejudica os países individualmente, mas também se espalha através dos países e continentes. Há uma necessidade de provisão da estabilidade financeira como um bem público mundial.

Porque a instabilidade financeira se origina nas falhas de mercado, o primeiro objetivo deveria ser o de se corrigirem essas falhas. Este capítulo argumenta que uma melhor coleta e disseminação de informações, políticas macroeconômicas orientadas para a estabilidade e regulação e supervisão melhoradas constituem passos na direção certa — mas ficam longe de eliminar a instabilidade, ao menos por muitos anos por vir. Temos de aceitar a instabilidade financeira como um fato e aprender como lidar com as crises quando elas ocorrem.

O resultado é um exercício em ações políticas que seriam uma segunda ou terceira escolha. Piorando os inevitáveis ganhos e perdas e interpretações, os mercados financeiros geram equilíbrios múltiplos, abrindo o caminho não só para crises com suas bases nos fundamentos mas também a crises autorrealizadas. Em um mundo de crises autorrealizadas, a instabilidade não é mais necessariamente um resultado de más políticas ou más estruturas econômicas. Isso deveria nos conduzir a repensarmos nossas prescrições políticas.

Parte do colapso asiático pode ser relacionado a nossa ignorância dos mecanismos da instabilidade financeira. Não possuímos ainda uma visão clara do que desencadeia as crises autorrealizadas. Não concordamos sobre como evitarem-se os contágios sem deixarmos um país em crise afundar na recessão. Não compreendemos bem os ganhos e perdas entre as externalidades e as políticas que visam ao aumento do crescimento. A dinâmica das crises permanece um território quase virgem, em especial a tendência das taxas de câmbio a depreciarem-se além dos limites. Como resultado, as respostas políticas tendem a ser planejadas com conhecidas estruturas analíticas em mente, embora haja evidência crescente de que essas estruturas não se encaixam na realidade.

Parte do colapso também se relaciona ao pensamento conservador. Sim, novas ideias recém-saídas das prensas acadêmicas devem ser engolidas com cautela. Mas o circuito internacional de criação de políticas tem sido lento em reconhecer os novos desafios da globalização. Com demasiada frequência se invoca a prudência para justificar-se o predomínio continuado das práticas existentes. O desafio não é só que os economistas contribuam com melhores e mais sólidas prescrições. É repensarmos o sistema financeiro mundial.

Este capítulo ofereceu propostas precisas para repensarmos o sistema financeiro mundial. Algumas parecerão executáveis — diminuirmos a marcha da liberalização das contas de capitais, adotarmos restrições adaptáveis ao mercado para os fluxos de capitais, encorajarmos uma maior flexibilidade das taxas de câmbio, projetarmos um mecanismo para a suspensão e reestruturação ordenada das dívidas. Outras propostas parecerão pouco realistas — estabelecermos precondições para a liberalização das contas de capitais, trocarmos para a condicionalidade *ex antes*, estabelecermos FMIs regionais.

Antes de se emitir um julgamento, deve-se manter em mente que a maioria das propostas executáveis foram consideradas enormemente despropositadas apenas alguns anos (ou meses) atrás. A crise asiática concedeu mais respeitabilidade a opiniões tais como a da necessidade de determos os controles de capital até serem cumpridas as precondições ou o nível desejado de resolução nas dívidas soberanas. Sob a incessante pressão dos acontecimentos, ultimamente a sabedoria convencional tem sido sacudida, e isso é o que em última instância sempre acontece. Espera-se que essas ideias sejam estudadas seriamente antes de mais crises criarem mais desastres.

NOTAS

O autor agradece a Hans Genberg e Alex Swoboda por discussões úteis e a Xavier Debrun e Arjan Kadareja, por excelente auxílio de pesquisa.

1. Crockett (1997) propõe uma definição semelhante, mas também acrescenta a instabilidade nas instituições financeiras. Os colapsos de instituições financeiras ou refletem repentinos colapsos excessivos nos preços de ativos, e portanto estão coberto pela definição aqui proposta, ou uma má administração interna em instituições em particular (Continental Illinois, Barings, BCCI e assim por diante), que não é sistêmica e não deveria ser considerada uma instabilidade financeira.
2. Enquanto não esteja claro quando as respostas de preços são "excessivas" (ver Schiller, 1981), o peso da evidência é que os mercados tendem a reagir a informes e, ocasionalmente, reagir mesmo a informes irrelevantes.
3. A assimetria na informação há muito tem sido reconhecida como uma importante fonte de falha nos mercados financeiros. A contribuição seminal de Stiglitz e Weiss (1981) recentemente foi aplicada às crises dos países em desenvolvimento por Calvo (1995), Mishkin (1996) e muitos outros.
4. Hoje existe uma vasta literatura acerca dos múltiplos equilíbrios nos mercados financeiros, e em particular nos mercados de câmbio estrangeiros, seguindo a contribuição seminal de Obstfeld (1984). Ver Krugman (1998) e Wyplosz (1998b).
5. O efeito do problema do peso significa que os mercados podem ainda fixar um preço para o risco mesmo se colocarem uma baixa probabilidade na sua ocorrência. O argumento apresentado aqui sugere que os mercados possam sistematicamente subestimar a probabilidade das crises autorrealizadas, por boas razões. Nesse caso, o preço é equivocado.
6. Eichengreen, Rose e Wyplosz (1996) constatam que a ocorrência de uma crise em um país-membro da OCDE aumenta em 8 pontos percentuais a probabilidade de uma crise em outra parte na zona da OCDE.
7. Esta seção segue amplamente a classificação apresentada em BIS (1997).
8. Sobre a taxa Tobin, ver Haq, Kaul e Grunberg (1996). Sobre a experiência chilena, ver Cowan e de Gregorio (1997).
9. Esta afirmação precisa ser qualificada porque as simples estatísticas sugerem diferentemente. O crescimento médio anual mundial do PIB *per capita* (avaliado em 1987, em dólares norte-americanos) era de 1,9% nos anos 1970, 0,2% nos anos 1980 e 0,3% durante 1990-93, portanto o início dos anos 1990 não exibe um desempenho melhor. Nem o crescimento global se uniformizou, quando o desvio padrão entre os países aumentou de 1,3 durante os anos 1970 e 1980 para 1,7 durante 1990-93. Numerosos outros fatores (tais como as guerras) devem ser levados em conta (Banco Mundial, 1997). Eatwell (1997) vai mais longe, argumentando que a liberalização financeira na verdade prejudicou o crescimento. Essa visão é examinada criticamente em Grunberg (1998).
10. Por exemplo, Giavazzi e Pagano (1988) argumentam que um regime fixo de taxa cambial é um modo de restringirem-se as escolhas políticas para a obtenção de um melhor resultado. De modo similar, Debrun (1997) argumenta que o Pacto de Estabilidade, adotado como parte da União Monetária Europeia, é planejado para levar a pressão externa a apoiar-se na criação de políticas fiscais estáveis.
11. Na teoria da probabilidade padrão ocorre um erro de tipo I quando se emite um alerta

ESTUDOS DE CASOS   233

mas nenhuma crise de fato se dá. A ocorrência de erros de tipo I é reduzida emitindo-se mais alertas, mas isso aumenta o número de erros de tipo II, e inversamente.

12. Essa afirmação ignora a política e a corrupção. Podem existir (numerosos) casos onde uma ajuda bilateral politicamente motivada é grande o bastante para prevenir as crises e a necessidade de solicitar-se apoio do FMI. Também é possível a classe dirigente privatizar o apoio estrangeiro de forma que o balanço dos custos e benefícios sociais se torna irrelevante.

13. Para uma análise das restrições ao capital especulativo compatíveis ao mercado, ver Eichengreen, Tobin e Wyplosz (1995). Para uma discussão das alternativas, ver Wyplosz (1998c). Para uma descrição do caso chileno, ver Cowan e de Gregorio (1997).

14. A ideia desenvolvida nessa seção se originou em uma conversa com Alan Meltzer que não deveria, contudo, ser responsabilizado pela presente formulação.

15. Esse princípio é similar ao que alinhava a proposta de George Soros de estabelecer-se uma corporação internacional de seguro de crédito. A ideia de Soros é na verdade mais próxima da proposta de "autorização para liberalizar" apresentada anteriormente.

16. O feudo muito divulgado entre Jeffrey Sachs e o FMI reflete essa situação. Sachs age como um consultor privado que por vezes chega a diferentes soluções. Para competir com o FMI ele só pode tentar desencadear um apoio financeiro de outras fontes e, se isso falhar, erguer a voz.

17. A ortodoxia em face de um colapso na demanda exige políticas keynesianas.

18. Um mérito desse processo de autosseleção é o de que lidaria com o problema de falta de legitimidade do FMI. O FMI é com frequência considerado como uma agência liderada pelos EUA, determinada em impor visões tecnocráticas. Cooperando com os fundos regionais, o FMI se estabeleceria como um parceiro escolhido livremente. Atualmente o FMI é quase sempre utilizado pelos governos como bode expiatório na imposição de políticas apoiadas pessoalmente, mas que não podem propor ou defender por motivos políticos.

REFERÊNCIAS BIBLIOGRÁFICAS

Banco Mundial. 1997. *Global Development Finance*. CD-ROM. Washington, DC.

BIS (Bank for International Settlements). 1996. *Annual Report*. Basileia, Suíça.

———. 1997. *Financial Stability in Emerging Market Economies*. Relatório Draghi do Grupo Analisando a Estabilidade Financeira nos Mercados Econômicos Emergentes. Basileia, Suíça.

Calvo, Guillermo. 1995. "Varieties of Capital Market Crises". University of Maryland, Center for International Economics, College Park.

CEPR (Centre for Economic Policy Research). 1998. *Financial Crises and Asia*. CEPR Conference Report 6. Londres.

Claessens, Stijn, Michael Dooley e Andrew Warner. 1995. "Portfolio Capital Flows: Hot or Cool?" *World Bank Economic Review* 9(1): 153-74.

Cowan, Kevin, e José de Gregorio. 1997. "Exchange Rate Policies and Capital Account Management: Chile in the 1990s". Serie económica 22. Universidade do Chile, Santiago.

Crockett, Andrew. 1997. "Why Is Financial Stability a Goal of Public Policy?" Em Federal Reserve Bank de Kansas City, *Maintaining Financial Stability in a Global Economy*. Kansas City.

Debrun, Xavier. 1997. "A Simple Model of Fiscal Restraints under Monetary Union". Graduate Institute of International Studies, Genebra.

Eatwell, John. 1997. *International Financial Liberalization: The Impact on World Development*. ODS Discussion Paper 12. Nova York: Programa das Nações Unidas para o Desenvolvimento, Gabinete de Estudos para o Desenvolvimento.

Economist, The. 1998. "Emerging Market Indicators". 20 de junho.

Eichengreen, Barry, e Charles Wyplosz. 1993. "The Unstable EMS". *Brookings Papers on Economic Activity 1*. Washington, D.C.: Instituição Brookings.

Eichengreen, Barry, Andrew Rose e Charles Wyplosz. 1995. "Exchange Market Mayhem: The Antecedents and Aftermath of Speculative Attacks". *Economic Policy* 21:249-312.

———. 1996. "Contagious Currency Crises: First Tests". *Scandinavian Journal of Economics* 98(4): 463-84.

Eichengreen, Barry, James Tobin e Charles Wyplosz. 1995. "Two Cases for Sand in the Wheels of International Finance". *Economic Journal* 105(428): 162-72.

FMI (Fundo Monetário Internacional). 1998. *International Financial Statistics.* CD-ROM. Washington, DC.

Frankel, Jeffrey, e Andrew Rose. 1996. "Currency Crashes in Emerging Markets: An Empirical Treatment". *Journal of International Economics* 41 (3-4): 351-66.

Giavazzi, Francesco, e Marco Pagano. 1988. "The Advantage of Tying One's Hands: EMS Discipline and Central Bank Credibility". *European Economic Review* 32(5): 1055-74.

Grunberg, Isabelle, org. 1998. *Perspectives on International Financial Liberalization.* ODS Discussion Paper 15. Nova York: Programa das Nações Unidas para o Desenvolvimento, Gabinete de Estudos para o Desenvolvimento.

Grupo dos Dez. 1996. *The Resolution of Sovereign Liquidity Crises: A Report to the Ministers and Governors* (Relatório Rey). Basileia, Suíça.

Haq, Mahbub ul, Inge Kaul e Isabelle Grunberg, orgs. 1996. *The Tobin Tax.* Nova York: Oxford University Press.

Kindleberger, Charles. 1939. "Speculation and Forward Exchange". *Journal of Political Economy* 47: 176-85.

Krugman, Paul. 1998. "Currency Crises". Massachusetts Institute of Technology, Department of Economics, Cambridge, MA.

Milesi-Ferreti, Gianmaria, e Assaf Rasin. 1998. "Determinants and Consequences of Current Account Reversals and Currency Crises". Fundo Monetário Internacional, Washington, DC.

Mishkin, Frederic. 1996. "Understanding Financial Crises: A Developing Country Perspective". NBER Working Paper 5600. National Bureau for Economic Research, Cambridge, MA.

Obstfeld, Maurice. 1984. "Multiple Stable Equilibria in an Optimizing Perfect-Foresight Model". *Econometrica* 52(1):223-28.

ESTUDOS DE CASOS

Sachs, Jeffrey e Stephen Radelet. 1998. "The East Asian Financial Crisis: Diagnosis, Remedies, Prospects". Harvard University, Harvard Institute for International Development, Cambridge, MA.

Sachs, Jeffrey, Aaron Tornell e Andrès Velasco. 1996. "The Collapse of the Mexican Peso: What Have We Learned". *Economic Policy* 22: 13-64.

Schiller, Robert J. 1981. "Do Stock Prices Move Too Much to Be Justified by Subsequent Changes in Dividends?" *American Economic Review* 71(3): 421-36.

Stiglitz, Joseph, e Andrew Weiss. 1981. "Credit Rationing in Markets with Imperfect Information". *American Economic Review* 71(3): 393-410.

Wyplosz, Charles. 1998a. "Globalized Financial Markets and Financial Crises". Graduate Institute of International Studies, Genebra.

——. 1998b. "International Capital Market Failures: Sources, Costs and Solutions". Graduate Institute of International Studies, Genebra.

——. 1998c. "Speculative Attacks and Capital Mobility". Graduate Institute of International Studies, Genebra.

Patrimônio Ambiental e Cultural

Montreal *versus* Kyoto: A Cooperação Internacional e o Meio Ambiente Global
Scott Barrett

Novas Estratégias para o Fornecimento de Bens Públicos Globais: Aprendendo com os Desafios Ambientais Internacionais
Geoffrey Heal

O Patrimônio Cultural como um Bem Público: Análise Econômica Aplicada a Cidades Históricas
Ismail Serageldin

Nos últimos dez anos a cooperação ambiental internacional ascendeu ao topo da agenda política internacional. Das muitas questões ambientais existentes nessa agenda, focalizaremos duas aqui, a redução da camada de ozônio e a alteração climática, para ilustrar alguns dos graves desafios políticos impostos pelos bens públicos globais. Os primeiros dois capítulos nesta seção tratam de duas dimensões importantes da cooperação — como construirmos acordos eficazes para coordenar as políticas nacionais que afetam o meio ambiente global, e quando e como usarmos os mercados para o fornecimento de bens públicos globais na arena ambiental. O terceiro capítulo examina um problema comum a muitas questões ambientais — o estabelecimento de uma sólida metodologia de avaliação para os bens não comercializados — e o aplica à preservação da cultura e dos bens culturais.

O capítulo de Scott Barrett expõe a aparentemente simples questão: se o Protocolo de Montreal foi tão bem-sucedido em reduzir a produção e o uso de substâncias que degradam a camada de ozônio, por que não se consegue um acordo eficaz sobre o controle da emissão dos gases causadores do efeito estufa? Seu exame dessas questões revela duas constatações. Primeira, as economias subjacentes ao problema das alterações climáticas e da redução da camada de ozônio são diferentes. Um estudo que guiou os criadores de políticas numa etapa inicial das negociações sobre o ozônio concluiu que os custos da redução das substâncias depletoras do ozônio eram pequenos comparados aos benefícios. Em contraste, os melhores estudos hoje disponíveis sugerem que os custos de uma redução substancial da emissão dos gases causadores do efeito estufa se equiparam ou excedem aos benefícios. Segunda, Barrett argumenta que na ausência de uma autoridade global central, os tratados internacionais têm de ser autoaplicáveis ou incluir incentivos dignos de crédito para o cumprimento e desestímulos para desencorajar o não cumprimento. Portanto, o Protocolo de Montreal, embora eficaz, não pode ser simplesmente reescrito para lidar com o problema da alteração climática. Antes, a redução dos gases causadores do efeito estufa impõe novos desafios de divisão de responsabilidade e de implementação eficaz.

O capítulo de Geoffrey Heal descreve o mundo novo dos bens públicos globais. Como ele explica, a privatização e os avanços tecnológicos se combinaram modificando em muitos aspectos a própria natureza da provisão dos bens públicos. No campo ambiental, de mais a mais, há um crescente volume de males públicos globais de produção privada, como a poluição. Em resposta, Heal sugere o uso dos mercados para promovermos o fornecimento privado de bens públicos. Se adequadamente estruturados, os mercados podem resolver os problemas impostos por esse tipo de bem. O capítulo descreve como um mercado global de licenças para poluir poderia reduzir os níveis de poluição enquanto assegura uma distribuição eficiente e eqüânime dos custos da redução das emissões. Em um segundo exemplo do poder dos mercados na superação dos dilemas da cooperação, Heal descreve como as prontas ações das grandes empresas ou países podem acelerar as reformas ambientais dos atores menores por meio de um processo de adoção de transbordamentos.

Ismail Serageldin demonstra que a simples análise de custo-benefício é com freqüência um guia frágil para a resolução das questões ambientais e culturais. Ambas as questões podem possuir valores econômicos, assim como valores intrínsecos, comumente reconhecidos, se não valorizados. Para problemas metodologicamente semelhantes como esses, a análise de custo-benefício precisa ser complementada por novos instrumentos analíticos. Além do critério de valor de uso, utilizado para os bens privados, Serageldin enfatiza a relevância do critério de valor não extrativo, inclusive o valor de existência. Por exemplo, o valor de um sítio cultural vai além do montante que o sítio é capaz de gerar em termos de dólares turísticos. Locais únicos possuem valor para o mundo como um todo, não apenas para os residentes do local ou para seus visitantes. Serageldin sugere parcerias entre os setores privado e público para a garantia da revitalização de sítios inestimáveis, tais como as cidades antigas, oferecendo os exemplos dos distritos históricos de Hafsia, Túnis, e Fez, no Marrocos.

MONTREAL *VERSUS* KYOTO

A Cooperação Internacional e o meio ambiente global

SCOTT BARRETT

A degradação do ozônio estratosférico e as alterações climáticas possuem muito em comum. Esses problemas ambientais são globais porquanto todos os países emitem substâncias que reduzem a camada de ozônio e gases que causam o efeito estufa, todos são afetados por tais emissões e uma gestão eficaz desses problemas requer uma cooperação envolvendo muitos, se não todos, os países. A redução do uso dos agentes químicos que degradam a camada de ozônio e das emissões de gases causadores do efeito estufa são bens públicos globais. A depleção do ozônio e as alterações climáticas são males públicos globais.

Embora esses problemas sejam superficialmente semelhantes, o fornecimento desses bens públicos tem sido diferente. Os acordos internacionais sobre a degradação estratosférica do ozônio estão eficazmente livrando o mundo das mais prejudiciais substâncias causadoras da redução do ozônio. Em contraste, os acordos internacionais sobre as alterações climáticas, se implementados à risca, apenas jogarão água fria no crescimento das emissões dos gases causadores do efeito estufa. É verdade, porém, que a cooperação internacional para ambos os problemas ainda se desenvolve. A cooperação para a proteção da camada de ozônio, codificada no Protocolo de Montreal e acordos relacionados, poderia deslanchar, talvez com a ajuda de um próspero mercado negro das substâncias proibidas. A cooperação na proteção do clima poderia aumentar quando o Protocolo de Kyoto fosse implementado e talvez emendado e revisado. Até agora, contudo, a cooperação tem sido mais bem-sucedida no caso da redução da camada de ozônio. Por quê?

A razão não é que as alterações climáticas sejam descobertas mais recentes e estejam sujeitas a incertezas muito maiores. Que o clima mundial se alteraria com o aumento da concentração dos gases causadores do efeito estufa foi observado um século atrás, ao passo que a teoria relacionando os agentes químicos como os clorofluorcarbonos (CFCs) à redução da camada de ozônio só foi publicada em 1974. E ainda que as incertezas sobre as alterações climáticas sejam substanciais, não o são mais do que o foram as incertezas sobre o esgotamento da camada de ozônio quando o Protocolo de Montreal foi negociado em 1987. Nas palavras de Richard Benedick (1997), principal negociador dos EUA nas conversas do Protocolo de Montreal:

Parecemos ter esquecido que [a justificativa para o Protocolo de Montreal] foi totalmente teórica. As medições, na verdade, não registraram nenhuma diminuição na espessura da camada de ozônio, exceto sobre a Antártida, uma ocorrência sazonal que os cientistas na época consideraram um caso especial, e para a qual havia inúmeras teorias. Não havia, além do mais, nenhuma evidência de que os CFCs fossem os responsáveis. Por último, não havia sinal do aumento da radiação ultravioleta de fato estar alcançando a Terra.

A razão dos diferentes resultados parece antes provir de uma falta de vontade política. Mas por que deveria a vontade política apoiar uma maior cooperação na proteção da camada de ozônio do que na atenuação das alterações climáticas?

Este capítulo mostra que o sucesso relativo da cooperação internacional depende do lado econômico do problema e da formulação do tratado visando a resolvê-lo. O lado econômico do problema — ou seja, os benefícios e os custos do fornecimento de um bem público global — são dados, no geral. Os termos do acordo visando a sustentar a cooperação, em contraste, são escolhidos. Sendo assim, os corpos diplomáticos mundiais podem gerar mudanças.

Mas um tratado está sujeito a algumas limitações; a mais importante deve ser autoexecutável. Isso significa que os países estão livres para escolher serem um dos signatários de um acordo buscando fornecer um bem público global. Negociar-se um tratado que sustenta uma participação quase universal e exige que cada signatário forneça uma quantia substancial de proteção ambiental é o principal desafio à diplomacia.

Os mecanismos de acordo que os diplomatas podem escolher, quando sujeitos à limitação da autoaplicação, dependem por sua vez dos aspectos econômicos do problema. É fácil bastante para os diplomatas formularem um acordo autoexecutável que prometa recompensar os países por suas participações (isca) e ameaçar puni-los por não participarem (chicote), assim como é fácil escrever um tratado exigindo que cada signatário pratique uma redução substancial. Tornar essas promessas e ameaças acreditáveis é um outro caso. Para essas serem acreditáveis, os países destinados a punir a não participação devem, por exemplo, ficar em melhor situação cumprindo a ameaça do que ignorando-a. Mas ao punir outros, um país quase sempre se prejudica, num grau que, de novo, depende do aspecto econômico do problema. Frequentemente demais as ameaças necessárias para deter a não participação (carona) não serão acreditáveis. Em outras palavras, é simplista afirmar que o Protocolo de Montreal deveria servir como um gabarito para um acordo sobre as alterações

ESTUDOS DE CASOS

climáticas. Se os aspectos econômicos das mudanças climáticas são diferentes, então o sistema internacional pode não ser capaz de reproduzir o sucesso de Montreal num acordo sobre alterações climáticas.

Em contraste a alguns outros capítulos deste volume, esta análise centra-se no Estado. É verdade que outras instituições — organizações internacionais, empresas, organizações não lucrativas, comunidades de pesquisa — também auxiliam a determinar os resultados. E, em alguns casos, essas outras instituições podem mesmo superar o desempenho dos governos no fornecimento dos bens públicos. Mas o governo é especial. Ao contrário de todas as outras instituições, o Estado tem poder de coerção; pode taxar seus cidadãos e usar esse dinheiro para pagar o fornecimento de bens públicos. Além disso, aqui me preocupo com o desempenho dos dois acordos — e acordos são contratos entre Estados. Outras instituições afetarão os resultados dos acordos, mas no caso dos problemas aqui investigados, nenhuma é tão importante quanto o Estado.[1]

Ainda assim, o Estado não é um monólito, como implicitamente supus em partes deste capítulo. O problema pode ser englobado numa estrutura de escolha pública — uma estrutura reconhecendo que os negociadores estatais são influenciados por diversos grupos. Mas mesmo esse nível de análise não seria suficiente, pois a teoria deveria igualmente explicar como esses grupos organizam-se, como as instituições políticas estatais levam em conta os interesses desses grupos e assim por diante. Em última instância, a unidade apropriada para a análise dos problemas dos bens públicos globais deveria ser o indivíduo, o cidadão. A teoria deveria explicar a existência de todas as instituições relevantes — inclusive o Estado — como servidores dos interesses individuais, conquanto de modo imperfeito (se precisamos de uma teoria unificadora, essa provavelmente seria a teoria dos custos transacionais; ver Dixit, 1996). Na falta de uma tal teoria, me apoio em uma abordagem centrada no Estado na análise a seguir, a despeito da erudição recente insinuar possíveis conexões entre as instituições políticas domésticas e a oferta de bens públicos globais.[2]

O PANO DE FUNDO DAS NEGOCIAÇÕES

A degradação estratosférica do ozônio e o Protocolo de Montreal

Nos meados da década de 1970, os cientistas atmosféricos previram que as emissões de CFC poderiam acabar reduzindo a camada de ozônio em até 7%, um nível suficiente para aumentar a incidência de cânceres de pele e cataratas e reduzir a produtividade agrícola e pesqueira. Embora inconcludentes, essas previsões motivaram vários países, inclusive os EUA, a restringirem unilateralmente a produção e o uso dos CFCs. Como resultado, o consumo global de CFC se estabilizou por volta do início dos anos 1980. Mas com o aumento do uso dos CFCs para outros propósitos (por exemplo, o uso na manufatura de chips de computador mais do que dobrou entre 1975 e 1982) e em outros países, o consumo e a produção em seu total começaram a crescer.

Em 1977 o Programa das Nações Unidas para o Meio Ambiente (Unep, United Nations Environment Programme) se reuniu em uma Conferência Internacional sobre a Camada de Ozônio, a qual recomendou o início de negociações e um acordo para a proteção da camada de ozônio. O resultado desses esforços, a Convenção de Viena para a Proteção da Camada de Ozônio, concretizou-se em 1985. Ao mesmo tempo que a convenção criou um acordo de base para guiar os esforços de cooperação futuros, impôs exigências aos signatários de reduzirem suas emissões de CFC.

Apenas dois meses após o acordo, contudo, a Pesquisa Britânica da Antártida relatou que entre 1977 e 1985 a camada de ozônio sobre a Antártida havia se degradado em 40%. Unida ao crescimento renovado no consumo global de CFCs, a descoberta do buraco de ozônio estimulou a Agência de Proteção Ambiental dos EUA e a Unep a unirem forças em um novo estudo atmosférico da camada de ozônio. Esse estudo, que confirmou as descobertas britânicas, formou a base para um novo acordo e culminou na assinatura do Protocolo de Montreal ao final de 1987.

O protocolo exigia que a produção e o consumo de alguns CFCs fossem cortados pela metade (dos níveis de 1986) até 1999 e que a produção e o consumo de alguns halógenos (usados na proteção de incêndios) fossem mantidos nos níveis de 1986. O protocolo entrou em vigor em 1º de janeiro de 1989, com 30 signatários (incluindo-se a Comunidade Europeia) que juntos respondiam por 83% do consumo global das substâncias listadas (Parson, 1993).

Mas o Protocolo de Montreal logo mostrou-se inadequado. Portanto, no segundo encontro dos signatários, ocorrido em Londres, em junho de 1990, o protocolo recebeu uma emenda. O número de substâncias controladas foi aumentado de 8 para 20, e a redução original de 50% elevada a uma erradicação completa. Ademais, as emendas de Londres buscaram aumentar a participação na convenção dos países em desenvolvimento. Em linha com esse objetivo, os países industrializados participantes ofereceram pagar aos países em desenvolvimento participantes os custos da incrementação do cumprimento ao acordo.

A convenção foi ajustada ainda mais em Copenhague, em novembro de 1992. As datas da erradicação do uso foram programadas (para os CFCs, por exemplo, de 1996 a 1999), e o número de substâncias incluídas aumentado para 94. Uma emenda adicional, negociada novamente em Montreal, enfocou o não cumprimento, introduzindo um sistema de licenciamento e outras medidas visando à redução do comércio nos mercados negros das substâncias causadoras da depleção na camada de ozônio. Todo esse tempo, a participação no Protocolo de Montreal tem crescido. Ao final de 1998, 165 países participavam do Protocolo de Montreal, e virtualmente a todos os não participantes falta um governo municipal eficaz.

ESTUDOS DE CASOS

Alterações climáticas globais e o Protocolo de Kyoto

Em 1896, Svante Arrhenius, um químico sueco, calculou que um aumento dobrado da concentração de dióxido de carbono (CO_2) na atmosfera, causada pela queima de combustíveis fósseis, aumentaria a temperatura média global em 5 graus centígrados. Em retrospectiva, essa foi uma previsão admirável. Mas não antes dos anos 1980 algo próximo a um consenso passou a surgir sobre a orientação da alteração climática e a necessidade de reduzir-se o aumento nas concentrações atmosféricas dos gases causadores do efeito estufa.

O Painel Intergovernamental sobre Mudanças Climáticas (IPCC) foi largamente responsável por esse progresso. O painel se formou em 1988 para divulgar o que era sabido sobre as alterações climáticas e seus impactos potenciais e o que poderia ser feito como prevenção ou para nos adaptarmos. O primeiro grupo de pesquisa do painel calculou em 1990 que as emissões dos gases de longa duração, incluindo o dióxido de carbono, teriam de ser reduzidas em mais de 60%, apenas para estabilizarmos sua concentração no nível atual (IPCC, 1990).

Após a publicação do relatório do painel, a maior parte dos países da OCDE anunciou suas intenções de reduzir as emissões de CO_2, embora países diferentes escolhessem metas diferentes (ver IEA, 1992). Mas em contraste ao caso da redução da camada de ozônio, a maioria dos países não manteve os seus compromissos unilaterais de reduzir as emissões de gases causadores do efeito estufa. Apenas uns poucos países apoiaram o seu compromisso em um plano de implementação, e nenhum garantiu que suas metas seriam cumpridas.

Em maio de 1992 a comunidade internacional concluiu mais de um ano de negociações para produzir uma Convenção Básica sobre Mudanças Climáticas. O texto final da convenção, assinada por mais de 150 países na "Eco 92", no Rio, não especificou metas para a redução das emissões de gases causadores do efeito estufa. Antes, o artigo 2 do acordo reconhece "que o retorno ao final da década atual aos níveis anteriores de emissões antropogênicas de dióxido de carbono e outros gases causadores do efeito estufa" seria desejável, e que os participantes do acordo deveriam projetar políticas "com o objetivo de retornarem individualmente ou em grupo aos níveis de 1990 dessas emissões antropogênicas".

Na primavera de 1995 a primeira reunião da Conferência dos Participantes da Convenção Básica sobre Mudanças Climáticas foi realizada em Berlim. Ficou acordado que os países industrializados deveriam estabelecer limites para as emissões e objetivos de metas de redução dentro de um período de tempo específico. Essa decisão intencionava iniciar as negociações de um protocolo similar ao Protocolo de Montreal até o final de 1997.

Apesar de forte oposição no Senado norte-americano à fórmula acordada em Berlim (clamando por uma redução nas emissões dos países industrializados sem

244 BENS PÚBLICOS GLOBAIS

obrigações semelhantes para os países em desenvolvimento), a administração Clinton endossou essa resolução na seguinte Conferência dos Participantes da Convenção Básica sobre Mudanças Climáticas, realizada em 1997, em Kyoto, Japão. Mas os EUA apenas se sujeitarão ao Protocolo de Kyoto se este for ratificado pelo Senado, e sem essa ratificação o Protocolo de Kyoto poderá não entrar em vigor. Para tanto, o acordo tem de ser ratificado por 55 países que em conjunto respondam por ao menos 55% das emissões de CO_2 de 1990 dos chamados países do Anexo I — ou seja, os países industrializados, incluindo-se os Estados Unidos e as economias europeias em transição. Em outubro de 1998, 59 países haviam assinado o protocolo, inclusive 21 países do Anexo I (respondendo por 39% das emissões do Anexo I). Apenas um país ratificou o acordo (Fiji).

O ASPECTO ECONÔMICO DA PROTEÇÃO AMBIENTAL GLOBAL

Embora esses dois grupos de negociações (um para proteger a camada de ozônio, o outro para reduzir as emissões dos gases causadores do efeito estufa) tenham tido resultados diferentes, muitos desses problemas são semelhantes. Em ambos os casos os países reconheceram a necessidade de uma cooperação internacional, os cientistas têm estado incertos sobre as consequências das escolhas políticas e diferentes preocupações têm sido expressas por países ricos e pobres sobre quem foi o responsável pelas ações e seus custos.

Mas as diferenças são mais marcantes. Uma maior redução unilateral se realizou para proteger a camada de ozônio do que para proteger o clima, e uma maior cooperação internacional tem sido mantida na proteção da camada de ozônio do que na mitigação da alteração climática. Mesmo antes de receber emenda, o Protocolo de Montreal exigiu reduções nas emissões de até 50% de todos os participantes, enquanto o Protocolo de Kyoto pede por apenas 5% de redução a um subconjunto de países.

A teoria simples da cooperação internacional

O fornecimento de um bem público global (como o corte nas emissões de CFC ou de CO_2) por qualquer país beneficia a todos os países. Porém, tão só os países que fornecem o bem pagam por seu fornecimento. Assim, cada país pode preferir que os outros forneçam o bem público, com o resultado de que pouco desse bem será suprido no total.

Seria melhor se os países suprissem o bem público em conjunto. Mas por causa dos incentivos à compra sem desembolso, esse fornecimento conjunto é mais fácil de se falar do que de se fazer.

ESTUDOS DE CASOS

O problema essencial é rotineiramente descrito pelo bem conhecido dilema do prisioneiro. Todavia, essa representação da cooperação internacional não é, no geral, apropriada. O dilema do prisioneiro é um jogo 2 x 2, significando que é jogado por dois jogadores, cada qual possuindo um conjunto de ações binárias (cada um podendo, digamos, reduzir as emissões ou poluir). O jogo dos bens públicos globais é jogado por cerca de 200 países, cada qual possuindo um conjunto contínuo de ações (cada um pode diminuir o grosso de suas emissões de 0-100%). As vantagens nesse dilema de prisioneiro tornam a escolha pela poluição uma estratégia dominante — significando que cada país escolheria poluir em vez de diminuir as emissões, independentemente das escolhas de todos os outros países. É mais provável, porém, que a quantia de redução realizada por qualquer país dependerá das quantias realizadas pelos outros. Para alguns países, escolher a redução pode ser uma estratégia melhor, independentemente do que os outros países façam.

Na falta de um acordo abraçado por todos, os países provavelmente proporcionarão uma redução por demais pequena. Mas qual a quantia representada por essa redução pequena demais? Uma cooperação completa no fornecimento de um bem público requer que cada país proporcione uma quantia que iguale os custos marginais do fornecimento para cada país ao benefício marginal agregado — calculado como a soma dos benefícios marginais para todos os países. O interesse nacional, contudo, recomenda uma fórmula diferente para o fornecimento: que cada país proporcione uma quantia que iguale os custos marginais do fornecimento a seu próprio benefício marginal.

Uma representação possível desse problema é mostrada na Figura 1 para N países simétricos (ver também Barrett, 1990, 1994). Aqui, o custo marginal da redução para um país aumenta com a quantidade de redução empreendida por esse país. O benefício marginal da redução, entrementes, diminui com a quantidade total de redução empreendida por todos os países. Se os países fracassam em cooperar, cada qual diminuirá até o nível onde $BM_i = CM_i$. Se cooperarem integralmente, cada qual diminuirá até o ponto onde $N \cdot BM_i = CM_i$. O último provavelmente excederá o anterior, com a magnitude da diferença dependendo de N e das inclinações das datas programadas BM e CM. Todo o resto sendo igual, quanto maior for N, maior será a brecha entre os resultados não cooperativos e os totalmente cooperativos.

Se CM_i for plana e BM_i for acentuada, uma redução substancial será empreendida por todos os países unilateralmente. A cooperação não melhorará muito a situação nesse caso. Se CM_i for acentuada e BM_i for plana, muito pouca redução será empreendida, mesmo se os países cooperarem integralmente. Se CM_i e BM_i forem ambas planas, haverá uma diferença substancial no nível de redução empreendida nos resultados da não cooperação e nos resultados da cooperação total (isto é, $Q^* - Q^0$ será maior) mas essa diferença não importará muito em termos de benefício líquido

Por fim, se CM_i e BM_i forem ambas acentuadas, a diferença na redução entre os dois resultados será grande, e também a diferença na redução em termos de benefício líquido. É nesse tipo de problema que a cooperação se faz mais necessária.

FIGURA 1

Os ganhos potenciais para a cooperação

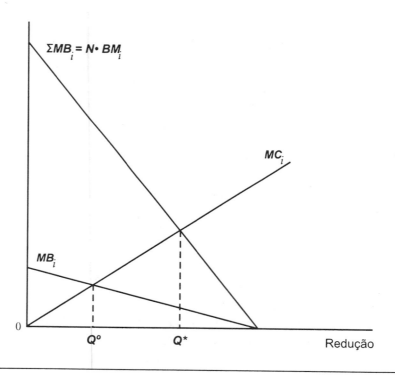

Isso serve para países simétricos. O que acontece quando consideramos importantes assimetrias? Em geral, a assimetria encolhe a diferença entre os resultados totais da não cooperação e da cooperação (Olson, 1965; Barrett, 1998). Suponha, por exemplo, que haja 100 países, três dos quais são bastante grandes no sentido de que respondem pelo grosso das emissões globais e se beneficiarão mais de uma redução global. Então, seria quase como se apenas existissem três países; os outros 97 não importando muito neste problema. Os três grandes países provavelmente empreenderiam uma substancial provisão do bem público eles próprios, porque cada um englobaria uma grande cota do benefício total de seu próprio fornecimento. Os 97 outros países pouco, se algo, fariam no fornecimen-

ESTUDOS DE CASOS

to do bem, mas esse comportamento não importaria muito comparado à provisão total. É nesse sentido que a necessidade de uma cooperação global é menor quando os países são assimétricos.

Isso também pressupõe que as curvas de custo e benefício marginais da redução tomem as formas ilustradas na Figura 1 (isto é, que o total das relações de custo e benefício subjacentes seja quadrático). Podem não tomar essas formas, e há a adicional dificuldade de que essas curvas possam ser conhecidas apenas incertamente. Ainda assim, para muitas especificações os *insights* básicos da análise acima se manterão.

Os aspectos econômicos da degradação da camada de ozônio

Os aspectos econômicos da redução da depleção da camada de ozônio foram esboçados pela Agência de Proteção Ambiental dos EUA (Usepa, US Environmental Protection Agency, 1988a, 1988b). A Usepa apresenta três cenários futuros para a redução da depleção da camada de ozônio — nenhum controle é adotado por qualquer país; apenas os EUA adotam as exigências do Protocolo de Montreal original; e, o resultado mais provável, os controles do Protocolo de Montreal original são adotados por 94% dos países industrializados e 65% dos países em desenvolvimento, com todas as nações participantes cumprindo-o integralmente.

A Usepa conclui que o Protocolo de Montreal reduziria a depleção da camada de ozônio substancialmente — de 50% (se nenhum controle for adotado) para apenas 1,2% se todos os signatários cumprissem integralmente com as metas do Protocolo de Montreal até 2001 (Tabela 1).[3] Os cálculos também mostram que uma ação unilateral pelos EUA apenas exerceria um efeito a curto prazo na degradação da camada do ozônio mas virtualmente nenhum impacto até 2100, demonstrando mais uma vez a necessidade de uma cooperação internacional.

Os benefícios e custos para cada um dos três cenários foram calculados somente para os EUA. De longe o maior benefício foi evitar as doenças e as mortes relacionadas ao câncer devido a políticas multilaterais ou unilaterais. O estudo constatou que até 2165 a implementação do Protocolo de Montreal evitaria mais de 245 milhões de casos de câncer nos EUA e mais de 5 milhões de mortes prematuras. Os custos das doenças do câncer foram considerados como custos de tratamento, e os custos das mortes por câncer foram considerados pelo valor de uma vida estatística, estimada pela Usepa em 3 milhões. O valor corrente dos benefícios líquidos das mortes evitadas por câncer é contado em trilhões de dólares. Em contraste, os benefícios restantes somam-se a apenas umas dezenas de bilhões.

TABELA 1

Implicações do Protocolo de Montreal e da ação unilateral na redução da camada de ozônio

Degradação da camada de ozônio (%) até	Nenhum controle	Protocolo de Montreal	Implementação unilateral do Protocolo de Montreal pelos EUA
2000	1,0	0,8	0,9
2050	15,7	1,9	10,3
2100	50,0	1,2	49,0
Benefícios e custos para os EUA (bilhões de dólares de 1985)			
Benefícios	—	3.575	1.373
Custos	—	21	21
Benefícios líquidos	—	3.554	1.352

Fonte: Usepa 1988b.

Os custos de uma redução dependem da facilidade com que os produtos que não utilizam substâncias causadoras da depleção da camada de ozônio possam ser substituídos por produtos que as usam, outras substâncias possam ser substituídas pelas substâncias depletoras do ozônio na produção dos produtos que as usam, e o estoque atual de substâncias depletoras do ozônio possa ser reivindicado para uso futuro. A estimativa desses custos se complica pelo fato de ser necessária uma inovação para o desenvolvimento de substitutos das substâncias que degradam a camada de ozônio e para se engendrarem processos que possam utilizar esses substitutos. Ademais, o custo dependerá das políticas usadas para implementar-se o Protocolo de Montreal. Se instrumentos econômicos forem utilizados no lugar de normas, por exemplo, os custos provavelmente seriam mais baixos. Contudo, essas incertezas não são cruciais para a nossa análise.

Como a Tabela 1 demonstra, o alcance dos custos estimados pela Usepa (em termos de valores presentes) é pequeno comparado aos benefícios. Os aspectos econômicos básicos da política voltada para a camada de ozônio portanto indicam que para os Estados Unidos (e provavelmente qualquer outro país industrializado) os benefícios da adoção do Protocolo de Montreal excedem os custos por uma ampla margem, independentemente do comportamento dos outros países.

Que os países industrializados possuíam fortes incentivos unilaterais para em-

ESTUDOS DE CASOS

preenderem uma redução substancial ficou também sugerido pela anterior redução unilateral empreendida pelos Estados Unidos e alguns outros países. Ainda assim, o caso para uma ação unilateral é provavelmente exagerado pela análise da Usepa, que ignora a possibilidade do vazamento — isto é, se um país (ou grupo) corta a produção das substâncias englobadas no protocolo, a produção pode apenas se deslocar para outros países. Se o vazamento for sério o bastante, a redução unilateral pode apenas redistribuir a produção e não trazer nenhum efeito de longo prazo no total das emissões. Uma razão para a existência de um acordo internacional seria tapar esse potencial vazamento. Uma outra razão seria criarem-se incentivos aos países com incentivos unilaterais menos favoráveis para também empreenderem uma redução visando ao bem global. Essas questões são retomadas mais adiante neste capítulo.

Espantosamente, os aspectos econômicos da política do ozônio tornaram-se mais ainda favoráveis depois da Usepa produzir suas estimativas — os substitutos dos CFCs mostraram-se mais fáceis e menos custosos de serem produzidos do que o esperado. Em fevereiro de 1990 o Conselho de Consultores Econômicos dos EUA (US Council of Economic Advisors) declarou que uma completa erradicação não era apenas realizável mas barata. "Estimativas preliminares", o conselho informou, "põem os custos norte-americanos de uma erradicação dos CFCs e halógenos até o ano de 2000 em US$ 2,7 bilhões durante a próxima década, se a programação das reduções intermediárias atualmente incorporadas no Protocolo de Montreal forem mantidas" (p. 210). Essa estimativa é quase um décimo da feita pela Usepa, a qual foi calculada para cumprir as bem mais fracas metas especificadas no original Protocolo de Montreal.

Os aspectos econômicos das alterações climáticas

Mais controvertidos e mais incertos são os aspectos econômicos das alterações climáticas. A abrangente análise de Nordhaus (1991) conclui que as emissões globais de CO_2 deveriam ser reduzidas apenas ligeiramente (em torno de 2%). Cline (1992) questionou as suposições que serviram de base a esse estudo e concluiu que um programa de redução internacional agressivo se justificava. Mais tarde, Nordhaus (1994) aprimorou sua metodologia, mas de novo concluiu que "um esforço maciço de se retardarem as alterações climáticas hoje seria prematuro dada a compreensão atual dos prejuízos impostos pelo efeito estufa". Embora haja muitos estudos sobre os aspectos econômicos das alterações climáticas, essas duas visões sucintamente representam a gama de opiniões econômicas atuais.

Baseando-nos numa mais ampla literatura (resumida em IPCC, 1995), as estimativas de prejuízo aos Estados Unidos de um acréscimo dobrado nas concentrações de CO_2 (expressos como uma percentagem do PIB) são muito semelhantes, em parte porque a maioria dos estudos utiliza dado similar. Em 1991, Nordhaus calculou o prejuízo em torno de 0,25% do PIB, embora em 1994 ele o elevasse para 1% para incluir "uma conjectura de precaução da magnitude das surpresas das alterações climáticas". Embora os dados não permitam uma comparação direta, os prejuízos esperados das alterações climáticas parecem ser em torno de mais ou menos a mesma ordem de magnitude dos prejuízos esperados da redução da camada de ozônio.[4]

Estimativas dos custos da redução das emissões de CO_2 nos Estados Unidos são também amplamente similares (Tabela 2). Todos esses custos estimados para reduções modestas nas emissões de CO_2 são grandes, comparados aos prejuízos. Mas se o aquecimento a longo prazo for, digamos, de 10 graus centígrados, os prejuízos podem chegar a 20% do PIB (IPCC, 1996). Porque uma política de redução conseguiria prevenir somente parte desses prejuízos, contudo, os benefícios totais de uma redução seriam menos de 20% do PIB. Assim, sob o cenário mais pessimista de prejuízo, o cálculo de custo-benefício para as alterações climáticas parece bem diferente das estimativas para a degradação da camada de ozônio. De acordo com essa análise, os custos de empreender-se uma redução substancial igualariam uma grande porção dos benefícios dela resultantes.

TABELA 2

Estimativas selecionadas do prejuízo das alterações climáticas e dos custos de redução de CO_2 para os Estados Unidos
(% do PIB)

Estudo	Prejuízo com um acréscimo dobrado nas concentrações de CO_2	Modelo de custo[a]	Custo da redução	
			Estabilização	Redução de 20%
Cline	1,1	Jorgenson-Wilcoxen	0,6	1,7
Fankhauser	1,3	Edmonds-Reilly	0,4	1,1
Tol	1,5	Manne-Richels	0,7	1,5
Nordhaus	1,0	Martin-Burniaux	0,2	0,9

a. As estimativas de custo são de um estudo feito pelo Fórum de Modelos de Energia da Universidade de Stanford, que pesquisou 14 modelos de custo utilizando suposições e padronizações comuns para os cenários de redução de emissões mostrados acima.
Fonte: IPCC 1996, tabelas 6.4 e 9.4; Nordhaus 1994.

Estimativas do prejuízo para os EUA associados com a duplicação nas concentrações de CO_2 situam-se em um ponto no tempo e em um local. Converter esses números em benefícios marginais globais requer um sem-número de suposições. Embora haja algumas estimativas dos prejuízos para o resto do mundo, em geral supõe-se que os prejuízos dos EUA podem ser distribuídos através de todo o mundo (seja em agregado ou por setor), e tanto Nordhaus como Cline procedem desta forma. Também necessita-se de informação sobre a natureza da função do prejuízo, e

ESTUDOS DE CASOS

virtualmente nada se sabe disso. Os estudos dos custos do prejuízo supuseram que os prejuízos fossem desde uma função linear a uma função quadrática, até uma função cúbica de mudança de temperatura. Nordhaus (1994) afirma que "há evidência que o impacto aumenta marcadamente com o aumento da temperatura" (p. 56) e portanto assume que o prejuízo seja quadrático nos aumentos de temperatura. Cline também considera o caso onde o prejuízo é quadrático. Essa pressuposição, aliás, é coerente com a função de prejuízo mostrada na Figura 1.

Várias estimativas do benefício marginal da redução — isto é, o prejuízo evitado com uma redução de uma tonelada de emissões de CO_2 — ficam entre as estimativas calculadas por Nordhaus e Cline (Tabela 3). Portanto, de novo vemos que esses estudos refletem a gama de opiniões atuais sobre os aspectos econômicos da mudança climática.

TABELA 3

Estimativas dos benefícios marginais de uma redução global e os custos marginais da redução global de CO_2

(dólares americanos por tonelada)

			Custo Marginal	
Estudo	*Benefício marginal*[a]	*Modelo de custo*[b]	*Estabilização*	*Redução de 20%*
Ayres e Walter	30–35	Jorgenson-Wilcoxen	20	50
Nordhaus	7	Edmonds-Reilly	70	160
Cline	8–154	Manne-Richels	110	240
Peck e Teisberg	12–14	Martin-Burniaux	80	170
Fankhauser	23	Rutherford	150	260
Maddison	8	Cohan-Scheraga	120	330

a. Para a maior parte dos estudos o benefício marginal aumenta com o tempo. As estimativas aqui apresentadas são para 2001-10.
b. As estimativas de custo são de um estudo do Fórum de Modelos de Energia da Universidade de Stanford.
Fonte: IPCC 1996, tabelas 6.11 e 9.4.

Onde Nordhaus e Cline fundamentalmente discordam é em suas pressupostas taxas de desconto, e isso explica muito da diferença em suas estimativas do benefício marginal. Se as reduções forem empreendidas hoje, os custos são arcados hoje, ao passo que os benefícios se realizarão lentamente, ao longo de décadas, mesmo de séculos. Quanto mais o futuro é descontado, menor será o benefício marginal atual da redução. Nordhaus (1991, 1994) desconta os benefícios futuros em 4-5%, enquanto Cline usa uma taxa de desconto de cerca de 2% (IPCC, 1996). A título de comparação, a análise da Usepa dos benefícios da redução de substâncias depletoras da camada de ozônio usou uma taxa de desconto de 2%.

Por vezes se afirma que os custos da redução de uma certa quantidade de emissões é na verdade negativo por causa de grandes ineficiências nas políticas de energia atuais. De fato, o IPCC (1995, p. 51) conclui que as melhorias potenciais de reformas na política energética são "grandes" e que os custos da mitigação poderiam ser "drasticamente" afetados pelas reformas tributárias. Se isso pode ser aplicado a uma política de mudança climática global é questão de interpretação. Se os mercados de energia são ineficientes devido a subsídios inapropriados ou barreiras institucionais à conservação de energia, então essas ineficiências deveriam ser corrigidas mesmo se a alteração climática não for uma preocupação. O mesmo é verdade para um código tributário ineficiente que encoraja o consumo de energia. Pode-se argumentar que tais ineficiências seriam de mais fácil remoção por razões políticas se estivessem amarradas a uma política de mudança climática, mas mesmo com essa interpretação os aspectos econômicos básicos necessariamente não se modificarão de forma significativa. Nordhaus (1994) considera uma simulação na qual as emissões são reduzidas em 30% por políticas "sem arrependimentos" (ou seja, políticas que façam sentido mesmo se a alteração climática não vier a ocorrer) e descobre que a taxa de carbono ótima não se altera muito. O principal efeito da política é um ganho de uma só vez em redução. Nordhaus (1994) descobre que a reforma tributária poderia potencialmente justificar um imposto bem alto sobre o carbono (US$ 59 na década começada em 1995), mas o IPCC alerta que o uso ineficiente das receitas dos impostos poderia acrescer os custos.

Esses assuntos à parte, há um consenso de que os custos marginais da redução aumentam substancialmente, ao menos após o ajuste desses efeitos, e isso está refletido nas cifras dos custos marginais (ver Tabela 3). Cline e Nordhaus concordam que os custos marginais aumentam em uma razão crescente, e ambas as suas análises estimam as curvas dos custos utilizando os resultados de outros modelos. A diferença entre suas suposições acerca dos custos da redução é insignificante. Cline (1992, p. 169-70) nota que "o ponto central da análise de Nordhaus é que ela recomenda uma ação bem limitada sobre o problema do efeito estufa, a princípio, não porque identifica custos excepcionalmente altos para a redução, mas sim porque chega a pequenas estimativas dos benefícios da redução". De modo semelhante, Nordhaus (1994, p. 97) argumenta que a diferença entre o seu estudo e o de Cline é que este último estudo "não se firma numa otimização intertemporal explícita, tece um número de suposições que se inclinam para controles rigorosos e pressupõe uma taxa de desconto bem baixa".[5]

Assim, há basicamente duas óticas sobre a alteração climática. Cline e Nordhaus concordam que os custos marginais da redução das emissões de CO_2 nitidamente apresentam um aumento tolerável (ao menos depois de se explorarem quaisquer oportunidades de políticas "sem arrependimentos"). Onde discordam é quanto aos benefícios marginais da redução. Nordhaus mantém que o benefício marginal da redução é baixo para uma duplicação nas concentrações de CO_2, o que significa, para uma função

ESTUDOS DE CASOS

quadrática de prejuízo, que a inclinação da programação do benefício marginal seja relativamente pequena (na Figura 1, Nordhaus essencialmente argumenta que o Q^* é pequeno). Em contraste, Cline acredita que o benefício marginal da redução é relativamente grande para uma duplicação nas concentrações de CO_2, sugerindo que a inclinação da curva de benefício marginal é relativamente acentuada (que Q^* é grande).

Essas estimativas podem parecer bastante afastadas das negociações sobre a alteração climática, mas não o são. A administração Bush justificou sua oposição às propostas europeias referindo-se a estimativas semelhantes. O Conselho de Consultores Econômicos dos EUA (1990) citou um estudo prevendo que o cumprimento da meta de Toronto até 2001 (isto é, a redução do CO_2 em 20% do nível de 1988) custaria entre US$ 800 bilhões e US$ 3,6 trilhões.[6] O conselho observou ser essa cifra 35-150 vezes o custo do cumprimento do Protocolo de Montreal e argumentou que os benefícios não pareciam justificar esse custo. O relatório concluiu que "a prioridade maior em um termo próximo seria melhorar a compreensão de modo a construir uma base para decisões sólidas de política. Até uma tal base estar firmada, não se justifica imporem-se custos enormes à economia para atenuar o crescimento das emissões dos gases causadores do efeito estufa" (p. 223).

Sumário

Resumindo, os aspectos econômicos da degradação da camada de ozônio sugerem que no mínimo os países ricos possuíam um forte incentivo de reduzirem substancialmente suas emissões. As estimativas disponíveis também sugerem que a plena cooperação demandaria uma redução global substancial. Para a alteração climática os incentivos de se reduzirem as emissões unilateralmente são muito menos eloquentes. Embora possa ser defendido que uma cooperação plena exija uma redução substancial, a conclusão oposta igualmente pode ser defendida pelos dados.

OS PROTOCOLOS DE MONTREAL E DE KYOTO

Compararmos os Protocolos de Montreal e de Kyoto é difícil porque o Protocolo de Montreal já existe há mais tempo e se modificou substancialmente desde a sua primeira negociação. Em contraposição, o Protocolo de Kyoto é recente e não teve tempo de se desenvolver. Daqui a dez anos pode ter conquistado o mesmo que o Protocolo de Montreal. Mas, também, daqui a dez anos pode nem mesmo ter entrado em vigor. O acordo do Direito do Mar não entrou em vigor antes de 12 anos após a sua negociação, e alguns acordos — tais como a Convenção sobre Regulação das Atividades ligadas aos Recursos Minerais da Antártida —, quase com certeza, nunca entrarão em vigor. Onde apropriado, eu tento compensar a relativa juventude do Protocolo de Kyoto na análise a seguir.

Os Protocolos de Montreal e de Kyoto possuem muito em comum (Tabela 4). Há diferenças importantes, contudo, e estas talvez mereçam mais nossa atenção.

Totalidade

O Protocolo de Montreal, mesmo em sua forma original, impõe limites de emissão a cada participante. O Protocolo de Kyoto, obedecendo ao Mandato de Berlim, impõe limites apenas aos signatários do chamado Anexo I (os países industrializados e as economias de transição europeias); participantes não pertencentes ao Anexo I (ou seja, os países em desenvolvimento) não estão sujeitos a limites de emissão. Essa diferença importa por duas razões.

A primeira é que o vazamento pode ao menos parcialmente deslocar as emissões dos países limitados pelo teto do Protocolo de Kyoto para os que não o são, de maneira que as emissões podem cair menos do que se os limites fossem impostos a todos os signatários. A outra razão da importância da totalidade é que se a redução se concentrar num subconjunto de países, o custo total de se reduzirem as emissões será mais alto do que se as reduções fossem mais amplamente distribuídas. Se a redução for empreendida apenas nos países do Anexo I, o custo marginal de se reduzirem as emissões será mais alto nesses países do que nos países não pertencentes ao Anexo I. Assim, os custos totais de uma redução na mesma quantidade das emissões globais poderia ser reduzido deslocando-se a redução para os países não pertencentes ao Anexo I.

Implementação conjunta

Em uma tentativa de tratar a preocupação com o fato de os países em desenvolvimento não estarem sujeitos a limites, o Protocolo de Kyoto permite aos signatários do Anexo I cumprirem seus limites de emissão pagando aos países em desenvolvimento para empreenderem reduções incrementais em seu nome — ou seja, pagando aos países em desenvolvimento para empreenderem um projeto que reduza as emissões de gases causadores do efeito estufa, independentemente dos outros méritos desse projeto. Esse programa de "implementação conjunta" (denominado "mecanismo de desenvolvimento limpo" no protocolo) é bem-vindo mas tem algumas limitações.

Primeira, os países do Anexo I e os países em desenvolvimento parceiros em uma transação de implementação conjunta têm de demonstrar aos outros signatários de Kyoto que o projeto reduzirá as emissões nas quantidades prometidas. Isso significa (ao menos) terem de ser estimadas as emissões dos países não pertencentes ao Anexo I com e sem o projeto — algo que jamais pode ser feito com precisão. Segunda, a tentativa do cálculo das economias obtidas pela redução de emissões com um projeto será custosa, e a experiência nos Estados Unidos mostra que, onde os custos transacionais são altos, o volume de tais transações será limitado.

ESTUDOS DE CASOS

TABELA 4

Características dos Protocolos de Montreal e Kyoto

Característica	Protocolo de Montreal	Protocolo de Kyoto
Limites de emissão quantitativos para:		
• países industrializados	sim	sim
• economias de transição	sim	sim
• países em desenvolvimento	sim	não
Compensações de emissão	Sim; subtrai da produção a quantia destruída	Sim; subtrai das emissões brutas a remoção por precipitação
Tratamento abrangente do bruto das emissões	Sim; trocas permitidas dentro das categorias de substâncias causadoras da degradação na camada de ozônio	Sim; uma limitação se aplica a um agregado de seis poluentes
Limites não uniformes de emissão	Sim; os países em desenvolvimento possuem limites diferentes, embora os limites sejam uniformes dentro das categorias do país	Sim; os limites são específicos a cada país, e às economias de transição é permitido o uso de um ano base alternativo
Limites de emissão permanentes	Sim	Não; limitações apenas de 2008–12; limitações futuras a serem incluídas como emendas
Comércio internacional de permissões de emissão	Sim	Sim; embora o sistema para o comércio de emissões não tenha sido estabelecido
Comércio intertemporal de controle subsequente	Não	Sim, já que os limites de emissão durante 2008–12 devem ser cumpridos em média e os países podem transportar reduções adicionais para um período de permissões de emissão
Implementação conjunta	Não; não necessária porque todos os signatários estão sujeitos a um teto de emissão e o comércio já está permitido	Sim; os países sujeitos a tetos de emissão podem se engajar em implementação conjunta uns com os outros e podem levar adiante projetos de implementação conjunta nos países não sujeitos a tetos de emissão
Exigência de relatórios	Sim	Sim
Procedimento de verificação	Sim	Sim

BENS PÚBLICOS GLOBAIS

TABELA 4 (cont.)

Característica	Protocolo de Montreal	Protocolo de Kyoto
Ajudas de custo	Sim; países industrializados participantes pagam pelos custos de incrementação do cumprimento pelos países em desenvolvimento, e o Fundo para o Meio Ambiente Global oferece assistência às economias em transição	Não para a atenuação, embora alguma assistência seja proporcionada pelo Fundo para o Meio Ambiente Global
Incentivos ao cumprimento	Sim; as iscas vêm na forma de ajudas de custo e o chicote na forma de sanções comerciais	A ser decidido em uma futura Conferência dos Participantes ao protocolo
Mecanismos de dissuasão da carona	Sim; sanções comerciais para não participantes na restrição do uso de substâncias causadoras da degradação na camada de ozônio e os produtos que as contêm, mais a ameaça de proibição do comércio de produtos utilizando essas substâncias	Não, com a exceção possível da cláusula de mínima participação
Mecanismos de prevenção de vazamentos	Sim; na forma de proibição nas importações dos não participantes das substâncias causadoras de degradação da camada de ozônio e produtos afins e desencorajamento da exportação a não participantes de tecnologia útil à produção e ao uso de substâncias causadoras de degradação da camada de ozônio (Essas medidas não são necessárias se o acordo mantiver uma participação quase total)	Não
Participação mínima	Entra em vigor depois de ser ratificada por 11 países respondendo por ao menos dois terços do consumo global de substâncias causadoras de degradação da camada de ozônio em 1986	Entra em vigor depois de ser ratificada por 55 países, incluindo os países do Anexo I, respondendo por ao menos 55% das emissões de CO_2 do Anexo I em 1990
Retirada	Permitida quatro anos depois da ratificação após aviso prévio de um ano	Permitida três anos depois do protocolo entrar em vigor para um participante após aviso prévio de um ano

ESTUDOS DE CASOS

Ajuda de custo

O Protocolo de Montreal estabeleceu o princípio de "responsabilidade comum, mas diferenciada", e ao fazê-lo separou a questão de onde a redução deveria ser empreendida da questão de quem deveria por ela pagar. Embora os países em desenvolvimento que assinaram o Protocolo de Montreal estivessem sujeitos a um teto nas emissões, os países industrializados signatários concordaram em indenizá-los pelos custos de incrementação do cumprimento. Essas ajudas de custo garantiram que os países em desenvolvimento não ficassem em pior situação por assinarem o acordo.

O Protocolo de Kyoto, por outro lado, não impõe um teto aos países em desenvolvimento, e portanto não precisa oferecer de pagar pelos custos de incrementação. O protocolo oferece, contudo, a um país em desenvolvimento os custos totais da incrementação por qualquer acordo de implementação conjunta.

Limites permanentes

Os limites de emissão cobertos pelo Protocolo de Montreal são permanentes, ao passo que os cobertos pelo Protocolo de Kyoto vigoram somente até 2008-12. (O estabelecimento de limites para além desse período exigirá emendas ao acordo.) Se os limites são permanentes ou se estão sujeitos à revisão importa porque muitos investimentos para se reduzirem as emissões envolvem projetos com duração de 25 ou mais anos. Se estimarmos que os limites futuros serão muito rigorosos, então, os investimentos de redução de longo prazo fazem sentido. Mas se estimarmos que os controles serão frouxos no futuro, então os investimentos de longo prazo parecem menos atraentes. (Com o comércio de permissões de emissão, as restrições sobre todos os países estimadas para o futuro determinarão o preço das permissões comerciáveis.)

É claro, mesmo os tetos "permanentes", como os do Protocolo de Montreal, podem ser abaixados — ou aumentados. Com efeito, os tetos do Protocolo de Montreal foram alterados com o tempo. O que de fato importa é se os países acreditam serem permanentes os limites do Protocolo de Montreal — uma questão de credibilidade.

O Protocolo de Kyoto em parte evita o problema da provisão no comércio intertemporal. Isso permite a um país transportar créditos por reduções "excessivas" empreendidas no período corrente (até 2008-12). E, portanto, segue o raciocínio, o incentivo de não reduzir as emissões está agora silenciado. Mesmo assim, a não ser que os países saibam hoje quais serão as futuras restrições, não saberão o valor para eles dos investimentos hoje efetuados.

A ausência de limites permanentes pode igualmente convidar a um comporta-

258 BENS PÚBLICOS GLOBAIS

mento estratégico. Suponha que um país invista numa redução de emissão de longo prazo. O custo, uma vez feito, cai. Já tendo feito o investimento, então o custo para esse país de cumprir limites futuros mais rigorosos será reduzido — e portanto sua posição na mesa de negociações enfraquecida. O comportamento estratégico pode, então, recomendar um subinvestimento a curto prazo.

Retirando os caroneiros

Talvez a mais importante diferença entre os dois acordos seja de que o Protocolo de Montreal desencoraja a não participação restringindo o comércio entre signatários e não signatários, ao passo que o Protocolo de Kyoto não engloba um impedimento aos caroneiros. O acordo de Montreal proíbe o comércio de substâncias cobertas pelo acordo e de produtos que as contêm entre signatários e não signatários. Segundo Benedick (1991, p. 91), essas sanções foram "para estimular as nações o quanto possível a participarem do protocolo". Ou seja, as sanções intencionavam deter a carona.

Normalmente, sanções comerciais prejudicam o país que as impõe — um motivo de com frequência serem ineficazes. Mas a ameaça de Montreal parece funcionar. Por quê? Porque se as sanções detêm a relocação da produção ou das emissões, então os países que impõem as sanções ganham por impô-las. Isso, por sua vez, reforça a credibilidade das sanções. (Para detalhes acerca da importância da credibilidade, ver Schelling 1960.)

Sanções comerciais por si mesmas, contudo, não são o bastante para garantir uma cooperação total, porque as sanções apenas serão confiáveis se suficientes países assinarem o acordo. A cláusula de participação mínima garante que esse limiar seja alcançado, que sanções legalmente sujeitadoras apenas serão impostas se um número suficiente de países forem signatários (Barrett, 1997). Isso funciona porque, com sanções, a vantagem de ser um signatário aumenta com o acréscimo dos países participantes. Se todos os países menos um fossem participantes do acordo, então o não participante ganharia pegando carona mas perderia por não ser capaz de comercializar alguns produtos com o restante do mundo. Desde que a perda com o comércio seja grande o bastante, as sanções comerciais podem deter os caroneiros.

Embora o Protocolo de Kyoto não contenha um mecanismo para evitar os caroneiros, como o do Protocolo de Montreal, a cláusula de participação mínima pode funcionar como um. Como observado, o Protocolo de Kyoto não entrará em vigor (e portanto não será obrigatório a nenhum país) antes de ser ratificado por 55 países respondendo por 55% das emissões dos países do Anexo I em 1990. Como isso poderia impedir a carona? Suponha que a admissão de mais um país fizesse pender a balança, e garantisse que a cláusula de participação mínima fosse engatilhada. Então, embora esse último signatário incorresse em um custo (de acordo), sua admissão impulsionaria todos os participantes a cumprirem com as exigências do protocolo. Em certo sentido, a admissão deste país-chave é subsidiada.

Uma vez atingido o nível mínimo de participação, contudo, o incentivo de assinatura do acordo é reduzido a zero, porque cada signatário adicional não influenciará o comportamento de nenhum outro participante. Embora todo acordo traga uma cláusula sobre uma participação mínima, com poucas exceções o número de fato de signatários excede o mínimo especificado. Isso sugere que a cláusula normalmente não tem a intenção de impedir a carona mas antes de coordenar o comportamento. Suponha, por exemplo, que fosse do interesse de um país ratificar um acordo somente se um número suficiente de outros países o fizesse. Então, uma cláusula de participação mínima auxiliaria a garantir que a participação no acordo "pendesse", de modo que um número suficiente de outros países de fato ratificassem o acordo. Esse efeito poderia ser importante, mas não é igual a um impedimento aos caroneiros.

Reforço do cumprimento

A falta de incentivos ao cumprimento no Protocolo de Kyoto pode não parecer um grande problema. O Protocolo de Montreal igualmente adiou uma decisão sobre como reforçar o cumprimento, embora inicialmente tenha oferecido incentivos aos países na participação ao acordo (e subsequentemente os utilizou para reforçar o cumprimento do acordo). Em outras palavras, precisamente o mesmo instrumento foi usado para fazer cumprir o acordo e para deter a carona. Sendo assim, reforçar o cumprimento é um problema potencial do Protocolo de Kyoto, posto que este não possui mecanismos visando a deter a carona.

A maioria dos países quase sempre cumpre totalmente os acordos dos quais participa, e a maioria dos acordos não estipula medidas de punição ao não cumprimento. Chayes e Chayes (1995) deduzem dessas observações que o chicote não é necessário para assegurar o cumprimento de acordos. É possível, entretanto, que os países apenas escolham assinar acordos que pretendam de fato cumprir (Downs, Rocke e Barsoon, 1996). Dito de outro modo, se o cumprimento de fato não fosse um problema, então os países negociariam acordos de maneira diferente das que hoje formam o cânon da lei internacional.

Em 1992, os participantes do Protocolo de Montreal concordaram com uma "lista indicadora de medidas passíveis de serem tomadas numa reunião dos participantes com respeito ao não cumprimento do Protocolo". Dessas, faziam parte a assistência, incluindo-se "transferências de tecnologia e assistência financeira"; "a emissão de alertas"; e "a suspensão... de direitos e privilégios específicos do Protocolo... inclusive os concernentes à racionalização industrial, à produção, ao consumo, ao comércio, a transferência de tecnologia, aos mecanismos financeiros e aos acordos institucionais".

Mas seriam essas medidas um dia utilizadas? Foram testadas recentemente. Quando ficou claro em 1996 que Bielorrússia e a Ucrânia provavelmente não cumpririam as exigências do protocolo, fechou-se um negócio com o Comitê de Implementação do Protocolo de Montreal, no qual uma assistência financeira para um programa de erradicação gradual seria fornecida se esses Estados concordassem em restringir as exportações de substâncias controladas (o propósito sendo impedir a baldeação de cargas, já que nem Bielorrússia nem a Ucrânia fabricam CFCs).

O não cumprimento potencial da Rússia, no entanto, apresentou um desafio ainda maior. Em 1995 a Rússia declarou que até 1996 não seria mais capaz de cumprir com suas obrigações básicas acordadas e requisitou formalmente uma extensão desse prazo. O Comitê de Implementação negou o pedido e, ao invés, ofereceu à Rússia o mesmo negócio feito com Bielorrússia e a Ucrânia. Mas a Rússia se opôs às restrições comerciais e às condições do recebimento de assistência multilateral, afirmando que a decisão não levava em consideração as dificuldades impostas ao cumprimento pela transição.

Depois de uma tensa paralisação, a aprovação ou a rejeição da decisão do comitê seria dada no sétimo encontro dos signatários, em Viena, em dezembro de 1995. No encontro, o ministro russo do meio ambiente alertou, se as recomendações fossem aprovadas "o processo de substituição das ODS [substâncias depletoras do ozônio] perderá significativamente o seu ímpeto... as medidas de fortalecimento do controle de exportações não serão tomadas, os produtores tenderão à produção ilegal de ODS e os consumidores ao uso desses produtos" (Brack, 1996, p. 104). Portanto, a Rússia argumentava, a imposição de sanções prejudicaria, além de si mesma, aos outros participantes do acordo.

Mas o apelo da Rússia foi unanimemente rejeitado. A Venezuela (produtora de CFC) até mesmo argumentou pelo endurecimento das restrições comerciais contra a Rússia, o que levou a delegação russa a denunciar esse procedimento e abandonar furiosamente a reunião. Em uma carta datada de fevereiro de 1996 ao secretário executivo do Secretariado do Ozônio, contudo, o ministro russo do meio ambiente usou de um tom conciliador, reconhecendo "a preocupação atual na comunidade internacional em relação a possíveis entregas de ODS de fontes russas durante o período em que estão sendo erradicadas gradualmente" e afirmando que a Rússia tomava medidas "para resolver os problemas de controle dentro de nossas fronteiras". O Comitê de Implementação observou que "a Federação Russa havia com suas ações dado passos importantes para a conformidade com [a decisão acima, da conferência dos participantes] e na direção da conquista de uma conformidade plena com as medidas de

ESTUDOS DE CASOS

controle do Protocolo", e declarou que "consideraria favoravelmente outros passos adicionais para acelerar a assistência financeira" com relação à implementação da erradicação gradual, aprovando assim os planos do Fundo para o Meio Ambiente Global de subsidiar a substituição de CFCs na Rússia com uma ajuda de US$ 35 milhões (além dos prévios 8,6 milhões).[7]

No nono encontro dos participantes, realizado em Montreal, em setembro de 1997, o Comitê de Implementação informou que a Rússia havia submetido os dados requisitados pelo comitê, estabelecido um sistema para controle de importações e exportações de substâncias controladas, resolvido não exportar substâncias controladas a outros não signatários além da Comunidade dos Estados Independentes, iniciado o estabelecimento de instalações de recuperação e reciclagem, e reduzido sua produção de substâncias causadoras de desgaste da camada de ozônio em 60% desde 1995. A Rússia estava agora no caminho de erradicar completamente sua produção até o ano de 2000.

Essa experiência exige algumas perguntas. O que sucederá caso (ou quando) os participantes do Protocolo de Kyoto anunciem não serem capazes de satisfazer às exigências do acordo? E como os participantes do Protocolo de Kyoto se comportarão se houver dúvida de que suas obrigações futuras serão cumpridas?

Vazamento

Um problema de uma participação incompleta é o vazamento — que, com alguns países reduzindo sua poluição, vantagens comparativas na atividade poluente se desloquem para outros países, e as emissões nesses outros países possa, portanto, aumentar.

O vazamento é em geral associado à carona, porém é um problema diferente. O vazamento só pode surgir onde exista comércio internacional. A carona surge das características da proteção ambiental do bem público. Assim, pode haver carona mesmo se os países não comercializam, e pode haver vazamento mesmo se não houver carona. Mas embora os problemas sejam diferentes, com frequência estão presentes simultaneamente — e quando o estão, o vazamento ampliará o problema da carona.

O vazamento pode ser eliminado garantindo-se que a participação em um acordo seja completa, pois então não haverá "outros" países para os quais a produção poderá deslocar-se. Em princípio, pode também ser eliminado pelo uso de ajustes das taxas alfandegárias (ver Hoel, 1996).

O Protocolo de Montreal possui diversos mecanismos limitadores do vazamento. Primeiro, proibindo as importações de substâncias causadoras da degradação da camada de ozônio e dos bens que as incorporam, o acordo reduz o incentivo de deslocamento da produção. Segundo, o acordo requer que os participantes empreendam "na maior extensão praticável o desencorajamento da exportação a qualquer Estado não participante desse Protocolo de tecnologia de produção e utilização das substâncias controladas". Mas talvez mais importante na prevenção da carona seja o fato de que, assegurando estar a participação perto de completa, o acordo eficazmente elimina o vazamento. O Protocolo de Kyoto não proporciona tais incentivos. É claro, isso não significa que o vazamento será necessariamente um problema para o Protocolo de Kyoto. A literatura disponível oferece evidência conflitante sobre o vazamento no caso de alterações climáticas (IPCC, 1996). No entanto, preocupações com o vazamento são no mínimo um problema político. Inquietações e possíveis vazamentos foram uma razão de o Senado dos EUA opor-se ao mandato de Berlim.

Implicações

A mensagem geral é simples. Montreal obteve sucesso porque atraiu quase total participação, e o fez usando uma combinação engenhosa de iscas e chicote — iscas, na forma de pagamentos aos países em desenvolvimento e às economias em transição para os custos de incrementação da obediência ao acordo, e chicote, na forma de uma ameaça de impor sanções comerciais aos não signatários. A isca assegura que nenhum país em desenvolvimento ou economia em transição possa perder sendo participante do acordo. O chicote, unido à cláusula de participação mínima, assegura que todo o país perderá em não assinar o acordo. Esses mecanismos são dignos de crédito devido aos aspectos econômicos da política de ozônio. Interessa aos países industrializados oferecer a isca pois o benefício decorrente para eles da proteção da camada de ozônio é muito maior do que o custo da erradicação gradual global das substâncias controladas. E o chicote é digno de crédito porque, caso as sanções não fossem usadas, a produção poderia deslocar-se para os Estados não signatários.

Talvez o acordo de Kyoto possa, com o tempo, ser emendado para assemelhar-se ao acordo de Montreal. Pormos no papel as palavras certas, contudo, não é o problema. Antes, o problema é tornarmos confiáveis os mecanismos necessários. Uma ameaça só é digna de crédito se todos acreditam que, quando as coisas apertarem, ela será cumprida. Em última instância, os aspectos econômicos do fornecimento de um bem público determinam não apenas os ganhos potenciais de uma cooperação mas também o grau de cooperação que pode ser sustentado pelo anárquico sistema internacional. Essa é a lição básica da teoria da cooperação internacional (Barrett 1994, a ser publicado em breve).

NOTAS

1. É sabido que a decisão da DuPont e de outros fabricantes de CFC de interromperem a produção dessas substâncias químicas influenciou o resultado. Mas mesmo essas decisões não foram tomadas independentemente dos governos. Primeiro, o comunicado da DuPont veio depois da negociação do Protocolo de Montreal. Segundo, depois do comunicado da DuPont, restou ao governo dos EUA pouca alternativa para exigir outra coisa que não fosse a erradicação. No entanto, a DuPont estaria informada disso. Em outras palavras, o seu comunicado pode ter sido motivado pela expectativa de que os EUA fossem exigir a erradicação de CFCs a todos os fabricantes (uma erradicação da parte de todos os fabricantes, pode-se argumentar, seria no melhor interesse da DuPont). De mais a mais, a DuPont pode ter reconhecido a inevitabilidade dos acontecimentos. As estimativas de custo-benefício apresentadas adiante neste capítulo foram publicadas apenas três meses após o comunicado da DuPont de erradicação gradual, e o presidente da DuPont mais tarde observou que o comunicado da empresa foi muito influenciado pelas novas descobertas científicas demonstrando serem as restrições do Protocolo de Montreal inadequadas (ver Barrett 1992).

2. Estudos vinculando a democracia à cooperação ambiental internacional incluem Congleton (1992), Fredriksson e Gaston (1998), Murdoch e Sandler (1997) e Murdoch, Sandler e Sargent (1997). Essas ligações são complexas, todavia, e esses estudos permanecem inconcludentes. Por exemplo, se um país assinará um acordo em geral depende de se os outros países também o assinarão.

3. Na verdade, a Usepa trunca o desgaste em 50%. O modelo utilizado para avaliar a degradação do ozônio indica que esta degradação excederia 50% se não houvesse controle.

4. Os prejuízos futuros das alterações climáticas estimados para a economia norte-americana atual são de cerca de US$ 60 bilhões ao ano. Com o passar do tempo a economia se expandiria, e como resultado, o valor atual do prejuízo cresceria. Em termos de valores correntes, contudo, o prejuízo não cresceria necessariamente porque os prejuízos futuros seriam descontados. Suponha que a economia cresça numa proporção de ρ e que o prejuízo futuro seja descontado numa proporção r. Pressupondo-se $r > \rho$ (para convergência), o valor atual do futuro fluxo de prejuízo seria igual a $\int_0^\infty 60e^{-(r-\rho)t} dt = 60/(r-\rho)$. Em termos de valores correntes, o valor das vidas perdidas por causa do desgaste de ozônio, se nenhum controle for adotado, seria de cerca de US$ 3,6 trilhões. Esses dois cálculos de valor corrente são iguais se $r - \rho = 0.017$. Porque isso parece plausível, concluo que os prejuízos esperados das alterações climáticas e da depleção do ozônio em termos de valores correntes são, *grosso modo*, iguais, ao menos para os Estados Unidos.

5. As análises de Cline e de Nordhaus diferem num outro aspecto. Nordhaus soluciona para uma política que iguala os benefícios e custos marginais globais da redução. A abordagem de Cline é diferente. Ele busca determinar as condições sob as quais os benefícios de um programa de redução substancial excedem aos custos. A abordagem de Cline seria apropriada se as opções à nossa frente fossem binárias. Mas não o são, e sua abordagem portanto requer alguma cautela de interpretação. Por exemplo, na discussão de sua esti-

mativa central, na qual a razão custo-benefício é menor do que 1, Cline (1992) argumenta que "se fosse certo que essas seriam as apostas envolvidas no aquecimento global, a implicação seria de que a redução é cara demais comparada ao prejuízo provável e nenhuma ação deveria ser empreendida". Essa é uma má leitura da mensagem. O que o caso central aconselha não é que não seja justificada nenhuma ação, mas que apenas uma redução moderada se justifica. De modo semelhante, quando a razão custo-benefício excede a 1, seria errado concluir que o programa de redução substancial proposto por Cline deveria ser executado. Os benefícios líquidos podem ser mais altos com uma política um tanto mais modesta, ou mesmo mais extrema.

6. Para comparação, o Protocolo de Kyoto requer que os Estados Unidos reduzam suas emissões em 7% do nível de 1990 até 2008-12.

7. As citações nesse parágrafo foram tiradas do relatório de março de 1996 do Comitê de Implementação (Unep, 1996).

REFERÊNCIAS BIBLIOGRÁFICAS

Barrett, Scott. 1990. "The Problem of Global Environmental Protection". *Oxford Review of Economic Policy* 6: 68-79.

———. 1992. "Strategy and the Environment". *Columbia Journal of World Business* 27: 202-08.

———. 1994. "Self-Enforcing International Environmental Agreements". *Oxford Economic Papers* 46: 878-94.

———. 1997. "The Strategy of Trade Sanctions in International Environmental Agreements". *Resource and Energy Economics* 19: 345-61.

———. 1998. "Cooperation for Sale". London Business School.

———. A ser publicado em breve. "A Theory of Full International Cooperation". *Journal of Theoretical Politics*.

Benedick, Richard E. 1991. *Ozone Diplomacy: New Directions in Safeguarding the Planet.* Cambridge, MA: Harvard University Press.

———. 1997. "The UN Approach to Climate Change: Where Has It Gone Wrong?" *http:// www.weathervane.rff.org/pointcpoint/pcp4/benedick.html.*

Brack, Duncan. 1996. *International Trade and the Montreal Protocol.* Londres: Royal Institute of International Affairs.

Chayes, Abram, e Antonia H. Chayes. 1995. *The New Sovereignty.* Cambridge, MA: Harvard University Press.

Cline, William R. 1992. *The Economics of Global Warming.* Washington, DC: Institute for International Economics.

Congleton, Roger D. 1992. "Political Institutions and Pollution Control". *Review of Economics and Statistics* 74: 412-21.

Conselho de Consultores Econômicos dos EUA (US Council of Economic Advisors). 1990. *Economic Report of the President.* Washington, DC: US Government Printing Office.

ESTUDOS DE CASOS

Dixit, Avinash K. 1996. *The Making of Economic Policy: A Transaction-Cost Politics Perspective.* Cambridge, MA: MIT Press.

Downs, George W., David M. Rocke e Peter N. Barsoon. 1996. "Is the Good News about Compliance Good News about Cooperation?" *International Organization* 50: 379-406.

Fredriksson, Per G., e Noel Gaston. 1998. "Ratification of the 1992 Climate Change Convention: What Determines Legislative Delay?" Banco Mundial, Departamento do Meio Ambiente, Washington, DC.

Hoel, Michael. 1996. "Should a Carbon Tax Be Differentiated Across Sectors?" *Journal of Public Economics* 59: 17-32.

IEA (International Energy Agency). 1992. *Climate Change Policy Initiatives.* Paris: Organização para Cooperação Econômica e Desenvolvimento.

IPCC (Intergovernmental Panel on Climate Change). 1990. *Climate Change — the IPCC Scientific Assesment.* Genebra: Organização Meteorológica Mundial e Programa das Nações Unidas para o Meio Ambiente.

——. 1995. IPCC *Second Assesment: Climate Change 1995.* Genebra: Organização Meteorológica Mundial e Programa das Nações Unidas para o Meio Ambiente.

——. 1996. *Climate Change 1995: Economic and Social Dimensions of Climate Change.* Cambridge: Cambridge University Press.

Murdoch, James C., e Todd Sandler. 1997. "Voluntary Cutbacks and Pretreaty Behavior: The Helsinki Protocol and Sulfur Emissions". *Public Finance Review* 25: 139-62.

Murdoch, James C., Todd Sandler e Keith Sargent. 1997. "A Tale of Two Collectives: Sulfur versus Nitrogen Oxides Emission Reduction in Europe". *Economica* 64: 281-301.

Nordhaus, William D. 1991. "To Slow or Not to Slow: The Economics of the Greenhouse Effect". *The Economic Journal* 101: 920-37.

——. 1994. *Managing the Global Commons.* Cambridge, MA: Harvard University Press.

Parson, Edward A. 1993. "Protecting the Ozone Layer". Em Peter M. Haas, Robert O. Keohane e Marc A. Levy, orgs., *Institutions for the Earth.* Cambridge, MA: MIT Press.

Schelling, Thomas C. 1960. *The Strategy of Conflict.* Cambridge, MA: Harvard University Press.

Unep (United Nations Environment Programme). 1996. *Report of the Implementation Committee under the Non-Compliance Procedure for the Montreal Protocol on the Work of Its Thirteenth Meeting.* Unep/OzL.Pro/ImpCom/13/3. Genebra.

Usepa (US Environmental Protection Agency) 1988a. "Protection of Stratospheric Ozone; Final Rule". *Federal Register* 53: 30566-30602.

——. 1988b. *Regulatory Impact Analysis: Protection of Stratospheric Ozone.* Washington, DC.

Novas Estratégias para o Fornecimento de Bens Públicos Globais

Aprendendo com os desafios ambientais internacionais

Geoffrey Heal

O mundo dos bens públicos mudou radicalmente no último quarto de século, rendendo algumas discussões clássicas e exemplos bastante atualizados. Essa é uma boa hora para darmos uma reexaminada tanto na natureza dos bens públicos como nas opções de políticas para administrarmos o seu fornecimento.

A primeira seção deste capítulo identifica tendências cruciais no mundo em mudança dos bens públicos. Mostra que cada vez mais os bens públicos são produzidos privadamente — por empreendimentos privados, resultantes da privatização, e pelas externalidades (em geral, negativas), resultantes de miríades de decisões descentralizadas e independentes de atores espalhados pelo mundo. A segunda seção examina os mecanismos para o fornecimento desse novo tipo de bem público produzido privadamente, enfatizando em especial os mecanismos baseados no mercado. Dada a crescente importância da questão dos recursos naturais nas discussões dos bens públicos globais, os exemplos virão do setor ambiental. Duas mensagens principais nascem da discussão:

- Bens públicos, tais como a redução das emissões dos gases causadores do efeito estufa, impõem um novo desafio: decidirmos quem pode — e deveria — produzir o bem público.
- A criação de novos mercados pode ser um meio eficaz de conquistar-se esse desafio.

O Mundo Novo dos Bens Públicos

Tradicionalmente tem-se presumido que os bens públicos — tais como a lei e a ordem, a defesa, a proteção contra os climas extremos, a infraestrutura social e econômica essencial — deveriam ser supridos ao público como um todo pelo setor público.

Mas hoje sabemos que a iniciativa privada e as ações privadas também desempenham um papel importante nesse fornecimento. Por quê? Porque a natureza dos bens públicos se modificou como resultado de duas importantes tendências: a privatização e as externalidades.

Privatização

A privatização dos bens públicos e serviços anteriormente supridos pelo Estado foi apanhada pela retórica popular de "estenderem-se as fronteiras do Estado". Tanto nas sociedades industrializadas como nas em desenvolvimento a visão do governo modificou-se radicalmente. Muitos setores antes sob administração e posse estatal — incluindo a água, a energia, as telecomunicações, o transporte, as transmissões de rádio e TV, e a saúde — foram transferidos para a administração e posse privada. Os economistas anteriormente consideravam muitos desses serviços como envolvendo uma combinação de bens públicos e monopólios naturais: os sistemas de transporte eram tidos como bens públicos, e os fornecedores de energia como monopólios naturais.

A alteração da ótica social e política nessas indústrias possui muitas raízes. Entre elas estão as mudanças na tecnologia que permitem produtores menores e potencialmente um maior âmbito para competição. Não é mais o caso de para uma usina elétrica ser eficiente precisar operar em escala maciça. Geradores de turbina a gás podem competir com maciças estações elétricas convencionais no fornecimento de alta demanda — e operarem eficientemente em níveis de produção correspondentes às necessidades de pequenas comunidades ou fábricas individuais.

Igualmente importante é a nossa nova compreensão das indústrias de rede. Uma indústria de rede em geral consiste em uma rede física — estradas de ferro, canais de telecomunicações, cabos de energia elétrica — e um serviço que requer o uso dessa infraestrutura. Os últimos dez anos assistiram a uma mudança na direção de um desmembramento, vendo o fornecimento da rede física e os serviços a ela relacionados como negócios diferentes. Com o desmembramento, qualquer provedor pode usar a rede elétrica para distribuir sua energia e qualquer companhia telefônica pode acessar a rede de qualquer outra. A rede física subjacente sempre teve as características de um bem público, necessitando de um fornecimento em larga escala para ser eficaz. Juntas, essas duas tendências — mudanças tecnológicas permitindo uma geração de energia de pequena escala eficiente e a dissociação da distribuição da produção — permitem uma competição substancial no fornecimento de energia, alterando drasticamente esse negócio. Um efeito: maior competição na oferta de serviços. Mudanças semelhantes estão em andamento no setor ferroviário. Considere o sistema ferroviário do Reino Unido, com as estradas de ferro de propriedade da RailTrack e as companhias de trem que pagam para usá-la.

Considere um outro exemplo: as transmissões de rádio e TV. Anteriormente era impossível excluir alguém em uma área-alvo de transmissão de receber ou utilizar a transmissão. Sem a possibilidade de exclusão, e sem rivalidade no consumo, a transmissão era um clássico bem público. Mas as tecnologias de codificação de sinais modificaram essa situação. E se as transmissões dos sinais são codificadas, apenas os que pagaram pela tecnologia de decodificação podem utilizá-las. Ainda não há rivalidade no consumo, mas há uma exclusão perfeita. Um bem público foi privatizado pelas mudanças tecnológicas — não no sentido legal ou financeiro, mas no estrito sentido econômico.

Fatores políticos também contribuíram para o direcionamento à privatização. Financiar o fornecimento de bens públicos ou dos bens supridos pelos monopólios naturais regulados sempre impôs um conflito conceitual entre fixação de preço eficiente e ponto de nivelamento. Fixar um preço eficiente tem exigido a fixação de um preço marginal e, portanto, perdas, embora os desenvolvimentos teóricos na análise dos retornos progressivos façam disso uma supersimplificação (Heal, 1998). O papel em contínua transformação do Estado levou os governos a considerarem favoravelmente uma estrutura institucional na qual a igualação parece estar assegurada, e deslocou o foco de algumas prescrições tradicionais para a gestão dos monopólios naturais.

Portanto, há uma real substância por trás da privatização dos tradicionais bens públicos e das atividades do setor público. As mudanças na tecnologia tornaram a competição possível em algumas áreas e os bens ou serviços exclusivos em outras. Paralelamente, a preocupação pública com o gasto estatal concentrou a atenção política no financiamento dos bens supridos publicamente, sempre um ponto difícil. Como resultado, a balança política pendeu a favor da privatização.

A crescente importância das externalidades

Os últimos 20 anos assistiram a uma escalada fenomenal da preocupação pública acerca dos bens públicos ambientais, a ponto de estes serem hoje os bens públicos "quintessenciais". Aqui eu focalizo os bens públicos de produção privada — muitos dos quais são, infelizmente, não "bens" mas sim "males". Tomemos o dióxido de carbono, o principal gás responsável pelas alterações climáticas. É um gás razoavelmente estável, permanecendo na atmosfera cerca de 60 anos após sua emissão. Mistura-se com facilidade, e em poucos meses o dióxido de carbono emitido em Nova York ou em Beijing estará difundido por todo o globo. Sendo assim, a concentração de dióxido de carbono na atmosfera é bastante uniforme em todo o mundo, e sua concentração atmosférica é um bem público global.

Como é produzido todo esse dióxido de carbono? É o resultado de bilhões de decisões descentralizadas e independentes tomadas nas residências particulares sobre aquecimento e transporte e pelas corporações para essas e outras necessidades, todas fora do âmbito da esfera governamental. Os governos podem influenciar essas decisões, mas apenas indiretamente, por meio de regulamentações ou incentivos. O mesmo se aplica aos outros poluentes atmosféricos. As emissões de dióxido de enxofre são resultado do aquecimento utilizado nos lares e das escolhas de geração de energia das pessoas por todo o mundo. Os clorofluorcarbonos causadores do desgaste da camada de ozônio são produzidos para uso nos refrigeradores e condicionadores de ar domésticos. A perda da biodiversidade resulta de uma miríade de decisões independentes a cerca das mudanças na utilização da terra (mudanças que destroem os prévios hábitats) e de decisões sobre poluição (incluindo as que afetam o clima). Fazendeiros, agricultores, veranistas, moradores de centros urbanos — todos exercem um impacto direto na biodiversidade pelos seus estilos de vida e usos da terra.

As observações precedentes introduzem um elemento completamente novo ao fornecimento dos bens públicos. Para os bens públicos tradicionais, três perguntas devem ser respondidas:

- O quanto deve ser fornecido?
- Como esse fornecimento deve ser financiado?
- Como pode o Estado obter a informação para responder a essas perguntas?

O último ponto se refere ao problema do caroneiro. Qualquer um indagado de quanto estaria disposto ou disposta a pagar por um bem público — e que imagina que o seu pagamento será afetado por sua resposta — possui o óbvio incentivo de dar uma resposta que minimiza sua verdadeira preferência. Para os bens públicos produzidos privadamente, no entanto, temos de fazer uma quarta pergunta:

- Dado um nível de meta desejável de produção, como o atingirmos, e como deve essa meta de produção ser distribuída entre todos os potenciais produtores?

Por exemplo, no caso da redução da emissão dos gases causadores do efeito estufa essa pergunta toma uma forma bem específica e difícil: quais os países que deveriam reduzir emissões, e em quanto? A mesma pergunta se repetirá então dentro do país e, na verdade, provavelmente dentro das organizações e empresas. Essa nova pergunta — como a produção do bem público deveria ser distribuído entre os agentes — interage de modos surpreendentes e interessantes com a primeira tendência de privatização e de uso crescente dos mercados.

FIGURA 1

Características dos bens públicos e privados

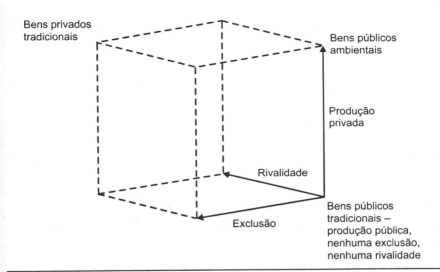

Antes de seguirmos adiante, resumirei um pouco do que disse acerca das características dos bens públicos em um diagrama. Tradicionalmente os bens públicos têm sido considerados como bens produzidos publicamente e para os quais não há rivalidade no consumo e nenhuma exclusão. Os bens privados tradicionais têm sido, e continuam a ser, o oposto. Na Figura 1, essas três dimensões são mostradas como os três eixos de um cubo, com os bens públicos tradicionais em um canto e os bens privados no canto oposto. No exemplo de codificação dos sinais de transmissão, e portanto tornando-os exclusivos (embora não rivais) em consumo, uma modificação na tecnologia moveu o serviço da origem através do eixo horizontal de exclusão. O conhecimento também é um bem público produzido privadamente, já que não rival em consumo e não exclusivo. Os direitos de propriedade intelectual são medidas que tornam esse bem exclusivo, um equivalente da codificação utilizada nas transmissões. Hoje poderíamos encontrar bens ou serviços em quase qualquer local do cubo, não apenas em seus cantos opostos.

FORNECENDO BENS PÚBLICOS MODERNOS

Esta seção trata da questão de como gerir o fornecimento dos bens públicos modernos, notadamente, os bens públicos supridos privadamente. Dois mecanismos são examinados: a criação de novos mercados para o direito de poluir e o encorajamento da adoção de transbordamentos.

Exemplo um: autorizações negociáveis de poluição

Como apontado, os bens públicos de produção privada levantam três perguntas básicas sobre o quanto deve ser fornecido, como financiar o fornecimento e como assegurar-se a informação necessária à resposta das duas primeiras perguntas. Também levantam uma quarta e nova pergunta no mundo dos bens públicos: quem deveria produzir o quanto do bem público total que teria de ser fornecido?

Eu me concentro primeiro na quarta pergunta, que, a princípio, pode ser respondida de diversas maneiras:

- Uma delas é a abordagem tradicional de comando e controle: tomamos o total, o dividimos de alguma forma entre os possíveis produtores e instruímos a cada um ser esse tanto o que irão produzir. No caso mais comum dos bens públicos de produção privada — a poluição ambiental —, essa abordagem normalmente toma a forma de uma decisão de que haverá uma redução de x% na produção do poluente e de uma instrução a todos de reduzirem a poluição em x%.
- Um nível máximo de poluição pode ser estabelecido, de modo uniforme para todos os agentes, de acordo com uma meta de nível de poluição total.
- A poluição pode ser reduzida por taxação, buscando-se um índice de imposto que irá acarretar no nível desejado de poluição.
- Um mercado pode ser usado para a decisão de quem produz o quanto por meio da alocação de direitos de poluição e a permissão de estes serem negociados.

Argumentos convencionais indicam que qualquer uma das duas últimas abordagens — a taxação ou o mercado de autorizações para poluir — é mais eficiente em termos de custos do que a abordagem de comando e controle. Eficiente em termos de custos, aqui, significa que um dado nível de redução é alcançado a um custo total menor. Das duas abordagens eficientes em termos de custo, os mercados são a melhor maneira de se atingir uma dada meta de nível total de poluição, pela razão óbvia de podermos escolher o volume total de autorizações de poluição para igualarem a meta do nível de poluição.

A ideia de direitos negociáveis de poluição vem de Dales (1968) e dos anos 1970, embora possa se argumentar que teve sua origem com Coase (1960), ou mesmo no estudo de Lindahl sobre bens públicos (Foley, 1970). Para uma visão geral dessas questões, ver Chichilnisky e Heal (1994a, 1999).

ESTUDOS DE CASOS 273

Quais questões o uso de mercados levanta como resposta à pergunta de "quem produz" para os bens públicos de produção privada? É importante compreendermos exatamente como o mercado funcionará nesse caso. Um nível de produção total foi escolhido para a poluição, o nível total de poluição permitida. O passo seguinte é a alocação dos direitos de poluição negociáveis — também conhecidos como cotas de emissão negociáveis — até um total da produção total escolhida. Esses direitos são divididos entre os potenciais poluidores segundo um procedimento escolhido pela autoridade que controla a poluição.

Para tornar esse processo concreto, considere as autorizações nos Estados Unidos para a emissão de dióxido de enxofre. A Agência de Proteção Ambiental dos EUA (US Environmental Protection Agency) estabelece limites na emissão total de dióxido de enxofre em uma região, emite autorizações de emissão de dióxido de enxofre totalizando esse limite e aloca essas autorizações entre potenciais poluidores. Uma vez isso feito, os potenciais poluidores estão livres para poluir até o limite estabelecido pela autorização que receberam — ou para poluir menos e vender as autorizações das quais não necessitam, ou de comprarem autorizações adicionais de outros potenciais poluidores e então poluir até o nível designado por suas alocações originais mais os comprados. O incentivo de reduzir a poluição é proporcionado pelo fato de que uma autorização não utilizada pode ser vendida: quanto mais alto o preço de mercado, maior o incentivo.

A Distribuição de Cotas. Como funcionaria esse mecanismo para um bem público global como o dióxido de carbono? Em outras palavras, quais as suas implicações para o Protocolo de Kyoto acerca das emissões de gases causadores do efeito estufa? Para introduzirmos um regime de cotas de emissão negociáveis, temos de criar direitos de propriedade onde nenhum antes existiu. Esses direitos de propriedade então têm de ser alocados aos países participantes do programa de diminuição de emissão de dióxido de carbono, sob a forma de cotas. Tais cotas têm valor de mercado — talvez um enorme valor de mercado. Por isso a criação e a distribuição de cotas poderiam levar a uma importante redistribuição da riqueza internacional. Isso significa que é econômica e politicamente importante compreendermos completamente as questões subjacentes à avaliação dos modos alternativos de se distribuírem as cotas de emissão.

Um precedente claro desse efeito redistributivo dos direitos de propriedade internacional pode ser encontrado na conferência sobre o Direito do Mar e a introdução do limite territorial de 200 milhas nas águas das costas de uma nação. Esses limites estabeleceram direitos de propriedade nacionais onde nenhum previamente existira, e esses direitos podiam, e com frequência eram, distribuídos pelos governos a empresas domésticas. Os direitos de propriedade nas águas costeiras portanto geraram uma substancial redistribuição de riqueza internacionalmente.

Não há maneira de restringirmos as emissões de um país dos gases causadores do efeito estufa sem alterarmos o seu uso de energia e seus padrões gerais de produção e de consumo. Deste modo, a implementação de medidas de redução das emissões de carbono terão um impacto significante na capacidade de grupos e países diferentes de produzirem bens e serviços para seus próprios consumos e para o comércio. Por isso, o impacto distributivo das políticas ambientais — ou seja, a escolha de quem arcará com os custos do ajuste — é de grande importância. Em um regime de cotas negociáveis, o pagamento pela provisão de um bem público — nesse caso, o pagamento por uma atmosfera contendo menos gases causadores do efeito estufa — toma a forma de arcarmos com os custos econômicos de nos ajustarmos ao regime de cotas e a seus preços. Esse fato torna a análise da política ambiental particularmente difícil porque um consenso e considerações distributivas são em geral de conquista bastante difícil.

DISTRIBUIÇÃO E EFICIÊNCIA. As alocações de mercado são em geral recomendadas por serem eficientes. O que significa não ser possível a realocação de recursos para longe de uma alocação de compensação de mercado sem piorar a situação de alguém: não há uma folga no sistema. A eficiência de mercado exige três propriedades cruciais.

- Mercados têm de ser competitivos.
- Não podem haver efeitos externos — na terminologia pigouviana, os custos privados e sociais têm de ser iguais, e na terminologia coasiana, os direitos de propriedade têm de estar presentes no cenário.
- Os bens produzidos e negociados têm de ser privados.

A eficiência da alocação de mercado é independente da designação de direitos de propriedade. Os critérios de posse são de grande interesse por razões de bem-estar, e critérios diferentes de posse conduzem a diferentes alocações eficientes quando os negociadores alcançam níveis diferentes de consumo e existem diferentes distribuições de renda. Mas os critérios de posse não têm impacto na eficiência do mercado. A eficiência do mercado independente da distribuição é uma propriedade crucial sublinhando a organização da maioria das sociedades modernas.

Ainda assim, as propriedades de eficiência que tanto valorizam os mercados para a alocação de bens privados falham quando os bens são públicos. Com tais bens não é possível separar a eficiência da distribuição. A natureza de bem público do dióxido de carbono atmosférico é um fato físico, derivado da tendência do dióxido de carbono de se misturar completa e estavelmente. Esse simples fato é totalmente independente de quaisquer instituições econômicas ou legais. Tem profundas implicações para a eficiência das alocações do mercado, posto que eficiência e distribuição não estão mais divorciadas como o estão nas economias dos bens privados. Antes, estão inti-

ESTUDOS DE CASOS

mamente relacionadas. Nas economias com bens públicos, as soluções de mercado são eficientes tão só com as distribuições apropriadas dos direitos de propriedade iniciais. Por quê?

Quando todos os bens são privados, negociadores diferentes normalmente acabam com diferentes quantidades de bens em um equilíbrio de compensação de mercado por causa de seus diferentes gostos e fundos. A flexibilidade do mercado em designar diferentes pacotes de bens a diferentes negociadores é crucial para soluções eficientes. Mas negociadores com preferências diferentes deveriam alcançar níveis de consumo nos quais os preços relativos de quaisquer dois bens em toda economia sejam tanto iguais à taxa marginal de substituição entre esses bens para todos os negociadores como iguais à taxa de transformação entre os dois bens para todos os produtores. Essa é uma enorme tarefa: é um atestado do poder descentralizado dos mercados que essa coincidência de valores surja em uma alocação de compensação de mercado.

Quando um bem é público, porém, há um impedimento físico: todos os negociadores, não importa o quão diferentes, têm de consumir a mesma quantidade. Isso impõe uma limitação adicional, uma restrição que não existe nos mercados onde todos os bens são privados. Por causa dessa restrição, alguns dos ajustes necessários na conquista de um equilíbrio eficiente não são mais disponíveis nos mercados de bens públicos.

O número de instrumentos usados pelo mercado para alcançar uma solução eficiente — os preços dos bens e as quantidades consumidas por todos os negociadores — é o mesmo para os bens públicos e os privados. Mas com um bem público esses instrumentos devem agora fazer mais: em um equilíbrio de mercado as quantidades do bem público demandado independentemente por cada negociador têm de ser as mesmas, não importa o quão diferentes esses negociadores sejam. Como resultado, em acréscimo a tornar a relação de preço igual às taxas marginais de substituição e de transformação, uma condição adicional deve agora ser cumprida para a conquista da eficiência. A soma entre todos os negociadores das taxas marginais de substituição entre o bem público e qualquer bem privado deve igualar a taxa marginal de transformação entre eles. Deve ser também igual ao preço relativo. Essa condição surge da simples observação de que uma unidade adicional de um bem público produzido beneficia todos os negociadores simultaneamente, o que está implicado no fato de que todos os consumidores consomem a mesma quantidade.

A exigência física de um consumo igual por todos portanto introduz uma diferença fundamental entre eficiência com bens públicos e eficiência com bens privados. Tudo isso deve ser conquistado pelo mercado de uma forma descentralizada. Os negociadores têm de ainda ser capazes de escolher livremente, maximizando suas utilidades, e portanto tem de permanecer a condição prévia de igualar as taxas marginais de substituição e transformação de cada negociador aos preços. De outro modo, a alocação de compensação de mercado não seria eficiente. Em outras palavras, com os bens públicos o mercado deve desempenhar uma tarefa adicional.[1]

Uma tarefa adicional pede instrumentos adicionais. Porque o mercado com n bens privados tem precisamente tantos instrumentos quanto tarefas, com os bens públicos novos instrumentos têm de ser alistados. Algumas das características da economia podem agora ser ajustadas para cumprirem os novos objetivos. Os direitos de propriedade dos negociadores ao bem público, os seus direitos a emissão de gases na atmosfera, são um instrumento natural para esse propósito porque são, a princípio, livres e indefinidos até a política ambiental ser considerada. Tratando as alocações de cotas como um instrumento — ou seja, variando a distribuição de direitos de propriedade na atmosfera — é geralmente possível alcançar uma solução de compensação de mercado onde os negociadores escolhem livremente consumir exatamente a mesma quantidade do bem público. A eficiência de mercado pode ser conquistada com os bens públicos, mas apenas com a distribuição apropriada de direitos de propriedade. Mais uma vez, a distribuição e a eficiência não são mais independentes.

ASPECTOS NORTE-SUL. O impedimento físico do bem público é mais agudo quando os negociadores têm gostos e fundos um tanto diferentes, quando escolheriam naturalmente padrões diferentes de consumo e níveis diferentes do bem público. Os gostos são quase sempre difíceis de medir, mas as diferenças de fundos são medidas mais facilmente: contas nacionais com frequência proporcionam uma aproximação adequada. As diferenças nas rendas são muito pronunciadas na economia mundial, portanto será difícil internacionalmente conquistarmos níveis de demanda idênticos para um bem público e, correspondentemente, atingirmos a eficiência de mercado.

Pense, para simplificar, em um mundo dividido em um Norte e um Sul, o industrializado e o em desenvolvimento. Os fundos dos bens públicos são muito maiores no Norte do que no Sul; em um mercado competitivo com bens privados isso naturalmente leva a padrões bem diferentes de consumo. Sendo assim, a dimensão Norte-Sul da redução de dióxido de carbono provavelmente será um aspecto importante na avaliação da política ambiental. Conquanto esse ponto seja amplamente compreendido nas negociações políticas entre os países industrializados e os países em desenvolvimento, não ficara claro até recentes estudos que os argumentos políticos continham de fato um sustento nos argumentos sobre a eficiência econômica.

Não apenas as questões distributivas são fundamentais para a conquista da boa vontade política e para a construção de um consenso, são também fundamentais na criação de políticas que visem à eficiência de mercado. A eficiência de mercado é crucial na conquista do consenso político: as negociações avançam, com frequência, com a remoção de ineficiências e portanto produzindo soluções potencialmente favoráveis a todos. Propor uma solução ineficiente significa negligenciar avenidas potenciais ao consenso — um erro estratégico nas negociações onde a conquista do consenso tem importância crucial.

Distribuição entre Países. Dos argumentos prévios segue-se que uma alocação judiciosa de cotas entre os países não deve ser vista unicamente como uma medida politicamente conveniente para facilitar o consenso. Nem deve ser necessariamente vista como uma tentativa de se alcançarem resultados razoáveis à custa da eficiência, ou ao menos, independentemente da eficiência. A alocação apropriada de cotas dentro de um dado total mundial de emissões pode ser um instrumento para assegurar que os mercados competitivos possam alcançar alocações eficientes. O fato de desempenhar essa função vem das limitações físicas que um bem público impõe no funcionamento do mercado.

O que permanece por ser determinada, contudo, é a distribuição particular de cotas necessárias para assegurar que a solução de mercado será eficiente. Questões distributivas são pontos delicados em qualquer negociação, e o fato de a eficiência de mercado estar envolvida torna o ponto aparentemente mais complexo. Na realidade, porém, pode ser considerado como melhorando a dinâmica do processo de negociação. A razão: a conexão entre a distribuição e a eficiência significa que um argumento sobre distribuição não é um jogo de soma zero, como seria se a divisão de um total fixo entre participantes competidores fosse todo o envolvido. Uma vez que algumas distribuições de cotas são eficientes e outras não o são, algumas conduzem a um maior bem-estar do que outras e, portanto, a uma oportunidade de todos ganharem se comparadas às outras distribuições ineficientes.[2]

Agora, uma visão geral conceitual do problema. Eu trabalho com a suposição de que todos os países possuem, em geral, preferências semelhantes por bens privados e por bens ambientais, se têm rendas comparáveis.[3] Essa suposição é consistente com os diferentes ganhos e perdas entre o consumo privado e o ambiental nos países com rendas diferentes. Uma segunda suposição padrão é a de que a utilidade marginal do consumo decresce com a renda. Isso significa, simplesmente, que uma unidade adicional de consumo aumenta menos a utilidade a níveis mais altos de consumo do que o faz a níveis mais baixos. Ou seja, acrescentar-se o correspondente a um dólar em consumo para uma pessoa com recursos parcos aumenta mais o bem-estar desta pessoa do que o bem-estar de um indivíduo rico que recebe a mesma quantia. Eu presumo, também, que todos os países têm acesso a tecnologias similares e que suas capacidades produtivas diferem apenas como consequência das diferenças nos estoques de capital.

Com essas suposições é possível mostrar que a alocação de cotas pode ter de favorecer os países em desenvolvimento proporcionalmente mais do que os países industrializados se buscamos a eficiência de mercado (Chichilnisky e Heal, 1994b). Isso se aplica a qualquer meta de nível total de emissões.

Existe, em geral, uma conexão entre a distribuição de rendas e o nível de emissões? Para respondermos a essa pergunta, considere mais um fato sobre as preferências entre os bens públicos e os privados: que os bens ambientais são bens normais. Essa afirmação significa que a quantia que uma pessoa está disposta a gastar com atrações ou bens ambientais aumenta de acordo com sua renda. Quanto mais ganhamos, mais gastamos em todos os bens normais, inclusive os bens ambientais.

A condição geral final invocada por esta análise requer, talvez, mais reflexão: que os bens ambientais são bens necessários. Uma afirmação que simplesmente significa que embora a quantia total gasta com bens ambientais aumente com a renda, a proporção de renda que uma pessoa está disposta a gastar em bens ambientais decresce com o crescimento do seu nível de renda. Essa suposição foi corroborada empiricamente em todo estudo conhecido nos Estados Unidos, Europa e África (ver Kristrom e Riera, 1996), embora tais estudos em geral envolvam técnicas de avaliação contingentes, as quais podem conter falhas. A pressuposição também pode ser justificada teoricamente com base em que as pessoas de renda mais baixa são mais vulneráveis a seus ambientes do que as pessoas de alta renda. Não podem se dar ao luxo de escolher ou modificar seus ambientes, ao passo que as pessoas de renda mais alta podem fazê-lo. Por exemplo, um parque público ou o acesso à água potável são bens ambientais que possuem comparativamente mais valor às pessoas de renda mais baixa do que àqueles que podem construir seus próprios parques ou providenciar o seu próprio acesso à água. As pessoas nos países de renda mais baixa são reconhecidamente mais vulneráveis ao aquecimento global do que o são as pessoas nos países de renda mais alta. Estas minhas suposições são consistentes com o que foi estabelecido com regularidade marcante na maioria dos estudos empíricos: a elasticidade de renda da demanda de bens ambientais fica entre 0 e 1 (a maioria dos estudos descobre ser cerca de 0,3; ver Kristrom e Riera, 1996).

Se esses pontos estiverem corretos, é possível estabelecermos que a redistribuição de rendas para os indivíduos ou países de renda mais baixa irá geralmente conduzir a uma melhoria na preservação ambiental. Por quê? Porque quando as preferências são semelhantes e a elasticidade de renda da demanda é menor que 1, a redistribuição de renda a favor de grupos de renda mais baixa implica que comparativamente mais renda será alocada para o ativo ambiental. Se os negociadores escolherem livremente, escolherão uma maior preservação. Neste caso aqui, níveis mais altos de redução são esperados quando mais recursos são designados a países de renda mais baixa.

Exemplo dois: a adoção de transbordamentos

Em anos recentes os compromissos ambientais expandiram-se na maioria dos países, nos industrializados e nos em desenvolvimento, como resultado da adoção pelos governos de novas normas e padrões legalmente compulsórios. Um exemplo é à mudança para a gasolina sem chumbo na Alemanha e como a nova política de gasolina na Alemanha afetou — ou produziu efeitos de transbordamento — na Itália.

A gasolina sem chumbo foi introduzida na Alemanha antes de ser introduzida na Itália. Muitos alemães vão de carro até a Itália como turistas, e em algumas regiões isso representa uma importante fonte de renda. Depois da gasolina sem chumbo ser introduzida na Alemanha, os alemães iam até a Itália em carros que exigiam combustível livre de chumbo, e o turismo era importante o suficiente para os postos de gasolina dessas regiões utilizadas pelos turistas começarem a vender gasolina sem chumbo, embora não houvesse um mercado para esse tipo de combustível entre os motoristas italianos. Essa mudança tornou necessário o estabelecimento de instalações para a produção e a distribuição de gasolina sem chumbo na Itália, o que por sua vez tornou necessário um investimento considerável, o qual historicamente tem sido um dos obstáculos à introdução da gasolina sem chumbo em qualquer país. Por causa dessa introdução prévia para atingir as necessidades dos turistas alemães, os custos de incrementação de exigir-se de todos os veículos o uso da gasolina sem chumbo foram enormemente reduzidos, tornando a adoção da gasolina sem chumbo na Itália muito mais fácil do que poderia ter sido. Esse é um belo exemplo de como a adoção de padrões por um país traz possíveis efeitos de transbordamento a outros e reduz seus custos na adoção dos mesmos padrões.

Uma segunda ilustração desse ponto é de ordem mais geral. A diminuição de emissões em geral requer o desenvolvimento e a implementação de novas tecnologias. No caso da gasolina sem chumbo a principal exigência foi o desenvolvimento de motores automotivos que pudessem apresentar o mesmo desempenho sem os aditivos contendo chumbo. A obrigatoriedade da gasolina sem chumbo nos Estados Unidos forçou a todos os principais fabricantes de veículos do mundo a solucionarem esse problema, reduzindo enormemente os custos e os obstáculos políticos à adoção posterior da gasolina sem chumbo em outros países.

Esses exemplos enfatizam um ponto geral de importância: quanto mais difundida já é a adoção de um padrão, menos custosas as adoções subsequentes. Para os bens públicos ambientais globais cujos fornecimentos requerem novos padrões técnicos, conseguir que um ou dois grandes países deem o primeiro passo pode em muito facilitar a adoção difundida dos novos padrões adequados. O Protocolo de Montreal ilustra essa afirmação: o desenvolvimento de refrigeradores sem clorofluorcarbono reduziu muito a oposição ao protocolo nos países industrializados, e um acordo de transferência dessa nova tecnologia aos países em desenvolvimento, então, facilitou o acordo de âmbito mundial. Em termos econômicos o ponto é que existem altos custos fixos para o fornecimento dos bens públicos globais, e muitos desses custos fixos podem ser para a pesquisa e o desenvolvimento. Esses custos de pesquisa e desenvolvimento só precisam ser pagos uma vez, pois as tecnologias necessárias só precisam ser desenvolvidas uma vez. Se um país o faz, os outros não precisam fazê-lo. Assim, o primeiro a adotar novos padrões confere benefícios aos outros (ver Sandler, 1998, para pontos relacionados ao papel das nações líderes e o efeito da tecnologia na estabilidade das coalizões). Os Estados Unidos têm em geral dado o primeiro passo nesses acordos.

Como essas considerações aplicam-se ao Protocolo de Kyoto e às medidas associadas com a redução global de emissões de gases causadores do efeito estufa? Irá uma inovação tecnológica importante facilitar um progresso difundido amplamente, como na erradicação dos clorofluorcarbonos ou dos aditivos contendo chumbo? Existem aqui, provavelmente, dois desenvolvimentos estratégicos: o desenvolvimento de motores automotivos limpos e a comercialização de fontes de energia renováveis. Fabricantes de veículos alemães e japoneses vêm pressionando duro pelo desenvolvimento de tecnologias de célula para os combustíveis de automóveis, e a British Petroleum e outras companhias de energia têm alocado fundos em rápido crescimento para a pesquisa e o desenvolvimento de fontes de energia renováveis, em especial a fotovoltaica. A introdução de rígidos padrões nas emissões do dióxido de carbono em umas poucas grandes economias poderia empurrar esses empreendimentos à viabilidade comercial — e dar início ao processo de adoção difundida.

Há um outro elemento no papel desempenhado pelos iniciadores da adoção de um padrão necessário para apoiar o fornecimento de um bem público global. Esse efeito adicional interage com a redução dos custos fixos. Se alguns países diminuem as emissões dos gases causadores do efeito estufa, essa redução confere benefícios aos países que não estão reduzindo suas emissões e desloca para cima a curva que relaciona seus benefícios vindos da redução para o nível de diminuição e os custos que incorrem ao diminuir as emissões. Os países que não reduzem suas emissões agora acumulam benefícios positivos mesmo quando não incorrendo em custos de redução, de modo que a relação custo-benefício não mais passa pelo ponto de origem (Figura 2).

Como consequência da redução de outros, os benefícios líquidos com a adoção nos países seguidores aumentam em todos os níveis de custo, e o benefício líquido máximo pode acrescer de negativo para positivo. As curvas de benefício líquido precisam ser interpretadas atentamente. Mostram benefícios líquidos como uma função da redução a níveis positivos de redução, mas em uma redução zero o benefício líquido é sempre positivo e representado pelo segmento vertical da curva de benefício. Por quê? Posto que mesmo com uma redução zero, um país seguidor se beneficia das atividades de redução dos outros. Assim, o gráfico dos benefícios líquidos relativo ao nível de redução para os países seguidores apresenta uma descontinuidade em zero.

Os benefícios líquidos para esses países são positivos em uma redução zero por causa dos benefícios provindos das ações de outros e da ausência dos custos da redução, mas caem logo que a redução tem início por causa dos custos fixos incorridos.

Com os outros países aumentando as suas reduções e movendo as curvas de benefício para cima, os custos fixos da redução podem também cair por causa das inovações tecnológicas, como explicado acima. Essa combinação de circunstâncias pode conduzir a uma situação onde o nível ótimo de redução para cada país seguidor individual examinado isoladamente seja positivo (Figura 3). Não haverá uma tendência numa tal situação de se optar totalmente por cair fora do acordo e pegar carona no benefício dos outros.

FIGURA 2

Os benefícios aumentam quando os outros reduzem

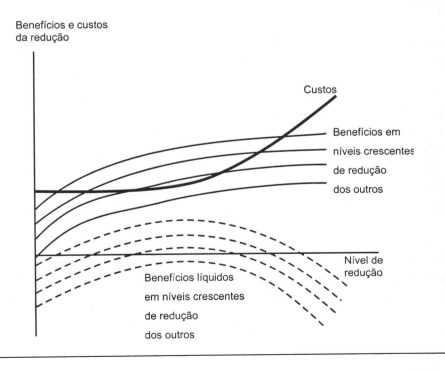

Em suma, existem razões para sermos cautelosamente otimistas sobre a possibilidade de acordos duradouros sustentarem o fornecimento dos bens públicos internacionais. Os precedentes são encorajadores (embora alguns sejam trágicos), e as características do problema sugerem que o interesse próprio pela cooperação possa emergir com a queda dos custos seguindo os investimentos iniciais efetuados por alguns países.

FORMAÇÃO DE COALIZÃO E AS POLÍTICAS INTERNACIONAIS

A administração dos bens públicos globais, incluindo-se a criação de mecanismos baseados no mercado, implica ações globais e acordos globais. Qual a natureza desses acordos, e como pode a comunidade internacional relacionar-se com eles?

Para serem eficazes, os acordos internacionais têm de ser atraentes para todos os participantes, porque a participação não se pode cumprir, ao menos não do modo que a conformidade às leis domésticas o pode ser. O Protocolo de Montreal sobre as Substâncias Depletoras do Ozônio tem sido eficaz porque é do interesse de todos os participantes cruciais, e foi cuidadosamente elaborado para sê-lo (Barrett, neste volume). As negociações restantes do Protocolo de Kyoto têm de conquistar o mesmo resultado, e tornar esse protocolo do interesse dos países em desenvolvimento e industrializados. A elaboração de acordos estáveis desse tipo é desafiadora. Mas as características do problema dos bens públicos globais podem, se exploradas de forma apropriada, auxiliar na obtenção de um consenso ao fornecimento desses bens.

A sabedoria convencional corre em direção oposta, afirmando que o problema do caroneiro é particularmente destrutivo em nível internacional. A questão aqui é que cada país possui um incentivo óbvio em deixar os outros reduzirem suas emissões de poluentes globais (e arcarem com os custos de fazê-lo) enquanto desfrutam de uma parte dos benefícios. Precisamente porque um melhor meio ambiente global é em si um bem público global, cada país pode se beneficiar sem custo para si das melhorias engendradas por outros. Sendo assim, há um certo sentido em dizer que a melhor medida para um país é encorajar os outros a contribuírem para um melhor meio ambiente, mas de não juntar-se a eles.

Essa análise um tanto cínica erra o alvo empiricamente: em 1990 havia cerca de 150 tratados ambientais internacionais, e o número continua crescendo (Barrett, 1994). Muitos são regionais em vez de globais, mas as questões são as mesmas. Nem todos foram criados puramente do altruísmo de seus membros: tem havido um elemento de interesse próprio, que o argumento do caroneiro não enxerga. Com efeito, parece haver dois fatores auxiliando o nascimento e a manutenção desses tratados.

Um tem a ver com o fato de os participantes desses tratados serem todos membros de uma comunidade internacional continuada, na qual eles têm interagido regularmente por muitos anos e esperam continuar a fazê-lo. Essas interações se estendem a muitas áreas, não apenas aos bens globais ou regionais: englobam a segurança, o comércio, a ajuda e muitas outras questões. Analiticamente esse fato tem duas significações. Uma é que os países envolvidos nesses acordos estão escolhendo jogadas em jogos repetidos — ou seja, em interações estratégicas que continuarão indefinidamente. A segunda é que os espaços estratégicos nesses jogos não se restringem às jogadas concernentes aos bens públicos globais: os espaços estratégicos são muito mais ricos e contêm muitas outras dimensões. Incluem estratégias de comércio, estratégias de transferência de tecnologia, estratégias de segurança e muitas mais.

FIGURA 3

Os custos caem quando os outros desenvolvem tecnologia

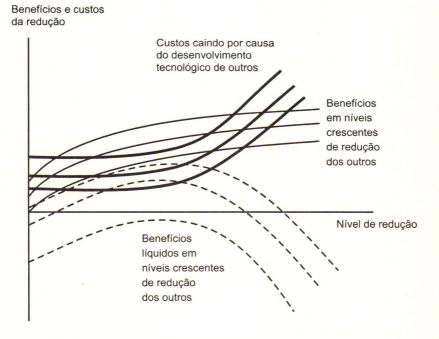

Esses dois fatores — uma interação repetida e um espaço estratégico complexo — são importantes. Um resultado básico na teoria do jogo nos diz que há muito mais campo de ação para resultados cooperativos e mutuamente benéficos nas interações estratégicas que se repetem do que nas ensaiadas apenas uma vez (Heal, 1976). Por exemplo, se um jogo de dilema do prisioneiro é jogado uma vez, o resultado para os jogadores sensatos é um resultado ineficiente. Mas se for repetido indefinidamente, a solução eficiente deverá emergir.[4] A complexidade do espaço estratégico também ajuda. Um outro resultado na teoria do jogo nos diz que os resultados eficientes têm maior probabilidade de surgir em jogos com espaços estratégicos multidimensionais.

Quais as implicações disso para a gestão do fornecimento de bens públicos internacionais? Elas são relativamente simples: ajudar a manter uma comunidade internacional em funcionamento que coopera em muitas áreas e que inclui todos os países prováveis de se envolverem no fornecimento e na gestão dos bens públicos. Depois, temos os benefícios de uma interação repetida e de muitas dimensões nas estratégias de negociação. Se em acréscimo um resultado justo e equânime puder ser realizado, então, como enfatizado por Rao (neste volume), todos os países sentir-se-ão participantes de um jogo repetido benéfico e terão interesse na viabilidade duradoura da comunidade internacional. Esse é nitidamente um argumento contra a ideia de que a exclusão de países de uma plena participação na comunidade internacional é uma forma de exercer-se influência sobre eles.

CONCLUSÃO

O mundo dos bens públicos continua em transformação. Muitos bens que eram tradicionalmente supridos publicamente foram privatizados. Embora fornecidos publicamente no passado, não são necessariamente bens públicos estritos, mas quase sempre possuem algum elemento de caráter público em sua exclusão limitada ou rivalidade limitada. Para eles, existe uma tendência de distinguir-se entre a infraestrutura, com frequência uma rede, e os serviços proporcionados por ela. A privatização tentou introduzir a competição no fornecimento de serviços que se utilizam de redes — e de regulamentar o provedor da rede.

Em um desenvolvimento distinto que também envolve o uso dos mercados na regulamentação dos bens públicos, nos deslocamos para um regime no qual as preocupações das políticas focalizam os bens públicos de produção privada. Uma tendência crescente de tais bens é a de usar o mercado para responder a pergunta de "quem produzirá". Essa tendência está associada ao crescimento dos mercados para autorização de emissão e direitos de poluição.

A gestão do fornecimento de bens públicos globais de produção privada levanta questões interessantes atualmente na agenda da Convenção das Nações Unidas sobre Mudanças Climáticas e dos governos e agências desejosos do sucesso dessa convenção. Muitos céticos têm enfocado a questão do caroneiro e do jogo do dilema do prisioneiro, implícitos no fornecimento eficiente dos bens públicos. Esse enfoque parece inapropriado, pois não enxerga o contexto no qual todas essas questões ocorrem. Existe uma comunidade internacional. Os países envolvidos nessas questões são parte dessa comunidade. E estão envolvidos em diversas negociações e uma ampla gama de questões. Além disso, há a adoção dos efeitos de transbordamento: o primeiro a adotar políticas para fornecer mais bens públicos facilita a tarefa para aqueles que vêm depois.

ESTUDOS DE CASOS

Essas observações definem um papel natural para a diplomacia internacional em duas partes. Primeira, envolver completamente os países cuja cooperação seja crucial na comunidade internacional de forma equânime e diversa. A segunda, relacionada à adoção dos efeitos de transbordamento discutida anteriormente, é a comunidade internacional encorajar os principais atores a desempenharem a função de estimuladores, dando os passos iniciais na direção de novas políticas e padrões, reduzindo os custos para os que irão segui-los. Dado o papel crucial dos primeiros jogadores no estabelecimento de estruturas e tecnologias e na comprovação da exequibilidade, pode haver um caso para a criação de sistemas sob os quais eles iriam recobrar alguns dos custos de terem sidos os primeiros, talvez na forma de um tipo de direito de propriedade intelectual.

NOTAS

1. Um equilíbrio de Lindahl proporciona instrumentos extras para essa tarefa — a saber, preços extras — por considerar preços personalizados para os bens públicos. A redistribuição dos fundos pode substituir os preços extras em um equilíbrio Lindahl.
2. Embora eu não possa aqui desenvolvê-lo, esse ponto é verdadeiro mesmo em um estrito contexto de segunda melhor solução onde o nível total de emissão distribuído entre os países não é associado com um padrão eficiente do uso geral de recursos. A conexão entre eficiência e distribuição há muito tem se mostrado próxima nas escolhas políticas de segunda melhor solução.
3. Com isso eu pretendo dizer que suas rendas e elasticidades de preço na demanda são da mesma ordem de magnitude. Estou descartando avaliações radicalmente diferentes dos bens públicos e do meio ambiente.
4. Martin (neste livro) enfatiza o mesmo ponto utilizando a perspectiva da ciência política.

REFERÊNCIAS BIBLIOGRÁFICAS

Barrett, Scott. 1994. "Self-Enforcing International Environmental Agreements". *Oxford Economic Papers* 46: 878-94.

Chichilnisky, Graciela, e Geoffrey M. Heal. 1994a. *Markets for Tradable Carbon Dioxide Emission Quotas: Principles and Practice.* Um relatório para a Organização para Cooperação Econômica e Desenvolvimento. Washington, DC: OCDE.

——. 1994b. "Who Should Abate Carbon Emissions? An International Viewpoint". *Economics Letters* 44: 443-49.

——, orgs. 1999. *Environmental Markets.* Nova York: Columbia University Press.

Coase, Ronald H. 1960. "The Problem of Social Cost". *Journal of Law and Economics* 3: 1-44.

Dales, John H. 1968. *Pollution Property and Prices*. Toronto, Canadá: University of Toronto Press.

Foley, Duncan K. 1970. "Lindahl's Solution and the Core of an Economy with Public Goods". *Econometrica* 38(1): 66-72.

Heal, Geoffrey M. 1976. "Do Bad Products Drive Out Good?" *Quarterly Journal of Economics* 90(3): 499-502.

———. 1998. *The Economics of Increasing Returns*. The International Library of Critical Writings in Economics. Londres: Edward Elgar.

Kristrom, Bengt, e Per Riera. 1996. "Is the Income Elasticity of Environmental Improvement Less than One?" *Environmental and Resource Economics* 7: 45-55.

Sandler, Todd. 1998. "Global and Regional Public Goods: A Prognosis for Collective Action". *Fiscal Studies* 19(1): 221-47.

O Patrimônio Cultural como um Bem Público

Análise Econômica aplicada a cidades históricas

Ismail Serageldin

Como uma parte essencial da humanidade, a cultura é um fim em si mesma. Um dos menos compreendidos, porém mais essenciais, aspectos da identidade cultural é a sua contribuição à capacidade de uma sociedade de promover a autoestima e investir a todos de poder, incluindo aos pobres e desamparados. Portanto, a identidade cultural e a herança cultural se apresentam muito como bens públicos merecedores do apoio público.[1]

A cultura são os elementos espirituais, materiais, intelectuais e emocionais que caracterizam uma sociedade ou grupo social. Inclui não só as letras e as artes mas também as crenças, as tradições, os sistemas de valores, os modos de vida e os direitos fundamentais dos seres humanos. Em tese, se reconhecemos que o único e o específico nos enriquecem, também devemos reconhecer o anseio universal por identidade e significado que nos une a todos em uma humanidade comum. Portanto, além de possuir valor em nível de comunidade ou em nível estatal, a cultura é também um bem público global.

No entanto, os elementos substantivos de uma herança cultural podem evoluir. Em muitas partes do mundo a defesa da "tradição" e da especificidade cultural é usada para legitimar uma "autenticidade" adotada para invalidar o novo e sufocar a criatividade. Alegações de especificidade cultural justificam a opressão das mulheres e a perpetuação da intolerância e do obscurantismo. Tal pretensão que priva as mulheres de seus direitos humanos básicos ou as mutila em nome de uma convenção não devia receber sanção. Nenhuma sociedade progrediu sem ter feito um enorme esforço de conceder poder a suas mulheres através da educação e de pôr um fim à discriminação.

Assim, devíamos encontrar um equilíbrio entre a defesa de tradições particulares e os outros bens públicos globais, tais como os padrões universais e os direitos humanos. A abordagem de cultura aqui abraçada encoraja a diversidade, cria um espaço de liberdade em cada sociedade para a expressão das minorias e de visões divergentes e promove a inclusão e a coesão social. É um conceito rico e variado.

A cultura tem sido valorizada, nutrida e transmitida desde os primórdios da humanidade. Porém apenas recentemente fizeram-se tentativas de compreendê-la com as ferramentas da análise econômica. O objetivo deste capítulo é rever alguns avanços metodológicos da avaliação da cultura e dos bens culturais.

A AVALIAÇÃO APROPRIADA DA CULTURA

A necessidade de novas ferramentas é aparente quando analisamos rapidamente o que acontece quando os bens culturais são tratados como bens privados comuns. Por exemplo, podemos ser tentados a pôr uma cifra no valor econômico de um monumento em particular calculando a quantia anual gasta por turistas visitando o seu local. Mas essa abordagem levaria a três conclusões errôneas:

- De que os sítios de patrimônios culturais que não geram um fluxo de turistas grande o suficiente não merecem investimentos. Essa conclusão nega o valor intrínseco do patrimônio cultural, tanto para as pessoas do local quanto para o enriquecimento que traz ao mundo em geral por sua existência em si. Afinal, muitos de nós jamais visitaremos qualquer um dos sítios na Lista de Patrimônios Mundiais. Mas nos sentiríamos empobrecidos ao sabermos da perda de tais sítios — e enriquecidos pela continuidade de suas existências, mesmo se jamais os visitarmos.
- De que seria desejável maximizar-se o número de turistas visitando um local e a quantia que nele gastam, pois aumentaria o fluxo de benefícios. Na realidade, em muitos casos, um tal acontecimento destruiria o charme do lugar e desnaturaria as atividades, partes do cenário cultural.[2]
- De que se outro investimento mutuamente excludente — digamos, um cassino em uma praia — aumentasse os dólares turísticos para o país, a antiga cidade não deveria ser restaurada e o cassino deveria ser construído.

Nenhuma dessas conclusões se justifica ou merece defesa. Devemos buscar o valor intrínseco do patrimônio cultural acima e além do que provavelmente irá gerar em termos de dólares turísticos.

O caso especial do patrimônio cultural em cidades históricas

Muito pode ser dito sobre a natureza da expressão cultural e da herança cultural. A discussão aqui se limita ao caso especial das cidades históricas nos países em desen-

ESTUDOS DE CASOS

volvimento porque esse caso reúne muitos aspectos da questão. Lidar com todos esses aspectos eficazmente se assemelha a solucionar um quebra-cabeça refinado conhecido por Cubo de Rubik. Nesse quebra-cabeça, o alinhamento do mosaico de um dos lados do cubo tende a desfazer as cores casadas em seus outros lados. De modo semelhante, promover-se o desenvolvimento e a conservação da herança cultural em cidades históricas do mundo em desenvolvimento — tentando acomodar uma arquitetura sensível e o urbanismo, promover finanças municipais sensatas, fornecer incentivos adequados ao setor privado, incorporar a preocupação com os pobres e desamparados e encorajar o envolvimento e a participação da comunidade — enquanto se promove diversidade socioeconômica e pluralismo, às vezes parece impossível. Como o Cubo de Rubik, entretanto, a solução, embora difícil, é possível. Mas requer paciência, dedicação e imaginação.

Para entendermos melhor os lados do Cubo de Rubik no caso das cidades históricas, e o caminho a ser percorrido para uma solução, devemos começar identificando os muitos atores, os níveis de tomada de decisão e, acima de tudo, quem paga e quem se beneficia — um *leitmotiv* que não devemos perder de vista.[3] Os atores são vários: governos nacionais e locais, a comunidade internacional e suas agências, os turistas nacionais e locais que visitam cidades históricas, as empresas privadas internacionais e nacionais que investem no antigo centro histórico para o desenvolvimento comercial ou imobiliário, e os residentes locais, sejam eles proprietários ou locatários. Atenção especial deve ser concedida aos pobres, arriscados a serem desalojados por falta de recursos para enfrentar as mudanças.[4] Além do mais, os membros da comunidade local, para os quais o local não é apenas um lar mas igualmente uma parte fundamental de suas identidades, podem ser agentes de transformação. Para tanto, contudo, os membros das comunidades precisam estar mobilizados e organizados de forma adequada — em especial as mulheres, importantes agentes nas redes de cooperação e de reciprocidade.[5] Fortalecer essas redes é crítico para a manutenção da solidariedade social.

Como Conservar: Reutilização e Flexibilidade Adaptativas

O que, como e por que conservar são perguntas que há muito nos fazemos.[6] Aqui estou preocupado não só com a conservação e a reutilização dos prédios em particular — não obstante sua importância — mas também com o mais difícil desafio da conservação das áreas históricas, de um tecido urbano, de um sentido de lugar[7] e de um caráter urbano (ver Worksett, 1969).[8] A necessidade de preservação deve se equiparar à necessidade de proporcionar-se uma flexibilidade de reutilização. Uma aderência excessivamente rígida a padrões de restauração — onde nada se modifica do original — pode levar a um uso aquém do ótimo das propriedades.[9] Esse fato levanta a necessidade de revermos as práticas de conservação[10] para assegurarmos que a pureza de propósitos não limite a capacidade de reutilização dos prédios e, portanto, estrangule a revitalização econômica e social dos centros de cidades históricas.

A economia é a chave

O que quer que façamos, não seremos capazes de mobilizar a quantia necessária de investimento, ou o tipo certo de investimento, necessário para cumprirmos plenamente os objetivos de revitalização da base econômica de uma antiga cidade, restaurando seus monumentos gloriosos, protegendo seu caráter único e suprindo as necessidades socioculturais de seus habitantes[11] e as aspirações de seus jovens. Essa incapacidade ergue uma infinidade de problemas técnicos.[12] Solucioná-los requer imaginação e perícia técnica, inclusive a reutilização imaginativa de prédios antigos (ver Cantacuzino, 1987, e Williams, Kellogg e Gilbert, 1983, pp. 233-74), assim como dinheiro. E levantar esse dinheiro requer a aplicação de uma análise econômica e financeira rigorosa que justifique os fluxos de investimentos públicos e crie incentivos adequados para a ação privada (ver Lichfield, 1988). Uma tal análise não está sendo aplicada de modo sistemático no caso das cidades históricas (ver Burman, Pickard e Taylor, 1995). O restante do capítulo se dedica à discussão do pensamento mais recente sobre a metodologia da análise econômica para os projetos de patrimônio cultural — e a algumas aplicações, a saber em Hafsia, em Túnis (Tunísia), e Fez, no Marrocos.

OS ASPECTOS ECONÔMICOS DE INVESTIR-SE NO PATRIMÔNIO CULTURAL

Uma discussão completa das possíveis abordagens aos problemas das cidades históricas foi extensamente debatida em outra parte e está além do âmbito deste capítulo. A maioria das abordagens em geral envolve alguma combinação das seguintes:

- *Restrições sobre as atividades nas áreas históricas.* A restrição mais óbvia é a de não se destruírem as construções culturalmente significativas. As restrições podem ir além, contudo, exigindo critérios particulares de manutenção ou especificando como essa manutenção deve ser empreendida — digamos, exigindo materiais que se equiparam aos utilizados originalmente.[13] As atividades públicas e privadas em tais áreas são com frequência restritas.
- *Atividades de conservação em construções particularmente significativas.*[14]
- *Medidas para encorajar a conservação por outros atores.* Uma vez que uma intervenção direta de conservação de todas as construções é impraticável, os esforços de conservação dependem dos esforços espontâneos de outros.

ESTUDOS DE CASOS

Para os esforços de conservação em cidades históricas obterem sucesso, uma multiplicidade de atores precisa empreender várias ações diversas. Algumas dessas ações podem ser deliberadamente escolhidas e dirigidas pelos tomadores de decisão do governo. Mas muitas outras situam-se fora de seu controle direto e dependem de decisões independentes de atores privados. Tais esforços precisam incluir tanto uma análise econômica como uma financeira. A análise econômica (ou social) pergunta se os investimentos propostos merecem ser empreendidos: os seus benefícios para a sociedade excedem os seus custos? A financeira (ou privada) examina os custos e os benefícios que os diferentes grupos experimentarão como resultado desses investimentos e pergunta se cada grupo irá ganhar ou perder com eles (ver Squire e van der Tak, 1975).

Em um certo sentido as técnicas dos critérios da economia urbana podem ser usadas, e muitos estudos sólidos foram realizados dentro de uma tal estrutura (ver Couillaud, 1997) — como no excelente estudo de São Petersburgo de Butler, Nayyar-Stone e O'Leary (1996). Mas há uma dimensão adicional que a economia urbana está mal equipada para tratar: os investimentos de conservação nas cidades históricas também formam parte do patrimônio cultural total. A seguir, retirando contribuições da economia ambiental que tem estudado problemas semelhantes por algum tempo, eu discuto possíveis abordagens na medição dos benefícios do patrimônio cultural.[15]

Construindo sobre a experiência da economia ambiental

Os problemas do patrimônio cultural são qualitativamente semelhantes aos problemas encontrados na conservação do meio ambiente. A análise dos custos e benefícios de protegerem-se os bens ambientais tem estado no centro de grande parte da economia ambiental.[16] Muitos dos serviços proporcionados pelos bens ambientais e pelo patrimônio cultural histórico podem não ingressar nos mercados — ou fazê-lo apenas indireta e imperfeitamente. E muitos benefícios são completamente intangíveis. Além disso, os benefícios proporcionados pelos sítios de patrimônio cultural são, em tese, similares àqueles proporcionados, por exemplo, pelos parques nacionais. Se os benefícios estéticos derivam de prédios ou de árvores — e se os benefícios recreativos derivam de visitas a museus ou de uma pescaria — faz pouca diferença para o problema da avaliação. Avanços recentes na economia ambiental são portanto bastante relevantes à condução de uma análise de custo-benefício de um projeto envolvendo um local de patrimônio cultural.

Categorias de valor

Sítios de patrimônio cultural diferem de outros sítios por causa de seu significado estético, histórico, cultural e social. Os projetos de patrimônio cultural trarão uma ampla gama de efeitos. Alguns serão diretamente relacionados à dimensão da herança cultural do sítio. Outros, não. Ainda outros serão uma mistura de ambos [17] Em circunstâncias semelhantes, os economistas ambientais em geral fazem um exame abrangente do valor utilizando o conceito de valor econômico total. O valor econômico total é normalmente desmembrado em categorias de valor. Os dados e a terminologia variam ligeiramente de análise a análise, mas em geral contrastam o valor de uso com o valor de não uso. O valor de uso é ainda desmembrado em valor de uso extrativo (ou de consumo) e valor de uso não extrativo. Cada uma dessas categorias é, com frequência, ainda subdividida em categorias adicionais. Desagregando-se o valor de um sítio de patrimônio cultural em vários componentes, o problema da medição dos benefícios em geral torna-se mais inteligível e tratável.

VALOR DE USO EXTRATIVO. O valor de uso extrativo deriva de bens que podem ser extraídos do sítio. Para uma floresta, digamos, o valor de uso extrativo derivaria da madeira e de outras colheitas. Os prédios em cidades históricas habitadas estão sendo utilizados como espaços de habitação, de comércio e de aluguel e venda. Muitas dessas categorias de uso são capturadas pelos mercados e pelas transações nos mercados. Mas, diferentemente das florestas, o uso de uma cidade histórica não se esgota a não ser que esse uso seja inapropriado ou excessivo, desnaturando a beleza do sítio ou o caráter do local. Em um certo nível existe um paralelo com o uso extrativo de uma floresta sendo mantido em níveis sustentáveis.

VALOR DE USO NÃO EXTRATIVO. O valor de uso não-extrativo deriva dos serviços fornecidos pelo sítio. Por exemplo, os pântanos em geral filtram as águas, melhorando a qualidade da água para os usuários residentes abaixo da corrente, e os parques nacionais proporcionam oportunidades de recreação. Esses serviços possuem valor mas não exigem a colheita de bem algum. O paralelo com as cidades históricas é claro: algumas pessoas apenas passam pela cidade e desfrutam de seu cenário sem gastar dinheiro nela, e o uso que essas pessoas fazem da cidade não é capturado por uma transação econômica ou financeira.[18] Medir o valor de uso não extrativo é consideravelmente mais difícil do que medir o valor de uso extrativo.

Uma parte substancial da economia ambiental tem sido dedicada à avaliação de tais serviços,[19] e uma variedade de métodos tem se desenvolvido para fazê-lo (ver Dixon e outros 1994). Essa categoria de valor de uso é extremamente relevante para muitos aspectos das áreas de patrimônio cultural — e é uma parte-chave da discussão que se segue. Dentre os valores de uso não extrativos geralmente considerados na economia ambiental, aqueles mais prováveis de possuírem maior relevância à avaliação do patrimônio cultural são o valor estético e o valor recreativo.

VALOR ESTÉTICO. Benefícios estéticos são obtidos quando o fato de uma experiência sensória separa-se do efeito material sobre o corpo ou as posses. Os efeitos estéticos diferem do valor de não uso porque requerem uma experiência sensória, mas os benefícios estéticos são com frequência proximamente relacionados aos benefícios físicos.

Valor Recreativo. Embora os benefícios recreativos proporcionados por um sítio sejam geralmente considerados em conjunto como uma única fonte de valor, eles resultam de serviços diferentes que um sítio pode proporcionar. A extensão dos benefícios recreativos depende da natureza, da quantidade e da qualidade desses serviços. Uma área histórica pode ter áreas de descanso, vistas e atraentes áreas de meditação — além de bazares de comércio e monumentos. O desfrute obtido pelos visitantes de cada um deles depende de fatores tais como a limpeza das cercanias. Desagregar o benefício em componentes facilita a tarefa de avaliá-lo.

Valor de Não Uso. O valor de não uso tenta capturar o enriquecimento obtido da continuada existência de importantes partes do patrimônio mundial.[20] Mesmo se uma pessoa não visitar esses sítios, ela se sentiria empobrecida se fossem destruídos. Em muitos casos, alude-se a esse valor como um valor de existência: o valor que as pessoas obtêm do conhecimento de que o sítio existe, mesmo se não planejam um dia visitá-lo. As pessoas põem um valor na existência das baleias-azuis mesmo que nunca tenham visto uma e provavelmente jamais irão ver; se as baleias-azuis forem extintas, muitas pessoas sofreriam um claro sentido de perda.

Outros aspectos do valor de não uso incluem o valor de opção, o valor obtido da manutenção da opção de se tirar vantagem do valor de uso de um sítio em uma data futura (semelhante a uma apólice de seguros), e o valor de quase opção, que deriva da possibilidade de que embora um sítio pareça hoje sem importância, informações recebidas adiante podem nos levar a reavaliá-lo.[21] Os valores de não uso são os mais difíceis tipos de valor de serem estimados, mas possuem relevância óbvia para a avaliação dos sítios de patrimônio cultural.

Reconhecendo os beneficiários

Conquanto a preservação do patrimônio cultural possua externalidades difusas, muitos atores diferentes provavelmente se beneficiarão de um investimento na proteção do patrimônio cultural em cidades históricas. Estes incluem:

- Residentes, distinguindo-se entre locatários e proprietários, e locadores, que formam um categoria especial de investidores (moradias sendo em geral regulamentadas diferentemente dos negócios).
- Investidores em negócios na área histórica, que podem ou não ser residentes, incluindo-se os pequenos comerciantes e as empresas privadas nacionais e internacionais.

- Visitantes da cidade histórica, alguns nacionais, outros internacionais.
- Não visitantes, distinguindo-se entre os nacionais e internacionais, que podem ser denominados "o mundo em geral".

Uma análise mais refinada ainda se faz necessária numa análise significativa: pobre e rico, formal e informal e assim por diante.

Mensurando os benefícios

Vários métodos são utilizados na mensuração de benefícios (ver Stabler, 1995; Pagiola, 1996; e Serageldin e Pagiola, 1998). Cada um possui vantagens e limitações.

MÉTODOS DE PREÇO DE MERCADO. Embora muitos benefícios de sítios de patrimônio cultural não entrem nos mercados, alguns o fazem, mais obviamente quando os visitantes pagam um ingresso para entrar em um sítio.[22] Os rendimentos provindos de tais ingressos proporcionam uma medida do valor que as pessoas dão em serem capazes de visitar o sítio. Alguns usos dos sítios de patrimônio cultural possuem substitutos próximos que podem ser usados para estimar os custos desses usos. Portanto, o valor do uso de um prédio histórico como uma escola pode ser estimado usando-se o custo do segundo melhor modo de obter-se o espaço necessário — por exemplo, o custo de construir-se e equipar-se uma estrutura adequada. Os sítios de patrimônio cultural podem também incentivar uma variedade de atividades econômicas, mais obviamente na indústria do turismo (hotéis, restaurantes, lojas). Técnicas padrões podem ser utilizadas para avaliar esses benefícios. A dificuldade surge em geral em prever-se o impacto que as mudanças no sítio de patrimônio cultural terão na quantidade de tais serviços, não em estimar-se o quanto valem.

CUSTO DE SUBSTITUIÇÃO. O custo de substituir-se um bem é amiúde utilizado como uma representação do seu valor (ver Pearce, 1993, e Winpenny, 1991). Essa abordagem possui dois problemas, contudo. Primeiro, pode simplesmente não ser possível a substituição de muitos sítios de patrimônio cultural, mas onde o sítio está apenas avariado, o custo de restauração pode ser usado. Segundo, se a questão é decidir se um sítio merece ser restaurado, utilizar o custo da restauração como uma medida de valor é claramente de pouca utilidade. Uma tal abordagem argumentaria que quanto mais degradado estiver o sítio, mais custosa a restauração, maior o valor. Esse é nitidamente um raciocínio equivocado, embora essa medida possa ser apropriada para alguns aspectos críticos do sítio onde o valor pode com razão ser considerado extremamente alto. Em tais casos a abordagem apropriada é a eficácia de custo em vez do custo-benefício.

CUSTO DE VIAGEM. O método do custo de viagem utiliza informação sobre o total de despesas dos visitantes ao visitarem um sítio para obter a curva de demanda pelos serviços do sítio.[23] Esse método presume que mudanças nos custos de viagem equivalem a mudanças nos ingressos de admissão. Dessa curva de demanda pode-se calcular o total de benefícios obtidos pelos visitantes. (Repare que o valor do sítio não é dado pelo custo total de viagem; essa informação é utilizada apenas para obter-se a curva de demanda.) O método do custo de viagem foi criado e tem sido usado extensivamente na avaliação dos benefícios de recreação. Mas esse método depende de inúmeras suposições, muitas delas problemáticas no turismo internacional, e é mais bem utilizado na mensuração do valor dado pelos visitantes ao sítio como um todo, em vez de em aspectos específicos do sítio.

MÉTODOS HEDÔNICOS. Muitos dos preços observados dos bens são preços de pacotes de atributos (ver Rosen, 1974). Por exemplo, os valores de propriedade dependem dos atributos físicos da moradia (tais como o número e o tamanho dos quartos, e de comodidades como encanamento e as condições gerais); na sua conveniência a um acesso a empregos, compras e educação; e em um número de fatores menos tangíveis como a qualidade ambiental. Uma vez que cada casa difere ligeiramente das outras, a influência dos vários fatores em seu preço pode ser desdobrada utilizando técnicas estatísticas conhecidas como métodos hedônicos, se observações suficientes estiverem disponíveis. Essa abordagem é de interesse porque muitas dimensões do patrimônio cultural são prováveis de estar incorporadas nos valores de propriedade.[24] Uma construção histórica, por exemplo, pode ser vendida por um preço maior que uma sua equivalente moderna. As técnicas hedônicas permitem que esse efeito seja medido mantendo outros fatores como tamanho e comodidades constantes. Em essência, a técnica estima os preços implícitos para os vários atributos que reunidos constituem o preço de venda. Embora essas técnicas tenham uma óbvia aplicação ao estudo dos benefícios do patrimônio cultural em cenários urbanos, o seu uso com frequência tem sido limitado pelas exigências de dados consideráveis.[25]

AVALIAÇÃO CONTINGENTE. A avaliação contingente é empreendida indagando-se aos consumidores diretamente sobre a sua disposição de pagarem para obter um bem ambiental (ver Bjornstad e Kahn, 1996, e Jakobsson e Dragun, 1996). Uma descrição detalhada do bem acompanha detalhes sobre como este será provido. Em tese, a avaliação contingente pode ser usada para avaliar-se qualquer benefício ambiental. Ademais, uma vez que não se limita a deduzir preferências de dados disponíveis, a avaliação contingente pode ser acuradamente dirigida para indagar sobre as mudanças específicas nos benefícios que o projeto proposto traria.

A avaliação contingente há muito tem sido usada para examinarem-se os benefícios estéticos, e é especialmente importante na estimação do valor de existência porque é o único modo de medi-lo, já que por definição o valor de existência não se refletirá no comportamento. Nos países em desenvolvimento, a avaliação contingente tem sido usada basicamente para se avaliar os bens providos privada ou publicamente, tais como o fornecimento de águas e de esgotos em áreas sem serviços existentes.

Os métodos de avaliação contingente têm recebido severas críticas de alguns analistas (ver Garrod e Willis, 1990). Mas orientações de melhor prática foram desenvolvidas para seu uso,[26] e hoje é em geral aceito que a avaliação contingente pode proporcionar informação útil e confiável, desde que sejam seguidas essas orientações. Um exemplo pioneiro da aplicação da avaliação contingente à conservação do patrimônio cultural é apresentado mais adiante no estudo do caso de Fez.

TRANSFERÊNCIA DE BENEFÍCIOS. A transferência de benefícios refere-se ao uso das estimativas obtidas (por qualquer método) em um contexto para se estimar os valores em um contexto diferente. Por exemplo, uma estimativa do benefício obtido por turista presenciando a vida selvagem em um parque pode ser usada para estimar-se o benefício obtido com a apreciação da vida selvagem em um outro parque. Essa abordagem tem de ser usada com muita cautela, no entanto, porque a mercadoria ou o serviço sendo avaliado precisa ser extremamente semelhante nos dois casos, como também as populações afetadas.[27]

Uma vez que os sítios de patrimônio cultural são únicos, os métodos de transferência de benefícios têm pouca aplicação. Ainda assim, pode haver alguma relevância na consideração dos benefícios associados ao turismo internacional. Uma vez que turistas em um sítio histórico provavelmente vêm de uma mesma fonte de turistas potenciais dos de um outro sítio, parece razoável supor-se que dariam valores semelhantes a serviços semelhantes. Assim, embora essa abordagem seja provavelmente de pouco uso na avaliação dos aspectos únicos do sítio, poderia ser usada para os seus aspectos mais gerais. É claro, as estimativas originais que são transferidas têm de ser confiáveis para que qualquer tentativa de transferência seja significativa.

Armadilhas na medição de benefícios

A escolha das técnicas depende do problema a ser estudado. Exceto em situações simples, uma variedade de técnicas serão provavelmente necessárias para estimar-se a gama total de benefícios. Além do mais, onde investimentos substanciais são contemplados, pode ser desejável a conferição das estimativas por meio de múltiplas fontes. Ao reunirem-se os resultados de múltiplas técnicas, dois pontos importantes devem ser lembrados: evitarem os perigos gêmeos da subestimação (não medindo os benefícios intangíveis) e da contagem dupla (utilizando técnicas, cada qual capturando parte do mesmo benefício e somando-as; ver Serageldin e Pagiola, 1998).

Uma outra armadilha importante provém de se limitar a corrente de benefício a um conjunto razoavelmente mensurável, sólido e compreensível: os rendimentos com o turismo. Como apontado, uma corrente de benefício que focaliza exclusivamente os rendimentos com o turismo tem muitas deficiências. Ainda uma outra armadilha é o uso do impacto provável do investimento (ou dos gastos com) na restauração do patrimônio sobre o produto interno bruto (PIB). Essa abordagem iguala a despesa com o benefício dessa despesa. Desse modo, deixar que um monumento se deteriore e depois gastar mais em sua restauração e conservação pareceria promover mais benefícios do que evitar o estrago em primeiro lugar. Essas anomalias são comuns aos cálculos do PIB e têm sido muito debatidas na literatura econômica.[28] Embora alguns aspectos das questões possam ser tratados por tais cálculos — por exemplo, os gastos com projetos de restauração possuem um efeito multiplicador mais alto do que os gastos com outros projetos de construção — serão provavelmente enganosos. Isso, a despeito da óbvia atração deles para os tomadores de decisões que foram condicionados a pensar nas contribuições ao crescimento do PIB como equivalentes a aumentos no bem-estar individual e social.[29]

APLICAÇÕES: HAFSIA E FEZ

Esses métodos, a despeito de suas promessas, não têm sido amplamente aplicados. Dois casos exemplificam esforços recentes nessa direção: uma análise da intervenção pública em Hafsia, distrito da antiga Túnis, e a preparação do projeto de revitalização da Antiga Fez. O primeiro é um estudo *ex post* de uma experiência terminada; o segundo, uma análise *ex ante* que merece estudo, já que é pioneira em muitos aspectos dos problemas aqui discutidos.

Hafsia, Túnis

Este projeto premiado exemplifica o sucesso de revitalização da base econômica e da diversificação da mistura social dos habitantes da antiga medina, o centro da cidade tradicional. A classe média retornou, tornando a antiga medina mais uma vez o local de integração social e econômica que historicamente havia sido (ver Davidson e Serageldin, 1995). Este projeto recebeu um amplo reconhecimento em 1983, quando ganhou o Prêmio Aga Khan de Arquitetura (Cantacuzino, 1985) por sua capacidade de deter o estrago de iniciativas anteriores mal orientadas de um desenvolvimento em larga escala na área. Fê-lo ao circundar os três prédios de apartamentos e duas escolas, criando o mercado coberto que organicamente religa as duas partes da textura da antiga cidade e inserindo com sensibilidade algumas habitações em escala que seguem a antiga textura. As questões-chave na época referiam-se a se uma segunda fase faria mais do que apenas promover um implante de algumas novas casas. A resposta nesses dez últimos anos tem sido espetacular. A segunda fase não só confundiu os céticos, como também ganhou a distinção única de um segundo Prêmio Aga Khan de Arquitetura em 1995 (Davidson e Serageldin, 1995).

Em um espantoso amálgama de público e privado, a Municipalidade de Túnis, a Associação para Salvaguarda da Medina (ASM, Association pour la Sauvegarde de la Médina) e a Agência de Reabilitação e Renovação Urbana (Arru, Agence de Réhabilitation et Rénovation Urbaine) obtiveram sucesso em reduzir as altas densidades populacionais no antigo wekalas, lidando com as populações desalojadas por meio de um projeto de reassentamento de sensibilidade. A reabilitação das construções através de projetos de crédito funcionou extremamente bem para todas as construções menos as ocupadas por locatários com aluguéis controlados. O sucesso do projeto em 1995 fez com que o governo finalmente retirasse a lei de controle de aluguel, suprimindo o obstáculo restante a uma reabilitação comercialmente financiada dessas unidades ocupadas por locatários (Harvard University Graduate School of Design, 1994).

A segunda fase do projeto de Hafsia é um sucesso financeiro, econômico e institucional. Subsídios de várias fontes tornaram o projeto inteiro financeiramente viável. As taxas de retorno nos investimentos públicos têm sido altas. O efeito multiplicador dos fundos privados para os públicos tem sido na ordem de três para um (Harvard University Graduate School of Design, 1994). Tudo isso tem sido acompanhado de um sensível tratamento da textura urbana e de uma integração da antiga cidade com sua metrópole circundante. É um projeto merecedor de estudo e de emulação (Serageldin, 1986).

Os resultados da análise financeira *ex post* dos esforços para revitalização em Hafsia estão resumidos na Tabela 1. Como pode ser visto, o projeto num todo foi financeiramente lucrativo, graças largamente aos rendimentos provindos da venda de terras e a despeito dos custos relativamente altos do reassentamento. A taxa de retorno interna ficou em cerca de 11% (Harvard University Graduate School of Design, 1994).

TABELA 1

Resumo financeiro do projeto, Hafsia, Túnis
(milhões de US dólares)

Componente de melhoria

Gastos		*Rendimentos*	
Infraestrutura e		Pagamento de empréstimos	
instalações comunitárias	1,2	para melhoria das moradias	1,1
Empréstimos para		Divisão de lucros na	
melhoria das moradias	1,1	venda de terrenos	1,2
Reassentamento de		Pagamento de empréstimos	
famílias desalojadas	4,0	para reassentamento	1,9
Subtotal	6,3		4,2

Componente de Reabilitação

Gastos		*Rendimentos*	
Aquisição de terras	1,4	Venda de terras a empreendedores	
		imobiliários privados	1,5
Construção	4,8	Venda de moradias e lojas pela Arru	7,8
Subtotal	6,2		9,3

Nota: Os dados são do ponto de vista da municipalidade e da agência paraestatal de implementação (Arru).
Fonte: Harvard University Graduate School of Design, 1994.

Fez, Marrocos

Poucas cidades foram tão extensivamente estudadas como Fez. O conjunto mais recente de estudos se completou em 1998 como participação da Unidade de Habitação e Urbanização da Faculdade de Desenho da Universidade de Harvard, a Organização das Nações Unidas para Educação, Ciência e Cultura (Unesco), a Agência para Diminuição da Densidade e a Reabilitação da Medina de Fez (Ader-FES Agence pour la Dédensification et la Réhabilitation de la Médina de Fès) e o Banco Mundial. Dignos de nota, as exemplares avaliações do impacto ambiental, o mapeamento dos dados socioeconômicos e a análise das transações do mercado urbano, todos os quais rendem *insights* fascinantes da dinâmica da situação urbana na antiga cidade. Além disso, Carson e outros (1997) apresentam a primeira aplicação das técnicas de avaliação contingentes a um projeto de conservação de um patrimônio cultural.

O projeto de reabilitação da antiga medina de Fez mostra como uma operação cuidadosamente planejada pode tecer os diferentes fios discutidos neste capítulo. O projeto é a iniciativa mais abrangente até hoje de lidar com os problemas de uma densa medina na Lista de Patrimônio Mundial. Se esse projeto será implementado com sucesso dependerá de vários fatores, um dos principais sendo os acordos institucionais escolhidos para implementá-lo. Mas o projeto já rendeu uma quantidade enorme de análises sofisticadas que servirão de cota de nível para futuros projetos desse tipo.

Dito de forma sucinta, o projeto irá melhorar a infraestrutura da antiga medina, incluindo-se um melhor acesso a algumas partes da área assim como uma rede de estradas de emergência; auxiliará proprietários e residentes a melhorarem o estoque dilapidado de moradias; e proporcionará incentivos para atividades comerciais e visitas turísticas. O projeto foi concebido como uma parceria público-privada e criado em um estilo participatório, com a Ader-FES desempenhando uma função importante de firmar a operação na comunidade. Consultores externos da Unidade de Habitação e Urbanização da Faculdade de Desenho da Universidade de Harvard concentraram-se tanto numa capacidade de construção inovadora como numa análise rigorosa.

Os benefícios do projeto incluem uma melhoria da infraestrutura, em especial da rede de estradas emergencial; melhoria das condições de vida, incluindo-se incentivos para melhorar partes substanciais do estoque de moradias residenciais; facetas restauradas de uma joia mundial do patrimônio urbano; atividades comerciais rejuvenescidas na antiga medina; e rendimentos provindos de um turismo incrementado. A taxa de retorno para o investimento público parece ser bastante robusta (em relação aos cenários pessimistas de custos excessivos na ordem de 10%-20%), permanecendo consistentemente acima de 10% depois do oitavo ano.

Além disso, um estudo especial tentou englobar o valor adicional do patrimônio histórico. Foram utilizados três métodos, além da estimativa convencional de rendimentos turísticos adicionais resultantes de estadas mais longas ou maiores gastos por turistas.

- A primeira amostra foi de turistas que haviam visitado Fez, e uma estimativa do quanto eles estariam dispostos a investir para melhorar a antiga cidade obteve a cifra de uns US$ 11 milhões.
- A segunda amostra envolveu turistas no Marrocos que não haviam visitado Fez, e essa estimativa obteve uns US$ 33 milhões (porque o número de turistas era maior, mesmo se a disposição por pessoa de pagar fosse menor). Isso poderia ser considerado um valor de opção para o patrimônio de Fez, porque os entrevistados presumivelmente poderiam visitar a cidade algum dia.
- A terceira amostra envolveu uma abordagem Delphi com europeus que nunca haviam visitado o Marrocos e que provavelmente não necessariamente iriam visitá-lo num futuro próximo. As estimativas, quando generalizadas para ou-

tras famílias europeias, obtêm um valor de não uso para a existência do patrimônio de Fez de mais de US$ 300 milhões. O propósito de tais números não é o de que seriam traduzidos imediatamente em algum rendimento adicional para a manutenção e restauração do patrimônio de Fez, mas de que há um grande valor intrínseco que vai além do que é medido por rendimentos turísticos de fato.

CONCLUSÃO

Muito está sendo feito para acrescentar-se rigor às análises financeiras e econômicas dos projetos de conservação do patrimônio cultural. O que importa nesse novo estudo é pôr em contexto a intervenção do projeto — seus custos e benefícios — na realidade da multiplicidade de interesses e atores que formam a cidade pulsante. Nesse sentido, o novo estudo reconhece as externalidades e tenta internalizá-las. Acima de tudo, esse estudo tenta conceder o devido reconhecimento ao valor de existência intrínseco do patrimônio cultural — não só como um objeto para turistas.

A estimativa de tais valores existenciais não é um exercício acadêmico sem sentido. É um esforço para abordar e por fim definir o valor intrínseco da proteção do patrimônio cultural. É semelhante a estudos feitos na economia ambiental para estimar-se o valor de existência da biodiversidade. Neste caso, o estudo analítico ao longo dos anos levou ao reconhecimento dos benefícios globais associados aos custos locais de proteger-se o bem ambiental — por exemplo, a biodiversidade das florestas tropicais. Essa foi a base para a criação do Fundo para o Meio Ambiente Global (GEF),[30] que tem proporcionado mais de US$ 3 bilhões em doações aos países pobres para cobrir os custos de incrementação de proteger-se o meio ambiente global. (Cerca de US$ 1 bilhão foi destinado a projetos para a biodiversidade.)

Certamente o paralelo com o patrimônio cultural mundial, especialmente o reconhecido como parte da Lista de Patrimônio Cultural, é marcante. A conservação do patrimônio cultural construído precisa ser considerada de um modo semelhante ao modo como reconhecemos a conservação do meio ambiente natural. Também neste caso os custos da conservação são locais, porém os benefícios são globais. Talvez possamos esperar ver um Fundo para a Cultura Global que angarie fundos bem maiores do que os atualmente fornecidos pelo Fundo do Patrimônio Mundial, que recebe uma mera fração do que é necessário para tratar dos importantes desafios de conservação por todo o mundo.

Notas

Este capítulo utiliza muito do material das publicações anteriores do autor, incluindo Serageldin (1997a, b e a ser publicado) e Serageldin e Pagiola (1998). As opiniões nele expressas são do autor e não devem ser atribuídas ao Banco Mundial ou a nenhuma de suas organizações componentes.

1. Um bem público é uma mercadoria para a qual o uso de uma unidade do bem por um agente não impede seu uso por outros agentes (Mas-Colell, Whinston e Green, 1995). Bens públicos globais se caracterizam por dois aspectos: a não exclusão e a não rivalidade. Se os benefícios do bem estão disponíveis a todos, uma vez que o bem é produzido, o bem é considerado não exclusivo. A exclusão de outros do consumo do bem ou é impossível ou extremamente cara. Um bem é não rival se o consumo do bem por um agente não diminui ou impede o consumo por um outro agente. Sendo assim, os benefícios não rivais são consumidos a um custo marginal zero. Também a não rivalidade de consumo já foi atribuída como a indivisibilidade dos benefícios. A defesa nacional, o pôr do sol diário, os dispositivos de controle de poluição e os programas de erradicação de doenças são exemplos comuns de bens públicos puros. A conservação do patrimônio cultural e a promoção da identidade cultural, na medida em que não seja à custa das culturas minoritárias dentro dessa mesma sociedade, caem na categoria de bens públicos. Por outro lado, alguns aspectos da conservação do patrimônio cultural podem ser privatizados — por exemplo, o acesso a um sítio ou monumento em particular pode ser restrito, e cobrado. Isso o torna exclusivo, mas não rival, uma forma de bem público impuro, e levanta diferentes questões teóricas.

   Os bens privados puros são exclusivos e rivais: o preço de mercado exclui os consumidores que não estejam dispostos a pagar esse preço, e o consumo pelo comprador impede o consumo de outros. Entre os bens puros públicos e privados estão os bens públicos impuros com variados graus de exclusão e rivalidade. Os bens de clube são um subconjunto particular dos bens públicos impuros para os quais existe a exclusão na qualidade de membro mas o consumo é não rival entre os membros. Para uma abrangente apresentação teórica e bens públicos e bens de clube, ver Cornes e Sandler (1996).

2. Isso é também conhecido como um problema de capacidade de suporte. Englin e Mendelsohn (1991) estudam esse aspecto em termos de congestionamento nos parques de visitação. Concluem que certas estradas de terra nos parques florestais possuem atributos atrativos que abaixo de certos níveis de saturação de utilização são considerados um bem econômico, mas além dos quais são considerados negativos pelos usuários.

3. Esse princípio essencial passa com frequência despercebido na análise financeira, especialmente no cenário das finanças públicas. Um extensa literatura sobre mudança e incidência de taxação nos força a sermos mais discriminatórios em compreendermos os reais e finais beneficiários e os que, no fim das contas, pagam. O caso é ainda mais importante nos complexos planos de projetos e intervenções lidando com cidades históricas, onde o

ESTUDOS DE CASOS

rendimento geral pode ser usado, onde o público e o privado se entrelaçam e onde os subsídios de fontes múltiplas são quase invariavelmente parte dos arranjos.

4. Defensores da conservação há muito ressaltam a questão dos pobres e das minorias. Ver, por exemplo, Williams, Kellogg e Gilbert (1983).

5. Para uma discussão da importância dessas redes de reciprocidade para os pobres, ver Narayan (1997). Para uma discussão de como o capital social auxilia o pobre a lidar com dificuldades nos contextos urbanos, ver Moser (1996). Para uma discussão geral do papel da ação comunitária no tratamento dos problemas urbanos, ver Serageldin, Cohen e Leitmann (1995).

6. Ver Williams, Kellogg e Gilbert (1983) e Kain (1981). O livro de Kain discute as origens do movimento de conservação e sua evolução com algumas referências a experiências na Grã-Bretanha, Canadá, França, Grécia, Polônia e Estados Unidos.

7. Lidar com tais questões é sempre complicado, mas vários esforços foram feitos para trazer rigor ao que tende a ser um conjunto bastante qualitativo de questões. Ver Morris (1983), que tenta usar métodos quantitativos e qualitativos para tratar da qualidade indescritível de uma noção de lugar.

8. O caráter urbano tende a ser definido por muitos fatores além do estilo arquitetural predominante. Esses fatores incluem o alinhamento das ruas, a variedade de usos da terra, a variedade da idade das construções, a mistura dos espaços público, semipúblico e privado, as relações volumétricas e de altura das construções e as atividades socioeconômicas das pessoas. Para uma visão que liga a aparência externa dos prédios ao caráter urbano, ver Williams, Kellogg e Gilbert (1983).

9. Um caso do Reino Unido é instrutivo. Havia em Bath dois prédios de aparência idêntica. Um foi completamente refeito na parte interna, permitindo uma disposição totalmente diferente enquanto mantinha uma fachada sem modificação. O segundo foi mantido exatamente como era, tanto por dentro como por fora. O primeiro foi alugado instantaneamente. O último permaneceu vazio durante dois anos e meio.

10. Apesar de excelentes estudos, alguns conservacionistas podem ser por demais restritivos em suas interpretações do respeito pelo passado. Não permitiriam de modo algum nenhuma melhoria nos prédios. Em geral, os conservacionistas situam-se em diferentes escolas que não necessariamente concordam sobre a abordagem à restauração. Ver Serageldin e Zulficar (1989).

11. Hoje, muitas normas especiais devem ser respeitadas, incluindo-se as normas históricas, as normas de construção e as regulamentações de zoneamento, inclusive, por exemplo, a necessidade de tornarem-se os prédios mais adaptados às pessoas portadoras de deficiências (ver Yatt, 1998). Este último caso possui muitas armadilhas: veja Evan Terry Associates (1998), que trata dos requisitos de projeto necessário de proteção aos deficientes da Lei norte-americana.

12. Questões técnicas são difíceis de serem tratadas pois os modos de construção e os materiais mudaram. Ver New Landmarks Conservancy (1997), que inclui histórias de sucesso dos Estados Unidos. Para prédios históricos mais recentes (construídos na virada do século e na primeira metade do século XX), ver Ramsey e Sleeper (1998).

304   BENS PUBLICOS GLOBAIS

13. Muitas restrições se fazem cumprir através de contratos especiais de administração para prédios históricos de propriedade pública e passados ao uso privado.

14. As técnicas de conservação podem seguir diferentes filosofias, desde esforços mínimos de conservação até esforços que recriam a grandiosidade do monumento original, algumas vezes fazendo questão de demonstrar a diferença entre o antigo e o novo, outras vezes apenas cuidadosamente identificando os novos elementos (azulejos, tijolos) de um modo não visível, até uma total reconstrução. Isso em acréscimo às questões de reutilização adaptada do prédio. Para uma discussão sobre o tema, ver Serageldin e Zulficar (1989).

15. Embora essa ideia tenha sido discutida na literatura especializada já há algum tempo (veja Stabler, 1995), a primeira aplicação quantitativa dessas ideias a um projeto de preservação de fato histórico de uma cidade no mundo em desenvolvimento é essa de Fez, Marrocos.

16. Para uma excelente visão geral da economia ambiental, ver Schramm e Warford (1989); Markandaya e Richardson (1992); Munasinghe (1993); e Weiss (1994). Novos textos de importância incluem Pearce e Turner (1990); Tietenberg (1992); Pearce e Warford (1993); e diversos trabalhos de Pearce, Barbier e outros trabalhando em Londres. Esses incluem Pearce, Markandya e Barbier (1989, 1990); Barbier e outros (1990); Barde e Pearce (1991); e Swanson e Barbier (1992).

17. Na medida em que um sítio envolve beleza natural ou beleza construída pelo homem, pode ter enorme valor independente de seu valor histórico ou cultural. Assim, podemos apreciar o charme de um centro de cidade medieval sem uma referência à história dos monumentos individuais, embora para muitos a cidade evoque tanto a memória como a identidade por suas conotações de patrimônio cultural.

18. Em alguns aspectos, a noção de lugar, o impacto que pode exercer no comportamento e como interage com este são também benefícios intangíveis que não podem ser facilmente medidos mas são ainda assim reais. Ver Serageldin (1996).

19. Esse estudo tem uma longa tradição que data desde os esforços iniciais de Marion Clawson (ver Clawson e Knetsch, 1966) até o mais recente estudo de David Pearce (ver Pearce e Nash, 1981, e Pearce e Warford, 1993).

20. De fato, o valor de não uso pode ser uma parte importante do valor de um bem ambiental e, por extensão, do patrimônio cultural. Lockwood, Loomis e DeLacey (1993) relatam sobre uma pesquisa com o método de avaliação contingente para estimar-se a disposição de se pagar pela conservação dos parques nacionais em Victória, Austrália. A pesquisa ressaltou a importância dos valores de existência e dos valores de legado, que responderam por 35% e 36% da avaliação total. Na verdade, o valor de não uso foi três vezes o valor de uso.

21. Há uma discussão sobre se o valor de opção deveria ser incluído com os valores de uso, já que a intenção de pagar é proteger a possibilidade do uso futuro, que, pode argumentar-se, é diferente dos valores de existência. Por outro lado, porque não envolve o uso atual, o valor de opção pode legitimamente ser incluído com os valores de não uso.

22. A visão geral é de que na medida em que haja um mercado imobiliário em funcionamento, esses benefícios seriam capturados no preço das terras urbanas e dos imóveis. Obser-

ESTUDOS DE CASOS   305

ve que, em muitos casos, há um preço representativo para a propriedade devido à presença dos controles de aluguel ou outras barreiras legais à venda direta; dinheiro-chave e outras transações informais podem ser rastreadas para tais valores. Um esforço de pesquisa de destaque desse tipo é apresentado pela Faculdade de Desenho da Universidade de Harvard e outros (1998).

23. Willis e outros (1993) acertadamente argumentam que o método do custo de viagem é mais bem adequado à medição de valor somente quando a maioria dos visitantes de um sítio vem de longe. Portanto esse método é bastante inadequado para os contextos urbanos.

24. A qualidade das cercanias tem mostrado afetar o preço das propriedades residenciais, então, por extensão, a qualidade de um distrito histórico pode ser um fator. Garrod e Willis (1991), por exemplo, calculam o impacto nos preços residenciais em proximidade de florestas usando o método de preço hedônico.

25. Esforços para incluir fatores não mercadizáveis resultaram em diversas iniciativas para se desenvolver sistemas de contagem para avaliar os prédios de valor histórico ou para priorizar a ação governamental. O método de categorização do Canadá, baseado em um sistema de contagem, é relatado em Kalmann (1980). Os Estados Unidos desenvolveram um sistema de categorização semelhante, e o Reino Unido tem usado uma forma de "análise de balanço do planejamento" que foi utilizada para avaliar dois projetos alternativos no Covent Garden nos anos 1970. Todos esses são examinados por Pickard (1995).

26. O painel da Noaa estabeleceu linhas mestras e padrões de prova de responsabilidade para a produção de resultados legítimos da avaliação contingente; ver Arrow e outros (1993). Exames críticos de como esses critérios funcionaram podem ser encontrados em Randall (1997) e Smith (1997).

27. Alberini e outros (1997) transferem a disposição média norte-americana de pagar para evitar os efeitos à saúde causados pela poluição do ar em Taiwan (Província da China) e comparam os resultados com as conclusões de avaliações contingentes lá obtidas. Bergland, Magnussen e Navrud (1995) avaliaram e consideraram insatisfatórias as abordagens de transferência de benefícios como as aplicadas a dois sítios de rios noruegueses. Hanley e outros (1998) discutem as vantagens e desvantagens da transferência de benefícios com as técnicas da avaliação contingente e da experiência de escolha. Para uma discussão geral da transferência de benefícios, ver Boyle, Poe e Bergstrom (1992) e Desvousges, Naughton e Parsons (1992).

28. Para uma discussão das armadilhas técnicas e das questões de uso dos cálculos do PIB / PDB, ver Krishnan, Harris e Goodwin (1995, parte V). Os esforços de adaptação de contas nacionais para lidar com as dimensões ambientais têm sido promissores mas limitados; ver Lutz (1993).

29. As limitações do conceito PIB/PDB foram bem descritas por Robert F. Kennedy em 1968: "O Produto Interno Bruto não engloba a saúde de nossas crianças, a qualidade da educação que recebem, ou a alegria de suas brincadeiras. Não inclui a beleza de nossa poesia ou a força de nossos casamentos; a inteligência do nosso debate público ou a integridade de nossas autoridades oficiais. Não mede nem nosso espírito nem nossa coragem; nem nossa sabedoria nem nosso conhecimento; nem nossa compaixão nem nossa devoção ao

nosso país; em resumo, mede tudo exceto o que faz valer a pena nossas vidas." Citado em Steer e Lutz (1994, p. 17).

30. O GEF proporciona doações aos países em desenvolvimento para cobrir os custos de incrementação de intervenções que beneficiem o meio ambiente global onde os custos locais excedem os benefícios locais. Desse modo, proporciona um pagamento direto para a parte de benefício global da intervenção. O GEF cobre a biodiversidade, as alterações climáticas, o ozônio e as águas internacionais.

REFERÊNCIAS BIBLIOGRÁFICAS

Alberini, Anna, Maureen Cropper, Tsu-Tan Fu, Alan Krupnick, Jin-Tan Liu, Daigee Shaw e Winston Harrington. 1997. "Valuing Health Effects of Air Pollution in Developing Countries: The Case of Taiwan". *Journal of Environmental Economics and Management* 34: 107-26.

Arrow, Kenneth, Robert Solow, Paul Portney, Edward E. Leamer, Roy Radner e Howard Schuman. 1993. "Report of the National Oceanic and Atmospheric Administration Panel on Contingent Valuation". Federal Register 58(10): 4602-14.

Barbier, Edward B., Joanne C. Burgess, Timothy M. Swanson e David W. Pearce. 1990. *Elephants, Economics and Ivory*. Londres: Earthscan.

Barde, Jean-Philippe, e David W. Pearce, orgs. 1991. *Valuing the Environment*. Londres: Earthscan.

Bergland, Olvar, Kristin Magnussen e Ståle Navrud. 1995. "Benefits Transfer: Testing for Accuracy and Reliability". Discussion Paper 95-03. Universidade de Agricultura da Noruega, Departamento de Economia.

Bjornstad, David J., e James R. Kahn, orgs. 1996. *The Contingent Valuation of Environmental Resources: Methodological Issues and Research Needs*. New Horizons in Environmental Economics Series. Cheltenham, Reino Unido: Edward Elgar.

Boyle, Kevin, Gregory L. Poe e John C. Bergstrom. 1992. "Benefits Transfer Studies: Myths, Pragmatism and Idealism". Water Resources Research 28: 657-63.

Burman, Peter, Rob Pickard e Sue Taylor, orgs. 1995. *The Economics of Architectural Conservation*. University of York, Reino Unido: Institute of Advanced Architectural Studies.

Butler, Stephen R., Ritu Nayyar-Stone e Sheila O'Leary. 1996. "The Law and Economics of Historic Preservation in St. Petersburg, Russia". Estudo preparado para a Agência dos EUA para o Desenvolvimento Internacional. Urban Land Institute, Washington, DC.

Cantacuzino, Sherban. 1985. *Architecture in Continuity: Building in the Islamic World Today*. Nova York: Aperture.

———. 1987. *New Uses for Old Buildings*. Londres: Architectural Press.

Carson, Richard T., Robert C. Mitchell, Michael B. Conaway e Ståle Navrud. 1997. "Non-Moroccan Values for Rehabilitating the Fez Medina". Estudo preparado para o Banco Mundial sobre o Projeto de Reabilitação do Patrimônio Cultural de Fez. Harvard University Graduate School of Design, Cambridge, MA.

ESTUDOS DE CASOS

Clawson, Marion, e Jack L. Knetsch. 1966. *The Economics of Outdoor Recreation*. Baltimore, MS: Johns Hopkins University Press.

Cornes, Richard, e Todd Sandler. 1996. *The Theory of Externalities, Public Goods and Club Goods*. 2ª edição. Nova York: Cambridge University Press.

Couillaud, Michel. 1997. "Valorisation du Patrimoine de Fès: Rapport final". Fez: Ader-FES.

Davidson, Cynthia, e Ismail Serageldin, orgs. 1995. *Architecture beyond Architecture*. Londres: Academy Editions.

Desvousges, William H., Michael C. Naughton e George R. Parsons. 1992. "Benefit Transfer: Conceptual Problems in Estimating Water Quality Benefits from Existing Studies". *Water Resources Research* 28: 675-83.

Dixon, John, Louise Fallon Scura, Richard A. Carpenter e Paul B. Sherman. 1994. *Economic Analysis of Environmental Impacts*. Londres: Earthscan.

Englin, Jeffrey, e Robert Mendelsohn. 1991. "A Hedonic Travel Cost Analysis for Valuation of Multiple Components of Site Quality: The Recreational Value of Forest Management". *Journal of Environmental Economics and Management* 21: 275-90.

Evan Terry Associates. 1998. *Avoiding the 100 Most Common ADA Design Errors*. Nova York: Wiley.

Garrod, Guy, e Ken Willis. 1990. "Contingent Valuation Techniques: A Review of Their Unbiasedness, Efficiency and Consistency". Countryside Change Unit Working Paper 10. University of Newcastle upon Tyne, Reino Unido.

——. 1991. "The Environmental Economic Impact of Wooland: A Two-Stage Hedonic Price Model of the Amenity Value of Forestry in Britain". *Applied Economics* 24: 715-28.

Harvard University Graduate School of Design. 1994. "Study of the Social and Economic Impact of the Hafsia Project". Sumário do projeto preparado pela Faculdade de Desenho da Universidade de Harvard, Unidade de Habitação e Urbanização; Association Sauvegarde de la Medina de Tunis; Agence de Réhabilitation et de Rénovation Urbaine; e República da Tunísia. Cambridge, MA.

Harvard University Graduate School of Design, Unidade de Habitação e Urbanização, Banco Mundial, Governo do Marrocos e Ader-Fez. 1998. "Rehabilitation of the Fez Medina: Project Summary Document". Cambridge, MA.

Hanley, Nick, Douglas MacMillian, Robert E. Wright, Craig Bullock, Ian Simpson, Dave Parsisson e Bob Crabtree. 1998. "Contingent Valuation versus Choice Experiments: Estimating the Benefits of Environmentally Sensitive Areas in Scotland". *Journal of Agricultural Economics* 491: 1-15.

Jakobsson, Kristin M., e Andrew K. Dragun. 1996. *Contingent Valuation and Endangered Species: Methodological Issues and Applications*. New Horizons in Environmental Economics Series. Cheltenham, Reino Unido: Edward Elgar.

Kain, Roger, org. 1981. *Planning for Conservation*. Nova York: St. Martin's Press.

Kalmann, Harold. 1980. *The Evaluation of Historic Buildings*. Ottawa, Canadá: Ministério do Meio Ambiente.

Krishnan, Rajaram, Jonathan M. Harris e Neva R. Goodwin, orgs. 1995. *A Survey of Ecological Economics*. Washington, DC: Island Press.

Lichfield, Nathaniel. 1988. *Economics in Urban Conservation*. Cambridge, Reino Unido: Cambridge University Press.

Lockwood, Michael, John B. Loomis e Terry DeLacy. 1993. "A Contingent Valuation Survey and Benefit-Cost Analysis of Forest Preservation in East Gippsland, Australia". *Journal of Environmental Management* 38: 233-43.

Lutz, Ernst, org. 1993. *Towards Improved Accounting for the Environment*. Washington, DC: Banco Mundial.

Markandaya, Anil, e Julie Richardson, orgs. 1992. *Environmental Economics: A Reader*. Nova York: St. Martin's Press.

Mas-Colell, Andreu, Michael D. Whinston e Jerry R. Green. 1995. *Microeconomic Theory*. Nova York: Oxford University Press.

Morris, Colin. 1983. "Townscape Images: A Study in Meaning". Em Roger Kain, org., *Planning for Conservation*. Nova York: St. Martin's Press.

Moser, Caroline O. N. 1996. *Confronting Crisis: A Comparative Study of Household Responses to Poverty and Vulnerability in Four Poor Urban Communities*. ESD Studies and Monographs Series 8. Departamento de Desenvolvimento Ambientalmente Sustentável. Washington, DC: Banco Mundial.

Munasinghe, Mohan. 1993. *Environmental Economics and Sustainable Development*. Washington, DC: Banco Mundial.

Narayan, Deepa. 1997. *Voices of the Poor: Poverty and Social Capital in Tanzania*. ESD Studies and Monographs Series 20. Departamento de Desenvolvimento Ambientalmente Sustentável. Washington, DC: Banco Mundial.

New Landmarks Conservancy. 1997. *Historic Building Facades: The Manual for Maintenance and Rehabilitation*. Nova York: Wiley.

Pagiola, Stefano. 1996. "Economic Analysis of Investments in Cultural Heritage: Insights from Environmental Economics". Banco Mundial, Washington, DC.

Pearce, David W. 1993. *Economic Values and the Natural World*. Londres: Earthscan Publications.

Pearce, David W., Anil Markandya e Edward B. Barbier. 1989. *Blueprint for a Green Economy*. Londres: Earthscan.

———. 1990. *Sustainable Development: Economics and Environment in the Third World*. Aldershot, Reino Unido: Edward Elgar.

Pearce, David W., e C. A. Nash 1981. *The Social Appraisal of Projects*. Londres: Macmillan.

Pearce, David W., e Kerry Turner. 1990. *Economics of Natural Resources and the Environment*. Baltimore, MD: Johns Hopkins University Press.

Pearce, David W., e Jeremy J. Warford. 1993. *World Without End: Economics, Environment, and Sustainable Development*. Nova York: Oxford University Press.

Pickard, Rob. 1995. "Setting the Scene: A Review of Current Thinking". Em Peter Burman, Rob Pickard e Sue Taylor, orgs. *The Economics of Architectural Conservation*. University of York, Reino Unido: Institute of Advanced Architectural Studies.

Ramsey, Charles, e Harold R. Sleeper. 1998. *Traditional Details for Building Restoration, Renovation and Rehabilitation*. Nova York: Wiley.

Randall, Alan. 1997. "The Noaa Panel Report: A New Beginning or the End of an Era?" *American Journal of Agricultural Economics* 79(5): 1489-94.

Rosen, Sherwin. 1974. "Hedonic Prices and Implicit Markets". *Journal of Political Economy* 82(1): 34-55.

Schramm, Gunter, e Jeremy J. Warford, orgs. 1989. *Environmental Management and Economic Development*. Baltimore, MD: Johns Hopkins University Press.

Serageldin, Ismail. 1986. "Financing the Adaptive Reuse of Culturally Significant Areas". Em Yudhishthir Raj Isar, org., *The Challenge to Our Cultural Heritage: Why Preserve the Past?* Washington, DC: Smithsonian Institution Press e Paris: Organização das Nações Unidas para Educação, Ciência e Cultura.

———. 1996. "Architecture and Behaviour: The Built Environment of Muslims". Em Suha Özkan, org., *Faith and the Built Environment: Architecture and Behaviour in Islamic Cultures*. Lausanne, Suíça: Architecture & Comportment.

———. 1997a. "Our Past Is Our Future: Investing in Our Cultural Heritage". Estudo apresentado na conferência da Organização das Cidades do Patrimônio Cultural sobre Turismo e as Cidades do Patrimônio Cultural — Desafios e Oportunidades, setembro 17-19, Évora, Portugal.

———. 1997b. "Solving the Rubik's Cube: Cultural Heritage in Cities of the Developing World". *Urban Age* 4(4): 5-7.

———. No prelo. "Revitalization of Historic Cities: the Need for a New Economic Analysis". Em Doris AbuSeif-Behrens, org., Estudos em Homenagem a Laila Ali Ibrahim.

Serageldin, Ismail, e Stefano Pagiola. 1998. "Investments in Cultural Heritage: Preserving Historic Cities in Developing Countries". Banco Mundial, Washington, DC.

Serageldin, Ismail, e Said Zulficar. 1989. "A Living Legacy". Em Ismail Serageldin, org., *Space for Freedom: The Search for Architectural Excellence in Muslim Societies*. Londres: Butterworth Architecture.

Serageldin, Ismail, Michael A. Cohen e Josef Leitmann, orgs. 1995. *Enabling Sustainable Community Development*. ESD Proceedings Series 8. Departamento de Desenvolvimento Ambientalmente Sustentável. Washington, DC: Banco Mundial.

Smith, V. Kerry. 1997. "Pricing What Is Priceless: A Status Report on Non-Market Valuation of Environmental Resources". Em Henk Folmer e Thomas Tietenberg, orgs., *The International Yearbook of Environmental Resource Economics*. Williston, VT: American International Distribution.

Squire, Lyn, e Herman van der Tak. 1975. *Economic Analysis of Projects*. Baltimore, MD: Johns Hopkins University Press.

Stabler, Michael. 1995. "Research Progress on the Economic and Social Value of Conservation". Em Peter Burman, Rob Pickard e Sue Taylor, orgs., *The Economics of Architectural Conservation*. University of York, Reino Unido: Institute of Advanced Architectural Studies.

Steer, Andrew, e Ernst Lutz. 1994. "Measuring Environmentally Sustainable Development". Em Ismail Serageldin e Andrew Steer, orgs., *Making Development Sustainable: From Concepts to Action*. ESD Studies and Monographs Series 2. Departamento de Desenvolvimento Ambientalmente Sustentável. Washington, DC: Banco Mundial.

Swanson, Timothy M., e Edward B. Barbier, orgs. 1992. *Economics for the Wilds: Wildlife, Wildlands, Diversity and Development.* Londres: Earthscan.

Tietenberg, Thomas H. 1992. *Environmental and Natural Resource Economics.* 3ª edição. Nova York: Harper Collins.

Weiss, John. 1994. *The Economics of Project Appraisal and the Environment.* Brookfield, VT: Edward Elgar.

Williams Jr., Norman, Edmund Kellogg e Frank B. Gilbert, orgs. 1983. *Readings in Historic Preservation: Why? What? How?* New Brunswick, NJ: Center for Urban Policy Research.

Willis, Ken, Guy Garrod, Christopher T. Saunders e Martin Whitby. 1993. "Assessing Methodologies to Value the Benefits of Environmentally Sensitive Areas". Countryside Change Unit Working Paper 39. University of Newcastle upon Tyne, Reino Unido.

Winpenny, James T. 1991. *Values for the Environment.* Londres: Her Majesty's Stationery Office.

Worksett, Roy. 1969. *The Character of Towns: An Approach to Conservation.* Londres: Architectural Press.

Yatt, Barry D. 1998. *Cracking the Codes: An Architect's Guide to Building Regulations.* Nova York: Wiley.

SAÚDE

Vigilância Epidemiológica Global:
A Cooperação Internacional no Monitoramento de Doenças Infecciosas
Mark W. Zacher

A Saúde como um Bem Público Global
Lincoln C. Chen, Tim G. Evans e Richard A. Cash

O controle das doenças infecciosas tem sido a essência da diplomacia internacional há mais de cem anos. Contudo, a despeito dos muitos avanços, as ameaças à saúde global continuam gigantes — e podem mesmo estar avultando-se. Com o avanço da integração econômica global, a interdependência da saúde se aprofunda. Os dois capítulos desta seção refletem ambos os tipos de riscos para a saúde global: os tradicionais e os novos.

Em seu capítulo sobre o monitoramento epidemiológico global, Mark W. Zacher aponta para dois problemas: a relutância dos governos de informarem os surtos de doenças e a falta de capacidade em muitos países de um monitoramento adequado da saúde pública e de resposta aos surtos. Zacher sugere que um maior envolvimento da parte das organizações não governamentais (ONGs) auxiliará a remediar ao menos parte do problema dos informes de saúde. "Más" notícias viajam com maior rapidez hoje em dia devido à difusão da Internet e ao crescimento das redes internacionais de profissionais médicos. Ainda assim, Zacher enfatiza, a função expandida das ONGs e dos indivíduos na divulgação não subtrai a necessidade de uma organização internacional, tal como a Organização Mundial da Saúde (OMS), para verificar e legitimar os informes de surtos e para coordenar as respostas internacionais a esses surtos. Além disso, a assistência ao desenvolvimento internacional tem um papel importante a desempenhar na melhoria dos vínculos frágeis dos sistemas de prevenção e de monitoramento globais. As capacidades nacionais de prevenir, divulgar e controlar os surtos podem e devem ser melhoradas em muitos países em desenvolvimento no interesse de reduzir-se o risco global comum imposto pelas doenças infecciosas.

O segundo capítulo nesta seção explora o novo contexto de interdependência da saúde global em um mundo que crescentemente se assemelha a uma aldeia global. Lincoln C. Chen, Tim G. Evans e Richard A. Cash argumentam que, hoje, doenças não transmissíveis possuem uma dimensão global. A razão é que os maus hábitos de consumo viajam através da publicidade e da mídia global, e novas ameaças surgiram de tais males globais como a redução da camada de ozônio e as alterações climáticas. Os autores discutem que no futuro a saúde global irá crescentemente ser provida por grupos privados, em vez de serviços dirigidos pelo Estado — um desenvolvimento que porá uma maior tensão sobre os pobres. Em resposta, os autores sugerem algumas medidas incrementais para aumentar a eficácia e a equanimidade das políticas de saúde nacionais e internacionais. Eles imaginam o fornecimento da saúde global como um processo de múltiplos atores, envolvendo, além dos governos, o meio acadêmico, o setor privado, as ONGs e a mídia. Algumas vezes as interações entre os diferentes grupos de atores serão harmoniosa mas em outras poderão ser conflituosas. Em relação às organizações internacionais, os autores consideram o papel dessas organizações basicamente como o de catalisação — fornecendo bens públicos globais intermediários, tais como informação relevante, ou negociando normas e padrões. Como Zacher, os autores enfatizam a importância crítica da assistência ao desenvolvimento visando a aumentar as capacidades nacionais e o desempenho da saúde nos países mais frágeis. Recomendações semelhantes poderiam ser feitas para as organizações internacionais, facilitando o fornecimento de outros bens públicos.

Vigilância Epidemiológica Global
A cooperação internacional no monitoramento de doenças infecciosas

Mark W. Zacher

As doenças infecciosas têm matado mais pessoas ao longo da história do que as guerras. Durante a era justiniana do Império Romano um terço da população morreu do que foi provavelmente a peste, e, no século XIV, a Peste Negra matou quase um terço dos europeus. Nos séculos XVI e XVII, 60% a 90% da população nativa das Américas, do México para baixo, pereceram de varíola, sarampo ou gripe. No século XIX, milhões morreram de sete pandemias de cólera vindas do sul da Ásia. A febre amarela também foi uma grande assassina a essa época. Mesmo em épocas mais tardias, como os anos de 1918-19, uma gripe suína ("a gripe espanhola") matou cerca de 22 milhões de pessoas mundo afora, com a Europa sendo a maior prejudicada. Até o final do século XIX, mais soldados morreram de doenças do que em combate (Hobson, 1963; Howard-Jones, 1975, 1981: McNeill, 1976; Dols 1977).

O desenvolvimento da vigilância moderna pode ser rastreado até 1897, quando os Estados que participaram da Convenção Sanitária Internacional reconheceram a necessidade de uma vigilância da saúde internacional. Em 1902, a nova Organização Sanitária Pan-americana (Pan-American Sanitary Bureau) foi orientada para coletar e divulgar informações sobre os padrões dos surtos de doenças. Em 1903, os países adotaram a Convenção Sanitária Internacional, que pediu a criação de uma organização internacional para monitorar a ecologia internacional das doenças. Esse pedido, por sua vez, levou à criação da Organização International de Higiene Pública (OIHP, Organisation Internationale d'Hygiène Publique) em Paris, em 1907, que, como uma de suas funções centrais, reunia informação sobre surtos de doenças para a distribuição entre os seus Estados-membros. Com a Organização de Saúde da Liga das Nações (que conduzia alguma vigilância), a OIHP foi uma precursora da Organização Mundial da Saúde (OMS), estabelecida em 1948, na área do monitoramento internacional. Embora o interesse global na vigilância da saúde tenha sido relativamente fraco entre os anos 1940 e 1980, hoje há um interesse renovado pela cooperação internacional.

Existem muitas e boas razões para esse interesse acentuado, incluindo-se os novos riscos à saúde e uma melhor comunicação. Mas também se explica por que em um mundo de maior mobilidade — das pessoas e das mercadorias — riscos à saúde em qualquer lugar podem impor ameaças a todos os lugares. Portanto, o conhecimento gerado pela vigilância da saúde internacional possui uma importante dimensão de bem público. Como a informação sobre os riscos existentes é com frequência de grande interesse e benefício a todos os países, devido à força da sociedade civil e da mídia fica cada vez mais difícil não revelar essa informação.

Todavia, o conhecimento sobre os surtos de doenças possui uma qualidade peculiar. Conquanto a comunidade internacional possa se beneficiar, a publicidade de um surto pode trazer custos nacionais e privados ao país afetado na forma de embargos comerciais ou de um turismo vacilante. Como a análise seguinte demonstra, esses possíveis efeitos adversos podem servir como um incentivo poderoso a não se cumprirem as exigências.

Este capítulo identifica medidas políticas que, baseadas na experiência, podem auxiliar a patrocinar uma cooperação na vigilância das doenças. As mais importantes são:

- Os países têm de ser encorajados a divulgar corretamente os surtos de doenças, e isso requer que os outros Estados não imponham barreiras inapropriadas e inúteis à entrada de mercadorias, viajantes e transportadores vindos da área do surto. As organizações internacionais como a OMS devem desempenhar papel preponderante na orientação dos países e certos surtos e nas respostas apropriadas.
- Para evitar-se um risco moral, deve-se também enfatizar as responsabilidades dos países de fortalecerem os seus sistemas de saúde, inclusive a vigilância. Prevenir um surto é bem mais fácil do que controlá-lo e curar uma epidemia mais adiante.
- A assistência ao desenvolvimento internacional é necessária para que os países em desenvolvimento possam conquistar um rápido progresso na construção das capacidades de vigilância em nível nacional. É encorajador que alguns provedores de ajuda estejam aumentando suas alocações no setor de saúde.
- A vigilância das doenças internacionais cada vez mais envolve os governos nacionais, as organizações internacionais, as organizações não governamentais (ONGs), os grupos profissionais e o setor privado, e uma multiplicidade de atores fortalece o monitoramento global.
- Não obstante, as organizações internacionais continuam a desempenhar um papel crucial. Elas validam a informação e, caso a informação revele a necessidade de uma ação, elas podem coordenar as respostas e ser um parceiro confiável dos países que precisam de apoio.

ESTUDOS DE CASOS

Este capítulo descreve a evolução histórica da vigilância epidemiológica global, analisa os fatores que influenciaram seus pontos fortes e seus pontos fracos, e avalia alguns dos programas de vigilância internacionais e regulamentações relacionadas que foram aceitas ou consideradas nos anos 1990. Com respeito à análise explanatória, há um foco subjacente em como as características da vigilância epidemiológica enquanto bem público internacional influenciaram a cooperação internacional. Uma breve seção discute as descobertas e os argumentos gerais do capítulo, em especial no que concerne ao monitoramento internacional da saúde como um bem público. A discussão depois se concentra nos esforços da vigilância internacional durante os vários períodos que desembocam nos anos 1990, uma época que assistiu a um aumento dramático na preocupação com doenças infecciosas emergentes ou ressurgentes.

O capítulo se limita em grande parte à vigilância de doenças epidêmicas que podem de súbito infectar e matar muitas pessoas (por exemplo, a cólera), pois as conferências internacionais concentraram-se intensamente nessas doenças. O estudo não se concentra nas doenças endêmicas, sempre predominantes e matando pessoas (a malária, por exemplo), embora estas sejam discutidas em algumas partes. Algumas doenças podem ser classificadas em ambos esses grupos, mas em sua maior parte elas podem ser postas ou na categoria de endêmicas ou de epidêmicas (Lederberg, Shope e Oaks, 1992; Garrett, 1994: OMS, 1996).

A discussão da cooperação epidemiológica internacional passada e presente contribui para a percepção crescente de que uma das mais importantes funções das organizações internacionais modernas é a de encorajar os Estados a compartilhar conhecimento que, por sua vez, permite aos países tomarem decisões mais sensatas sobre as estratégias de cooperação. A teoria institucional da cooperação internacional de Robert Keohane (1984) focaliza o papel das instituições na redução das incertezas por meio do aumento do corpo de conhecimentos disponível aos Estados (ver também Martin neste volume). Dani Rodrik (1996) também observou que talvez o papel central das organizações internacionais seja o de melhorar a base de conhecimentos nas quais as autoridades possam firmar os seus cálculos de propostas para a colaboração. Se bem que um maior conhecimento nem sempre possa levar à cooperação, a colaboração se fortalece quando o conhecimento ajuda a reduzir a incerteza sobre as implicações das estratégias alternativas.

A VIGILÂNCIA INTERNACIONAL DAS DOENÇAS COMO UM BEM PÚBLICO GLOBAL

O conhecimento sobre a saúde mundial possui muitos aspectos de bem público (Sandler, 1992). É, em larga escala, não rival em consumo e não exclusivo.

A não rivalidade no consumo refere-se à capacidade de todos beneficiarem-se de um bem, uma vez este produzido. No caso da vigilância epidemiológica, todos os países se beneficiam de algum modo do conhecimento de surto de doenças infecciosas no estrangeiro, posto que esse conhecimento permite aos países tomarem medidas para a proteção de sua população e de prepararem suas instituições médicas para lidar com as doenças ameaçadoras. E, se um conhecimento aprimorado conduz a atividades internacionais de controle das doenças em seus focos, muitos países se beneficiam.

Há, contudo, alguns embaraços. Nem todas as doenças são prováveis de atingir a todos os países, assim, alguns países podem apresentar pouca preocupação quanto à expansão de certas doenças. E alguns países creem que, mesmo se uma certa doença fosse descoberta dentro de suas fronteiras, eles têm as capacidades médicas para cuidar dos cidadãos que a contraírem. Ao mesmo tempo, já que sempre existem algumas doenças que preocupam a todos os países, um conhecimento abrangente global das tendências epidemiológicas a todos beneficia.

Não obstante, os dados fornecidos pela vigilância internacional são de pequeno benefício para os países nos quais não há os recursos médicos, tecnológicos e financeiros para responder a novos surtos. Isto se aplica particularmente hoje em dia em relação a muitos países em desenvolvimento. Todos os países ainda assim podem beneficiar-se, porém, das atividades de alguns poucos Estados importantes, das ONGs e das organizações internacionais que oferecem programas de assistência à saúde. O trabalho dessas instituições mundo afora defende a posição de que os benefícios da inteligência epidemiológica são indivisíveis para todos os países.

A segunda questão relacionada à vigilância como um bem público depende de informações sobre os surtos de doenças no estrangeiro, ou as ações tomadas para remediá-los, podem ser negadas a Estados, ou se os seus benefícios são não exclusivos. Em certo grau, a inteligência epidemiológica global coletada por cada país individualmente, ou mesmo por organizações internacionais, pode não ser ou não precisar ser compartilhada internacionalmente. Com efeito, a Página de Rumor de Surto da OMS não é distribuída a todos os Estados-membros (ver adiante). Mas através da tecnologia da informação moderna e da mídia global, os surtos graves são comunicados rapidamente, e seria difícil a um país, ou mesmo a alguns países, esconderem o conhecimento de um surto. De modo similar, seria difícil negar informação médica a países afligidos uma vez que vidas humanas estivessem ameaçadas. Qualquer tentativa de negar-se aos países em desenvolvimento o acesso à inteligência epidemiológica porque não possuem recursos seria inaceitável.

TENDÊNCIAS HISTÓRICAS

A adoção da Convenção Sanitária Internacional e a criação da OIHP marcaram o começo da vigilância internacional de doenças infecciosas no século XX. Ao mesmo

ESTUDOS DE CASOS

tempo, um sistema de informação menos formal foi criado: a Organização Sanitária Pan-americana.

A princípio os Estados apenas deviam relatar o surto de umas poucas doenças sob o sistema de vigilância da OIHP, embora os Estados voluntariamente proporcionassem informações de outras doenças também. Inicialmente, somente os informes de cólera e de peste eram exigidos, e subsequentemente, a febre amarela, o tifo e as febres recorrentes. Essas eram as doenças que os países da Europa Ocidental, dominando a criação do regime de saúde, temiam que fossem espalhadas da Ásia, África, América Latina e Europa Oriental.

Embora os países não fossem formalmente obrigados a enviar informações diretamente à OIHP, e a OIHP não fosse obrigada a divulgar informações aos Estados-membros, tanto a organização como os países divulgaram as informações. A OIHP compilava e regularmente distribuía um boletim contendo informações sobre doenças, e a publicação continuou durante a Segunda Guerra Mundial. O relatório similar da Organização de Saúde da Liga das Nações, o *Weekly Epidemiological Record*, também sobreviveu à guerra (Williams, 1969, Goodman, 1971, p. 71-104; Howard-Jones, 1975, 1978; Cooper, 1989; Schepin e Yermakov, 1991, p. 183-228).

Há pouca indicação, contudo, de que a informação coletada e divulgada fosse amplamente valorizada. Publicações secundárias à saúde internacional ao longo das primeiras quatro décadas do século não contêm menção a nenhum estudo que avaliasse os sistemas de vigilância da OIHP, da Convenção Sanitária Internacional, ou da Organização de Saúde da Liga das Nações. A ausência de tais estudos pode refletir o fato de que os mecanismos de vigilância internacionais não eram especialmente críticos para as preocupações com a saúde internacional dos países industrializados.

A introdução de programas de saúde pública mais modernos e de águas mais limpas (particularmente nas embarcações) reduziu o temor da difusão da cólera e da peste através de fronteiras. Além disso, os países industrializados produziram novos medicamentos para tratar as doenças. Conquanto a febre amarela algumas vezes tenha imposto um sério problema na América Latina e na África, o advento de uma vacina e de um melhor tratamento médico reduziu a preocupação com essa doença. O tifo e a febre intermitente, doenças associadas com parcas condições de vida, aos exércitos e à fome, desapareceram amplamente após horríveis surtos na Europa Oriental entre 1918 e 1922, e foram contidas pelo uso do DDT durante a Segunda Guerra Mundial.

Além do mais, na época, os dados da OIHP não preenchiam a brecha crucial na informação. Os países industrializados já possuíam acesso de primeira mão à informação porque os poderes europeus sabiam muito sobre as condições de saúde em suas colônias e os Estados Unidos estavam familiarizados com as condições de saúde na América Latina. A Egyptian Quarantine Board, órgão egípcio controlado pela Grã-

318 BENS PUBLICOS GLOBAIS

Bretanha, proporcionava informações consideráveis à movimentação das doenças entre a Ásia e o Mediterrâneo, assim como sobre as condições da saúde nos sítios sagrados muçulmanos na Arábia Saudita.

O impacto da vigilância inicial foi também limitado porque os países não divulgavam os surtos de doenças temendo perder comércio. Esse padrão se manteve ao longo do curso desse século (Goodman, 1971, p. 71-104; Howard-Jones, 1975, 1978; Brown, 1979; Arnold 1988; Schepin e Yermakov, 1991, p. 183-228; Weindling, 1995; Watts, 1997, p. 167-268).

Do final dos anos 40 até os 80

Após a Segunda Guerra Mundial, a Organização Mundial da Saúde assumiu a tarefa da OIHP de convocar conferências para a revisão da Convenção Sanitária Internacional (rebatizada de Regulamentações Sanitárias Internacionais). Muitas (na maioria, pequenas) revisões foram consideradas entre 1949 e 1951, e nenhuma significativamente referia-se à vigilância. De maior importância, os membros concordaram que as Regulamentações Sanitárias Internacionais exigiriam a aprovação de uma maioria de dois terços na Assembleia Mundial da Saúde (em vez da tradicional conferência de acordo) e seriam obrigatórias a todos os países-membros, a não ser os que firmassem contrato para ficar fora de todas ou de específicas obrigações (Goodman, 1971, p. 151-86; Schepin e Yermakov, 1991, p. 246-48).

Mesmo com a revisão de 1951, havia pouca indicação de que os membros considerassem as novas regulamentações mais importantes do que a Convenção Sanitária Internacional anterior. Na comissão da OMS que lidava com as regulamentações, havia mais discussão sobre "medidas excessivas" do que sobre a vigilância de doenças ou o controle das fronteiras para viajantes (documentos da OMS para a Comissão de Quarentena Internacional, rebatizada em 1969 de Comissão de Vigilância Internacional de Doenças Transmissíveis).

Mesmo o processo de descolonização, que reduziu para os poderes colonialistas o conhecimento das condições de saúde na Ásia e na África, não alimentou uma maior preocupação com a vigilância. A despeito do crescimento exponencial nas viagens internacionais, e apesar do fato de que fosse impossível identificar indivíduos com variadas doenças nas fronteiras, pouco esforço foi dirigido para desenvolver-se uma boa vigilância que ajudaria a proteger as populações nacionais (Delon, 1975; Leive, 1976, p. 33-144; Belanger, 1983, p. 95-113; Fidler, 1997, p. 832-51).

Essa atitude displicente dos Estados-membros da OMS para com as regulamentações originava-se nos progressos da medicina que surgiram no período anterior à Segunda Guerra Mundial. Em particular, o medo de que os países pudessem ser invadidos por surtos diminuiu com a disponibilidade de curas médicas e medidas pre-

ESTUDOS DE CASOS

ventivas mais avançadas. A incidência da transmissão internacional de cólera, peste, febre amarela, tifo, febre intermitente e varíola — em especial dos países em desenvolvimento para os países industrializados — declinou, e a varíola foi completamente erradicada nos anos 1970. Essa foi uma era em que as pessoas estavam cada vez mais confiantes de que havia "um remédio para todos os males". Em 1969, o diretor do serviço de saúde dos EUA até comentou que era hora de "fecharem-se os livros" sobre doenças infecciosas e concentrar a atenção nas doenças não infecciosas como o câncer e as doenças do coração (Fidler, 1996b, p. 1).

Ao mesmo tempo, os países permaneceram relutantes de informar os surtos de doenças que poderiam levar outros países a impor restrições sobre a entrada de seus cidadãos e mercadorias. Em particular, os governos recusavam-se em admitir um surto de cólera ou de peste, pois tais comunicados tendiam a atrair duras respostas dos outros países. Em 1970, o diretor-geral da OMS tomou a medida incomum de anunciar um surto de cólera na Guiné, depois de o governo do país se recusar a fazê-lo. O diretor da Organização Pan-americana de Saúde mais tarde tomou uma resolução semelhante, chamando o presidente de um país e pedindo-lhe que anunciasse um surto (Goodman, 1971, p. 247-80; Leive, 1976, p. 33-144; entrevistas).

Desde 1951 os Estados têm sido exigidos pelas Regulamentações Sanitárias Internacionais (rebatizadas de Regulamentações Internacionais de Saúde em 1969) para que notifiquem à OMS num prazo de 24 horas os casos de determinadas doenças (inclusive, desde 1981, as doenças em aeronaves e embarcações) e obtenham diagnósticos laboratoriais. Os Estados também são obrigados a informar a OMS e viajantes sobre as medidas que tencionam empreender e a apresentar relatórios semanais sobre a evolução dos surtos. Na prática, porém, muitos Estados não têm divulgado surtos, e quando a OMS comunica tais ocorrências, é com frequência algum tempo após o fato. Esse sistema um tanto fraco, dificilmente culpa do secretariado da OMS ou de suas comissões, refletiu a falta de preocupação nos países industrializados sobre a transmissão de doenças e a pouca disposição dos países em desenvolvimento de sofrerem as consequências de um comunicado (Delon, 1975; OMS, 1983; Fidler, 1997; entrevistas).

A transformação nos anos 1990

O surgimento do vírus da imunodeficiência humana (HIV) e da síndrome de imunodeficiência adquirida (Aids) no início dos anos 1980, e um reconhecimento crescente do problema das doenças resistentes a drogas (especialmente as resistentes às drogas antibacterianas) proporcionaram os primeiros gritos de alerta para os países acerca da importância da vigilância. Pela primeira vez em muito tempo, os grandes países industrializados começaram a tomar um sério interesse pelo controle da transmissão internacional de doenças infecciosas.

Os primórdios e os meados dos anos 1990 testemunharam importantes surtos de novas e antigas doenças nos países em desenvolvimento. A cólera atingiu o Peru em 1991, a febre do Vale do Rift se abateu sobre o Egito em 1994, e a peste atacou a Índia em 1994 e o Chile em 1995. O ebola foi descoberto no Zaire e no Gabão em 1996, o hantavírus no Chile em 1997, a febre do Vale do Rift no Quênia em 1998 e a gripe Avian em Hong Kong, China, em 1998. Também houve surtos amplamente divulgados da doença de Lyme, da doença do Legionário, de hantavírus e de surtos E. coli carregados pela água e pelos alimentos nos Estados Unidos (OMS, 1995a, 1996).

Uma onda de publicações sobre doenças infecciosas também ajudou a alimentar a preocupação. Entre elas, no início dos anos 1990, *Emerging Infections*, do Instituto de Medicina dos EUA (Lederberg, Shope e Oaks, 1992), *The Coming Plague*, de Laurie Garrett (1994), *The Hot Zone*, de Richard Preston (1994), *Addressing Emerging Infectious Disease Threats*, dos Centros para Controle de Doenças (CDC, 1994 — US Centers for Disease Control) e *Infectious Diseases — A Global Threat*, do Conselho Nacional de Ciência e Tecnologia dos EUA (Ciset, 1995 — US National Science and Technology Council). A maior parte dos comentários acertadamente enfatizaram a impossibilidade de impedir a entrada em países estrangeiros de pessoas infectadas e argumentavam, em vez disso, que a detecção e o controle das doenças num estágio inicial eram necessários em suas fontes. David Fidler, depois do exame de várias análises da ameaça das doenças infecciosas, observou que todas identificam a vigilância como a estratégia de maior importância (1997, p. 822).

Lições

Surtos recentes de doenças ensinaram diversas lições sobre a vigilância — embora tenham sido em grande parte as mesmas lições aprendidas pelos especialistas da saúde muito tempo atrás. A lição central é a de que uma informação inadequada dos riscos dos surtos de doenças pode causar sérios prejuízos comerciais. O surto de cólera em 1991 no Peru custou ao país aproximadamente US$ 800 milhões em restrições comerciais e turismo perdido, em grande parte porque os outros países não compreenderam a natureza do surto e seus possíveis impactos rápido o suficiente. O surto de peste na Índia, em 1994, custou ao país US$ 1,5 bilhão em restrições comerciais e turísticas. A Índia recusou-se a reconhecer publicamente o surto por um longo tempo, apesar das imagens da Cable News Network (CNN) de várias centenas de milhares de pessoas abandonando Surat. No final das contas, o número de mortes foi pequeno (menos de 60) e não houve nenhum caso conhecido de transmissão da peste para fora da Índia.

Em muitos casos, a comunidade internacional exagera em sua reação. Uma cobertura incompleta da mídia, a falha dos governos em comunicarem um surto e a

ESTUDOS DE CASOS

ignorância dos outros países podem todas conspirar para transformar um país num pária internacional. A imagem do pânico transmitida pela CNN durante o surto de peste na Índia exacerbou a situação alimentando temores infundados. Quando um surto menor de peste ocorreu no Peru em 1995, os países impuseram restrições aos viajantes e às mercadorias do Peru por toda a América Latina, a despeito das tentativas da Organização Pan-americana de Saúde de orientar esses países sobre a realidade do surto. Alguns dos países mais avançados na América Latina impuseram as barreiras mais restritivas. Esses acontecimentos indicam que os Estados continuarão a mostrar relutância em comunicar surtos de doenças enquanto os outros Estados não se comprometerem a evitar "medidas excessivas", como as proibições da entrada de aeronaves e embarcações (OMS, 1996; Fidler, 1997, p. 823-24).

Os benefícios da transparência

Os perigos de lidar mal com um surto foram demonstrados pela experiência da Índia em 1994. A falha em admitir o surto de peste ou de convidar as autoridades internacionais para proporcionarem avaliações públicas, combinada com uma reportagem incompleta pela mídia e a ignorância dos outros países das implicações do surto, causaram sérios prejuízos econômicos à Índia. Os outros países também foram prejudicados pelas restrições que impuseram à Índia. Os países do Golfo sofreram bastante com as barreiras impostas à entrada das embarcações e aeronaves indianas, e o Canadá gastou US$ 750.000 monitorando viajantes vindos da Índia e estabelecendo medidas sanitárias de precaução nos aeroportos.

O valor de convidar a OMS a designar um porta-voz público foi demonstrado durante o surto do ebola no Zaire em 1995. Os comunicados na mídia do porta-voz da OMS sobre a evolução do surto acalmaram as preocupações dos governos de todo o mundo.

Contudo, quando a OMS buscou ser não só o porta-voz oficial para a mídia durante um surto de febre do Vale do Rift no Quênia em 1998, mas também coordenar as respostas médicas externas, tornou-se aparente que os outros órgãos internacionais, governos estrangeiros e ONGs possuíam suas próprias agendas médicas e não desejavam seguir a liderança da OMS. O episódio salientou a necessidade de protocolos sobre como a OMS, as organizações internacionais, os médicos de laboratórios estrangeiros, as ONGs e as autoridades governamentais locais deveriam coordenar a vigilância e as atividades remediadoras.

As crises requerem estratégias de "melhor tentativa"

Apenas poucos países possuem laboratórios com capacidade de diagnosticar uma doença e prescrever uma resposta, especialmente para doenças como o ebola. Embora haja um sistema de mais de 200 centros colaboradores da OMS, os quais são laboratórios especializados em doenças específicas, apenas uns poucos são chamados para responder a surtos estrangeiros. Os Centros para Controle de Doenças (CDC) dos EUA são de longe os mais importantes, e em sua estrutura organizacional existem 22 centros colaboradores da OMS.

As equipes do CDC foram cruciais às respostas internacionais à maior parte de importantes surtos nas décadas recentes. Outros laboratórios nacionais cruciais que respondem às febres hemorrágicas como o ebola e a febre do Vale do Rift são o Instituto Pasteur em Paris, o Centro de Microbiologia Aplicada e Pesquisa em Porton Down (Salisbury, Reino Unido) e o Instituto de Virologia em Johannesburgo. Em cerca da metade dos casos onde o CDC entra em um país, o faz a pedido da OMS ou da Organização Sanitária Pan-americana. Nos outros casos, entra a pedido do país. Em certas circunstâncias, tal como no surto de peste na Índia em 1994, a integração do pessoal do CDC com a operação da OMS foi importante para a aceitação política da utilização dos epidemiologistas do CDC. Quatro dos seis médicos na missão da OMS na Índia eram pessoal do CDC (Etheridge, 1992; OMS, 1996; entrevistas).

Prevenção em vez de controles de fronteira

As crises médicas internacionais dos anos 1990 mostraram ser difícil e pouco prático — se não impossível — monitorar os viajantes internacionais para sinais de doenças nas fronteiras. E já que a maioria das doenças possui períodos de incubação comuns de vários dias até umas poucas semanas, e não deixam sinais físicos nitidamente discerníveis, não existe maneira de detectar-se a maioria dos casos de pessoas infectadas. Em vez disso, muitos especialistas concluíram que os recursos seriam mais bem utilizados na redução do número de pessoas com doenças nos países em desenvolvimento e na melhoria das capacidades médicas desses países de cuidarem de seus doentes. O financiamento de uma melhor infraestrutura na saúde nos países em desenvolvimento permanece uma questão controvertida, contudo (Banco Mundial, 1993; Fidler, 1997, p. 830, 863; entrevistas).

Algumas políticas internacionais dos EUA nitidamente refletem dúvidas acerca da eficácia do controle nas fronteiras. Os Estados Unidos, por exemplo, exigem que todos os imigrantes e refugiados — cerca de 500 mil pessoas ao ano — sejam examinados por médicos no estrangeiro. Porém, não há exigências de saúde para os 45 milhões de viajantes internacionais adentrando o país a cada ano, pois não há maneira de avaliar a saúde destes. A equipe da Divisão de Quarentena do CDC é apenas uma fração do que foi nos anos 1960 porque ficou claro que, no Estado moderno, as doenças não podem ser detidas nas fronteiras.

ESTUDOS DE CASOS 323

O fornecimento de informação beneficia-se da multiplicidade de esforços

Uma mudança importante no pensamento sobre a vigilância epidemiológica internacional teve início em 1994 em resposta aos numerosos surtos, às recentes experiências de campo e às publicações no início dos anos 1990. A essa época o comunicado dos Estados sobre surtos de doenças sob as Regulamentações Internacionais de Saúde era pobre. Muitos Estados não estavam vigilantes ou preparados para rastrear os surtos de doenças, e temiam as respostas estrangeiras caso os comunicassem. Os grandes poderes confiavam mais nos seus próprios sistemas de informação e cada vez mais nos informes da mídia para o conhecimento de doenças se desenvolvendo mundo afora. Foi, contudo, reconhecido que a informação sobre alguns surtos nos países em desenvolvimento era vagarosa em alcançar as capitais nacionais e o resto do mundo.

O primeiro desenvolvimento significativo na vigilância se deu em 1994, depois que o especialista em saúde internacional norte-americano, Dr. Jack Woodall, propôs um sistema de monitoramento para conectar os profissionais de saúde de todo o mundo. Com fundos da Academia Nacional de Ciências, da Fundação Rockefeller e de outras fontes, o ProMed-mail foi fundado em 1995 como uma rede não governamental de profissionais de saúde.

Os profissionais de saúde enviam informações ao ProMed-mail nos Estados Unidos, onde especialistas médicos as examinam e produzem uma versão editada para 15 mil assinantes em mais de 150 países. Quase 1 em 10 assinantes fornece informação à rede sobre doenças em seus países. Os assinantes também podem trocar informações sobre doenças através de um quadro de mensagens na Internet.

O ProMed-mail não descobre todos os surtos importantes, mas identifica muitos deles. Um dos principais efeitos do ProMed-mail é o de limitar marcadamente a capacidade dos Estados de esconderem seus surtos. Por causa do ProMed-mail, os Estados têm mais chances de fornecer voluntariamente informações sobre os surtos — em última instância, beneficiando a comunidade internacional inteira. Mas alguns profissionais de saúde não estão dispostos a fornecer informações à rede com receio de serem punidos por seus governos (Manning, 1997). O ProMed-mail também tem sofrido quando, em determinadas ocasiões, distribuiu informações incorretas sobre surtos de doenças, fazendo com que alguns países sofressem sanções. Isso aconteceu recentemente em dois países da América Latina. Apesar desses problemas, o ProMed-mail tem proporcionado um novo nível de transparência sobre os surtos e encorajado os Estados a serem mais honestos em relação a suas crises médicas. Também tem ajudado a OMS a identificar ocorrências de doenças para a sua própria Página de Rumor de Surto (Manning, 1997; entrevistas).

A abordagem de rede: uma tendência emergente

Respondendo à nova preocupação acerca de surtos de doenças infecciosas, a OMS criou uma Divisão de Doenças Transmissíveis Emergentes em 1995 e começou a aprimorar a divulgação de informações. Até 1996 a OMS publicava uma Página de Surto na Internet, mas a página só incluía as doenças listadas nas Regulamentações Internacionais de Saúde (cólera, peste e febre amarela), e apenas quando os surtos eram divulgados pelos Estados. Em 1996, a OMS lançou a Página de Rumor de Surto na Internet. As informações para a página provêm dos representantes em campo da OMS, de outras organizações internacionais, de ONGs, da mídia e do ProMed-mail. Somente cerca de 75% dos surtos na Página de Rumor de Surto são subsequentemente corroborados, portanto fica claro que a OMS tem de ter cautela no que lista. A página é enviada apenas aos escritórios regionais da OMS, aos centros colaboradores da OMS, a alguns governos e a algumas organizações médicas, e há um acordo entre os destinatários de que não divulgarão as informações. A despeito de muitas limitações, a página é uma revolução de pensamento, já que qualquer tentativa anterior da OMS de divulgar informações sem a permissão dos Estados não teria sido permitida.

Um suplemento único para o ProMed-mail e a Página de Rumor de Surto foi lançado pelo Canadá em 1997 e entrou em operação em 1998. Conhecido como Global Public Health Information Network (Rede de Informação Global de Saúde Pública), é um sistema de busca na Internet por informações sobre surtos de doenças pelo mundo. Segundo um acordo entre a OMS e o Canadá, os dados coletados de início serão enviados exclusivamente à OMS. Após vários anos de operação as informações provavelmente serão enviadas a outras fontes, embora haja reservas sobre o Canadá estar ofendendo os outros Estados ao fazer circular informações sobre eles. Alguns peritos pensam que a rede não será capaz de peneirar o vasto montante de dados na Internet e de identificar os poucos surtos importantes, ou que irá inundar as burocracias canadense e da OMS com tanta informação que não serão capazes de digeri-las. Ainda que sua eficácia permaneça por ser comprovada, a rede é uma experiência inovadora para testar a importância da Internet como fonte de informações epidemiológicas. O uso da Internet pela rede e pelo ProMed-mail já aumentou consideravelmente a transparência na saúde internacional.

Outras atividades de vigilância internacionais igualmente merecem comentário. Primeiro, conquanto as reportagens da mídia já tenham sido usadas para rastrear surtos de doenças no passado, elas são hoje consideradas de muito mais valor. A OMS tem seguido os informes da France Presse e da Reuters por algum tempo, mas a CNN e outras mídias televisivas e impressas aumentaram a importância dos jornalistas na saúde internacional. A CNN possui um segmento em separado sobre saúde em suas transmissões. Segundo, existe uma complexa rede de profissionais da saúde por todo

ESTUDOS DE CASOS

o mundo que são associados às universidades, aos hospitais e aos governos. Alguns estão ativamente envolvidos na busca de doenças emergentes ou ressurgentes pelo mundo, e regularmente se encontram em conferências — por exemplo, a American Society for Hygiene and Tropical Medicine e a Royal Society for Hygiene and Tropical Medicine. Especialistas médicos estão ligados por meio de uma pletora de contatos profissionais e informais, e com frequência se comunicam quando os problemas surgem. Constituem um sistema que poderia ser denominado "o colégio informal internacional de profissionais da saúde", e situa-se ao lado dos outros sistemas de vigilância em importância. Em alguns casos, os laboratórios dos profissionais estão formalmente unidos em uma rede intergovernamental da OMS por meio dos centros colaboradores da OMS. A Divisão de Doenças Transmissíveis Emergentes da OMS agora tenta criar uma rede eletrônica ligando esses centros colaboradores.

A OMS tem obtido sucesso no desenvolvimento de redes de especialistas trabalhando em doenças específicas. Por exemplo, na FluNet, uma rede de especialistas em gripe compartilham informações sobre o surgimento dos diferentes tipos de gripe. Espécimes de cerca de 80 laboratórios nacionais são enviados a quatro centros colaboradores da OMS (na Austrália, no Japão, no Reino Unido e nos Estados Unidos) e é feito um acordo a cada mês de fevereiro sobre uma vacina contra gripe para o ano seguinte, ao menos nos Estados do Norte. Esse tipo de colaboração voluntária internacional sob a égide da OMS pode ser eficaz se houver um objetivo claro e se os melhores laboratórios nacionais estiverem envolvidos. Uma rede preocupada com as doenças resistentes a drogas (chamada WHONET) também foi criada, mas ainda não obteve o mesmo sucesso da FluNet. Poucos países em desenvolvimento possuem a perícia exigida para contribuírem ao intercâmbio, e os países industrializados em geral possuem suas próprias fontes de informação (entrevistas).

Terceiro, existem sistemas nacionais de vigilância internacional que não são organizados formalmente, mas que fazem parte da intricada rede global de vigilância. Os ingleses, franceses e norte-americanos possuem as melhores capacidades de vigilância nos países em desenvolvimento, mas o CDC é mais atuante do que os outros — embora menos de 5% da equipe de sete mil especialistas se concentre explicitamente em questões internacionais. O CDC possui cinco bases para pesquisa de campo — na Tailândia e na Costa do Marfim para o HIV, em Botsuana para a tuberculose, no Quênia para a malária e na Guatemala para as doenças parasitárias. Há também 60 membros da equipe que estão em missões de longo prazo no estrangeiro com a Agência para o Desenvolvimento Internacional ou com organizações internacionais. O CDC também beneficia-se dos vínculos com seis laboratórios permanentes mantidos pela Marinha dos EUA em Bangladesh, no Egito, na Indonésia, no Quênia, no Peru e nas Filipinas. Igualmente de grande importância é o Programa de Treinamento Epidemiológico de Campo do CDC, que treina profissionais estrangeiros da saúde na sede do centro em Atlanta (Georgia) e em breves cursos no estrangeiro. Os vínculos estabelecidos por meio do programa de treinamento com frequência conduzem a intercâmbios duradouros que auxiliam o CDC a aprender sobre os surtos e proporcionar assistência. O CDC recentemente aumentou seus vínculos internacionais como resultado da cooperação com a União Europeia, por meio da Agenda Transatlântica, com o Japão, pela Agenda Comum EUA-Japão, com a Rússia, pelo acordo Gore-Chernomrydin e com a África do Sul, pela iniciativa Gore-Mbeke. Algumas pessoas da área da saúde internacional não gostam da proeminência do CDC, mas virtualmente todos os especialistas percebem que este, e mais amplamente a instituição de pesquisa médica norte-americana, proporcionam um bem público que beneficia a comunidade internacional. A vigilância internacional das doenças exercida por Estados individuais não está na salvaguarda única do CDC e da OMS. Tanto os ingleses como os franceses (estes últimos especialmente na África Ocidental falante do francês, através do programa de treinamento epidemiológico do Instituto Pasteur) são proeminentes na área da saúde internacional. Diversos outros países também participam na vigilância nacional ou regional (entrevistas).

Próximos Passos: A Revisão das Regulamentações Internacionais de Saúde

Quando a OMS concordou em revisar as Regulamentações Internacionais de Saúde em 1995 (numa iniciativa patrocinada pelos Emirados Árabes Unidos), estabeleceu uma comissão para produzir um esboço (OMS, 1995b). Já no início de 1998 essa comissão produzira um esboço contendo 57 novos artigos e 11 anexos. Várias seções, incluindo as sobre vigilância, têm provocado consideráveis controvérsias.

Em particular, uma proposta que exigiria que os Estados se reunissem e analisassem os dados para "a abordagem sindrômica" tem sido duramente criticada. Em vez da obrigatoriedade de divulgar surtos de doenças específicas, essa abordagem exigiria dos Estados que divulgassem as características epidemiológicas de síndromes diversas: febre hemorrágica aguda, doenças respiratórias agudas, diarreia aguda, icterícia aguda, doenças neurológicas agudas e "outras notificáveis" (OMS, 1998, artigo 2, anexo III). Essa abordagem evoluiu da percepção de que novas ameaças graves emergiram e de que os principais problemas internacionais não são a peste, a cólera e a febre amarela. Além disso, os Estados são encorajados a divulgar os dados sobre surtos de doenças na ausência de uma sólida corroboração laboratorial do que as doenças são.

Outras novas provisões incluem uma obrigação de que os Estados forneçam à OMS informações sobre a evolução dos surtos, os transmissores associados a doenças específicas (por exemplo, os mosquitos) e as medidas preventivas tomadas pelo Estado. A OMS, por sua vez, se obriga a distribuir a todos os Estados-membros as informações divulgadas, a assistir os Estados informantes na investigação de surtos

ESTUDOS DE CASOS

(o que envolveria em geral chamar os centros colaboradores para assistência) e de comentar sobre as informações não confiáveis. A OMS pode obter assistência na avaliação dos informes buscando informações com outras organizações internacionais, com os centros colaboradores da OMS, os governos dos países vizinhos, e o público. Isso concede à OMS uma latitude muito maior na coleta de informações sobre os surtos de doenças do que já possui com as atuais Regulamentações Internacionais de Saúde (OMS, 1998, artigos 4-9; OMS, 1995a; Fidler, 1996a, 1997).

Muitas alterações poderiam ser feitas no existente esboço de artigos. O sistema para a comunicação de síndromes poderia ser simplificado, e algumas doenças poderiam ser identificadas nos requisitos de divulgação. Os arranjos de envio de especialistas estrangeiros aos Estados com surtos poderiam ser descritos em maiores detalhes. Os poderes da OMS de retirar informação de fontes outras que o Estado infectado poderiam ser reduzidos, pois alguns países ficam nervosos com à capacidade da OMS de obter informação que desafiaria os seus informes. As provisões flexíveis a capacidade dos Estados de controlarem os transportes e os viajantes em suas fronteiras e a capacidade da OMS de criticar medidas excessivas dos Estados poderiam ser tornadas mais claras, embora algum tipo de compromisso flexível sobre os poderes do Estado e os poderes discricionários da OMS deva provavelmente emergir. O acordo final acerca das novas Regulamentações Internacionais de Saúde provavelmente tornará a OMS um ator mais importante no monitoramento epidemiológico internacional, mas tal acordo provavelmente também será geral o bastante para permitir uma evolução das práticas com o passar do tempo.

CONCLUSÃO

Um sentimento de urgência tem movido o aumento da vigilância internacional das doenças seguindo-se ao reconhecimento de que as doenças epidêmicas e graves doenças endêmicas (como a malária e o HIV/Aids) são ameaças muito maiores do que anteriormente se pensou. Não mais há "um remédio para todos os males". Conquanto as febres hemorrágicas como o ebola conquistem as manchetes (e sejam um motivo de preocupação), o que realmente preocupa os especialistas são as cepas resistentes a drogas de antigas doenças e o potencial para um tipo mortal de gripe como "a gripe espanhola" de 1918-19.

A vigilância contemporânea também adquiriu maior importância devido à maior transparência dos Estados na era da informação e ao número de organizações engajadas na vigilância. Embora vários esforços de vigilância possam ser considerados duplicações desperdiçadas, a multiplicidade de atividades é de fato útil, pois os governos estão tornando-se mais dispostos a divulgar os surtos de doenças à OMS precisamente porque se dão conta de que as fontes não governamentais acabarão sa-

328 BENS PÚBLICOS GLOBAIS

bendo e divulgando os surtos. A OMS é a beneficiária do que se desenvolveu em nível não governamental. Talvez a maior brecha no sistema de vigilância esteja no plano nacional, onde a vigilância local e a capacidade laboratorial são fracas. Essa é uma área crucial para a cooperação internacional futura. O crescente papel do Banco Mundial nessa área é um sinal positivo (Banco Mundial, 1993, 1997; Siddiqi, 1995; Koivusala e Ollila, 1997; Jayaraman e Kanbur, neste volume).

Nota

Um grande número de informações para este capítulo veio de entrevistas com autoridades da Organização Mundial da Saúde, a Organização Pan-americana de Saúde e os governos canadense e norte-americano. O autor se beneficiou da assistência e dos comentários de Simon Carvalho e é grato a Hilla Aharon, David Fidler e Lisa Martin por suas observações.

Referências Bibliográficas

Arnold, David, org. 1988. *Imperial Medicine and Indigenous Societies*. Manchester: Manchester University Press.

Banco Mundial. 1993. *World Development Report 1993: Investing in Health*. Nova York: Oxford University Press.

———. 1997. *Sector Strategy: Health, Nutrition, and Population*. Washington, DC.

Belanger, Michel. 1983. *Droit International de la Santé*. Paris: Economica.

Brown, E. Richard. 1979. *Rockefeller Medicine Men*. Los Angeles: University of California Press.

CDC (Centers for Disease Control). 1994. *Addressing Emerging Infectious Disease Threats: A Prevention Strategy for the United States*. Atlanta, GA.

Ciset (National Science and Technology Council, Committee on International Science, Engineering, and Technology). 1995. *Infectious Diseases — A Global Health Threat*. Washington, DC: National Academy Press.

Cooper, Richard N. 1989. "International Cooperation in Public Health As a Prologue to Macroeconomic Cooperation". Em Richard Cooper e outros, orgs., *Can Nations Agree?* Washington, DC: Brookings Institution.

Delon, P. J. 1975. *The International Health Regulations: A Practical Guide*. Genebra: Organização Mundial da Saúde.

Dols, Michael W. 1977. *The Black Death in the Middle East*. Princeton, NJ: Princeton University Press.

Etheridge, Elizabeth W. 1992. *Sentinel for Health: A History of the Centers for Disease Control*. Berkeley: University of California Press.

Fidler, David P. 1996a. "Globalisation, International Law, and Emerging Diseases". *Emerging Infectious Diseases* 2: 77-84.

———. 1996b. "Law and Emerging and Re-Emerging Infectious Diseases: The Legal Challenge for the American Bar". Estudo apresentado na conferência da Ordem dos Advogados norte-Americana (American Bar Association): *Conference on Emerging and Re-Emerging Infectious Diseases*, abril, Orlando, FL.

———. 1997. "Return of the Fourth Horseman: Emerging Infectious Diseases and International Law". *Minnesota Law Review* 81: 771-868.

Garrett, Laurie. 1994. *The Coming Plague: New Emerging Diseases in a World Out of Balance*. Nova York: Farrar, Strauss, and Giroux.

Goodman, Neville. 1971. *International Health Organizations and Their Work*. Londres: Churchill Livingstone.

Hobson, William. 1963. *World Health and History*. Bristol: John Wright.

Howard-Jones, Norman. 1975. *The Scientific Background of the International Sanitary Conferences, 1851-1938*. Genebra: Organização Mundial da Saúde.

———. 1978. *International Public Health between the Two World Wars: The Organizational Problems*. Genebra: Organização Mundial da Saúde.

———. 1981. "The World Health Organization in Historical Perspective". *Perspectives in Biology and Medicine* 24: 467-82.

Keohane, Robert M. 1984. *After Hegemony: Cooperation and Discord in the World Political Economy*. Princeton, NJ: Princeton University Press.

Koivusala, Meri, e Eeva Ollila. 1997. *Making a Healthy World: Agencies, Actors, and Policies in International Health*. Londres: Zed Books.

Lederberg, Joshua, Robert E. Shope e Stanley C. Oaks, Jr., orgs. 1992. *Emerging Infections: Microbial Threats in the United States*. Washington, DC: National Academy Press.

Leive, David M. 1976. *International Regulatory Regimes: Case Studies in Health, Meteorology, and Food*. Lexington, MA: Lexington Books.

Manning, Anita. 1997. "Cuban Doctor Imprisoned for Warning of a Dengue Fever Outbreak". *USA Today* (16 de julho): 8D.

McNeill, William H. 1976. *Plagues and People*. Oxford: Oxford University Press.

OMS (Organização Mundial da Saúde). 1983. *International Health Regulations (as revised in 1981)*. Genebra.

———. 1995a. *The International Response to Epidemics and Applications of the International Health Regulations*. Genebra.

———. 1996. *World Health Report 1996: Fighting Disease, Fostering Development*. Genebra.

———. 1998. *International Health Regulations: First Annotated Edition*. Genebra.

Preston, Richard. 1994. *The Hot Zone*. Nova York: Random House.

Rodrik, Dani. 1996. "Why Is There Multilateral Lending?" Em Michael Bruno e Boris Pleskovic, orgs., *Annual World Bank Conference on Development Economics 1995*. Washington, DC: Banco Mundial.

Sandler, Todd. 1992. *Collective Action: Theory and Applications*. Ann Arbor: University of Michigan Press.

Schepin, Oleg, e Waldermar Yermakov. 1991. *International Quarantine*. Madison, WI: International University Press.

Siddiqi, Javed. 1995. *World Health and World Politics: The World Health Organization and the UN System*. Londres: C. Hurst.

Watts, Sheldon. 1997. *Epidemics and History: Disease, Power, and Imperialism*. New Haven, CT: Yale University Press.

Weindling, Paul. 1995. *International Health Organizations and Movements, 1918-1939*. Cambridge: Cambridge University Press.

Williams, Green. 1969. *The Plague Killers*. Nova York: Charles Scribner's Sons.

A Saúde como um Bem Público Global

Lincoln C. Chen, Tim G. Evans e Richard A. Cash

Em um capítulo da mesma seção neste volume, Mark W. Zacher argumenta que a vigilância das doenças infecciosas é um bem público global sob os critérios de definição da "indivisibilidade" e da "não exclusão". A indivisibilidade refere-se à capacidade de todos beneficiarem-se do bem público uma vez que este é produzido, e a não exclusão, à incapacidade de excluir-se qualquer indivíduo ou grupo de seus benefícios.

A história apresenta uma sólida defesa de que a vigilância das doenças infecciosas é um bem público global (McNeill, 1976). A peste ateniense de 430 a.C. foi a primeira epidemia transnacional registrada, com o elemento patogênico sendo provavelmente difundido da Etiópia para o Egito pelo movimento de tropas durante a Guerra do Peloponeso, embora a causa exata seja debatida (Zinsser, 1963).[1] Desde a Peste Negra europeia em 1347, ondas sucessivas de peste e cólera têm sido associadas ao comércio internacional, a mais recente sendo a epidemia de cólera na América Latina nos anos 1990 (Lederberg, 1997).[2] No século XVII a conquista europeia do Novo Mundo introduziu novos vírus a uma população indígena a eles previamente não exposta. O sarampo e a varíola devastaram os nativos norte-americanos, gerando um número de mortes que de muito excedeu as perdas em combates (Berlinguer, 1992).[3] Com efeito, a atualização de 1969 das Regulamentações Internacionais de Saúde pela Organização Mundial da Saúde (OMS) marcou mais de um século de cooperação entre os Estados no controle das principais doenças infecciosas para a proteção mútua contra doenças (Cooper, 1989).

Portanto, o controle das doenças infecciosas pode ser considerado um bem público global. Mas pode o mesmo ser dito das doenças não transmissíveis? Serão as doenças não transmissíveis basicamente bens privados, em vez de bens públicos? Ou nesta era de globalização as circunstâncias da saúde se modificaram tanto que o costumeiro equilíbrio entre público e privado está se deslocando na saúde?.[4] Em outras palavras, pode a saúde global, em vez de um grupo de doenças transmissíveis, ser considerada um bem mais público do que privado? E se a resposta for afirmativa, quais as implicações para a saúde global? Como um tal entendimento afetaria a cooperação internacional na área da saúde e a governança da saúde global?

Essas são as questões tratadas neste capítulo. Argumentamos que embora a saúde possa ter propriedades tanto públicas como privadas, a globalização pode estar deslocando o equilíbrio da saúde para um bem público global. Comprimindo o tempo e o espaço, a globalização está afetando profundamente a economia, a política, a cultura e as ideias mundiais — virtualmente todos os aspectos da vida humana, inclusive a saúde. A revolução global na informação e nas ciências da vida, hipoteticamente, tem probabilidades de oferecer o potencial de novas e poderosas intervenções. Sob essas condições de rápidas mudanças sociais, um desafio central é o da resolução das tensões inerentes entre a equidade na saúde global e a exclusão social. Concluímos discutindo como os diversos atores institucionais, antigos e novos, podem desenvolver mecanismos mais eficazes de cooperação internacional para a proteção da saúde global.

GLOBALIZAÇÃO E SAÚDE

Uma tipologia tradicional da doença é tripartida — doenças contagiosas, não contagiosas e causadas por ferimentos. Uma primeira geração de doenças se vincula à pobreza — infecções comuns, desnutrição e danos à saúde reprodutiva em sua maioria afetando mulheres e crianças. Essas, na maioria (mas não inteiramente) doenças transmissíveis, concentram-se entre os pobres nos países em desenvolvimento. Uma segunda geração de doenças basicamente crônicas e degenerativas — como a doença cardiovascular, o câncer, o derrame e o diabetes — predominam entre os de meia-idade e os idosos em todos os países. A suscetibilidade a essas doenças não transmissíveis vincula-se ao estilo de vida e aos comportamentos relacionados com a saúde. A esses dois grupos de doenças devemos acrescentar as doenças resultantes de ferimentos, que também predominam tanto nos países ricos como nos pobres.

A linha divisória entre o público e o privado dessas doenças é tradicionalmente considerada como bem definida. Por causa de suas externalidades, o controle das doenças transmissíveis é um bem público, mas o tratamento das doenças nãotransmissíveis e das causadas por ferimentos é, em sua maioria, privado. Afinal, os fatores de risco associados às doenças não transmissíveis relacionam-se a escolhas individuais de vida e de comportamento humano — uma dieta não salutar, a falta de exercícios, o consumo do tabaco ou os hábitos perigosos. Como as escolhas privadas trazem consequências pessoais, existe uma combinação apropriada entre o risco individual e a carga privada de uma doença.

ESTUDOS DE CASOS

TABELA 1

A saúde e a mudança global

Fator global transnacional	Consequências e impactos prováveis no status da saúde
Macroeconômico	
Ajustes estruturais de políticas e cortes	Marginalização, pobreza, redes de segurança sociais inadequadas[a]
Desemprego estrutural e crônico	Mais altos índices de morbidade e mortandade[b]
Comércio	
Comércio de tabaco, álcool e drogas psicoativas	Aumento na publicidade, disponibilidade e uso[b]
Dumping de farmacopeia perigosa ou ineficiente	Terapias ineficazes ou prejudiciais[b]
Comércio de alimentos e rações contaminados	Disseminação de doenças infecciosas através das fronteiras[b]
Viagem	
Mais de 1 milhão de pessoas cruzando fronteiras todos os dias	Transmissão de doenças infecciosas e exportação de estilos de vida prejudiciais (como comportamento sexual de alto risco)[c]
Migração e demografia	
Aumento nas populações de refugiados e rápido crescimento populacional	Conflitos étnicos e civis e degradação do meio ambiente[c]
Segurança alimentar	
Maior demanda por alimentos em economias crescendo rapidamente (como as da Ásia)	Estrutural escassez de alimentos com uma menor assistência disponível para alimentos e os países mais pobres sendo incapazes de pagar com uma moeda forte[b]
Aumento no comércio global de alimentos continuando a ultrapassar o aumento de produção de alimentos, e a assistência alimentar continuando a diminuir	Escassez de alimentos em áreas marginalizadas; maior migração e inquietação civil[a]
Degradação ambiental e padrões de consumo insustentáveis	
Esgotamento dos recursos, especialmente o acesso à água potável	Impacto à saúde ambiental global e local[b]
Poluição das águas e do ar	Epidemias e violência potencial dentro e entre países
Degradação da camada de ozônio e aumentos na irradiação ultravioleta	Introdução de toxinas na cadeia alimentar humana e distúrbios respiratórios

TABELA 1 (cont.)

Fator global transnacional	Consequências e impactos prováveis no status da saúde
Acúmulo de gases causadores do efeito estufa e aquecimento global	Imunossupressão, cânceres de pele e cataratas. Importantes mudanças nos padrões das doenças infecciosas e na distribuição dos transmissores, morte devido às ondas de calor, aumento de traumas devido a enchentes e tempestades e agravamento da escassez de alimentos e da desnutrição em muitas regiões
Tecnologia	
Proteção de patentes de novas tecnologias por meio de direitos de propriedade intelectual em acordos relacionados ao comércio	Benefícios das novas tecnologias desenvolvidas no mercado global fora do alcance dos pobres[c]
Comunicações e mídia	
Publicidade global de mercadorias prejudiciais como o tabaco	Promoção ativa de práticas prejudiciais à saúde[b]
Políticas estrangeiras	
Políticas baseadas nos interesses próprios nacionais, xenofobia e protecionismo	Ameaça ao multilateralismo e à cooperação global necessários ao trato das preocupações transnacionais de saúde[c]

a. Problema possivelmente de curta duração que pode ser revertido a tempo.
b. Impacto negativo de longa duração.
c. Grande incerteza.
Fonte: Yach e Bettcher, 1998a.

Com o avanço dos nossos conhecimentos sobre a saúde, contudo, essa rígida divisão parece simplificar por demais uma situação mais complexa. Além do mais, a globalização vem turvando a divisão tradicional entre o público e o privado na saúde (Tabela 1). Alguns têm observado que testemunhamos o surgimento de uma "terceira onda" sem precedentes de ameaças à saúde — infecções emergentes, novas ameaças ambientais e patologias comportamentais. Essa combinação de novas doenças e de doenças mais antigas ressurgentes é de âmbito planetário e ameaça a todos os países, ricos e pobres. Como resultado a categorização tradicional das doenças exige uma séria reconsideração. A maior parte dessas ameaças possui características de mal público, e sua solução final exigirá uma cooperação global além da capacidade de qualquer ator ou Estado-nação isolado.

Desde que a difusão do vírus da imunodeficiência humana (HIV) começou na década de 1980, 29 novas bactérias ou vírus foram identificados, em boa parte, capazes de difundirem-se globalmente (Mapa 1). Com mais de 1 milhão de pessoas cruzando as fronteiras dos países por avião todos os dias, muitos desses novos patógenos possuem a capacidade de atingir qualquer lugar do mundo em 24 horas (Lederberg, 1997). Ademais, muitos agentes infecciosos não são novos mas sim bem conhecidos patógenos redespertos pelas condições modificadas. A rápida urbanização, a pobreza e a sordidez urbana, por exemplo, criaram condições conducentes às recentes epidemias de febre de dengue em Jacarta, Indonésia, e na Cidade do México e o surto de peste em Surat, na Índia (IOM, 1997). A aceleração do comércio internacional precipitou novas epidemias (a cólera na América Latina), acendeu epidemias locais em populações antes protegidas (a *cyclospora* nos Estados Unidos, onde um terço das frutas e vegetais são importados) e gerou riscos à saúde sem precedentes (a "doença da vaca louca", ou encefalite espongiforme bovina, na Europa). Ao mesmo tempo, uma de nossas mais poderosas defesas contra a infecção bacteriana, os antibióticos, pode tornar-se impotente diante do surgimento da resistência aos antibióticos — por exemplo, a tuberculose resistente a múltiplas drogas ou a malária resistente à cloroquina (Ciset, 1995).[5]

Em paralelo às infecções emergentes, o controle das novas ameaças ambientais também pode ser considerado um bem público global (McMichael e Haines, 1997). Os efeitos sobre a saúde da redução da camada de ozônio, do aquecimento global e do descarte dos lixos tóxicos são planetários. Ninguém pode de todo escapar às suas consequências para a saúde, todos se beneficiariam com o controle global. A poluição do ar no Sudeste Asiático em 1997, causada pela queima das florestas indonésias e exacerbada pelo El Niño, demonstra vividamente as implicações transnacionais das alterações climáticas.

Com a globalização, mesmo algumas doenças não transmissíveis tradicionalmente consideradas como bens privados têm desenvolvido características mais marcantes de bem público. Dois exemplos: o tabaco e as drogas ilegais. A evidência científica estabeleceu firmemente que o consumo do tabaco, após décadas de latência, pode aumentar o risco do câncer do pulmão e da bexiga e as doenças cardíacas e pulmonares. O 1,1 bilhão de fumantes no mundo, 800 milhões dos quais nos países em desenvolvimento, respondem por cerca dos 3 milhões de mortes ao ano relacionadas ao tabaco (Nakajima, 1997, p. 327). Em parte devido a um gasto anual de US$ 6 bilhões em campanhas publicitárias globais, o fumo aumenta em 2,5% ao ano nos países em desenvolvimento — ao passo que diminui em 0,5% ao ano nos países industrializados. Estranhamente, o comércio do tabaco é considerado um comércio internacional legítimo, mas o movimento internacional de substâncias psicoativas que viciam é considerado ilegal.[6] A OMS estima haver cerca de 15 milhões de usuários de drogas psicoativas, um terço injetadas, levando a 200 mil mortes ao ano (Nakajima, 1997, p. 329).

O consumo do tabaco é normalmente considerado voluntário. Contudo, nós hoje reconhecemos que a escolha individual não está inteiramente livre das limitações estruturais do ambiente de trabalho, da pressão dos grupos ou da biologia do vício. De

MAPA 1

Novas doenças infecciosas humanas e em animais desde 1976

a. Casos apenas em animais.
Fonte: OMS, 1996

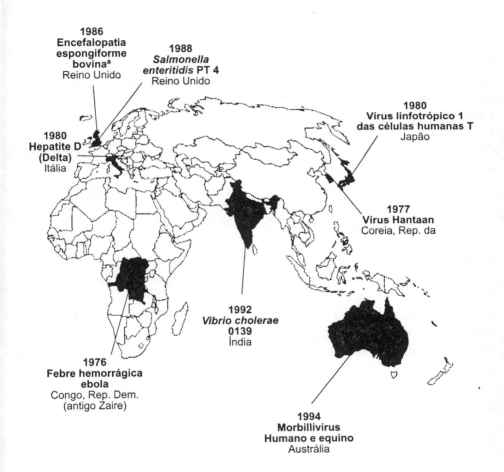

fato, muitos riscos comportamentais à saúde e suas consequências não são estritamente privados. Conquanto o vício do tabaco possa ser voluntário, estudos confirmaram a poderosa influência comportamental da publicidade comercial, com frequência dirigida aos adolescentes e às mulheres. Além do mais, nem os efeitos à saúde do uso do tabaco nem os custos do tratamento destes são inteiramente privados, porque o fumo passivo é prejudicial aos não-fumantes, e a maior parte dos custos relacionados ao tabaco é repassado ao público por meio dos seguros de saúde ou da previdência social.

Assim, o controle global do tabaco possui fortes características de bem público.[7] Um caso mais óbvio de bem público é o controle das substâncias ilegais que viciam. As redes globais para a produção e a distribuição de drogas ilegais são exemplos claros de males públicos. Com a globalização, o tráfico transnacional de drogas ilegais tornou-se bem mais difícil de controle devido à mobilidade dos sítios de produção e processamento, expandindo as vias para o transporte transnacional e a lavagem de dinheiro de difícil detecção. Pode-se tecer um forte argumento de que o controle do fumo e do uso de drogas ilícitas é um bem público global.

Em suma, devido em parte à globalização, a saúde se torna mais um bem público por meio de duas forças. A primeira, os maiores vínculos internacionais no comércio, na migração e no fluxo de informações aceleraram a transmissão através das fronteiras de doenças e da transferência internacional dos riscos à saúde comportamentais e ambientais. A segunda, as pressões intensificadas sobre os recursos de fonte comum do ar e das águas geraram ameaças ambientais compartilhadas. A globalização não apenas está acelerando tendências duradouras, mas também introduzindo mudanças contextuais que são qualitativa e quantitativamente diferentes em riscos de doenças, vulnerabilidade da saúde e resposta política. "Embora a responsabilidade pela saúde permaneça basicamente no âmbito nacional, os determinantes da saúde e os meios de cumprir essa responsabilidade são crescentemente globais" (Jamison, Frenk e Knaul, 1998, p. 515).

EQUIDADE, MERCADOS E OPORTUNIDADE

Se a saúde global for tratada como um bem público, três temas amplos salientam-se — a equidade, os mercados e a oportunidade.

- A questão da equidade surge porque, embora os bens públicos sejam definidos como não sendo nem divisíveis nem exclusivos, as políticas de saúde pública, não obstante, apresentam questões distributivas de acesso desigual, de prioridades parciais ou de negligência benigna. Os pobres possuem prioridades de saúde diferentes das dos ricos — e os ricos possuem maiores capacidades de prevenção e de proteção do que os pobres.
- A difusão do mercado privado global, além do mais, está acelerando a privatização

dos serviços médicos e a comercialização do conhecimento da saúde. Os mercados privados são inerentemente iníquos porque sem o poder de compra os pobres são excluídos dos serviços comerciais e das tecnologias de saúde.

- Porque a globalização está sendo acompanhada por uma revolução nas ciências biológicas e da comunicação, oportunidades sem precedentes na saúde podem surgir. Um dos principais desafios é se essas oportunidades serão exploradas para alcançar as necessidades humanas de saúde de forma equânime. Como Rao (neste livro) argumenta, a tensão entre os bens públicos globais e a equidade global com a justiça social impõe dilemas controvertidos.

A despeito dos admiráveis avanços na saúde, o século XXI abrirá com enormes iniquidades na saúde mundial. A expectativa média de vida nos países mais avançados (80 anos) é o dobro da dos países mais atrasados na saúde (cerca de 40 anos). Da mesma forma, desigualdades significativas na saúde são encontradas dentro dos países. Mesmo nos Estados Unidos a expectativa média de vida entre os homens mais saudáveis dos condados mais prósperos é o dobro da dos homens menos saudáveis dos condados menos prósperos (Murray e Lopez, 1998).

Ademais, o controle de muitas doenças globais dos pobres pode ser considerado um bem público. Por exemplo, a erradicação bem-sucedida da varíola, a quase eliminação da pólio e o movimento pela saúde infantil são esforços globais para o bem público.[8] Porém, nem todos os esforços globais aumentam necessariamente a equidade.

Vejamos a vigilância de infecções emergentes. Uma questão recorrente na construção da cooperação internacional para a vigilância é a importância comparativa de várias ameaças a grupos diferentes da população. A população nos países ricos teme a importação de um novo vírus devastador, ao passo que as pessoas comuns nos países pobres sofrem de infecções comuns como a diarreia e as doenças respiratórias.[9] Essas diferentes preocupações com a saúde apresentam prioridades de vigilância divergentes, geradas pelo pronto acesso das populações ricas às vacinas e aos antibióticos eficazes que são financeira ou logisticamente inacessíveis a muitas populações pobres. A simples adoção de uma perspectiva de bem público por si só não resolve o dilema de qual doença deveria receber prioridade na vigilância global ou de como os limitados recursos globais deveriam ser priorizados.

Questões de equidade semelhantes associam-se às ameaças ambientais e comportamentais. O risco de câncer de pele devido ao desgaste na camada de ozônio é mais alto entre aqueles incapazes, por questões de educação ou de necessidade de trabalho, de protegerem-se dos raios solares prejudiciais. O despejo de lixo tóxico com frequência situa-se próximo à área de residência das populações pobres. Patologias comportamentais como a violência e o abuso de drogas, afligem de modo desproporcional os pobres e excluídos. Mesmo alguns comportamentos prejudiciais à saúde (como o consumo do tabaco) concentram-se de modo desproporcional entre os pobres ou a classe trabalhadora.

As questões de equidade são acrescidas pelos desequilíbrios globais na capacidade institucional técnica e científica. Exceto talvez modestamente no Japão e na Europa, nenhum outro país possui um equivalente dos Centros para Controle de Doenças, da Food and Drug Administration e da Agência de Proteção Ambiental, todos norte-americanos. Tais capacidades públicas estão ausentes na maioria dos países em desenvolvimento. Embora suas habilidades técnicas e sofisticados laboratórios sejam em geral usados para atividades globais, os decretos e orçamentos dessas instituições dos países industrializados são inteiramente orientados para a proteção de seus cidadãos. Dependente de capacidades técnicas enormemente desiguais, o processo global de conquista da equidade no estabelecimento das prioridades das agendas e dos estudos é assimétrico.

Talvez a mais poderosa dimensão da globalização seja a integração da economia mundial através dos mercados privados. Os mercados globais geraram crescimento desigual, má distribuição de rendas e instabilidade econômica, como refletido na crise financeira asiática. A globalização igualmente facilitou o ingresso dos mercados privados nos sistemas de saúde. Com frequência denominadas "reformas no setor da saúde", as políticas de saúde cada vez mais privatizam os serviços de saúde para conter os custos e promover a eficiência. Pagamentos privados pela saúde naturalmente impõem barreiras fiscais ao acesso dos pobres a uma cobertura universal e aos serviços. Alguns argumentam que uma mistura da eficiência dirigida pelo setor privado com a equidade protegida pelo setor público proporciona uma combinação aceitável (Banco Mundial, 1993). Contudo, há pouca evidência empírica do sucesso de tal combinação. Na realidade, as experiências iniciais de imposição de taxas de usuário nos sistemas públicos para aumentar a eficiência e o retorno dos custos nem realizaram o benefício pressuposto nem aumentaram a equidade do acesso (Dahlgren, 1994).

Com a globalização parcialmente dirigida por mudanças científicas revolucionárias, os avanços tecnológicos apresentam oportunidades animadoras para a saúde global. Nas ciências biológicas a decodificação do genoma humano contém enormes promessas para o desenvolvimento de novos e poderosos medicamentos, vacinas e testes diagnósticos. Alguns têm previsto que a especificação dos genes capacitará os tratamentos médicos de serem programados para as características genômicas de cada paciente. De modo semelhante, a revolução nas comunicações possui o poder de levar informações sobre saúde para todas as pessoas, passando por cima da mediação dos governos, dos órgãos profissionais e dos sistemas de saúde. A tecnologia da informação pode, além disso, aumentar o desempenho de muitas atividades relacionadas à saúde — como a educação básica, as informações sobre saúde, a vigilância de doenças, os sistemas de gerenciamento de informações e as pesquisas sobre saúde dos cientistas em locais remotos.

Se o conhecimento é um bem público, serão essas oportunidades sem precedentes

ESTUDOS DE CASOS

exploradas com equidade? Ou irão certos grupos ser excluídos ou marginalizados? Essas questões estão se desenrolando na corrida para produzirem-se mais novas e mais eficazes tecnologias de saúde. Embora o setor público financie a pesquisa mais básica, o desenvolvimento aplicado de drogas e vacinas é preponderantemente conduzido pelo setor privado. Protegidas por direitos de propriedade intelectual, as empresas privadas concentram o seu desenvolvimento tecnológico em produtos para servir aos consumidores afluentes com poder de compra efetivo. Fracos incentivos de lucro desencorajam a pesquisa comercial e os investimentos no estudo das doenças que afligem os pobres. Faltando-lhes poder de mercado, as doenças dos pobres se tornam "órfãs" pela negligência benigna.[10] Preocupações semelhantes com o acesso equânime são expressas em relação às informações relacionadas à saúde. A informação pode ser um bem público global, mas o seu significado e a sua utilização podem variar com a alfabetização, a educação e a infraestrutura de comunicação. Como os sistemas de informação e de comunicação são também orientados para o comércio, nem a divulgação de informações nem o seu conteúdo tem probabilidade de responder às necessidades de saúde dos necessitados.

Talvez a característica mais positiva da globalização seja a crescente convergência normativa em tais questões básicas como os direitos humanos, a democracia e a demanda pública por transparência e responsabilidade na tomada de decisões sobre a saúde. A saúde é uma soma positiva: a boa saúde de uma pessoa não diminui a saúde de outra. Na realidade, uma melhor saúde em geral traz efeitos positivos sobre populações inteiras — através digamos, de menor transmissão de doenças. A divulgação mundial de informações e da convergência normativa de que o sofrimento humano que se pode prevenir não deve ser tolerado pode cada vez mais levar o público a perceber a boa saúde compartilhada universalmente como um direito humano básico. Uma boa saúde é tanto um instrumento como uma expressão da solidariedade global, refletindo em última instância a indivisibilidade da saúde.

A Governança Global da Saúde

Estimulada em parte pela eleição em 1998 de um novo diretor-geral para a OMS, uma rica literatura se desenvolveu sobre a reforma da governança global da saúde (Chen, Bell e Bates, 1996; Ministério das Relações Exteriores, 1996). Três revistas médicas de prestígio — *Lancet, British Medical Journal* e *American Journal of Public Health* — publicaram séries sobre propostas de reforma para as organizações de saúde internacionais (Buse e Gwin, 1998; Godlee, 1997; Lucas, 1998; Walt, 1998; Yach e Bettcher, 1998a, b). Em um exame dessa literatura, Lee (1997) concluiu que as organizações haviam fracassado em adaptar-se ao contexto global em rápida transformação, à mudança no padrão das doenças, à compreensão abrangente dos determinantes sociais da saúde e à diversidade dos atores institucionais. Lee recomendou reformas constitucionais e de gestão para a OMS e outros órgãos internacionais.

Entre esses trabalhos, talvez a mais persuasiva seja uma estrutura proposta por Jamison, Frenk e Knaul (1998). Eles observam que a constituição da OMS (artigo 2) lista 22 funções, funções demasiadas para uma eficácia organizacional. Em vez disso, eles propõem dois tipos de funções para a saúde internacional — uma função essencial e uma função de apoio (Tabela 2). As funções essenciais deveriam visar a promover bens públicos globais, tais como a informação, os padrões e regulamentações, as políticas de saúde e a pesquisa e desenvolvimento. Todos os países necessitam dessas funções essenciais. As funções de apoio deveriam visar a aumentar a capacidade e o desempenho do setor de saúde — objetivos de importância especial para os países em desenvolvimento. A analogia é que enquanto as funções essenciais corrigem as falhas do mercado global, as funções de apoio vencem as fraquezas de âmbito nacional. Ao passo que as funções de apoio podem ser consideradas para levar os países da dependência para a independência (soberania nacional na saúde), as funções essenciais podem ser conceituadas como levando as nações da independência para a interdependência (solidariedade global na saúde). Onde o recurso limitado for o conhecimento, a assistência técnica deveria ser proporcionada, e onde o ponto fraco for o financeiro, o financiamento do desenvolvimento é indicado. Essa estrutura naturalmente sugere funções complementares para a OMS e o Banco Mundial, as principais instituições técnicas e financeiras na saúde mundial.

Apesar de sofisticada, essa estrutura não concede atenção suficiente ao pluralismo dos atores na saúde global e as "mudanças de poder" na saúde mundial, cujas instituições formais organizadas verticalmente deram lugar a coalizões vinculadas horizontalmente. Mathews (1997) argumenta que a mais importante implicação política da globalização é o deslocamento do poder de agências governamentais e intergovernamentais para atores privados — para organizações não governamentais (ONGs), empresas privadas, a imprensa e a mídia. A influência da indústria se reflete em sua briga política com governos poderosos, e o poder das ONGs demonstra-se no impacto delas nas recentes conferências globais no Rio, Viena, Cairo e Beijing.

Na saúde, como em outras áreas, a diversidade dos atores globais cresceu exponencialmente nos anos recentes, incluindo-se as agências no sistema das Nações Unidas.[11] Com um novo diretor-geral, a OMS deu início a um audacioso processo de reforma com, até agora, resultados incertos. O Banco Mundial, que começou a conceder empréstimos para a saúde em 1985, rapidamente tornou-se a maior fonte de concessão de financiamento para a saúde no mundo em desenvolvimento.[12] O crescimento no setor privado, contudo, provavelmente foi ainda maior. As ONGs estão cada vez mais atuantes nos assuntos da saúde. O meio acadêmico permanece uma fonte importante de geração de conhecimento e de aprendizado profissional. A indústria farmacêutica globalizou sua produção, distribuição e marketing. E a saúde tornou-se um destaque significativo nos jornais e nos meios de comunicação de massa.

TABELA 2

Objetivos e funções essenciais das organizações internacionais de saúde

Objetivos básicos	Funções centrais	Justificativa
Garantir níveis adequados de bens com benefícios a todos os países	Promover bens públicos internacionais: Pesquisa e desenvolvimento Bancos de dados para facilitar o aprendizado através dos países Normas e padrões para uso nacional e para regular as transações internacionais A construção de consenso sobre políticas de saúde	A ação coletiva é uma abordagem economicamente racional para o fornecimento de bens públicos dos quais todos podem se beneficiar, e a ação coletiva internacional responde a oportunidades cujos benefícios cobrem muitas nações
Garantir uma resposta oportuna às ameaças globais e controlar a transmissão internacional dos riscos à saúde	Intervenção para lidar com as externalidades internacionais: Riscos ambientais Disseminação de patógenos Disseminação de cepas resistentes aos antibióticos Transferência de estilos de vida não saudáveis Comércio de substâncias prejudiciais legais e ilegais	Se as ações em cada país em separado trazem consequências para os outros países (negativas ou positivas), deixar a tomada de decisão aos países em nível nacional não conseguirá incluir todos os custos ou benefícios
Objetivos suplementares Proteger a saúde de grupos vulneráveis	Funções de apoio Agência para os sem posses Os pobres Certos países Grupos especiais Vítimas da violação dos direitos humanos Crianças do sexo feminino em certos países Pessoas desalojadas Vítimas de emergências	Imperativo ético para proteger as pessoas quando os seus governos falham ou quando os seus direitos humanos são violados; no interesse próprio de todo Estado-nação de prevenir e resolver crises humanitárias
Apoiar o desenvolvimento nos países	Cooperação técnica e financiamento do desenvolvimento Construção de capacidade Fortalecimento da capacidade Aumento do desempenho	Alguns países requerem investimentos dirigidos para o conhecimento e recursos financeiros que aumentem as condições para um desenvolvimento sustentável

Fonte: Jamison, Frenk e Knaul, 1998.

O surgimento do pluralismo institucional é apenas uma das manifestações da globalização da saúde. A saúde global crescentemente demonstra externalidades além-fronteiras. Como um bem público, os riscos e respostas da saúde são cada vez mais globais. Nenhum indivíduo ou Estado-nação pode garantir completamente sua própria saúde. A cooperação internacional dentro da área da saúde e entre o setor de saúde e os outros setores do desenvolvimento se tornará obrigatória. A cooperação futura na saúde internacional será influenciada, pelo menos, por três fatores — a mobilização de recursos, os sistemas de governança global e a criação de um espaço institucional para a renovação e a inovação organizacional.

Uma "fadiga de doador" tem afligido a área da saúde assim como a outros setores apoiados pela assistência estrangeira para o desenvolvimento. Portanto, um desafio formidável é a mobilização do apoio político e dos recursos necessários para efetivamente se produzirem bens públicos globais na saúde (Raymond, 1997; IOM, 1997). O motivo dos gastos públicos para a promoção da saúde global tem bases econômica, moral e prática:

- Evidências abundantes confirmam que a prevenção das doenças poupa dinheiro, (OMS, 1996). Enormes perdas econômicas estão associadas com surtos de doenças infecciosas — a cólera na América Latina custou US$ 1,7 bilhão, a peste na Índia custou US$ 770 milhões, e a doença da vaca louca no Reino Unido custou US$ 3 bilhões (Tabela 3). O investimento norte-americano total na campanha global para a erradicação da varíola foi de US$ 32 milhões, uma quantia que retorna aos contribuintes norte-americanos a cada 26 dias em forma de economia na eliminação da vacinação e dos programas de proteção (IOM, 1997).
- Pesquisas de opinião pública nos EUA repetidamente confirmam que os norte-americanos em sua maioria apoiam a assistência externa para a diminuição da pobreza — inclusive na saúde — desde que a ajuda de fato alcance os necessitados e promova a independência (Kull, 1995).[13]
- A moralidade do altruísmo se apoia no caráter prático do interesse próprio. Pessoas comuns reconhecem que somos em última instância uma única espécie interdependente, e que a segurança humana em qualquer lugar depende de uma ação global unificada em todos os lugares.

ESTUDOS DE CASOS 345

TABELA 3

Estimativa de custos financeiros anuais de doenças infecciosas comuns para os Estados Unidos

Doença	Estimativa de custo anual
HIV/Aids	US$ 3 bilhões em fundos de saúde pública
Tuberculose	US$ 343 milhões em fundos de saúde pública, US$ 700 milhões em custos de tratamentos diretos
Infecções nosocomiais (adquiridas nos hospitais)	US$ 10 bilhões em custos de tratamento direto
Custos das doenças sexualmente transmissíveis (excluindo a Aids)	US$ 5 bilhões em tratamento direto
Infecções intestinais	US$ 23 bilhões em tratamento direto e custos de perda de produtividade
Infecções resistentes a drogas	US$ 4 bilhões (e aumentando) em custos de tratamento direto
Gripe	US$ 5 bilhões em custos de tratamento direto US$ 12 bilhões em custos de perda de produtividade

Fonte: Adaptado de CISET, 1995.

A despeito da permissividade da opinião pública, a liderança política para a manutenção da concessão dos fluxos de recursos aos países em desenvolvimento tem sido fraca. Uma estratégia para a área de saúde seria a de construir-se sistematicamente sobre os ganhos concretos de incrementação. Um exemplo seria um foco inicial nas ameaças visíveis à saúde, tais como a vulnerabilidade às doenças infecciosas, facilmente compreendidas pelo público em geral no Norte. Um programa global poderia ser desenvolvido e dirigido especificamente ao controle de doenças infecciosas entre os viajantes e as pessoas com quem têm contato. Dependendo de sua definição, o programa poderia incluir várias das doenças infecciosas afligindo os pobres. Evitando os impostos públicos, o programa poderia ser financiado pela imposição de uma taxa de saúde — digamos, US$ 1 por passagem aérea internacional. A taxa, semelhante a uma cobrança de taxa de aeroporto, poderia gerar US$ 500 milhões ao ano, o equivalente a todo o orçamento da OMS.[14] Se um tal sistema obtivesse sucesso, esse precedente poderia ser usado como base para a incrementação e o fortalecimento de outras partes do sistema total da governança global de saúde.

Também uma abordagem em etapas é recomendada, pois a maioria dos esforços anteriores para reformar-se a governança global da saúde tropeçou na mesa de projeto. Propostas visando um único sistema global unificado, um "grande plano", não percebem suficientemente o crescente pluralismo dos atores institucionais, as mudanças de poder entre as instituições formais e as alianças informais e as puras complexidades do desenvolvimento de um consenso internacional através de intratáveis obstáculos políticos e burocráticos. Diferentemente da primeira conferência de saúde internacional em 1851 — 12 governos foram representados —, a tomada de decisões global hoje em dia requer a participação dos 185 governos membros do sistema das Nações Unidas.

O progresso pode vir do reconhecimento de que a saúde, como um bem público global, pode avançar eficazmente não por meio de um único sistema de cima para baixo, mas sim através das muitas ações dos muitos atores. Em teoria e na prática, muitos subsistemas reunidos poderiam constituir um sistema mosaico de saúde global. Hiatos e duplicações naturalmente surgirão, mas essas falhas podem não ser fatais se os subsistemas forem adaptáveis, flexíveis e receptivos às demandas variáveis.

O sistema futuro deveria criar espaço para a renovação e a inovação institucional. Parece provável, por exemplo, que alianças ou parcerias globais de saúde horizontalmente ligadas irão cada vez mais ocupar o espaço tradicional dos governos e instituições multilaterais. Assim como as ONGs lideraram a campanha dos anos 1970 contra o uso das fórmulas no aleitamento dos bebês, coalizões globais reunindo muitos atores estão se formando acerca do controle do tabaco, da saúde ambiental, dos medicamentos essenciais e da vigilância das doenças infecciosas. Em alguns países, "vigilâncias de saúde" estão sendo criadas para levarem maior transparência e responsabilidade às instituições públicas. A criação de redes tem assumido importância crescente na condução dos assuntos da saúde global, como refletido no crescimento exponencial das trocas sobre saúde na Internet.

Sendo assim, o futuro prognostica ativas interações entre diversos atores — algumas conflituosas, outras harmoniosas. Controvérsias provavelmente emergirão sobre questões polêmicas, como o comércio internacional do tabaco. A autoridade da Organização Mundial do Comércio será contestada por coalizões de ONGs trabalhando em parceria com a OMS e o Fundo das Nações Unidas para a Infância. Uma outra área de conflito potencial é o acesso equânime aos produtos de saúde que poderiam beneficiar as populações pobres nos países em desenvolvimento. Os direitos de propriedade intelectual restritivos possuídos por empresas comerciais poderiam ser contestados por alianças formadas entre ONGs, os meios acadêmicos e as Nações Unidas.

Outras interações, porém, possuem potenciais sinergias. Especialmente promissoras são as parcerias entre o setor privado e os grupos dedicados à causa pública.

ESTUDOS DE CASOS

Um exemplo atual é a doação pela indústria de ivermectin e albendizol, medicamentos contra a oncocercose e a filiaríase. Um outro é a mobilização do Rotary International para financiar a erradicação da pólio. E um terceiro, o fomento à pesquisa e desenvolvimento de uma vacina contra a Aids realizado pela International Aids Vaccine Initiative, uma organização sem fins lucrativos.

Essas parcerias têm o potencial de reunir as forças, em vez de expor as fraquezas, dos diferentes atores institucionais. Redes e alianças entre organizações acadêmicas e internacionais, por exemplo, poderiam acelerar a aceitação política de fatos científicos que Cooper (1989) descreveu como úteis para levar Estados-nação autocentrados a acordos formais internacionais de cooperação. Quando a evidência científica prova que os benefícios da cooperação nitidamente superam os custos, os atores individuais movem-se em conjunto em um processo de soma positiva. Vínculos público-privados poderiam buscar transformar o conhecimento disponível em produtos aplicados à saúde úteis aos pobres e excluídos do mundo. Subsídios criativos ou fundos de pesquisa e desenvolvimento multilaterais poderiam ser estabelecidos para aumentar os investimentos em pesquisa para o progresso da saúde global.

Os arranjos possíveis são variados e interessantes, oferecendo oportunidades à criatividade. Com efeito, poder-se-ia argumentar que qualquer instituição de destaque na saúde global deveria evitar atividades internas de suas equipes financiadas por seus próprios orçamentos e deveria, em vez disso, funcionar como catalisadora de estudos compartilhados por outros atores institucionais relevantes — o meio acadêmico, as ONGs, o setor privado e a imprensa. E uma agência internacional tal como a OMS deveria, em vez de operar como um centro de "comando e controle" para a saúde mundial, exercer liderança mundial tornando-se a promotora e a facilitadora central na produção da saúde como um bem público global. Somente o tempo revelará se tais agências internacionais de saúde diagnosticaram a mudança dos tempos e reformularam seus instrumentos institucionais para alcançar os novos desafios da saúde global.

NOTAS

1. A peste ateniense é conhecida como a primeira epidemia transnacional registrada, mencionada no segundo livro das histórias de Tucídides (Zinsser, 1963).
2. O termo "quarentena" vem dos quarenta dias de isolamento impostos aos marinheiros estrangeiros em embarcações chegando aos portos de Veneza.
3. A evidência dos efeitos devastadores do sarampo e da varíola sobre populações anteriormente não expostas a essas doenças é forte. Em uma área relacionada, há um crescente consenso científico de que a sífilis foi importada à Europa das Américas (Berlinguer 1992).

4. Como um novo conceito e fenômeno, não há consenso sobre a definição precisa do termo "globalização". Muitos interpretam o termo como a integração global de áreas específicas — por exemplo, a economia global. Acreditamos ser essa uma definição excessivamente estreita e preferimos definir a globalização como processos de âmbito mundial de integração da economia, política, cultura e da vida humana facilitados ou dirigidos pela revolução na tecnologia da informação. Como tal, a globalização é qualitativamente diferente de outros conceitos, tais como a modernização e a interdependência.

5. O uso indiscriminado de antibióticos acelerou o surgimento da tuberculose resistente a múltiplas drogas entre os 8 milhões de novos casos ao ano e da malária resistente à cloroquina entre 500 milhões de casos em 90 países — 90% na África subsaariana — causando 2,7 milhões de mortes estimadas ao ano (Nakajima, 1997).

6. Cientistas da saúde têm apontado que a legalidade do comércio internacional de substâncias que causam dependência não obedece a critérios de saúde. Conquanto as drogas ilícitas que viciam sejam consideradas ilegais, o comércio por todo mundo do tabaco e do álcool, que causam muito mais danos à saúde, é considerado legal.

7. Ao tomar posse da diretoria da OMS em julho de 1998, a Dra. Gro Brundtland anunciou o controle global do tabaco como uma das prioridades da organização.

8. Uma das grandes histórias de sucesso da saúde global no século XX foi a erradicação bem-sucedida da varíola, que logo pode ser seguida pela eliminação da pólio. Também tecnicamente realizável é a erradicação da lepra, da elefantíase, da cegueira fluvial, da doença de Chagas, do tétano e talvez do sarampo.

9. Temores públicos sobre doenças transmissíveis podem gerar extrema xenofobia. Um exemplo recente é o temor ao HIV/Aids entre haitianos e africanos. Vários grupos étnicos têm sido culpados por epidemias históricas — os judeus pela Peste Negra, os irlandeses pela cólera em Nova York e os italianos pela pólio no Brooklyn.

10. Alguns afirmam que várias descobertas significativas para as populações pobres, como uma nova e eficaz vacina de cólera, são tecnicamente realizáveis mas que os frutos desse conhecimento não estão sendo aplicados porque às empresas privadas de posse dos direitos de patente faltam os incentivos comerciais necessários para levar ao mercado esses produtos.

11. A principal agência das Nações Unidas para a saúde é a OMS, encarregada de "dirigir e coordenar o trabalho de saúde mundial". Mas muitos outros órgãos das Nações Unidas também se dedicam à saúde, incluindo o Fundo das Nações Unidas para a Infância (saúde infantil), o Fundo de População das Nações Unidas (mulheres e saúde reprodutiva), o Programa das Nações Unidas para o Desenvolvimento (desenvolvimento humano) e a Unaids (programa para Aids que reúne múltiplas agências).

12. Os empréstimos do Banco Mundial à saúde aproximam-se de US$ 2 bilhões ao ano. O compromisso do Banco para com a saúde acelerou após o seu seminal *Relatório de Desenvolvimento Mundial de 1993: Investindo na Saúde*, que é amplamente considerado como tendo conduzido a análise econômica aplicada às políticas de saúde.

13. Em uma das poucas ocasiões de um aumento na ajuda estrangeira, o Congresso dos EUA liberou US$ 50 milhões extras em 1998 para o controle das infecções emergentes.

ESTUDOS DE CASOS

14. Tem havido poucos esforços nessa direção. Em 1995 a OMS e a Organização Internacional de Aviação Civil constituíram um painel de especialistas para aprimorar a contenção das doenças transmitidas por insetos, a desinfecção dos aviões e a administração dos aeroportos.

REFERÊNCIAS BIBLIOGRÁFICAS

Banco Mundial. 1993. *World Development Report 1993: Investing in Health*. Nova York: Oxford University Press.

Berlinguer, Giovanni. 1992. "Public Health Then and Now: The Interchange of Disease and Health between the Old and New Worlds". *American Journal of Public Health* 82: 1407-13.

Buse, Kent, e Catherine Gwin. 1998. "The World Bank and Global Cooperation in Health: The Case of Bangladesh". *Lancet* 351: 665-69.

Chen, Lincoln, David Bell e Lisa Bates. 1996. "World Health and Institutional Change". Em *Enhancing the Performance of International Health Institutions*. Fundação Rockefeller, Social Science Research Council e Harvard School of Public Health. Cambridge, MA: Harvard Center for Population and Development Studies.

Ciset (Committee on International Science, Engineering and Technology). 1995. *Global Microbial Threats in the 1990s*. Grupo de Trabalho em Doenças Infecciosas Emergentes e Ressurgentes. Washington, DC: Conselho Nacional de Ciência e Tecnologia.

Cooper, Richard N. 1989. "International Cooperation in Public Health As a Prologue to Macroeconomic Cooperation". Em Richard Cooper e outros, orgs., *Can Nations Agree?* Washington, DC: Institution Brookings.

Dahlgren, Göran. 1994. "The Political Economy of Health Financing Strategies in Kenya". Em Lincoln C. Chen, Arthur Kleinman e Norma C. Ware, orgs., *Health and Social Change in International Perspective*. Harvard School of Public Health, Department of Population and International Health. Boston, MA: Harvard University Press.

Godlee, Fiona. 1997. "WHO Reform and Global Health". *British Medical Journal* 314: 1359-60.

IOM (Institute of Medicine). 1997. "America's Vital Interest in Global Health". Washington, DC: National Academy Press.

Jamison, Dean T., Julio Frenk e Felicia Knaul. 1998. "International Collective Action in Health: Objectives, Functions, and Rationale". *Lancet* 351:(9101): 514-17.

Kull, Steven. 1995. *Americans and Foreign Aid: A Study of American Public Attitudes: A Poll Conducted by the Program on International Policy Attitudes*. Um programa conjunto do Center for the Study of Policy Attitudes e do Center for International and Security Studies da Universidade de Maryland. Washington, DC: Program on International Policy Attitudes.

Lederberg, Joshua. 1997. "Infectious Disease As an Evolutionary Paradigm". *Emerging Infectious Disease* 3(4): 417-23.

Lee, Kelley. 1997. "The Reform of the World Health Organization: Where Can We Go from Here? A Review of Recente Studies and Initiatives". Estocolmo: Agência Sueca de Desenvolvimento Internacional.

Lucas, Adetokunbo. 1998. "WHO at Country Level". *Lancet* 351: 743-47.

Mathews, Jessica T. 1997. "Power Shift". *Foreign Affairs* 76(1): 50-66.

McMichael, Anthony J., e Andrew Haines. 1997. "Global Climate Change: The Potential Effects on Health". *British Medical Journal* 315: 805-09.

McNeill, William. 1976. *Plagues and Peoples*. Garden City, NY: Anchor Books.

Ministério das Relações Exteriores. 1996. "Tomorrow's Global Health Organization: Ideas and Options". Divisão de Cooperação Global. Estocolmo: Governo da Suécia.

Murray, Christopher J. L., e Alan Lopez. 1998. "The Global Burden of Disease Study". Harvard School of Public Health, Boston, MA.

Nakajima, Hiroshi. 1997. "Global Disease Threats and Foreign Policy". *Brown Journal of World Affairs* 4(1): 319-32.

OMS (Organização Mundial da Saúde). 1996. *The World Health Report 1996: Fighting Disease, Fostering Development*. Genebra.

Raymond, Susan U., org. 1997. "Global Public Health Collaboration: Organizing for a Time of Renewal". Nova York: Academy of Sciences.

Walt, Gill. 1998. "Globalisation of International Health". *Lancet* 351: 434-37.

Yach, Derek, e Douglas Bettcher. 1998a. "The Globalisation of Public Health: I. Threats and Opportunities". *American Journal of Public Health* 88(5): 735-38.

——. 1998b. "The Globalisation of Public Health: II. The Convergence of Self-Interest and Altruism". *American Journal of Public Health* 88(5): 738-41.

Zinsser, Hans. 1963. *Rats, Lice and History*. Boston, MA: Little Brown and Company.

Conhecimento e Informação

O Conhecimento como um Bem Público Global
Joseph E. Stiglitz

Comunicações Globais para um Mundo mais Equitativo
J. Habib Sy

A Face Pública do Ciberespaço
Debora L. Spar

Estes capítulos examinam o aspecto de bem público do conhecimento e da informação, e da infraestrutura necessária para transmitir informação. Joseph E. Stiglitz focaliza o conhecimento. Quanto à informação, Debora L. Spar se concentra na Internet, enquanto J. Habib Sy trata tanto da Internet como das outras formas de telecomunicação globais. Todos os três autores argumentam que os aspectos de bem público global do conhecimento e da informação apresentam desafios e oportunidades que apenas começam a ser reconhecidas.

Stiglitz de início descreve por que o conhecimento não é simplesmente um bem público, mas sim um bem público *global*. Na luta com o dilema da ação coletiva na produção e na divulgação do conhecimento, os Estados têm de decidir em que medida deveria haver um fornecimento público e em que medida a produção privada deveria ser encorajada por meio de reforçados direitos de propriedade intelectual. A criação de um regime de direitos de propriedade intelectual apropriado implica encontrar um equilíbrio entre a eficiência dinâmica e a estática. De fato, uma vez que a pesquisa (o conhecimento) é um dos mais importantes investimentos na produção de mais conhecimento, elevar o "preço" do conhecimento pode na realidade reduzir a continuação de pesquisas e retardar o ritmo das inovações. Portanto, é essencial recompensarmos a pesquisa e a inovação por parte das empresas enquanto garantimos um acesso abrangente ao conhecimento e à proteção contra a constituição de monopólios. Questões de equidade e eficiência também interagem aqui, dado que a maioria das inovações incorporam ideias que fazem parte de uma fonte comum de conhecimento. Estreitar-se o fosso entre os países desenvolvidos e os em desenvolvimento requer a construção de sólidas infraestruturas domésticas de conhecimento, mais notadamente na educação. Posto que o conhecimento é um bem público global, Stiglitz argumenta que a conquista bem-sucedida dos desafios impostos pelas externalidades do conhecimento depende de forma crítica dos esforços cooperativos em nível internacional.

As preocupações com a equidade permeiam o capítulo de Sy, que enfoca as telecomunicações globais do ponto de vista da teoria da dependência. Sy observa que o caráter público não pode ser assegurado a não ser que os usuários tenham um acesso de baixo custo às oportunidades concedidas pelas novas tecnologias da informação. A privatização dos provedores de telecomunicações, ele argumenta, não garantirá os baixos custos do acesso e pode mesmo impedi-lo. Sy aponta que em termos absolutos os preços dos bens e serviços do conhecimento são mais altos na África do que nos países de rendas altas — o que pode confirmar alguns dos temores expressos por Stiglitz. Além disso, embora a informação e as tecnologias de comunicação possuam atributos de bens públicos, Sy argumenta, estão encravadas em relações de poder. Em especial, são cruciais ao acesso ao mercado dos países em desenvolvimento, para propósitos de inteligência e para a transmissão de ideias e ideologias. Acima de tudo, possuem o potencial de ampliar o fosso entre os que têm e os que não têm. Por conseguinte, Sy clama por um compromisso renovado para com uma agenda de serviço público e, para esse fim, por uma cooperação maior entre os Estados sob uma base regional.

Em seu tratamento da Internet como um bem público global, Spar observa que há uma tendência crescente à "privatização" da Internet. Em teoria, a Internet é não rival e não exclusiva, pois fornece uma infraestrutura básica que poderá ser utilizada por muitos futuros usuários. Mas os problemas de congestionamento estão surgindo, e os servidores começam a cobrar o acesso. Spar também discute as externalidades positivas e negativas da Internet. Do lado positivo, houve ganhos na saúde, na educação e no comércio — e portanto crescimento. Do lado negativo, a transmissão de material duvidoso é mais fácil. As regulamentações da Internet que tencionam enfrentar as externalidades negativas falharão a não ser que sejam empreendidas em conjunto por todas as nações — e mesmo então ainda serão difíceis de implementar. O item mais importante na agenda política, porém, é garantir que os países em desenvolvimento adquiram uma infraestrutura física adequada para colherem os benefícios da Internet, e que aqueles que podem beneficiar-se mais não se vejam impedidos de usar os serviços por causa dos elevados preços.

O Conhecimento como um Bem Público Global

Joseph E. Stiglitz

Thomas Jefferson, o terceiro presidente dos Estados Unidos, descreveu o conhecimento da seguinte forma: "Quem de mim recebe uma ideia, recebe sua instrução sem diminuir a minha; como quem acende sua vela na minha, recebe luz sem a minha luz escurecer." Ao fazê-lo, Jefferson antecipou o conceito moderno de bem público. Hoje reconhecemos que o conhecimento não é só um bem público, mas também um bem público global ou internacional. Também viemos a reconhecer que o conhecimento é central a um desenvolvimento bem-sucedido. A comunidade internacional, por meio de instituições como o Banco Mundial, possui a responsabilidade coletiva pela criação e disseminação de um bem público — o conhecimento para o desenvolvimento.

Este capítulo examina o conceito de bens públicos globais, explica o sentido em que o conhecimento é um bem público e explora as implicações para a política pública internacional derivadas do fato de que o conhecimento é um bem público. Em especial, enfatizo o papel do conhecimento para o desenvolvimento, articulado vigorosamente no *Relatório de Desenvolvimento Mundial 1998/99* (Banco Mundial, 1998b), e suas consequências.

Conceitos Básicos

Este capítulo combina dois conceitos desenvolvidos durante o último quarto de século: o conceito de bens públicos globais e a noção de conhecimento como um bem público global.[1]

Um bem público possui duas propriedades importantes: consumo não rival — o consumo de um indivíduo não diminui o consumo de outro — e a não exclusão — é difícil, se não impossível, excluir um indivíduo do usufruto do bem. O conhecimento de um teorema matemático claramente satisfaz ambos os atributos: se ensino a você o teorema, continuo a usufruir do conhecimento do teorema ao mesmo tempo que você também. Da mesma maneira, uma vez que eu publique o teorema, qualquer um pode dele usufruir. Ninguém pode ser excluído. Todos podem usar o teorema como base de suas próprias pesquisas futuras. As "ideias" contidas no teorema podem até estimular outros a terem uma ideia que traga grande valor comercial.

Não rivalidade

O fato de que o conhecimento é não rival — de que há um custo marginal zero no usufruto de um indivíduo adicional dos benefícios do conhecimento — possui uma grave implicação. Mesmo se pudéssemos excluir alguém do usufruto dos benefícios do conhecimento, isso não seria desejável, pois não há um custo marginal no compartilhar de seus benefícios. Se a informação pretende ser eficazmente utilizada, não pode ser fornecida de modo privado porque a eficiência implica a cobrança de um preço zero — o custo marginal de um outro indivíduo usufruir do conhecimento. Porém, a um preço zero, apenas um conhecimento que possa ser produzido a preço zero será produzido.

Decerto, para adquirir e utilizar o conhecimento, os indivíduos teriam de despender recursos — assim como teriam de despender recursos para retirar água de um lago público. Que possa haver custos significativos associados com a transmissão do conhecimento de modo algum afeta a natureza de bem público do conhecimento em si: fornecedores privados podem fornecer a "transmissão" a uma cobrança refletindo o custo marginal da transmissão enquanto ao mesmo tempo o bem em si permanece livre.

Não exclusão

Enquanto a sua propriedade não rival dita que ninguém deveria ser excluído do usufruto de um bem público (já que o custo marginal de nos beneficiarmos dele é zero), a não exclusão implica que ninguém *possa* ser excluído. Esse fato também possui importantes implicações: significa que o conhecimento não pode ser fornecido de modo privado. Suponha que alguém produziu um teorema. Suponha que o teorema seja valioso por proporcionar *insights* de como resolver problemas práticos. Mas suponha também que o teorema não possa ser mantido em segredo e deva se tornar disponível imediatamente. Então, já que qualquer um pode imediatamente usufruir do teorema, o indivíduo não poderia com ele lucrar. A competição levaria o seu preço a zero. A qualquer preço positivo, valeria a pena para qualquer um obter a informação (o que por suposição poderia fazer) e prejudicar o vendedor.

Alguns tipos de conhecimento são (ou podem ser tornados) exclusivos. Por exemplo, em algumas indústrias, como a metalúrgica, utiliza-se o sigilo comercial. Decerto, empresas dependentes de segredos correm um risco: um concorrente, observando uma nova liga, poderia analisar sua composição e deduzir a mistura de metais (e com técnicas modernas, até a relativa proporção dos átomos). A empresa poderia ter difi-

ESTUDOS DE CASOS

culdade em inferir precisamente como a liga é feita, mas não existe maneira possível de se excluírem os rivais do conhecimento da composição química e das propriedades da liga. Num raciocínio semelhante, quando uma empresa descobre que os consumidores adoram, digamos, iogurte, outras não podem ser excluídas do uso desse conhecimento e de introduzirem seus próprios iogurtes no mercado.

As patentes proporcionam direito exclusivo aos inventores de usufruir dos frutos de sua atividade inovadora por um período limitado (17 anos nos Estados Unidos). Em troca, os inventores têm de divulgar os detalhes de suas invenções. Mas o fato da invenção, para não falarmos nos detalhes fornecidos no requerimento de patente, torna disponível gratuitamente uma enorme quantidade de conhecimento. O desenvolvimento do raiom proporcionou importantes informações a outros pesquisadores: demonstrou ser realizável a criação de uma fibra sintética — um conhecimento que foi de enorme valor comercial e que aumentou o incentivo para outros buscarem outras fibras sintéticas. Com efeito, a pesquisa de produtos químicos com frequência consiste na busca de ligeiras variações do produto original. É precisamente por causa do alto valor do conhecimento divulgado por meio do processo de patentes (e da duração limitada da patente) que algumas empresas decidem não patentear suas invenções e confiar no sigilo comercial — mesmo essa escolha parecendo, à primeira vista, oferecer menos proteção.

Mas porque os retornos para alguns tipos de conhecimento podem em uma certa medida ser apropriados (existe um certo grau de não exclusão), o conhecimento é com frequência considerado um bem público *impuro*.

Bens públicos globais

Pouco depois de Samuelson (1954) articular a teoria geral de bens públicos puros, reconheceu-se que os benefícios de alguns bens públicos eram geograficamente limitados. Esses foram denominados bens públicos locais (ver Tiebout, 1956, e Stiglitz, 1977, 1983). É claro que os bens públicos focalizados pela teoria inicial — como a defesa nacional — também se limitavam geograficamente a um país em especial. Ao mesmo tempo, existem vários bens públicos que não são tão limitados — cujos benefícios estendem-se a todos no mundo. Em Stiglitz (1995) identifico cinco desses bens públicos globais: a estabilidade econômica internacional, a segurança internacional (estabilidade política), o meio ambiente internacional, a assistência humanitária internacional e o conhecimento.

A maior parte do conhecimento é um bem público global: um teorema matemático é tão verdadeiro na Rússia como o é nos Estados Unidos, na África ou na Austrália. Para sermos precisos, alguns tipos de conhecimento possuem valor apenas ou em grande parte àqueles que vivem em um certo país — por exemplo, um conhecimento específico das instituições de um país, clima, ou mesmo geografia. Mas verdades científicas — desde teoremas matemáticos até leis de física e química — são universais por natureza. Os problemas com os quais a economia lida, tais como a escassez, são ubíquos e, por conseguinte, as leis da economia são aplicáveis universalmente, mesmo quando existem instituições idiossincráticas dentro de cada país.

O papel do Estado

A implicação central da política pública dos bens públicos é que o Estado deve desempenhar algum papel no fornecimento de tais bens; de outra forma estes terão fornecimento insuficiente. Se as empresas não podem se apropriar dos retornos da produção de conhecimento, então terão incentivo limitado de produzi-lo: ao decidirem o quanto investir, examinarão apenas os retornos obtidos por elas, não os benefícios estendidos aos outros. Os benefícios acumulados pelo desenvolvimento do transistor, do laser ou do algoritmo matemático subjacentes ao computador moderno foram enormes, estendendo-se bem além dos benefícios obtidos por aqueles que fizeram ou financiaram essas inovações e descobertas.

Os governos têm perseguido duas estratégias no trato dessas preocupações. A primeira é a de aumentar o grau de apropriação dos retornos com o conhecimento, emitindo proteção de patentes e de direitos autorais. Fazendo assim, os governos engajam-se em um meticuloso jogo de equilíbrio: afinal, uma das propriedades básicas do conhecimento como um bem público é a de que o custo do uso marginal é zero (consumo não rival). Os inventores obtêm um retorno de suas atividades inovadoras ou pela cobrança por meio do uso de uma patente (licenciamento) ou pela cobrança de um preço de monopólio sob o produto. Em ambos os casos há ineficiência. O ganho em eficiência *dinâmica* com a atividade mais inovadora pretende equilibrar as perdas com a *ineficiência estática* da utilização insuficiente do conhecimento ou da produção insuficiente do bem protegido pela patente.

Uma parte desse jogo de equilíbrio é limitar a duração da patente. Uma patente de duração muito curta implicaria um nível baixo de apropriação — de modo que retornos limitados em atividades inovadoras implicariam baixos níveis de inovação. Uma patente de duração muito longa significaria grandes perdas em eficiência estática; a maioria dos frutos da inovação seriam obtidos pelo inovador, com pouco sendo repassado aos consumidores (digamos, na forma de preços mais baixos) porque o inventor nunca seria sujeito a uma pressão competitiva. Patentes normalmente duram por 17 anos, e em muitos casos ao tempo que uma patente expira o seu valor está limitado, pois novos produtos e inovações a superaram. Esse não é o caso, contudo, de muitos medicamentos (em parte porque pode haver um longo período de teste antes de o medicamento ser de fato comercializado).

Mas outros aspectos do sistema de patentes desempenham uma função importante em como as eficiências dinâmicas são equilibradas com as ineficiências estáticas: a amplitude e o âmbito de uma reivindicação de patente (se uma patente para um novo tomate geneticamente modificado cobre a todos os vegetais geneticamente modificados, a todos os tomates geneticamente modificados ou tão só a essa variedade modificada geneticamente) podem ter profundas implicações.

O conhecimento inicial é um dado importante na produção de mais conhecimento, e portanto a configuração do sistema de patentes pode afetar drasticamente o ritmo geral de inovações. Um sistema de patente excessivamente amplo (por exemplo, com patentes de longa duração e escopo amplo) pode elevar o preço de um dos mais vitais investimentos no processo inovador e, por conseguinte, reduzir o ritmo de inovações seguintes, mesmo que possa estar proporcionando retornos àqueles que estão fazendo a inovação original. Como resultado, o ritmo geral do progresso técnico pode ser retardado.[2] Preocupações com os efeitos adversos de uma proteção de propriedade intelectual excessivamente rígida se fizeram ouvir no recente processo antitruste do governo dos EUA contra a Microsoft, acusada de tentar exercer a influência de seu poder para um mais amplo domínio dos aplicativos de software, poder esse associado a seu controle do prevalente sistema operacional de computadores pessoais (em si, consequência de importantes externalidades de rede resultando em enormes vantagens associadas ao estabelecimento de um padrão industrial; Katz e Shapiro, 1985). Muitos especialistas do setor creem que, ao fazê-lo, a Microsoft pode ter retardado o ritmo das inovações na indústria de computadores.[3]

Essas preocupações têm importância especial para os países em desenvolvimento. As inovações (gastos com pesquisas e desenvolvimento) são ainda mais concentradas nos avançados países industrializados do que o são as rendas (Figura 1), e muitos dos avanços em países menos desenvolvidos consistem na adaptação de tecnologias dos países mais avançados às circunstâncias do mundo em desenvolvimento.

A segunda estratégia para o trato do problema da apropriação implica o apoio direto do governo. Se o governo pudesse aumentar, sem custos, as receitas para financiar o apoio e fosse eficaz em discriminar bons e maus projetos de pesquisa, obviamente essa estratégia prevaleceria diante do fortalecimento dos direitos de propriedade intelectual, pois esta última estratégia implica distorções estáticas (os preços de monopólio associados aos direitos de patente resultam em preços que excedem os custos marginais) e na utilização ineficiente do conhecimento. As distorções estáticas podem ser consideradas como uma taxa usada para financiar a pesquisa e o desenvolvimento; essa taxa, contudo, não é uma taxa ótima.[4] Mas o sistema de patentes proporciona um mecanismo de autosseleção eficiente: os que estão convencidos de possuírem uma boa ideia investem seu próprio dinheiro e o dinheiro daqueles a quem persuadem do interesse de suas ideias. Tais mecanismos de seleção podem não só ser mais eficazes do que, digamos, burocratas governamentais buscando avaliar várias aplicações, como os custos dos erros são assumidos por aqueles que os cometem, mas não pelo público em geral. Assim, o sistema proporciona fortes incentivos para os indivíduos dedicarem a devida cautela ao avaliar os méritos de propostas de pesquisa alternativas. É por causa dessas fortes propriedades de incentivo e seleção que a maioria dos economistas acredita que para uma ampla gama de áreas, a estratégia de fortalecimento dos direitos de propriedade intelectual seja preferível à do subsídio governamental.

FIGURA 1

PIB e gastos com pesquisas e desenvolvimento por região, 1987

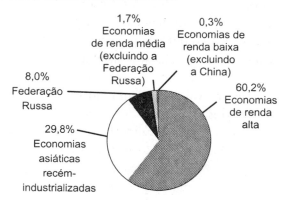

Fonte: Banco Mundial, 1998b.

ESTUDOS DE CASOS

Mas existem algumas importantes situações onde os custos da melhoria da estratégia de apropriação são altos. Esse é particularmente o caso da pesquisa básica porque seus benefícios são abrangentes e difusos, e porque as tentativas de apropriação de seus retornos podem retardar significativamente o ritmo geral das inovações. Com efeito, muitos avanços no conhecimento básico — tais como os teoremas matemáticos — não são patenteáveis a despeito de sua importância e potenciais aplicações práticas.

Essa discussão deve ter esclarecido um ponto central: o conceito de propriedade intelectual — a amplitude, o âmbito e a aplicação da proteção de patentes — não é só um assunto técnico. Existem decisões, ganhos e perdas, com diferentes pessoas e diferentes países, todos afetados diferentemente por decisões alternativas. Existem conflitos de interesse entre os países desenvolvidos e os países menos desenvolvidos. Mas infelizmente muitas das questões-chave não podem mesmo ser resumidas por um conjunto de princípios afirmados de forma simples. Na prática, as decisões se fazem numa abordagem caso a caso.

Por exemplo, duas questões-chave na concessão de patentes são o âmbito e a novidade. A primeira pessoa a desenvolver um tomate produzido geneticamente consegue uma patente para este específico tomate, para todos os tomates produzidos geneticamente ou para todos os vegetais produzidos geneticamente? Será a ideia de uma planta produzida reforma genética suficientemente óbvia para que simplesmente não seja patenteável, com apenas os processos de produção genética específicos, ou não óbvios, sendo patenteáveis? As consequências de responder a essas perguntas de modos diversos são enormes, como no caso da patente do automóvel. Nos primórdios do automóvel um advogado inventor chamado Selden recebeu uma patente por uma carruagem autopropulsionada. Ele tentou usar a patente não só para extrair *royalties* mas também para forçar um cartel de indústria. Se Selden houvesse obtido sucesso, haveria contido inovações tais como a de Henry Ford, que depois tentou fornecer um automóvel de baixo custo. Embora a maior parte da indústria estivesse disposta a seguir Selden (porque ele oferecia a perspectiva de um cartel de indústria, o que aumentaria os lucros), Ford desafiou a patente e venceu. Se houvesse perdido, poderia ter havido uma longa demora antes de os carros tornarem-se um meio de transporte de massa.

A posição algumas vezes adotada pelos produtores de conhecimento, de que precisamos de direitos de propriedade intelectual "fortes", mascara esse debate subjacente. Forte, nesse contexto, equivale a "bom", com a implicação de que quanto "mais forte", melhor. Mas espero que essa discussão tenha ressaltado que essas questões são muito mais complicadas. Mais forte, no sentido de uma proteção "mais rígida", poderia não só trazer grandes consequências distributivas (entre, digamos, os países desenvolvidos e os em desenvolvimento), mas também grandes consequências de eficiência, impedindo o ritmo das inovações e diminuindo os padrões de vida nos países menos desenvolvidos.

Alguns países industrializados possuem políticas de competição eficazes que atenuam os riscos resultantes do abuso do poder de monopólio associado a uma patente. Mas a maioria dos países não possui políticas antitruste eficazes. Por exemplo, as empresas farmacêuticas podem, e possuem incentivo para tal, agir como monopolistas discriminantes, cobrando preços mais altos onde o excedente do consumidor é mais alto ou onde podem extrair mais desse excedente. Alguns países europeus possuem políticas que contrabalançam esses poderes monopolistas: dado o grande papel do governo na saúde, eles podem eficazmente exercer seus poderes monopsonistas. Portanto, é concebível (e existem casos apoiando essa possibilidade) que os consumidores nos países menos desenvolvidos possam pagar preços mais altos por medicamentos do que os consumidores em países bem mais ricos. (Ao fazê-lo, os consumidores nos países menos desenvolvidos estão de fato pagando o custo fixado da pesquisa; os consumidores nos países mais desenvolvidos são, em parte, caroneiros.)

Nos Estados Unidos tais discriminações de preços (não justificadas completamente por diferenças em custos de transações) provavelmente seriam ilegais. Mas não há uma política de competição internacional que proteja o país pobre. Bem planejados (mas não excessivamente fortes), os regimes de propriedade intelectual podem proporcionar alguma proteção. Não está claro em que medida as políticas de competição eficazes *dentro de um país* proporcionariam salvaguardas: presumivelmente um país poderia passar uma provisão de "nação mais favorecida" — nenhuma empresa, desfrutando do benefício da proteção de propriedade intelectual, poderia cobrar aos consumidores desse país um preço mais alto do que o preço cobrado pelo mesmo bem em outra parte do mundo.[5] (Hoje há uma preocupação nos Estados Unidos de que a Microsoft esteja usando a proteção de propriedade intelectual de uma forma que frustra as inovações, dificultando para as pequenas empresas rivais de software o ingresso no mercado. O recente caso na corte federal apresentou alegações de uma variedade de práticas anticompetitivas — práticas que abafam novos participantes, algumas vezes com produtos superiores.)

Existem outras questões no planejamento de um regime de propriedade intelectual. Toda inovação faz uso de conhecimento previamente acumulado — bebe na fonte comum do conhecimento global preexistente. Quanto dos retornos de inovação deveria ser creditado ao uso desses bens comuns globais? A prática atual responde: zero — porque é um bem comum, não tem preço. Mas as coisas não precisam ser assim. Em muitas partes do mundo há um reconhecimento de que cobranças podem e devem ser impostas pelo uso de bens comuns (sejam eles florestas, pastos ou águas pesqueiras). Tais cobranças se justificariam com base na eficiência e na equidade. A comunidade internacional poderia de modo similar reivindicar o direito de cobrar

ESTUDOS DE CASOS

pelo uso do conhecimento global comum. Como o conhecimento é um bem comum, o argumento para a cobrança de uma taxa baseia-se amplamente numa razão de equidade. Contudo, reciclando os fundos para apoiar mais pesquisas, um argumento de eficiência também poderia ser desenvolvido. Existem problemas práticos óbvios na implementação de um tal plano: que fração dos retornos da inovação deve-se ao uso do bem comum global? Mas mesmo uma aproximação prática, na qual uma certa fração dos retornos da inovação é usada para financiar o "reabastecimento" do bem comum do conhecimento global, poderia ser uma melhora.

Essa questão do uso do bem comum do conhecimento global fez-se ouvir forçosamente no contexto da biodiversidade, no qual as empresas privadas prospectaram drogas valiosas em cenários naturais. Em muitos casos os moradores locais há muito haviam reconhecido o valor desses medicamentos locais, embora não houvessem identificado os componentes químicos específicos das plantas que suscitavam os efeitos desejados.

O contraste não poderia ser mais severo entre o modo como esse conhecimento não patenteado é tratado e o modo como são tratadas as adaptações nos países em desenvolvimento das inovações das ideias patenteadas dos países desenvolvidos. No primeiro caso, todos os retornos são creditados ao "descobridor", com nenhum retorno indo para o conhecimento preexistente. No segundo caso, ao possuidor da patente permite-se agir como um monopolista perfeitamente discriminante, independentemente da extensão na qual a sua inovação se construiu sob um conhecimento preexistente.

O uso eficaz do conhecimento desenvolvido nos países industrializados tipicamente envolve elementos substanciais de adaptação — combinando conhecimento global e local. Porém, o regime de propriedade intelectual, como este tem evoluído, designa grande parte do poder de negociação associado a como os frutos dessas combinações são compartilhados para o país desenvolvido, especialmente nos grandes países desenvolvidos, onde pode haver uma competição efetiva pelo uso da ideia patenteada.

Um regime internacional de propriedade intelectual, planejado para facilitar a produção e o uso do bem público global — o conhecimento — de uma forma que sustente altas taxas de crescimento e seja consistente com noções amplas de equidade, tem de equilibrar uma variedade de preocupações sutis, incluindo-se a eficiência dinâmica e estática e o uso da fonte comum do conhecimento global.

COMBINANDO CONHECIMENTO GLOBAL E LOCAL

Como já observei, uma importante parte de um desenvolvimento bem-sucedido é a combinação do conhecimento global com o conhecimento local. O regime de propriedade intelectual afeta como os ganhos são compartilhados e, assim fazendo, afeta o ritmo do desenvolvimento dentro dos países menos desenvolvidos. Mas muitos outros aspectos da "infraestrutura do conhecimento" dos países menos desenvolvidos podem afetar o ritmo do desenvolvimento e o grau em que os países em desenvolvimento podem fazer uso dos frutos do bem público global do conhecimento.

Talvez o mais importante seja a educação. A República da Coreia e os países recentemente industrializados que fecharam o hiato do conhecimento entre eles e os países mais avançados industrialmente investiram maciçamente no ensino secundário e superior, em especial na ciência e tecnologia. Países pobres em desenvolvimento têm com razão enfatizado a importância do ensino básico, pois ele é a base de todo o sistema de educação. Mesmo o ensino básico pode ter um grande impacto no ritmo das inovações na agricultura ou nas práticas da saúde. Mas um fechamento significativo do hiato do conhecimento requer mais do que um sólido sistema de ensino básico.

No passado, alguns países pobres foram com razão criticados por investirem demais no ensino superior, cujos benefícios vão para uma pequena elite. Mas essa crítica foi mal-interpretada. A questão não é a importância do ensino superior. A crítica se referia ao que é ensinado, à qualidade da educação, e como é financiada. Ciência e tecnologia são vitais. Devem ser ensinadas segundo padrões internacionais — de outra forma a instrução pouco faz para fechar o hiato do conhecimento e seria melhor enviar os alunos para estudar no exterior. E os estudantes deveriam arcar com o máximo dos custos possível, se não no momento, depois, pagando os empréstimos recebidos.[6]

Os governos nos países recentemente industrializados com frequência desempenharam outros papéis importantes facilitando a transferência de conhecimentos. Por exemplo, estabeleceram laboratórios padrões para alcançarem os tipos de normas internacionais exigidas para a participação nos mercados globais de mercadorias de alta tecnologia. Alguns países não só demonstraram uma abertura a investimentos estrangeiros diretos como também ativamente recrutaram os tipos que mais provavelmente trariam transbordamentos em conhecimento e criaram programas de emprego e de outros tipos para aumentar a probabilidade de tais transbordamentos. Políticas de licenciamento também desempenharam um papel na transferência de conhecimentos.[7]

Essencial como a adaptação e a criação de novos conhecimentos dentro de um país, é a divulgação do conhecimento por todo um país. A circulação de ideias em um país é afetada pela eficácia de seu sistema de comunicação. Avanços recentes em telecomunicação baixaram os custos de comunicação tremendamente e possibilitaram o desenvolvimento de redes de comunicação em partes do mundo onde passariam décadas, na melhor das hipóteses, até tais sistemas serem desenvolvidos com as mais antigas tecnologias. Essas novas tecnologias significam que não mais existe um monopólio natural nas comunicações; com o uso de forças de mercado competitivas, o acesso pode aumentar, diminuindo os preços.[8]

Essa revolução nas comunicações, ao mesmo tempo que deu enormes passos facilitando a comunicação dentro dos países, também aumentou a capacidade dos países menos desenvolvidos de beberem na fonte do conhecimento global. A Internet vem mostrando ser uma ferramenta de imenso poder no compartilhamento do conhecimento. Hoje, os países em desenvolvimento encaram grandes riscos e grandes oportunidades. O crescimento da Internet tem sido mais rápido nos Estados Unidos e, naturalmente, mais lento nos países menos desenvolvidos. A capacidade ampliada de compartilhar e adquirir conhecimentos nos países industrializados pode ampliar o hiato do conhecimento, porque os países menos desenvolvidos podem ficar em mais desvantagem ainda.

Ao mesmo tempo, os países menos desenvolvidos podem beber em uma fonte de conhecimento que supera todo o conhecimento anterior. Hoje, uma criança em qualquer lugar no mundo que tenha acesso à Internet possui meios de obter a mais conhecimento do que uma criança nas melhores escolas dos países industrializados tinha há um quarto de século. Essa criança não está mais isolada. É por demais cedo para sabermos como essas forças contrastantes florescerão — se o hiato do conhecimento será ampliado ou estreitado. Mas é claro que cabe aos países menos desenvolvidos fazer tudo o que puderem para aumentar suas capacidades de beber no reservatório do conhecimento global.

Criar a infraestrutura do conhecimento implica aprender a aprender[9] — ou seja, criar a capacidade de fechar o hiato do conhecimento, uma parte essencial de uma estratégia de desenvolvimento de sucesso.

Conhecimento para o Desenvolvimento

Grande parte do conhecimento necessário para um desenvolvimento bem-sucedido não é patenteável; não é o conhecimento subjacente a novos produtos ou a novos processos. Antes, é um conhecimento igualmente fundamental: o de como organizarmos empresas, como organizarmos sociedades, como vivermos vidas mais saudáveis e de maneiras que sustentem o meio ambiente. Envolve o conhecimento que afeta a fertilidade e o conhecimento da criação de políticas econômicas que promovam o crescimento econômico.

Aqueles de nós que trabalham em instituições para o desenvolvimento adquirem muitos desses conhecimentos como um subproduto de nossas atividades gerais de desenvolvimento. É uma forma de aprendizado pela prática (ver Arrow, 1962). Mas o conhecimento para o desenvolvimento ultrapassa a coleção de melhores práticas e a acumulação de casos de sucesso, se estendendo à análise: por que certas políticas e práticas funcionam em algumas circunstâncias, mas não em outras? Assim, a pesquisa é o elemento central do conhecimento para o desenvolvimento.

As ideias apresentadas até aqui tornam claro que um tal conhecimento é um bem público global, e que sem um apoio público ativo haverá produção insuficiente desse bem. Instituições internacionais, inclusive o Banco Mundial e o Programa das Nações Unidas para o Desenvolvimento (UNDP), desempenham um papel especial na produção e disseminação desse conhecimento. Nós, do Banco Mundial, cada vez mais nos consideramos um Banco do Conhecimentos[10] e nos organizamos de forma a aumentar nossa capacidade tanto de produzir esse conhecimento quanto de disseminá-lo amplamente.

Uma complementaridade natural repousa entre essas novas funções e o papel mais tradicional do Banco Mundial, de fornecimento de capital aos países menos desenvolvidos. O conhecimento aumenta a produtividade do capital. O relatório recente do nosso departamento de pesquisa sobre a *Avaliação da ajuda* (*Assessing Aid*) mostra que a ajuda causa um impacto substancial no crescimento econômico em países que põem em prática boas políticas, enquanto tem efeito ínfimo nos países que não o fazem (Banco Mundial, 1998a). Saber se boas políticas estão sendo praticadas nos países em desenvolvimento e adaptar os programas de empréstimos do Banco Mundial para refletirem essas realidades são portanto um elemento importante de um programa de empréstimos bem-sucedido.[11]

Embora já conheçamos muitos elementos formadores de boas políticas, muito precisa ainda ser aprendido. Precisamos, por exemplo, ser capazes de formular melhor as políticas às diferentes condições e circunstâncias em transformação de cada país. Gradativamente chegamos ao reconhecimento das consequências adversas da corrupção, mas apenas começamos a entender como reduzir essa corrupção. Enquanto no passado nos concentramos, por exemplo, nos aspectos da eficiência e da equidade das estruturas fiscais, apenas começamos a prestar atenção à suscetibilidade das diferentes estruturas fiscais à corrupção. De modo semelhante, conquanto haja um reconhecimento generalizado das vantagens da privatização de certas empresas públicas, apenas gradativamente nos aproximamos de reconhecer os problemas que surgem quando a privatização ocorre antes do estabelecimento de regimes eficazes de regulamentação ou de competição. Apenas lentamente conseguimos chegar à percepção da invasão da corrupção no processo de privatização e de seus duradouros efeitos adversos. E muito tardiamente reconhecemos que a privatização anterior a um estabelecimento de instituições de mercado eficazes não necessariamente conduz a uma vibrante economia de mercado — pois os incentivos proporcionados pela privatização podem ser dirigidos mais para despojar os ativos do que para gerar riquezas. Deveria ficar claro que esse tipo de conhecimento é essencial a

ESTUDOS DE CASOS   365

todos os programas de empréstimos do Banco Mundial, em seus empréstimos para projetos, em seus empréstimos setoriais e, talvez mais importante, em seus empréstimos para ajustes. Mais amplamente, o conhecimento, a ajuda e o capital privado trabalham juntos num programa para o desenvolvimento de sucesso; são complementários.[12]

Mas tem mais. Cada vez mais nos damos conta de que projetos isolados terão apenas efeitos limitados na transformação das sociedades, transformação a qual denominamos desenvolvimento. Temos de ir além dos projetos, e temos de aumentar a escala dos projetos. Um aspecto essencial dessa estratégia é a criação de projetos com os quais possamos aprender, com os quais possamos acumular conhecimento e que possam constituir a base de amplas transformações econômicas (ver Wolfensohn, 1998, e Stiglitz, 1998).

CONCLUSÃO

O conceito de bens públicos globais é um conceito poderoso. Nos auxilia a esmiuçar as responsabilidades especiais da comunidade internacional. Os bens públicos nacionais proporcionam uma das razões centrais para a ação nacional coletiva e para o papel do governo. A eficiência requer um fornecimento público e, para evitarem-se os problemas dos caroneiros, o fornecimento tem de ser apoiado por uma taxação compulsória (ver Stiglitz, 1989). De modo semelhante, os bens públicos globais proporcionam uma razão central para a ação coletiva internacional. Mas hoje em dia a governança em nível internacional implica ações voluntárias, cooperativas. Estas incluem acordos de apoio a um regime de propriedade internacional que facilite a produção privada de certos tipos de conhecimentos. (Levantamos a questão de se o regime atual adequadamente reflete os amplos interesses da comunidade internacional, equilibrando as preocupações de equidade e de eficiência entre os participantes afetados.) Mas a pesquisa básica e muitas outras formas fundamentais de conhecimento não são, e quase certamente não deveriam ser, protegidas por um regime de propriedade intelectual. Nessas áreas, a eficiência requer apoio público. E esse apoio público tem de ser em nível global.

Argumentei que o conhecimento é uma das chaves para o desenvolvimento e que o conhecimento é complementar ao capital público e privado. O conhecimento é um bem público global necessitando de apoio público em nível global. Podemos fazer os arranjos atuais funcionarem eficazmente, mas se pretendemos que tenham sucesso devemos estar cientes dos perigos e das armadilhas. Alguns países podem tentar pegar carona em outros; podem tentar capturar a maior quantia dos retornos disponíveis com o uso da fonte comum do conhecimento global; podem considerar os seus interesses próprios como maiores, retirando da fonte comum do conhecimento global em vez de contribuir para o seu reabastecimento, apoiando pesquisa para aplicações patenteáveis em vez de apoiar a pesquisa básica.

A produção eficiente e o uso equânime do conhecimento global requerem ação coletiva. O desafio que enfrenta a comunidade internacional é o de se podemos fazer nosso sistema atual de governança voluntária e cooperativa funcionar no interesse coletivo de todos.[13]

NOTAS

As opiniões aqui apresentadas são unicamente do autor e não de nenhuma instituição com a qual ele esteja ou tenha sido afiliado.

1. Ver Stiglitz (1995) e Conselho de Consultores Econômicos dos EUA (US Council of Economic Advisers, 1997). Ainda que as propriedades de bem público do conhecimento tenham há muito sido notadas (Arrow, 1962), articulações iniciais do conhecimento como um bem público (no sentido definido por Samuelson, 1954) incluem Stiglitz (1977) e Romer (1986). Para uma discussão didática inicial, ver Stiglitz (1986).

2. Em tese, se o inovador original fosse um monopolista perfeitamente discriminante, tais efeitos adversos poderiam ser limitados porque, afirma-se, ele nunca cobraria uma taxa pelo uso de conhecimento que na realidade desencorajaria uma utilização produtiva (simplesmente extrairia todo o superávit de produtor dos consumidores). Mas na prática não há perfeita discriminação, em parte porque o inovador original simplesmente não possui a informação necessária para ser um monopolista perfeitamente discriminante. Além do mais, a competição no mercado de produtos é imperfeita, e o inovador desencorajará inovações que possam resultar na perda de parte de suas rendas de monopólio.

3. Aaron Edlin, da Universidade da Califórnia em Berkeley (e ex-membro da equipe econômica do Council of Economic Advisers), propôs uma solução engenhosa para incentivar a inovação e limitar o exercício indevido do poder de monopólio: a Microsoft teria de divulgar o seu código, e a duração de sua proteção de propriedade intelectual seria limitada a três anos. Se a Microsoft continuasse a melhorar o seu produto, as versões atualizadas de seu software seriam protegidas (por três anos). Os consumidores teriam uma escolha: poderiam fazer uso do software ultrapassado (em três anos) ou pagar pelo software mais avançado. A Microsoft, assim, seria forçada a inovar a um ritmo rápido para justificar sua posição dominante no mercado. Aplicações que se utilizam de sistemas operacionais ligeiramente ultrapassados competiriam com as que usam os mais novos; e os consumidores apenas estariam dispostos a pagar pelo novo sistema operacional se as melhorias valessem o seu preço.

4. Segundo os critérios da teoria de taxa ótima, que busca minimizar o peso morto das perdas. Ademais, a propriedade peculiar das patentes — impondo um alto índice de taxa por um curto período, seguido por um índice de taxa zero — iria (além das outras con-

ESTUDOS DE CASOS

siderações discutidas nesta seção) parecer bem aquém do ótimo em termos das usuais considerações de taxas. Por outro lado, a taxa é uma taxa de "benefício": os que usufruem do bem pagam a taxa, e tais taxas podem ser motivadas por preocupações de equidade.

5. Isso iria, em certo sentido, ser o oposto das leis *antidumping*, que impedem às empresas de vender produtos a preços mais baixos nos mercados internacionais do que nos domésticos. Embora as leis *antidumping* possuam o efeito de prejudicar os consumidores ao mesmo tempo que protegem os produtores, essas leis de "corte de preços" protegeriam os consumidores.

6. Deve-se notar que na medida em que existem externalidades associadas a esse ensino, existe um argumento para os subsídios públicos. A questão-chave é, no nível de investimento na educação que maximize o valor líquido descontado do rendimento atual de um estudante, existe uma externalidade marginal? Ou seja, é desejável para o governo encorajar ainda mais investimentos? Mesmo sem tais externalidades marginais, as imperfeições do mercado de capital proporcionam um argumento convincente para a intervenção governamental, mas as intervenções deveriam ser dirigidas para a redução do impacto da imperfeição.

7. Essa lista não tenciona ser completa. Por exemplo, alguns governos também criaram parques industriais e de pesquisa, facilitando o intercâmbio de ideias. Uma outra política importante foi a redução das tarifas sobre os bens intermediários, o que permitiu a importação de dados essenciais para os processos tecnológicos mais avançados.

8. A competição permanece, contudo, longe de perfeita, portanto ainda há um papel importante para um regulador eficaz. O capítulo 2 do *Relatório de desenvolvimento mundial 1998/99* documenta o sucesso de países que usaram a competição básica de mercados com regulamentação (Banco Mundial, 1998b). Países que privatizaram sem adotar uma estrutura competitiva viram, ao menos em alguns casos, os preços subirem e o acesso se restringir: o produtor privado é mais eficiente agindo como um monopolista do que o governo o foi. Em um caso o preço do acesso à Internet se elevou a ponto de uma universidade não poder pagar para manter sua conexão. Assim, a "reforma" reduziu a capacidade das pessoas do país de fazerem uso do conhecimento global.

9. Desenvolvi o conceito de "aprender a aprender" e suas implicações para o crescimento econômico em Stiglitz (1987).

10. O conceito de Banco do Conhecimento foi introduzido no discurso do presidente do Banco Mundial, James E. Wolfensohn, na Reunião Anual de 1996 do Banco Mundial e do Fundo Monetário Internacional (Wolfensohn, 1996).

11. *Avaliando a Ajuda* aponta que a ajuda estrangeira apenas se correlaciona significativamente com impactos positivos nos países em desenvolvimento com sensatas políticas econômicas e instituições. Em particular, nos países com políticas de gestão econômica sensatas, 1% do PIB em ajuda conduz a um acréscimo sustentado no crescimento de 0,5% e reduz a pobreza em 1%. Em contraste, para aqueles países com pobres cenários econômicos, a ajuda não traz impacto significativo (o coeficiente de crescimento como resultado do influxo da ajuda é na realidade negativo, embora estatisticamente não seja diferente de zero).

368   BENS PÚBLICOS GLOBAIS

12. Portanto, nos países que perseguem boas políticas econômicas, a ajuda "reúne" o capital privado: US$ 1 de ajuda auxilia a trazer US$ 2 em capital privado. Isso auxilia a explicar o forte papel da ajuda na promoção do crescimento econômico. De modo semelhante, a forte complementaridade entre o conhecimento e o capital é uma das razões de ser tão difícil analisar em que medida o crescimento se deve à acumulação de capital e em que medida se deve ao fechamento do hiato do conhecimento. Um conhecimento aprimorado estimula investimentos mais altos, e o novo investimento incorpora nova tecnologia. Presume-se que sem melhorias no conhecimento os países do Sudeste Asiático rapidamente teriam experimentado retornos diminuídos. Como aconteceu, puderam manter altos índices de investimento por um longo período sem queda na proporção produção-capital incremental. Essa é (tão só) uma das razões de estudos como o de Young (1995), tencionando mostrar que não houve nenhum milagre no Sudeste Asiático — que o crescimento da região pode ser explicado inteiramente pelo fato de os investimentos, inclusive os investimentos nas pessoas, serem tão enganosos. Foi um milagre esses países serem capazes de manter altos retornos com os níveis de poupanças e investimentos — poucos países no mundo conseguiram fazê-lo, se é que algum outro país o fez. Eles conseguiram fechar o hiato do conhecimento, embora, para sermos precisos, alguma parte desse conhecimento tenha sido "comprada", como capital físico. Para uma interpretação alternativa e mais convincente (assim como uma crítica técnica mostrando como os resultados de Young são sensíveis aos modos particulares e não convincentes nos quais as variáveis da análise são medidas), ver Klenow e Rodríguez-Clare (1997) e Banco Mundial (1998b).

13. Podemos e devemos ser mais precisos: já que poderão ocorrer perdas e ganhos, com alguns acordos proporcionando vantagem a alguns grupos em detrimento de outros, as duas questões-chave são as usuais questões da eficiência e da equidade. Podem os acordos internacionais levar a um nível razoavelmente alto de eficiência (isto é, a um fornecimento não muito insuficiente do bem público global do conhecimento e a um nível não muito alto de "ineficiência estática" da utilização restritiva do conhecimento) de maneiras compatíveis com as noções básicas de equidade?

REFERÊNCIAS BIBLIOGRÁFICAS

Arrow, Kenneth J. 1962. "The Implication of Learning by Doing". *Review of Economic Studies* 29: 155-73.

Banco Mundial. 1998a. *Assessing Aid: What Works, What Doesn't and Why*. Um relatório de Pesquisa Política. Nova York: Oxford University Press.

——. 1998b. *World Development Report 1998/99: Knowledge for Development*. Nova York: Oxford University Press.

Katz, Michael L., e Carl Shapiro. 1985. "Network Externalities, Competition, and Compatibility". *American Economic Review* 75: 424-40.

Klenow, Peter J., e Andres Rodríguez-Clare. 1997. "Economic Growth: A Review Essay". *Journal of Monetary Economics* 40: 597-617.

ESTUDOS DE CASOS

Romer, Paul M. 1986. "Increasing Returns and Long-Run Growth". *Journal of Political Economy* 94(5): 1002-37.

Samuelson, Paul. 1954. "The Pure Theory of Public Expenditure". *Review of Economics and Statistics* 36: 387-89.

Stiglitz, Joseph E. 1977. "Theory of Local Public Goods". Em Martin S. Feldstein e Robert P. Inman, orgs., *The Economics of Public Services*. Nova York: Halsted Press.

———. 1983. "Public Goods in Open Economies with Heterogeneous Individuals". Em Jean-François Thisse e Henry G. Zoller, orgs., *Locational Analysis of Public Facilities*. Amsterdã e Nova York: North-Holland.

———. 1986. *Economics of the Public Sector*. Nova York: W. W. Norton.

———. 1987. "Learning to Learn, Localized Learning and Technological Progress". Em Partha Dasgupta e Paul Stoneman, orgs., *Economic Policy and Technological Performance*. Nova York e Sydney: Cambridge University Press.

———. 1989. "On the Economic Role of the State". Em Arnold Heertje, org., *Economic Role of the State*. Oxford: Basil Blackwell.

———. 1995. "The Theory of International Public Goods and the Architecture of International Organizations". *United Nations Background Paper 7*. Nova York: Nações Unidas, Departamento para Informação Econômica e Social e Análise Política.

———. 1998. "Towards a New Paradigm for Development: Strategies, Policies, and Processes". Pronunciado como Palestra Raúl Prebisch na Conferência das Nações Unidas sobre Comércio e Desenvolvimento (UNCTAD), 18 de outubro, Genebra.

Tiebout, Charles M. 1956. "A Pure Theory of Local Expenditures". *Journal of Political Economy* LXIV (outubro): 416-24.

US Council of Economic Advisers. 1997. *Economic Report of the President*. Washington, DC: US Government Printing Office.

Wolfensohn, James E. 1996. "1996 Annual Meeting Address". *www.world-bank.org/html/extdr/extme/jdwams96.htm*.

———. 1998. "The Other Crisis: 1998: Annual Meeting Address". *www.world-bank.org/html/extdr/am98/jdw-sp/am98-en.htm*.

Young, Alwyn. 1995. "The Tyranny of Numbers: Confronting the Statistical Realities of the East Asian Growth Experience". *Quarterly Journal of Economics* 110(3): 643-80.

Comunicações Globais para um Mundo mais Equitativo

J. Habib Sy

As tecnologias da informação e de comunicação estão moldando a visão de mundo, a compreensão e o comportamento de um crescente número de usuários e do público das mídias de massa. Superando as barreiras da distância e do tempo ainda mais velozmente, sistemas mais complexos e mais poderosos rapidamente reformulam as políticas, finanças e estratégias globais. Do seu lado, a globalização significativamente aumentou a necessidade e a dependência de geração e processamento de conhecimento. Novas fronteiras tecnológicas integraram computadores digitais, microchips miniatura, cabos, fibras óticas e sistemas de comunicação por satélite para o processamento e disseminação de informações e ligaram esses a telas de alta definição (Mosco e Wasko, 1988, p. 7-8).

Porém, o mundo está mais polarizado do que antes em sociedades afluentes e sociedades pobres, classes sociais sem poder e classes sociais dominantes, nações ricas de informação e nações famintas por informação. Este capítulo examina a tendência mundial para a crescente privatização tanto da informação como das tecnologias da informação e de comunicação, assim como o papel reduzido do Estado e os efeitos dessa tendência no acesso das pessoas a bens e serviços de informação adequados. Por todo o estudo, o foco será a África. Conclui que a privatização não é uma panaceia, e que, nos países em desenvolvimento, os Estados parecem ser as fontes preferidas de fundos para os serviços de informação e as tecnologias da informação e comunicação. Diversas opções de políticas podem auxiliar a nivelar o campo entre as nações ricas nessas tecnologias e as nações que não as possuem.

A Informação como um Bem Público

Porat (1982, p. 79) descreve a economia da informação como uma agregação do trabalho da comunicação e informação (trabalhadores da informação, tais como professores, gerentes, atendentes e agentes de expansão agrícola) e do capital da informação (telefones, máquinas de empresas e assim por diante). Porat ainda contesta que o setor de comunicação e informação minimiza os custos privados da coordenação, aumentando a divisão do trabalho e a velocidade da produção. Uma maior divisão do trabalho impulsiona a participação social e econômica e influencia uma coleção intricada de variáveis sociais como a mobilização, a empatia, a integração nacional e a modernização.

Se a informação é a força impulsionadora do crescimento e do aumento da riqueza na economia global (uma falsa impressão, como discutido mais adiante) ou se é antes de tudo a expressão das relações sociais e portanto das relações de poder, as tecnologias da informação e comunicação são em geral consideradas um investimento estratégico em todos os aspectos; Wellenius e Stern (1994, p. 2-3) salientam o fato de que "as telecomunicações são a essência, e proporcionam a infraestrutura, da economia da informação. As telecomunicações facilitam o ingresso no mercado, aprimoram o serviço ao cliente, reduzem os custos e aumentam a produtividade. São parte integralmente dos serviços financeiros, mercados de *commodities*, meios de transporte e setor de viagens, e proporcionam vínculos vitais entre fabricantes, atacadistas e varejistas. Países e empresas aos quais falta o acesso aos modernos sistemas de telecomunicação não podem participar eficazmente da economia global".

Houve muitas tentativas de compreender a informação como um bem econômico público ou privado (Bates, 1988). Sinha (1991) levanta a questão de o mercado ser uma ferramenta inadequada para a geração e a distribuição equitativa de diversos bens e serviços, especialmente dos bens públicos. Ele afirma que certas características (as externalidades de rede e a não exclusão) tornam as telecomunicações elegíveis ao título de bem público e que, quando sujeitas às imperfeições das forças de mercado, não são acessíveis equanimemente aos usuários — especialmente nas economias periféricas onde faltam eficiências de mercado. Seja a informação analisada em termos do seu fluxo (Pool, 1984), seu valor agregado nas economias "pós-industriais" (Machlup, 1962; Porat, 1978), seu valor e custo (Bates, 1985; 1988) ou sua competência (Gandy, 1988), permanece sendo uma questão problemática enquanto mercadoria e processo social.

Oscar H. Gandy tem criticado a definição neoclássica da informação — como uma "essência", um recurso "natural" ou um "produto do trabalho" — segundo a ótica da economia política. Ele sugere as seguintes características para os bens e serviços de informação:

> *Como um bem público, a informação apresenta desafios consideráveis ao idealizado mercado neoclássico. O consumo da informação é não rival na medida em que o consumo por um indivíduo não reduz significativamente a possibilidade de consumo por um outro. Esses mesmos atributos dificultam a exclusão de não pagantes do usufruto dos benefícios diretos do consumo, especialmente quando a facilidade de*

ESTUDOS DE CASOS

reprodução torna de pronto disponíveis cópias aceitáveis. Com efeito, porque o custo de cópias adicionais ou de divulgações se aproxima de zero em certa escala, e porque as demandas de eficiência em um mercado de fato competitivo deslocariam o preço de mercado para o custo, os mercados de informação sem restrições de acesso garantidos pela ação estatal estariam fadados ao fracasso.

Como acontece com muitos bens e serviços, a produção ou o consumo de bens e serviços de informação pode gerar custos ou benefícios a outros não participantes da transação de mercado (Gandy, 1992, p. 30).

Gandy ainda contesta que a pressuposição ortodoxa neoclássica de gostos e preferências estáveis, determinados por forças externas ao mercado, não pode ser sustentada por causa da presença do poder dentro dos mercados e nas relações que influenciam os mercados. Gandy também examina várias outras críticas: a de que "os mercados são tudo, menos perfeitos, especialmente quando consideramos a indústria mundial fortemente concentrada das comunicações"; a de que "os bens públicos, especialmente a informação, geram distorções cruciais"; a de que "as instituições, não os indivíduos, são as forças dominantes na economia política"; a de que "há um poder de mercado substancial, a capacidade de influenciar preço e oferta"; a de que "um equilíbrio estável nunca é alcançado, especialmente em uma economia que seja dinâmica e variável com o tempo"; e a de que "o Estado não é um interventor objetivo ou imparcial" (Gandy, 1992, p. 26-32).

Bates (1988, p. 81-82) tece a hipótese de que a precondição para a produção e o consumo da informação como um bem econômico e para as condições de otimalidade (isto é, a satisfação de vários critérios de eficiência e maximização social) pode estar na capacidade dos mercados de criarem níveis significativos de valor auxiliar, seja privado ou social.

Mesmo se tais condições ótimas fossem atingidas, a competência das comunicações ainda permaneceria uma questão não resolvida, um ponto cego nas políticas de informação dominantes. O aumento da mercadização, da privatização e das turbulências sociais entre comunidades impotentes as torna inelegíveis ao uso dos recursos da informação na melhoria da qualidade de suas vidas (Gandy, 1988, p. 109). Gandy corretamente sugere que "esse aspecto da competência das comunicações, a capacidade de compreender o mundo para modificá-lo, é tão só uma variável na equação da desigualdade" (p. 109). De fato, uma crescente tendência de se privatizarem ou "liberalizarem" os serviços de informação, os mercados e provedores de telecomunicações, levanta preocupações sobre a ampliação do hiato entre as classes sociais afluentes em informação e as classes sociais famintas por informação, entre as nações e, na verdade, inteiras regiões do mundo. Em outras palavras, o acesso e a equidade são questões-chave para a consideração dos formadores de políticas nesta área.

O Acesso e a Equidade na Informação

Quatro questões de acesso e equidade são de importância particular para as tecnologias da informação e comunicação: o acesso a infraestrutura e capacidades, os programas internacionais para impulsionar o acesso, a direção dos fluxos de informação e a cota do mercado no setor das comunicações.

O acesso a infraestrutura e capacidades da informação

Como um bem público, a informação é fornecida insuficientemente ou consumida desigualmente — em grande parte por causa dos graves desequilíbrios no fornecimento dos serviços de comunicação públicos globais. Pelo menos 80% da população mundial carece das mais básicas telecomunicações. Países com 55% da população mundial possuem menos do que 5% das linhas telefônicas mundiais, e mais da metade da população mundial jamais usou um telefone. Menos de 6% dos computadores com acesso à Internet estão no Leste Europeu, Ásia, África, Oriente Médio, América Latina e Caribe (Hamelink, 1998, p. 71). A África, em particular, ingressará no século XXI com a mais pobre infraestrutura de telecomunicações e serviços do mundo. A África responde por 20% da população mundial mas possui apenas 2% das linhas telefônicas mundiais (Cheneau-Loquay, 1998, p. 2). Tóquio ou Manhattan possuem mais linhas telefônicas do que todo o continente africano.

O envolvimento da África com a Internet e seu acesso — utilizada por mais de 40 milhões de pessoas em 168 países — ainda é marginal em padrões internacionais (exceto entre os segmentos sociais mais privilegiados na África do Sul e no Norte da África). Mas a tecnologia da Internet rapidamente se espalha pela África. Em 1997, o Egito, o Quênia, a África do Sul e a Tunísia eram os únicos países africanos com conexões internacionais integrais com a Internet mais rápidas do que 64 kilobytes por segundo. Um ano mais tarde, 36 países tinham acesso integral, e ao final do século quase todos os países no continente terão acesso integral (Jensen, 1998).

Contudo, o custo permanece sendo a principal limitação para os usuários. Custa de três a quatro vezes mais para um africano navegar na Internet do que para um usuário comum norte-americano ou europeu. Um computador novo de US$ 1.500 custaria mais da metade da renda anual de um professor universitário no Senegal e mais do que a renda anual de um professor na Nigéria. O acesso da África à Internet permanece marginal e controlado principalmente por forças externas, tanto privadas como governamentais. O acesso à Internet pode tornar-se ainda mais distante para os agricultores em locais remotos ou os trabalhadores informais nas periferias das mal administradas cidades (ver mais adiante). Os pobres africanos não se conectarão à Internet (ou qualquer outra rede, na verdade). Mulheres e crianças africanas e milhões de refugiados abandonados nos campos de batalha dos confrontos civis e eco-

ESTUDOS DE CASOS   375

nômicos permanecerão na pré-história das comunicações, incapazes de ingressar na era digital.

A democracia e a participação não se desenvolverão plenamente na África se o acesso à Internet, as oportunidades do aprendizado a distância, os pacotes de bibliotecas computadorizadas e os bancos de dados estratégicos permanecerem fora de alcance para as isoladas e pobres nações africanas incapazes de integrarem suas economias e intelectos com uma poderosa e respeitada comunidade de Estados. Quando tais serviços são oferecidos gratuitamente na África, em geral o são por curtos períodos, para criar hábitos que facilitarão escaladas de preço futuras. É essa a promessa da era da informação? Nada será de graça. Os serviços serão disponíveis para todos em teoria — mas serão usados apenas por aqueles que podem pagá-los.

Programas internacionais para impulsionar o acesso

Ao longo dos anos um número enorme de projetos foram deslanchados para salvar a África do esquecimento através das comunicações virtuais. Um inventário de programas bilaterais e multilaterais para aumentar a conectividade africana e lidar com a situação há pouco descrita vai além do âmbito deste capítulo. Mas uns poucos exemplos podem ser examinados.

O UNDP recentemente lançou um programa de US$ 11,5 milhões denominado Iniciativa Internet para a África como parte da Iniciativa Especial das Nações Unidas para o Sistema Africano. Esse programa concentra-se nas políticas, na infraestrutura e na cultura. Oferece apoio ao país, mas este precisa cobrir metade dos custos. Burkina Faso, Etiópia, Gâmbia, Maurício, Nigéria e Suazilândia são participantes. O Programa para uma Rede de Desenvolvimento Sustentável do UNDP oferece uma ampla gama de serviços de consultoria e de treinamento para cada país.

O Banco Mundial recentemente lançou c Programa InfoDev visando a criar e a capacitar um cenário para os mercados nos quais o setor privado possui a responsabilidade básica nas áreas de investimento de capital e fornecimento de serviços. As universidades são visadas nesse cenário, mas apenas na medida em que estejam dispostas a comercializar os serviços de biblioteca on-line a já empobrecidos estudantes e membros do corpo docente. (No Quênia e na Nigéria, por exemplo, membros do corpo docente ganham em média US$ 100 por mês.) A África francófona, a França e seus aliados ocidentais falantes do francês decidiram lançar uma rede oferecendo acesso à Internet, e-mail e bancos de dados com uma taxa moderada promocional. Em 1996, o presidente sul-africano, Nelson Mandela, os representantes do grupo de países industrializados G-7 e parceiros de países em desenvolvimento convocaram uma reunião sobre a sociedade da informação e o desenvolvimento. A Iniciativa Leland, liderada pela Agência para o Desenvolvimento Internacional norte-americana, visa a privatizar e liberalizar os serviços de telecomunicações garantindo a expansão da Internet na África. Enquanto isso, a União Europeia está para lançar uma enorme rede eletrônica com a esperança de promover o comércio internacional (Noumba-Um e outros, 1993).

Um denominador comum na maioria dos programas com intenção de impulsionar as telecomunicações africanas é seu impulso central para o uso difundido de novas tecnologias de comunicação. Esse objetivo pode provar-se fora de alcance. Com efeito, a não ser que revoluções sociais com consequências abrangentes tenham lugar na África, o pequeno número de usuários não crescerá significativamente nas décadas vindouras por causa da difundida e crescente pobreza, da inquietação política, das pobres infraestruturas de telecomunicação e das altas taxas de analfabetismo, aliadas ao pequeno número de indivíduos formados e familiarizados com computadores. Portanto, a África pode ser ainda mais marginalizada entre os anos 2000 e 2020, o que representaria um atraso na expansão do mercado das indústrias interessadas.

A direção dos fluxos de informação

A participação da África na cultura global da Internet é marginal — quantitativamente em número de usuários e qualitativamente na alimentação da Internet com dados, informações e notícias criadas por africanos. Alguns dos conhecimentos, informações e novos recursos disponíveis na Internet podem ser relevantes aos usuários africanos. Mas a quantidade espantosa de informações não se equipara à qualidade e ao conteúdo necessários aos africanos para aproveitarem os recursos da informação para o desenvolvimento. Ademais, os africanos devem ser capazes de alimentar a rede com suas perspectivas e necessidades estratégicas, suas notícias e resultados de pesquisas. De outra forma, os usuários da Internet africanos permanecerão passageiros na estrada da informação — não condutores. A "criação de conteúdo" tem, na verdade, se tornado uma preocupação-chave dos órgãos de assistência (tais como o UNDP) que operam nessa área.

Os Estados Unidos geram 65% das comunicações globais e 80% das palavras e imagens que circulam pelo mundo. Até recentemente 90% do tráfego telefônico e 88% do tráfego de telex entre os países africanos eram expedidos por países não africanos. Dois terços desse tráfego são conduzidos por antigos poderes coloniais, como resultado de *links* de comunicação inadequados entre os países africanos vizinhos (Adam e Hafkin, 1992). Os fluxos de dados através das fronteiras também são dificultados pela falta de pessoal qualificado para instalar e configurar equipamentos de dados de comunicação e software, pelo domínio insuficiente de comunicações mediadas por software de comunicação, pela indisponibilidade de linhas diretas de telefone para conexões de comunicação, por problemas de gerência e administração e pela indisponibilidade de fornecimento e de equipamento de dados básicos de comunicação (Adam e Hafkin, 1992). Essas deficiências ameaçam ampliar o hiato entre o Norte e o Sul — e entre a África e o resto do mundo.

A participação do mercado no setor das comunicações

As tecnologias da informação e telecomunicações representam uma indústria transnacional fortemente concentrada que gera perto de US$ 1,5 trilhão ao ano (Hamelink, 1998). Os conglomerados líderes do setor residem nos países-membros da Organização para Cooperação e Desenvolvimento Econômico (OCDE) — o Canadá, a Alemanha, o Japão, os Estados Unidos e os antigos poderes coloniais, tais como a França, a Itália, a Holanda e o Reino Unido. De um mercado de telecomunicações global estimado em US$ 615 bilhões, a cota da África é de apenas US$ 9 bilhões, ou 1,9% (Catroux, 1998). Somente a África do Sul representa US$ 3,6 bilhões, ou mais de um terço do mercado da região.

Os países africanos são um dos maiores grupos de nações no sistema da Organização Internacional de Telecomunicações por Satélite (Intelsat) e o mais importante usuário do Serviço Doméstico Planejado da Intelsat, que permite a países-membros e não membros comprar ou alugar a longo prazo *transponders* para comunicações domésticas não sujeitas à preempção. Portanto a África está pagando um preço tremendo por não possuir o seu próprio setor regional de comunicações por satélite. Vários países em desenvolvimento — um bloco de países árabes, o Brasil, a China, a Indonésia, o México — lançaram redes de telecomunicações por satélite próprias para impulsionar os seus comércios nacionais e internacionais e lidar com as necessidades internas de transmissão de dados e sinais de televisão.

Embora os sistemas regionais de satélites tenham proliferado — como evidenciado pela Eutelsat, Arabsat e Asiasat —, a África não possui nenhuma capacidade de comunicação por satélite. A África planeja ter um sistema regional de satélite até 2020 através da Organização Regional Africana para Comunicação por Satélite (Rascom). Por enquanto, a Rascom reúne e comercializa os circuitos não utilizados de telecomunicações dos países africanos, esperando obter fundos de investimento com a comunidade internacional e as instituições financeiras internacionais. Provedores gigantes de telecomunicações — como a France Telecom, AT&T, Alcatel, Motorola, NEC Corporation, Bell Canada, Ericsson, British Telecom e CTS (China) — já se posicionaram. E alguns começaram a comprar os recém-privatizados provedores nacionais de telecomunicações.

À África também faltam empresas de telecomunicações. Telefones, computadores, televisões e mesmo rádios são importados a custos proibitivos — como o são as fibras óticas, a tecnologia de microondas, os equipamentos de comutação, as tecnologias das estações em terra, os satélites, os conectores, o hardware de *transponders* e os cabos submarinos. Ademais, o envolvimento da África ainda é marginal nas negociações globais dos padrões globais de tecnologias como os sistemas de Rede Integrada de Serviços Digitais (ISDN), de televisão de alta definição (HDTV), de Transmissão Direta por Satélite (DBS) e da Internet — isso a despeito das implicações políticas, culturais, tecnológicas e econômicas e das consequências de longo alcance para as gerações atuais e futuras de africanos em casa e no estrangeiro.

A participação significativa da África no setor de informação global do século XXI dependerá de como a capacidade de fabricação de comunicações, o conhecimento e o trabalho especializado em telecomunicações e informação forem desenvolvidos nacional, regional e internacionalmente. Em um certo sentido, o verdadeiro desafio da África é o de ir além de um estreito consumismo e lutar para encontrar um nicho respeitável nos setores da informação global e da produção de conhecimento.

EMPRESAS INTERNACIONAIS E TECNOLOGIAS DA INFORMAÇÃO

As telecomunicações globais alinhavam a globalização. As empresas precisam das tecnologias de comunicação para fazer negócios internacionalmente, e as tecnologias da informação têm ajudado os mercados a se interconectar. A tecnologia também tem embaçado as fronteiras entre "bens" e "serviços". Por exemplo, um programa de software pode ser vendido em disco como um "bem" e on-line como um "serviço" (Castells e Aoyama, 1994, p. 8). Além do mais, as tecnologias da informação e comunicação têm permitido às empresas centralizarem as decisões de finanças, de marketing, de pesquisa e de planejamento em escritórios-sede regularmente atualizados por uma rede global de computadores.

Por exemplo, nos anos 1980, a Digital Equipment dos Estados Unidos produzia os seus teclados em Boston, Massachusetts, e os seus monitores em Taiwan (China). A montagem dos sistemas era feita em Westfield, Massachusetts, as unidades de disco flexível, em Cingapura, e montadas em Springfield, Massachusetts. As cabeças das unidades de disco eram feitas em Westboro, Massachusetts. Os circuitos integrados eram produzidos em Hudson, Massachusetts, remetidos a Taiwan (China) para serem cortados e embalados e depois enviados a Marlboro, Massachusetts, a fim de serem transformados em circuitos híbridos e depois testados e enviados a Westfield, Massachusetts, para serem incorporados nas memórias de computadores feitos em Hong Kong (China) e Cingapura (Mosco e Wasko, 1988).

A globalização produz novos tipos de relações entre o trabalho, a produção, a tecnologia e o capital, e, acima de tudo, um nível de fluidez e de interação entre todos os fatores de produção. Nessas circunstâncias, pequenas e médias empresas e empresas públicas isoladas não podem competir no mesmo nível com os conglo-

ESTUDOS DE CASOS

merados gigantes do século XXI. Fusões e aquisições, uma característica predominante no cenário internacional dos negócios dos últimos 20 anos, podem em parte ser explicadas por esse fato. E, para uma empresa, resistir a essa tendência dominante pode significar obsolescência, perda de competitividade e, portanto, irrelevância.

A despeito das pressões competitivas, contudo, a Internet oferece a oportunidade de pequenas e médias empresas na África terem um acesso mais barato a certos tipos de informação do que o acesso antes possível. Fornecedores de nicho também podem conquistar acesso instantâneo a um mais amplo mercado global. Nesse caso, o preço e a disponibilidade serão variáveis cruciais. Conquanto a assistência para o desenvolvimento possa ajudar, as políticas atuais (como o empurrão para a privatização) são por vezes contraproducentes quando o caso é o acesso universal.

Tecnologias da informação e comunicação e a privatização

Segundo o Banco Mundial, a reforma nas telecomunicações em geral significa comercializar e separar dos governos as operações; ampliar a participação das empresas e dos capitais privados; conter os monopólios; diversificar a oferta de serviços; desenvolver a competição; e deslocar a responsabilidade do governo pela propriedade, posse e gestão para a política e a regulamentação (Wellenius e Stern, 1994). Em teoria, a razão por trás de tal reforma é gerar receitas substanciais para o governo, reduzir a dívida externa, desenvolver a competição e permitir que os países se tornem participantes mais fortes na economia global.

Se isso tem acontecido, não tem beneficiado aos pobres. De acordo com o *Relatório de desenvolvimento humano de 1997* do UNDP, "os maiores benefícios da globalização foram colhidos por uns poucos privilegiados. (...) Os países menos desenvolvidos, com 10% da população mundial, têm apenas 0,3% do comércio mundial — metade da participação que tinham duas décadas atrás. (...) A participação de 20% dos mais pobres da população mundial na receita global hoje situa-se num miserável 1,1%, depois de apresentar 1,4% em 1991 e 2,3% em 1960. Continua a encolher. E a proporção da renda dos 20% mais ricos para a dos 20% mais pobres cresceu de 30 para 1 em 1960, de 61 para 1 em 1991 — e para uma estarrecedora nova altura de 78 para 1 em 1994" (UNDP, 1997, p. 9).

Embora o Banco Mundial tenha defendido essas políticas, admite que a onda de privatizações no setor das telecomunicações pode fazer com que "apenas cinco ou seis empresas operadoras dominem o mercado mundial no qual os empreendimentos estatais de telecomunicações são vendidos" (Wellenius e Stern, 1994, p. 47) e que "a privatização nem sempre é uma opção exequível, não garantindo por si mesma a melhoria no desempenho do setor" (p. 45).

Sinha (1991) levanta questões mais fundamentais numa avaliação transnacional das políticas de telecomunicações em 65 países em desenvolvimento divididos em cinco grupos, indo de países de renda baixa aos de renda alta. Seus resultados mostram que as diferenças nas densidades de telefones e linhas estão proximamente relacionadas à renda nacional. A diferença crucial entre os grupos de países se relaciona com o grau de liberalização de suas políticas de telecomunicações, com os países do grupo 2 tendo políticas mais liberalizadas do que os do grupo 1 e os países do grupo 5 tendo políticas mais liberalizadas do que os do grupo 4. Uma importante constatação do exame é a de que embora a liberalização política não se associe a diferenças significativas de desempenho entre os diferentes grupos de países, associa-se a condições adversas de acesso e de disponibilidade dos serviços.

O estudo ainda sugere que "a liberalização das políticas de telecomunicações nos países em desenvolvimento conduz a uma piora sistemática das condições de acesso e de disponibilidade dos serviços telefônicos, com poucos ganhos correspondentes na melhoria do desempenho do setor" (p. 209-210). O estudo conclui que se existem ganhos com a reforma do setor, estes devem ser vinculados a um alto crescimento econômico e perseguidos nos países altamente industrializados. De maior importância, Sinha argumenta convincentemente que "o compromisso do governo (refletido em crescente investimento governamental) de elevar o crescimento do setor é o mais importante e único fator na melhoria tanto do desempenho como da distribuição em todos os níveis de desenvolvimento e sob todas as condições econômicas" (p. 209-10).

O estudo de Sinha representa uma significativa ruptura nas visões neoclássicas sobre reformas das telecomunicações em países dominados. Com efeito, ele aponta que o mecanismo de mercado é inadequado para gerar e distribuir de modo equânime diversos bens e serviços — particularmente um bem público quintessencial como as telecomunicações. Sinha sugere que "sujeitar o setor a mercados imperfeitos poderia impedir qualquer possibilidade de um acesso equitativo às telecomunicações" na maioria dos países dominados (p. 210). A criação e o agravamento de tais desequilíbrios estão entre as causas principais do mau desenvolvimento e da piora na qualidade de vida nesses países.

Ao analisar as consequências da privatização das telecomunicações na Costa do Marfim através da venda à France Telecom (uma multinacional francesa) sem a introdução de pressões competitivas, Sinha mostra que o negócio foi um desastre para o país. "Resultou na duplicação do preço do serviço residencial básico nos dois anos de 1988 a 1990, sem qualquer redução correspondente no preço do serviço comercial ou qualquer receita de impostos adicionais fluindo para os cofres do governo" (Sinha, 1991, p. 212-13).

ESTUDOS DE CASOS

No Senegal, a France Telecom adquiriu a Sonatel por uma pechincha e depois aumentou as tarifas para certas categorias de serviço (Niang, 1998). Contrariando as afirmações de que a privatização traz salários mais altos ao pessoal de telecomunicações, o oposto aconteceu no Senegal. Os trabalhadores da Sonatel organizados num sindicato local estão considerando renegociar seus acordos com a France Telecom e até a greve para forçar a companhia a manter suas promessas de melhores salários depois da privatização.

Portanto, a privatização não é uma panaceia. Pode levar a desastres onde haja falta de uma regulamentação eficaz e de uma mão de obra especializada de visão progressista.

Dimensões geoestratégicas das tecnologias da informação e comunicação

Empacotar e reempacotar informação no formato de uma mercadoria vendável tem se tornado uma ferramenta central para o consumismo, as transações financeiras e o controle social. Como apontado, as tecnologias da informação e telecomunicações são em geral consideradas um setor estratégico. As telecomunicações formam o âmago e proporcionam a infraestrutura de toda a economia da informação. Países e empresas aos quais faltam as telecomunicações modernas não podem eficazmente participar na economia global (Wellenius e Stern, 1994, p. 2-3). Por isso, o setor das telecomunicações é um setor catalítico do ponto de vista da política industrial.

Duas dimensões adicionais da informação a tornam um bem estratégico, não apenas uma outra mercadoria. A primeira é o poder trazido pela informação, especialmente numa negociação. A interdependência assimétrica pode ser entendida como a capacidade dos Estados mais poderosos de obterem acesso e controle das informações em uma situação de negociação. Por exemplo, a capacidade e o pessoal técnico que podem ser reunidos por países poderosos engajados em negociações globais — como na Organização do Comércio Mundial, no Acordo Geral de Tarifas e Comércio (GATT) ou na Conferência Mundial das Administrações de Radiocomunicações (Warc) — de longe excedem os disponíveis aos países dominados. A equipe profissional por trás das negociações dos EUA no GATT era de cerca de 160 pessoas — enquanto na Warc foi estimada em 930, incluindo-se apenas os funcionários governamentais (O'Brien e Helleiner, 1982, p. 124).

A segunda dimensão cobre todas as formas de inteligência, seja para propósitos de segurança ou comerciais. A espionagem tecnológica, as imagens de satélite, os sistemas geográficos de informação, os sensores remotos, o fluxo de dados através de fronteiras, as plataformas de observações de satélite — todos tornaram-se itens proeminentes na reunião e no processamento de informações. São ferramentas essenciais para saber o que o vizinho ou o inimigo anda fazendo em termos de tecnologia avançada, de microeletrônica, de satélites legalmente adquiridos e depois ilegalmente reproduzidos. O'Brien e Helleiner (1982) dedicam atenção a essa questão e ainda sugerem que "esse tipo de informação não pode ser inteiramente separado do conhecimento das subjacentes modificações técnicas, mudanças na demanda e afins" (p. 102-03).

A África merece atenção especial nesse respeito. Nos meados da década de 1850 muitos países africanos foram militar e administrativamente colonizados. Companhias passaram a construir enormes impérios de comunicações do Cairo à Cidade do Cabo. O objetivo era integrar os portos costeiros de comércio em territórios completamente colonizados, com trabalho e matérias-primas baratos. Redes de telégrafo e de telefone tornaram-se indispensáveis para o monitoramento dos mercados coloniais e suas situações militares e políticas (Sy, 1996). Hoje existe a mesma necessidade de "conexão" eficiente das áreas úteis de matérias-primas e trabalho baratos.

Em meio ao processo de privatização, os países em desenvolvimento testemunharam um importante acréscimo da posse estrangeira de seus mercados de telecomunicações e indústrias. Esse desenvolvimento conflita com os objetivos de independência e aponta para a dimensão estratégica da privatização, da desregulamentação e da liberalização do comércio, tanto para as empresas como para os países.

A privatização parcial do setor das telecomunicações da África talvez seja uma necessidade, mas o modo como vem se dando pode representar uma ameaça de porte aos interesses nacionais e de segurança global africanos. O setor das telecomunicações africano fica mais e mais sob o cerco de pressões aos governos africanos para a venda de suas empresas de telecomunicações a corporações transnacionais. Esses interesses privados começaram a posicionar-se agressivamente — por vezes em quase monopólios nos mercados locais e em setores altamente estratégicos como os da água, eletricidade, telecomunicações e extração mineral. Os países dominados foram forçados a reorganizar os seus mercados em mercados sub-regionais ou regionais maiores, preparando-se para a integração com o mercado global. Esse processo pode alterar significativamente a soberania dos Estados africanos: pode ser um convite aberto aos investidores estrangeiros para tomarem os setores econômicos mesmo enquanto fracassam em aliviar problemas como crescimento e investimento baixos.

PRIVATIZAÇÃO E EQUIDADE

A fixação de preços nunca é inocente nos bens de rede, tais como os transportes e as comunicações. Como o custo marginal do uso desses serviços pode ser próximo a zero, as cobranças aos usuários não refletem o custo marginal, diferentemente do caso de outros tipos de bens. Antes, a fixação de preços resulta de uma consciente decisão distributiva de como partilhar o encargo do investimento inicial. Com a privatização,

ESTUDOS DE CASOS

essas decisões distributivas são amiúde retiradas do domínio público e postas em mãos estrangeiras.

O maior desafio na privatização das telecomunicações da África será equilibrarem-se as necessidades dos provedores privados estrangeiros de retorno e rendimento com as necessidades dos usuários domésticos — incluindo-se as universidades, as instituições de pesquisas, os trabalhadores do setor informal, as organizações não governamentais, os agricultores individuais e os organizados e as organizações da sociedade civil — na busca de tarifas de telecomunicações que eles possam pagar. As escolas de primeiro e segundo graus podem também querer beneficiar-se de tarifas reduzidas. Quem subsidiará tais necessidades em países onde a pobreza desestabilizou grupos sociais inteiros — inclusive os servidores civis, cujos salários foram retalhados pela reforma, a inflação, o desemprego, a desvalorização e os bens importados extremamente caros?

Confrontados com limitações de orçamento devidas em parte à mercadização da informação, escolas, universidades, bibliotecas, organizações internacionais e provedores e grupos não lucrativos por todo o mundo acabarão por vender informação e documentação a usuários finais, ao passo que o acesso universal ao patrimônio científico e cultural mundial deveria ser garantido a todos. Diante dos aumentos de tarifas que às vezes acompanham a privatização, as questões de equidade tornam-se mais urgentes. Por que deveria o limitado poder de compra dos trabalhadores africanos alimentar diretamente os fluxos de caixa das corporações multinacionais que compram, a preço de banana, os provedores africanos de serviços vitais em áreas como a saúde, água, eletricidade e telefonia? Se a privatização se faz necessária para recuperar a balança de pagamentos, por que não são os mesmos ajustes estruturais e programas de privatização aplicados aos países industrializados, cujas dívidas externas há muito ultrapassaram níveis aceitáveis?

RECOMENDAÇÕES DE POLÍTICAS

Ao longo dos últimos 20 anos inúmeras reuniões, seminários, *workshops*, teleconferências e exposições foram organizados por organizações bilaterais, multilaterais e privadas em um esforço de abrir a África às promessas do mercado global das telecomunicações. Novas utopias e cruzadas em nome da sociedade da informação, da aldeia global e das comunicações cibernéticas foram apresentadas como fórmulas mágicas para remediar todas as mazelas da sociedade.

Muitas dessas iniciativas foram eficazes em estender o alcance das telecomunicações globais e em promover uma boa governança doméstica. Ainda assim, muitas deixaram de tratar o aspecto de bem público da questão. Não se dirigiram, por exemplo, aos monopólios naturais sobre as indústrias essenciais de conhecimento e de in-

384 BENS PUBLICOS GLOBAIS

formação mantidos por um pequeno número de empresas transnacionais situadas em países poderosos. Uma abordagem mais promissora seria construir a capacidade em vários setores para que os países em desenvolvimento pudessem agregar valor à informação, tornando-a disponível aos usuários nacionais e internacionais. O que segue oferece uns poucos princípios para políticas justas e eficazes nessa área.

Políticas regionais e globais

A participação da África na maioria das negociações que lidam com regimes internacionais para tecnologias da informação tem sido menos visível e eficiente do que a da Ásia e a da América do Sul. O que não significa que em um futuro próximo os africanos mais jovens não desempenharão um papel mais importante do que até agora lhes foi permitido pelos sistemas políticos em geral conservadores. Orientações para a renovação política deveriam concentrar-se nos seguintes temas, alguns dos quais foram adotados na África Telecom 98, um encontro patrocinado pela União Internacional de Telecomunicação (Harrison, 1998):

- A África deveria possuir e operar um dedicado satélite regional de comunicação por meio de uma federação flexível de recursos humanos, financeiros e tecnológicos, assim como de estruturas legais e políticas adequadas.
- As nações em desenvolvimento em geral, e a África em particular, deveriam participar de negociações globais unidas em torno da mesma plataforma de ação em vez de agirem sozinhas.
- A privatização deveria ser combinada com regulamentação transparente e políticas de telecomunicações. Além disso, privatizações em programas de ajustes estruturais têm de ser cuidadosamente escrutinadas para evitar-se uma recolonização de fato do setor das telecomunicações da África pelas corporações multinacionais.
- A África deveria ser organizada e fortalecida como um mercado regional de telecomunicações para equipamentos e serviços e para acordos de aquisição comuns. A privatização não deveria ser empreendida à custa da integração regional.
- A estratégia industrial da África deveria visar a aprender como fabricar partes e softwares de telecomunicações, tanto os simples como os mais complexos, através de uma cooperação Sul-Sul e de empreendimentos Sul-Norte baseados em acordos equitativos de base regional ou sub-regional.
- Tarifas altas e arbitrárias sobre produtos importados (como computadores) agravam o problema de fornecimento e acesso para estudiosos, cidadãos e das pequenas empresas nos países africanos (como no Senegal).

ESTUDOS DE CASOS

Revisitando os serviços públicos

A noção de um bem ou serviço público deveria ser revisitada para refletir o verdadeiro valor dos bens e serviços às pessoas e à melhoria de suas vidas. Nos países africanos e em outros países em desenvolvimento, as bibliotecas, certos serviços de telecomunicações (aprendizado à distância, sistemas computadorizados de saúde), a educação e a saúde deveriam ser subsidiados pelos Estados pela coleta de impostos baseados em princípios de justiça e estabelecidos em uma escala progressiva. Os ricos e as corporações transnacionais deveriam pagar impostos mais altos do que os trabalhadores pobres e informais. O mesmo vale para as tarifas e as taxas de usuário. É fato, nenhum Estado africano pode pagar pela infraestrutura de telecomunicações de que necessita apenas com impostos recolhidos. Portanto, novas formas de parcerias público-privadas serão necessárias.

Na verdade, o subsídio desempenhou um papel em algumas das melhores histórias de sucesso na área de tecnologia da informação. Nos Estados Unidos, por exemplo, o número de computadores conectados à Internet foi estimulado por subsídios estatais para a infraestrutura de telecomunicações. Ademais, a Internet foi pesadamente subsidiada entre 1968 — quando foi criada como um projeto do Departamento de Defesa — e 1995. Além disso, a Internet beneficiou-se de financiamento indireto através de projetos de desenvolvimento de pesquisa (na maioria situados nas universidades) e de subsídios para a compra pelas universidades de bandas largas para uso da Internet.

Para benefício de quem tais serviços públicos deveriam ser considerados? Serviços com valor comercial intrínseco e poucas externalidades não deveriam ser considerados como serviços públicos. Ainda assim, a noção de que todo serviço necessário à humanidade deva ser comercializado deveria ser criticamente reavaliada. A visão de que apenas a defesa, a polícia, a educação e a saúde são serviços públicos está errada. Desde o início dos anos 1980 as instituições financeiras internacionais têm defendido a privatização da água e da eletricidade, da telefonia e da televisão, da educação e da saúde. Esse processo levou ao enfraquecimento dos Estados já dominados na frente política e econômica, enquanto o gasto público com a defesa não foi desencorajado — e, na realidade, algumas vezes foi subsidiado pelos doadores. Esse padrão de desenvolvimento contribuiu para o fato de a África possuir o mais alto índice de mortandade por guerras civis, étnicas e interestaduais e o mais alto número de refugiados e de pessoas desalojadas em todo o mundo.

Os serviços públicos deveriam ter alcance universal e tornarem-se amplamente disponíveis por duas razões:

- *É o que as pessoas querem.* Os serviços públicos deveriam ser identificados e proporcionados de uma maneira democrática e através de processos participativos.
- *Para se nivelar o campo de ação.* Dado que as empresas e as pessoas interagem e competem em nível internacional (graças, em grande parte, ao desenvolvimento das tecnologias das telecomunicações e da informação), faz sentido garantir-se que todos estejam igualmente preparados e recebam as mesmas oportunidades de treinamento e de uso dos serviços básicos.

Para o financiamento dos serviços de telecomunicações públicos (ou mesmo privatizados), por exemplo, o capital nativo deveria ser usado na medida do possível. O capital interno (seja privado ou público) deve receber prioridade sobre os empréstimos e os fundos externos, especialmente em países como Angola, Egito, Nigéria e África do Sul, onde as poupanças internas e os mercados de capitais são significativos. Essa abordagem seria consistente com as tendências dominantes na OCDE dos gastos com os setores do conhecimento e da informação.

Em outros países, a assistência internacional para o desenvolvimento pode auxiliar a fechar o hiato entre poupanças e investimento. Isso poderia ser possível com uma Nações Unidas mais democrática — uma que prestasse mais atenção às questões distributivas. Em vez disso, os setores das telecomunicações e da informação mostram desequilíbrios globais perpétuos, acesso desigual aos recursos e aos serviços públicos, e pobreza e inquietações crescentes, levando a guerras dentro das nações e entre elas.

Os governos nacionais também terão de cumprir suas partes. As bibliotecas públicas da África estão abandonadas, e nenhum esforço sério tem sido feito para construírem-se bancos de dados sub-regionais ou regionais e sólidas empresas de pesquisa e desenvolvimento.

Portanto, as políticas para o desenvolvimento de tecnologias de comunicação na África e em outros lugares podem ajudar — mas devem ser situadas no contexto apropriado. As tecnologias de comunicação em si mesmas não podem promover a justiça social e pôr economias subdesenvolvidas numa trilha sólida, sustentável e democrática. Na verdade, o desenvolvimento não equitativo irá impedir o crescimento das telecomunicações encolhendo o número de usuários. Isso poderia marginalizar a África ainda mais, mesmo para os países ou empresas hoje mais bem situados para tirar vantagem do mercado africano emergente.

Podemos aprender com os equívocos passados. A visão de que as pessoas valem mais do que as forças de mercado pode reconquistar terreno, permitindo às telecomunicações oferecerem vastos potenciais para um desenvolvimento democrático e para o reequilíbrio de um mundo que se torna menor a cada dia.

NOTA

Ao escrever este estudo, recebi comentários ou discuti algumas das questões envolvidas com o professor Oscar Gandy, Jr., da Annenberg School of Communications, na Universidade da Pensilvânia; com o professor Samir Amin, diretor do Fórum do Terceiro Mundo; e com a Sra. Yassine Fall, secretária-executiva da AAWORD. Desejo agradecer a eles por sua inestimável ajuda.

REFERÊNCIAS BIBLIOGRÁFICAS

Adam, James, e Nancy Hafkin. 1992. *Telematics for Development*. Adis Abeba: Comissão das Nações Unidas para a África.

Bates, Benjamin J. 1985. "Information As an Economic Good: A Re-Evaluation of Theoretical Approaches". Estudo apresentado na 35ª Conferência Anual da Associação Internacional de Comunicação, 23-27 de maio, Honolulu, HI.

———. 1988. "Information As an Economic Good: Sources of Individual and Social Value". Em Vincent Mosco e Janet Wasko, orgs., *The Political Economy of Information*. Madison: University of Wisconsin Press.

Castells, Manuel, e Yuko Aoyama. 1994. "Paths towards the Informational Society: Employment Structure in G-7 Countries, 1920-90". *International Labour Review* 133(1): 5-33.

Catroux, Jean-Michel. 1998. "La renaissance". *Jeune Afrique Economie* 262 (13 de abril-3 de maio): 88.

Cheneau-Loquay, Annie. 1998. "Télécommunications: quel est l'état des lieux en Afrique et quelles sont les perspectives?" Centre National de la Recherche Scientifique. *www.regards.cnrs.fr/Africanti/carto.html*.

Gandy, Oscar H., Jr. 1988. "The Political Economy of Communications Competence". Em Vincent Mosco e Janet Wasko, orgs., *The Political Economy of Information*. Madison: University of Wisconsin Press.

———. 1992. "The Political Economy Approach: A Critical Challenge". *Journal of Media Economics* 5(2): 23-42.

Hamelink, Cees J. 1998. "The People's Communication Charter". *Development in Practice* 8(1): 68-74.

Harrison, Babatunde. 1998. "Combining Technologies Spur African Telecom Market". Africa Journal (maio). *Electronic Newsletter on African Media Issues, africa-journalist@idc.org*.

Jensen, Mike. 1998. "African Internet Connectivity". http://www3.sn.apc.org/africa/afrmain.htm.

Machlup, Fritz. 1962. *The Production and Distribution of Knowledge in the United States*. Princeton, NJ: Princeton University Press.

Mosco, Vincent, e Janet Wasko, orgs. 1988. *The Political Economy of Information*. Madison: University of Wisconsin Press.

Niang, Bocar. 1998. "Les abonnés de Dakar supportent la 'baisse'". *Sud Quotidien*. 23 de agosto.

Noumba-Um, Paul, e outros. 1993. "Études de cas: 14 pays d'Afrique". *Le Communicateur* 12(23-24): 357-96.

O'Brien, Rita Cruise, e G. K. Helleiner. 1982. "The Political Economy of Information in a Changing International Economic Order". Em Meheroo Jussawalla e Donald M. Lamberton, orgs., *Communication Economics and Development*. Nova York: Pergamon Press.

UNDP (Programa das Nações Unidas para o Desenvolvimento). 1997. *Human Development Report 1997*. Nova York: Oxford University Press.

Pool, Ithiel de Sola. 1984. "Tracking the Flow of Information". *Science* 221: 609-13.

Porat, Marc Uri. 1978. "Global Implications of an Information Society". *Journal of Communication* 28(1).

———. 1982. "Information, Communication and Division of Labor". Em Meheroo Jussawalla e Donald M. Lamberton, orgs., *Communication Economics and Development*. Nova York: Pergamon Press.

Sinha, Nikhil. 1991. "Choices and Consequences: A Cross-National Evaluation of Telecommunications Policies in Developing Countries". Dissertação de Ph.D. Universidade da Pensilvânia, Annenberg School of Communications, Filadélfia.

Sy, Jacques Habib. 1996. *Telecommunications Dependency: The African Saga (1850-1980)*. Nairóbi: Alternative Communications.

Wellenius, Bjorn, e Peter Stern. 1994. *Implementing Reforms in the Telecommunications Sector: Lessons from Experience*. Washington, DC: Banco Mundial.

A Face Pública do Ciberespaço

Debora L. Spar

Imagine uma rede que abarque o mundo. Uma rede que torna disponível — de modo invisível e barato — as miríades de *bits* de informação que serão a chave da prosperidade do século XXI. Imagine uma rede unindo os pacientes aos médicos, os alunos aos professores e os mercados aos clientes onde quer que eles existam. Essa rede, é claro, é a Internet. E segundo muitos de seus mais ferrenhos defensores, ela já existe. Considere as palavras de Bill Gates (1995, p. 5) ao prever que "haverá um dia, não muito distante, em que seremos capazes de conduzir negócios, estudar, explorar o mundo e sua cultura, assistir a qualquer grande evento, fazer amigos, comprar nos mercados da vizinhança, e mostrar retratos a parentes distantes — sem nos afastarmos da escrivaninha ou de nossa poltrona". Ou a visão de Nicholas Negroponte (1995, p. 6): "No início do novo milênio... A mídia de massa será redefinida pelos sistemas para transmissão e recebimento de informação e diversão personalizados. As escolas se transformarão para tornarem-se mais como museus e pátios de recreação onde as crianças formarão ideias e se socializarão com outras crianças por todo o mundo. O planeta digital parecerá uma cabeça de alfinete."

Nessas visões, assim como em muitos cenários semelhantes, a Internet age como um virtual e virtuoso bem público. Incorpora as atividades de todos que desejam usá-la. Permite a esses usuários interagirem sem qualquer rivalidade nesse uso. E serve de bem maior para a comunidade na qual existe, facilitando os fluxos de informação e criando camadas de externalidades positivas. Mas existe mesmo esse mundo? Pode ele conceder os altos ideais previstos por seus partidários? Em 1998 não está bem claro. Sim, o potencial da Internet é óbvio. Mas sua capacidade de funcionar como um bem público não o é. Especialmente nos países em desenvolvimento, a promessa de uma sociedade conectada em rede pode ser mais uma esperança do que a realidade.

Este capítulo examina a Internet como um bem público. De modo preliminar esboço por que a Internet pode — ou não pode — ser concebida como um bem público, e como a sua natureza pública provavelmente afetará tanto o seu desenvolvimento como o caminho do desenvolvimento dos países nos quais opera. Como a maioria dos estudos sobre esse assunto, este capítulo é em essência uma reflexão. Com o ciberespaço se desenvolvendo a uma velocidade espantosa, é impossível prevermos tendências com alguma certeza. Sendo assim, o meu objetivo é modesto: simplesmente considerar o domínio de rápido crescimento do ciberespaço como um possível bem público e de traçar suas implicações. Se o ciberespaço, ou alguns elementos do ciberespaço, são de fato bens públicos, como devem ser regulamentados? Que fórum de criação de políticas é mais apropriado para esse vasto novo território? E como regras de qualquer tipo serão impostas aos alcances indisciplinados da rede?

AS ORIGENS DA INTERNET

A Internet teve o seu começo no final da década de 1960 como uma infraestrutura de comunicações denominada Arpanet, dirigida pelo Departamento de Defesa dos EUA e por sua Agência para Projetos de Pesquisa Avançada (Arpa).[1] Consistindo em uma série de *links* unindo discretas redes de computadores, a Arpanet foi uma experiência de "trabalho em rede" criada para dar aos cientistas da pesquisa em universidades uma oportunidade de criarem uma sólida "rede de redes" que facilitaria a troca de informações científicas e militares e economizaria os custos de se replicarem as capacidades dos computadores em múltiplos locais. Tirando vantagem das recentes descobertas na tecnologia da computação e ao mesmo tempo tentando tornar o sistema inacessível a ataques nucleares ou desastres naturais, os criadores da Arpanet estruturaram um sistema amplamente descentralizado. A informação fluía de uma rede de computadores a outra por uma variedade de meios (cabos telefônicos, ligações de fibras óticas, satélites) e locais físicos.

Com o tempo essa rede descentralizada de redes ficou conhecida como a Internet. Seguindo o modelo do sistema nacional telefônico, e mesmo utilizando muitas de suas conexões, os caminhos da Internet permaneceram fora da vista e da mente de seus usuários. Ninguém precisava saber como as mensagens moviam-se de um local a outro — apenas que lá chegavam com segurança. Diferentemente do sistema telefônico, a estrutura lógica da Internet permitia a qualquer usuário transmitir uma mensagem simultaneamente para qualquer local da rede. Essa possibilidade refletia o propósito científico da Internet: capacitar um pequeno grupo de elite de pesquisadores compartilhar informações cruciais entre si.

Por aproximadamente 20 anos essa comunidade floresceu silenciosamente on-line. Expandindo-se rapidamente de apenas quatro computadores em 1969 para 2.000 em 1985, a Internet tornou-se um meio comum de comunicação para os pesquisadores universitários, cientistas do governo e engenheiros de computador estrangeiros. A responsabilidade por sua manutenção deslocou-se nos anos 1980 para a Fundação Nacional de Ciências (NSF), que sublinhou o foco científico da rede e explicitamente proibiu os usuários de se envolverem em propósitos comerciais ou que não fossem de pesquisa.[2]

ESTUDOS DE CASOS

Sua privatização

Ao final dos anos 1980, contudo, esse enfoque científico havia efetivamente desaparecido. Ciente dos crescentes interesses comerciais pela rede, assim como de seus próprios limites orçamentais, a NSF lentamente começou a privatizar a Internet (ver Lodge e Rayport, 1995). De início, as empresas privadas apenas forneciam os serviços de infraestrutura para a base usuária estabelecida da rede. Então, em 1989 os provedores de serviços comerciais surgiram, oferecendo acesso à Internet para uma ampla nova gama de clientes privados e comerciais. Em 1990 a Internet foi oficialmente aberta aos empreendimentos comerciais.

A privatização transformou a rede. No início dos anos 1980 a comunidade da Internet consistia em cerca de 25 redes científicas e acadêmicas ligadas. Já em 1995, quando o último pedaço da espinha dorsal da NSF foi aposentado em favor de espinhas dorsais de propriedade privada e maior velocidade, a rede havia crescido para incluir mais de 44 mil redes, inclusive 26 mil entidades comerciais registradas (*Time*, 1995; Sullivan-Trainor, 1995). Estendendo-se bem além do meio acadêmico e do Departamento de Defesa dos EUA, 40-50 milhões de computadores estavam conectados aos provedores em 1995, e o número crescia em proporções sem precedentes.

Sua globalização

Por volta dessa época, a Internet saltou de suas origens norte-americanas para se tornar um fenômeno verdadeiramente global. Em um certo grau, é claro, a rede sempre fora global. Como usava a rede de telecomunicações existente, o meio era inerentemente internacional em sua abrangência, seguindo os caminhos estabelecidos décadas antes para vincular infraestruturas de comunicação nacionais. Portanto, os cientistas estrangeiros havia muito estavam conectados ao sistema norte-americano, como eventualmente estiveram os acadêmicos e outros pesquisadores.

Mas a comercialização da rede abriu seus caminhos a grupos substancialmente maiores de usuários. A explosão comercial iniciada nos Estados Unidos logo se espalhou para a Europa, a Ásia e amplas faixas do mundo em desenvolvimento. Em 1992, 92 países estavam completamente conectados à Internet, e 45 mais podiam receber e enviar o correio eletrônico (e-mail). Em 1993 as conexões fora dos Estados Unidos respondiam por 40% das conexões da Internet e cresciam em um ritmo muito mais veloz do que as conexões nos EUA (Lodge e Rayport, 1995). Em 1996, 167 países tinham os seus próprios provedores da Internet, e mesmo os mais pobres países em desenvolvimento experimentavam um crescimento significativo no número de novas linhas telefônicas e no número de conexões com a Internet (ITU, 1998). Somente na China 620 mil usuários haviam se conectado à Internet ao final de 1997, e uma estimativa de 10 mil *links* adicionais adicionavam-se a cada mês (Zhang, 1997).

Suas promessas

Em 1998 a Internet podia verdadeiramente ser considerada um meio global — mesmo, talvez, como sendo o meio global. Suas conexões cruzavam fronteiras imperceptivelmente, ligando os mercados e os cidadãos de maneiras novas e curiosas e destruindo as noções convencionais de fronteiras nacionais. Continuando uma tendência tornada possível pelos telefones, faxes e satélites, a Internet prometia tornar disponível a informação a todos os cantos do globo. De forma barata, e sem complicações tecnológicas, prometia conceder a seus usuários qualquer informação que pudessem encontrar — e ligar o fornecedor da informação aos consumidores potenciais dessa informação com uma velocidade e facilidade nunca dantes realizada. Nesse processo a rede também ameaçava destruir muitos aspectos convencionais dos negócios, das sociedades e dos Estados.

Tanto a promessa quanto a ameaça apoiavam-se no poder básico da informação. Ao circular informações de forma tão ampla e livremente, a Internet podia remover as barreiras à informação que os Estados autoritários há muito haviam erguido contra os seus cidadãos.[3] Também podia pôr em contato direto produtores e seus possíveis clientes, desmantelando as dificultosas cadeias dos atacadistas, distribuidores e varejistas que haviam habitualmente separado os produtores de suas vendas e aumentado significativamente os custos finais dos produtos (veja *Chain Store Age*, 1997, p. 42-44 e *The Times of London*, 1998, p. 10). Em ambas as esferas política e econômica, portanto, a promessa radical da Internet era a de desmantelar as cadeias de autoridade existentes, dando aos cidadãos e consumidores maior autonomia sobre suas decisões e — mais poeticamente — seus destinos.

Sem o benefício de uma retrospectiva, é difícil avaliarmos a credibilidade dessas promessas, porque o cumprimento delas apoia-se na passagem do tempo e na interação de inúmeros fatores imprevisíveis. Ainda assim, pensarmos sobre essas previsões no contexto dos bens públicos é um interessante (se talvez não inteiramente óbvio) ponto de partida.

Os bens públicos, afinal, são essencialmente um modo de concebermos a atividade econômica que se situa em algum ponto entre o Estado e o mercado. A discussão dos bens públicos implica uma preocupação com o impacto social da atividade comercial ou com o fornecimento de bens sociais fora dos canais comerciais normais. Neste livro os bens públicos também oferecem uma abordagem teórica a questões de desenvolvimento econômico. Todos esses atributos e todas essas questões existem no ciberespaço. Com efeito, muitas das promessas mais radicais exprimidas pelos mais devotados defensores da Internet se relacionam ao deslocamento da fronteira entre o setor privado e o público, e ao fornecimento de bens sociais por forças comerciais. Olharmos a Internet como um possível bem público, portanto, fornece

ESTUDOS DE CASOS

lentes fascinantes para o exame desse meio em evolução — e concede um meio de examinarmos como o desenvolvimento de uma rede global provavelmente irá afetar as sociedades que conecta.

O ARGUMENTO A FAVOR DA INTERNET COMO UM BEM PÚBLICO

Como os capítulos neste livro deixam claro, definir-se um bem público não é tarefa fácil. Nem o é a identificação de um: áreas tratadas como bens públicos em alguns contextos podem, em outros, ser tratadas como bens privados; bens públicos podem se converter em serviços fornecidos de forma privada; e até os mais claros exemplos de bens públicos podem também ser concebidos como pacotes contendo tanto atributos públicos como privados. Contudo, mesmo nessa ambiguidade, a Internet sem dúvida tem os traços de um bem público.

Não rivalidade e não exclusão

Considere os dois atributos mais usualmente citados dos bens públicos: eles são não exclusivos e o seu consumo é não rival (ver Baumol e Blinder, 1982, p. 540 e Stiglitz, 1993, p. 180-82, e 1988, p. 74-75). A Internet apresenta ambos os atributos. Teoricamente, qualquer número de usuários pode interagir simultaneamente no ciberespaço. Com efeito, está aí a beleza tanto da arquitetura subjacente do sistema quanto do tipo de comunidades que dele surgiram. Como a Internet abrange tantos modos de transmissão e porque quebra qualquer mensagem individual em partes de informação (conhecidos por "pacotes"), ela é quase infinitamente expansível. Montando a engrenagem da necessária infraestrutura física — acrescentando provedores, aumentando as linhas telefônicas, construindo capacidades de satélites adicionais — novos usuários podem simplesmente pular na garupa do sistema existente.

O paralelo nesse caso com os sistemas de estradas de rodagem é adequado. Uma vez que a estrutura principal tenha sido construída — o sistema interestadual dos EUA ou a *autobahn* alemã para a estrada original; a espinha dorsal apoiada pela NSF para esta nova estrada da informação — novos sistemas podem ser associados sem grandes dificuldades. As comunidades locais podem construir estradas conectando-se ao sistema interestadual; novos usuários podem acessar a rede através de modems e linhas telefônicas. Diferente dos antigos sistemas de estradas, contudo, a rede é global. Usuários, digamos, na Tanzânia, podem se conectar diretamente ao Yahoo! ou à Microsoft Network. Ademais, suas ligações com os serviços baseados nos EUA não vêm à custa das conexões existentes dentro dos Estados Unidos. Antes, os usuários da Tanzânia são simplesmente acrescentados ao sistema, expandindo a rede em vez de limitá-la.

É esse atributo do ciberespaço que o põe, ao menos em teoria, na categoria dos bens públicos. Enquanto um usuário na Tanzânia tiver acesso a uma linha telefônica, um computador e um modem, a ele ou a ela não poderá com facilidade ser negado acesso à arquitetura subjacente da Internet. A estrada está aí, e está aberta, e qualquer um com uma conexão direta pode nela se aventurar. Mais formalmente, o uso das miríades de trilhas da Internet é não exclusivo. De modo similar, o seu uso é também não rival, porque o ingresso dos habitantes da Tanzânia não força outros usuários para fora da rede.

Ao contrário, uma das características mais atraentes da Internet é sua habilidade de reunir comunidades em expansão de usuários afins. Assim, o acréscimo dos usuários da Tanzânia, digamos, a uma sala de *chat* sobre o desenvolvimento na África, iria presumivelmente aumentar o valor da sala de *chat* para os usuários existentes. Vista desse modo, a utilização on-line é claramente não rival, e portanto se classifica de novo como um bem público. Em sua arquitetura, então, o ciberespaço pareceria cumprir o critério da definição econômica de um bem público: seu uso é não exclusivo e não rival.

Externalidades positivas

O ciberespaço também apresenta um outro atributo dos bens públicos, embora este não esteja necessariamente contido nas definições-padrão. Especificamente, o ciberespaço possui a capacidade — talvez mesmo a inclinação natural — de promover vários tipos de externalidades positivas. Estas externalidades são o alvo de muito do entusiasmo sobre o potencial da Internet, e a fonte de seus maiores vínculos sociais.

Considere as possibilidades. Por exemplo, a Internet poderia ser usada — e já o foi em algumas poucas ocasiões — como um veículo à distância para tratamentos médicos de primeira. Médicos especialistas podem fornecer consultas a áreas remotas, examinar pacientes que jamais encontrarão, conduzir treinamento para provedores locais de saúde, até auxiliar por meio de conexões de vídeo em cirurgias ou procedimentos de emergência (ver Lawrence, 1996, p. 3; Rhodes, 1994; e Brandon, 1995, p. 17). O resultado seria um melhor sistema de saúde, a um custo menor, para a comunidade local e todos que com ela tiverem contato.

A teleducação poderia igualmente conectar alunos e professores através do que de outro modo seriam distâncias improváveis. Em áreas onde há poucos professores, instrutores on-line poderiam alcançar inúmeros alunos necessitados, mais uma vez levando serviços de alta qualidade a custos bem baixos. O material de aprendizado on-line poderia substituir os livros caros; e os computadores poderiam (em algumas circunstâncias) substituir as salas de aula. As economias de escala neste modelo seriam drásticas, permitindo às comunidades pobres ou de áreas remotas terem acesso

ESTUDOS DE CASOS

a um nível de educação que de outro modo não seria provável obterem. E os resultados seriam provavelmente também drásticos, intensificando todos os benefícios positivos que normalmente se vinculam à educação, ao treinamento e à alfabetização.

Até em um nível puramente comercial, a Internet promete criar externalidades positivas, em especial no domínio da economia do desenvolvimento. Com acesso à rede, pequenos produtores em locais remotos podem expor-se e ganhar acesso a mercados mais amplos. Em vez de terem de ligar-se a intermediários e distribuidores do varejo, os produtores podem anunciar suas mercadorias diretamente na rede, atraindo o tipo de consumidor com maior probabilidade de comprar um produto em particular. As gravadoras, por exemplo, podem anunciar certas gravações de artistas a usuários que tenham indicado uma predileção por certos tipos de música; de modo semelhante, os hotéis podem oferecer seus serviços a usuários que tenham utilizado a rede para reservar suas passagens aéreas a um destino em especial. Se tais vendas on-line estimulam um comércio significativo — e prevê-se que as vendas on-line irão crescer para algo em torno de US\$ 6 bilhões a US\$ 130 bilhões pelo ano 2000 (Data Analysis Group, 1998, p. 92-127; Forrester Research, 1997; Willis, 1998, p. 55) — irão estimular o crescimento econômico e os benefícios que o acompanham onde quer que ocorram.

Formalmente, é claro, nenhuma dessas externalidades conforma-se aos critérios, ou ao menos a uma mais estreita definição, de bem público. Contudo, em geral as externalidades positivas são consideradas como ligadas aos bens públicos, mesmo que não sejam uma característica definidora deles. Stiglitz (1993, p. 180), por exemplo, descreve os bens públicos como constituindo um "caso extremo de externalidades positivas" (ver também Varian, 1984, p. 253-56). E muitas políticas públicas tratam as externalidades positivas como se fossem bens públicos, destinando o fornecimento direto delas ao setor público. A saúde, por exemplo, é com freqüência considerada terreno do Estado porque níveis mais altos de saúde representam um bem para todos os cidadãos do Estado (ver Chen, Evans e Cash neste volume). A educação é tratada de forma semelhante na maioria dos países, como o são a segurança e a proteção contra incêndios. Nenhuma dessas áreas se encaixa na definição rígida de um bem público: a saúde, por exemplo, é exclusiva e, em certas circunstâncias, a educação é um bem rival. Nem todos os cidadãos irão necessariamente receber assistência de saúde só porque alguns a recebem; e a admissão de um aluno a uma universidade de primeira significará que uma admissão será negada a outro. No entanto, por causa das externalidades positivas associadas a esses serviços, a política pública amiúde os trata como sendo da alçada do Estado, garantindo (pelo controle estatal) que o serviço seja amplamente disponível e com frequência gratuito.[4]

Assim, também nesse aspecto, a Internet apresenta muitas das características de um bem público. Poderíamos portanto esperar que fosse tratada com o tempo como um bem público, com o Estado exercendo um papel ativo em seu fornecimento ou regulamentação. Entretanto, vários outros fatores parecem atenuar essa possibilidade. O primeiro é que as atividades estatais nesse domínio estão fadadas a ser limitadas pela própria natureza da Internet; o segundo é que em muitos aspectos o ciberespaço nega sua identidade de bem público. Irei primeiro tratar do segundo desses fatores, reservando o primeiro para a seção de conclusão.

O Argumento Contra a Internet como um Bem Público

Como observado, o ciberespaço parece possuir muitos dos atributos habitualmente associados aos bens públicos. Porém, como ocorre com muitos dos bens aparentemente públicos, nem todos os elementos do ciberespaço se encaixam com facilidade no terreno dos bens públicos. Mais importante, embora a arquitetura da Internet seja inerentemente não exclusiva e não rival, os serviços empreendidos nessa arquitetura não o são.

Exclusão

Considere a America Online (AOL), o maior provedor comercial de serviços on-line do mundo. A AOL é uma comunidade para assinantes. Seus membros têm de pagar uma taxa de assinatura, e a AOL se reserva o direito de excluir ou expulsar usuários. Outras comunidades — como as salas de *chat* especializadas ou as redes de fornecedores e de clientes de uma empresa em especial — são ainda mais fechadas, com a qualidade de membro fortemente restrita e o uso controlado por senhas ou códigos de acesso. Mais e mais, mesmo novas páginas básicas como a Wall Street Journal Interactive Edition (WSJ.com) estão fornecendo informações apenas àqueles que assinam os seus serviços, adquirem uma senha e pagam pelas histórias que leem.

Comercialmente, tais arranjos fazem bastante sentido. Permitem ao provedor lucrar com a venda de seu produto e dirigir seus anúncios a um grupo cuidadosamente escolhido de usuários. O impacto no consumidor, contudo, é o de converter o que com frequência se considera um bem público — a informação — em uma mercadoria mais restrita. É claro, essa conversão já existe há um bom tempo. A maioria dos jornais, afinal, vende seus exemplares em vez de distribuí-los de graça. Mas a transição a um mundo de serviço pagos no ciberespaço significa que o critério de não exclusão não mais resiste. Os tanzanianos não podem ser excluídos da página do *Wall Street Journal*, mas podem ser excluídos de ler seu conteúdo se não estiverem dispostos ou não tiverem como pagar. Nesse aspecto, a estrada da informação se transforma numa estrada com pedágio. Continua disponível e ainda está ligada a uma mais ampla comunidade, mas o seu uso só pode ser feito mediante uma taxa.

ESTUDOS DE CASOS

A exclusão on-line também pode tomar outras formas. A maioria das salas de *chat* expulsarão os membros que violarem as normas estabelecidas da comunidade. Os grupos proibirão linguagem chula, pornografia ou comentários abaixo de um certo nível de sofisticação. Mais uma vez, tais regras fazem bastante sentido para os envolvidos em sua criação. Elas sustentam as normas de uma dada comunidade e preservam os valores que esta escolheu. Mas também subtraem do caráter da Internet como um lugar que a todos abraça, a todos recebe. Criando meios de exclusão, também convertem a Internet em uma série de enclaves semiprivados em vez de um bem publicamente disponível.

Congestionamento

Com a expansão da Internet, as pressuposições sobre o seu uso não rival também têm sido atacadas. Em teoria a rede é quase infinitamente expansível. Mas na prática o congestionamento é um problema inegável. A rápida multiplicação dos usuários, combinada com suas demandas sempre maiores por dados têm causado uma tensão perceptível nos múltiplos caminhos da rede. Embora a capacidade física da rede continue a aumentar (OCDE, 1997, p. 146-47), muitos usuários relatam demoras crescentes nas transmissões da Internet e um declínio na qualidade dos serviços (Lewis, 1996; *InfoWorld*, 1996; Metcalfe, 1995). Parte dessa tensão se deve simplesmente à expansão da base de usuários da rede; parte se deve a uma maior transmissão de arquivos de imagens, áudio e vídeo, todos os quais consomem muito mais espaço do que as mensagens básicas de correio eletrônico que predominavam no uso inicial da rede.[5]

O congestionamento apenas irá se agravar com a continuação dessas tendências. Por isso os engenheiros e os provedores de serviços da Internet têm trabalhado para encontrar meios de rotular e distinguir certos pacotes: para a transmissão de alguns *bits* de informação pela rede mais rápido do que outros. A analogia, aqui, é com uma via para ônibus em uma estrada nacional ou com uma ambulância cujo trajeto tem preferência sobre o dos outros motoristas. Com o tempo, o congestionamento online irá provavelmente forçar um semelhante uso em camadas da Internet, com alguns usuários recebendo tratamento preferencial e pagando por esse privilégio.

Então, o que isso significa para os atributos de bem público da Internet? Como ocorre com muitos bens públicos, o quadro é misto. Ainda que alguns aspectos da rede, particularmente sua arquitetura subjacente, funcionem meio naturalmente como bens públicos, muitos dos usos em desenvolvimento da rede quebram esse espaço público em esferas privadas onde o uso pode ser excluído e o consumo ser rival. E quanto mais prossegue a comercialização na rede, mais amplos provavelmente serão esses espaços privados — em especial com mais provedores de informação passando a cobrar por serviços ou a monitorar sua base de usuários. Entrementes, é claro, as externalidades positivas do ciberespaço permanecem amplamente intocadas: ainda existe um tremendo potencial para a rede ser usada como uma ferramenta de aprendizado, de medicina, de desenvolvimento. Reconciliar essas possibilidades com os aspectos privados do ciberespaço será uma tarefa complicada, mas crucial.

IMPLICAÇÕES POLÍTICAS

Qualquer política dirigida ao ciberespaço deve começar com a percepção de que a Internet é em larga escala ingovernável. Ela transcende as fronteiras nacionais. Alimenta-se de uma arraigada cultura de anarquia. E seu desenvolvimento vem ultrapassando quase todos os esforços governamentais de segui-la, ainda mais de regulamentá-la. A despeito de sua origem de empreendimento dirigido pelo Estado, a Internet comercial abraçou uma cultura ferozmente individualista, uma cultura que quase sempre beira a libertária e demonstra um desdém pronunciado por qualquer sorte de envolvimento governamental (Frezza, 1997, p. 103).

O âmbito restrito para as políticas

Até hoje os governos têm estado amplamente, talvez surpreendentemente, dispostos a aquiescer às demandas de não intervenção. Em 1997, a administração Clinton emitiu o influente documento Estrutura para o Comércio Eletrônico Global estabelecendo as políticas do governo norte-americano em relação à Internet e ao comércio eletrônico. Digno de nota, nesse documento, o seu quase implacável enfoque nas forças de mercado. Argumenta, por exemplo, que "os governos devem adotar uma abordagem de mercado de não regulamentação para o comércio eletrônico" e que "os governos devem abster-se de impor novas e desnecessárias regulamentações, procedimentos burocráticos, ou taxas e tarifas sobre as atividades comerciais que têm lugar na Internet" (Casa Branca, 1997). Uma semana depois, sentimentos semelhantes foram vigorosamente ecoados por políticos na União Europeia: em uma conferência ministerial os membros da União declararam em conjunto que "a expansão das Redes de Informação Global deve essencialmente ser conduzida pelo mercado e deixada à iniciativa privada... empreendimentos privados deveriam dirigir a expansão do comércio eletrônico na Europa" (Declaração Ministerial na Global Information Networks, 1997). O ciberespaço, ambas as declarações parecem ter sugerido, seria de fato tão livre quanto muitos "internautas" exigiam.

Na prática, além do mais, até as tentativas hesitantes de uma regulamentação foram recebidas com oposição veemente dos grupos da Internet, forçando os governos a recuarem em suas iniciativas ou políticas. Em 1996, por exemplo, o Congresso dos

EUA aprovou o Communications Decency Act, uma lei buscando proibir a divulgação de material pornográfico pela rede. O projeto de lei foi atacado de imediato por uma ampla gama de usuários da Internet e grupos de interesse, argumentando que a lei constituía uma barreira ao desenvolvimento da rede e um ataque inconstitucional à liberdade de expressão (Lapin, 1996, p. 84). Em junho de 1997, a Suprema Corte concordou e revogou a lei.

Uma luta parecida — e destino semelhante — cercou a controvertida proposta do "Clipper chip" da administração Clinton. Primeiro sugerida em 1993, a proposta foi originalmente ideia da Agência de Segurança Nacional dos EUA, que a considerava como um modo relativamente discreto para o governo garantir um acesso às comunicações na Internet que pudessem constituir uma ameaça à segurança nacional dos Estados Unidos. A noção por trás da proposta era de que cada computador usado nos Estados Unidos conteria um chip de criptografia — em essência, um algoritmo de codificação. Como o governo manteria uma chave de decodificação sob seu controle, poderia acompanhar às escondidas, quando apropriado, todas as transmissões eletrônicas. Embora a Casa Branca tenha jurado que a decodificação só seria usada com um mandato, tornando-a apenas uma versão de alta tecnologia do grampeamento telefônico normal, a comunidade da Internet denunciou a proposta de forma retumbante, rotulando-a como uma invasão inconstitucional da privacidade e uma interdição à liberdade de expressão (Levy, 1994, p. 42-51, 60-70). Sob uma saraivada de críticas, a Casa Branca por fim retrocedeu.

Na Europa também, a indústria e os grupos de usuários têm geralmente mantido os impulsos de regulamentação a um mínimo. A Comissão Europeia tomou uma impressionante postura de distanciamento para com o comércio eletrônico e não impôs nenhuma restrição ao conteúdo das comunicações on-line — exceto na Alemanha, que criou proibições ao anúncio ou à divulgação de material ofensivo.[6] Onde a regulamentação europeia tem sido mais disponível, porém, é para a privacidade. Em outubro de 1998, uma controvertida diretriz para a proteção de dados entrou em vigor na União Europeia. Planejada para proteger os indivíduos de um indevido escrutínio de suas informações pessoais, a diretriz impôs regras rígidas sobre a coleta e o uso de dados pessoais na Internet e outros sistemas de computador. Mais drasticamente, a diretriz ameaçou bloquear a transferência de informações pessoais a países aos quais falta o que os europeus consideram uma proteção adequada da privacidade.

Como esperado, as empresas e o governo dos EUA responderam vigorosamente a esse objetivo e rápido lançaram-se em discussões para prevenir o que foi rapidamente apelidado de uma "guerra comercial cibernética" (Kehoe, 1998, p. 15). Até meados de 1998 os dois lados ainda estavam trabalhando para resolver suas diferenças, embora os norte-americanos permanecessem amplamente a favor dos controles de privacidade conduzidos pela indústria em vez das regulamentações governamentais (Dunne, 1998, p. 4; Jonquieres, 1998, p. 6; Singleton, 1998, p. A18).

Mesmo na Ásia, onde os governos têm sido consideravelmente mais dispostos a restringir e canalizar o uso da Internet, a ideologia e a arquitetura da rede têm dificultado o cumprimento de regulamentações. Em 1996, por exemplo, as autoridades de Cingapura exigiram que os provedores locais da Internet filtrassem material ofensivo antes que este alcançasse os usuários; também exigiram que qualquer organização que publicasse informação política ou religiosa na Web primeiro se registrasse com a autoridade de transmissões do país (*The Economist*, 1996, p. 43s; McDermott, 1996, p. B6; Rodan, 1998, p. 63-89). A China impôs regulamentações semelhantes em 1996, exigindo das redes de computadores que se registrassem com o governo central e proibindo pornografia ou críticas políticas on-line (Brauchli, 1996, p. A10; Fluendy, 1996, p. 71-72). Quase de imediato, entretanto, essas regulamentações encontraram oposição e obstáculos. Na China, as autoridades silenciosamente retiraram a maioria (embora não todas) das restrições sobre o uso da Internet apenas uns meses após proclamadas; e em Cingapura, um projeto de lei sobre transações eletrônicas de 1998 destituiu de forma explícita os provedores de acesso à Internet de qualquer responsabilidade pelo conteúdo que transmitem (*Asiaweek,* 1998; Fletcher e Hsieh, 1997, p. 25). Portanto, ambos os governos silenciosamente desistiram, reconhecendo implicitamente as dificuldades de controlar-se o ciberespaço ao mesmo tempo que se permite que floresça.

Tais malabarismos refletem a mais abrangente tensão de qualquer política da Internet. Apesar de ninguém saber bem como o comércio irá em última instância desenvolver-se on-line, parece claro que um bom montante do comércio irá no final migrar para o ciberespaço, liberando as atividades econômicas e, presumivelmente, o crescimento. Os governos, ansiosos por impulsionar e capturar esse crescimento, relutam compreensivelmente em adotar medidas que iriam atrapalhar o desenvolvimento do comércio on-line ou refrear o entusiasmo de seus pioneiros. Assim, o governo dos EUA tem se mostrado pouco inclinado a taxar a atividade comercial no ciberespaço; a Europa vem agindo lentamente para proteger a privacidade; e a China e Cingapura deixaram a informação fluir mais livremente do que o desejariam. Todos têm adotado uma política básica de não restrição à atividade privada nesse terreno. Essa parece ser uma escolha política inevitável — e uma escolha sábia, durante essa fase da evolução da Internet.

Abordagens da intervenção

A despeito de tais pressões, contudo, a natureza pública do ciberespaço implica que em algum ponto os governos terão de desempenhar alguma função. Em geral, a po-

ESTUDOS DE CASOS

lítica governamental para os bens públicos é ou de fornecê-los ou de regulamentar a sua venda privada. Para a Internet, a primeira opção nitidamente não funciona, porque as empresas privadas já se transferiram com sucesso e definitivamente para o ciberespaço. E a segunda opção é de difícil manejo, pelas razões descritas acima: o ciberespaço veementemente não deseja ser regulamentado, e os governos possuem meios limitados de fazer cumprir as regras ou regulamentações nesse espaço indisciplinado. Se as empresas não aprovam as regulamentações que emanam de seus países de origem podem com facilidade mudar-se para outro local ou simplesmente desviar suas atividades para um outro Estado mais receptivo.

Enfrentando essas pressões, os governos provavelmente se dirigirão a um terceiro, híbrido, modelo de intervenção. Como em outros terrenos, serão empurrados a fornecer serviços que o mercado por si só não fornece — aqueles com altos benefícios públicos, mas custos privados insustentáveis. A telemedicina e a teleducação ambas se encaixam nesse campo, em especial em áreas pobres ou nos países em desenvolvimento, onde os benefícios talvez sejam maiores, mas o potencial de lucro, limitado.

Nessas áreas, os governos que desejem colher o tremendo potencial do ciberespaço terão de despender recursos consideráveis para fazê-lo — ou então encontrar algum meio de aproveitar o setor privado para servir ao bem público. Onde a oferta desses serviços demanda a instalação de nova infraestrutura (linhas telefônicas, computadores, provedores) os governos irão provavelmente ter de assumir também o papel de fornecedor. Para os países em desenvolvimento com pouca infraestrutura existente, isso quase certamente será dispendioso e levará tempo. Na Tanzânia, por exemplo, havia apenas três provedores da Internet e 500 usuários da Internet em 1996, e apenas 0,9 linha telefônica residencial em cada 100 famílias (ITU, 1998, p. A-20, A-76). Estatísticas semelhantes são comuns por todo o mundo em desenvolvimento. Sendo assim, os governos quase certamente terão de executar alguma função na criação da infraestrutura básica de que seus países necessitarão para aventurarem-se pela estrada da informação. No entanto, mesmo nesse caso, as soluções provavelmente envolverão a participação do setor privado, seja numa base contratual ou talvez em parcerias regulamentadas similares àquelas que auxiliaram a desenvolver outros setores de utilidade pública.

Um outro papel inevitável para o governo será o de prevenir as externalidades negativas — os males públicos —, também inerentes ao ciberespaço. Com a evolução da Internet, os aspectos negativos que já foram desencavados irão quase certamente tornar-se mais evidentes, e a indignação pública contra eles, maior. Os cidadãos irão preocupar-se com a fácil disponibilidade de informações que creem de mau gosto ou ilegais para divulgação pública. Eles se preocuparão com a inviolabilidade de suas informações pessoais, com o fácil acesso a informações para atividades criminosas ou com o acesso de seus filhos à pornografia ou a opiniões políticas ou religiosas específicas. Todas essas preocupações sem dúvida se manifestarão no debate público, e eventualmente na política pública. Os governos terão de encontrar algum meio de esmagar a transferência da má informação sem restringir o fluxo da boa informação. Isso provavelmente envolverá novos tipos de legislação e meios inovadores de interpretação e fiscalização. Também irá sem dúvida exigir uma cooperação internacional, porque a mobilidade da atividade na Internet mais uma vez dificultará a qualquer Estado, isoladamente, impedir atividades que perturbem a Internet.

A necessidade de políticas multilaterais e o dilema dos países em desenvolvimento

A tensão estratégica entre bons e maus fluxos de informação ressalta dois dos mais importantes aspectos de qualquer política da Internet. Primeiro, em algum nível básico o bem público que se relaciona à Internet é a informação: os fatos, conhecimentos e *know-how* que são retransmitidos tão rápida e economicamente através dos intricados caminhos da Internet. Em última instância, o valor da rede não está em seu hardware, mas sim em seu software, na informação que transporta. Em sua maior parte, essa informação é fonte de externalidades positivas: concede o aprendizado e as técnicas que criam um valor social. Em seu consumo, essa informação também carrega os atributos de um verdadeiro bem público: o conhecimento é amplamente não rival e amplamente (embora não inteiramente) não exclusivo. Entretanto, esses mesmos atributos se ligam às más informações — aos dados pessoais ou aos materiais ofensivos que muitos usuários da Internet não querem ver divulgados pelo ciberespaço. Essa tensão enfraquece inerentemente qualquer política de governo, pois tem de caminhar sobre a estreita e mal definida linha entre os atributos positivos e os negativos da transferência de informações.

Um segundo aspecto da política de Internet relaciona-se à natureza fundamentalmente internacional do ciberespaço. Como observado, a Internet ignora fronteiras territoriais e desdenha políticas unilaterais. Para ser verdadeiramente eficaz, qualquer política voltada para a Internet terá de ser multilateral, alcançando todos os países nos quais a atividade relevante ocorra. Essa necessidade traz várias implicações. Primeira, significa que qualquer nação que deseje levar suas políticas de Internet para uma direção em particular terá de mover-se rapidamente para a esfera internacional, buscando influenciar uma agenda ainda não formada. Segunda, significa que coalizões globais terão de ser criadas e um consenso global alcançado — mesmo estando a Internet ainda em sua infância e os países diferirem amplamente quanto ao seu uso e à familiaridade com ela. Terceira, significa que os países em desenvolvimento correm o risco de se ver excluídos de uma política que irá provavelmente ter âmbito global.

ESTUDOS DE CASOS

Esta última implicação é particularmente infeliz, pois é no mundo em desenvolvimento onde as externalidades positivas da Internet prometem ser mais poderosas. É no mundo em desenvolvimento onde a telemedicina e a teleducação possuem o potencial de criar os maiores benefícios e onde os produtores locais podem ganhar mais com o acesso expandido aos mercados que a Internet pode proporcionar. Portanto, são os países em desenvolvimento que de muitas formas possuem as mais altas apostas no desenvolvimento ordenado e aberto da Internet. Eles não podem arriscar-se a ter a informação no ciberespaço restrita a enclaves privados ou a ver esse fluxo de informações retardado por um sistema prioritário que trabalha contra usuários pobres. Os países em desenvolvimento também precisam desesperadamente criar a infraestrutura física que irá levar a Internet às suas soleiras e às escrivaninhas de seus cidadãos. Contudo, ter políticas unilaterais com esses fins sem dúvida não bastará, e esperar um consenso internacional significa deixar a iniciativa nas mãos dos Estados ricos com agendas políticas diferentes.

Não está claro como os países em desenvolvimento poderão evitar esses resultados ou conquistar os objetivos políticos descritos. Os acontecimentos no ciberespaço permanecem caóticos, e os governos precisarão responder às demandas de políticas à medida que estas surgirem. Em geral, porém, parece que os países em desenvolvimento poderiam beneficiar-se mantendo uns poucos princípios ou diretrizes gerais em mente:

- A Internet será uma característica dominante do século XXI e uma ferramenta poderosa para o comércio e a comunicação. Todas as nações, independentemente de seu grau de desenvolvimento, precisam observar a evolução da Internet com cuidado e preocupação.
- Tanto quanto possível, os países em desenvolvimento precisam posicionar-se estrategicamente em quaisquer negociações ou discussões intergovernamentais em relação à rede. Precisam conquistar um assento na mesa antes de a mesa ser servida por outros países com agendas políticas diferentes.
- Os países em desenvolvimento deveriam também concentrar-se na fabricação das "porcas e parafusos" da infraestrutura de comunicação que irá transportar seus cidadãos para a rede. As telecomunicações básicas, a um custo razoável, são um precursor necessário à atividade da Internet. Assim, as políticas para assegurar a construção dessa infraestrutura são essenciais, sejam elas sustentadas pela intervenção pública, pela liberalização privada ou por políticas de assistência garantidas por Estados mais ricos.
- Finalmente, com o prosseguimento da era da informação, os países em desenvolvimento precisam reconhecer a importância da construção de vínculos de negociação, não apenas com os outros países, mas também com os grupos pri-

vados que cada vez mais formulam as regras do ciberespaço. As corporações são obviamente cruciais nesse aspecto, mas também o são os grupos de interesse privados e as organizações não governamentais que têm sido tão importantes no direcionamento político do mundo em desenvolvimento.

Em todos esses princípios, parece que conceber a Internet como sendo um bem público ajuda ao menos a orientar os formadores de políticas numa direção apropriada. A rede é, sem dúvida, uma dádiva para as empresas privadas e uma revolução nas comunicações. Mas é, também, um meio poderoso capaz de conceder — ou restringir — benefícios sociais significativos. Pensar nela dessa forma, e conduzir as opções de políticas por essas linhas são os primeiros passos para domarmos esta força.

Notas

1. Esta seção vem de Spar (1996).
2. A declaração da NSF de políticas de uso aceitável afirmava em parte: "A estrutura de serviços da NSFNET é fornecida para apoiar a pesquisa e a educação abertas dentro e entre as instituições de pesquisa e de instrução dos EUA, e aos setores de pesquisa das empresas com fins lucrativos quando engajados em pesquisa e comunicação acadêmicas abertas. *O uso para outros fins não é aceitável*" (citado em Sullivan-Trainor, 1995, p. 175; grifos meus).
3. Na Indonésia, por exemplo, a rede foi uma importante fonte de comunicação para os grupos de estudantes que por fim tiraram Suharto do poder em 1998. Ver Thoenes (1998, p. 1) e Marcus (1998, p. 26A). Para mais dessas tendências gerais, ver Spar (1998 pp. 7-13).
4. Os serviços estatais não são de fato gratuitos, é claro, porque os impostos são cobrados para pagar os gastos estatais. Mas são isentos de cobranças no ato da entrega, e o fornecimento do serviço não depende do nível de taxação paga. Pessoas ricas e pobres, por exemplo, recebem níveis semelhantes de proteção do corpo de bombeiros local.
5. Para uma descrição dessas tendências, ver OCDE (1997, p. 144-45). Estatísticas comprovadoras estão disponíveis em *http://nic.merit.edu/nsfnet/statistics/*.
6. Uma lei de 1997 responsabiliza os provedores de informações por publicação de material ofensivo, inclusive a pornografia, o discurso de ódio e as informações consideradas por demais violentas. A lei também permite que os provedores de acesso sejam responsabilizados pela transmissão desse material se estiverem "a par do conteúdo" e não usarem meios "razoáveis e tecnicamente possíveis" para bloqueá-lo (Bonfante, 1997, p. 30).

ESTUDOS DE CASOS

Referências Bibliográficas

Asiaweek, 1998. "Taming the Wild Internet". 21 de julho.

Baumol, William J., e Alan S. Blinder. 1982. *Economics*. 2ª ed. Nova York: Harcourt Brace Jovanovich.

Bonfante, Jordan. 1997. "The Internet Trials". *Time*, 14 de julho.

Brandon, Karen. 1995. "In Experiment, Urban Doctors Make Rural Calls by TV". *Chicago Tribune*, 26 de fevereiro.

Brauchli, Marcus W. 1996. "China Requires Computer Networks to Get Registered". *Wall Street Journal*, 5 de fevereiro.

Casa Branca. 1997. "A Framework for Global Electronic Commerce". Disponível em *www.ecommerce.gov/framewrk.htm#2*.

Chain Store Age. 1997. "Nonstore Retailing Leads the Way on the Internet". Agosto.

Data Analysis Group. 1998. *Computer Industry Forecasts*. Terceiro trimestre. Cloverdale, CA.

Declaração Ministerial na Global Information Networks. 1997. Conferência Ministerial, Bonn, 6-8 de julho. Disponível em *www2.echo.lu/bonn/fianl.html*.

Dunne, Nancy. 1998. "US-EU in 'Productive' Talks on Internet Privacy". *Financial Times*, 3 de julho.

The Economist. 1996. "Not too Modern Please". 16 de março.

Fletcher, Matthew, e David Hsieh. 1997. "Easing the Net Curbs". *Asiaweek*, 31 de janeiro.

Fluendy, Simon. 1996. "Pandora's Box". *Far East Economic Review*, 26 de setembro.

Forrester Research. 1997. "Retails Revs Up". *Forrester Report* 4(6). Cambridge, MA.

Frezza, Bill. 1997. "Can the Government's Black Helicopters Fly in Cyberspace?" *Communications Week*, 5 de maio.

Gates, Bill. 1995. *The Road Ahead*. Nova York: Viking.

InfoWorld. 1996. "The World Wide Wait". 26 de agosto.

ITU (International Telecommunication Union). 1998. *World Telecommunication Report 1998: Universal Access*. Genebra.

Jonquieres, Guy de. 1998. "Bid to Avert Threat of 'Cyber Trade War'". *Financial Times*, 10 de setembro.

Kehoe, Louise. 1998. "US, EU at Odds over Cyber Privacy". *The Financial Post*, 29 de agosto.

Lapin, Todd. 1996. "Internet v. United States Department of Justice, Janet Reno et al." *Wired* (maio).

Lawrence, Mark. 1996. "Different Facets of Telemedicine". *The Age*, 7 de maio.

Levy, Steven. 1994. "Battle of Clipper Chip". *New York Times Magazine*, 12 de junho.

Lewis, Peter H. 1996. "Traffic Jam on the Internet". *International Herald Tribune*, 25 de junho.

Lodge, George C., e Jeffrey Rayport. 1995. *The National Information Infrastructure: Information Technology and Industry Evolution*. Harvard Business School Case 9-396-111. Cambridge, MA: Harvard Business School.

Marcus, David L., 1998. "Internet Notches First Successful Coup". *Ft. Lauderdale Sun-Sentinel*, 24 de maio.

BENS PÚBLICOS GLOBAIS

McDermott, Darren. 1996. "Singapore Unveils Sweeping Measures to Control Words, Images on Internet". *Wall Street Journal*, 6 de março.

Metcalfe, Bob. 1995. "Predicting the Internet's Collapse". *InfoWorld*, 4 de dezembro.

Negroponte, Nicholas. 1995. *Being Digital*. Nova York: Vintage Books.

OCDE (Organização para Cooperação e Desenvolvimento Econômico). 1997. *Information Technology Outlook 1997*. Paris.

Rhodes, Tom. 1994. "From a Theatre of War to the Operating Room". *The Times of London*, 16 de agosto.

Rodan, Garry. 1998. "The Internet and Political Control in Singapore". *Political Science Quarterly* 113(1): 63-89.

Singleton, Solveig. 1998. "The Future of the Net: Don't Sacrifice Freedom for 'Privacy'". *Wall Street Journal*, 24 de junho.

Spar, Debora L. 1996. *Cyberrules: Problems and Prospects for On-Line Commerce. Program on Information Resources Policy*. Cambridge, MA: Harvard University, Center for Information Policy Research.

———. 1998. "The Spotlight and the Bottom Line". *Foreign Affairs* 77(2): 2-7.

Stiglitz, Joseph E. 1988. *Economics of the Public Sector*. 2ª ed. Nova York: W. W. Norton.

———. 1993. *Economics*. Nova York: W. W. Norton.

Sullivan-Trainor, Michael. 1995. *Detour: The Truth about the Information Superhighway*. Foster City, CA: San Mateo Books.

Thoenes, Sander. 1998. "High-Tech Battle Lines in Indonesia". *Christian Science Monitor*, 5 de maio.

Time. 1995. "Welcome to Cyberspace". Edição especial.

The Times of London. 1998. "Quote: Nicholas Negroponte". Edição especial: "Controlling the Future". 28 de abril.

Varian, Hal R. 1984. *Microeconomic Analysis*. 2ª ed. Nova York: W. W. Norton.

Willis, Clint. 1998. "Future Shop: Does Amazon.com Really Matter?" *Forbes*, 6 de abril.

Zhang, Mo. 1997. "China Issues New Rules Strengthening Regulatory Structure over Internet". *East Asian Executive Reports*, 15 de novembro.

PAZ E SEGURANÇA

PREVENINDO CONFLITOS MORTAIS:
DA MANUTENÇÃO DA CASA GLOBAL À VIGILÂNCIA DE VIZINHOS GLOBAIS
David A. Hamburg e Jane E. Holl

A PAZ COMO UM BEM PÚBLICO GLOBAL
Ruben P. Mendez

No plano nacional, a segurança é um bem público tradicional, mesmo na formulação de Adam Smith. Também o é no plano global, argumentam David A. Hamburg, Jane E. Holl e Ruben P. Mendez. Mendez afirma que, diferentemente da defesa, a paz preenche critérios substantivos de bem público, não apenas os formais. Com efeito, a defesa pode apresentar externalidades negativas assim como positivas, nacional e globalmente. Levando o argumento substantivo um passo além, Hamburg e Holl falam de uma "paz justa" como o verdadeiro bem público. Certo, alguns conflitos podem ter efeitos locais apenas a curto prazo. Mas a prevenção de conflitos mortais possui externalidades verdadeiramente universais, pois age sobre qualquer fonte potencial de violência e portanto, potencialmente, protege qualquer um da violência e da morte.

Quais os tipos de mecanismos necessários para a manutenção da paz? De acordo com Kenneth Waltz em *Man, the State and War* (1959), as raízes dos conflitos se encontram em três níveis: no nível psicológico, no nível de uma sociedade ou sistema político e no nível do sistema internacional. Mendez concentra-se no terceiro, enquanto Hamburg e Holl nos dois primeiros. Hamburg e Holl descrevem a paz como o resultado de esforços abrangentes e contínuos de construção de sistemas sociais onde as diferenças possam se resolver pacificamente. Os direitos humanos, as normas da lei, as necessidades básicas, a justiça e a sustentabilidade do meio ambiente pertencem à equação e, como atores, as instituições públicas e privadas ou os indivíduos podem estar envolvidos. Hamburg e Holl apresentam uma abordagem de baixo para cima à paz mundial, de múltiplos atores e múltiplas disciplinas.

Mendez concentra-se nos aspectos mais estritamente políticos e institucionais da paz, e nas estruturas exigidas no nível do sistema internacional. Revendo o registro histórico, assim como a situação desde o final da Guerra Fria, Mendez contrasta três modelos de ordem internacional: a segurança coletiva, o equilíbrio de poder e a hegemonia. Ele argumenta que apenas a segurança coletiva leva em conta completamente a natureza pública da paz internacional, e que um tal sistema é o mais eficaz no final das contas. Organizações internacionais tais como as Nações Unidas e os órgãos regionais têm um papel-chave a desempenhar num tal sistema.

Referência Bibliográfica

Waltz, Kenneth, 1959. *The Man, the State and War: A Theoretical Analysis.* Nova York: Columbia University Press.

PREVENINDO CONFLITOS MORTAIS

Da Manutenção da Casa Global à Vigilância de Vizinhos Globais

DAVID A. HAMBURG E JANE E. HOLL

A maioria das pessoas não pensa na prevenção de conflitos como um bem coletivo ou público. Contudo, os esforços para prevenir, conter ou deter uma guerra, se bem-sucedidos, com certeza resultam em condições que geram amplos benefícios — não só para os participantes do conflito mas também para círculos mais largos de pessoas e Estados. De maior importância, o estabelecimento de condições que previnem o surgimento de conflitos traz benefícios mais abrangentes do que a contenção de uma guerra em especial. Este capítulo considera como a prevenção de conflitos mortais é — assim como o ar puro ou as águas limpas — um bem público global passível de ser conquistado e mantido pela comunidade internacional.

As características indivisíveis e não exclusivas dos bens públicos implicam que qualquer indivíduo possa desfrutar de uma conveniência (ou condição) sem diminuir a capacidade de outros indivíduos de a desfrutarem no mesmo grau e que ninguém possa ser excluído desse desfrute. Essas características levantam algumas questões. Quem deveria prover e manter os bens públicos? São eles fornecidos como uma dádiva da natureza ou criados por algum agente? A responsabilidade de mantê-los cabe a esse agente ou a um outro? Ou é essa manutenção gerida através de um regime para regulamentar o uso, de modo que o bem nem seja esgotado nem corrompido por um uso demasiado? Também poderíamos nos perguntar se é útil aplicarmos esses conceitos à prevenção de conflitos mortais.

Existem poucas limitações sistêmicas impedindo os agravos de transformarem-se em controvérsias que evoluam para uma violência generalizada. Ademais, a disponibilidade de armamentos baratos e grandemente destrutivos significa que mais controvérsias podem hoje conduzir rapidamente a uma destruição difundida. Essa realidade leva-nos a concluir que os líderes e as sociedades responsáveis têm de (e podem) fortalecer todos os níveis de interação social para a solução de controvérsias antes de estas tornarem-se violentas e apresentarem consequências mais amplas. Os conflitos não existem isoladamente; possuem o que os economistas chamariam de externalidades, ou custos à comunidade em geral, a qual deve encontrar meios de arcar e partilhar esses custos.

Argumentamos, aqui, por uma abordagem à prevenção de conflitos mortais que leva em conta três condições interdependentes: a segurança, o bem-estar e a justiça, cada uma das quais poderia ser considerada um bem público. Mas nossa ênfase é em sua combinação e interação em maneiras que não só façam as pessoas sentirem-se melhor mas também inibam a necessidade de se recorrer à violência. O resultado representaria um bem público internacional. E não é difícil imaginarmos os efeitos benéficos e difundidos de reforçarmos mutuamente entre os Estados as instituições, os regimes e os hábitos de interação que seriam estabelecidos para a conquista desse resultado.

Se certos princípios forem observados — entre eles o de que os processos estabelecidos para garantir a segurança básica, o bem-estar e a justiça baseiam-se nas normas de lei — a prevenção de conflitos mortais cria condições indivisíveis e não exclusivas. Todos desfrutariam de um acesso igual ao cenário de "uma paz justa" que seria criado. E ninguém seria excluído de suas vantagens gerais. Por exemplo, a prevenção dos conflitos mortais no Kosovo — estabelecendo-se mecanismos sensatos para uma governança representativa, o acesso difundido à oportunidade econômica e a observância das normas de lei — oferece vantagens a todos os habitantes da região, não simplesmente aos albaneses do Kosovo. Neste sentido, a prevenção de conflitos mortais pode ser considerada um bem público.

Não equacionamos a prevenção de conflitos mortais com noções simplistas de "paz". A humanidade tem testemunhado muitos exemplos de sociedades vivendo nessa chamada paz sob regimes repressivos que negam a toda ou a uma parte de sua população a segurança básica, o bem-estar ou a justiça. As práticas de tais regimes não impedem os conflitos mortais, e sim os abafam — a grandes custos e somente enquanto o poder coercivo é aplicado. Em vez de melhorar as condições que fazem surgir os agravos, tais regimes repressivos as alimentam. Sendo assim, como a prevenção, a paz não deve ser considerada um bem público a não ser que as importantes condições que caracterizam uma paz justa estejam também presentes.

Um resultado importante de pensarmos na prevenção dos conflitos mortais como um bem público é precisamente o estabelecimento de uma cultura de prevenção — muito como as normas de saúde pública. Uma orientação difundida das pessoas e dos líderes para as possibilidades da ação preventiva e as responsabilidades de tomarse uma tal ação pode ajudar a criar um clima de expectativas de que a violência de massa não precisa emergir, mesmo em controvérsias sérias. Para esse fim, podemos começar a progredir examinando nossos governos, nossos líderes, nossas instituições internacionais e nossas organizações de sociedade civil a fim de construirmos sobre as base da ação preventiva já estabelecida.

ESTUDOS DE CASOS

A Prevenção de Conflitos Mortais como um Bem Público

A Comissão Carnegie para Prevenção de Conflitos Mortais (1997) apresenta duas abrangentes estratégias de prevenção. A primeira é uma prevenção operacional, ou medidas para resposta a uma crise imediata. A segunda é uma prevenção estrutural, ou medidas para impedirem-se as crises de surgirem em primeiro lugar ou de impedi-las de ressurgirem.

A prevenção operacional apoia-se num envolvimento inicial e combina medidas políticas, econômicas e (se necessário) militares para auxiliar a deter a espiral de violência potencial. Sua aplicação com sucesso envolve uma clara liderança. Envolve uma abordagem político-militar coerente que irá deter a violência e atender às necessidades humanitárias. Envolve a disposição oportuna de recursos adequados para suprir as intensas necessidades. E envolve um meio para a integração das lideranças responsáveis em cada fase do processo.

A prevenção estrutural combina abordagens de cima para baixo e de baixo para cima que não só melhorem a situação das pessoas mas também inibam a necessidade de recorrer-se à violência. Enfatiza a necessidade de se promoverem regimes internacionais eficazes, que se reforcem mutuamente — para a criação de leis, a cooperação econômica, o controle das armas e o desarmamento, a resolução cooperativa de controvérsias e de problemas. Também enfatiza a necessidade de promovermos países estáveis e viáveis — isto é, Estados prósperos com governos representativos, normas de lei, sociedades civis robustas e economias abertas com redes de segurança sociais.

Governos

A principal ação preventiva permanece sendo de responsabilidade dos Estados, especialmente de seus líderes. Os Estados têm de decidir se nada farão, se agirão sozinhos, se agirão em cooperação com outros governos, se trabalharão através de organizações internacionais ou se trabalharão com o setor privado. Deveria ser um princípio aceito o de que aqueles com maior capacidade de agir possuem a maior responsabilidade de fazê-lo.

Certamente os líderes, os governos e os povos mais próximos das situações potencialmente violentas carregam a responsabilidade primária de uma tomada de ação preventiva. São eles quem mais perderão se seus esforços fracassarem. A melhor abordagem à prevenção é a de baixo para cima, uma que enfatiza as soluções locais a problemas locais onde possível e novas divisões do trabalho — envolvendo governos e o setor privado — baseadas na vantagem comparativa e acrescidas, conforme necessário, pela ajuda externa.

A sociedade civil

Muitos elementos da sociedade civil podem trabalhar para reduzir o ódio e a violência e para encorajar atitudes de preocupação, de responsabilidade social, e ajuda mútua dentro e entre grupos. Em difíceis transições econômicas e políticas, as organizações da sociedade civil podem muito fazer para aliviar os perigos da violência de massa. Muitos atores privados mundo afora, dedicados a auxiliar na prevenção de conflitos mortais, têm declarado os seus compromissos públicos ao bem-estar da humanidade em suas atividades. Têm angariado somas de dinheiro consideráveis na base desse compromisso, trazendo grandes oportunidades mas também grandes responsabilidades.

Como pilares de qualquer sociedade civil próspera, as melhores organizações não governamentais (ONGs) proporcionam uma gama de serviços humanos não equiparados pelos governos ou pelo mercado. Elas são as autonomeadas defensoras da ação, virtualmente em todos os assuntos de preocupação pública. A difusão rápida da tecnologia da informação, da interdependência econômica dirigida ao mercado e dos mais fáceis e mais baratos meios de comunicação dentro e entre os Estados permitiram a muitas ONGs — por meio de suas operações em todo o mundo — tornarem-se condutoras globais vitais de ideias, recursos financeiros e assistência técnica.

Três amplas categorias de ONGs oferecem contribuições potenciais especialmente importantes para a prevenção de conflitos mortais: os grupos de direitos humanos e outros grupos de defesa, as organizações humanitárias e de desenvolvimento e um pequeno mas crescente número de grupos não oficiais que ajudam a abrir o caminho para processos de paz mais formais através de medidas de mediação, negociação e construção de confiança.

As organizações para os direitos humanos, o desenvolvimento e a mediação fornecem os alertas iniciais do surgimento de tensões locais e ajudam a abrir ou proteger o espaço político entre os grupos e os governos, o que pode permitir aos líderes locais resolverem suas diferenças pacificamente. As ONGs humanitárias também possuem grande flexibilidade e acesso na resposta às necessidades das vítimas (especialmente os desabrigados internamente) durante as emergências. Os grupos para o desenvolvimento e em prol da democracia tornaram-se vitais para as transições pacíficas de regimes autoritários a sociedades mais abertas e, para os conflitos violentos, ajudando a tornar os processos de paz irreversíveis. O trabalho das ONGs internacionais e suas conexões umas com as outras e com as organizações locais por todo o mundo reforçam um sentimento de interesse comum e propósito comum e demonstram uma vontade política de apoiar medidas coletivas de ação preventiva.

Os regimes internacionais

Uma abordagem de cima para baixo de prevenção começa com os governos e suas relações uns com os outros no sistema internacional. Vários regimes ajudam a administrar as relações entre os Estados por meio de tratados, convenções históricas e práticas comuns. Sustentam o comportamento internacional da interação econômica, da gestão dos bens globais comuns, do controle de armamentos e da proteção dos direitos humanos. Neste contexto, a teoria da paz democrática — de que as democracias tendem a não lutar umas com as outras — é importante (ver Brown, Lynn-Jones e Miller, 1996; Bremer, 1992, p. 309-41, e 1993, p. 231-49; Bueno de Mesquita e Lalman, 1992; Doyle, 1983, p. 205-35; Ray, 1995; Rummel, 1983, p. 27-72, 1985, p. 419-55, e 1975-81; e Russet, 1993). Iríamos mais longe. As democracias mundiais também tomaram a iniciativa, com base em seus valores compartilhados, de colaborar em quase todos os regimes de regulamentação globais nas áreas observadas acima.[1]

Essa colaboração criou a Carta das Nações Unidas, proibindo a agressão entre Estados, que entrou em vigor em 1945. Com essa proibição, e muitas subsequentes reafirmações por organizações regionais de todo o mundo, os rudimentos de um sistema global de prevenção de conflitos violentos são aparentes. Além disso, o fim da Guerra Fria marcou um ponto de virada — um final amplamente pacífico à rivalidade nuclear que poderia ter destruído a sociedade humana. O acordo atual entre os poderes nucleares em muitas questões melhorou as perspectivas de uma mais unificada resposta internacional às crises.

Mas um regime de prevenção dos conflitos violentos não existe. É verdade que a incidência de violência entre Estados decresceu marcantemente ao nos aproximarmos do final do século XX. Contudo, a violência dentro dos Estados continua com frequência alarmante.

Mesmo assim, o clima pós-Guerra Fria e o crescente (embora ainda inadequado) consenso da importância dos direitos humanos e da governança democrática proporcionam a oportunidade para um novo esforço internacional de impedir os conflitos violentos. Através de suas decisões econômicas, políticas e sociais, os líderes responsáveis de todo o mundo precisam desenvolver nos governos uma percepção das oportunidades de prevenção. Têm de perceber quais estratégias funcionam melhor sob variadas condições e trabalhar juntos para usar de todos os recursos disponíveis — governamentais e não governamentais — na prevenção dos conflitos mortais.

A atração intuitiva dos esforços de prevenção deveria dominar o pensamento e a criação de políticas para a paz e segurança internacionais. Afinal, faz mais sentido tomarem-se medidas menos custosas e menos invasoras cedo o bastante, evitando-se a necessidade de mais drásticas e custosas intervenções adiante. Mas talvez o otimismo predomine, ou os problemas sejam por demais complexos para sugerirem soluções fáceis ou óbvias. Com demasiada frequência as circunstâncias precisam agravar-se antes de uma ação eficaz ser tomada. Um estudo comparando o custo da ação preventiva com o custo do conflito concluiu que em Ruanda a prevenção teria custado cerca de US$ 1,3 bilhão ao passo que as ações humanitárias seguindo-se ao genocídio custaram US$ 4,5 bilhões (Brown e Rosecrance, 1999). Embora estudos desse tipo sejam controvertidos, os autores quantificam a dramática eficácia de custo de uma ação preventiva.

PREVENÇÃO DE CONFLITO: TRÊS INGREDIENTES PARA A CONSTRUÇÃO DA PAZ

Desde a queda do Muro de Berlim em 1989 mais de 4 milhões de pessoas pereceram em conflitos violentos. Em janeiro de 1997 havia mais de 35 milhões de refugiados e desabrigados no mundo. Algumas violências têm sido crônicas, como na Bósnia e na Chechênia. Algumas foram tremendos espasmos de destruição, como o genocídio maciço em Ruanda, um exemplo extraordinário e trágico do fracasso da comunidade mundial em tomar uma ação preventiva eficaz. Com quase 1 milhão de pessoas mortas em três meses, este é um dos mais horrendos capítulo da história humana.

Quaisquer sejam os modelos de autogoverno escolhidos em última instância pelas sociedades, devem atingir as três necessidades centrais de segurança, bem-estar e justiça e conceder às pessoas um envolvimento nos esforços de melhoria de suas vidas. Conquistarem essas necessidades permite às pessoas viverem vidas melhores e reduz o potencial de conflitos mortais.

Segurança

Muitos conflitos violentos foram levados a cabo por pessoas tentando estabelecer e manter uma situação de vida segura. Hoje, as principais fontes de insegurança são as ameaças impostas pelas armas nucleares e de destruição em massa, a possibilidade de confrontos convencionais entre Estados e as violências internas como o terrorismo, a insurgência, o crime organizado e os regimes repressivos.

As detonações nucleares feitas pela Índia e o Paquistão na primeira metade de 1998 mostram que a posse de armas nucleares por qualquer Estado estimula outros a adquiri-las. Assim, o único curso viável é trabalharmos para a eliminação de tais armas. Para tanto, condições severas têm de ser estabelecidas com segurança para todos, incluindo-se salvaguardas rigorosas contra qualquer armamento nuclear ir cair nas mãos de líderes ditatoriais e fanáticos. De necessidade premente são os mecanismos e as práticas confiáveis para:

ESTUDOS DE CASOS

- Prestar conta de armas e materiais nucleares.
- Monitorar seus paradeiros e condições operacionais.
- Garantir a administração segura e a redução dos arsenais nucleares.

As armas químicas e biológicas igualmente impõem graves ameaças à segurança. Com a entrada em vigor da Convenção sobre Armas Químicas em 1997, um significativo regime legal internacional foi estabelecido banindo a produção, a posse e o uso de armas químicas. A convenção caminha sob a tênue linha entre abolir as armas de venenos mortais, sem desnecessariamente impedir o comércio legítimo das substâncias químicas, uma das maiores indústrias mundiais. De importância, a Convenção sobre Armas Químicas estabeleceu um rigoroso processo de verificação de inspeções de rotina e de desafio (isto é, sem aviso) que reforçam a integridade da convenção como um componente importante no regime de não proliferação. Um componente de inspeção rigoroso é precisamente o que falta à Convenção sobre Armas Biológicas de 1972. Os Estados participantes da Convenção sobre Armas Biológicas estão atualmente negociando um protocolo planejado para acrescentar um componente mais severo de verificação. O progresso na direção de um baluarte mais eficaz contra as armas biológicas permanece vagaroso, contudo.

Ainda que essas normas internacionais legais sejam essenciais para a manutenção de um regime eficaz de não proliferação, as medidas para o controle de armas por si só não bastam para assegurar a eliminação da ameaça imposta por esses tipos de armas. A comunidade internacional das nações deve também ativamente reforçar medidas para eliminar as armas químicas e biológicas. E mais, os esforços internacionais devem ser complementados por esforços nacionais na forma de medidas defensivas, de controles de exportação, de preparação para a gestão de consequências, de capacidades convencionais de impedimento e meios de inteligência nacional agressivos para identificar as nações ou grupos subnacionais potencialmente proliferativos.

É impossível um controle completo das armas biológicas ou uma recusa ao acesso de materiais e informações. Mas pode ser possível um controle dos mais perigosos patógenos através de mecanismos de monitoramento da posse e da construção de instalações para a fabricação destes. Um registro poderia ser criado no qual os governos e outros usuários registrariam as cepas sob o seu controle e publicariam os detalhes de suas experiências. Esse cartório criaria uma expectativa legal e profissional de que aqueles trabalhando com essas cepas seriam obrigados a revelar quem são. Além disso, a comunidade profissional de pesquisadores e cientistas tem de engajar-se em uma colaboração expandida e extensiva nesse campo e estabelecer uma conexão íntima com a comunidade da saúde pública.

Para os armamentos convencionais, os governos têm de manter o controle de armas junto às prioridades de suas agendas de segurança nacionais e multilaterais. A Organização do Tratado do Atlântico Norte e outros arranjos regionais que oferecem a oportunidade de um diálogo sustentado entre as instituições militares profissionais podem promover a transparência e o controle civil dos militares. Parte do desafio é segurar as rédeas do comércio de armas global, dominado pelos cinco membros permanentes do Conselho de Segurança das Nações Unidas e a Alemanha. Juntos, esses Estados respondem por 80%-90% do fluxo mundial de armamentos convencionais. Alguns esforços foram feitos para o controle do fluxo dos armamentos convencionais, mas o comércio de armas de pequeno porte e de munição — os quais respondem pela maioria das mortes nos conflitos atuais — permanece amplamente sem regulamentação. Um esforço na direção certa é o movimento internacional para a interdição mundial da produção, estocagem, distribuição e uso de minas terrestres.

A segurança humana pode também depender dos recursos naturais, que com frequência situam-se no âmago dos conflitos com potencial para a violência de massa. Em alguns casos, os antagonistas deliberadamente manipulam a escassez de recursos com propósitos hostis (usando os alimentos ou a água como armas). Outros conflitos surgem em torno de reivindicações competidoras de soberania a fundos de recursos (como os rios ou o petróleo e outros depósitos de combustíveis fósseis). E cada vez mais vemos uma degradação ambiental e um esgotamento dos recursos em áreas caracterizadas pela instabilidade política, pelo rápido crescimento populacional, pela privação econômica crônica e pela tensão social.

O crescimento populacional e econômico global e o alto consumo nos países industrializados têm levado ao desgaste, à destruição e à poluição do meio ambiente natural. Quase toda região possui um importante fundo de recurso, cuja gestão responsável requererá a cooperação entre Estados. A ciência e a tecnologia podem ajudar a reduzir as ameaças ambientais, mas um maior esforço é necessário ao desenvolvimento de estratégias sustentáveis para o progresso social e econômico. Essa sustentabilidade provavelmente se transformará em um princípio vital ao desenvolvimento — e um importante incentivo nas parcerias globais.

Bem-estar

Padrões de vida decentes são um direito humano universal. Os esforços para um desenvolvimento que atinja esses padrões são responsabilidade básica dos governos, e a comunidade internacional tem a responsabilidade de ajudar por meio da assistência para o desenvolvimento. Os programas de assistência são vitais para muitos Estados em desenvolvimento, cruciais para a sustentação de milhões de pessoas em crise e necessários para auxiliar na construção de infraestruturas de outro modo por demais caras. Mas soluções de longo prazo também precisam ser encontradas por meio de políticas de desenvolvimento próprias do Estado, atentas às necessidades dos setores econômico e social.

ESTUDOS DE CASOS

O bem-estar geral de uma sociedade requer uma ação dos governos para ajudar a assegurar a difusão das oportunidades econômicas. Se intervenções na economia devem ser empreendidas ou como devem ser empreendidas são questões controvertidas e deveriam ser decididas e implementadas democraticamente pelas próprias sociedades. Mas um crescimento econômico sem um compartilhar difundido dos benefícios do crescimento não reduzirá as possibilidades de conflitos violentos — e poderia exacerbar as tensões. O ressentimento e a inquietação causados por desequilíbrios drásticos ou por oportunidades econômicas desiguais podem pesar mais do que qualquer prosperidade gerada por essa oportunidade.

A distribuição dos benefícios econômicos em uma sociedade é uma preocupação política solucionada por meio de decisões sobre o tipo de organização econômica que uma sociedade construirá, incluindo-se a natureza e o nível de engajamento governamental na atividade do setor privado. A pobreza é amiúde um enfraquecimento estrutural dessas decisões, e quando a pobreza corre paralelamente com divisões étnicas ou culturais, em geral cria um ponto de atrito. Uma paz justa, e duradoura, é mais comumente encontrada onde o crescimento econômico e as oportunidades de partilhar-se desse crescimento são amplamente distribuídas.

Iniciativas focalizadas nas crianças e nas mulheres apresentam grande valor preventivo — não só por serem essas as principais vítimas dos conflitos, mas também porque em muitas sociedades vulneráveis as mulheres são uma fonte importante de estabilidade e vitalidade comunitária. Um foco nas crianças implica fornecer acesso à educação e aos serviços básicos de saúde e na proibição do recrutamento de soldados infantis e da exploração industrial do trabalho infantil. Um foco nas mulheres, implica programas nacionais que encorajem a educação das meninas, os negócios operados por mulheres e outras atividades econômicas baseadas na comunidade. E na reconstrução de sociedades dilaceradas pela violência, as mulheress, que são em geral a maioria na população sobrevivente, precisam ser envolvidas em toda tomada de decisão e implementação.

Qual o papel da assistência para o desenvolvimento na promoção de bem-estar e na prevenção de conflitos mortais? A boa governança tornou-se a tônica da assistência para o desenvolvimento nos anos 1990, com a capacitação para a participação na moderna economia global. A nova abordagem requer do Estado que se equipe com uma burocracia profissional, responsável, para lidar com a gestão macroeconômica, a redução da pobreza, a educação e o treinamento, e a proteção ambiental. A assistência para o desenvolvimento também pode reduzir o risco de conflitos regionais unindo os grupos de fronteira em um ou mais Estados a seus interesses comuns acerca do desenvolvimento da terra e das águas, da proteção ambiental e outras preocupações.

A ênfase em uma boa governança também tem encorajado um setor privado mais robusto e responsável em muitos países. A emergência dos mercados mundiais através da crescente atividade econômica no setor privado é um forte sinal de que as pessoas estão tirando vantagem das oportunidades da economia global.

O crescimento sustentável requer investimento nas pessoas, e os programas devem prevenir a profunda pobreza entre as gerações de tornar-se institucionalizada. A assistência para o desenvolvimento pode incluir apoio orçamentário transicional, especialmente para a manutenção e o amortecimento dos custos humanos da conversão para economias de mercado. Assistência técnica extensiva, treinamento especializado e abrangente educação econômica fazem grande falta. Também o faz uma construção de instituições locais para o sustento do conhecimento e das habilidades vitais ao desenvolvimento.

A melhoria do bem-estar portanto requer uma abordagem multifacetada para mobilizar e desenvolver as capacidades humanas, ampliar e diversificar a base econômica, remover as barreiras à igualdade de oportunidade e abrir os países à participação na economia global e aos outros processos políticos e sociais na comunidade internacional.

Justiça

As normas da lei formam a base para uma gestão justa das relações entre as pessoas. Também ajudam a assegurar a proteção dos direitos humanos fundamentais, o acesso político através da governança participatória, a acomodação social de diversos grupos e a oportunidade econômica equitativa. Os esforços estatais de promoção da justiça deveriam incluir o desenvolvimento de leis internacionais com uma ênfase em três áreas: os direitos humanos, a lei humanitária e as alternativas não violentas de resolução de controvérsias, inclusive mecanismos interestatais mais flexíveis de mediação, arbitragem, reconhecimento de agravos e reconciliação social.

Além dessas medidas para auxiliar na melhora do cenário da segurança entre os Estados, mecanismos para ajudar a prevenir e gerir a violência dentro dos Estados também são necessários. Quatro elementos essenciais fornecem uma moldura para a manutenção de um regime justo de estabilidade interna:

- Um conjunto de leis que sejam obtidas legitimamente e promulgadas e compreendidas amplamente.
- Uma rede consistente, visível, justa e ativa de autoridade policial para o reforço das leis, especialmente a nível local.
- Um sistema independente, equitativo e acessível para retificar agravos, especialmente um sistema judicial imparcial.
- Um sistema penal justo e prudente no pronunciamento de punições.

ESTUDOS DE CASOS

Embora vitais, esses elementos básicos da segurança interna são de difícil conquista e requerem constante atenção por meio de processos democráticos.

Nenhum direito político é mais fundamental do que a capacidade de nos pronunciarmos sobre como somos governados. A democracia alcança esse objetivo acomodando os interesses competidores por meio de processos regulares, amplamente acessíveis e transparentes em vários níveis de governo. Sistemas democráticos sustentáveis também necessitam de uma força militar sob o controle civil e de serviços civis competentes, honestos e responsáveis.

Se bem que o direito ao pronunciamento e como somos governados seja um direito humano fundamental e a base de uma estrutura política na qual as disputas entre ou dentro dos grupos podem ser manejadas de maneiras não violentas, o mero fato de concedermos às pessoas esse direito não assegura a acomodação política. As pessoas precisam acreditar que os seus governos minimizarão a corrupção, manterão a lei e a ordem, suprirão suas necessidades básicas e salvaguardarão seus interesses sem comprometer seus valores centrais.

Administrar as transições a uma governança participatória, ou restaurar a governança legítima seguindo a condições de anarquia, pode requerer uma divisão temporária do poder. Muitas formas de divisão do poder são possíveis, mas todas proporcionam uma participação difundida no esforço de reconstrução e um envolvimento construtivo de outros, vindos de fora. Mas no processo dessas transições, e nos tempos seguintes a regimes autoritários ou a guerras civis caracterizadas por atrocidades, a legitimidade dos mecanismos de reconciliação é primordial. Ao menos três maneiras existem de levarmos os perpetradores à justiça e ajudarmos as sociedades a seguir em frente: usando-se o sistema judicial existente de modo agressivo e visível, estabelecendo-se uma comissão especial para a verdade e a reconciliação e confiando-se nos tribunais internacionais.

NA DIREÇÃO DE UMA CULTURA DE PREVENÇÃO

Durante o próximo século a sobrevivência humana pode bem depender da nossa habilidade de aprender uma nova forma de adaptação, uma forma na qual a competição entre os grupos seja amplamente substituída pelo entendimento mútuo e a cooperação humana. Curiosamente, uma parte vital da experiência humana — aprender a viver juntos — tem sido gravemente negligenciada.

Durante as últimas décadas, surgiram contribuições de valor de estudos de campo e de pesquisas experimentais sobre o comportamento intergrupal. Entre as mais marcantes, está a constatação de que a tendência para distinguirmos os intragrupos dos extragrupos e fazermos distinções duras, carregadas de ódio, entre *nós* e *eles* é um difundido atributo humano. Essas respostas facilmente aprendidas podem ter tido funções benéficas de adaptação para a sobrevivência humana em um passado antigo, mas também têm sido uma fonte importante do conflito e do sofrimento humanos. E já não mais são de adaptação. Com efeito, a imensa capacidade humana para a adaptação deveria possibilitar-nos a aprender a minimizar as distinções severas e cheias de ódio.

Uma maior compreensão de outras culturas, com frequência desconhecidas, é essencial para a redução dos preconceitos negativos. Aqueles que possuem um sentimento profundo de pertencer a grupos que ultrapassam linhas étnicas, nacionais ou sectárias podem servir de ponte entre os grupos e auxiliar a movê-los na direção de uma identidade social mais ampla, mais inclusiva. A construção de tais pontes exigirá a interação de muitas pessoas, com respeito mútuo, através de barreiras tradicionais. O desenvolvimento de uma identidade pessoal com pessoas situadas além dos nossos grupos primários nunca foi tarefa fácil. Contudo, identidades mais amplas são possíveis, e no próximo século será necessário encorajá-las em maior escala do que anteriormente.

Em uma época em que muitos países lutam com os novos e incertos desafios da democratização, a comunidade internacional precisa defender a norma de uma liderança responsável e apoiar as oportunidades de os líderes se engajarem em soluções negociadas, equânimes, para as controvérsias entre grupos. Líderes que demonstram boa vontade e que se engajam nessas práticas deveriam ser reconhecidos e recompensados. Da mesma forma, condições deveriam ser promovidas permitindo aos eleitorados julgarem os seus líderes responsáveis quando estes se distanciam das normas democráticas de uma resolução de conflitos pacífica. A comunidade internacional precisa expandir suas iniciativas de orientação do público onde quer que a prevenção de conflitos mortais seja necessária e possível. Perder a oportunidade de uma ação preventiva é falta de liderança.

Qualquer esforço para promover a tolerância, a assistência mútua, a liderança responsável e a equidade social tem valor por seu direito próprio. A prevenção de conflitos mortais tem valor prático além de moral: onde a paz e a cooperação prevalecem, também prevalecem a segurança e a prosperidade. Considere as medidas após a Segunda Guerra Mundial para fundar-se a base da atual florescente União Europeia. Líderes como Jean Monnet e George Marshall transcenderam a devastação dos tempos de guerra e das inimizades que as causaram — e imaginaram uma Europa na qual a cooperação regional transcenderia fronteiras adversárias e rivalidades tradicionais. Corretamente, eles previram que uma cooperação econômica em larga escala facilitaria não só a recuperação pós-guerra mas também a prosperidade a longo prazo que tem ajudado a Europa a conquistar um grau de paz e segurança um dia inimaginável. A reconstrução pós-guerra é um exemplo excelente da construção da prevenção estrutural pela criação de condições que favoreçam um desenvolvimento social e econômico e uma interação pacífica.

ESTUDOS DE CASOS 421

A realização dessa visão não foi fácil. Exigiu esforços constantes e criativos para esclarecer o público, mobilizar os principais eleitorados e persuadir parceiros relutantes. A manutenção desse apoio tem exigido o uso prudente de um escasso capital político e social. Para tomarmos apenas um exemplo, o Plano Marshall inicialmente usufruiu de muito pouco apoio entre o povo norte-americano. Se não houvesse sido pela determinação e a capacidade do presidente norte-americano, Harry S. Truman, o programa que fez a mais importante contribuição à reconstrução e ao desenvolvimento da Europa pós-guerra não teria sido implementado. O Plano Marshall é um modelo do que uma cooperação internacional sustentada pode realizar. Também demonstra a importância de uma liderança visionária e corajosa.

Em suma, o esforço para prevenir conflitos mortais é uma questão de obrigação humanitária e de interesse próprio esclarecido. O estabelecimento de uma cultura de prevenção é um bem público de importância-chave: é não rival e não exclusivo. De fato, quanto mais pessoas o praticam, melhor a situação de todos se torna.

O papel das Nações Unidas

As Nações Unidas podem ter um papel central, mesmo indispensável, na prevenção dos conflitos mortais, auxiliando os governos a lidar com a violência incipiente e organizando o auxílio de outras fontes. Sua função de legitimação, sua capacidade de concentrar a atenção mundial em problemas cruciais, sua capacidade operacional considerável em muitas de suas agências especializadas — todos esses fatores tornam as Nações Unidas um importante item para qualquer regime de prevenção.

O papel duradouro das Nações Unidas na ajuda à prevenção de conflitos mortais reside em seus propósitos centrais: promover a paz e a segurança, apoiar o desenvolvimento sustentável, inspirar um respeito difundido pelos direitos humanos e desenvolver normas de lei internacionais. Três principais relatórios se combinam para formar um programa de ação para as Nações Unidas cumprirem esse papel: *Uma Agenda para a Paz* (Boutros-Ghali, 1992); *Uma Agenda para o Desenvolvimento* (Boutros-Ghali, 1995); e *Uma Agenda para a Democratização* (Boutros-Ghali, 1996). Cada relatório focaliza importantes tarefas essenciais para a redução da epidemia global da violência, a preservação da paz e da estabilidade, a prevenção da difusão de armamentos de destruição em massa, a promoção do desenvolvimento econômico sustentável e social, a defesa dos direitos humanos e liberdades fundamentais e a redução do sofrimento humano maciço. Cada um é uma declaração importante dos amplos objetivos da paz, do desenvolvimento e da democracia — assim como um valioso mapa para a conquista desses objetivos. Combinados, sugerem como os Estados poderiam usar as Nações Unidas mais eficazmente para reduzir a incidência e a intensidade da violência global.

Mais recentemente, o secretário-geral Kofi Annan soou um toque de alerta para as Nações Unidas retornarem à sua missão "cardinal" — garantir a segurança humana. Ele tem repetidamente enfatizado a importância da prevenção e das possibilidades de ação, não só para as Nações Unidas e suas agências operacionais mas também para as organizações regionais e para o setor privado (ver Annan, 1997, 1998a, b, c). Tem também enfatizado a aplicabilidade e o benefício de se prevenir os conflitos em todas as regiões, salientando a África para uma atenção especial a esse respeito.

Conquanto a maioria dos observadores concorde que as Nações Unidas devam ser fortalecidas, poucos conseguem encontrar um meio comum de como fazê-lo. Para a prevenção de conflitos mortais, um número de medidas pode ser tomado para aumentar as possibilidades de que um engajamento preventivo das Nações Unidas obtenha sucesso:

- O estabelecimento de uma capacidade de rápida reação.
- Usar o artigo 99 da Carta das Nações Unidas com mais frequência, para levar situações potencialmente violentas à atenção do Conselho de Segurança.
- Fazer os Estados-membros contribuírem para o Fundo para Prevenção recentemente criado e fortalecer o poder do secretário-geral na diplomacia preventiva.
- Fazer maior uso dos bons gabinetes, enviados e representantes especiais na ajuda da neutralização de crises em desenvolvimento.
- Usar o considerável poder de reunião do gabinete do secretário-geral mais firmemente, para reunir grupos de "amigos" que possam ajudar a coordenar a resposta internacional a situações em deterioração.
- Reformar o Conselho de Segurança para que reflita as capacidades mundiais e suas necessidades.

Outras medidas são desejáveis e possíveis. Um compromisso renovado deve ser feito para os propósitos de prevenção das Nações Unidas, precisamente por causa da natureza abrangente de bem público da prevenção de conflitos (ver Nações Unidas, 1997). Uma oportunidade difundida à prosperidade em um cenário de paz justa mantido em todos os níveis da sociedade humana permitiria a todos compartilhar da prosperidade. Essa conquista é certamente um objetivo de valor.

NOTAS

Este capítulo se apoia firmemente na Comissão Carnegie para a Prevenção de Conflitos Mortais (1997).

ESTUDOS DE CASOS

1. Ver, por exemplo, os arranjos regulamentando a interação econômica, tais como o Banco Internacional para Reconstrução e Desenvolvimento, que, com sua afiliada, a Associação Internacional para o Desenvolvimento, é conhecido por Banco Mundial. O Banco foi estabelecido em 1945 junto com o Fundo Monetário (Stremlau e Sagasti, 1998, p. 91). Outros arranjos incluem os acordos regionais criando arranjos de segurança como a Organização do Tratado do Atlântico Norte, a Organização dos Estados Americanos, a Organização da Unidade Africana, e a Organização para Segurança e Cooperação na Europa; organizações econômicas como a União Europeia e o Acordo de Livre Comércio da América do Norte (Comissão Carnegie para Prevenção de Conflitos Mortais, 1997, p. 169-73); arranjos sobre a resolução de controvérsias internacionais, tais como a Corte Internacional de Justiça (criada em 1945) e a Organização do Comércio Mundial (criada em 1994); arranjo sobre o controle de armamentos como o Tratado de Não Proliferação de Armas Nucleares, a Convenção de Armas Biológicas de 1992 e a Convenção de Armas Químicas de 1993 (Comissão Carnegie para Prevenção de Conflitos Mortais, 1997, p. 73-75); e arranjos sobre a proteção dos direitos humanos tais como a Declaração Universal dos Direitos Humanos (emitida em 1948), a Convenção para a Eliminação de Todas as Formas de Discriminação contra Mulheres (emitida em 1979), a Convenção sobre os Direitos das Crianças (emitida em 1989).

REFERÊNCIAS BIBLIOGRÁFICAS

Annan, Kofi. 1997. "The United Nations: New Directions, New Priorities". A distinta palestra Sorensen emitida nas Nações Unidas. Conselho de Relações Exteriores, 22 de abril, Nova York.

———. 1998a. "Challenges of Prevention". Discurso para o Instituto de Políticas Públicas James A. Baker III. Universidade de Rice, 24 de abril, Texas.

———. 1998b. "Intervenção". Palestra de 35 Anos da Fundação Ditchley, 29 de junho, Ditchley Park, Reino Unido.

———. 1998c. "The United Nations As a Conflict Prevention Device". Discurso na Conferência para Prevenção de Conflitos Mortais entre Nações no Século XXI, Universidade da Califórnia em Los Angeles, 23 de abril.

Boutros-Ghali, Boutros. 1992. *An Agenda for Peace*. Nova York: Nações Unidas.

———. 1995. *An Agenda for Development*. Nova York: Nações Unidas.

———. 1996. *An Agenda for Democratization*. Nova York: Nações Unidas.

Bremer, Stuart. 1992. "Dangerous Dyads: Conditions Affecting the Likelihood of Interstate War 1816—1965". *Journal of Conflict Resolution* 36(2): 309-41.

———. 1993. "Democracy and Militarized Interstate Conflict, 1816-1965". *International Interactions* 18(3): 231-49.

Brown, Michael E., e Richard N. Rosecrance. 1999. *The Costs of Conflict Prevention and Cure in the Global Arena*. Lanham, MD: Rowman & Littlefield.

Brown, Michael E., Sean M. Lynn-Jones e Steven E. Miller, organizadores 1996. *Debating the Democratic Peace*. Cambridge, MA: MIT Press.

Bueno de Mesquita, Bruce, e David Lalman. 1992. *War and Reason: Domestic and International Imperatives*. New Haven, CT: Yale University Press.

Comissão Carnegie para Prevenção de Conflitos Mortais. 1997. *Preventing Deadly Conflict: Final Report*. Washington, DC.

Doyle, Michael. 1983. "Kant, Liberal Legacies, and Foreign Affairs". *Philosophy and Public Affairs* 12(3): 205-35.

Nações Unidas. 1945. *Charter of the United Nations and Statute of the International Court of Justice*, Nova York.

———. 1997. *Renewing the United Nations: A Programme for Reform*. Relatório do secretário-geral. Quinquagésima primeira sessão, Reforma das Nações Unidas: Medidas e Propostas, Item 168 da Agenda; 14 de julho.

Ray, James Lee. 1995. *Democracy and International Conflict: An Evaluation of the Democratic Peace Proposition*. Columbia: University of South Carolina Press.

Rummel, Rudolph J. 1975-81. *Understanding Conflict and War*, 5 volumes. Los Angeles, CA: Sage.

———. 1983. "Libertarianism and International Violence". *Journal of Conflict Resolution* 27(1): 27-72.

———. 1985. "Libertarian Propositions on Violence within and between Nations: A Test against Published Results". *Journal of Conflict Resolution* 29(3): 419-55.

Russett, Bruce. 1993. *Grasping the Democratic Peace: Principles for a Post-Cold War World*. Princeton, NJ: Princeton University Press.

Stremlau, John, e Francisco Sagasti. 1998. *Preventing Deadly Conflict: Does the World Bank Have a Role?* Washington, DC: Comissão Carnegie para a Prevenção de Conflitos Mortais.

A Paz como um Bem Público Global

Ruben P. Mendez

A história mundial é em grande parte uma história de guerras. Todas travadas em um mundo sem governança — onde a "defesa" nacional, as alianças regionais militares, o equilíbrio de poder e o imperialismo hegemônico eram os regimes predominantes. É manifesta a necessidade de um sistema sob os auspícios universais para a manutenção da paz e da segurança globais. A noção de um bem público global é um ponto de partida lógico para a consideração de como um tal sistema operaria. Na literatura da economia pública, a defesa tem tradicionalmente sido apontada como um bem público puro na esfera doméstica. Mas como este capítulo demonstrará, existem problemas nessa abordagem formalística — e mesmo, ainda mais, no nível internacional. Em contraste, a paz preenche os critérios substantivos (ou seja, o bem-estar) assim como os critérios formais de um bem público.

Este capítulo primeiro analisa a manutenção da paz e da segurança como um bem público em termos desses critérios. Mostra como o tratamento convencional do bem público negligencia a substância de seus benefícios putativos — que são os que, em última instância, concernem à humanidade. As teorias dos bens públicos e os temas relacionados da teoria da finança pública, tais como a carona, as externalidades e as outras falhas de mercado, têm se concentrado no nível estatal e no nível de entidades políticas menores. O capítulo transpõe esses elementos básicos para o nível internacional. Depois, contrasta dois modelos genéricos de manutenção da paz e da segurança internacionais: as abordagens tradicionais da *realpolitik*, através de um equilíbrio de poder ou da hegemonia, e da segurança coletiva. Argumenta que a segurança coletiva é a mais eficaz e sustentável, e que as Nações Unidas possuem um papel central em tal sistema. Por fim, o capítulo descreve medidas práticas incrementais, para aproximar um pouco mais o regime atual de um verdadeiro e eficaz sistema de segurança coletiva.

Definindo o Bem Público: A Paz e a Defesa

A essência do que se entende por "bens públicos" foi captada por Paul Samuelson, em seu artigo seminal de 1954, "The Pure Theory of Public Expenditure".

Samuelson definiu os bens públicos como "*bens de consumo coletivos...* dos quais todos usufruem em comum no sentido de que cada consumo por um indivíduo de um tal bem não leva à subtração do consumo por nenhum outro indivíduo deste bem" (Samuelson, 1954, p. 387-89). Os bens públicos são, portanto, descritos na literatura especializada como não rivais (em consumo) — o que na verdade significa não rivalizantes.[1] Por exemplo, os marinheiros e os passageiros dos navios nas vizinhanças de um farol podem consumir (usar) simultaneamente o facho de luz do farol como guia sem diminuir o uso uns dos outros.[2] No jargão da economia, não existem custos marginais (adicionais) no uso extra de um bem público.

Os bens públicos são também não exclusivos ou, mais precisamente, não excludentes.[3] Um bem é não excludente se ninguém — nem mesmo os que não pagam por ele — pode ser excluído de usá-lo, e portanto esse bem atrai caroneiros. Nestas circunstâncias, o setor privado não está apto a fornecer o bem porque não pode obter rendimentos pela cobrança do seu uso. É por esse motivo que o setor público (os governos nos Estados e as entidades políticas menores) em geral financiam o fornecimento dos bens públicos, obtendo os fundos com impostos ou taxas de usuário.

A literatura geral sobre economia pública contém uma extensa análise metodológica formal dos bens públicos, mas pouca análise sobre a natureza dos seus benefícios. Anthony Atkinson e Joseph Stiglitz defendem esse enfoque com base em que "existe um ganho substancial em termos de clareza de argumento e na medida em que se evitam as ambiguidades" (Atkinson e Stiglitz, 1980, p. 562-63). A análise formal, especialmente a matemática, é um modo de conquistar e demonstrar a precisão e a clareza. Por vezes, no entanto, uma tal análise excede-se — à custa do conhecimento, de fato, do conteúdo dos benefícios (ou dos efeitos adversos) gerados pelo bem público putativo.[4]

Ainda assim, os critérios substantivos são importantes, especialmente se a análise pretende ser útil na formulação de políticas. Embora a defesa seja convencionalmente estudada como um bem público, ela não preenche os critérios substantivos tão bem como a paz o faz.

A defesa como um bem público

Os livros didáticos de economia e finanças públicas em geral citam a defesa nacional como o exemplo, por excelência, de um bem público, demonstrando que é:

- Não rivalizante — ou seja, o consumo, ou o desfrute, da proteção concedida pela defesa nacional a um residente de um país não diminui o consumo dessa

ESTUDOS DE CASOS

proteção por um outro residente. A proteção é indivisível, e o seu usufruto por uma pessoa adicional não envolve nenhum custo marginal ou adicional.

- Não excludente — ninguém no país pode ser excluído de beneficiar-se da proteção da defesa nacional, independentemente de se ele ou ela contribui diretamente para o orçamento da defesa.

A análise prossegue para apontar que, como o setor privado não pode fornecer a defesa de forma lucrativa — pois não pode cobrar os beneficiários e excluir os que não pagam —, o governo a fornece diretamente, financiando os seus custos por meio de taxação. Discussões mais detalhadas investigam programas orçamentários, projetos de custo-eficácia, monitoramento de gastos e de produção, meios de redução de custos e afins (ver Hyman, 1990, p. 323-31; Mankiw, 1997, p. 222; Mansfield, 1989, p. 14; Rosen, 1988, p. 79-82; Samuelson e Nordhaus, 1989, p. 770-71; e Stiglitz, 1988, cap. 12).

A "utilidade" conferida pelos gastos com a defesa, convencionalmente pressuposta como basicamente a proteção, é tida por certa.[5] O termo "defesa" tem conotações positivas. Mas as análises não lidam com a substância e as consequências dessa pressuposta bondade da defesa.[6] O termo defesa é um eufemismo para palavras mais concretas e precisas como guerra, armamento, armas e militar (Keller, 1995). Os antigos ministérios da guerra são hoje invariavelmente denominados ministérios da defesa. Em seu estado latente, a defesa envolve sistemas de armamentos, indústria de armas, tecnologia militar, testes nucleares, comércio de armas e corrida armamentista. Nessa forma ativa, é chamada guerra.

Inúmeras questões centrais podem ser levantadas a esse respeito. Primeira, existe de fato uma proteção no poder nuclear? Será que as alianças cuja defesa principal é uma ameaça de ataque nuclear protegem os seus membros? Ou será que os expõem ao risco de tornarem-se vítimas de uma retaliação maciça?[7] Uma das características de um bem público é a de que embora os povos ou as nações possam valorizá-lo diferentemente, o recebem igualmente. O efeito de dissuasão — se, de fato, este existe — pesa mais que o perigo de uma guerra por acaso, ou de uma catástrofe se houver retaliação? Qual a capacidade de retaliação necessária para servir como dissuasão?

Segunda, quais benefícios privados e externalidades positivas traz o gasto militar? Emprego e renda para militares e pessoal de apoio? Maior atividade econômica e rendimento vindos da construção, pagamentos de aluguéis, compras de alimentos, turismo, gastos com diversão, e vários efeitos multiplicadores? Maior produção e receita para os fornecedores? Progresso científico e tecnológico? Orgulho nacional? Quais os custos para os contribuintes e para os militares e pessoal de apoio, voluntários ou recrutados? Seria o gasto militar o meio mais eficiente de aumentar a atividade eco-

TABELA 1

Falhas de mercado e respostas políticas: nacionais e internacionais

Tipo de falha de mercado	Nacional (principalmente dos Estados Unidos)	
	Exemplo	Resposta política
Bens públicos	Faróis e estradas	Provisão do governo, financiados por impostos e taxas de usuário
	Manutenção da lei e da ordem	Guarda Nacional, recrutamento
Externalidades negativas	Poluição do ar urbano	Lei do ar puro
	Poluição dos rios por fábricas de papel	Regulamentação
Externalidades positivas	Educação	Provisão do governo, financiada por subsídios e isenções de impostos
	Vacinação contra a pólio	Provisão do governo
	Posse das moradias	Dedução de impostos dos custos de juros
Falhas competitivas	Standard Oil Co. (US)	Lei Sherman Antitruste
	Monopsônio das estradas de ferro	Promoção da competição
	Monopólios naturais	Serviços públicos regulamentados
Falhas de informação	Efeitos do tabaco	Alerta do cirurgião-geral
	Taxas de juros sobre empréstimos	Leis de honestidade na concessão de empréstimos
	Informação sobre investimentos	Divulgação plena na Bolsa de Valores de Nova York e na Comissão de Valores e Bolsa
Mercados incompletos	Crédito para pequenas empresas	Corporação de Investimento em Pequenas Empresas
	Seguro para idosos	Assistência médica
Bens de mérito	A música e as artes	Subsídios e isenções de impostos

ESTUDOS DE CASOS

Internacional e global	
Exemplo	*Resposta política*
Proteção da camada de ozônio	Protocolo de Montreal
A Internet	Nenhuma
Manutenção da paz	Manutenção da paz pelas Nações Unidas, Otan
Emissões de CFC	Protocolo de Montreal
Poluição marinha por óleo	Nenhuma
Educação ("reverter o desperdício de cérebros")	Nenhuma
Vacinação contra a varíola	Programa da OMS
Manutenção das florestas tropicais	Permutas endividamento/ natureza
Opec	Reciclagem de petrodólar, Agência de Energia Internacional
Mercados automobilísticos dos EUA e da UE	Nenhuma
Subsídios agrícolas	Negociações GATT/OMC
Testes nucleares	Tratado para interdição de testes
Mercado de moedas estrangeiras de dois patamares	Nenhuma
Capital e crédito para os países menos desenvolvidos	Banco Mundial/IDA
Seguro da balança de pagamentos	FMI (em teoria)
Preservação de tesouros históricos	Programa Abu Simbel da Unesco

nômica e o bem-estar, mesmo onde não haja um pleno emprego? Quais as alternativas e os custos das oportunidades? Não são os gastos com atividades econômicas produtivas, com pesquisas duradouras orientadas aos civis ou com a exploração do espaço mais eficientes e intensificadores do bem-estar? Não seriam doações diretas maneiras menos custosas de se compensar os desempregados?

Ajudaria na compreensão de como a instituição militar influencia as prioridades do gasto público usarmos alguns pontos de vista da teoria da escolha pública, a qual aplica princípios de mercado (interesse próprio, expectativas lógicas) a situações que não são de mercado. O modo como os interesses operam no comportamento dos burocratas civis, legisladores e eleitores tem sido extensamente escrutinado e criticado. Mas os especialistas em escolha pública têm negligenciado os militares, deixando de considerar como os interesses influenciam os legisladores, os burocratas militares, os grupos de especialistas em assuntos militares (como a RAND Corporation), os lobistas e os líderes corporativos ligados ao complexo industrial militar (em termos, digamos, da construção de um império militar ou uma propositada supervalorização do inimigo e dos gastos militares necessários). Um exemplo claro de um sistema militar-industrial que auxiliou a iniciar a guerra, estudado por historiadores mas não por economistas da área da escolha pública, é o do Japão antes da Segunda Guerra Mundial.

Tem havido mais e mais referências na literatura especializada à ineficiência econômica resultante dos interesses dos burocratas e executivos do *establishment* militar-industrial.[8] Também tem havido revelações sobre como os generais norte-americanos, por exemplo, deliberadamente supervalorizaram o poder militar da União Soviética durante a Guerra Fria. Essa exposição inexata foi um fator importante para o aumento dos gastos militares (Schwartz, 1998). Mas além das questões de desperdício e de ineficiência econômica, há uma consideração do bem-estar global que não deveria passar despercebida: a de que um comportamento voltado para o interesse próprio na instituição militar produz desastres colossais e permanece extremamente perigoso.

Sandler e Hartley (1995, p. 341) observam que a economia do setor público fez a maior contribuição à economia da defesa em anos recentes. Mas essa contribuição foi no nível do Estado e da microeconomia. Cobre questões de aumento de eficiência e de custo-eficácia dos gastos militares dentro das nações ou, no máximo, em alianças. Não lida com as falhas de mercado internacionais de um mundo de Estados e alianças exclusivas agindo em seus próprios interesses, nem com qual ação deveria ser tomada para corrigirem as falhas e aumentar-se o bem-estar global. A Tabela 1 dá exemplos de falhas de mercado e respostas políticas e como estas são transportáveis do nível nacional para o internacional.

Um terceiro conjunto de perguntas a serem feitas ao avaliarmos a defesa como um bem público é: quais são as externalidades negativas? Prejuízos para o meio ambiente e o tecido social das áreas adjacentes às bases militares domésticas e estrangeiras? Difu-

ESTUDOS DE CASOS

são da prostituição e das doenças venéreas? Sentimentos de perigo, insegurança, frustração e raiva dos que não são membros ou dos "inimigos" da aliança para defesa? A Organização do Tratado do Atlântico Norte (Otan) provocou a criação do Pacto de Varsóvia através de tais externalidades? Ambas essas alianças para "defesa" aceleraram a corrida armamentista ao gerarem externalidades negativas uma contra a outra? Quais os custos econômicos da corrida armamentista? Para os contribuintes? Em termos de alternativas, de oportunidades perdidas para o gasto? Mesmo quando tecnicamente havia paz entre os poderes militares mundiais líderes, as pessoas sentiam que havia segurança?

Por fim, a equiparação dos gastos de cada lado não diminui o benefício marginal de cada gasto adicional? Não seria um equilíbrio mais baixo menos custoso e menos ameaçador?

A paz como um bem público

Embora um assunto de menos popularidade do que a defesa, a paz é também um bem público citado por professores de finanças públicas e outros economistas (Kindleberger, 1986). Diferentemente da defesa, de forma indiscutível preenche os critérios de bem público de uma perspectiva substantiva (bem-estar), assim como de uma perspectiva formal. É um estado de relacionamento entre as pessoas e as nações a que todos aspiram ou desejam manter. Excetuando-se os patológicos desejosos de serem conquistadores e especuladores, assim como os sádicos e os masoquistas, que prefeririam a guerra, a paz pode ser considerada um bem público universal. É o melhor estado da sociedade para a sobrevivência humana e uma condição necessária para a satisfação do bem-estar dos membros da sociedade. Sem a paz, não se pode desfrutar das conveniências da vida cotidiana. É um pré-requisito para a busca da felicidade e para o desenvolvimento social e humano.

Como a paz preenche os critérios formais, assim como os substantivos, de um bem público? Em termos da não exclusão, se um país está em paz, é um benefício do qual nenhum residente pode ser excluído de usufruir. No nível internacional, a paz global a todos beneficia, assim como o bem público da lei e da ordem no nível nacional. Onde prevalecem a paz e a segurança, todos podem gozar do fato de que não há guerra ou ameaça de guerra, de que as viagens e o comércio internacionais estão desimpedidos, de que as pessoas podem se ocupar de seus negócios sem temores e preocupações. Nesse estado de coisas todos, em todos os lugares, podem usufruir dos benefícios da paz, o usufruto de um não diminuindo o de outro. Os economistas da área do bem-estar na verdade podem considerar a paz como ainda mais fundamental do que um bem público. Podem considerá-la uma instituição que capacita aos mecanismos de mercado e um elemento essencial do primeiro teorema fundamental da economia do bem-estar (Mendez, 1992, p. 58).

A paz global e regional

Como avaliarmos a paz regional ou local — por exemplo, a paz na ilha de Chipre? Em um sentido, tal paz é um bem público universal, pois possui valor de existência: o fato de que haja paz no Chipre é percebido como bom, e essa percepção é disponível a todos. Em si, porém, o bom sentimento associado ao conhecimento de uma paz localizada pode não alcançar um valor alto em uma escala de benefícios. Intrinsecamente seria uma forma de "usufruto à distância", parecido com, mas mesmo menos intenso do que, digamos, o prazer sentido por um leitor da *National Geographic* ao saber que ainda existem florestas tropicais na Amazônia e gorilas nas montanhas de Ruanda (Mendez, 1995b, p. 46).

A paz na ilha de Chipre, contudo, é também um bem público no que concerne ser um elemento — uma peça — da ordem mundial. Engrandece a paz na Grécia, na Turquia e no Mediterrâneo, e contribui à paz no mundo e ao processo de paz. Ainda que os benefícios privados (aos cipriotas, gregos e turcos) sejam mais fortes, uma paz cipriota local possui portanto externalidades positivas que lhe concedem atributos de bem público. Um bem público regional na arena internacional, além do mais — desde que não infrinja sobre uma outra região ou país — é análogo à paz regional dentro de uma nação. A lei e a ordem marítimas fornecidas pela Guarda Costeira dos EUA, por exemplo, podem ser desfrutadas por marinheiros em Boston, mas não diretamente por fazendeiros em Iowa. Mas, ainda é algo provido pelo governo dos EUA, utilizando a receita dos impostos, porque é necessário e pode ser financiado pelo público mas não pelo setor privado. Embora alguns membros da sociedade tenham maiores interesses envolvidos do que outros, todos se beneficiam das externalidades e da eficiência dessa provisão nacional.

Os serviços de manutenção da paz em países e regiões específicas possuem características de bem público mas, não obstante, são semelhantes ao que os economistas do setor público denominam bens privados fornecidos publicamente. A expansão das forças de manutenção da paz para cobrirem países adicionais (como o Burundi e Ruanda) incorreria em custos aumentados e diminuiria os fundos disponíveis para outros países (como a Bósnia). Como o exemplo de Chipre ilustrou, no entanto, a manutenção da paz possui externalidades positivas, e nos sistemas nacionais de finanças públicas essas são um motivo para subsídios. Além do mais, existem benefícios no fornecimento de tais serviços sob os auspícios públicos internacionais — com a neutralidade e a universalidade das Nações Unidas — em vez de por nações individuais. É por isso que dentro dos Estados, os governos, em vez das milícias, das gangues ou dos exércitos privados são os preferidos executantes do cumprimento da paz.

ESTUDOS DE CASOS

PRODUZINDO A PAZ: POLÍTICAS DE PODER E DE SEGURANÇA COLETIVA

A segurança coletiva aproxima a esfera internacional do tipo de gestão de segurança provida domesticamente, no que concerne às falhas na segurança serem consideradas um assunto preocupante para todos e existirem mecanismos de detenção do comportamento violento. Segundo alguns autores (notadamente da tradição realista), entretanto, o equilíbrio de poder tradicional igualmente oferecia ordem e segurança. Esta seção revê de forma breve o registro histórico, assim como o pano de fundo analítico, desse debate contínuo.

Equilíbrio de poder, hegemonia e Guerra Fria

O REGISTRO HISTÓRICO. A teoria do equilíbrio de poder enraizou e floresceu na Europa (Sheehan, 1996; Gulick, 1955). A estabilidade era supostamente assegurada pela comparação de uma formação militar de uma entidade política ou aliança com uma igualmente forte aliança de outras. Ainda assim a Europa experimentou muitos casos nos quais esse equilíbrio de poder putativo fracassou em impedir a guerra, como nas guerras da Liga de Augsburgo (1688-97) e da Sucessão Espanhola (1701-14), apesar do suposto equilíbrio de poderes entre as dinastias Bourbon e Habsburgo; a Guerra dos Sete Anos (1756-63), opondo a Áustria, França, Rússia, Saxônia e Suécia à Grã-Bretanha, Portugal e Prússia; e a Primeira Guerra Mundial (1914-18), seguida à divisão da Europa na Tríplice Aliança (Grã-Bretanha, França e Rússia) e a Tríplice Entente (Alemanha, Áustria-Hungria e, até 1915, Itália).

Se existia ou não um equilíbrio de poder durante a Guerra Fria é questionável, dadas as recentes revelações de que o bloco soviético era muito mais fraco do que os estrategistas ocidentais afirmaram. Mas a percepção de um equilíbrio de poder pode ter sido o que importou — ou talvez tenha sido um equilíbrio de terror, pois todo país com armas nucleares e capacidade de usá-las *ipso facto* possuía uma intimidação nuclear.

De fato, o que a bipolaridade produziu foi no melhor dos casos uma paz inquieta, pontuada por conflitos armados implacáveis no Nordeste e no Sudeste Asiáticos, no Oriente Médio e na África. Sua principal realização — alguns a consideram fortuita — foi a contenção desses conflitos e o feliz evitar do holocausto nuclear global. Mas o período na verdade incluiu guerras reais, de médio porte e perigosas, na Coreia e na antiga Indochina.

UM SISTEMA IMPERFEITO. Embora possa temporariamente conter os Estados de partirem para a guerra, o "equilíbrio de poder" sofre de imperfeições e ineficiências. Uma razão é encontrada no dilema da segurança de Robert Jervis (1976): para sentir-se verdadeiramente seguro um Estado precisa ser mais do que apenas igual, em capacidade militar, a seus vizinhos. Precisa ser mais poderoso. Se essa lógica for aplicada a todos, então todos os Estados não podem sentir-se seguros ao mesmo tempo, e um equilíbrio geral é impossível. O resultado é normalmente uma corrida armamentista. A impossibilidade de atingir-se um equilíbrio perfeito leva à compulsão por ter-se um saldo maior no equilíbrio. Alimentando essa espiral, as informações imperfeitas, a força real de cada contraparte e a tendência a intensificar as forças militares.

Numa corrida armamentista os benefícios marginais putativos dos gastos militares adicionais caem, mesmo que o nível de perigo aumente com o crescimento dos gastos. As partes competidoras com frequência praticam a intensificação para atingir ou manter um equilíbrio de poder. Um equilíbrio em cascata através do desarmamento, por outro lado, nunca foi feito. Um verdadeiro desarmamento não se deu até o final da Guerra Fria. Esse fato lança dúvidas e se é eficiente — e desejável — um equilíbrio de poder em qualquer cenário, a não ser em um verdadeiramente anárquico.

Além disso, existem dúvidas sobre a eficácia de um equilíbrio de poder em uma era de armamentos de destruição em massa, dadas as suas externalidades negativas de longo alcance. Durante a Guerra Fria uma troca de bombardeios de hidrogênio entre os Estados Unidos e a Rússia, ou mesmo um só bombardeio, teria causado uma tal abrangente destruição que é duvidoso se mesmo o vitorioso, ou se alguém, poderia ter sobrevivido. Até mesmo uma mais limitada guerra nuclear, digamos, entre a Índia e o Paquistão, causaria destruição e externalidades negativas de proporções desastrosas — para o vencedor, assim como para o vencido.

A Paz Através da Hegemonia. A Guerra Fria findou, e até o presente, ao menos, não há um equilíbrio de poder global. Os antigos antagonistas da Guerra Fria tentam reduzir os seus arsenais nucleares e converter-se de economias militares em economias civis, enquanto fabricam materiais militares e os vendem aos países em desenvolvimento. Hoje, há um só superpoder econômico e militar — os Estados Unidos. Isso significa que os Estados Unidos agora irão manter a paz? Embora exerçam um papel mais ativo do que qualquer outro país — como no caso das controvérsias entre os israelenses e palestinos e na ex-Iugoslávia —, os Estados Unidos não desejam tornar-se a polícia do mundo. Iriam, ademais, ser criticados caso interviessem em outras situações, tais como as controvérsias em outros locais do Oriente Médio, na maioria dos países latino-americanos, em grande parte da África e em muitas outras partes do mundo.

Essas são algumas das falhas na teoria da hegemonia benevolente, um outro conceito ocidental.[9] Existem alegadas épocas de paz na história: a *pax romana*, a *pax britannica* e — embora, diferentemente das outras, seja um alvo de difamação pelos historiadores ocidentais — a *pax mongolica* da época da famosa Rota da Seda na Ásia Central. Um exame mais atento desses períodos revela que uma *pax hegemonica* (para usarmos um híbrido greco-romano) consistia, de fato, em regimes imperialistas repressivos. A paz era geograficamente limitada e altamente seletiva. Os principais beneficiários eram as elites e talvez outros cidadãos do poder hegemônico, mas havia muita opressão e sofrimento em outras partes.

ESTUDOS DE CASOS

Também houve referências recentes a uma *pax americana* e uma *pax sovietica*. É questionável se existiram ou se os antigos participantes da Guerra Fria irão tentar estabelecê-las ou inventá-las.[10] É igualmente improvável que a Europa Ocidental busque embarcar em um novo imperialismo militar. Os antigos poderes imperialistas são tão avessos à guerra, tão pouco inclinados a arriscar vidas e perderam tanto poder que estão relutantes em intervir (ou mesmo autorizar intervenções das Nações Unidas) no que eles consideram, estrategicamente, áreas marginais, tais como o Burundi, a Libéria, a Somália e Ruanda. Isso não se aplica à ex-Iugoslávia — que a Europa entende como localizada em seu próprio quintal — onde esses poderes designaram a Otan, uma parte de seu setor público regional, para intervir.

A segurança coletiva

A história demonstra que nem a hegemonia nem um equilíbrio de poder pode assegurar uma paz sustentável. A hegemonia, como a ditadura, conduz à inquietação e tumultos. Um equilíbrio de poder também fracassa, em parte porque os grupos de governos e os grupos de pessoas se defrontam com dilemas do prisioneiro — a tentação de seus membros de trapacear ou desertar[11] — e outros problemas da ação voluntária coletiva. A corrida armamentista é, na verdade, um tipo de dilema do prisioneiro.

O modelo de segurança coletiva, em contraposição, reconhece a natureza pública da paz internacional. Vê a paz global como um todo indivisível — um verdadeiro bem coletivo — e portanto transforma mesmo os conflitos locais em uma questão de preocupação unificadora para a comunidade internacional (com o princípio de "um por todos e todos por um"). O modelo de segurança coletiva visa não a "Paz Perpétua" de Immanuel Kant, mas a um sistema duradouro e universal para a resolução de conflitos com tão pouca violência quanto possível.

Os três pilares do sistema de segurança coletiva como desenvolvido na Carta da ONU (1945) são:

- Um empreendimento mútuo de comportamento pacífico: "Todos os membros solucionarão suas controvérsias internacionais por meios pacíficos" e "abster-se-ão em suas relações internacionais da ameaça ou do uso da força contra a integridade territorial ou a independência política de qualquer Estado" (artigo 2, ver também capítulo XIV).
- Um menu de reações gradativas ou mecanismos para solucionar as controvérsias (negociação, interrogatório, mediação, conciliação, arbitragem, resolução judicial e outros meios pacíficos; capítulo VI) e lidar com ameaças ou violações da paz e com agressões (até sanções, bloqueios, embargos, e ação militar de larga escala conforme mandato do Conselho de Segurança; capítulo VII).

- Um programa preventivo extenso compreendendo a cooperação econômica e social internacional, a descolonização e o desenvolvimento, o progresso social, melhores padrões de vida e os direitos humanos (capítulos IX, XI e XII).

O análogo global da lei e da ordem nos Estados é a paz e a segurança. Isso é uma responsabilidade do setor público internacional. Emma Rothschild fornece uma descrição sociológica apropriada:[12]

A segurança comum... é considerada como um tipo de contrato social entre Estados. Os "indivíduos" que buscam a segurança são eles próprios Estados-nação. A ordem internacional — como a guerra, na descrição de Rousseau — é uma "relação entre Estados, não uma relação entre homens". Estados-nação escolhem organizar suas seguranças em comum; sacrificam certas liberdades individuais, tais como a liberdade de tentar derrubar outros Estados-nação à força, para o bem comum de evitar-se a guerra nuclear.

(Rothschild, 1995, p. 97)

As Nações Unidas proporcionam a estrutura para esse contrato e são em si mesmas o contrato. Russett, Oneal e Davis (1998) recentemente desempenharam um abrangente e matematicamente rigoroso estudo das controvérsias militarizadas e das associações em organizações internacionais durante o período de 1950-85. O estudo demonstra evidências estatisticamente significativas de que a qualidade de membro compartilhada em muitas organizações internacionais substancialmente reduz as chances de conflitos armados entre dois Estados — um efeito fortalecido quando os Estados são também democráticos e interdependentes. Esse resultado é uma indicação do valor das organizações internacionais não só como fornecedoras de bens públicos mas também como bens públicos globais.

A Paz Internacional Após a Guerra Fria

Qual é o novo sistema pós-Guerra Fria, e quais as chances de um sistema verdadeiro e universal de segurança coletiva emergir?

A equação da nova segurança

A Guerra Fria foi substituída por uma paz global mais fácil, menos tensa. Embora a paz atual não mais pareça situar-se à sombra de uma guerra nuclear entre as grandes forças, é ainda pontuada por pequenas guerras — a maioria das quais é considerada mera escaramuça pelos poderes ocidentais — por todo o mundo: conflitos recentes ocorreram no Afeganistão, Angola, Burundi, Congo, Eritreia-Etiópia, Haiti, Iraque-

ESTUDOS DE CASOS

Kuwait, Libéria, Ruanda, Somália, Saara Ocidental e na ex-Iugoslávia — sem mencionarmos os que emergiram em Estados sucessores da ex-União Soviética desde a morte da *pax sovietica*, ou os problemas ainda borbulhando no Camboja, Chipre, El Salvador, Moçambique, Oriente Médio e outras partes. As vítimas são principalmente as populações dos países de baixa renda.

Porquanto hoje exista um maior foco em "miniguerras", o número de importantes conflitos armados na verdade decresceu desde o final da bipolaridade (Figura 1). O número de guerras cresceu no final dos anos 1940 e no início dos anos 1950 e continuou a crescer até atingir o pico em 1989, às vésperas do término da Guerra Fria. Desde então têm decrescido.[13] O número de mortes igualmente decresceu, depois de chegar a seu pico durante os conflitos na Coreia e na antiga Indochina, claras manifestações do conflito entre o que era então denominado o Oriente e o Ocidente.

A natureza das contendas igualmente modificou-se. Nos últimos oito anos houve mais de 100 casos de conflitos armados, quase todos dentro de Estados (a exceção mais notável sendo o conflito Iraque-Kuwait e, mais recentemente, o Eritreia-Etiópia) e envolvendo mais de 175 grupos e organizações subnacionais. Essa nova estirpe de problemas internacionais não envolve muito os exércitos regulares, Mas milícias, civis armados, guerrilhas e grupos étnicos. Armas de pequeno porte são os armamentos predominantes. Se bem que os maiores poderes mundiais fabriquem e exportem armas de pequeno porte extensivamente, suas forças militares estão nas armas de alta tecnologia do tipo das usadas nas guerras do Golfo.

Uma vez que os estrategistas dos grandes poderes encaram esses conflitos pós-Guerra Fria como de importância marginal, a ação internacional tem sido limitada. Considere a falta de ação para dar um fim aos massacres em Ruanda. Essa atitude contrasta com a dos grandes poderes durante a Guerra Fria, quando demonstraram grande interesse acerca dos participantes em conflitos e tentaram assegurar o apoio destes ou usá-los como bases ou esferas de influência. Esse interesse significava muni-los com armas, treiná-los e equipar seus exércitos, no que foram denominadas "guerras por procuração".

Outro desenvolvimento relacionado é o "colapso" de Estados — ou Estados em colapso —, caracterizado por uma falência das instituições públicas e da governança, da lei e da ordem. Um exemplo clássico é o Camboja, onde uma Administração Transitória da ONU supervisionou as eleições nacionais e auxiliou o desempenho de muitas outras funções do governo durante o período de transição de 1992 a 1993.

Embora a maioria das guerras atuais ocorra dentro dos Estados, elas refletem tensões entre grupos étnicos e nações históricas anteriormente controlados ou sublimados por governos supraétnicos e supranacionais. Essas tensões receberam rédeas frouxas com o *éthos* mais permissivo do novo cenário pós-Guerra Fria. Conflitos armados com frequência levam a fracassos na lavoura, fome, epidemias, genocídio e movimentos maciços de refugiados — invariavelmente ocasionando transbordamentos para além das fronteiras nacionais, atingindo não só os países vizinhos como também países mais distantes.

Os conflitos intraestatais, portanto, geram externalidades negativas maciças. Ao final de 1997 havia mais de 22 milhões de refugiados e desabrigados.[14] Essa cifra não inclui os movimentos de emigrantes que buscam escapar de condições econômicas pobres e em deterioração. O orçamento do Alto-comissariado para Refugiados da ONU tem sido o de mais rápido crescimento dos programas de financiamento voluntário das Nações Unidas — um trágico testemunho aos números em elevação de refugiados, dos quais os haitianos, hutus, tutsis e eslavos do sul são exemplos recentes. Populações desalojadas não apenas se mudam para territórios adjacentes às áreas de conflito mas também para outros países, desenvolvidos e em desenvolvimento.

FIGURA 1

Guerras e mortes relacionadas a guerras no século XX

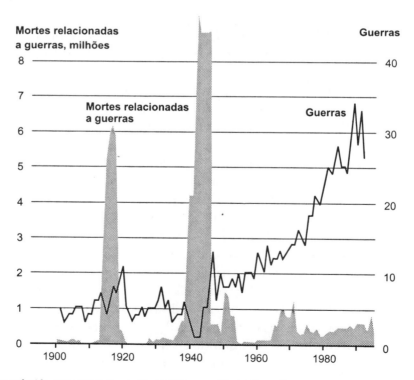

Fonte: Reproduzida, com permissão, de World Military and Social Expenditures 1996, por Ruth Leger Sivard. Copyright 1996 de World Priorities, PO Box 25140, Washington, DC 20007.

ESTUDOS DE CASOS

Com o avanço da globalização e a intensificação das interconexões e interações internacionais, as guerras não mais podem ser consideradas assuntos privados, nacionais. São uma questão de preocupação para toda a comunidade mundial.

A abordagem regional

Uma das consequências dessa realidade alterada é um crescente reconhecimento da importância da ação multilateral. Tal ação pode ser empreendida pelas instituições multilaterais regionais assim como pelas globais. A Carta da ONU, com efeito, "estimula o desenvolvimento de soluções pacíficas de controvérsias locais mediante os referidos arranjos ou agências regionais por iniciativa dos Estados interessados ou a instâncias do Conselho de Segurança", desde que "nenhuma ação coercitiva seja tomada... sem autorização do Conselho de Segurança" (artigo 52, § 3, e artigo 53, § 1).[15]

As organizações públicas regionais lidam com controvérsias regionais em várias partes do mundo, e isso pode ser considerado parte de uma abordagem descentralizada à conquista da paz — contrastada, por exemplo, com a abordagem centralizada, hegemônica. No contexto da teoria dos bens públicos internacionais, pode também encontrar justificação como uma forma de ação dentro de uma região pelo "setor público" da região. Por exemplo, a Comunidade dos Estados Independentes está proporcionando forças de neutralização e de manutenção da paz na Geórgia, Moldova e nas fronteiras Tadjiquistão-Afeganistão e Geórgia-Abkházia; e a Comunidade Econômica dos Estados do Oeste Africano empreende "monitoramento" na Libéria e em Serra Leoa (Instituto Internacional para Estudos Estratégicos, 1997).

Essas missões têm operado em acordo ou em cooperação com as Nações Unidas e são em geral formadas segundo os modelos de manutenção da paz da ONU. A ação ou a aprovação do setor público internacional é necessária para conceder legitimidade a intervenções em questões de paz e segurança. Essas intervenções têm obtido variados graus de sucesso. Diversos fatores influenciam o volume e a abrangência da atividade dessas missões de paz. Um é o financiamento. Grande parte de tempo e de dinheiro foi gasta nos territórios da ex-Iugoslávia, um compromisso tornado possível pela riqueza econômica europeia. Na África, por outro lado, embora a Organização da Unidade Africana tenha mostrado talvez a maior preocupação em relação à unidade e à cooperação regional política do que qualquer outra instituição, uma falta de recursos impediu-a de empreender tantas missões de paz quanto desejaria. Com sua desconfiança dos países ocidentais, a África tem confiado mais nas Nações Unidas do que o têm feito outras regiões.[16]

Agrupamentos regionais, exceto os da África, quase sempre usam pessoas de outras nacionalidades nas equipes de suas missões — um outro reflexo da globalização. A qualidade de membro das instituições regionais, ademais, em geral não coincide com os países e regiões envolvidas. É esse o caso, por exemplo, das controvérsias ou potenciais controvérsias envolvendo o Afeganistão e o Tadjiquistão, e os países da Europa Ocidental e Oriental, a Ásia Central e o mar Báltico. Fora da África, muitos participantes de conflitos regionais preferem ter os bons ofícios de pessoas de países neutros. Um exemplo foi a Comissão Supervisora das Nações Neutras, compreendendo observadores suecos e suíços, para o armistício coreano em 1953. Um exemplo mais recente é o envolvimento dos EUA que levou ao Acordo de Dayton sobre a ex-Iugoslávia. Os esforços norte-americanos pareceram mais realistas do que a posição de elevada estatura moral assumida pela Comunidade Europeia em sua intervenção inicial, que endossou e selou o início do desmembramento da Iugoslávia — e a inevitável luta que se seguiu.

Contudo, seria raro ter-se uma instituição pública internacional de uma região intervindo em uma outra região. Poderia tornar-se a norma, caso houvesse uma hegemonia global na forma de uma organização regional, tal como a OTAN. Mas essa abordagem não seria aceita fora do mundo ocidental.

O Papel das Nações Unidas na Paz e na Segurança

Embora certos conflitos possam ser mais bem-resolvidos por instituições públicas regionais, existe o perigo, onde interesses globais estão envolvidos, de que essas instituições deem prioridade à região que representam em vez de aos interesses da paz em geral. Como pode ser inferido da composição dos setores públicos nacionais, regionais e globais (Tabela 2), as instituições públicas regionais podem estar, como os Estados, entre os caroneiros na mais ampla arena global. Há uma clara vantagem para tal arena possuir auspícios neutros, imparciais e universais para a resolução de conflitos armados e conflitos potenciais.

Por isso a necessidade de um mantenedor da paz universal — um equivalente em escala global de uma força policial municipal, ou de uma guarda nacional ou policial — para manter a lei e a ordem. Os serviços desse mantenedor da paz podem ser comparados ao bem público nacional da defesa, exceto que não há um inimigo externo e os seus objetivos são dirigidos internamente em vez de serem expansionistas. A manutenção da paz e da segurança, na verdade, é função primordial das Nações Unidas.

TABELA 2

Composição dos setores público e privado

Nível	Setor privado	Setor público
Nacional	Indivíduos e famílias	Governo
	Empresas privadas	Corporações governamentais
	Organizações não governamentais (ONGs)	
Regional	Indivíduos, empresas e ONGs com atividades regionais	Organizações públicas regionais (tais como a UE, ou a Otan)
	Estados regionais	
Global	Estados	Organizações públicas internacionais
	Organizações regionais	
	Indivíduos, empresas e ONGs com relações globais	

Durante os seus primeiros 45 anos a bipolaridade e o poder de veto de seus membros permanentes tornaram o Conselho de Segurança bastante ineficaz. Com o término da Guerra Fria o Conselho unanimemente autorizou ação contra o Iraque depois de sua invasão do Kuwait, o que muitos esperavam ser um presságio de uma nova era de cooperação mundial na manutenção da paz e da segurança. A euforia e um novo papel para as Nações Unidas foram seguidas por uma ação na Somália, mas quando a operação sob o comando dos EUA sofreu perdas humanas amplamente divulgadas, houve uma reviravolta e uma resistência ao engajamento em operações de manutenção da paz, com as Nações Unidas levando a culpa.

Desde então o Conselho de Segurança tem sido extremamente rígido e seletivo na decisão de quando autorizar uma ação da ONU, e Estados pobres e pequenos estão cada vez mais preocupados com a rejeição de seus casos. Esse desequilíbrio é em grande parte consequência da composição assimétrica do Conselho de Segurança e aponta para a necessidade de uma maior representação de países não ocidentais a fim de consertar esse desequilíbrio. A não ser que isso aconteça, a credibilidade e a legitimidade do Conselho de Segurança sofrerão.

A manutenção da paz pelas Nações Unidas

As Nações Unidas organizam atividades de manutenção da paz a pedido do Conselho de Segurança. Embora a expressão "manutenção da paz" não figure na Carta da ONU, ela começou a ser usada durante as operações da primeira Força de Emergência da ONU, que manteve a paz por mais de 10 anos depois das forças britânicas,

BENS PÚBLICOS GLOBAIS

francesas e israelenses retirarem-se do território egípcio durante a guerra do Suez em 1956 (Urquhart, 1987). A expressão, desde então, tem sido aplicada a qualquer presença militar não combatente da ONU. Não engloba a "coerção do reforço", que tem sido empreendida por Estados individuais ou grupos de Estados com a autorização da ONU, como nas guerras da Coreia e do Golfo.

As missões de manutenção de paz da ONU tomaram uma série de formas, incluindo-se:

- Apoio logístico e proteção para o fornecimento de alimentos, roupas e medicamentos, como Bósnia, Herzegóvina e na Ruanda.
- Missões de observação para o monitoramento da paz e dos conflitos na Geórgia, Libéria e Tadjiquistão; inclusive a supervisão de tréguas, como ocorreu com o armistício árabe-israelense.
- Verdadeiros para-choques, como ocorre com a força de manutenção de paz separando as populações falantes do grego e do turco em Chipre e com a força interina no Líbano.
- Administrações transitórias, tais como a missão no Leste da Eslavônia, Baranja e Oeste de Sirmium (na Croácia), e a operação abrangente que conduziu às eleições e proporcionou serviços governamentais no Camboja até a formação de um novo governo, de 1992 a 1993. O papel da ONU pode ser também unicamente de conduzir ou monitorar (ou as duas coisas) eleições democráticas, como no Haiti, na América Central e no Saara ocidental (ver Anexo).

Os mandatos das missões da ONU para a manutenção da paz, contudo, em geral foram tão restritamente circunscritos ou deixados tão vagos e sem apoio que estavam fadados à ineficácia ou ao fracasso desde o início. Mesmo em situações inclinadas ao combate, as forças da ONU supostamente não devem combater e, com frequência, estão desarmadas. Ao passo que em teoria as forças possam agir em defesa própria, na prática precisam confiar na boa vontade das autoridades e populações dos países que as recebem. Essa abordagem tem resultado em extensivas perdas — incluindo-se 1.551 não combatentes até os meados de 1998 — e em sequestrados e reféns. Embora o Conselho de Segurança tenha designado áreas de segurança na ex-Iugoslávia, as missões da ONU não receberam o mandato ou os recursos para defenderem essas áreas. Assim, as operações de manutenção da paz da ONU não possuem dentes e existem no limbo. Embora a premissa original da manutenção da paz seja de que existe uma paz a ser mantida e que as partes do conflito chegaram a termos de acordo, hoje esse não é o caso, portanto essa expressão é imprópria.

A *Agenda para a Paz* da ONU articula a ideia de contingentes "especiais para reforço da paz", equipados com armamentos apropriados e a autoridade para usá-los na conquista de seus objetivos, diferenciando-se da manutenção da paz regular (Boutros-Ghali, 1995). Mas essa abordagem recebeu um revés na Bósnia e na Somália,

ESTUDOS DE CASOS

onde a transformação da manutenção da paz em um reforço provisional da paz não foi acompanhada pela autoridade necessária ou com os recursos para a tarefa. Seria útil se a natureza das operações futuras da ONU relacionadas à paz fosse claramente definida e a estas fossem concedidos os mandatos e recursos apropriados, de modo que suas implicações ficassem claras para todos.[17]

A Organização das Nações Unidas comporta severas imperfeições em sua capacidade de manter a paz e a segurança em uma escala global. Essas deficiências e as possibilidades de reforma e fortalecimento podem ser mais bem compreendidas se suas causas históricas forem consideradas. Embora os Poderes Aliados estabelecessem as Nações Unidas ao término da Segunda Guerra Mundial para manter a paz e a segurança globais, a emergência da bipolaridade transformou o tratamento concedido às Nações Unidas com o foco sobre a Otan, o Pacto de Varsóvia e outras alianças regionais no Oriente Médio, no Sudeste Asiático e no Pacífico.

O tratamento concedido às Nações Unidas pelos principais poderes foi, no melhor dos casos, o de negligência, mais frequentemente, porém, o de cinismo. Essas atitudes refletiram-se na seleção e no tratamento do secretário-geral, no alto nível do escalão do Secretariado, no desvio de autoridade e de recursos para outras organizações públicas internacionais (tais como as instituições de Bretton Woods, sobre as quais tinham controle direto) e na retenção das contribuições financeiras obrigatórias para o orçamento da ONU.

O apoio para as Nações Unidas e suas agências especializadas tem de incluir mandatos realistas de forma que não sejam postas em uma situação de "perder ou perder". A manutenção da paz, adequadamente interpretada, deveria ser acompanhada pela continuação de ações necessárias para a paz contínua: socorro e reabilitação, assistência em arranjos transicionais onde a autoridade pública desmantelou-se, governança e desenvolvimento econômico. Essas ações complementares poderiam ser empreendidas pelas Nações Unidas, por outras agências do sistema da ONU e por outras partes apropriadas.

Financiando as atividades de paz e segurança das Nações Unidas

O método de financiamento das operações para a manutenção da paz da ONU está longe do método de financiamento dos bens públicos análogos e dos bens com externalidades positivas nos Estados-nação. No nível nacional, tais bens são normalmente fornecidos pelo setor público e financiados pela receita com os impostos. Essa abordagem é usada por causa do âmbito extenso de seus benefícios, da dificuldade de se excluírem os não pagantes do usufruto desses benefícios e da falta de incentivos para o setor privado de fornecerem os bens.

As Nações Unidas possuem três fontes de financiamento: seu orçamento regular, contas especiais para a manutenção da paz e programas extraorçamentários para o desenvolvimento, o meio ambiente, os refugiados e outras assistências, que são financiados por meio de contribuições voluntárias. O orçamento regular cobre principalmente as despesas administrativas da organização. É financiado pela coleta de contribuições em todos os Estados-membros, indo de 25% do orçamento para os Estados Unidos até 0,01% para países pequenos e pobres como Fiji e a Somália. A fórmula da coleta é portanto baseada no princípio da taxação progressiva, tal como a encontrada nos Estados.

Os custos operacionais para manutenção da paz eram inicialmente retirados do orçamento regular. O custo da primeira Força de Emergência da ONU em 1956, porém, representou um tal esforço para o orçamento regular que uma conta especial em separado foi criada. Esse arranjo tem sido adotado para todas as subsequentes operações, exceto na Força para Manutenção da Paz em Chipre, que é financiada em parte por contribuições voluntárias. A escala da coleta para as contas da manutenção da paz é mais progressiva do que para o orçamento regular, significando que os Estados mais ricos (em especial os membros permanentes do Conselho de Segurança) pagam mais e os Estados mais pobres pagam menos. Sob o sistema atual, as Nações Unidas reembolsam os governos pelos custos das forças e dos materiais que fornecem e pagam pelos custos diretos da manutenção dessas forças e suas próprias operações.

As quantias envolvidas no financiamento do orçamento regular da ONU e das contas da manutenção da paz são relativamente pequenas comparadas aos orçamentos dos governos nos países desenvolvidos. Deram um salto imediatamente após o término da Guerra Fria até que um freio foi posto em 1995, em meio a controvérsias acerca de atrasados, da decisão de conceder-se à Otan uma responsabilidade direta pela manutenção da paz na Bósnia, e das preocupações emitidas de que as operações de manutenção da paz da ONU eram por demais caras. Mesmo em seu auge, no entanto, as despesas com a manutenção da paz da ONU representam uma pequena fração das despesas militares mundiais (Tabela 3).

No geral, a situação financeira das Nações Unidas é de uma crise crônica. Além de apresentar normalmente fundos insuficientes, sofre de dilemas perpétuos de fluxo de caixa e está constantemente em desequilíbrio. Os problemas no Burundi, na Libéria, em Ruanda e em outros países não foram adequadamente tratados pelo Conselho de Segurança por letargia e, aparentemente, por considerações financeiras — com resultados desastrosos e trágicos. Além do tratamento arrogante das finanças da ONU dispensado pelos membros mais ricos do mundo — que corresponde à mais grave situação imediata da organização —, eis alguns dos prcblemas financeiros concretos do sistema de financiamento da ONU:

- Não existem penalidades para os pagamentos em atraso, exceto a perda do direito ao voto na Assembleia Geral se os atrasos de um país forem iguais ou excederem a quantia que deveria pagar durante os dois anos anteriores (artigo 19 da Carta da ONU).
- As Nações Unidas reembolsam os governos que contribuem com tropas e materiais para as operações de manutenção da paz ou pagam diretamente suas mis-

ESTUDOS DE CASOS 445

sões, mas os pagamentos são com frequência atrasados. Como os problemas de fluxo de caixa são normais e as crises financeiras recorrentes com o orçamento regular, e o fundo de reserva para a manutenção da paz está normalmente esgotado no início do ano, as Nações Unidas têm de sacar das contas especiais para a manutenção da paz para evitar a falência.

- Ter uma conta especial para cada operação de manutenção da paz é complicado e toma tempo.[18]
- Os custos crescentes da manutenção da paz são objeto de reclamação tanto dos países ricos como dos pobres e foram um fator na decisão do Conselho de Segurança de abreviar as operações em países como Angola, Libéria e Ruanda.
- O sistema atual obviamente não pode suportar o estabelecimento e a manutenção de uma força militar permanente para emergências e operações prolongadas.

TABELA 3

Despesas militares das Nações Unidas, dos Estados Unidos e do mundo entre 1986 e 1999
(*milhões de dólares norte-americanos nominais*)

Ano	Orçamento regular da ONU[a]	Orçamento da ONU para manutenção da paz[b]	Gastos nacionais dos EUA com a defesa[c]	Gastos militares mundiais[d]	Orçamento da ONU para a manutenção da paz como % dos	
					Gastos dos EUA	Gastos mundiais
1986	855,9	234,7	273.400	997.400	0,086	0,024
1987	855,9	233,0	282.000	1.029.600	0,083	0,023
1988	886,2	253,8	290.400	1.058.600	0,087	0,024
1989	886,2	618,1	303.600	1.068.900	0,204	0,058
1990	1.084,0	410,0	299.300	1.081.200	0,137	0,038
1991	1.084,0	480,2	273.300	1.027.300	0,176	0,047
1992	1.205,7	1.734,7	298.400	931.500	0,581	0,186
1993	1.205,7	3.008,0	291.100	867.100	1,033	0,347
1994	1.316,2	3.264,6	281.600	840.300	1,159	0,389
1995	1.316,2	3.260,0	272.100	827.700	1,159	0,394
1996	1.271,0	740,0	265.700	796.600	—	—
1997	1.271,0	1.295,2	270.500		0,479	—
1998	1.266,2	992,1	264.100		0,376	—
1999	1.266,2	826,0	265.500		0,311	—

a. Cifras em forma anual das apropriações orçamentárias bienais finais da Assembleia Geral.
b. As cifras de 1996 são dos primeiros seis meses. As cifras de 1997 em diante são para um novo período do informe financeiro de 1º de julho-30 de junho das contas da manutenção da paz.
c. Os gastos são para os anos fiscais de 1º de outubro-30 de setembro dos EUA.
d. As estimativas são para os anos civis.
Fonte: Conselho de Consultores Econômicos dos EUA, 1998; Agência para Controle de Armas e Desarmamento, 1996: Instituto Internacional de Estudos Estratégicos, 1997; dados da ONU.

Certas propostas convencionais de reforma foram apresentadas e poderiam possivelmente cobrir o curto prazo. Essas incluem a cobrança de juros ou a imposição de multas aos pagamentos em atraso; a constituição de um orçamento para a manutenção da paz unificado; a concessão de autorização ao secretário-geral para tornar obrigatório até, digamos, um terço, dos custos estimados de uma operação, uma vez esta seja aprovada pelo Conselho de Segurança;[19] a elevação do nível do Fundo de Reserva para a Manutenção da Paz (e seu financiamento); a exortação dos países devedores para o pagamento de seus atrasos; a privação dos países devedores de seus direitos de participarem no Conselho de Segurança e na Assembleia Geral;[20] e a proposição de que os governos consolidem suas contribuições para o orçamento da manutenção da paz nos seus orçamentos para defesa nacional.

Há uma necessidade premente de uma cirurgia radical para firmarem-se a manutenção da paz e as outras operações da ONU numa base financeira sólida.[21] Os problemas surgem da natureza de clube do sistema de financiamento da ONU. Embora esse sistema possa funcionar para clubes exclusivos, não pode ser eficaz para o financiamento do fornecimento de bens públicos universais.

CONCLUSÃO

A história mundial, como observado no início deste capítulo, está manchada por miríades de guerras e seus resultados trágicos e devastadores. Donald Kagan aponta uma estimativa, feita em 1968, de que dos anteriores 3.421 anos, apenas 268 anos estiveram livres de guerras (Kagan, 1995, p. 4). Conquanto se possa questionar a correção e a metodologia de tal estimativa, não há dúvida de que a história mundial seja em grande parte uma história de guerras. Ruth Sivard contou 250 guerras entre 1900 e 1995 (Sivard, 1996, p. 7-8 e 18-19; ver também Sollenberg e Wallensteen, 1998, p. 17). Seus efeitos adversos incluem destruição generalizada, devastação e deslocamento de populações, ebulição e escalada de tensões, fome, devastação de economias, ferimentos que incapacitam e perdas de vidas humanas, que ela estima em 110 milhões nesse período.

Como este capítulo mostrou, a manutenção da paz e da segurança globais é o bem público quintessencial, tanto em substância como em forma. Como ocorre com a maioria dos bens públicos e dos bens com externalidades positivas, é uma função mais bem empreendida em escala global pelo setor público internacional e, em situações regionais apropriadas, por setores públicos regionais. Os governos que agem individualmente em prol dos seus interesses próprios não estão aptos a desempenhar esse mandato, assim como as empresas e os indivíduos nos Estados nacionais, agem como caroneiros no tocante à divisão de responsabilidades grupais. Deste modo, as instituições públicas internacionais são os fornecedores lógicos de bens

ESTUDOS DE CASOS

públicos globais — e as Nações Unidas, em particular, a guardiã lógica da paz e da segurança.

Ainda assim, conquanto a tradicional manutenção da paz por Estados nacionais agindo por conta própria ou como grupos de aliados agindo para além das fronteiras do grupo tenha sido sujeita às falhas de mercado, as Nações Unidas têm estado sujeitas às falhas dos governos. Essa sujeição é um enorme obstáculo a uma estrutura institucional eficaz para a manutenção da paz e da segurança, e há uma necessidade urgente de uma reforma institucional internacional. Tais reformas requerem não simplesmente uma ação da parte do Secretariado da ONU, mas antes um apoio ativo e genuíno de seus governos membros, especialmente dos maiores poderes mundiais.

Em outros estudos, sugeri que uma abordagem similar à usada pelo projeto "Saturno" da General Motors poderia proporcionar uma solução para os problemas de capacidade da ONU (ver Mendez, 1995a, 1997a). Para competir com os automóveis japoneses de alta qualidade, a General Motors decidiu passar por cima de sua burocracia e estabelecer do zero uma nova e independente unidade, libertada dos problemas teimosos de produzir-se um carro de alta qualidade. Assim, o projeto Saturno teve sua própria administração, métodos de contratação e de representação, processos de fabricação, controle de qualidade e afins. O resultado foi um automóvel de qualidade superior à dos outros produtos da General Motors e competitivo em relação aos importados de alta qualidade. Uma tal abordagem poderia ser adotada no fortalecimento da capacidade do Secretariado da ONU no fornecimento dos bens públicos da paz e da segurança.

O projeto Saturno demonstra as possibilidades de aprimorar-se o desempenho mesmo em situações aparentemente insolúveis. A manutenção da paz e o cumprimento eficaz desta requerem habilidades amplamente especializadas, equipamentos, pessoal, comunicações, transporte, operações técnicas e uma variedade de outros elementos. A capacidade da ONU para o fornecimento físico da paz e da segurança poderia ser aumentada pelo estabelecimento de uma nova e especializada agência. A nova instituição estaria envolvida apenas nos aspectos operacionais da manutenção e da garantia da paz e poderia igualmente ter o poder de subcontratar certas atividades. Agiria como uma agência executora para o Conselho de Segurança e a Assembleia Geral, os quais reteriam suas responsabilidades de criação de políticas, tomada de decisões e financiamento. A agência poderia adotar novas práticas e procedimentos para auxiliar a assegurar a vitalidade e a eficiência de suas operações. Ainda que começasse do zero, poderia beneficiar-se do rico acúmulo de conhecimentos e experiências, dos equipamentos e tecnologias existentes, e do efetivo militar treinado que aplicaria suas habilidades à causa da paz mundial.

O apoio às Nações Unidas e à sua nova agência especializada tem de incluir mandatos realistas para que estas não se vejam postas numa situação de "perder ou perder". Como já observado, em sua forma adequada, a manutenção da paz deveria vir acompanhada pelas condições ou pela continuação das ações necessárias para uma paz continuada: o socorro e a reabilitação, a assistência em arranjos transicionais onde a autoridade pública desmantelou, a governança e o desenvolvimento econômico. Essas ações complementares poderiam ser empreendidas por outras agências do sistema da ONU e por outras partes apropriadas.

Todas as exortações e esforços para uma "reforma" das Nações Unidas darão em nada, a não ser que sejam firmadas em uma sólida base financeira — a não ser que os países em atraso paguem suas dívidas e que haja uma verdadeira reforma financeira. A reforma requererá ação orquestrada em questões básicas. Embora seja difícil levar Estados com interesses próprios a acordarem com tais ações, esse não é um objetivo irrealista e já foi empreendido anteriormente. Basta examinarmos as instituições e regimes internacionais estabelecidos desde a criação das Nações Unidas, incluindo-se suas agências especializadas, o UNDP e o Fundo das Nações Unidas para a Infância, o programa de erradicação da varíola da Organização Mundial da Saúde, o Direito do Mar, o Protocolo de Montreal, o Acordo Geral de Tarifas e Comércio e a Organização Mundial do Comércio e outras. Reformar as Nações Unidas — inclusive o comportamento de seus membros em relação à organização — seria um passo decisivo para o controle da carona internacional e para o estabelecimento de uma governança global eficaz.

O mundo poderia aproximar-se desses objetivos se os envolvidos em pesquisas, na criação de políticas e na defesa trabalhassem ativamente para promover o papel e a capacidade das instituições públicas internacionais de fornecerem aqueles bens e serviços essenciais não fornecidos, ou fornecidos de forma severamente insuficiente, sob a atual estrutura econômica e política da comunidade internacional. Uma tal ação, espero, será o resultado desta coletânea de ensaios, o fornecimento dos bens públicos globais como uma nova razão para a cooperação internacional.

ESTUDOS DE CASOS

ANEXO

OPERAÇÕES DAS NAÇÕES UNIDAS PARA A MANUTENÇÃO DA PAZ, NO PASSADO E NO PRESENTE

1. **UNTSO**: Organização das Nações Unidas para Supervisão de Tréguas (Oriente Médio), junho de 1948-presente.
Força da missão atual: 168.
Orçamento em 1998: US$ 26,4 milhões.

2. **UNMOGIP**: Grupo Militar de Observação das Nações Unidas na Índia e Paquistão, janeiro de 1949-presente.
Força da missão atual: 43.
Orçamento em 1998: US$ 7,8 milhões.

3. **UNEF I**: Primeira Força de Emergência das Nações Unidas (Oriente Médio), novembro de 1956-junho de 1967.

4. **UNOGIL**: Grupo de Observação das Nações Unidas no Líbano, junho de 1958-dezembro de 1958.

5. **ONUC**: Operação das Nações Unidas no Congo, julho de 1960-junho de 1964.

6. **UNSF**: Força de Segurança das Nações Unidas na Nova Guiné Ocidental (Irian Ocidental), outubro de 1962-abril de 1963.

7. **UNYOM**: Missão de Observação das Nações Unidas no Iêmen, julho de 1963-setembro de 1964.

8. **UNFICYP**: Força de Manutenção de Paz das Nações Unidas em Chipre, março de 1964-presente.
Força da missão atual: 1.267.
Custo: US$ 43 milhões (coleta das Nações Unidas US$ 22,7 milhões; contribuições voluntárias: Chipre US$ 13,8 milhões, Grécia US$ 6,5 milhões).

9. **DOMREP**: Missão do Representante do Secretário-Geral na República Dominicana, maio de 1965-outubro de 1966.

10. **UNIPOM**: Missão das Nações Unidas de Observação da Índia-Paquistão, setembro de 1965-março de 1966.

11. **UNEF II**: Segunda Força de Emergência das Nações Unidas (Oriente Médio), outubro de 1973-julho de 1979.

12. **UNDOF**: Força de Observação de Separação das Nações Unidas (Colinas do Golã), junho de 1974-presente.
Força da missão atual: 1.046.
Custo: US$ 35,1 milhões.

13. **UNIFIL**: Força Interina das Nações Unidas no Líbano, junho de 1974-presente.
Força da missão atual: 4.480.
Custo: US$ 136,7 milhões.

14. **UNGOMAP**: Missão de Bons Ofícios das Nações Unidas no Afeganistão e Paquistão, maio de 1988-março de 1990.

15. **UNIIMOG**: Grupo Militar de Observação das Nações Unidas no Irã-Iraque, agosto de 1988-fevereiro de 1991.

16. **UNAVEM I**: Primeira Missão de Verificação das Nações Unidas em Angola, janeiro de 1989-junho de 1991.

17. UNTAG: Grupo das Nações Unidas de Assistência à Transição (Namíbia), abril de 1989-junho 1990.

18. ONUCA: Grupo de Observação das Nações Unidas na América Central, novembro de 1989-janeiro de 1992.

19. UNIKOM: Missão de Observação das Nações Unidas no Iraque-Kuwait, abril de 1991-presente.
Força da missão atual: 1.120.
Custo: US$ 50,6 milhões (dois terços paga pelo Kuwait).

20. MINURSO: Missão das Nações Unidas para Referendum no Saara Ocidental, abril de 1991-presente.
Força da missão atual: 316.
Custo: US$ 65,1 milhões.

21. UNAVEM II: Segunda Missão de Verificação das Nações Unidas em Angola, junho de 1991-fevereiro de 1995.

22. ONUSAL: Missão de Observação das Nações Unidas em El Salvador, julho de 1991-1995.

23. UNAMIC: Missão Avançada das Nações Unidas no Camboja, outubro de 1991-março de 1992.

24. UNPROFOR: Força de Proteção das Nações Unidas (ex-Iugoslávia), março de 1992-dezembro de 1995.

25. UNTAC: Administração Transitória das Nações Unidas no Camboja, março de 1992-setembro de 1993.

26. UNOSOM I: Primeira Operação das Nações Unidas na Somália, abril de 1992-março de 1993.

27. ONUMOZ: Operação das Nações Unidas em Moçambique, dezembro de 1992-dezembro de 1994.

28. UNOSOM II: Segunda Operação das Nações Unidas na Somália, março de 1993-março de 1995.

29. UNOMUR: Missão de Observação das Nações Unidas em Uganda-Ruanda, junho de 1993-setembro de 1994.

30. UNOMIG: Missão de Observação das Nações Unidas na Geórgia (Ásia Central), agosto de 1993-presente.
Força da missão atual: 81.
Custo: US$ 20,7 milhões.

31. UNOMIL: Força de Observação das Nações Unidas na Libéria, setembro de 1993-setembro de 1997.

32. UNMIH: Missão das Nações Unidas no Haiti, setembro de 1993-junho de 1996.

33. UNAMIR: Missão de Assistência das Nações Unidas em Ruanda, outubro de 1993-março de 1996.

34. UNASOG: Grupo de Observação das Nações Unidas na Faixa de Aozou (Chade-Líbia), maio de 1994-junho de 1994.

35. UNMOT: Missão de Observação das Nações Unidas no Tadjiquistão, dezembro de 1994-presente.
Força da missão atual: 83.
Custo: US$ 22,3 milhões.

36. UNAVEM III: Terceira Missão de Verificação das Nações Unidas em Angola, fevereiro de 1995-junho de 1997.

37. UNCRO: Operação das Nações Unidas para Restauração da Confiança na Croácia, março de 1995-janeiro de 1996.

38. UNPREDEP: Força de Monitoração Preventiva das Nações Unidas (ex-República Iugoslava da Macedônia), março de 1995-presente.

ESTUDOS DE CASOS

Força da missão atual: 809.
Custo: US$ 22,3 milhões.

39. UNMIBH: Missão das Nações Unidas na Bósnia e na Herzegóvina, dezembro de 1995-presente.
Força da missão atual: 1.962.
Custo: US$ 190,9 milhões.

40. UNTAES: Administração Transicional das Nações Unidas para a Eslavônia Oriental, Baranja e Sirmium Ocidental (Croácia), janeiro de 1996-janeiro de 1998.

41. UNMOP: Missão de Observação das Nações Unidas em Prevlka (Croácia), janeiro de 1996-presente.
Força da missão atual: 28.
Custos incluídos sob UNMIBH.

42. UNSMIH: Missão de Apoio das Nações Unidas no Haiti, julho de 1996-julho de 1997.

43. MINUGUA: Missão de Verificação das Nações Unidas na Guatemala, janeiro-maio de 1997.

44. MONUA: Missão de Observação das Nações Unidas em Angola, julho de 1997–presente.

Força da missão atual: 1.213.
Custo: US$ 140,8 milhões.

45. UNTMIH: Missão de Transição das Nações Unidas no Haiti, agosto-novembro de 1997.

46. MIPONUH: Missão da Polícia Civil das Nações Unidas no Haiti, dezembro de 1997-presente.
Força da missão atual: 284.
Custo: US$ 18,5 milhões.

47. GRUPO DE APOIO DA POLÍCIA CIVIL DAS NAÇÕES UNIDAS: (região do Danúbio na Croácia), janeiro de 1998-presente.
Força da missão atual: 210.
Custo: US$ 7,1 milhões.

48. MINURCA: Missão das Nações Unidas na República Africana Central, abril de 1998-presente.
Força da missão atual: 1.379.
Custo: US$ 28,8 milhões.

49. UNOMSIL: Missão de Observação das Nações Unidas em Serra Leoa, julho de 1998-presente.
Missão ainda não completa.
Custo estimado: US$ 18,3 milhões

Nota: As atuais operações para manutenção da paz (mostradas acima em negrito) são de até 31 de julho de 1998. Os custos são estimativas para o período de 1º de julho de 1998 até 30 de junho de 1999, o novo período de informe dos orçamentos para a manutenção da paz, exceto para UNTSO e UNMOGIP, que são financiadas pelo orçamento regular.

Resumo das operações para manutenção da paz, equipes de pessoal e financiamento

Pessoal (até 30 de junho de 1998)
Pessoal da polícia militar e civil em serviço 14.570
    (10.658 tropas, 2.984 policiais civis e 928 observadores militares)
Países colaboradores com equipes de pessoal da polícia militar e civil 76
Mortes 1.551

452   BENS PÚBLICOS GLOBAIS

Aspectos financeiros

Custos totais estimados das operações
de 1984 a 30 de junho de 1998 .... US$ 18,3 bilhões
Custos estimados das operações
de 1º de julho de 1998 a 30 de junho de 1999 .... US$ 826 milhões
Contribuições pendentes às operações para a manutenção da paz
em 30 de abril de 1998 .... US$ 1,55 bilhão

Fonte: Departamento das Nações Unidas para Operações de Manutenção da Paz e de Informação Pública (1996).

NOTAS

1. Propriamente falando, um bem público não é não rival com qualquer outro bem, mas, antes, não envolve qualquer rivalidade entre os seus consumidores e é portanto não rivalizante. São os consumidores que podem ser rivais ou não rivais uns com os outros no uso do bem. Também apontei esse fato em estudos anteriores (Mendez, 1997b, p. 332-33).

2. John Stuart Mill (1921 [1848], pp. 387-89) foi o primeiro a fazer essa observação. Coase (1974) aponta períodos no passado em que os faróis eram providos de forma privada, e Sandler (1977) aponta como a defesa pode ser rivalizante quando uma região de um país está sendo defendida em vez de uma outra. Se examinarmos bem, podemos ver que a muitas situações de bens públicos faltam certas características formais. Ainda que o tipo ideal seja raro, ele serve de fato como um conceito útil.

3. Como o termo "rival", o termo "exclusivo" é enganoso porque descreve o consumidor, não o bem. Assim, o bem pode ser "excludente", indicando que certos consumidores podem ser excluídos de seu uso, ou "não excludente" se ninguém puder ser excluído.

4. Martha Nussbaum lamenta ser "infelizmente difícil para os economistas empreenderem uma crítica filosófica investigativa das fundações sobre as quais tanto estudo tecnicamente sofisticado tem até hoje sido construído" (Nussbaum, 1998, p. 17).

5. Como observado a seguir, outros benefícios putativos incluem o orgulho nacional, os efeitos multiplicadores dos gastos com a defesa, outros estímulos para a economia, e o progresso científico e tecnológico por meio da pesquisa e desenvolvimento.

6. Russett, Oneal e Davis (1998) e Sandler (1977) apontam que a defesa pode envolver a escolha de quais países, fronteiras, pontes, cidades e afins serem defendidas, deixando outras menos protegidas e, portanto, fracassa no teste de um bem público puro. A "dissuasão", por outro lado, podemos argumentar, está mais próxima de um bem público no que concerne a que, uma vez as forças estejam posicionadas, proporcionam proteção a todos formalmente embaixo dessa coberta de proteção. Embora o termo igualmente

ESTUDOS DE CASOS

exija o questionamento de sua bondade, a dissuasão — se esta de fato serviu a seus propósitos determinados — seria um bem público não só para os cidadãos do país ou da aliança que a produz mas também para os outros países, e mesmo para o mundo em geral, como beneficiários da paz resultante. Portanto, a dissuasão poderia ser um bem público global e não só nacional.

7. A capacidade de uma retaliação maciça, um conceito abraçado pelo secretário de Estado dos EUA, John Foster Dulles, não é necessariamente monopólio dos EUA, visto que outros países com capacidades nucleares e de uso destas igualmente podem causar estragos extensivos.

8. Esse interesse é recente. Por exemplo, o exame de Mueller (1979) da literatura acerca da escolha pública não faz referência alguma ao sistema militar-industrial. Nem o faz o recente livro-texto de Cullis e Jones (1998). Compare Sandler e Hartley (1995).

9. Como a teoria do equilíbrio de poder, a teoria da hegemonia é camaleônica, com variadas interpretações na economia (tais como a de Kindleberger), na ciência política (Gramsci, Hobbes, Keohane), na história (P. Kennedy, Tucídides) e em outras áreas (Kipling). A teoria parece haver encontrado credibilidade somente entre teóricos ocidentais. Grunberg (1990) apresenta uma interpretação interessante da mitologia da hegemonia benevolente.

10. Russett (1985) faz uma crítica peremptória e devastadora de algumas das mais conhecidas teorias hegemônicas.

11. Há variações desse modelo, que podem assim ser generalizadas: se uma gangue de criminosos presos precisa ser interrogada, serviria ao bem coletivo deles que nenhum dos membros confessasse ou desse informação dos outros. Cada prisioneiro, no entanto, teria o incentivo de fazê-lo quando interrogado isoladamente se a ele ou a ela fosse prometida clemência ou liberdade — mesmo se os outros fossem punidos mais severamente. Mas se cada prisioneiro se comportasse desse modo visando ao seu interesse próprio, todos eles ficariam em pior situação.

12. Ela aponta que "a segurança econômica dos indivíduos, e a segurança política de grupos, são fins de tipos um tanto diferentes" (Rothschild, 1995, p. 98).

13. Essas estimativas se baseiam na definição do Instituto Internacional de Estocolmo para Pesquisas da Paz (Sipri) de um importante conflito armado: "combate prolongado entre forças militares de dois ou mais governos, ou de um governo e ao menos um grupo armado organizado, e incorrendo em mortes relacionadas à batalha de ao menos 1.000 pessoas na duração do conflito." As últimas estatísticas do Sipri indicam 25 importantes conflitos armados em 24 locais em torno do mundo em 1997, com todos exceto um — o entre a Índia e o Paquistão — sendo internos. O número de conflitos decresceu de 27 em 1996 e 32 em 1989, quando as estatísticas de conflitos tiveram início (Sollenberg e Wallensteen, 1998, p. 17). Portanto os conflitos intraestatais decresceram em anos recentes, especialmente se considerarmos o número acrescido de Estados no sistema.

14. Essa cifra se baseia em estimativas proporcionadas pela Unidade de Estatística do Altocomissariado para Refugiados das Nações Unidas.

454 BENS PÚBLICOS GLOBAIS

15. A única exceção levada em conta foram "as medidas contra qualquer Estado inimigo" — quer dizer, qualquer inimigo da aliança das Nações Unidas na Segunda Guerra Mundial.
16. Um exemplo é a oferta dos Estados Unidos de financiarem metade dos custos de uma força de resposta à crise africana, rejeitada pelos governos africanos, afirmando suas preferências pelos auspícios da ONU.
17. Essa é uma das recomendações do relatório do Grupo de Trabalho Independente sobre o Futuro das Nações Unidas (1995). Para uma análise e clarificação da distinção conceitual e das consequências dos diferentes tipos de atividades da ONU nessas áreas, ver p. 19-25 do relatório.
18. Como apontado, a Assembleia Geral pediu ao secretário-geral para proporcionar estimativas dos custos totais da manutenção da paz para cada ano. Os países pequenos compreensivelmente preferem ter uma conta em separado para cada operação de manutenção da paz, o que mantém suas prerrogativas de examinarem cada operação ordenada por um Conselho de Segurança, de outro modo de todo impossível de serem avaliadas.
19. Com a Carta, apenas a Assembleia Geral pode aprovar orçamentos. Segundo os arranjos em vigor, o secretário-geral tem de formular propostas orçamentárias para cada operação de manutenção da paz e apresentá-las a duas comissões intergovernamentais antes de elas serem submetidas à aprovação da Assembleia Geral. Há espaço para acertos, desde que tratem das objeções dos países pobres, que desejam preservar essa prerrogativa da Assembleia Geral como um equilíbrio potencialmente útil ao poder de outra forma absoluto do Conselho de Segurança.
20. Não está certo se essa medida exigiria uma emenda da Carta ou se poderia ser ordenada sob suas regras de procedimentos ou por outros meios. De qualquer modo, seria difícil obter-se o acordo dos governos membros.
21. Uma discussão detalhada de um novo sistema de financiamento iria além do âmbito deste capítulo. Expressei propostas em outros estudos, alguns dos quais estão listados na referência bibliográfica.

REFERÊNCIAS BIBLIOGRÁFICAS

Agência dos EUA para Controle de Armas e Desarmamento. 1996. *World Military Expenditures and Arms Transfers, 1995.* Washington, DC.

Atkinson, Anthony B., e Joseph E. Stiglitz. 1980. *Lectures on Public Economics*, Londres: McGraw Hill.

Boutros-Ghali, Boutros. 1995. *An Agenda for Peace.* 2ª ed. Nova York: Nações Unidas.

Coase, Ronald H. 1974. "The Lighthouse in Economics". *Journal of Law and Economics* 17 (outubro): 357-76.

Conselho de Consultores Econômicos dos EUA. 1998. *The Economic Report of the President 1998.* Washington, DC: Government Printing Office.

ESTUDOS DE CASOS

Cullis, John, e Philip Jones. 1998. *Public Finance and Public Choice*. 2ª ed. Nova York: Oxford University Press.

Grunberg, Isabelle. 1990. "Exploring the 'Myth' of Hegemonic Stability". *International Organization* 44(4): 431-77.

Grupo de Trabalho Independente sobre o Futuro das Nações Unidas. 1995. *The United Nations in Its Second Half-Century*. Um projeto patrocinado pela Fundação Ford e pelo Secretariado da Universidade de Yale. Nova York: Fundação Ford.

Gulick, Edward Vose. 1955. *Europe's Classical Balance of Power*. Ithaca, NY: Cornell University Press.

Hyman, David. 1990. *Public Finance: A Contemporary Application of Theory to Policy*. 3ª ed. Chicago, IL: Dryden.

Instituto Internacional para Estudos Estratégicos. 1997. *The Military Balance 1997/98*. Londres: Oxford University Press.

Jervis, Robert. 1976. *Perception and Misperception in International Politics*. Princeton, NJ: Princeton University Press.

Kagan, Donald. 1995. *On the Origins of War and the Preservation of Peace*. Nova York: Doubleday.

Keller, William W. 1995. *Arm in Arm: The Political Economy of the Global Arms Trade*. Nova York: Basic Books.

Kindleberger, Charles P. 1986. "International Public Goods without World Government". *American Economic Review* 5(1): 1-13.

Mankiw, N. Gregory. 1997. *Principles of Economics*. Nova York: Dryden Press.

Mansfield, Edwin. 1989. *Principles of Microeconomics*. 6ª ed. Nova York: Norton.

Mendez, Ruben P. 1992. *International Public Finance: A New Perspective on Global Relations*. Nova York: Oxford University Press.

——. 1995a. "Harnessing the Global Foreign Currency Market: Proposals for a Foreign Currency Exchange (FXE)". Em Commission on Global Governance, *Issues in Global Governance*. Amsterdã: Kluwer Law International.

——. 1995b. "The Provision and Financing of Universal Public Goods". Em Desai, Meghnad e Paul Redfern, orgs., *Global Governance: Ethics and Economics of the World Order*. Londres: Pinter.

——. 1997a. "Financing the United Nations and the International Public Sector: Problems and Reform". *Global Governance* 3: 283-310.

——. 1997b. "War and Peace from a Perspective of International Public Economics". Em Jürgen Brauer e William Gissy, orgs., *Economics of Peace and Conflict*. Aldershot, Reino Unido: Avebury.

Mill, John Stuart. 1921 [1848]. Em W. J. Ashley, org., *Principles of Political Economy*. Londres: Longmans.

Mueller, Dennis C. 1979. *Public Choice*. Cambridge: Cambridge University Press.

Nações Unidas. 1945. *Carta das Nações Unidas e Estatuto da Corte Internacional de Justiça* (incluindo as emendas aos artigos 23, 27, 61 (duas vezes) e 109). Nova York.

——. 1996. *Exigências Orçamentárias Propostas para Cada Operação de Manutenção da Paz no Período de 1º de Julho de 1996 a 30 de Junho de 1997; Nota do Secretário-Geral*. Documento A/C.5/50/63. Apresentado à Quinta Comissão como item de agenda 138(a), "Aspectos Administrativos e Orçamentários do Financiamento das Operações das Nações Unidas para a Manutenção da Paz". Nova York.

——. 1998. *Exigências Orçamentárias Propostas para Cada Operação de Manutenção da Paz no Período de 1 de Julho de 1998 a 30 Junho de 1999; Nota do Secretário-Geral*. Documento A/C.5/52/52. Apresentado à Quinta Comissão como item de agenda 142(a), "Aspectos Administrativos e Orçamentários do Financiamento das Operações das Nações Unidas para a Manutenção da Paz". Nova York.

——. Varios anos. *Orçamento dos Programas, Suplemento(s) Nº 6 dos Registros Oficiais da Assembleia Geral* para as sessões 42 a 52 (símbolos dos documentos A/[# da sessão]/6). Nova York.

——. Vários anos. Resoluções da Assembleia Geral. Nova York.

Nações Unidas, Departamento de Informações Públicas. 1996. *Operações de Manutenção da Paz das Nações Unidas, Nota de Apoio*. DPI/1634/Rev.2. Mais dados irrestritos proporcionados pelo Departamento de Operações para a Manutenção da Paz e do Alto-comissariado para Refugiados das Nações Unidas.

Nussbaum, Martha. 1998. "Family Models [letter to the editor]". *Times Literary Supplement*, 5 de junho.

Rosen, Harvey. 1988. *Public Finance*. 2ª ed. Nova York: Irwin.

Rothschild, Emma. 1995. "The Changing Nature of Security". Em Commission on Global Governance, *Issues in Global Governance*. Amsterdã: Kluwer Law International.

Russett, Bruce. 1985. "The Mysterious Case of Vanishing Hegemony; Or, Is Mark Twain Really Dead?" *International Organization* 39(2): 207-31.

Russett, Bruce, John R. Oneal e David R. Davis. 1998. "The Third Leg of the Kantian Tripod for Peace: International Organizations and Militarized Disputes, 1950-85". *International Organization* 52(3): 441-67.

Samuelson, Paul A. 1954. "The Pure Theory of Public Expenditure". *Review of Economics and Statistics* 36 (novembro): 387-89.

Samuelson, Paul A, e William D. Nordhaus. 1989. *Economics*. 13ª ed. Nova York: McGraw Hill.

Sandler, Todd. 1977. "Impurity of Defense: An Application to the Economics of Alliances". *Kyklos* 30(3): 443-60.

Sandler, Todd, e Keith Hartley. 1995. *The Economics of Defense*. Cambridge: Cambridge University Press.

Schwartz, Stephen I. 1998. *Atomic Audit: The Costs and Consequences of U.S. Nuclear Weapons, 1940-1995*. Washington, DC: Institution Brookings.

Sheehan, Michael. 1996. *The Balance of Power: History and Theory*. Londres: Routledge.

Sipri (Instituto Internacional de Estocolmo para Pesquisas da Paz). 1997 e 1998. *Sipri Yearbooks*. Nova York: Oxford University Press.

Sivard, Ruth Leger. 1996. *World Military and Social Expenditures 1996*. 16ª ed. Washington, DC: World Priorities.

ESTUDOS DE CASOS

Sollenberg, Margareta, e Peter Wallensteen. 1998. "Major Armed Conflicts". Em Instituto Internacional de Estocolmo para Pesquisas da Paz, *Sipri Yearbook 1998*. Nova York: Oxford University Press.

Stiglitz, Joseph E. 1988. *Economics of the Public Sector*. 2ª ed. Nova York: W. W. Norton.

Urquhart, Brian. 1987. *A Life in Peace and War*. Nova York: Harper and Row.

AS IMPLICAÇÕES DAS POLÍTICAS

BENS PÚBLICOS INTERNACIONAIS E O ARGUMENTO A FAVOR DA AJUDA EXTERNA

RAJSHRI JAYARAMAN E RAVI KANBUR

O discurso e o debate públicos sobre a ajuda externa, definida como fluxos oficiais de recursos aos países em desenvolvimento, têm sofrido uma interessante transformação desde a queda do muro de Berlim e o término da Guerra Fria. Vinte anos atrás a justificativa para a ajuda externa era a segurança ou a solidariedade. Os fluxos oficiais — a assistência militar e os fluxos para propósitos de desenvolvimento — auxiliaram a manter os países em um dos dois principais blocos globais. Mas também havia um forte sentimento nos países industrializados de que as transferências de recursos de países ricos para os pobres eram uma obrigação moral. Essas duas influências conduziram a fluxos altos e crescentes de ajuda.

Hoje, a justificativa dos tempos da Guerra Fria desapareceu. E a "fadiga da ajuda" tomou conta da outra importante justificativa — como resultado de pressões orçamentárias nos países doadores e de um ceticismo considerável acerca da eficácia de a ajuda externa de fato auxiliar os países pobres, em especial a seus pobres. Esse ceticismo é incomum no que concerne a ser encontrado tanto na direita como na esquerda políticas. Na direita tem renascido o antigo argumento de que a ajuda externa, por consistir em fluxos de um governo para outro governo, simplesmente infla os setores públicos já inchados e ineficientes — um argumento que ganhou força com os fluxos de capitais privados imensamente superando os fluxos públicos no agregado (Bauer e Yamey, 1981). Na esquerda, houve preocupações semelhantes acerca dos fluxos irem parar com as elites corruptas dos países recebedores e acerca do uso dos fluxos para impulsionar estratégias de desenvolvimento direcionadas ao mercado, assim como uma preferência por canalizarem-se os fluxos através da recém-ressurgente sociedade civil nos países em desenvolvimento (Oxfam, 1995).

A literatura analítica sobre a eficácia da ajuda em atingir os seus objetivos declarados tem proporcionado grãos adicionais a esse moinho. Parece claro que o "meio-termo" deslocou-se na década passada, das avaliações relativamente positivas de Cassen (1987) e Riddell (1987) para o ceticismo de Boone (1996) e Burnside e Dollar (1997).

Burnside e Dollar, por exemplo, concluem que em geral não existe correlação entre os fluxos de ajuda e o desenvolvimento como este é medido pelo crescimento do PIB *per capita* (resultados semelhantes são encontrados na literatura com outros indicadores, tais como as taxas de mortalidade infantil). As análises econométricas detalhadas revelam ser o crescimento um resultado de uma combinação de forças. Embora a ajuda aumente de fato as taxas de crescimento quando flui para cenários de boas políticas, ela em geral não flui para tais cenários — nem induz o seu surgimento.

Embora haja variações entre os fornecedores da ajuda, essa é uma crítica devastadora dado que, pelo menos desde os anos 1980, a comunidade internacional tem tentado aplicar a condicionalidade aos fluxos de ajuda (análises teóricas recentes da condicionalidade incluem Coate e Morris, 1996; e Svensson, 1997b). Essa constatação também questiona a crítica com tendência esquerdista de que a ajuda fracassou porque foi dirigida para o modelo errado de desenvolvimento (portanto, se apenas o modelo fosse correto, a ajuda condicional auxiliaria o desenvolvimento). Mas o que esses resultados recentes sugerem mais fortemente é que a ajuda não consegue impulsionar a mudança política doméstica. Isso, por sua vez, conduziu à discussão e à literatura sobre a "propriedade" e sobre como ela pode ser identificada e monitorada (Gwin e Nelson, 1997).

Talvez não seja de todo surpreendente que, ao final desse exaustivo debate analítico e político sobre a eficácia da ajuda convencional, alguns do terreno das políticas e da análise voltaram-se para a recém-surgida área dos bens públicos internacionais — quase com alívio, parece! Não há dúvida de que o mundo em rápida globalização criou importantes problemas de externalidades transnacionais e globais, e enfatizou outros. População, meio ambiente, migração e refugiados, drogas e crimes e controle de doenças são, todos, tópicos com probabilidade de emergir em qualquer conferência que lide com as agendas de política externa do futuro e são, todos, áreas onde os países em desenvolvimento podem afetar os países industrializados (Cassen, 1997). Essa visão caracteriza a emergência de uma recém-articulada justificativa para a ajuda externa, mais próxima da agenda de segurança do que da solidariedade. Apoia-se bem mais nos transbordamentos diretos da ausência de desenvolvimento nos países em desenvolvimento sobre o bem-estar dos países ricos.

Mas há uma corrente nessa literatura reconhecendo que as tentativas de lidar com as externalidades transnacionais podem envolver transferências implícitas. Como Schelling (1997, p. 8) observa, "qualquer ação [nos países ricos] de combater o aquecimento global será, intencionalmente ou não, um programa de ajuda externa". Ele prossegue com a curiosa sugestão de que poderia ser mais eficiente para os Estados Unidos reduzirem os gases causadores do aquecimento global e permitirem a Bangladesh, digamos, um nível de emissão mais alto, em vez de fazer transferências financeiras do modo antiquado. De maneira semelhante, Jamison, Frenk e Knaul

AS IMPLICAÇÕES DAS POLÍTICAS

(1998, p. 515) argumentam que "a continuada integração global reduz o controle dos governos sobre um crescente número de determinantes do *status* da saúde derivados da transferência internacional de riscos. Além disso, muitos dos meios para se resolver os problemas de saúde — tais como o conhecimento e a tecnologia — tornaram-se mercadorias públicas internacionais que nenhum governo ou corporação individual tem probabilidade de produzir na medida adequada por si próprio".

Por meio de uma interessante dinâmica, portanto, nos encontramos na interseção de duas literaturas — a da ajuda externa convencional e a das externalidades globais e bens públicos.

- Poderiam os bens públicos internacionais e os transbordamentos transnacionais proporcionar uma renovada justificativa para as antiquadas transferências que tencionam impulsionar o desenvolvimento nos países pobres?
- Defrontado com a opção de efetuar transferências ou de contribuir para um bem público internacional, o que deveria um país doador fazer — mesmo se os seus objetivos são governados por interesses próprios em vez de solidariedade?
- O que acontece com as muitas questões (como a condicionalidade e a propriedade) na antiquada ajuda motivada pela solidariedade, tão exaustiva e exauridamente debatida durante os últimos 20 anos ou mais, nesse novo mundo de bens públicos internacionais?

O objetivo deste capítulo é o de iniciar a discussão dessas questões, que parecem ter sido negligenciadas na pressa de abraçarem-se os bens públicos internacionais como uma nova justificativa para a manutenção da cooperação ao desenvolvimento internacional e mesmo para os tradicionais fluxos de ajuda. Estabelecemos um modelo simples de interação entre dois países que compartilham um bem público comum e impomos o problema de o país mais rico "doador" decidir-se entre efetuar uma transferência ou contribuir para um bem público, enquanto se preocupa apenas com o impacto dos resultados em seu próprio bem-estar. Em seguida, analisamos o problema com diferentes especificações para o bem público. Concluímos discutindo as implicações dessa análise e as áreas para posteriores pesquisas.

O MODELO BÁSICO E O RESULTADO DE NEUTRALIDADE

Para pensarmos sistematicamente sobre a interação entre os bens públicos internacionais e as transferências convencionais de ajuda — sob a luz da literatura acerca das interações doador-recebedor (tal como em Svensson, 1997a e 1997b) e a interação entre os bens públicos internacionais e as contribuições aos bens públicos (tal como em Cornes e Sandler, 1996) — o modelo mais simples precisa dos seguintes componentes:

- Dois agentes com fundos diferenciados.
- A possibilidade de transferências diretas de um lado (o mais rico, dito doador) ao outro (o mais pobre, dito recebedor).
- Um bem público formado de contribuições das duas partes mas do qual ambas as partes desfrutam.
- Um cenário onde o doador é o "líder Stackleberg" e a decisão acerca das transferências *versus* a contribuição para o bem público internacional seja tomada para se maximizar a função objetiva do doador, levando em conta a função de reação do recebedor.

A literatura acerca das contribuições privadas a bens públicos proporciona um modelo que muito se aproxima da especificação acima, exceto que em vez do cenário de Stackleberg de líder-seguidor, utiliza-se um equilíbrio de Nash entre os dois jogadores como a ferramenta principal da análise. Começamos com uma breve declaração da estrutura do equilíbrio de Nash — permitindo-nos introduzir as notações e servindo como indicação para a mais apropriada formulação de Stackleberg.

No modelo de Nash básico, dois bens entram na função de utilidade de cada agente. Um é o bem privado, o outro, um bem público internacional. Devido às suas rendas, os países jogam um jogo de não cooperação na contribuição para com um único bem público internacional — em outras palavras, um bem cujo consumo é não exclusivo e não rival. Esse parece ser um modo natural de formular-se a interação entre doador e recebedor. Permite uma análise do efeito de uma transferência de renda de um agente para outro, e capta a essência do problema do bem público internacional. Cada agente otimiza sua função objetiva, recebendo as estratégias de outros agentes como dadas. As contribuições ao bem público são feitas simultaneamente por cada país. O equilíbrio de Nash é, então, caracterizado pela interseção das funções de melhor resposta de cada jogador. Em prol da clareza, a análise será restrita ao caso de um doador e um recebedor. Sem perda de generalidade, suponha a partir de agora que o agente 1 seja o doador e o agente 2 o recebedor. O jogo de dois jogadores pode ser descrito como a seguir:

Jogo 1: Contribuições simultâneas a um bem público internacional

Definição: Um jogo $P1$ de contribuições simultâneas, voluntárias, a um bem público consiste em um conjunto de jogadores (I), estratégias $g_i \in R_+$ e vantagens (u_i, $\forall\, i \in I$) tal que

AS IMPLICAÇÕES DAS POLÍTICAS

$$i \in I = [1, 2]$$
$$g_i \in R_+$$
$$u_i = max \; u_i \; (x_i, G)$$
$$\text{sujeito a } x_i + G = r_i + g_{-i}$$
$$x_i \geq 0$$

onde i é 1 ou 2, g_i é a contribuição do governo i ao bem público internacional, x_i é o consumo do governo i de um bem privado, r_i é a riqueza do governo i, u_i é a função de valor do governo i, G é $(g_1 + g_2)$, que é o bem público usufruído por ambas as partes, e g_{-i} é $(G - g_i)$.

Hipótese 1. A utilidade é contínua, aumentando em ambos os argumentos e estritamente côncava.

Denote a função de demanda do agente i do bem público por $f_i \; (m)$, onde $(m = g_{-i} + r_i)$é a renda total de i.

Hipótese 2.[1] $0 < f'_i \, (m) < 1$.

Definição. Um equilíbrio de Nash de $P1$ é um vetor (g_1, g_2)tal que para $i = 1, 2$ (g^*_i, x^*_i) soluciona

Max $u_i \; (x_i, g_i + g^*_{-i})$
x_i, g_i

$$\text{sujeito a } x_i + g_i = r_i$$
$$x_i, g_i \geq 0$$

Uma hipótese-chave na especificação é a de que o bem público seja simplesmente a soma das duas contribuições. Como será visto, essa formulação somatória gera muitos dos resultados básicos, e qualquer distanciamento dessa adição modifica os resultados consideravelmente.

Para o objetivo de $P1$, restringimos nossa atenção ao caso onde ambos os governos contribuem com uma quantia positiva ao bem público em equilíbrio — o equilíbrio de Nash é um equilíbrio interno 2. Dentro dessa estrutura, a ajuda externa poderia ser conceituada, como foi feito por Sandler (1997) e outros, como uma transferência de Δw do governo 1 (o doador) ao governo.[2] Considere o seguinte exercício de estatística comparativa. Suponha que estejamos originalmente em um equilíbrio de Nash interno. Agora suponha que um "governo mundial" ordene ao doador que efetue uma transferência $\Delta r < g^*_i$ ao recebedor. Após a redistribuição pode ser demonstrado que há um novo equilíbrio de Nash no qual ambos, o recebedor e o doador, modificam suas contribuições ao bem público pela mesma precisa quantia em que suas riquezas foram modificadas. O consumo, tanto do bem público como do bem privado, e portanto as utilidades indiretas são assim inalterados no novo equilíbrio de Nash.

Esse é o chamado "teorema da neutralidade" (ver Warr, 1983, e Bergstrom, Blume e Varian, 1986). O que significa para os nossos propósitos é que a ajuda na forma de uma transferência de riqueza de um doador para um recebedor não exerce efeito algum no fornecimento dos bens públicos internacionais ou no bem-estar do doador e do recebedor. Ademais, o recebedor considera qualquer aumento na contribuição do doador para o bem público — digamos, Δg_i — como idêntico a uma transferência de riqueza de $\Delta r = \Delta g_i$. Há um segundo tipo de resultado de neutralidade aqui, no que concerne aos agentes serem indiferentes à ajuda na forma de contribuições ao bem público e à ajuda na forma de transferências.

A estrutura de Nash é um meio útil de se conceituar como a presença de um bem público internacional altera o caso para as transferências convencionais de recursos. Mas a abordagem de Nash, padrão na literatura sobre bens públicos, é aqui problemática por pelo menos duas razões. Primeira, no cenário da ajuda externa, é natural pensar-se no "doador" como um "líder". A noção de um governo mundial que "ordena" uma transferência de um doador a um recebedor, racionalizando o exercício estatístico comparativo de Nash, não cai bem com a literatura da ajuda. Na verdade, quase toda a literatura teórica sobre condicionalidade se apresenta na estrutura líder-seguidor de Stackleberg.

Segunda e relacionada, foi argumentado anteriormente que as transferências de recursos convencionais e as contribuições aos bens públicos poderiam ser consideradas como instrumentos duais. Deveriam portanto ser ostensivamente consideradas simultaneamente como parte de uma estratégia coerente se pretendemos ser capazes de tratar a questão do equilíbrio entre as contribuições e as transferências diretas. Essas características podem ser mais bem captadas em um jogo de liderança de Stackleberg, no qual o recebedor joga a melhor resposta à transferência do doador e nível de contribuição, e o doador escolhe níveis de transferência e contribuição que maximizem o seu próprio bem-estar, levando em conta a função de reação do recebedor (ver Pedersen 1996, que formula a ajuda externa como um jogo de Stackleberg). O jogo de Stackleberg nas contribuições pode ser formulado como se segue.

AS IMPLICAÇÕES DAS POLÍTICAS

Jogo 2: Stackleberg — o doador é o líder e o recebedor, seu seguidor

$$P2 = \left[I, (g_i, u_i)_{i = 1,2} \right] \quad \text{onde:}$$

O recebedor (seguidor) soluciona:

$$\underset{x_2, g_2}{\text{Max}} \quad u_2 (x_2, g_1 + g_2)$$

$$\text{sujeito a } x_2 + g_2 = r_2$$
$$x_2, g_2 \geq 0$$

Denote a função de reação do recebedor por

$$g_2 (g_1) = argmax \ u_2 (x_2, g_1 + g_2)$$

Então, o doador (líder) soluciona

$$\underset{x_1, g_1}{\text{Max}} \quad u_i [x_1, g_1 + g_2 (g_1)]$$

$$\text{sujeito a } x_1 + g_1 = r_1$$
$$x_1, g_1 \geq 0$$

Definição. Um equilíbrio de Stackleberg de *P2* é uma contribuição g_1 e uma função de reação g_2 (•) de tal modo que (g^*_1, x^*_1) soluciona o problema do doador e $(g_2 (g^*_1), x^*_2)$ soluciona o problema do recebedor.

Argumentamos que *P2* é uma formulação mais apropriada para a ajuda externa do que *P1*. Porém, formular o problema desse modo não nos livra do resultado de neutralidade. Se as mesmas condições mencionadas na teoria de neutralidade do equilíbrio de Nash forem satisfeitas, o equilíbrio de Stackleberg é igualmente caracterizado por uma neutralidade seguindo a uma transferência de ajuda (para comprovação, ver Bruce, 1999, ou Sandler, 1992). Em particular, partindo de um equilíbrio de Stackleberg interno a *P2* (e desde que as condições do resultado de neutralidade de Nash também sejam satisfeitas): uma redistribuição estática comparativa de renda de 1 para 2 deixará o fornecimento dos bens públicos, assim como o bem-estar, inalterados e os agentes serão indiferentes em relação à ajuda na forma de maiores contribuições aos bens públicos e às transferências de rendas diretas. O doador não se importará, em seu próprio interesse, se concede ajuda "convencional" ou contribui aos esforços internacionais para a atenuação das externalidades transnacionais.

O resultado da neutralidade é um resultado sensato e moderador para aqueles que defendem a transição da ajuda convencional para contribuições aos bens públicos internacionais — ou aqueles que fortaleceriam o argumento a favor da ajuda convencional em nome dos transbordamentos transnacionais. Esse resultado declara que as duas situações são substitutas perfeitas. Claramente, portanto, devemos explorar desvios dessa indicação se pretendemos obter percepções de interesse sobre as relações entre a ajuda convencional e as contribuições aos bens públicos internacionais. A seção seguinte toma esse caminho.

TIPOS DE BENS PÚBLICOS INTERNACIONAIS E O ARGUMENTO A FAVOR DA AJUDA EXTERNA

Como observado, o resultado de neutralidade torna discutível a escolha entre uma ajuda convencional ou uma contribuição aos bens públicos internacionais. Mas como é bem sabido da literatura sobre bens públicos (ver Cornes e Sandler, 1996), a neutralidade pode ser suplantada quando a tecnologia do bem público não é apenas somatória.[3] Seguindo a literatura, consideramos três casos especiais.

- O primeiro caso considera resultados quando há eficiências diferenciadas na produção do bem público. Um exemplo seria a redução da poluição — pode ser mais barato para o país 1 produzir ar puro do que para o país 2. Essa situação pode ser captada da maneira mais simples possível supondo-se que o fornecimento total dos bens públicos ainda seja $G = g_1 + g_2$, mas que o limite orçamentário de cada país tem a forma $(x_{i\,+}\,\pi_i g_i = r_i)$, onde $\pi_i \neq p_j$. Em especial, $\pi_i < \pi_j$ significa que o país i produz o bem público mais eficientemente do que o país j.
- O segundo caso é o de uma tecnologia "min", onde $G = \min\,[g_1, g_2]$. Essa situação se relaciona diretamente à noção de Hirshleifer (1983) de uma tecnologia de "elo mais fraco" no fornecimento dos bens públicos com um bom exemplo na arena dos bens públicos internacionais temos o controle das doenças infecciosas.
- O terceiro caso é o de uma tecnologia "max" (ou de "melhor tiro"), onde $G = max\,[g_1, g_2]$. Esse tipo de visão seria pertinente a uma pesquisa de alta tecnologia e desenvolvimento (P&D) — com o óbvio obstáculo de que a P&D em questão seja na verdade um bem público.[4]

Resultados de não neutralidade no jogo de Nash para as tecnologias alternativas de produção dos bens públicos foram em outra parte documentados, mais notadamente em Cornes e Sandler (1996) e Sandler (1997). Aqui, resumimos versões simplificadas para os três casos mencionados acima.

AS IMPLICAÇÕES DAS POLÍTICAS

- Quando dois países produzem um bem público com uma tecnologia somatória (ar puro) com eficiências diferenciadas, a não neutralidade resulta. Ademais, uma transferência de 1 para 2 aumenta (diminui) o fornecimento dos bens públicos e a utilidade indireta do doador e do recebedor, se, e apenas se, o recebedor produz ar puro mais (menos) eficientemente que o doador.
- Suponha que os agentes sejam idênticos, diferenciando-se apenas em níveis de riqueza, onde $r_1 > r_2$. Então, no caso de uma tecnologia de elo mais fraco, uma transferência do doador para o recebedor que não totalmente iguale as rendas, aumenta o fornecimento dos bens públicos e melhora sem dúvida a situação do recebedor. Também melhora a situação do doador, se a utilidade acrescida com o aumento no fornecimento de bens públicos fizer mais do que contrabalançar a redução em utilidade seguindo ao consumo diminuído de bens públicos pelo doador.
- Suponha que os agentes sejam idênticos, diferenciando-se apenas em níveis de riqueza, onde $r_1 > r_2$. Então, no caso de uma tecnologia de melhor tiro, uma transferência do doador para o recebedor que não iguale totalmente as rendas reduz o fornecimento de bens públicos e piora a situação do doador. Mas o recebedor estará em melhor situação se a utilidade acrescida pelo aumento do consumo de bens públicos fizer mais do que contrabalançar a redução em utilidade seguindo à diminuição do fornecimento de bens públicos. (Para comprovações dessas proposições, ver Jayaraman e Kanbur, 1998.)

O fato de que no caso de Nash possamos falar de se o doador está ou não em melhor situação, seguindo a uma transferência, salienta o problema da abordagem de Nash: por que haveria um doador de fazer uma transferência se esta piora a sua situação? Portanto, de fato precisamos nos deslocar para uma estrutura como a de Stackleberg. O exercício na estrutura de Nash acaba sendo bem-sucedido, contudo, porque os resultados no caso de Stackleberg basicamente seguem as intuições de Nash.

De forma análoga à do caso de Nash, a não neutralidade surge no caso de Stackleberg quando a tecnologia de bens públicos é não somatória ou as eficiências variam. Como antes, consideramos três casos — tecnologias de eficiências diferenciadas, de elo mais fraco e de melhor tiro —, mas dessa vez em uma estrutura de Stackleberg. O jogo é um tanto mais complexo do que o descrito em $P2$ acima porque a estratégia do doador consiste em uma transferência de renda t para o agente 2 (o recebedor), assim como de sua contribuição ao bem público internacional. Mas em alguns casos, em vez de termos o doador maximizando diretamente sobre t, deduzimos a transferência ótima da função de melhor resposta do recebedor e da função indireta de utilidade do doador.

BENS PÚBLICOS GLOBAIS

Na presença de soluções de canto na estratégia de transferência de contribuições do doador, essa abordagem simplifica a análise consideravelmente. O recebedor é o seguidor, e a estratégia simplesmente é uma contribuição ao bem público, dado o nível de transferência e de contribuição do doador. Aqui resumimos os resultados em três proposições e brevemente esboçamos a intuição por trás dos resultados. Comprovações dessas proposições se encontram no apêndice.

Eficiências diferenciadas ($\pi_1 \neq \pi_2$), $\pi_i \in (0, 1)$, $G = g_1 + g_2$

Proposição 1. Em um jogo de Stackleberg com eficiências diferenciadas, qualquer transferência ($t < g^*_1$) do agente 1 para o agente 2 irá ser caracterizada pela não neutralidade. Ademais, defrontado com uma escolha entre transferências de renda e contribuições para o bem público, o doador porá $t = 0$ onde $\pi_2 > \pi_1$, e $g_1 = 0$ quando $\pi_2 < \pi_1$.

Assim, quando o doador e o recebedor, ambos, produzem os bens públicos com eficiências diferenciadas, uma solução de canto irá resultar nas "transferências". Mais especificamente, a intuição básica é a de que se o doador for mais eficiente, deveria pôr as transferências diretas iguais a 0 e concentrar-se unicamente no fornecimento dos bens públicos como um modo de aumentar o bem-estar. Na medida em que o recebedor se beneficia diretamente do bem público, tais contribuições da parte do doador podem ser consideradas como uma forma mais eficiente de ajuda externa, ecoando o sentimento de Schelling (1997).

Elo mais fraco $G = min [g_1, g_2]$

Proposição 2. Em uma estrutura de Stackleberg com preferências idênticas, caracterizada por uma tecnologia de elo mais fraco, há condições sob as quais um novo equilíbrio existe com transferências positivas e fornecimento acrescido de bens públicos em que Pareto domina o equilíbrio de pré-transferência.

Assim, quando a tecnologia é a do tipo elo mais fraco, o doador irá desejar usar uma combinação de transferências de recursos diretas e de contribuições ao bem público. Os motivos deveriam ser quase intuitivos. Se o bem público for um bem normal, as contribuições para o bem aumentam com a renda. A tecnologia "min" significa que para assegurar um dado nível de contribuições, ambos os países devem contribuir para o fornecimento de bens públicos. Então, se o doador deseja atingir um dado nível de fornecimento, deve encorajar o recebedor a contribuir para este por meio de transferências de renda, e tem ele mesmo de fazer contribuições — a complementaridade das contribuições é o que gera esse resultado.

Melhor tentativa $g = max [g_1, g_2]$

Proposição 3. Em uma estrutura de Stackleberg com uma tecnologia de melhor tiro e agentes idênticos, o equilíbrio de Stackleberg será caracterizado por zero transferências diretas de renda.

O resultado aqui não é diferente do que o do equilíbrio de Nash. É claro que com uma tecnologia "max", o doador fica em melhor situação, não fazendo transferência direta de renda para o recebedor, mas devotando os seus recursos aos investimentos nos bens públicos. Dada a tecnologia, esse resultado deveria ser relativamente intuitivo. Mesmo com preferências idênticas, o grau de diferença nos níveis de renda entre o doador e o recebedor normalmente significa que o fornecimento de bens públicos tem probabilidade de ser determinado por contribuições do doador em vez de do recebedor — mesmo quando alguma transferência de renda é feita. O doador portanto não tem motivo para crer que o recebedor destinará qualquer transferência de renda direta para contribuições aos bens públicos e, portanto, não possui nenhum interesse próprio de efetuar tais transferências.

DISCUSSÃO E CONCLUSÃO

Para aqueles que podem ter pensado que as externalidades transnacionais e os bens públicos internacionais conduziriam a um fortalecimento significativo do argumento a favor da ajuda convencional — não se apoiando na solidariedade, mas no apelo aos interesses do doador — os resultados deste capítulo são apenas em parte reconfortantes. Acaba que para que os bens públicos internacionais venham ao socorro da ajuda convencional por meio desse canal, uma das duas situações deve se manter:

- O bem público tem de ser uma combinação somatória das duas contribuições, e o país recebedor tem de ser mais eficiente na produção do bem público do que o país doador.
- O bem público total tem de ser grandemente determinado pela mais baixa das duas contribuições.

Se, por outro lado, o bem público é um somatório de contribuições individuais mas o país doador é mais eficiente em sua produção, ou se o bem público total é determinado pela maior das duas contribuições, é do interesse do doador minimizar a transferência convencional. Esses casos enfatizam o fato de que o argumento dos bens públicos internacionais a favor da ajuda convencional é mais complexo do que parece. Dependendo da natureza do bem público, uma variedade de resultados é possível.

Vale a pena salientar a importância de estabelecer-se a natureza exata do bem público. Comece com uma pesquisa genômica fundamental. Esta possui as características de uma tecnologia max, e há um argumento para que os países mais ricos empreendam essa pesquisa e tornem disponíveis gratuitamente suas descobertas aos países mais pobres. Porém, três questões emergem. Será a pesquisa específica às necessidades dos países mais pobres? Serão os resultados de fato disponíveis gratuitamente aos países mais pobres? Mesmo se o forem, terão os países mais pobres a capacidade de usá-las?

Essas questões nos levam mais a fundo na natureza do bem em questão. O fato de tipos diferentes de pesquisas (sobre agricultura tropical ou temperada, por exemplo) afetarem diferentemente os países ricos e pobres nos alerta para não colocarmos tudo em uma única categoria de "bens públicos". A segunda questão nos relembra que o caráter público ou não de um bem é tecnologicamente, assim como social e politicamente, determinado — uma pesquisa conduzida privadamente sobre grãos tropicais, com patentes privadas para sementes e assim por diante, não é o que nos referimos por especificação de tecnologia "max". A terceira questão nos relembra de também pensarmos sobre todo o processo antes de especificarmos o bem público.

Vejamos as doenças infecciosas como um outro exemplo. O desenvolvimento de vacinas e pesquisas fundamentais sobre a natureza e a evolução de tais doenças é provavelmente uma tecnologia "max" e, segundo nossa análise, o doador faria bem em conduzir tal pesquisa e tornar disponíveis os resultados gratuitamente ao recebedor. Mas a implementação de um programa de imunização é provavelmente uma tecnologia "min" — não importa o quão bem-desenvolvido o programa seja no país doador, em última instância o nível de imunização no país recebedor irá determinar o nível de infecção global. O foco deveria portanto ser na melhoria da capacidade e da disposição do recebedor de implementar um programa de imunização.

Agora, considere uma classe de bens públicos que parece satisfazer à caracterização de tecnologia somatória — o ar puro, ou o seu oposto, o mal público, gases causadores do efeito estufa. Nesse caso, quem quer que reduza suas emissões, beneficia o resto do mundo. É melhor para os Estados Unidos empreenderem a redução, a algum custo para o seu nível de renda, ou conceder ajuda externa a Bangladesh e confiar em que este país corte suas emissões quando ficar mais rico? A resposta depende de qual dos dois países pode reduzir as emissões ao menor custo por unidade de redução.

Essa é uma questão empírica. Mas se no final das contas os Estados Unidos forem o país mais eficiente, seria lógico para este país alcançar a redução nas emissões diretamente, reduzindo as suas próprias emissões e não enriquecendo Bangladesh e depois confiando indiretamente na escolha de Bangladesh de usar parte desse aumento de riqueza para obter ar mais puro. Mas se a questão for a biodiversidade, e o

AS IMPLICAÇÕES DAS POLÍTICAS   473

foco estiver na biodiversidade presente, digamos, na bacia amazônica, então, quase por definição os Estados Unidos são menos eficientes nessa preservação do que o Brasil. Os Estados Unidos, em seu próprio interesse, terão de depender de conceder ao Brasil os recursos para a preservação da biodiversidade amazônica.

Sendo assim, a presença de bens públicos internacionais não necessariamente fortalece o argumento a favor da ajuda convencional em todos os casos. Mas deveria também ficar claro que a presença de bens públicos internacionais de modo algum elimina a necessidade de nos preocuparmos com os problemas "convencionais" da ajuda "convencional" — já que é de fato somente em áreas onde a implementação não se faz necessária no país recebedor é que o país doador pode jogar sozinho. Na tecnologia min, certamente, mesmo otimamente, o doador irá desejar efetuar transferências assim como contribuir ao bem público. A eficiência dessas transferências então se torna uma preocupação para o doador, e nos encontramos de volta à literatura sobre condicionalidade. Por exemplo, a forma como as transferências foram formuladas neste caso pressupõe uma fungibilidade plena de recursos. Claramente, o doador poderia conquistar um resultado mais estrondoso para o seu dinheiro tentando vincular as transferências a despesas com o controle de doenças infecciosas. Mas, para fazê-lo, é necessário haver um sistema contratual eficaz com sanções para o não cumprimento.

A literatura sobre condicionalidade apontou, por exemplo, para o "dilema do Samaritano" de um doador que se importa com o bem-estar do recebedor (ver Buchanan, 1975 e Coate, 1995), portanto, sua incapacidade de implementar as sanções contratadas e a ineficiência da inconsistência de tempo que resulta. Essas questões não são evitadas — com efeito, são talvez aguçadas — mesmo quando o doador só se preocupa com as consequências para si. Ao mesmo tempo, quando atuais diferenças em eficiência na produção de bens públicos ditam que o doador se especialize em contribuir ao bem público em vez de efetuar transferências, ainda fica a questão, não formulada neste capítulo, de se seria melhor tentar aprimorar a eficiência da produção do bem público no país recebedor — mas essa questão nos levaria de volta às questões de implementação no país recebedor.

O objetivo básico deste capítulo é o de inserir uma nota de cautela na exaltação atual em relação aos bens públicos internacionais como uma nova justificativa para a ajuda. Bens públicos internacionais certamente proporcionam uma justificativa para a cooperação internacional baseada no interesse próprio. Mas apenas em certas circunstâncias eles de fato proporcionam uma justificativa para os doadores continuarem com as transferências convencionais baseadas no interesse próprio. Ao mesmo tempo, na implementação de fato de muitas intervenções em bens públicos, a condicionalidade, a fungibilidade, o monitoramento, as sanções e seus afins estão sempre presentes.

Para investigarmos essas questões, pesquisas adicionais terão de desenvolver modelos mais fecundos que incorporem uma combinação de motivos altruístas e de interesse próprio na efetuação de transferências, e acordos contratuais em relação às transferências e às contribuições aos bens públicos, e mecanismos de cumprimento. Isso nos permitirá, entre outras coisas, tratarmos da questão de se, mesmo quando o altruísmo estiver envolvido, é melhor para o país doador expressar o resultado das pesquisas por meio de contribuições aos tipos de bens públicos que não o conduzam aos emaranhados da condicionalidade — essencialmente, fornecendo os bens públicos que pode produzir e depois tornar disponíveis gratuitamente.

APÊNDICE

COMPROVAÇÃO DA PROPOSIÇÃO 1: EFICIÊNCIAS DIFERENCIADAS

Suponha que
$(\pi_1 \neq \pi_2)$, $[\pi_i \in (0,1)]$, $G = g_1 + g_2$

Denote a função de reação do agente 2 no jogo de Stackleberg por $G = f\,[(r_2 + t)/\pi_2 + g_1]$. Então o problema do agente 1 (o líder) é

$$
\begin{aligned}
&\underset{x_1,\, g_1}{\text{Max}} && u_1\,\{x_1, f\,[(w_2 + t)/\pi_2 + g_1]\} \\
&\text{sujeito a } && x_1/\pi_1 + g_1 = (w_1 - t)/\pi_1 \\
& && x_1,\, g_1 \geq 0
\end{aligned}
$$

Deixe o "asterisco" denotar níveis de equilíbrio de Stackleberg de pré-transferência e o "apóstrofo" denotar níveis de equilíbrio de Stackleberg de pós-transferência.

A neutralidade requer que $G' = G^*$ — isto é, que o fornecimento agregado de bens públicos permaneça inalterado seguindo a transferência e que o consumo dos bens públicos permaneça inalterado (ou seja, que as utilidades indiretas dos indivíduos não se alterem). A primeira dessas condições implica que

$$
G' = f\left[\left(w_2 + t\right)/\pi_2 + g_1'\right] = f\left[\left(w_2\right)/\pi_2 + g^*_1\right] = G^*
$$

Pela rígida convexidade das preferências, isso só pode se manter se

$$
g'_1 = g^*_1 - t/\pi_2
$$

entretanto observe, eficiências diferenciadas significam que $t/\pi_2 \neq t/\pi_1$. Portanto, quando a igualdade acima se mantém, o doador fica em situação estritamente melhor quando $\pi_2 < \pi_1$ e estritamente pior quando $\pi_2 > \pi_1$. Essa contradição completa a comprovação da neutralidade.

Para a segunda metade da proposição, considere a utilidade do doador, mantendo G fixado em G^*. Antes da transferência a utilidade indireta do doador é

$$u_1 \left[w_1 - \pi_1 g_1^* , \, f\!\left(w_2 / \pi_2 + g_1^* \right) \right]$$

Depois da transferência a utilidade indireta do doador é

$$u_1 \left[w_1 - \pi_1 g_1^* + \left(\pi, t \right) / \pi_2 - t, \, f\!\left(w_2 / \pi_2 + g_1^* \right) \right]$$

Suponha que $\pi_2 > \pi_1$. Então deveria ficar claro pela expressão acima que um doador que maximiza a utilidade desejará pôr $t = 0$. Suponha, alternativamente, que $p_2 < p_1$. Então, de modo análogo, o doador deveria pôr $g_1 = 0$.

COMPROVAÇÃO DA PROPOSIÇÃO 2. ELO MAIS FRACO G = Min $[g_1, g_2]$

Suponha que os agentes 1 e 2 possuem preferências idênticas e diferem apenas em níveis de riqueza, onde $w_1 > w_2$. Então, claramente:

$$G^* = min \, (g^*_1, g^*_2) = argmax \; u_2 \, (w_2 + t - g_2, g_2)$$

Agora suponha que há uma transferência de 1 para 2 que não foi perfeitamente equalizada (isto é, $w_1 - w_2 > t$). Então, claramente:

$$G' = min \, (g'_1, g'_2) = argmax \; u_2 \, (w_2 + t - g_2, g_2)$$

Claramente, o agente 2 está em melhor situação seguindo à transferência e, pela suposição 2, $G' > G^*$.

Como antes, denote a demanda do agente 2 pelo bem público por $f\,(r_2 + t)$. Então o problema do agente 1 é

$$\underset{t \, \geq \, 0}{\text{Max}} \; u_1 \left[w_1 - t - f\left(w_2 + t \right), \, f\left(w_2 + t \right) \right]$$

Para ver quando seria oportuno ao doador efetuar uma transferência ao recebedor, considere a condição de primeira ordem ao problema de maximização do doador, pressupondo que a condição de segunda ordem seja estritamente negativa.

$$-\left\{\delta u_1\left[w_1 - t - f\left(w_2 + t\right), f\left(w_2 + t\right)\right] / \delta x_1\right\}\left[1 + f'\left(w_2 + t\right)\right] +$$
$$\left\{\delta u_1\left[w_1 - t - f\left(w_2 + t\right), f\left(w_2 + t\right)\right] / \delta G\right\}\left[f'\left(w_2 + t\right)\right] \le 0$$

$$\lim_{t \to 0} \quad -\left\{\delta u_1\left[w_1 - t - f\left(w_2 + t\right), f\left(w_2 + t\right)\right] / \delta x_1\right\}\left[1 + f'\left(w_2 + t\right)\right] +$$
$$\left\{\delta u_1\left[w_1 - t - f\left(w_2 + t\right), f\left(w_2 + t\right)\right] / \delta G\right\}\left[f'\left(w_2 + t\right)\right]$$

$$= -\left\{\delta u_1\left[w_1 - f\left(w_2\right), f\left(w_2\right)\right] / \delta x_1\right\}\left[1 + f'\left(w_2\right)\right] +$$
$$\left\{\delta u_1\left[w_1 - f\left(w_2\right), f\left(w_2\right)\right] / \delta G\right\}\left[f'\left(w_2\right)\right]$$

O agente 1 irá portanto achar proveitoso efetuar uma transferência positiva se, e apenas se:

$$\left\{\delta u_1\left[w_1 - f\left(w_2\right), f\left(w_2\right)\right] / \delta x_1\right\} / \left\{\delta u_1\left[w_1 - f\left(w_2\right), f\left(w_2\right)\right] / \delta G\right\} <$$
$$\left[f'\left(w_2\right)\right] / \left[1 + f'\left(w_2\right)\right]$$

portanto, quando essa condição é satisfeita, ambos os agentes ficam em melhor situação pela transferência.

COMPROVAÇÃO DA PROPOSIÇÃO 3: MELHOR TIRO G = Max $[g_1, g_2]$

Quando os agentes são idênticos, diferindo apenas em termos de renda, sabemos que em equilíbrio $g_2 = 0$. Então o problema do agente 1 se torna:

$$Max\ u\ (w_1 - t - g_1, g_1)$$
$$g_1, t$$
$$sujeito\ a \quad g_1 \ge 0$$
$$t \ge 0$$

Fica claro que a segunda limitação será obrigatória. Então, g_1 irá solucionar a primeira condição:

$$\delta u_1\left(x_1, g_1\right) / \delta x_1 = \delta u_1\left(x_1, g_1\right) / \delta g_1$$

NOTAS

Os autores são gratos a Todd Sandler e aos participantes do seminário na Universidade de Cornell, do Programa das Nações Unidas para o Desenvolvimento (UNDP) e do Overseas Development Council (ODC) por comentários úteis. O trabalho neste estudo é parte de um grande projeto no ODC sobre o futuro da assistência multilateral.

1. Essa suposição simplesmente requer que ambos os bens públicos e comuns sejam bens normais e segue Andreoni (1988) e Bergstrom, Blume e Varian (1986).
2. A literatura especializada também considera soluções de canto (ver, por exemplo, Cornes e Sandler, 1996, e Bergstrom, Blume e Varian, 1986). Estas serão mencionadas adiante mas não consideradas em detalhe na estrutura de Nash.
3. Mesmo uma tecnologia de forma $f(\Sigma\, g_i)$ gera o resultado da neutralidade.
4. Observe que nos casos das tecnologias "max" e "min", a suposição 2 tem de ser modificada ligeiramente para $0 < f'_i(w_i) < 1$.

REFERÊNCIAS BIBLIOGRÁFICAS

Andreoni, James, 1988. "Privately Provided Public Goods in a Large Economy: The Limits of Altruism". *Journal of Public Economics* 31(1): 57-73.

Bauer, Peter, e Basil Yamey. 1981. "The Political Economy of Foreign Aid". *Lloyds Bank Review* 142: 1-14.

Bergstrom, Theodore C., Lawrence Blume e Hal Varian. 1986. "On the Private Provision of Public Goods". *Journal of Public Economics* 29(1): 25-49.

Boone, Peter. 1996. "Politics and the Effectiveness of Foreign Aid". *European Economic Review* 40: 289-329.

Bruce, Neil. 1990. "Defence Expenditures by Countries in Allied and Adversarial Relationships". *Defence Economics* 1(3): 179-95.

Buchanan, James M. 1975. "The Samaritan's Dilemma". Em Edmund S. Phelps, org. *Altruism, Morality and Economic Theory*. Nova York: Russell Sage.

Burnside, Craig, e David Dollar. 1997. "Aid Spurs Growth — In a Sound Policy Environment". *Finance and Development* (dezembro): 4-7.

Cassen, Robert. 1987. *Does Aid Work?* Oxford: Oxford University Press.

———. 1997. "The Case for Concessional Aid". *OECF Newsletter* (setembro). Overseas Economic Cooperation Fund, Tóquio.

Coate, Stephen. 1995. "Altruism, the Samaritan's Dilemma, and Government Transfer Policy". *American Economic Review* 85(1): 46-57.

Coate, Stephen, e Stephen Morris. 1996. "Policy Conditionality". Banco Mundial, Washington, DC.

Cornes, Richard, e Todd Sandler. 1996. *The Theory of Externalities, Public Goods and Club Goods*. 2ª ed. Cambridge: Cambridge University Press.

Gwin, Catherine, e Joan Nelson. organizadoras 1997. *Perspectives on Aid and Development*. Washington, DC: Overseas Development Council.

Hirshleifer, Jack. 1983. "From Weakest-Link to Best-Shot: The Voluntary Provision of Public Goods". *Public Choice* 41: 371-86.

Jamison, Dean T., Julio Frenk e Felicia Knaul. 1998. "International Collective Action in Health: Objectives, Functions and Rationale". *Lancet* 35(9101): 514-17.

Jayaraman, Rajshri, e Ravi Kanbur. 1998. "International Public Goods and the Case for Foreign Aid". Cornell University, Ithaca, NY.

Oxfam. 1995. *The Oxfam Poverty Report*. Oxford.

Pedersen, Karl R. 1996. "Aid, Investment and Incentives". *Scandinavian Journal of Economics* 98(3): 423-38.

Riddell, Roger C. 1987. *Foreign Aid Reconsidered*. Baltimore, MD: Johns Hopkins University Press.

Sandler, Todd. 1992. *Collective Action: Theory and Applications*. Ann Arbor: Universidade de Michigan.

——. 1997. *Global Challenges: An Approach to Environmental, Political, and Economic Problems*. Cambridge: Cambridge University Press.

Schelling, Thomas. 1997. "The Cost of Combating Global Warming: Facing the Tradeoffs". *Foreign Affairs* 76(6): 8-14.

Svensson, Jakob. 1997a. "Foreign Aid and Rent-Seeking". Estudo em Andamento sobre Pesquisa de Políticas 1880. Banco Mundial, Washington, DC.

——. 1997b. "When Is Foreign Aid Policy Credible? Aid Dependence and Conditionality". Estudo em Andamento sobre Pesquisa de Políticas 1740. Banco Mundial, Washington, DC.

Warr, Peter G. 1983. "The Private Provision of a Public Good Is Independent of the Distribution of Income". *Economic Letters* 13: 207-11.

Bens Públicos Regionais na Assistência Internacional

Lisa D. Cook e Jeffrey Sachs

Uma das lições básicas do desenvolvimento econômico moderno é que o setor público deveria concentrar suas energias escassas, talentos e recursos, naquelas atividades que não serão fornecidas adequadamente pelo mercados privados. Tais atividades incluem as que envolvem um claro monopólio natural (cumprimento de lei), problemas de ação coletiva por causa da natureza não rival ou não exclusiva dos bens (pesquisa básica, defesa nacional, políticas macroeconômicas, definição dos direitos de propriedade) ou sérias externalidades não facilmente superadas pela designação de direitos de propriedade por causa dos altos custos transacionais (controle de doenças infecciosas, administração das linhas divisórias das águas, administração da pesca). É também mais e mais apreciado o fato de que a assistência internacional ao desenvolvimento deveria ter um enfoque semelhante, patrocinando atividades desejáveis que não serão fornecidas adequadamente nem pelos mercados privados nem pelos governos locais e nacionais, os recebedores de tal ajuda. Se bem que alguma ajuda tenha simplesmente um propósito de redistribuição (tal como a assistência humanitária seguindo a um desastre natural), uma quantia considerável de ajuda visa a corrigir as falhas de mercado por meio do fornecimento de bens públicos.

Durante as décadas de 1980 e 1990, os programas de ajuda crescentemente tornaram-se um tipo de governo nacional substituto, com as agências externas (em geral lideradas pelas instituições de Bretton Woods) buscando patrocinar o fornecimento de bens públicos em níveis locais e nacionais. A motivação básica, algumas vezes explícita mas na maioria das vezes implícita, era a de que não se podia confiar nos governos nacionais para o fornecimento de bens públicos dentro de seus próprios territórios, pois eles possuíam um tipo de "falha política". Nessa visão, o Fundo Monetário Internacional (FMI) e o Banco Mundial liderariam as reformas em nome da política nacional porque o governo que recebia a ajuda era por demais fraco, por demais corrupto, por demais inclinado a reincidir em erros ou incompetente demais para mobilizar as ações necessárias por si próprio. Assim, durante os anos 1980 e especialmente na primeira metade dos anos 1990, a ajuda esteve fortemente atrelada a condições políticas para assegurar que a ajuda estivesse ligada às políticas apropriadas e ao fornecimento apropriado dos bens públicos pelo governo nacional. Em princípio, se a ajuda não fosse usada da forma acordada com as agências externas, seria cortada.

Sabemos por um grande número de estudos e casos históricos frustrantes que esse modelo é profundamente falho. Primeiro, o dinheiro é fungível. Mesmo quando as agências estrangeiras conseguem assegurar que certos fundos sejam dirigidos para certos propósitos, elas não podem ter certeza de que os fundos de ajuda sejam verdadeiramente incrementais no patrocínio de tais propósitos. Assim, uma agência externa pode desejar impulsionar o gasto com a educação, apenas para descobrir que os dólares da ajuda internacional dirigidos para a educação são contrabalançados por uma redução no próprio orçamento do governo destinado à educação. Desse modo, a ajuda externa transforma-se em uma mera transferência de renda, não em uma promotora de bens públicos. Segundo, as agências doadoras possuem suas próprias agendas políticas que podem ter pouca coerência no geral. Cada doador é movido por suas próprias políticas locais. O total da ajuda não se soma em uma assistência para o desenvolvimento coerente. Terceiro, a condicionalidade é extremamente frágil. As agências de ajuda em geral não sabem o bastante sobre as condições locais para impor exigências sólidas aos recebedores acerca da utilização dos fundos. E mesmo quando o fazem, às agências em geral falta o incentivo de levar adiante as ameaças de corte na ajuda quando o dinheiro é mal gasto, porque os países recebedores podem ser politicamente importantes aos principais países doadores. Quarto, parece que muitos empréstimos do Banco Mundial e do FMI são apenas empréstimos defensivos, no sentido de que são feitos para que os países possam pagar empréstimos anteriores tomados dessas instituições.

Uma nova abordagem à ajuda se faz necessária. Em nossa opinião, os doadores deveriam retornar ao básico, para assegurar que a ajuda de fato proporcione bens públicos que de outro modo não serão fornecidos nem pelos mercados nem pelos governos recebedores na ausência de uma ajuda. Sem dúvida, há uma área dos bens públicos enormemente negligenciada: bens que só podem ser fornecidos eficazmente no nível de região (definida aqui como significando um agrupamento de governos vizinhos)[1] ou em uma escala global. A primeira categoria pode ser denominada "bens públicos regionais" e a segunda, "bens públicos internacionais". Este capítulo se concentra nos bens públicos regionais, em parte porque os bens públicos internacionais são tratados em outros capítulos e em parte porque muito pouco estudo tem sido empreendido sobre os níveis reais e desejáveis do fornecimento dos bens públicos em nível regional.

AS IMPLICAÇÕES DAS POLÍTICAS

A Necessidade de Bens Públicos Regionais

É fácil oferecer exemplos pertinentes de bens públicos regionais — ou seja, bens públicos que têm de ser fornecidos no nível supranacional por um número de governos nacionais agindo orquestradamente. Uma lista incompleta inclui:

- *Meio ambiente.* Muitas questões de gestão ambiental inerentemente cruzam as fronteiras nacionais. A gestão das linhas divisórias das águas inevitavelmente requer a cooperação de todos os países ao longo da linha divisória para definirem as questões de direitos de propriedade, monitoramento, análise e cumprimento da lei. Muitos tipos de poluição (chuva ácida, escoamentos em afluentes) trespassam as fronteiras nacionais e portanto isso envolve que um país imponha custos externos a um outro. A gestão das reservas naturais com frequência corta as fronteiras nacionais (Mara Serengeti-Masai, a Amazônia Peru-Equador, a floresta tropical da costa atlântica nicaraguense-hondurenha). Pesquisas científicas sobre questões de gestão das zonas ambientais (biodiversidade, desertificação, impactos de alteração climática) são inerentemente bens públicos regionais ou globais porque os benefícios das pesquisas acumulam-se para todos que compartilham da zona ambiental, que normalmente envolve diversos países vizinhos.
- *Saúde pública.* A gestão de doenças infecciosas inerentemente envolve questões que se estendem além-fronteiras porque trabalhadores migrantes são em geral vias de disseminação de doenças. Este fato é comprovada e desastrosamente verdadeiro no que se refere às maiores epidemias ora recaindo sobre a África — o vírus da imunodeficiência humana (HIV) e a síndrome da imunodeficiência adquirida (Aids). Também é verdadeiro para mais tradicionais e devastadoras doenças, tais como a malária. Grandes populações migratórias em muitas partes do mundo em desenvolvimento (o Leste da África, o Oeste da África, o Sul da África, o Sudeste Asiático, o Oriente Médio) também significam que os sistemas de saúde nacionais estejam sobrecarregados pelas demandas dos não nacionais. Acordos financeiros ou administrativos transnacionais raramente alcançam as necessidades na área da saúde das populações migratórias. A pesquisa básica sobre doenças endêmicas a uma região em particular (por exemplo, a oncocercose no Oeste da África) levanta questões de cooperação regional, mais uma vez, por causa da falta de capacidade e de incentivo para qualquer país de arcar com os custos de pesquisa e desenvolvimento eficazes isoladamente. Direitos de propriedade intelectual levantam questões que também atravessam fronteiras, porque o incentivo para as empresas farmacêuticas privadas desenvolverem respostas eficazes às doenças endêmicas depende

do regime de direitos de propriedade intelectual que governa toda uma região afetada, não só um país em especial.

- *Regulamentação e estabilização do mercado financeiro.* Vínculos transnacionais entre mercados financeiros são inevitáveis porque os mercados financeiros se caracterizam por vários retornos crescentes à balança em suas operações (como veículos para a gestão do risco assim como para a redução do custo da unidade dos serviços financeiros). Esses vínculos levantam questões importantes no cenário das regulamentações porque o descuido dos mercados financeiros de um país irá afetar marcadamente os mercados financeiros dos países vizinhos. De forma semelhante, um pânico financeiro que tenha início em um país pode rapidamente espalhar-se aos países vizinhos, como ocorreu na "crise tequila" seguindo a desvalorização no México em 1994 e na crise do Sudeste Asiático de 1997-98. Por essas razões, agrupamentos regionais de governos cada vez mais buscam modos de harmonizar suas regulamentações financeiras e assegurar que todos os países em uma região estejam adequadamente monitorando suas políticas financeiras, para que não aconteça de erros de um país redundarem em prejuízo para outros.
- *Transporte.* A coordenação de redes de transporte além-fronteiras é crucial ao desenvolvimento econômico, contudo de manejo extremamente difícil na prática. O registro histórico sugere, por exemplo, que países localizados no interior estão em profunda desvantagem em relação aos países litorâneos, em parte devido a uma cooperação inadequada entre eles. As estradas que seguem do interior aos portos estão em mau estado porque o país litorâneo com frequência não possui o incentivo de construir, manter e policiar estradas em prol do país do interior. Em geral, a localização e a manutenção das estradas são grandemente dirigidas pelas políticas locais, em vez de pela otimização das redes de transporte. De modo similar, uma única instalação portuária nacional pode servir a diversos países, levantando reivindicações por uma governança regional sobre a utilização básica do porto (concessão privada, operações de agentes alfandegários, policiamento e assim por diante).
- *Telecomunicações e transmissão de dados.* Como as estradas asfaltadas, as estradas da informação impõem questões tremendamente importantes da extensão além-fronteiras. Sistemas de satélite e cabos de fibra ótica servem a regiões em vez de a nações. A escala de competição regional entre os provedores de serviços de telecomunicações determinará, em uma extensão significativa, a fixação de preços e a qualidade do serviço dentro de qualquer nação em particular.
- *Redes de energia.* Centrais de energia a nível nacional quase sempre exigem cooperação, gestão e financiamento regionais. Isso se aplica de um modo bem

simples no caso das hidrelétricas, onde os rios não são apenas a fonte da energia mas também, com frequência, servem de fronteira a países vizinhos. Da mesma forma, países que retiram energia hidrelétrica rio acima podem causar enormes efeitos negativos, que requerem soluções cooperativas, nos países rio abaixo. A eletricidade é cada vez mais transmitida através das fronteiras nacionais por redes regionais interligadas, aumentando a competição no fornecimento de energia e reduzindo os custos unitários. Dutos normalmente atravessam as fronteiras nacionais para conduzir o petróleo de localidades do interior (como na Ásia Central) aos mercados mundiais, provocando difíceis questões regionais de economia e segurança.

- *Pesquisa e extensão agrícola.* A pesquisa agrícola possui profundos aspectos de bem público, e estes amiúde são inerentes à escala regional em vez de à nacional. O desenvolvimento de novas variedades de sementes, por exemplo, em geral exige um forte apoio do setor público, pois sementes híbridas são bens não rivais e geralmente não exclusivos, e portanto os benefícios do desenvolvimento de sementes híbridas não pode ser facilmente apropriado pela equipe original de pesquisa. Questões regionais similares são inerentes a uma ampla gama de problemas agrícolas: estações de monitoramento climático, formulação e previsão do tempo, seguro de colheitas, pesquisa e gestão de conservação, e pesquisa biotecnológica.

- *Cumprimento da lei.* Muitos tipos de atividades criminosas (tráfico de drogas, roubos de carros, fraude financeira, evasão de impostos, lavagem de dinheiro) operam em uma escala regional, quase sempre com um país servindo como ponto de passagem ou de porto seguro para operações criminosas em um outro país. Em muitas atividades o cumprimento da lei é apenas tão bom quanto o seu ponto mais frágil. Uma estrada partindo de um Estado não litorâneo para um porto litorâneo será quase inútil para o interior se a estrada não for suficientemente policiada no Estado litorâneo.

Em cada uma dessas áreas os bens públicos aparecem em todos os níveis de governança: internacional, regional, nacional e até local. Medidas de saúde pública podem envolver pesquisas sobre vacinas apropriadamente financiadas e empreendidas em nível internacional, programas de teste e inoculação em nível regional (dada a especificidade dos tipos de doenças dentro de regiões, altos níveis de mobilidade através das fronteiras e assim por diante), manutenção de sistemas de saúde em nível nacional e controle operacional de clínicas de saúde em nível local. Da mesma forma, na área da produtividade agrícola, pesquisas biotecnológicas básicas sobre alimentos tropicais podem ocorrer em um instituto de pesquisa internacional, o desenvolvimento específico de uma semente para uma zona ambiental regional (tal como a Sahel africana) em nível regional, o planejamento da extensão agrícola em nível nacional e a implementação em nível local. Como um terceiro exemplo, na área da regulamentação do mercado financeiro, o fornecimento de bens públicos envolve normas internacionais (padrões do artigo VIII sobre a conversão de moedas segundo a carta do FMI, padrões propostos para os fluxos de capitais além-fronteiras), empreendimentos regionais (mercados de ações regionais, órgãos de supervisão e padrões de contabilidade), a gestão macroeconômica nacional e um controle fiscal do governo local dentro dos acordos nacionais.

Uma categoria geral extremamente pertinente de bens públicos é a pesquisa científica sobre os problemas de saúde concentrados regionalmente, sobre a agricultura e a gestão ambiental. Por razões bem conhecidas, a pesquisa básica é quase sempre um bem público, ao menos em parte. Isso principalmente porque os ganhos com a pesquisa científica básica não podem facilmente ser apropriados pelos pesquisadores (e mesmo quando o podem — digamos, por meio de direitos de patente concedendo monopólio temporário para o fornecimento da nova descoberta —, há com frequência perdas enormes de eficiência resultantes da utilização insuficiente e da fixação de preços pelo monopólio da nova descoberta).

Pesquisas recentes sobre problemas de desenvolvimento empreendidas no Instituto Harvard para Desenvolvimento Internacional ressaltam que a maioria dos países em desenvolvimento, e particularmente os situados nos trópicos, enfrentam problemas profundos na saúde pública, na agricultura e no meio ambiente que exigirão novas abordagens científicas e tecnológicas que simplesmente não podem ser "emprestadas" pelas economias avançadas ou tomadas delas (Gallup e Sachs, 1999; Bloom e Sachs, 1999). A pesquisa científica dos países avançados presta relativamente escassa atenção aos problemas tropicais como a malária, a esquistossomose, a helmintíase ou a agricultura tropical. Além do mais, as tecnologias de saúde e agrícola desenvolvidas nas economias avançadas não são diretamente aplicáveis nos trópicos. E o financiamento científico para os problemas de saúde, da agricultura e do meio ambiente tropicais é uma ninharia em relação aos fundos mobilizados para os problemas de zona temperada nessas áreas. Para mencionarmos tão somente um exemplo marcante, os gastos de 1989 do estado norte-americano da Geórgia em estações de pesquisa agrícola excedeu os orçamentos de cada um dos cinco maiores centros de pesquisa globais sobre a agricultura tropical, como o Instituto de Pesquisa Internacional do Arroz (Irri).[2]

Tão pobre como possa ser o fornecimento de bens públicos em níveis nacionais e locais, é ainda mais exíguo em níveis regionais e internacionais. Em muitos casos as necessidades regionais são particularmente negligenciadas, pois conquanto programas internacionais, institutos de pesquisa e afins tenham sido criados, a estes faltam as necessárias instituições e financiamentos correlativos em nível regional. Essa hi-

AS IMPLICAÇÕES DAS POLÍTICAS

pótese não é fácil de ser comprovada porque existe pouca catalogação cuidadosa das necessidades e do fornecimento real de bens públicos nos níveis internacional, regional, nacional e local. Na verdade, parte da expectativa deste capítulo é estimular uma bem mais cuidadosa análise empírica dessa afirmação. De qualquer modo, temos bons motivos para crer que os bens públicos regionais são em geral fornecidos insuficientemente — e quase sempre completamente negligenciados. Os custos de transações na gestão do fornecimento dos bens públicos em nível nacional já são bastante altos. No nível regional, são com frequência intransponíveis. Por quê?

- Estados vizinhos estão amiúde em conflito direto, e portanto ocupados em eliminar a infraestrutura regional (pontes entre fronteiras, estradas, sistemas de energia) em vez de criá-la.
- Estados vizinhos costumam estar em competição diplomática ("guerra fria") quando não estão em competição militar declarada. Assim o Chile e a Bolívia não têm relações diplomáticas desde a Guerra do Pacífico (1879), a despeito do fato de que o Chile fornece à Bolívia uma passagem natural ao oceano Pacífico. A estrada principal da Bolívia ao Porto de Arica no Pacífico ficou sem pavimento por um século até 1995. Similarmente, o feudo notório no Leste da África tem deixado Estados do interior desligados das passagens naturais aos mercados do mundo.
- Órgãos regionais são quase sempre politicamente fracos e dramaticamente subfinanciados pelos governos nacionais participantes. Como um líder do Congresso dos EUA certa vez observou com argúcia: "toda política é local". No cenário político nacionalista que agarrou e ainda agarra muitos países, a cooperação através de fronteiras é vista com extrema suspeita — considere a opinião pública norte-americana em relação ao Acordo de Livre Comércio da América do Norte (Nafta) — e é em geral subfinanciada. Mesmo a União Europeia, depois de 40 anos de bem-sucedida integração europeia, comanda recursos em uma escala de cerca de 1% do PIB dos governos membros, ou cerca de um quinquagésimo dos recursos mobilizados em nível nacional.
- Programas de assistência internacional são em geral direcionados aos governos nacionais, em vez de às entidades supranacionais. Como documentado a seguir, esse padrão é em parte resultado das cartas das instituições de concessão de ajuda, tanto em nível internacional (por exemplo, o FMI e o Banco Mundial) como em nível nacional (por exemplo, agências doadoras em países de renda alta). Também resulta do fato de que a fragilidade política dos órgãos regionais torna-se autorrealizada. Agências doadoras não fazem doações a órgãos regionais "fracos" e, como resultado, esses órgãos não ganham força, capacidade e viabilidade financeira.

O resultado é que, por todo o mundo, órgãos regionais que visam a fornecer bens públicos regionais estão subfinanciados e com frequência nada menos do que incapacitados. Na África, por exemplo, grupos regionais, tais como a Comunidade para o Desenvolvimento do Sul da África (SADC), a Comunidade do Leste Africano e órgãos semelhantes no Oeste e no Centro da África são extremamente promissores em tese. Mas na prática, em geral, ficam aquém de seus objetivos por sua autoridade limitada (ciumentamente guardada pelos políticos nacionais) e, ainda mais prejudicial, fraca capacidade nacional como resultado de orçamentos parcos e períodos de planejamento futuro incertos. Encontram-se poucas diferenças na maioria das partes do mundo, como ocorre com as instituições para a integração da América Central, o Pacto Andino e a Associação das Nações do Sudeste Asiático (Asean). Na maioria dos casos, os objetivos regionais declarados são admiráveis, e o financiamento das atividades regionais, minúsculo.

EVIDÊNCIA MODESTA SOBRE O FORNECIMENTO DOS BENS PÚBLICOS REGIONAIS

Apesar da magnitude da assistência internacional, surpreendentemente pouco pode ser compilado sobre sua composição dos dados disponíveis publicamente. De fato não sabemos, por exemplo, quanta ajuda estrangeira é direcionada ao fornecimento de bens públicos em vez de a atividades que poderiam ser financiadas diretamente pelo setor privado. A maior parte dos observadores reconhece, por exemplo, que muitas atividades do Banco Mundial para financiamento de infraestrutura essencialmente substituem financiamentos para projetos que poderiam ser levantados nos mercados privados. Com efeito, em muitos casos um projeto é objeto de competição direta entre o Banco Mundial e empresas privadas. Essas empresas privadas costumam reclamar amargamente de que o Banco as empurrou para fora de atividades para as quais estão bem-preparadas. Mesmo quando o dinheiro é gasto com a saúde ou a educação, não fica de fato claro se os fundos servem de substitutos à atividade privada. E, como apontado, mesmo quando a assistência internacional é direcionada ao fornecimento de bens públicos, fica analiticamente difícil discernir se o financiamento do projeto é verdadeiramente incremental. Evidências recentes em relação à ajuda africana, por exemplo, sugerem que uma quantia considerável de fundos de ajuda são fungíveis, e portanto possuem mais o caráter de transferências de renda generalizadas do que de incremental fornecimento de bens públicos.

A insuficiência de registros empíricos é amplamente resultante de duas deficiências:

- *A falta de uma classificação sistemática dos programas de ajuda.* Ainda que a Organização para Cooperação e Desenvolvimento Econômico (OCDE) tenha dado importantes passos na classificação da assistência internacional, tais classificações permanecem incompletas, em especial para os propósitos de uma análise sistemática. A OCDE não aloca programas de ajuda multilaterais na mesma base dos programas de ajuda bilaterais, e os dados da OCDE certamente não distinguem entre o fornecimento de bens públicos e de bens privados.

- *A falta de uma distinção entre projetos locais, nacionais e regionais.* Não há uma tentativa de se classificar os projetos de ajuda nos casos de tais ajudas serem direcionadas a projetos nacionais ou locais *versus* projetos regionais. Por exemplo, alguns programas de ajuda envolvem transferências coordenadas para países vizinhos de modo que os dois países possam coordenar o fornecimento de bens públicos. Assim, a ajuda internacional pode financiar uma central hidrelétrica em um rio, fronteira de dois países, destinada a fornecer eletricidade a ambos. Tal ajuda iria normalmente ser classificada como dois projetos nacionais em vez de como um projeto regional integrado.

A despeito dessas severas limitações, é possível considerar-se o fornecimento da assistência internacional para os bens públicos regionais. Buscamos encontrar evidências, embora indiretas e incompletas, sobre a quantia de financiamento que os programas de assistência internacional direcionam às iniciativas regionais em contraposição às nacionais. Parece haver, em resumo, bem poucos de tais financiamentos, embora certamente haja alguns casos notáveis, e histórias de sucesso, de assistência regional.

Assistência bilateral

A fonte mais abrangente sobre assistência bilateral é o sistema de informe da Comissão de Assistência ao Desenvolvimento (DAC) da OCDE (OCDE, 1998). Usamos essa fonte para classificar programas de ajuda em uma base nacional ou regional. Definimos um programa nacional como uma ajuda de um governo doador ou instituição multilateral a um único país recebedor. Classificamos um programa como um programa de assistência regional se for alocado a uma região, não a um país. Essa descrição é imperfeita, mas é o melhor que podemos fazer com os dados publicados. Ela comete três equívocos na classificação dos programas de ajuda. Primeiro, a ajuda bilateral a países individuais pode ser coordenada de perto, de modo que na verdade a ajuda está fornecendo um bem público regional. Segundo, um programa de ajuda regional (não alocado por país) poderia estar fornecendo bens públicos nacionais a países na região, sem um componente regional verdadeiro. Terceiro, alguma ajuda que não é alocada por país e região (e é designada simplesmente como "LDCs [países menos desenvolvidos] não especificados" nos relatórios da Comissão) pode incluir a assistência regional.

A assistência ao desenvolvimento oficial líquida (de países e instituições multilaterais) em 1996 é mostrada na Tabela 1. Vemos imediatamente que os programas de ajuda regional não alocados por país representam uma bem pequena porção do total da assistência: só 7,4% na África, por exemplo.

TABELA 1

Assistência líquida para o desenvolvimento oficial por região, 1996

Região recebedora	País	Não alocada	Total	Não alocada como % do total
Europa	2.371	122	2.493	4,9
África				
Norte	3.308	54	3.362	1,6
Subsaariana	15.831	915	16.746	5,5
Total	19.140	1.538[a]	20.678	7,4
Américas				
do Norte e Central	3.198	71	3.269	2,2
do Sul	3.110	114	3.224	3,5
Total	6.308	1.877	8.185	2,3
Ásia				
Oriente Médio	4.696	94	4.790	2,0
Sul e Central	6.643	20	6.663	0,3
Extremo Oriente	6.848	88	6.936	1,3
total	18.186	710	18.896	3,8
Oceania	1.667	116	1.783	6,5

a. O total não alocado por país para a África não é a soma não alocada para o Norte da África e a África Subsaariana porque há também US$ 569 milhões em ajuda não especificada para a África como um todo, não separada em África do Norte e Subsaariana. Discrepâncias semelhantes ocorrem em outras regiões. *Fonte*: OCDE, 1998.

Banco Mundial

Segundo sua carta, o Banco Mundial deve fornecer empréstimos a países-membros. Alguns projetos do Banco tomam um caráter de bem público regional, contudo, pela coordenação de programas em nível de país. De fato, vários projetos em anos recentes foram "concebidos sem distinção de fronteiras, implementados em conjunto e solidariamente, com arranjos financeiros idênticos, e amarrados e aprovados pelo Conselho como um empreendimento único" (Bhattasali, 1998). Exemplos de tais pro-

AS IMPLICAÇÕES DAS POLÍTICAS

jetos incluem pesquisa e disseminação agrícola dentro do campo de ação do Grupo Consultivo sobre Pesquisa Agrícola Internacional (CGIAR); projetos de águas como o Programa da Bacia Marítima de Aral para Gestão das Águas e do Meio Ambiente, que coordena atividades entre o Cazaquistão, a República do Quirguistão, o Tadjiquistão, Turcomenistão e o Uzbequistão; esforços para controle de doenças como o Programa de Controle da Oncocercose, que coordenou esforços entre o Benin, Burkina Fasso, a Costa do Marfim, Gana, Mali, Nigéria e Togo; e projetos de infraestrutura como a reabilitação da estrada de ferro Abidjan-Ouagadougou-Kaya. Devido aos dados publicados, entretanto, não é possível estimar-se o total dos empréstimos concedidos pelo Banco Mundial para programas regionais. Baseados em conversas com representantes do Banco, e em face das dificuldades de sua carta de concessão de empréstimos a órgãos regionais, acreditamos que o número de empréstimos baseados em região seja bastante pequeno, embora com resultados de sucesso dignos de nota (como o Programa de Controle da Oncocercose).

Nações Unidas

As Nações Unidas foram estabelecidas em grande parte para solucionar problemas de coordenação internacional e para aumentar a cooperação regional e internacional. As 81 organizações da ONU, incluindo a Organização da Saúde Mundial, o Altocomissariado das Nações Unidas para Refugiados (UNHCR), a Organização das Nações Unidas para Educação, Ciência e Cultura (Unesco), e o UNDP, são fornecedores essenciais de bens públicos regionais e internacionais. Esse é nitidamente o caso dos programas para controle de doenças (Organização Mundial da Saúde), reassentamento de refugiados (UNHCR), resolução de controvérsias, manutenção da paz e assim por diante. Contudo, mesmo com as Nações Unidas não é possível, baseando-nos nos dados publicados, nos certificarmos do fluxo real de fundos direcionados aos programas em nível nacional e os que têm verdadeiramente caráter regional ou internacional.

Bancos de desenvolvimento regionais

Bancos regionais, como o Banco Interamericano de Desenvolvimento (BID) e o Banco Africano de Desenvolvimento (AFDB), pareceriam idealmente adequados para auxiliar a financiar o fornecimento de bens públicos regionais. Infelizmente, não é em geral o caso, pois esses bancos têm cada vez mais formulado suas atividades de empréstimo para equipararem-se aos projetos a nível de país do Banco Mundial. Como um membro da equipe do AFDB declarou: "Negociamos apoiados em nossa identidade africana, como uma instituição próxima aos problemas africanos, mas tudo o que fazemos é repetir com menos recursos e menos eficiência o que o Banco Mun-

490 BENS PÚBLICOS GLOBAIS

dial fez" (*The Economist*, 1998). O AFDB informou a alocação de empréstimos e concessões do Fundo Africano para o Desenvolvimento durante 1974-97 usando uma análise entre três categorias de países (membros tomadores de empréstimo de renda mais baixa, de renda alta e de renda mais alta) assim como entre projetos "multinacionais". Nessa base, parece que 98,1% das alocações foram para programas de países, e apenas 1,9% para projetos multinacionais (AFDB, 1998, p. 7). Isso é especialmente irônico para uma região repleta de problemas regionais envolvendo o transporte (dado que a África tem a mais alta proporção de países cercados de terra de qualquer região), doenças infecciosas, conflitos além-fronteiras e assim por diante.

O BID parece ter um crescente portfólio de projetos regionais, embora este ainda seja modesto comparado ao total de empréstimos. Até 1997 o BID havia feito 58 empréstimos regionais, totalizando US$ 2,77 bilhões, com desembolsos cumulativos de US$ 1,71 bilhão. O desembolso total do BID foi de US$ 61,4 bilhões, portanto os projetos regionais formaram 4,5% do total. Em 1997 o BID fez 18 empréstimos regionais, totalizando US$ 833 milhões em compromissos, comparado com US$ 6,02 bilhões do total de empréstimos. Assim os empréstimos regionais responderam por 13,8% do total, sugerindo um acréscimo nos empréstimos baseados em regiões (BID, 1998). Os projetos regionais de 1997 incluem:

- Infraestrutura regional (gasoduto Bolívia-Brasil, sistema de interconexão elétrica da central americano).
- Mercados financeiros regionais (programa de crédito para o Banco da América Central para Integração Econômica).
- Pesquisa e desenvolvimento (programas de tecnologia para a gestão agrícola e dos recursos naturais, mapeamento digital e sistemas de informação geográfica).
- Reforma política regional (apoio à iniciativa da Área de Livre Comércio das Américas).
- Iniciativas de treinamento regional (bolsas e outros patrocínios para treinamento avançado de funcionários públicos).

RECOMENDAÇÕES PARA MELHORAR O FORNECIMENTO DE BENS PÚBLICOS REGIONAIS

O déficit em assistência internacional na área dos bens públicos internacionais é severo, embora não possa ser precisamente determinado com base nos dados publicados. Não obstante, fica claro que os doadores internacionais, tanto os bilaterais como o multilaterais, concentram a parte mais vasta de sua atenção e recursos financeiros em programas em nível de país. Programas em nível de país são às vezes coordenados através de fronteiras, mas essa é uma exceção e não a regra. E há muito pouco

AS IMPLICAÇÕES DAS POLÍTICAS

financiamento direto de instituições regionais, tais como os secretariados de órgãos regionais como a SADC, ou os projetos iniciados e supervisionados por tais instituições regionais.

Este capítulo é um exame bastante preliminar da questão, com pretensão a impulsionar análises e ações adicionais. Nós, portanto, recomendamos os seguintes cinco passos operacionais a curto prazo:

- Coordenação entre o UNDP, o Banco Mundial, a OCDE e os bancos de desenvolvimento regionais para o desenvolvimento de uma contabilidade mais precisa da alocação de atividades entre os projetos nacionais e regionais.
- Desenvolvimento de métodos analíticos dentro do UNDP, do Banco Mundial e da OCDE para o exame da alocação de fluxos de ajuda entre bens públicos, bens privados e transferências de renda.
- Revisão dos princípios governantes do Banco Mundial, do FMI, das agências da ONU, dos bancos de desenvolvimento regionais e das principais agências doadoras bilaterais para o exame de parcialidades ou limitações legais no fornecimento de ajuda a projetos regionais e órgãos regionais.
- Acompanhamento dos órgãos regionais pelo UNDP (SADC, Comunidade Econômica dos Estados Africanos do Oeste, Mercosul, Asean, Pacto Andino e assim por diante), para determinar orçamentos operacionais, projetos regionais sob a supervisão e patrocínio recebido de agências nacionais e internacionais.
- Uma série de *workshops* do UNDP mundo afora para explorar as opções de políticas para um fornecimento maior de bens públicos regionais em áreas vitais, tais como infraestrutura, saúde pública e pesquisa e desenvolvimento.

Os céticos acerca do fornecimento de bens públicos regionais repetidamente apontam a fragilidade atual de órgãos regionais como a SADC em cumprir o mandato do fornecimento de bens públicos. Essa é uma visão estática e equivocada da questão. Os órgãos regionais irão ser inerentemente fracos até que recebam tanto o mandato como — em especial — o financiamento para executar mais. Quem haveria de pensar, ao término da Segunda Guerra Mundial, que a França e a Alemanha, depois de três guerras amargas em 75 anos, formariam o núcleo de um agrupamento regional eficaz sem precedentes na Europa Ocidental? E, no entanto, a União Europeia teve sua origem nas decisões dos Estados Unidos de canalizar a ajuda à reconstrução pósguerra por meio de um órgão regional (a Organização para Cooperação Econômica Europeia, ou OCEE, mais tarde OCDE) no contexto do Plano Marshall. O Plano Marshall, com um grupo de visionários europeus, criou com bastante eficácia a cooperação regional europeia e o fornecimento de bens públicos pressionando o continente destruído pela guerra a trabalhar em conjunto como condição para o recebimento da assistência norte-americana.

Nesse contexto, a possibilidade de criar um novo conjunto de OCEEs (ou OCDEs) para as principais regiões em desenvolvimento já foi levantada. Essa é uma ideia poderosa que retira sua força do sucesso do Plano Marshall. Em um nível prático, presumindo-se que a decisão fosse feita de forma acertada para melhorar amplamente o fornecimento dos bens públicos regionais, seria com frequência desejável estabelecer-se em órgãos regionais existentes (admitidamente fracos e subfinanciados), em vez de reinventá-los desde o começo.

Nosso objetivo comum de longo prazo deveria certamente ser trabalharmos na direção de uma reavaliação e replanejamento da estratégia de ajuda internacional em geral, para garantirmos que a assistência internacional sirva às necessidades mais importantes do mundo em desenvolvimento — principalmente enfocando atividades que não podem de outro modo ser tratadas pelos governos nacionais e locais ou pelos atores privados. Uma ação pública, urgente e amplamente patrocinada, será crucial para a geração das ideias e tecnologias necessárias para a superação das crises na saúde, demografia, meio ambiente e produtividade alimentar com que se defronta o mundo em desenvolvimento nos anos por vir.

NOTAS

1. Mesmo o termo "regional" é repleto de ambiguidade. Em alguns usos, "regional" refere-se a um agrupamento de países vizinhos como o Mercado Comum da América Central (CACM) ou a Comunidade da África Meridional para o Desenvolvimento (SADC). Em outros casos, "regional" é reservado às atividades de um continente (como dentro da África) enquanto "sub-regional" é aplicado a grupos como o CACM e a SADC. Nós utilizamos o primeiro sentido do termo.

2. Eicher (1994, p. 89). O orçamento do Irri para projetos centrais e especiais foi de US$ 36,2 milhões, comparado com o orçamento da Geórgia de US$ 40 milhões. O gasto conjunto do Estado norte-americano com estações de pesquisa agrícola pelos 10 maiores programas — Califórnia, Flórida, Nova York, Texas, Geórgia, Carolina do Norte, Minnesota, Nebraska, Louisiana, Ohio — excedeu por uma ampla margem os gastos em conjunto pelos 10 maiores centros de pesquisa internacionais em agricultura tropical — Irri, Instituto Internacional para Pesquisa de Colheitas para os Trópicos Semiáridos (Icrisat), Centro Internacional para Melhora do Milho e do Trigo (CIMMYT), Centro Internacional para Agricultura Tropical (Ciat), Instituto Internacional de Agricultura Tropical (IITA), Centro Internacional de Pesquisa Agrícola em Regiões Secas (Icarda), Centro Internacional da Batata (CIP), Centro Internacional do Gado na África (Ilca), Pesquisa Internacional do Gado em Doenças Animais (ILRAD) e Instituto Internacional de Pesquisas em Política Alimentar (IFPRI).

REFERÊNCIAS BIBLIOGRÁFICAS

AFDB (Banco Africano de Desenvolvimento) / Fundo para o Desenvolvimento Africano. 1998. *Relatório Anual de 1997*. Abidjan.

BID (Banco Interamericano de Desenvolvimento). 1998. *Relatório Anual de 1997*, "Regional", *http://www.iadb.org/exr/doc98/pro/paisrg.htm.*

Bhattasali, Deepak. 1998. Comunicação pessoal. Banco Mundial, Região da África, Washington, DC. 24 de junho.

Bloom, David, e Jeffrey Sachs. 1999. "Geography, Demography, and Economic Growth in Africa". *Estudo Brookings sobre Atividade Econômica 2*. Washington, DC: Institution Brookings.

The Economist. 1998. "The Bank That Likes to Say No". 6 de junho.

Eicher, Carl K. 1994. "Building Productive and International Agricultural Research Systems". Em Vernon W. Ruttan, org., *Agriculture, Environment, and Health: Sustainable Development in the 21st Century*. Minneapolis: University of Minnesota Press.

Gallup, John Luke, e Jeffrey D. Sachs, com Andrew D. Mellinger. 1999. "Geography and Economic Development". Em Boris Pleskovic e Joseph E. Stiglitz, orgs., *Conferência Anual de 1998 do Banco Mundial sobre Economia para o Desenvolvimento*. Washington, DC: Banco Mundial.

OCDE (Organização para Cooperação e Desenvolvimento Econômico). 1998. *Development Co-operation: Efforts and Policies of the Members of the Development Assistance Committee*, Relatório de 1997. Paris.

CONCLUSÃO
BENS PÚBLICOS GLOBAIS

Conceitos, Políticas e Estratégias

INGE KAUL, ISABELLE GRUNBERG E MARC A. STERN

Muitas das crises que hoje dominam a agenda política internacional refletem um fornecimento insuficiente dos bens públicos globais. Foi essa a ideia apresentada na introdução. Para testá-la, exploramos duas principais indagações. São os bens públicos globais um conceito útil na descrição e análise dos atuais desafios globais? E que opções políticas existem para a melhoria do fornecimento desses bens?

Constatamos que, de fato, os desafios atuais são os bens públicos globais — e que representam em grande medida uma nova classe emergente de tais bens. Até agora, os bens públicos globais consistiam basicamente em "regras de tráfego" entre países e questões de fronteira, como as tarifas. Mas, cada vez mais, as iniciativas para uma cooperação internacional atingem as fronteiras nacionais. Preocupações globais estão invadindo as agendas nacionais, e preocupações nacionais vêm se tornando tema dos debates internacionais e da coordenação e harmonização de políticas. Hoje, resultados e objetivos concretos — como o controle de doenças, a redução da poluição, a prevenção de crises e a harmonização de normas e padrões — têm importância. O motivo dessas novas exigências: uma melhor abertura, riscos sistêmicos crescentes e as demandas das políticas do crescente número de atores transnacionais tanto nos negócios como na sociedade civil.

Uma razão principal para o fornecimento insuficiente dessa nova classe de bens públicos globais — o que denominamos de resultados globais das políticas — é que a criação de políticas públicas ainda não se ajustou às realidades dos dias atuais. Existem três importantes hiatos:

- Um hiato jurisdicional — a discrepância entre as fronteiras globais das principais preocupações atuais das políticas e as fronteiras essencialmente nacionais da criação de políticas.
- Um hiato na participação — resultante do fato de que vivemos em um mundo

496   BENS PÚBLICOS GLOBAIS

de múltiplos atores, mas a cooperação internacional ainda é principalmente intergovernamental.

- Um hiato no incentivo — porque a persuasão moral não é o suficiente para os países corrigirem os seus transbordamentos internacionais ou cooperarem para o bem público global.

Por causa desses hiatos, os Estados-nação testemunharão a erosão continuada de suas capacidades de implementação de objetivos políticos nacionais a não ser que sejam dados passos adicionais de cooperação para tratar dos transbordamentos internacionais e dos riscos sistêmicos. Porém, essa cooperação tem de ser de um novo tipo. Não apenas uma cooperação que mantenha os males públicos globais à distância (até atingirem proporções de crises), mas uma cooperação que possa centrar-se na criação de bens públicos e na internalização das externalidades. E não só uma cooperação que equivocadamente presuma que a esfera "pública" termina nas fronteiras nacionais, mas uma cooperação que reconheça que um sistema eficiente de políticas públicas globais é um ingrediente necessário de uma economia global eficiente.

Para fazer com que a cooperação funcione nessa linha, sua estrutura atual tem de ser reprojetada para criar:

- Um circuito jurisdicional claro, alcançando do nível nacional ao internacional (regional e global) e de volta ao nacional.
- Um circuito de participação, trazendo para o processo todos os atores — governos, sociedade civil e negócios; todos os grupos populacionais, inclusive todas as gerações; e todos os grupos de países.
- Um circuito de incentivo para assegurar que a cooperação gere resultados justos e claros para todos.

Essas são as principais mensagens dos capítulos anteriores. Aqui nós elaboramos cada uma delas em maior detalhe para mostrarmos como poderiam ser realizadas, transformadas de postulados por mudança em medidas de reforma concretas. As propostas sugeridas para ação incluem, entre outras: a preparação de perfis de externalidades nacionais; a reconfiguração da responsabilidade da "ajuda externa" a nível nacional; a reversão da lógica da globalização para que se coloque uma maior ênfase na capacitação nacional e no regionalismo; o estabelecimento de novos mecanismos para trocas de externalidades (ou "comércio" de bens públicos globais; e a criação de uma nova arquitetura institucional internacional. Esta nova arquitetura, enfatizamos, deveria apoiar-se principalmente em organizações existentes, acrescentando novas organizações apenas conforme necessário. Exemplos de novas institui-

CONCLUSÃO 497

ções sugeridas são um Conselho de Curadoria Global da ONU, um banco do conhecimento, e um fundo de participação, autogerenciado pelos países em desenvolvimento, para permitir-lhes adentrar as negociações internacionais em maior igualdade.

Como a discussão tornará claro, o conceito de bens públicos globais não visa a substituir a atual justificativa para a ajuda de nenhuma forma. A assistência para o desenvolvimento de países pobres permanece um desafio obrigatório, já que o número de países e pessoas pobres é alto e continua a crescer. O número absoluto de pessoas pobres atingiu mais de 1,5 bilhão, um registro deplorável. Sendo assim, as justificativas éticas e morais da ajuda permanecem tão fortes como sempre. Mas os bens públicos globais apresentam uma justificativa adicional para a cooperação internacional assim como para a ajuda. Já que o fornecimento desses bens em muitos casos inicia-se em nível nacional, é do interesse próprio da comunidade internacional assistir os países em desenvolvimento não só por serem pobres mas também para capacitá-los a fazerem suas próprias contribuições ao fornecimento de bens públicos globais essenciais.

Essas e outras ações sugeridas requerem que alguém dê o primeiro passo — para fazer a mudança engrenar. Vemos essencialmente duas principais possibilidades para isso. Uma é dos líderes do G-8 reconhecerem a necessidade de uma abordagem mais cooperativa, mais participativa, à gestão da economia e da sociedade internacionais. Se se expandirem em um G-16 — como aqui sugerimos e como outros observadores recomendaram (Sachs, 1998) —, temos confiança de que uma nova dinâmica política será libertada para pôr em movimento forças importantes de reforma política. A outra opção — não alternativa, mas complementar — poderia ser um impulso para mudança emanando do público, da sociedade civil global.

Acreditamos ter ingressado em uma nova era de políticas públicas — uma na qual a cooperação internacional e a internalização dos transbordamentos transnacionais das ações nacionais têm de estar no âmago das políticas públicas. Consideramos o conceito de bens públicos globais uma ferramenta poderosa para a compreensão desta nova era. E julgamos que esse termo deveria ser compartilhado além dos círculos especializados, rarefeitos, dos microeconomistas e introduzido no vocabulário daqueles que enfrentam diariamente os desafios do mundo real. Facilitar esse processo é um dos principais propósitos deste livro. Mas antes há ainda um outro desafio — o de compreendermos completamente o conceito de bens públicos globais em todas as suas múltiplas dimensões e complexidades.

BENS PÚBLICOS GLOBAIS — UM CONCEITO ÚTIL, UMA NOVA TIPOLOGIA

No primeiro capítulo definimos os bens públicos globais como tendo benefícios não exclusivos e não rivais que atravessam fronteiras, gerações e populações. No mínimo, os benefícios de um bem público global se estenderiam a mais de um só grupo de países e não discriminariam qualquer grupo populacional ou qualquer conjunto de gerações, presentes ou futuras. Aqui, simplesmente apontamos o que não sabíamos quando começamos a examinar os bens públicos. Que bens públicos globais é um termo adequado para muitos dos atuais desafios políticos internacionais, e que o conceito nos oferece novas percepções das muitas questões em consideração.

Algumas questões, pensávamos, eram candidatas prováveis a serem bens públicos globais, tais como a sustentabilidade do meio ambiente e a paz. Mas algumas, como a equidade e a eficiência de mercado, pareciam menos prováveis de preencher a definição. Interessantemente, contudo, todas as preocupações selecionadas passaram no teste de bem público global — embora, como a Tabela 1 demonstre, algumas preencham os critérios de qualificação de não exclusão e não rivalidade melhor que outras.

Baseados nos estudos de casos, agora propomos uma tipologia de bens públicos globais para distinguirmos mais claramente entre três classes principais — de acordo com os desafios políticos que impõem (ver tabela 1). Na classe 1 estão os *comuns naturais globais*, tal como a camada de ozônio ou a estabilidade climática, onde o desafio político é a sustentabilidade e o problema de ação coletiva é o uso demasiado. *Comuns globais de criação humana*, classe 2, englobam uma gama de questões variadas: conhecimento científico e prático, princípios e normas, a herança cultural comum mundial e infraestruturas transnacionais como a Internet. Para esses bens públicos globais, o principal desafio reside em um uso insuficiente.

O principal problema da ação coletiva dos comuns de criação humana, o uso insuficiente, pode tomar formas diversas, dependendo da questão. Por exemplo, o estoque global de conhecimentos, inclusive conhecimentos não patenteáveis, em essência disponíveis gratuitamente, é com frequência tão disperso que os atores têm dificuldade de identificar o que é sabido, o quão válido é o conhecimento e a quais condições se aplica. Isso torna a conquista do acesso ao conhecimento difícil — daí, o seu uso insuficiente. Para a Internet, o uso insuficiente pode resultar de uma variedade de fatores — analfabetismo, barreiras de linguagem ou falta de dinheiro para a compra de computadores.

Se tomarmos os direitos humanos básicos como exemplo de uma norma universalmente aceita, vemos ainda um outro tipo de uso insuficiente: a repressão. Alguns países limitam as opções das pessoas de agirem e contribuírem para a sociedade — a liberdade de viajar ou se expressar, ou a falta de oportunidade de obtenção de educação ou de cuidados de saúde básicos. Mas essa repressão resulta em custos de desenvolvimento e ineficiências. Um consenso acerca do que constitui uma norma universal, embora de difícil conquista, parece estar emergindo. Em suas margens, o estoque em acúmulo de normas e princípios universais sempre será um tanto fluido, quando novas normas e valores se aproximam de ser universais mas ainda não estão firmemen-

CONCLUSÃO

te aceitas como tais. A julgar pelos debates políticos atuais, questões como os direitos básicos ao trabalho, são possíveis novos registros no estoque de normas globais.

Classe 3, *resultados de políticas globais*, incluem a paz, a saúde e a estabilidade financeira. O problema de ação coletiva associado a esses menos tangíveis bens públicos globais é o desafio típico do fornecimento insuficiente. O que destaca os bens da classe 3 dos da classe 2 é o fato de serem variáveis de fluxo: um esforço contínuo se faz necessário para assegurar que sejam fornecidos. Os bens da classe 2, em contraste, são variáveis de estoque: já foram produzidos. A atividade humana pode negligenciá-los e ignorá-los, como frequentemente ocorre com o conhecimento existente, ou pode limitá-los e reprimi-los, como com os direitos humanos. Os bens da classe 1, os comuns naturais, são também variáveis de estoque: precedem a atividade humana. Precisamos nos preocupar com a preservação e reabilitação destes.

Assim, enquanto os bens da classe 1 são naturais, os das classes 2 e 3 são humanos. Casos particulares de bens públicos globais de criação humana são os baseados em redes, como a Internet ou como os padrões técnicos. Para tais bens, temos uma forma extrema de não rivalidade no consumo — no sentido de que o acréscimo de um novo cliente, longe de tomar dos consumidores existentes (ou membros da rede), os beneficia. Quanto maior a rede, maiores os benefícios para seus membros. Como Debora Spar mostra, esse relacionamento é verdadeiro no caso da Internet, abaixo do ponto de congestionamento. E como Mohan Rao aponta, o princípio também se aplica à equidade: quanto mais entronada se torna a equidade como um princípio universalmente, mais as pessoas passarão a esperar pela justiça e pelo que é justo.

Males públicos globais

Muitos dos bens públicos globais aqui examinados ainda são mais uma esperança ou visão política do que uma realidade. Enquanto esses bens esperam na agenda políticas como objetivos, seus correspondentes males públicos de fato nos cercam em nosso dia a dia. Fato interessante, vários autores acharam mais fácil descrever o mal do que o bem. Por exemplo, Charles Wyplosz se apoia, para a sua análise da estabilidade financeira global, em um exame sistemático da instabilidade financeira global. Por quê? Porque o mal está amiúde presente, ao passo que o bem ainda está por se realizar. Na verdade, o bem é com frequência intangível, e tendemos a tomá-lo por garantido até fazer falta. Os males são mais concretos. Por exemplo, uma boa saúde é uma condição geral, a doença, um fato concreto. Mal reparamos nos direitos humanos até eles serem violados e a liberdade de expressão ou a de ir e vir não ser mais possível. Ou, considere o ar puro — o tomamos por certo até a fumaça escurecer os céus e os nossos pulmões.

TABELA 1

Preocupações globais na forma de bens públicos globais: uma tipologia seletiva

Classe e tipo de bem global	Benefícios		Natureza do problema de fornecimento ou de uso
	Não exclusivo	Não rival	
1. Comuns naturais globais			
Camada de ozônio	Sim	Não	Uso demasiado
Atmosfera	Sim	Não	Uso demasiado
2. Comuns globais de criação humana			
Normas e princípios universais (como os direitos humanos universais)	Em parte	Sim	Uso insuficiente (repressão)
Conhecimento	Em parte	Sim	Uso insuficiente (falta de acesso)
Internet (infraestrutura)	Em parte	Sim	Uso insuficiente (barreiras de ingresso)
3. Condições Globais			
Paz	Sim	Sim	Fornecimento Insuficiente
Saúde	Sim	Sim	Fornecimento Insuficiente
Estabilidade financeira	Em parte	Sim	Fornecimento Insuficiente
Livre comércio	Em parte	Sim	Fornecimento Insuficiente
Ausência de pobreza[c]	Não	Não	Fornecimento Insuficiente
Sustentabilidade ambiental[c]	Sim	Sim	Fornecimento Insuficiente
Equidade e justiça[c]	Em parte	Sim	Fornecimento Insuficiente

Nota: Essa tipologia inclui basicamente questões que são tema dos estudos de casos neste volume. Em acréscimo, refere-se apenas aos bens e males públicos globais finais, não aos intermediários como os regimes e instituições globais.

a. Aqui, não exclusivo significa que é difícil para qualquer um evitar arcar com os custos do mal.

b. Aqui, não rival significa que o fato de uma pessoa ser afetada pelo mal — tal como por uma doença — não reduz a extensão na qual outras pessoas são afetadas.

c. A demanda por esses bens surge na extensão em que o uso demasiado dos comuns naturais globais ou o uso insuficiente dos comuns globais de criação humana atinge proporções alarmantes.

Mal global correspondente	Custos	
	Não exclusivo[a]	*Não rival*[b]
Mais esgotamento e radiação	Sim	Sim
Risco de aquecimento global	Sim	Sim
Abuso humano e injustiça	Em parte	Sim
Desigualdade	Em parte	Sim
Exclusão e disparidades (entre os ricos de informação e os pobres de informação)	Em parte	Sim
Guerra e conflito	Em parte	Sim
Doença	Sim	Sim
Crise financeira	Sim	Sim
Mercados fragmentados	Sim	Sim
Conflitos civis, crime e violência	Sim	Sim
Ecossistemas desequilibrados	Sim	Sim
Tensões sociais e conflito	Sim	Sim

Os males globais parecem mais públicos do que os bens globais, como indicado na comparação da coluna dos "benefícios" da Tabela 1 com a coluna dos "custos". Isso pode também explicar por que as agendas políticas nacionais e internacionais se concentrem amiúde apenas na redução dos males em vez de na produção dos bens. Como vários autores ressaltaram, males tais como as doenças, uma maior radiação ultravioleta, os atos de terrorismo ou os outros tipos de violência com frequência afetam as pessoas ao acaso. O meio de nos protegermos contra esses efeitos são limitados, se é que de fato existem. Wyplosz observou que uma volatilidade normal pode receber um preço, mas que uma volatilidade excessiva e os efeitos das crises financeiras não o podem. Daí a preocupação em evitar-se um fornecimento insuficiente por demais severo de bens públicos globais e a tentativa, uma vez as coisas de volta a um certo nível de normalidade, de se dar preferência aos bens públicos privados em vez de aos bens públicos.

Os ricos possuem riqueza, conhecimento e outros poderes para arranjarem algum tipo de proteção por conta própria. Essa proteção pode ser o acesso aos mais modernos, e com frequência caros, medicamentos — ou, no caso dos países, a capacidade de construir muralhas para bloquear as marés das cheias resultantes do aquecimento global. Os pobres, no entanto, não podem pagar por tal proteção pessoal. Assim, uma falta de bens públicos afeta adversamente a equidade pois os pobres não podem evitar os problemas tão facilmente como os ricos — ficam expostos ao sol abrasador e à radiação ultravioleta, não possuem economias quando a inquietação civil ou a guerra destrói seus lares, e não possuem seguro quando a doença lhes rouba a capacidade de trabalhar.

Repare, contudo, que a proteção privada contra os males públicos em geral apenas proporciona soluções de curta duração e alta ineficiência. Representa uma estratégia de contorno, não uma solução do problema. E com frequência permitimos que os problemas se acumulem, causando custos mais altos a todos quando uma crise por fim irrompe. Portanto, o fornecimento insuficiente de bens públicos globais, tais como a sustentabilidade ambiental ou a paz, provoca a necessidade de "antimales" — instituições, acordos ou dispositivos como filtros para evitarmos a poluição, diplomatas para evitarmos a guerra ou órgãos regionais para evitarmos a instabilidade financeira. Essas facilidades são o que denominamos bens públicos globais intermediários no primeiro capítulo ("Definindo bens públicos globais"). Elas contribuem ao fornecimento adequado dos resultados finais que são a paz, a sustentabilidade ou a estabilidade financeira.

Conquanto os bens públicos globais sejam insuficientemente fornecidos e as realidades atuais estejam perturbadas por seus correspondentes males públicos globais, é importante não limitarmos nossa visão a apenas manter os males abafados. Isso poderia conduzir o mundo a um mínimo denominador comum de uma cooperação internacional limitada a evitar desastres. Embora essa abordagem possa nos permitir sobreviver, fracassaria por não explorar as oportunidades de um crescimen-

CONCLUSÃO 503

to mais dinâmico com maior equidade e sustentabilidade. Portanto, o foco aqui é no controle dos males assim como no fornecimento dos bens.

Além disso, há interligações dinâmicas entre os vários bens públicos. A garantia de um fornecimento adequado de um bem público global em especial (ou um acesso adequado) trará transbordamentos a outras áreas de questões. O exemplo típico é o vínculo entre a paz e o desenvolvimento, mas outros vínculos já foram sugeridos (tais como o vínculo saúde-crescimento que Ethan Kapstein enfatiza).

Os comuns globais das classes 1 e 2 tornam-se uma questão política apenas quando a sua escassez ou ausência cria um mal público global. Para os comuns naturais globais, isso com frequência toma a forma de uma exploração demasiada dos recursos naturais — e portanto, a não sustentabilidade das políticas e estratégias atuais. Para os comuns globais de criação humana, o problema é com maior frequência o de desigualdade de acesso — e daí as disparidades crescentes, como as entre ricos e pobres. Quando o uso demasiado ou o uso insuficiente assume proporções críticas — aproximando-se dos limites da não sustentabilidade no primeiro caso ou de uma desigualdade explosiva, no segundo — essas preocupações deslocam-se para a classe 3, a dos resultados de políticas globais. A razão é que enquanto tudo esteja normal, os comuns demandam pouca atenção política e administrativa. Isso explica por que a comunidade internacional passou a concentrar-se seriamente na importância e no valor dos comuns naturais globais (tais como as fontes de energia não renováveis) apenas no início dos anos 1970. Quando a má administração dos comuns produz externalidades negativas em demasia, a cooperação internacional é considerada necessária, pelo menos no plano da intenção, e acordos sobre as condições desejáveis são formulados — especificando tais aspectos como níveis de poluição, alvos de pobreza ou padrões de boa governança. Essa guinada na prioridade e na abordagem concede aos comuns um novo caráter e os desloca para a classe 3 de bens públicos globais.

Externalidades e efeitos sistêmicos

Quando um bem ou mal público tem efeitos de não exclusão ou efeitos apenas em parte exclusivos, traz custos ou benefícios a inocentes espectadores. Assim, a não exclusão é uma forma extrema de externalidade. Como discutido no primeiro capítulo, a definição padrão de uma externalidade é o efeito de uma atividade ou bem que surge quando um indivíduo, empresa ou qualquer outro ator toma uma ação mas não arca com os seus custos totais (externalidade negativa) ou recebe seus benefícios totais (externalidade positiva). Exemplos de externalidades negativas são a poluição além-fronteiras, tais como as emissões de dióxido de carbono, ou as restrições dos direitos humanos, que podem produzir a pobreza e o conflito étnico e resultar em embates, guerra e mesmo em genocídio, como na Bósnia, no Haiti e em Ruanda. As externalidades positivas são geradas, por exemplo, pela preservação das florestas tropicais ou pela criação de equipes de resposta a doenças transmissíveis, disponíveis quando necessárias para aplicação mundo afora.

Os bens e males públicos globais podem ter duas fontes. Podem ser o produto de transbordamentos transnacionais positivos ou negativos de uma ação em nível nacional, ou podem ser gerados por efeitos sistêmicos globais. E as externalidades podem ser diretas ou indiretas — viajando diretamente de país a país ou de pessoa a pessoa, como as doenças contagiosas, ou afetando outros países e atores de forma indireta, notadamente por meio dos comuns globais. Os riscos de saúde, como o câncer de pele causado pela redução da camada de ozônio, são externalidades indiretas.

Os efeitos sistêmicos emergem de ambos os sistemas, o natural e o de criação humana. Vejamos os benefícios públicos de tais ecossistemas como os oceanos ou a atmosfera, que são maiores quando esses sistemas não são perturbados pela atividade humana. Eles possuem uma utilidade preexistente. Os comuns de criação humana também geram benefícios públicos, embora a utilidade deles surja apenas quando são construídos.

Como os capítulos revelam, os comuns de criação humana amiúde operam com falhas inerentes. Por exemplo, Wyplosz chama atenção para o fato de que as crises financeiras podem resultar não apenas por deficiências de capacidade ou por debilidade política dentro dos países, mas também por riscos inerentes aos mercados. As assimetrias generalizadas na informação podem conduzir a equilíbrios múltiplos, que ele argumenta terem sido a causa de crises cambiais na Europa em 1992-93, no México em 1995 e na Ásia em 1997-98. As externalidades são um tipo de falha de mercado. Equilíbrios múltiplos, seleção adversa, risco moral e outros fenômenos analisados por Wyplosz são outros tipos que, individualmente ou em conjunto, podem criar riscos sistêmicos.

O risco sistêmico existe em outras áreas, também, e com frequência traduz-se em um problema de governabilidade. (Voltamos a esse ponto mais adiante ao discutir o hiato jurisdicional.) Por exemplo, Spar se refere à Internet como o elemento quintessencial da infraestrutura global. Como ela argumenta, a rede é verdadeiramente transnacional, portanto os governos acharão difícil regulamentar atividades relacionadas à Internet. Ou como Kapstein e Rao mostram, a desigualdade internacional alcançou tais proporções que tomou vida própria. Cria sérias tensões sociais globais e pode bem colocar em teste a durabilidade do tecido social global. O turismo internacional, por exemplo, é hoje mais perigoso por causa do crescimento do crime e da pobreza que se seguiram às crises financeiras dos anos 1990, e a frustração política e o desespero se expressam em atos de terrorismo e outras violências (*Financial Times*, 1999).

Os bens públicos como produtos de múltiplos atores

Vários autores sublinham o fato de que os bens públicos não sejam necessariamente produzidos pelo Estado, e de que os bens públicos globais não sejam necessariamente o produto apenas da ação intergovernamental. Mesmo os bens privados e a ação

CONCLUSÃO 505

privada podem gerar externalidades, positivas e negativas. Grupos não estatais podem também proporcionar bens públicos globais. Amartya Sen frisa o fato de que bens como a equidade global podem resultar de uma pluralidade de identidades e de afiliações das pessoas. Muitas dessas identidades ou afiliações podem não ser, como ele o formula, parasitárias sobre a nacionalidade ou cidadania da pessoa. Ele nos relembra que o juramento hipocrático, ao qual os membros da profissão médica se atêm, não foi mediado por nenhum contrato nacional ou internacional. De modo semelhante, uma feminista provavelmente se preocuparia com a privação das mulheres em geral, antes do que com apenas a situação das mulheres em um país em especial. Sejam individuais ou civis as organizações da sociedade que defendem os direitos humanos universais ou outras preocupações de justiça, elas dão uma contribuição direta à produção da equidade global.

Sen portanto salienta que é importante distinguirmos entre uma equidade dentro de um país, uma equidade internacional e uma equidade global. As duas primeiras se relacionam à existência dos Estados, enquanto a terceira, com frequência, se materializa a despeito das fronteiras nacionais e das outras divisas de criação humana. Como Rao comenta, a solidariedade e a coesão social desconhecem fronteiras ou limites outros que os erigidos pela história.

Nancy Birdsall e Robert Lawrence apresentam argumentos similares para a comunidade dos negócios. Eles apontam que a demanda por uma harmonização das políticas é quase sempre promovida por atores comerciais. Com efeito, os negócios têm sido a força impulsionadora por trás da construção de regimes internacionais, notadamente nos transportes, nas comunicações e no meio ambiente. Como os autores discutem extensivamente, a questão é a que ponto esses interesses comerciais se relacionam aos particulares bens públicos ou privados globais. Geoffrey Heal utiliza a expressão "males públicos globais de produção privada" para se referir a fenômenos, tais como a emissão dos gases causadores do efeito estufa, aos quais a maioria das pessoas está de uma forma ou outra contribuindo. Sendo assim, de muitos pontos de vista, é comprovado que os bens públicos, inclusive os bens públicos globais, são produtos de atores múltiplos em vez de apenas providos pelo Estado.

Mesmo assim, quanto mais público é um bem, mais será insuficientemente provido pela operação normal do mercado ou do sistema internacional — e se for um mal público, provavelmente será fornecido em demasia.

A variabilidade do caráter público

Um outro ponto que emerge claramente das discussões, notadamente nos capítulos de Heal, Spar, Joseph Stiglitz e Habib Sy, é que o caráter público e o privado não são atributos fixos. Na verdade, se as tecnologias necessárias estiverem disponíveis, o caráter público de um bem pode ser influenciado pelas políticas. Tornar um bem mais privado aumentará as chances de que será fornecido, mesmo em um cenário descentralizado. Dois métodos podem ser utilizados: designando direitos de propriedade ou internalizando externalidades. Ambos são elaborados em maior extensão na seção sobre o fornecimento de bens públicos globais mais adiante. Contrariamente, a melhoria do acesso a um bem público global, tal como o conhecimento, digamos, por meio da educação, revela o caráter público latente desse bem — que não podia ser antes aproveitado. Assim, parece que o termo bem público global adequadamente representa a variedade de desafios de política global pendentes, seja o desgaste da capacidade de sustentação da terra, o uso insuficiente da tecnologia ou das normas de direitos humanos, ou de resultados (como a paz) que permanecem negligenciados sem uma liderança global. O alcance dos transbordamentos globais é variável, e temos um contínuo através da dimensão público-privado e através da dimensão global-regional-nacional.

NOVOS DESAFIOS PARA A COOPERAÇÃO INTERNACIONAL

Se o conceito de bens públicos globais oferece lentes úteis para a compreensão dos problemas atuais, será que também auxilia apontando o caminho a novas soluções políticas e a novas ações para administrá-las? Sim. Examinar a agenda de política internacional por meio dessas lentes chama a atenção para três fatores importantes: o surgimento de um novo tipo de bem público, as realidades modificadas que enfatizam essa nova classe, e os hiatos no sistema atual de criação de políticas públicas, que explicam a persistência de tantos males públicos globais.

Uma classe emergente de bens públicos globais

Bens públicos globais não são novidade. A preocupação com eles vem desde as negociações sobre a liberdade em alto-mar no início do século XVII, e o princípio de Grotius de *mare liberum* (Kingsbury, 1996). A essa época, a cooperação internacional estava principalmente preocupada com as questões entre países. Os regimes internacionais de transporte e comunicações que surgiram no final do século XIX e no início do século XX são essencialmente desse tipo (Zacher e Sutton, 1996). Esses foram chamados, na literatura da cooperação, de "regras de tráfego internacional" (Bryant, 1980), ou de regimes concernindo o uso compartilhado pelas nações de comuns globais e a regulamentação da movimentação entre países. Cedo, a cooperação internacional também começou — é claro, com vários altos e baixos — a tratar das questões de fronteira, como a redução das tarifas alfandegárias ou a remoção dos controles de capitais.

Por toda a história da cooperação internacional, também houve casos de coordenação ou de harmonização de políticas por trás das fronteiras. Um exemplo é a política de norma de lei praticada ao final do século XIX e até a Primeira Guerra Mundial — e,

CONCLUSÃO

de novo, embora com menos sucesso, nos anos 1920 (Eichengreen, 1992). Um outro caso, mais tentado do que realizado, foi a adoção da Declaração Universal dos Direitos Humanos em 1948 (Nações Unidas, 1948). A Guerra Fria logo impediu esse esforço, com o conflito Oriente-Ocidente cortando o inicialmente integrado conjunto de direitos civis, políticos, econômicos e sociais em uma dicotomia que durou até os anos 1990. Hoje, entretanto, a agenda política internacional parece estar mais concentrada em questões transnacionais — não no lugar de, mas em acréscimo a, outras questões.

Questões transnacionais consistem em duas preocupações proximamente entremeadas. Incluem os bens públicos que até hoje foram principalmente uma preocupação doméstica — tais como a pobreza, a saúde, a política de competição e os padrões bancários. Também incluem problemas pertinentes a questões anteriormente globais, tais como a camada de ozônio, unindo-as a ações no nível nacional, tais como a redução dos clorofluorcarbonos. As preocupações de hoje com os bens públicos globais são diferentes porque cruzam as fronteiras nacionais e porque são uma combinação de "nacional" e "internacional". Muitas delas hoje situam-se na classe 3 (ver Tabela 1). Elas turvam as linhas entre "doméstico" e "estrangeiro", "nacional" e "internacional".

Novas realidades

Por que estamos testemunhando o surgimento de uma nova classe de bens públicos globais? A julgar pelos capítulos deste e de outros estudos acerca das tendências globais (Hirst e Thompson, 1996; Keohane e Nye, 1989; Reinicke, 1998; e Rodrik, 1997), fica claro que uma ampla gama de fatores contribuiu ao seu surgimento. Três se destacam: a abertura, o risco sistêmico e a mudança de poder em relação ao do Estado.

Com a redução dos controles nas fronteiras, mas também com um aumento do pluralismo político e da democracia, os países tornaram-se mais abertos. Combinada com os avanços tecnológicos, essa abertura encorajou uma maior atividade econômica internacional — mais comércio externo, mais investimento estrangeiro e mais viagens e comunicações internacionais. Como Wyplosz aponta, as atividades econômicas internacionais agem como os mais poderosos *cinturões de transmissão* de externalidades. É esse fato que faz Kapstein concluir que é chegada a hora de muitas das questões até agora tratadas como domésticas, como os direitos trabalhistas e a taxação, não mais poderem ser tratadas adequadamente no âmbito nacional, devendo ser transferidas para o nível internacional. Lincoln Chen, Tim Evans e Richard Cash comentam que com a integração dos mercados — e a internacionalização do marketing — mesmo as doenças não transmissíveis hoje são questões da saúde global. Os autores mencionam, entre outros exemplos, o hábito de fumar, que a publicidade de âmbito mundial inflige em grupos de novos consumidores a quem pode faltar a informação para uma escolha esclarecida sobre se deve ou não consumir o produto. Nitidamente, a abertura ampliou o significado de interdependência, que antes era uma conexão de fato entre nações legalmente soberanas.

O número crescente e cada vez mais alto de riscos sistêmicos se vincula à abertura. Ainda que não desejemos nos unir às fileiras dos analistas que preveem o caos e o conflito para o futuro (Huntington, 1996 e Kaplan, 1994), há pouca dúvida de que alguns problemas requerem uma urgente atenção. Entre eles estão os desafios do aquecimento global, o surgimento de novas espécies de doenças resistentes a drogas, a rápida perda da biodiversidade e a engenharia genética. Embora esses desafios sejam bastante diferentes, todos possuem o potencial de afetar profundamente o modo pelo qual as sociedades e as economias funcionam.

É encorajador vermos que muitas dessas preocupações já predominam na agenda internacional. Como Scott Barrett observa, há mérito em não sermos por demais ansiosos em relação a algumas dessas questões, inclusive o aquecimento global, porque todos os fatos ainda não são conhecidos. Porém, como Cooper (1994) enfatiza, ainda que os problemas não sejam medidos ou compreendidos de todo, podemos empreender medidas de prevenção que mesmo do nosso atual ponto de vista seriam investimentos desejáveis — tais como ampliarmos as fronteiras do conhecimento das gerações atuais e as capacidades tecnológicas para enfrentarmos os desafios futuros.

O terceiro fator é a mudança de poder em relação ao Estado que ocorreu nas últimas décadas, particularmente durante os anos 1990 (Boyer e Drache, 1996; Mathews, 1997; Ndegwa, 1996; Strange, 1996). Aqui desejamos salientar uma dimensão relacionada e adicional dessa questão: a de que os atores não estatais na formulação de políticas internacionais com frequência buscam uma perspectiva transnacional. Por exemplo, os governos têm agora de atingir as expectativas do mercado ou sujeitar suas ações políticas ao monitoramento por parte de organizações intergovernamentais, tais como o Fundo Monetário Internacional, e até mesmo a avaliações por tais órgãos privados como as agências de índice de crédito. Além disso, suas ações estão caindo sob escrutínios mais rigorosos pelas organizações não governamentais (ONGs), como a Anistia Internacional, a Human Rights Watch, o World Watch Institute, Transparency International ou a Social Watch. Isso vale tanto para os países em desenvolvimento como para os industrializados.[1]

Em muitos aspectos, os governos hoje têm de responder tanto aos círculos domésticos como aos internacionais. Os governos são cinturões de transmissão entre as demandas internas e externas, intermediários em vez de agentes míopes do interesse próprio "puramente" nacional. Sem dúvida, os políticos são eleitos por círculos domésticos, seus principais pontos de referência. Mas para servirem bem aos interesses domésticos, eles têm de levar o lado externo em consideração, certamente não para a construção de barreiras protecionistas ou para apenas defender um país das influências de fora, mas em uma tarefa muito mais exigente, a de combinar os interesses nacionais com as exigências internacionais de um modo que maximize o bem-estar

CONCLUSÃO

do país. Dito de forma diferente, o desafio é atacar o interligado, as questões internas-externas que a nova classe de bens públicos globais apresenta.

Os déficits políticos de hoje

Dados os novos desafios políticos e um novo cenário político, pode o sistema atual de formulação de políticas lidar adequadamente com todas as exigências em jogo? À primeira vista, parece que tudo vai bem. A cooperação internacional é um campo ativo. Como Young (1989, p. 11) observa, "vivemos em um mundo de regimes internacionais". Ele está certo: o corpo de declarações, resoluções e tratados de políticas internacionais conjuntas está rapidamente se expandindo.[2] E em algumas áreas, a cooperação internacional está funcionando bastante bem, com intercâmbios e consultas sobre preocupações compartilhadas e com frequência até acordos sobre os passos seguintes. Mas na transformação de intenções em ações políticas, a cooperação parece mover-se com mais hesitação, se é que se move de todo. Contudo esse passo é crítico para o fornecimento da nova classe de bens públicos globais — as condições e os resultados globais que com frequência dependem de uma ação coordenada por uma multidão de atores descentralizados.

Os obstáculos a esse tipo mais operacional de acompanhamento aos acordos internacionais são vários. Muitos já foram identificados na literatura sobre as relações internacionais.[3] Aqui salientamos apenas dois. O primeiro fator que em geral impede a cooperação (e às vezes por uma boa razão) é a incerteza sobre a natureza exata do problema ou da exequibilidade das possíveis respostas políticas. É precisamente por essa razão que Lisa Martin e outros neste livro colocam grande ênfase na importância da informação e no papel das organizações internacionais em auxiliar os governos a reduzir as incertezas sobre os problemas em negociação. Isso pode ser feito fornecendo-se fatos e cifras empíricas assim como por meio da pesquisa de políticas de longo prazo. Sendo assim, as comunidades epistêmicas têm um importante papel a desempenhar na facilitação da cooperação internacional (Haas, 1992). Suas contribuições são particularmente importantes durante tempos de mudança e transição — como os de agora.

O segundo conjunto de problemas de ação coletiva que amiúde bloqueia a cooperação envolve o pegar carona nos esforços de outros. Os estudos de caso aqui proporcionam evidência da carona em diversas áreas políticas, como na ajuda, na saúde e na paz.

Mas, ao mesmo tempo, as análises no livro sugerem que a causa para o fornecimento insuficiente de bens públicos globais atual esconde-se mais profundamente do que esses dois problemas, como é normal nos dilemas da ação coletiva. A questão mais fundamental é a organização da criação de políticas hoje em dia, tanto nacional como internacionalmente. Se bem que os estudos claramente demonstrem que cada questão requer soluções específicas, as análises apontam os três déficits políticos que se intercruzam e aos quais rotulamos de hiato jurisdicional, hiato na participação e hiato no incentivo. Não é que a literatura especializada nas relações internacionais e nas políticas públicas tenha ignorado esses hiatos. Antes, os hiatos adquiriram maior significado por causa do surgimento da nova classe de bens públicos globais — resultados de políticas globais — e da crescente relevância dos atores não estatais no cenário internacional. Preencher esses hiatos é portanto uma nova exigência política, então, a seguir, focalizamos sugestões visando a esse fim.

Vimos que o conceito de bens públicos globais não só é pertinente mas também informativo. Conduz a atenção para a importante diferença política entre os bens e os males públicos globais, assim como entre as externalidades e os efeitos sistêmicos. Ademais, o caráter público global, que é uma propriedade comum de todas as questões políticas aqui examinadas, nos alerta para o fato de que o atual fornecimento insuficiente dessas políticas também tem uma raiz comum e estrutural — questão para a qual ora nos voltamos.

FORNECENDO BENS PÚBLICOS GLOBAIS PELO FECHAMENTO DOS TRÊS HIATOS

Para sermos claros, não estamos sugerindo que a cooperação como tal seja inerentemente boa ou desejável. Nem também pensamos que onde ocorrem falhas de mercado, sempre é preciso trazer os governos para salvar a situação. Nem estamos argumentando que as instituições supranacionais precisem tratar todas as falhas da cooperação internacional. O mundo é muito mais complicado do que isso — especialmente hoje em dia, com mais cooperação internacional tanto no setor privado como na sociedade civil. As recomendações de políticas sugeridas pelos colaboradores deste livro refletem as fartas evidências das falhas de mercado, do governo e da cooperação internacional. Elas abarcam uma ampla gama de opções possíveis — a correção dos males públicos globais por meio de mecanismos baseados no mercado, como sugere Heal; a aposta na sociedade civil, como David Hamburg e Jane Holl e Sen o fazem; o fortalecimento do papel das Nações Unidas, como sugere Ruben Mendez. Curiosamente, há uma forte concordância de que o fornecimento dos bens públicos globais precisa ser iniciado a nível nacional.

A concordância igualmente existe em relação ao fato de que não há uma abordagem política que sirva a todas as questões. As estratégias têm de ser moldadas à questão e ao contexto. Por exemplo, onde o clima político geral é mais inclinado à iniciativa privada, os direitos de propriedade e os mercados podem desempenhar um papel mais importante na vida econômica, inclusive o fornecimento dos bens públicos. E onde os direitos humanos e a democracia são restritos, uma contribuição da sociedade civil será limitada.

Na busca de futuras soluções políticas para melhorar o fornecimento dos bens públicos globais, devemos estar cientes do contexto institucional — como este influencia nossa percepção e a exequibilidade de várias medidas políticas.[4]

CONCLUSÃO

FECHANDO O HIATO JURISDICIONAL

O "hiato jurisdicional" se refere à discrepância entre as fronteiras dos bens públicos globais — que são por definição essencialmente globais — e as do principal lugar de criação de políticas hoje em dia, o Estado-nação — cujas fronteiras são por definição nacionais. Em teoria, poderíamos tratar do problema de fronteiras fortalecendo a governança supranacional ou buscando podar as questões a um tamanho adequado aos Estados-nação, o que poderia envolver a reconstrução de barreiras protecionistas. Preferimos seguir um terceiro caminho: criar um circuito jurisdicional que percorra do nacional ao internacional e retorne ao nacional — por meio de vários níveis intermediários, regionais e sub-regionais.

O Estado-nação é o principal ator nesse circuito. Como Barrett ressalta, outros atores podem desempenhar um papel, mas os governos são os únicos de posse dos poderes legislativo e coercivo. Construir um circuito jurisdicional pode recriar uma soberania eficaz — o que alguns analistas, a começar com Bull (1977), denominaram soberania "operacional" ou "interna", contraposta a uma soberania "de jure" ou "externa".

Reinicke (1998, p. 57) define a soberania interna como "a capacidade do governo de formular, implementar e administrar a política pública", acrescentando que "uma ameaça à soberania operacional interna de um país implica uma ameaça a sua capacidade de conduzir políticas".[5] Já que essa ameaça existe no mundo de hoje de crescente interdependência e globalização, os governos serão mais eficazes no serviço a seu país e eleitorados se puderem levar sua soberania operacional para a fonte do problema. Se o problema é de âmbito internacional, a tomada de decisão para tratá-lo terá de ser feita nesse nível. O fato de que os governos são responsáveis por cidadãos de um território em especial, e a eles respondem, não significa que não possam buscar resultados domésticos na esfera internacional. O número crescente de resoluções, tratados, organizações e outros mecanismos de cooperação mostram que em alguns aspectos esse é um fato bastante reconhecido. Contudo, o que as análises neste livro parecem sugerir é que a criação de políticas domésticas e a cooperação internacional ainda estão por demais separadas e desunidas. Precisam ser mais sistematicamente integradas — para o interesse nacional de todos assim como para o interesse do bem comum global.[6]

Como isso pode ser feito de forma prática? Um bom começo seriam os seguintes seis passos:

- Estabelecer os perfis das externalidades nacionais.
- Internalizar os transbordamentos transnacionais.
- Projetar as abordagens nacionais das questões internacionais.
- Vincular as agendas políticas nacional e global.
- Fortalecer a cooperação regional.
- Trazer os ganhos com a cooperação de volta ao nível nacional.

Estabelecendo os perfis das externalidades nacionais

Como Barrett e Martin enfatizaram, uma precondição importante para a cooperação internacional é a certeza — a certeza da existência de um problema, de suas possíveis soluções e dos benefícios líquidos de se tratar um problema no lugar de deixá-lo prosseguir arrastando-se. Hoje, a maioria dos países — de políticos a autoridades do governo, de empresas à sociedade civil e o povo em geral — tem pouca consciência das externalidades transnacionais, positivas ou negativas, que produzem. Mas não é só, há com frequência uma considerável incerteza e ignorância a respeito dos muitos modos pelos quais um país depende dos acontecimentos externos e é por eles afetado. Então, um dos principais ingredientes da cooperação internacional está faltando: uma ideia clara de por que, sob uma perspectiva nacional, a cooperação faz sentido. Os perfis das externalidades nacionais poderiam encorajar um debate sobre esse tópico — e poderia portanto ser um primeiro passo importante direcionado a fechar o atual hiato jurisdicional e levar as preocupações globais para a política nacional e vice-versa.

Tais perfis poderiam auxiliar a estabelecer o que as nações recebem e geram em transbordamentos transnacionais, positivos e negativos — e do que elas necessitam em bens públicos globais para atingir seus objetivos nacionais. Esses perfis revelariam a interdependência ao indicar onde cada país poderia beneficiar-se da cooperação com outros — ou onde os outros poderiam esperar uma cooperação dele. Se esses perfis mostrassem que todos os países demonstram um saldo geral negativo em suas contas de externalidades emitidas e recebidas, ficaria claro que o mundo está preso em um sério dilema do prisioneiro com implicações potencialmente grandes — sejam elas um crescimento econômico vacilante, o aquecimento global ou a disseminação de doenças e da má saúde. Ou se os perfis apontassem oportunidades de desenvolvimento perdidas (como o uso insuficiente do estoque de conhecimentos mundiais, uma ineficiência salientada por Stiglitz), as oportunidades poderiam emergir para mais resultados de desenvolvimentos ótimos a um custo relativamente modesto.

A Tabela 2 apresenta uma descrição preliminar de um perfil de externalidade nacional, com dois elementos principais:

- Efeitos vindos de além-fronteira (ou inundamentos), tanto positivos como negativos, de outros países, de outras regiões, dos comuns globais ou da infra-estrutura global, seja direta ou indiretamente.
- Externalidades (ou transbordamentos), tanto positivas como negativas, geradas pelo país e afetando a outros países, a outras regiões, aos comuns globais ou à infraestrutura global, seja direta ou indiretamente.

CONCLUSÃO   513

Estamos falando, é claro, de externalidades que surgem do interior de um dado território por meio de qualquer tipo de ator — público, corporativo, individual. Os efeitos (ou transbordamentos) são igualmente sentidos dentro de um outro território por uma ampla gama de atores. Na maioria dos casos, contudo, cabe aos governos concordarem sobre medidas políticas corretivas. De certo modo, as sugestões para se formular perfis de externalidades nacionais são análogas ao cálculo das cifras das rendas nacionais ou dos níveis de emissão de gases causadores do efeito estufa — os governos registram os efeitos de outros atores não governamentais assim como os seus próprios.

Na Tabela 2 os inundamentos estão agrupados por suas origens e pela área de emissão ou de preocupação política que afetam. Para os transbordamentos a tabela poderia, por conseguinte, indicar a fonte nacional. Baseado em tal perfil, um país pode claramente identificar o que tem em jogo e seus interesses adquiridos numa cooperação internacional, assim como as suas próprias responsabilidades na redução dos transbordamentos indesejáveis, negativos, provindos do seu território. O perfil também assinala quais atores externos ou sistemas poderão pedir a cooperação do país. Comparar a lista de países do lado "emitente" e do lado "recebedor" do perfil de externalidade poderia apontar para ricas oportunidades de se negociar e resolver *quid pro quos*, bilateral ou multilateralmente.

Para criar um perfil significativo, os países precisam de uma estrutura de referência para determinar quais externalidades são negativas e quais positivas, e qual nível de uma externalidade positiva (negativa) é desejável (tolerável). Os esforços nacionais para se estabelecerem tais pontos de referência provavelmente serão reveladores em sua identificação e categorização das questões.[7] Um outro instrumento possível é um perfil de questões globais, tais como relatórios sobre importantes bens públicos globais finais e intermediários, analisando-se o fornecimento atual destes e os passos necessários para impulsionar o fornecimento. Na verdade, perfis de questões globais já estão surgindo.

Vejamos o relatório do Comitê de Assistência ao Desenvolvimento da Organização para Cooperação e Desenvolvimento Econômico sobre *Shaping the 21st Century* (*Dando forma ao século XXI*, OCDE / DAC 1996). O relatório apresenta um tipo de análise conjunta do bem público global e da externalidade para os países da OCDE como um todo. O foco reside nos vínculos entre os países da OCDE e os países em desenvolvimento e, aqui, mais uma vez, principalmente nas externalidades fluindo do sul para o norte. Alguns analistas caracterizam o relatório da OCDE como uma reforma à assistência internacional ao desenvolvimento para servir aos objetivos de uma "política interna globalizada" (Raffer, 1998).

Outros relatórios globais relevantes nesse contexto são os que abordam temas como o desenvolvimento humano (UNDP, vários anos), o controle das drogas (UNDCPP, 1997),

TABELA 2

Perfil de externalidade nacional: uma ilustração esquemática

| | Inundamentos (por origem) | | | | | |
| | Positivos | | | Negativos | | |
	Países	Regiões	Global	Países	Regiões	Global
Preocupação de política doméstica afetada ⇩	⇩	⇩	⇩	⇩	⇩	⇩
1 ⇐						
2 ⇐						
3 ⇐						
4 ⇐						
5 ⇐						
6 ⇐						
7 ⇐						
Implicação política	Pedidos nacionais para cooperação com outros países					

Nota: Um perfil completamente desenvolvido teria tabelas separadas para cada país principal, região, comum global e sistema. Para a dimensão global, também seria importante a distinção entre as externalidades indiretas (ou seja, os transbordamentos além-fronteiras que afetam as preocupações políticas domésticas por meio de seu impacto direto nos comuns globais) e os efeitos sistêmicos.

CONCLUSÃO

| | Transbordamentos (por recebedor) | | | | | |
| | Positivos | | | Negativos | | |
	Países	Regiões	Global	Países	Regiões	Global
Fonte doméstica da externalidade	⇧	⇧	⇧	⇧	⇧	⇧
1 ⇨						
2 ⇨						
3 ⇨						
4 ⇨						
5 ⇨						
6 ⇨						
7 ⇨						
Implicação política	Pedidos de cooperação prováveis de serem recebidos do exterior					

HIV/Aids (Unaids 1998), os refugiados (UNHCR, vários anos), o meio ambiente (Instituto Mundial de Recursos, vários anos), as questões monetárias e financeiras (BIS, vários anos; FMI, vários anos), o comércio e o desenvolvimento (UNCTAD, vários anos), o desenvolvimento econômico (Banco Mundial, vários anos) e a população (UNFPA, vários anos). Com algumas modificações em seus conceitos e tabelas estatísticas, esses relatórios poderiam proporcionar pontos de partida para o tipo de relatório de questões globais aqui sugerido. Certamente, o desenvolvimento das ferramentas analíticas e das medições necessárias para avaliações sistemáticas das externalidades levará tempo e exigirá pesquisas e debates extensivos, mas a importância dessas análises para a futura gestão dos desafios políticos globais parece justificar os esforços.

Como essas observações indicam, os perfis de externalidades proporcionariam uma rica base para análises, debates e negociações entre os países e as questões — e para a criação de políticas cooperativas no interesse mútuo de todos.

Internalizando os transbordamentos transnacionais

O paradoxo dos bens públicos globais, como muitos colaboradores apontam, é que o seu fornecimento tem de principiar nacionalmente — exceto para os mais extraterritoriais deles. Como Wyplosz sublinha, a estabilidade financeira internacional precisa de uma forte base nacional. Os esforços internacionais podem complementar, coordenar e monitorar os empreendimentos nacionais, mas não podem substituí-los. As medidas que ele sugere para a construção de uma força financeira nacional incluem mudanças políticas de âmbito nacional, tais como políticas macroeconômicas e estruturais e estruturas legais adequadas, assim como iniciativas para a capacitação do desenvolvimento em áreas como a contabilidade e a supervisão bancária.

Os capítulos de Chen, Evans e Cash, e de Mark Zacher, chegam a conclusões semelhantes. Esclarecem que assegurar a saúde global permanecerá uma tarefa de Sísifo a não ser que os serviços de saúde sejam fortalecidos nacionalmente. E Hamburg e Holl acrescentam que sem a prevenção de conflitos, inclusive de medidas como o desenvolvimento da comunidade local, a paz permanecerá frágil, e a estabilidade só poderá ser alcançada por meios indesejáveis como a repressão política. Zacher ainda observa que pouco virá da tendência crescente de se apelar por monitoramento internacional e supervisão do desenvolvimento global a não ser que as capacidades dos países de gerar, de analisar e comunicar dados necessários sejam fortalecidas — com suas capacidades de responder pronta e decisivamente quando os problemas são percebidos. De forma similar, políticas energéticas nacionais sensatas podem avançar na redução dos problemas do meio ambiente global. Todos esses argumentos apontam na mesma direção, ou seja, de que o primeiro passo direcionado a tratar das questões de externalidade tem de ser dado nacionalmente.

CONCLUSÃO

Mas por que estariam os países dispostos a aceitar esse princípio de internalizar as externalidades se, como antes observado, são atores concentrados em seus próprios interesses enquanto país? Aqui nós retornamos à questão da soberania eficaz.

A conquista de objetivos nacionais em muitos países de hoje depende do que está acontecendo no exterior, e isso significa principalmente o que está acontecendo com as externalidades dos outros países. Uma solução, amplamente praticada, consiste na realização de trocas detalhadas, bilaterais (por exemplo, nós desencorajamos a atividade de grupos terroristas em nossos territórios e em troca vocês nos proporcionam adicional assistência ao desenvolvimento ou cooperação com a segurança). Os países poderiam buscar reduzir a geração de externalidades negativas por mudanças em nível nacional ou oferecer compensação a países afetados ou, onde possa ser arranjado, buscar trocar créditos de implementação com outros países. Similarmente, poderiam requerer recompensas por qualquer externalidade positiva gerada. A seguir exploramos como determinar qual estratégia pode ser a mais apropriada em que contexto.

Mas há também uma fórmula multilateral mais abrangente que pode prevalecer por sua simplicidade: essa requer que cada país aceite o princípio da responsabilidade nacional, para que outros estejam preparados a fazer o mesmo. Se os países concordarem em evitar transbordamentos transnacionais negativos além-fronteiras o máximo possível, haverá menos necessidade de negociações internacionais e esforços cooperativos especiais que possam mostrar-se mais custosos aos países do que implementar voluntariamente os ajustes necessários. Portanto, o princípio da responsabilidade nacional de internalizar as externalidades não só é o mais exequível politicamente — é também o que faz mais sentido economicamente.

Há sinais de que essa negociação mais ampla já esteja sendo executada. De fato, a comunidade internacional aceitou a "responsabilidade nacional" como um importante indicador para a gestão das relações internacionais. Esse princípio nitidamente alinhavou os debates na Conferência das Nações Unidas, em 1972, sobre o Meio Ambiente Humano (Nações Unidas, 1972), assim como na subsequente Conferência das Nações Unidas sobre o Meio Ambiente e o Desenvolvimento (Nações Unidas, 1992). A Conferência de Kyoto, em 1997, dos Participantes da Convenção Básica das Nações Unidas sobre Mudança Climática também presenciou um debate dessa questão (Nações Unidas, 1998b). Nessa conferência, a União Europeia enfatizou que mecanismos internacionais como a negociação de emissões ou a implementação conjunta não deveriam desviar a atenção da necessidade de mudança política em casa. A possibilidade de que um país possa evitar a responsabilidade em casa por meio do uso de uma implementação conjunta ou da negociação de emissões foi uma razão importante para alguns países em desenvolvimento expressarem reservas a respeito desses mecanismos em Kyoto (Cutajar, 1998).

O princípio da responsabilidade nacional assemelha-se ao princípio da "reciprocidade extensa" no ato de dar presentes: normalmente oferecemos presentes sem es-

518 BENS PÚBLICOS GLOBAIS

perarmos, em troca, um outro presente de igual valor, e algumas vezes sem esperar nada em troca. Em geral esse princípio é pertinente a grupos menores, coesos. Mas há sinais de que como resultado da globalização econômica e da interdependência uma sociedade global esteja emergindo, nos permitindo colher as vantagens desse sistema internacionalmente.

Reprojetando as abordagens nacionais das questões internacionais

Para que uma melhor percepção se traduza em maior ação cooperativa, é preciso haver "contrapartes nacionais" nitidamente identificadas, ou entidades de governo cujo dever seja lidar com o resto do mundo e ser responsáveis pelo fornecimento comum dos bens públicos globais. Na maioria dos países, os assuntos internacionais têm tradicionalmente se concentrado em uma entidade governamental separada: um ministério de relações exteriores especializado em representar os interesses nacionais no exterior. Mas esses interesses concerniam principalmente de questões como a segurança nas fronteiras, as relações internacionais ou a promoção das exportações nacionais. Os objetivos eram "defesa", "alcance" ou "competição". Outras entidades governamentais — como os ministérios da saúde, do trabalho ou mesmo da economia — eram amplamente orientados para os assuntos internos. Ainda que essa divisão de responsabilidades tenha se modificado em muitos países, uma abordagem de bens públicos globais à cooperação internacional irá requerer um redesenho adicional das abordagens nacionais às questões internacionais.

Um objetivo importante de tal organização seria assegurar que as entidades temáticas e setoriais governamentais tenham a capacidade de lidar e gerenciar a interdependência global em suas respectivas áreas de trabalho. Isso pode ser alcançado introduzindo-se as responsabilidades de assuntos externos nos ministérios relevantes ou incorporando preocupações domésticas mais sistematicamente nos assuntos externos. Qualquer que seja o padrão, o objetivo é superar a tradicional divisão entre "interno" e "externo" que a liberalização e globalização econômicas de fato erodiram. Isso não quer dizer que as fronteiras tornaram-se insignificantes — antes, estão porosas.[8]

Se aos governos faltar a capacidade de levar em conta o externo, acabarão sendo "agentes políticos passivos" e sentindo que a globalização está carcomendo sua soberania de criação de políticas. Mas, se adotarem uma postura proativa e determinarem do que precisam dos participantes externos para que possam cumprir com os objetivos nacionais, ainda poderão ser "agentes políticos ativos". Como a experiência da ONU demonstra (Krause e Knight, 1995), mesmo os países pequenos podem, dentro de um fórum multilateral, algumas vezes gerar influência política significativa para transformar os bens públicos globais de uma preocupação política externa para um ganho político interno.

CONCLUSÃO   519

Vincular as agendas políticas nacional e global

A política nacional por si só, embora amiúde um ponto de partida importante (devido aos bens em questão), raramente será o suficiente para garantir um fornecimento adequado de bens públicos globais. Sendo assim, qual conselho os estudos de caso oferecem para pormos em prática o "circuito de políticas" do qual muitos dos bens necessitarão? Um conjunto de medidas se relaciona às externalidades que podem ser administradas por meio de ações cooperativas mas descentralizadas; o outro conjunto concerne à gestão conjunta de questões globais sistêmicas.

Examinemos primeiro o caso das externalidades de país a país (ou diretas). Quais mecanismos internacionais se fazem necessários para facilitar a gestão desse tipo de externalidade transnacional? Uma exigência básica seria o compartilhamento a informações. E com efeito, a maioria dos capítulos neste livro enfatiza a crescente importância do monitoramento e da vigilância, e consideram o fornecimento de informações críticas como o papel principal das organizações internacionais.

Contudo, com o reconhecimento das externalidades crescendo, os governos e outros atores provavelmente irão esperar das organizações internacionais o desempenho de uma segunda função — tornarem-se mais fortemente envolvidas no trato dos problemas existentes e na facilitação das trocas de externalidades entre países. Isso vai além dos tipos tradicionais de acordos internacionais especificando o que farão os países, individualmente, e vai além do mero monitoramento e da mera vigilância ou da mera assistência ao desenvolvimento tradicionais. As trocas de externalidades envolvem um novo tipo de atividade operacional para as organizações internacionais: a supervisão e o gerenciamento de *quid pro quos* internacionais. A proposta de Wyplosz para uma condicionalidade *ex ante* cai nessa categoria. Segundo sua proposta, os países teriam de se qualificar para uma total participação no mercado financeiro internacional, assim como afiliarem-se à Organização para Cooperação e Desenvolvimento Econômico (OCDE) ou à Organização Mundial do Comércio (OMC).

O mecanismo de desenvolvimento limpo ou o plano de implementação conjunta, previstos no Protocolo de Kyoto, são também exemplos, como o são as estipulações de uma "ajuda para mudança de políticas" na OCDE/DAC (1996). É certo que essas atividades continuarão a envolver a coleta de informações — sobre, digamos, o quão prudentemente um país tem desempenhado seu comércio bancário ou suas práticas financeiras, ou o quanto tem reduzido suas emissões de gases causadores do efeito estufa. Mas as organizações internacionais poderiam também trabalhar como mediadoras para salvar os acordos nos casos de não cumprimento.

Como Lisa Cook e Jeffrey Sachs enfatizam, uma importante deficiência do sistema de organizações internacionais atual, incluindo-se o FMI e o Banco Mundial, é que elas se concentram nos países: lidam principalmente com assuntos internos e não com externalidades. As externalidades só são tratadas quando uma crise surge, em vez de preventiva ou ativamente. Assumir um papel de corretor para facilitar a troca de externalidades entre os governos também irá acrescentar uma nova dimensão à função de informação das organizações internacionais.

Voltando-nos agora para a cooperação nas questões sistêmicas globais, relembre os tipos de questões que se situam nessa categoria. As questões sistêmicas globais são tão transnacionais, tão não territoriais, que não podem facilmente ser analisadas em termos da externalidade de um país para com um outro ou para com o resto do mundo. Como Wyplosz demonstra, os ciclos de prosperidade e de quebra financeiros são um claro exemplo (embora possam ser evitados, em certa medida, com uma ação de âmbito nacional). A questão do uso insuficiente do estoque de conhecimentos global, levantada por Stiglitz, é outro. Como ele aponta, poucos países por si sós e em nome de seus interesses iriam reunir ou desenvolver um conhecimento que não possui valor comercial. No entanto, tal conhecimento é crítico ao progresso dos países em desenvolvimento do qual um futuro crescimento econômico mundial equilibrado e estável dependerá. Sendo transnacional, a Internet pode igualmente qualificar-se, assim como a desigualdade. A desigualdade cria externalidades além-fronteiras sob a forma de instabilidade social, tensões étnicas e danos ambientais. Mas num sentido verdadeiramente global (como o articulado por Sen) é também uma questão inerentemente transnacional e uma questão de risco sistêmico global. A razão é que a desigualdade assumiu tamanhas proporções que as políticas "meramente" visando a criar um campo de ação nivelado não mais bastam (UNDP, *Relatório do desenvolvimento humano de 1998*). Oportunidades iguais para participantes *desiguais* produzem mais desigualdades.

Há portanto a necessidade de um diálogo político internacional sobre os fundamentos sociais que sustentam nossa emergente sociedade global. Um caminho possível para se corrigir a tendência atual a uma crescente desigualdade global é o de reexame cuidadoso da justiça dos atuais regimes e instituições internacionais (uma questão discutida em detalhe mais adiante na seção sobre o fechamento do hiato na participação). Um outro, é reavaliarmos certos bens e serviços, notadamente aqueles produtos críticos ao fornecimento de bens públicos, tais como o serviço de redução da poluição. Se isso fosse feito, a riqueza real — não só a riqueza das rendas — dos países se tornaria aparente, possivelmente resultando em uma redistribuição mais justa das oportunidades ao desenvolvimento (uma questão retomada em maior detalhe mais adiante na seção sobre o fechamento do hiato no incentivo).

Não buscaremos aqui abrir um debate sobre a negligenciada questão da equidade. Nossos comentários buscam ilustrar que mesmo com os melhores esforços, os riscos sistêmicos globais não podem ser completamente resolvidos nacionalmente por meio de esforços individuais dos países. Clamam por mecanismos globais e por um

CONCLUSÃO

fornecimento conjunto do bem em questão. Embora em algumas áreas uma nação ou um grupo de nações dominante possam agir diretamente para reduzir os riscos sistêmicos, na maioria das áreas de políticas são necessários esforços que incluam a maioria das nações — se não todas.

Fortalecendo a cooperação regional

Na criação de circuitos de política nacional-global, o nível regional não pode ficar esquecido. Cook e Sachs apontam que muitas questões são regionais. Embora essas questões sem dúvida também contribuam aos bens públicos globais, é mais eficiente lidar com elas no nível regional que no global. Como Wyplosz mostra, mesmo os acordos globais podem às vezes ser mais bem-implementados na forma regional — em vez de global ou nacionalmente.

Os fóruns regionais em geral estão em vantagem em relação aos globais no sentido de que apresentam menos problemas de informação. Os países de uma região conhecem-se melhor uns aos outros. Como Birdsall e Lawrence apontam, podem ser capazes de identificar soluções mais apropriadas. Ao mesmo tempo, Cook e Sachs identificam um grande número de obstáculos que podem impedir a cooperação regional, tais como uma história comum de conflito e guerra, ou uma pobreza compartilhada. Para auxiliar a superar esses obstáculos, os países de uma mesma região poderiam convidar participantes externos, inclusive as organizações internacionais, para agirem como facilitadores. Embora nenhum conselho de política padrão possa se aplicar a todos os casos, a cooperação internacional pode ganhar com a especialização regional — tanto nas prioridades de negociação como nos acordos de implementação.

O debate sobre os fóruns regionais e globais tem sido revigorado recentemente nas discussões da necessidade de uma nova arquitetura financeira (Eichengreen, 1999; Wade e Veneroso, 1998). As análises aqui sugerem que esse debate poderia ser estendido de forma útil a outros tópicos globais prementes.

Trazer os ganhos com a cooperação de volta ao nível nacional

Trazer os ganhos com a cooperação de volta ao nível nacional é responsabilidade dos atores nacionais. Mas como Barrett e Martin explicam, uma série de técnicas de cooperação ajudam a garantir que os países cumpram os compromissos internacionais. No fechamento do hiato jurisdicional, gostaríamos de enfatizar a responsabilidade. Para os criadores de políticas nacionais serem capazes de aceitar a responsabilidade por assuntos globais, é importante que eles retornem das negociações internacionais com ganhos líquidos claros para mostrar a seus eleitorados. Não apenas isso, deveriam ser capazes de demonstrar que os resultados constituem um resultado justo. Se a cooperação internacional pretende usufruir de um amplo apoio público, precisa

522 BENS PÚBLICOS GLOBAIS

provar seu valor em nível local, com o eleitorado local. No plano ideal, a identificação das necessidades de cooperação deveria iniciar-se localmente, e os frutos da cooperação também deveriam fluir de volta ao nível local. Somente se essa condição for cumprida irão a cooperação internacional e o fornecimento de bens públicos globais evitar ser considerados como assuntos externos — como um desvio de esforços e de recursos em vez de um investimento no bem-estar local. E só então irão as questões de fronteiras globais e fronteiras jurisdicionais verdadeiramente coincidir.

Se os seis passos aqui sugeridos fossem seguidos, o hiato jurisdicional se fecharia, e os Estados-nação poderiam reconquistar a soberania na criação de políticas que temem ter perdido para os mercados globalizantes e outras pressões transnacionais. Entretanto um melhor planejamento desse fechamento, como aqui sugerido, seguiria um princípio rígido de subsidiaridade. Relembre que, sob a subsidiaridade, as decisões deveriam ser feitas no nível mais baixo possível, tão próximo do local da ação quanto possível — no nível nacional em vez de regional, ao regional em vez de global.

Como Bryant (1995, p. 31) a define, a subsidiaridade é a presunção de que "jurisdições locais, de um nível mais baixo, deveriam tomar as decisões a não ser que existam razões convincentes para designá-las às autoridades mais centrais, de um nível mais alto, com o ônus da prova sempre se apoiando nos proponentes da centralização". A intenção é reduzir os problemas de informação, promover avaliações pelos pares, facilitar um aconselhamento político mais diversificado e, em última instância, criar soluções mais pertinentes. Mas a subsidiaridade é também uma resposta ao desafio da representatividade na criação de políticas globais — à questão de quem toma as decisões, em nome de quem. A subsidiaridade pode ser compreendida como um antídoto às armadilhas potenciais da "convergência de políticas por trás das fronteiras".[9]

De fato, a crescente convergência de padrões e políticas domésticas impõe a pergunta de quem decide quais serão os padrões comuns. Birdsall e Lawrence discutem essa questão no capítulo deles. Além disso, também poderíamos perguntar quem decide quem cumpre os padrões comuns de políticas, e quem não os cumpre? Há o perigo de uma declaração de "não cumprimento" acarretar em uma forma insidiosa de sanção, transformando-se numa ferramenta de política externa com benefícios privados. Exemplos já foram vistos no terreno das políticas econômicas ou da boa governança. Mas há um potencial para o abuso em esferas aparentemente mais técnicas, tais como a segurança dos aeroportos. Estados não cumpridores podem com facilidade fazer uso de artimanhas. Consequentemente, a harmonização dos padrões poderia forçar países individuais a conformarem-se a uma muito mais ampla gama de questões e atividades, independentemente das escolhas democráticas no processo interno de criação de políticas.

A criação de políticas na globalização e visando aos bens públicos impõe tremendos desafios de equilíbrio — porque acarreta a necessidade de complementar a descentralização com a centralização, e o comum com a diversidade. Assim, os as-

CONCLUSÃO 523

suntos internos e os assuntos externos têm de se misturar para que a cooperação internacional se torne parte integrante da criação nacional de políticas públicas.

FECHANDO O HIATO NA PARTICIPAÇÃO

Como Birdsall e Lawrence argumentam, a harmonização das regras e padrões domésticos beneficia o comércio e a eficiência se for conquistada por meio de um processo democrático. Rao ressalta que a ausência de fóruns plenamente representativos é provavelmente a maior deficiência da cooperação internacional hoje em dia. Cook e Sachs relembram como foi falha a assistência para o desenvolvimento no passado porque era entregue, quase pronta, por agências externas. Chen, Evans e Cash, assim como Zacher vislumbram o amanhecer de uma nova era de desenvolvimento, uma era marcada pela criação de redes horizontais em lugar de estruturas organizacionais verticais. Wyplosz clama por mais diversidade e pluralismo no aconselhamento de políticas, pleiteando a criação de FMIs regionais. E Kapstein sugere a presença de especialistas nas questões sociais em organizações como o FMI de modo a assegurar um melhor escrutínio público e maior consistência entre as preocupações financeiras e sociais.

As suposições por trás de todas essas sugestões são de que o processo importa e que uma representatividade melhorada das organizações internacionais conduzirá a uma maior equidade nos resultados. Na formulação de Rao, a equidade é um importante lubrificante da cooperação internacional e portanto um ingrediente importante no fornecimento dos bens públicos globais. Onde ausente, a desconfiança e a não cooperação irão resultar.

Há portanto um amplo acordo entre os autores de que um foco sobre os bens e os males públicos globais vai além das discussões livres de valor sobre a interdependência global. Antes, é também importante abordarmos a questão política dos resultados e prioridades finais — a questão de para que serve a cooperação. Como observado, o teste de se um bem é público é apenas parcialmente técnico — se, e em que medida, o bem exibe propriedades de não exclusão e não rivalidade em consumo. Esse é o lado teórico do seu aspecto público. Mas também existe um lado prático-político do aspecto público. Esse envolve questões concernindo se um bem não é meramente não exclusivo mas também acessível a todos — e se o público, incluindo-se todos os grupos interessados, de fato opina no processo de decisão sobre o quanto do bem deve ser fornecido e sobre como organizar o processo de produção. Em resumo, a mensagem é que a participação é uma dimensão crítica em todas as etapas do processo de fornecimento. Consequentemente, os elementos principais das reformas institucionais sugeridas são a voz, o acesso e o poder de contribuir.[10]

Voz

Muitas das instituições internacionais de hoje foram fundadas na segunda metade dos anos 1940, quando o processo político, nacional e internacionalmente, era fortemente centrado no Estado. Muitas países ainda não haviam ganho sua independência política, e nossa compreensão do desenvolvimento era bem diferente do que é hoje. Para refletir o processo contínuo de mudança, ajustes organizacionais são necessários. Entre as recomendações dos autores sobre esse ponto, quatro se destacam. Primeiro, há necessidade de uma representação Norte-Sul mais equânime. Examine as Nações Unidas e seu grupo original de membros de apenas 51 países. Hoje mais de 180 países fazem parte. Não só isso, categorias familiares de países têm, durante as últimas cinco décadas, perdido muito de suas relevâncias. As distinções de hoje incluem novas categorias como as dos países de renda média, economias recém-industrializadas e economias em transição. Os países industrializados são na verdade pós-industriais — com o setor de serviços sendo com frequência a parte mais importante da economia. Ainda assim, a agenda social ainda não conquistada nesses países mais ricos — pobreza, saúde deficiente, desintegração social e reversão no desenvolvimento humano (UNDP, *Human Development Report 1998*) — algumas vezes rivaliza-se às dos países em desenvolvimento.

Ao mesmo tempo, alguns países pobres, como a China, agora se unem à liga dos principais poderes econômicos. Outros, como a Índia e o Paquistão, ingressaram no grupo de poderes nucleares. Os bens ambientais, um dia considerados gratuitos, são hoje reconsiderados como tendo valor e começam a receber um preço, assim alguns países de renda pobre podem logo assistir a uma revalorização drástica de seus recursos naturais. Outros países são ricos em população. Em décadas anteriores isso era considerado mais uma desvantagem do que uma oportunidade. Mas essa percepção também está mudando com o papel emergente do conhecimento e da capacidade humana no desenvolvimento — e o crescente poder de compra de alguns dos países em evolução.

Sob a luz dessas mudanças, há uma necessidade urgente de reconsiderarmos a composição dos fóruns internacionais. Rao enfatiza em particular a importância de uma representação Norte-Sul mais equânime, e Spar enfatiza ser importante para os países em desenvolvimento o fato de estarem presentes mesmo em áreas onde não possam ainda ser participantes ativos, como na Internet, um ponto de vista vigorosamente ecoado por Sy. Os esforços para a melhoria da representatividade não deveriam poupar qualquer organização. Como Mendez aponta, há também a necessidade de um mais democrático Conselho de Segurança das Nações Unidas (sobre isso, ver também Russett, 1997). No entanto, a real questão é de onde poderia vir o ímpeto para essas reformas: quem daria início a esse processo? A expansão do G-8 em um G-16, como antes sugerido, poderia servir de começo.

CONCLUSÃO 525

Segundo, há uma necessidade para uma nova forma de tripartismo, uma tradição na Organização Internacional do Trabalho e de seu órgão legislativo com representantes dos governos, dos empregadores e do trabalho. Mas vários autores têm em mente um novo (e mais amplo) tripartismo quando enfatizam a necessidade de encorajar a consulta e cooperação mais sistemáticas entre governo, sociedade civil e empresas.

Alinhavando essa proposta está o reconhecimento de que os papéis e os equilíbrios políticos entre os diferentes grupos de atores modificaram-se significativamente. Vejamos a sociedade civil. As ONGs aumentaram em número em virtualmente todos os países assim como em nível global. Barrett se refere ao papel das ONGs na Conferência das Nações Unidas sobre o Meio Ambiente e o Desenvolvimento, realizada em 1992. E Chen, Evans e Cash, assim como Zacher, se referem aos processos informais de rede cada vez mais ativos mundo afora entre as organizações profissionais assim como entre os especialistas da área da saúde. O principal argumento de Sen é o de que a equidade e a justiça globais não dependem apenas das iniciativas governamentais ou intergovernamentais. Com efeito, a questão não é apenas levarmos as ONGs para as tomadas de decisão intergovernamentais. As negociações sobre o tratado internacional para banir as minas terrestres mostraram que, por vezes, os governos são também levados aos movimentos das ONGs.[11] Os direitos humanos igualmente apresentam numerosos exemplos de ONGs como o primeiro fornecedor de um bem público global, e dos governos unindo-se aos esforços ainda com hesitação.

Birdsall e Lawrence nos lembram de que muitas corporações tornaram-se multinacionais e algumas até transnacionais, e de que esse grupo de atores é o principal *lobby* para uma convergência de políticas por trás das fronteiras. As empresas também mostraram grande interesse na Conferência das Nações Unidas sobre o Meio Ambiente e o Desenvolvimento (ver, por exemplo, Schmidheiny e o Conselho de Empresas para o Desenvolvimento Sustentável, 1992) e outras negociações ambientais. Barrett salienta o importante papel das empresas (notadamente da DuPont) em fomentar a cooperação internacional para resolver o problema da degradação da camada de ozônio — e de importantes empresas de energia elétrica nas negociações em andamento sobre a mudança climática. O envolvimento das empresas na cooperação internacional não é um fenômeno recente. Muitos acordos internacionais, especialmente sobre as comunicações, os transportes, o comércio e as finanças, sempre receberam contribuições significativas do setor privado (ver os relatos históricos de Zacher e Sutton, 1996). Um número crescente de corporações tornou-se transnacional e "independente", e portanto mais alienadas das comunidades onde operam (ver Reinicke, 1998, e Helliwell, 1998). Devem portanto menos explicações — tanto num rígido sentido legal como no mais amplo sentido político — aos governos nacionais.

526 BENS PÚBLICOS GLOBAIS

Contra esse pano de fundo, Chen, Evans e Cash concluem que provavelmente veremos mais alianças firmadas horizontalmente, inclusive de atores e níveis, apoiando-se em suas forças comparativas em vez de nas fraquezas de diferentes parceiros. Nesse cenário, as organizações intergovernamentais serão fóruns — plataformas para consultas, negociações, assim como fornecedoras de informações e de mecanismos de busca de informações — em vez de principais provedores dos bens públicos globais.

As organizações intergovernamentais começaram sem dúvida a abrir suas portas e salas de conferência à sociedade civil — e, cada vez mais, às empresas — mas a mudança tem sido desorganizada. As estratégias para a organização do tripartismo emergente, na criação das políticas e na implementação, permanecem um grande desafio. Como Korten (1990, p. 201) aponta, uma dificuldade óbvia é determinar "quais as ONGs que melhor representam as opiniões das pessoas em vez dos representantes oficiais dos governos". Esta questão é ainda mais complexa quando aplicada às corporações.[12]

Uma outra questão crucial a esse respeito é como equilibrarmos a influência direta dos atores não estatais no plano internacional em vista da influência indireta que exercem por meio de seus canais nos governos nacionais.[13] O capítulo de Sen pode oferecer uma resposta ao chamar a atenção para os atores da sociedade civil que pensam e agem de modo transnacional. De modo semelhante, poderíamos tecer um argumento de que as empresas transnacionais não são necessariamente plenamente representadas por nenhum Estado-nação — e que para terem uma voz, um espaço deve ser fornecido a elas na criação de políticas internacionais. Sem dúvida, essa proposta requer outro debate.

Uma outra questão é em que medida os governos, enquanto governos (como instituições encarregadas de governar, em vez de representantes de um país), podem evitar os dilemas do prisioneiro. Será que podem evitar a competição destrutiva e enfrentar os desafios impostos pela crescente mobilidade do capital? Kapstein menciona a competição tributária entre os Estados. No entanto, muitos outros casos de arbitragem política por atores não estatais poderiam ser mencionados. Curiosamente, a consulta e a coordenação entre os governos para tratar desse desafio já parecem estar acontecendo, embora mais no plano técnico do que no político (Slaughter, 1997). Poderia, assim, ser necessário diferenciarmos a cooperação intergovernamental tradicional, onde os Estados negociam uns com os outros em nome de seus eleitorados domésticos, e a cooperação internacional, que permite aos Estados trabalharem juntos por objetivos comuns de política pública.

Terceiro, como a análise de Todd Sandler mostra, mesmo com a melhor das intenções, as gerações presentes ignoram importantes preocupações das gerações futuras (acerca disso, ver também Schelling, 1997). Mas as gerações do amanhã não são as únicas excluídas da criação de políticas. Os idosos e os jovens com frequência

CONCLUSÃO 527

são também esquecidos. Dessas observações, Sandler propõe novos mecanismos para assegurar uma mais ampla participação de pelo menos todas as gerações do presente — os jovens, os de meia-idade e os idosos — e para estimular as gerações presentes a pesarem o impacto de suas ações sobre as gerações futuras.

Uma possibilidade para garantir que os interesses de todas as gerações, presentes e futuras, recebam plena consideração poderia ser a criação de um novo Conselho de Curadoria Global da ONU para agir como guardião de um desenvolvimento sustentável, ou de "curso contínuo".[14] O principal dever do conselho seria aconselhar o secretário-geral quando um dilema do prisioneiro ameaçar minar a ação coletiva voltada para o interesse de longo prazo de todos. O conselho proporcionaria orientação quando interesses de curto prazo tornassem atraente aos países a não cooperação — embora esta pudesse resultar numa tragédia comum, tal como uma recessão mundial, conflitos sociais ou dano irreversível ao meio ambiente. Composto de indivíduos eminentes, o conselho poderia auxiliar o secretário-geral a "tocar o clarim" — alertando a comunidade internacional para problemas de ação coletiva emergentes, apoiando-a como um intermediário desinteressado, assistindo aos participantes das negociações na criação de mais fortes incentivos de cooperação mais sólidos.

Por fim, uma tomada de decisão representativa, especialmente quando concerne aos bens públicos globais, deve refletir todos os grupos de interesse para assegurar que as muitas facetas da realidade sejam levadas em conta. Como trabalhos recentes sobre desenvolvimento, notadamente o *Relatório do desenvolvimento humano* do UNDP (vários anos), repetidamente nos recordam, o crescimento econômico e a expansão da renda não são a soma total das experiências humanas. Um desenvolvimento equilibrado precisa ser apenas isso — equilibrado no que se refere a preocupações econômicas, sociais, culturais, ambientais e políticas. A maioria dessas questões possui organizações profissionais ou da sociedade civil como seus defensores. Portanto seria possível, como sugerem Hamburg e Holl, para as populações locais participarem do planejamento de estratégias de paz — para garantir que essas estratégias incluam não só considerações militares e estratégicas mas também preocupações com a reconciliação nacional, a construção da nação e um desenvolvimento justo e equânime.

O poder de contribuir

Como discutido por todo este livro, o fornecimento dos bens públicos globais tem de partir do âmbito nacional, com uma mudança nacional — e mesmo local — nas políticas e nos resultados do desenvolvimento. Porém muitos países, especialmente os pouco desenvolvidos, não possuem a capacidade nacional, e ainda menos os recursos financeiros, para honrarem certos compromissos internacionais.

Zacher aponta que em alguns casos esse fato pode até constituir um sério obstáculo para se forjarem acordos internacionais. O caso que ele tem em mente concerne ao monitoramento das condições de saúde. Um país sem a capacidade necessária de responder a um problema irá preocupar-se (compreensivelmente) com as consequências de um possível relato de um surto de doenças. A divulgação de tal fato poderia trazer muitas consequências adversas, desde perdas no turismo até sanções comerciais. Obviamente, não é de interesse do país em desenvolvimento ou da comunidade internacional abandonar a vigilância das doenças por tais razões. Uma resposta mais apropriada é os países mais ricos ajudarem os países mais pobres a desenvolver suas capacidades nacionais. Wyplosz defende um ponto semelhante sobre a criação de condições para uma melhor estabilidade financeira.

Sem a capacidade de convergência, o mundo em globalização de hoje continuará sujeito a crises, e a cooperação internacional continuará a se preocupar com operações de socorro de emergência. Não só isso, a cooperação internacional estará cada vez mais sobrecarregada, tentando fazer em nível global o que poderia ser feito muito mais eficiente e seguro em nível regional ou nacional. O risco de que o gerenciamento de crises desvie os recursos escassos dos investimentos de longo prazo é real e parece crescer (ver, por exemplo, Chote, 1998). O desenvolvimento da capacidade nacional — a globalização vinda de baixo — é a rota mais promissora e mais sustentável.

Acesso

Como Sy demonstra, a crescente divisão entre os ricos de renda e os pobres de renda no mundo começa a reproduzir-se no setor da informação: o hiato entre os ricos e os pobres em informação. Sy atribui essa tendência principalmente à privatização e à liberalização, que varreram o setor das comunicações. A infraestrutura de telecomunicações é um condutor crucial de informação e conhecimento. Quando essa infraestrutura é privatizada sem um controle governamental adequado, a muralha entre o crescente estoque mundial de conhecimentos e os pobres em informação do mundo torna-se ainda mais difícil de ser derrubada.

Isso ilustra a importância da proposta de Stiglitz da construção de um banco do conhecimento: para reunir, classificar e estocar o conhecimento de relevância especial aos países em desenvolvimento (e possivelmente a outras pessoas pobres). Um tal arranjo poderia reduzir significativamente o atual uso insuficiente do conhecimento. Paralela à ênfase posta por vários autores no valor da criação de políticas descentralizadas e participativas, a proposta de Stiglitz poderia ser expandida para considerar o banco de dados como uma instituição construída de baixo para cima e consistindo em uma rede de centros locais, nacionais e regionais. Dessa forma o

CONCLUSÃO 529

mundo poderia se beneficiar de uma gama mais diversa de conhecimentos — o conhecimento dos povos indígenas e o dos cientistas internacionais. Problemas de acesso similares existem em outras áreas. Segundo Chen, Evans e Cash, assim como Cook e Sachs, os avanços na medicina com frequência fracassam em beneficiar as pessoas mais afligidas por doenças porque as empresas farmacêuticas preferem pesquisar e desenvolver doenças "lucrativas", as que afetam principalmente às populações ricas. Os riscos de saúde muito mais prejudiciais e letais dos pobres recebem muito menor atenção.

É claro, deveria ser enfatizado que a privatização de bens públicos, como o conhecimento, é frequentemente uma escolha política bem intencionada. Como Stiglitz afirma, as patentes e direitos autorais estimulam os produtores privados a fornecerem o produto. Mas como ele também ressalta, esse assunto envolve critérios de julgamento e trocas. Embora a intenção geral seja um ganho em eficiência dinâmica fluindo de uma maior atividade inovadora, uma perda de eficiência estática se torna provável, pela competição frustrada e o uso insuficiente do conhecimento protegido. Obviamente, pessoas e países diferentes serão afetados diferentemente pelas decisões alternativas a respeito dessa questão.

Um processo mais justo promete resultados mais justos. Mas recorde o argumento de Mendez sobre a necessidade de se distinguir entre forma e substância. Uma representação mais justa em forma mas não em substância pode fracassar em render o resultado desejado. Muito depende do valor atribuído aos diferentes interesses. Deveriam os ricos desfrutar de uma vantagem dupla — nos recursos e no estabelecimento de uma agenda — como em muitas instituições atuais? Ou para se conquistarem resultados justos, seria necessário dar-se consideração especial aos grupos populacionais menos afortunados de modo a pôr um fim na marginalização repetida e renovada desses grupos? Para respondermos a essa questão, podemos nos orientar pelos dois princípios de justiça de Rawls, discutidos nos capítulos tanto de Sen como de Rao. Segundo Rawls (1971), as instituições e os resultados que produzem são justos se efetivamente garantem uma oportunidade igual a todos de perseguirem seus interesses (o primeiro princípio) e se os resultados trazem maiores benefícios aos menos afortunados (segundo princípio).

Talvez o novo Conselho de Curadoria Global da ONU proposto aqui pudesse também ser o guardião do segundo princípio de Rawls. E as ONGs, além de suas funções de monitoramento dos direitos humanos e das preocupações sociais e ambientais, poderiam também lançar uma nova "vigilância" auxiliando no monitoramento da justiça organizacional, e de como as organizações internacionais cumprem os dois princípios de Rawls do que é considerado justo.

Fechando o Hiato do Incentivo

Qualquer progresso na direção do fechamento do hiato jurisdicional e de tornar a cooperação internacional mais participativa auxiliará a estreitar o hiato no incentivo identificado anteriormente neste capítulo. Mas ainda existem oportunidades para ganhos conjuntos por meio da cooperação — ganhos hoje ignorados porque o equilíbrio dos custos e benefícios de curto prazo parece desfavorável ao menos a uma das partes. A cooperação não é um fim em si — é um meio que leva a um fim. Parceiros internacionais amiúde possuem objetivos comuns porém fracassam em atingi-los em conjunto. Se a cooperação internacional não for compatível com o incentivo, isso pode também levar a mais resoluções vazias, ampliando o hiato na implementação em vez de estreitá-lo.

A compatibilidade no incentivo significa que a cooperação internacional é vista por todas as partes envolvidas como um resultado que vale a pena, conduzindo a nítidos benefícios líquidos nacionais. É importante enfatizar "líquido", pois os atores racionais considerarão tanto os benefícios brutos da cooperação como os custos, inclusive os custos vinculados ou os custos de transações. Mais do que uma perda financeira, os custos podem significar uma perda de independência.

Pouco importa se os participantes valorizam mais os ganhos absolutos ou os relativos, a cooperação provavelmente não acontecerá ou não será sustentável sem os benefícios líquidos positivos. Barrett não deixa dúvidas a esse respeito. Encontrar a estrutura de incentivo correta é a chave para assegurar que as prioridades políticas acordadas internacionalmente se traduzam em uma ação cooperativa. A primeira questão aqui explorada concerne a técnicas disponíveis para melhoria das estruturas de incentivo à cooperação internacional para o fornecimento de bens públicos globais.

O que é um incentivo? Algumas pessoas são mais motivadas por recompensas não materiais, e outras por ganhos financeiros. No contexto da cooperação internacional, podemos imaginar que alguns países se sentiriam adequadamente recompensados se recebessem maior reconhecimento enquanto um líder mundial, um membro de princípios da comunidade internacional ou uma nação que coloca o altruísmo e a preocupação com a equidade global no centro de sua identidade. Esses motivos morais e éticos são também frequentemente a força motivadora do envolvimento das ONGs nos assuntos internacionais. De modo semelhante, a ética e a reputação nos negócios são com frequência uma consideração crucial para o engajamento de corporações privadas nos assuntos sociais e ambientais — uma forma de unir os benefícios públicos aos privados, à qual retornaremos.

O oferecimento de incentivos convincentes não é um processo sem custos. Os incentivos precisam ser apoiados por recursos financeiros. Em particular, são necessários alguns estímulos extras para persuadir os atores a dispensar lucros imediatos

CONCLUSÃO 531

para o bem das gerações futuras, como mostra o capítulo de Sandler. Voltaremos mais adiante à questão do financiamento, examinando a infraestrutura atual para financiamento do desenvolvimento e as modificações que poderiam adequá-la melhor ao contexto dos bens públicos globais.

Identificando a correta tecnologia de suprimento

Como apontam Jayaraman e Kanbur, o ponto de partida para o planejamento de estratégias de cooperação, incluindo as estruturas de incentivo relacionadas, é estar absolutamente certo sobre a natureza do bem a ser produzido. A natureza do bem, por sua vez, em grande parte determina o melhor método de fornecimento do mesmo.

Ao início deste capítulo observamos que os bens públicos podem ser categorizados em classes diferentes segundo a natureza do problema de fornecimento envolvido: uso demasiado, uso insuficiente, fornecimento insuficiente (ver Tabela 1). Há uma crescente literatura sobre métodos (e tecnologias) de se lidar com o problema do fornecimento insuficiente, em particular na área da teoria do jogo (ver, por exemplo, Hirshleifer, 1983; Cornes e Sandler, 1996; e Sandler, 1997, 1998). Como pano de fundo à nossa discussão aqui sobre as técnicas de incentivo, analisamos rapidamente as distinções oferecidas por Jayaraman e Kanbur. Eles diferenciam três estratégias de fornecimento no caso de todos os atores desempenharem papéis iguais no fornecimento do bem público ou de alguns atores serem mais centrais do que outros.

SOMATÓRIO. Alguns bens são fornecidos somando-se várias contribuições de igual importância. Elas incluem os resultados das políticas globais, tais como emissões reduzidas de dióxido de carbono ou um uso reduzido dos CFCs. Nesses casos, todas as contribuições afetam igualmente o resultado desejado porque elas são funcionalmente idênticas. Em outras palavras, uma tonelada de gases causadores do efeito estufa não emitida em Bangladesh não é diferente da redução de uma tonelada de emissão na França. A contribuição de um ator pode teoricamente substituir a de outro, portanto não importa de fato quem contribui.

Onde os bens públicos são fornecidos por somatório, os problemas de ação coletiva tendem a crescer. Por exemplo, um dilema de prisioneiro pode surgir quando cada ator confia que os outros fornecerão o bem. Em outros casos alguns atores podem tentar fazer uma guerra de nervos, ameaçando não contribuir na esperança de que outros fraquejem e deem uma contribuição na qual eles possam pegar carona. Não causa surpresa que problemas de contribuição sejam comuns no terreno da ajuda, onde um doador pode arcar com a conta total, pois cada contribuição financeira de cada doador é funcionalmente equivalente à de todos os outros. Para a superação do problema do incentivo nessas situações, os países podem proporcionar sanções ou estímulo à contribuição, ou podem associar os bens públicos aos benefícios privados, como descrito abaixo.

ELO MAIS FRACO. Nesses casos o fornecimento do bem público é limitado pelo esforço do membro mais fraco. Medidas profiláticas tomadas pelos países para prevenir a disseminação de doenças ou para evitar o terrorismo internacional se encaixam nessa estratégia. Muitos regimes globais, desde a prevenção da poluição marinha até uma supervisão financeira prudente, só são tão fortes quanto os seus elos mais fracos. Assim, as estratégias de fornecimento devem visar à união de todos para o fortalecimento da capacidade dos parceiros fracos. Wyplosz enfatiza que os esforços para a melhoria da estabilidade financeira devem começar em cada país; e Zacher salienta, pela mesma razão, que para um sistema internacional de vigilância de doenças ter um bom funcionamento, ele precisa depender da capacidade nacional de empreender o monitoramento de todos os seus membros.

Contudo, por vezes, as situações de elo mais fraco também podem dar ensejo a um interminável jogo de "garantias": as partes que cooperam limitam suas contribuições às dos membros mais fracos, pois qualquer contribuição acima dessas pode acabar provando-se desperdiçada. Veja o dilema do comércio de armas, onde nenhum país possui incentivo de restringir as exportações unilateralmente, a não ser que os principais exportadores o façam primeiro. Proporcionar garantias e verificação — uma importante função das organizações internacionais — é um modo para a superação do problema de incentivo nesse caso.

MELHOR TIRO. Esse método se faz necessário quando o tratamento de uma preocupação global requer a melhor e mais imediata contribuição possível, tal como o medicamento mais avançado, as últimas descobertas da tecnologia agrícola ou a mais rápida resposta em uma emergência. A contribuição do melhor participante define a contribuição geral do bem público. Jayaraman e Kanbur a rotulam de "tecnologia max". A título de exemplo de uma tecnologia de melhor tiro na área da saúde, Zacher menciona os Centros para Controle de Doenças dos EUA, que costumam ser convocados quando surge um sério risco internacional.

Um dos perigos de se depender da abordagem de melhor tiro para uma ampla gama de bens é o de que ela pode facilmente transformar-se em um modelo hegemônico de fornecimento de bem público. Embora seja importante termos centros de excelência nos quais confiar, uma dependência demasiada nas abordagens de melhor tiro pode apresentar problemas, como Cook e Sachs nos lembram. Um fornecimento excessivamente centralizado dos serviços globais pode sufocar a propriedade nacional e produzir soluções inapropriadas, um argumento ao qual Birdsall e Lawrence, assim como Wyplosz, fazem eco.

Uma outra questão é a divisão do ônus e a recuperação dos custos: será que o melhor ator possui incentivo suficiente para fornecer o bem em nome dos outros?

CONCLUSÃO   533

Além do mais, uma vez que um bem existe, com frequência há bastante oportunidade de nele se pegar carona, tornando difícil para o provedor a recuperação dos custos. Benefícios privados podem ser atrelados ao bem público para induzir o ator principal a fornecer o bem público. Porém, então, o provedor em um cenário de melhor tiro pode não maximizar os interesses da mais ampla comunidade que confia em suas ações. Como nota Stiglitz, isso tende a se dar na área do conhecimento, onde as inovações podem ser patenteadas. Assim, as soluções de melhor tiro podem acarretar perdas em eficiência.

Para os bens que se encaixam nas estratégias de melhor tiro ou de elo mais fraco, é igualmente importante a avaliação de quais são os países centrais no processo, porque a cooperação é mais fácil de ser arranjada quando o número de partes é pequeno do que o contrário (Kahler, 1992; Chase, Hill e Kennedy, 1999). Somente alguns poucos países são importantes na preservação das florestas que servem como filtros do carbono global. Semelhantemente, as tendências econômicas mundiais podem ser fortemente influenciadas pelas escolhas macroeconômicas de uns poucos grandes poderes econômicos.

Todos os três métodos de fornecimento de bens públicos implicam serem necessárias medidas adicionais para induzir a contribuição dos atores — seja de todos os atores ou só dos atores centrais. Como podem ser moldados esses incentivos, e que forma poderiam tomar?

Melhorando a estrutura de incentivo

O uso de incentivos é um instrumento conhecido da política nacional pública. Incentivos fiscais, taxas e subsídios são talvez as ferramentas mais conhecidas. Mas não há nenhuma autoridade para taxação internacional que poderia, pela tributação, influenciar as escolhas dos governos e dos atores privados. Além do mais, os acordos internacionais em sua maioria não são obrigatórios, e mesmo os obrigatórios precisam ser traduzidos em leis nacionais antes de entrarem em vigor. Portanto os mecanismos internacionais de incentivo têm de ser menos diretos e mais persuasivos do que coercivos. Das análises dos capítulos colhemos aconselhamento sobre cinco possíveis medidas de incentivo.

COMBINANDO GANHOS PÚBLICOS COM GANHOS PRIVADOS. Isso pode ser feito se, digamos, um benefício público desejado puder ser realizado por meio de um fornecimento melhorado de produtos conjuntos, como os provenientes de uma combinação de benefícios públicos e privados. Sandler menciona a esse respeito as florestas tropicais. A proteção destas pode ser um importante serviço global, mas elas também proporcionam amplos benefícios locais e nacionais, que no final das contas podem ser maiores do que os custos com a proteção. Sandler também sugere que investimentos no crescimento econômico podem aliviar a pobreza criando empregos — e portanto podem encontrar maior apoio do que estratégias de "apenas crescimento", "apenas redução da pobreza". No mesmo teor, o Protocolo de Kyoto propõe que os países industrializados que apoiam as iniciativas de redução de emissões nos países em desenvolvimento reguladas pelo Mecanismo para um Desenvolvimento Limpo possam reivindicar créditos para suas próprias metas de redução de emissão como recompensa. A educação de meninas é um outro produto conjunto. Acarreta benefícios privados para as meninas, suas famílias e a economia nacional, enquanto também produz benefícios de bem público global, tal como índices de fertilidade mais baixos, dessa forma retardando um crescimento populacional globalmente insustentável.

Promovendo a Adoção de Transbordamentos. Como Heal aponta, muitos bens públicos possuem altos custos fixos, com frequência os de pesquisa e desenvolvimento ou de desenvolvimento de infraestrutura. Esses custos têm de ser pagos apenas uma vez. Quem quer que faça esses investimentos primeiro confere benefícios aos outros. Por exemplo, leis de emissão mais rígidas em alguns grandes países industrializados forçaram os fabricantes de automóveis e os produtores de combustível a melhorarem os seus produtos globalmente — para o benefício do meio ambiente e dos consumidores de todas as partes. Quando outros Estados adotaram depois leis semelhantes, os custos foram bem menores por causa dos passos iniciais dados pelas grandes economias — os fabricantes já sabiam como fabricar automóveis menos poluentes. Para a adoção de transbordamentos, as grandes economias desempenham de fato uma função no estabelecimento de padrões — são atores centrais, por assim dizer. Quando os esforços de pesquisa e de desenvolvimento são financiados com recursos públicos nacionais, os transbordamentos adotados podem significar uma assistência ao desenvolvimento indireta. Pensando novamente sobre o perfil de externalidade nacional, um país poderia listar contribuições, tais como externalidades positivas.

Ainda que essa estratégia seja atraente, ela requer que o líder ou provedor de melhor tiro dê o primeiro passo. Os consumidores, os cidadãos e os atores privados nesses grandes mercados deveriam estar cientes dos transbordamentos globais de suas decisões, e essa conscientização pode criar um incentivo adicional ao estabelecimento dos padrões corretos. Para o setor privado, novas oportunidades de negócios têm sido um poderoso incentivo para, digamos, os fabricantes de automóveis conformarem-se aos padrões estabelecidos nos principais mercados.

Mas os transbordamentos adotados também podem proporcionar impedimentos. Rotular produtos como "sem trabalho infantil" ou "não testado em golfinhos" força os outros produtores — se os consumidores responderem bem ao rótulo — a deslocarem-se para um novo padrão. Nesse caso, o estabelecimento de padrões pode ser desempenhado pelas ONGs e o setor privado, ou por meio de uma colaboração público-privada.

CONCLUSÃO

FORMANDO CLUBES. Segundo Cornes e Sandler (1996, p. 33-34), "um clube é um grupo voluntário que deriva benefício mútuo do compartilhamento de um ou mais dos seguintes: custos de produção, características dos membros... ou um bem caracterizado por benefícios exclusivos". Vários autores sugerem que a formação de um clube baseado em uma questão pode auxiliar a evitar o hábito da carona onde um bem público global for ao menos parcialmente exclusivo e ofereça benefícios muito desejáveis. O problema do incentivo então torna-se mais fácil, porque os que deixam de contribuir com sua parte ao bem público não são admitidos no clube.

Por conseguinte, Wyplosz sugere uma abordagem de clube à liberalização da conta de capital que se apoia na pré-qualificação. Em vez de impor a liberalização da conta de capital a países mal preparados, poderíamos definir precondições para a completa liberalização financeira internacional de um país. O país poderia conquistar as condições em seu próprio ritmo e a seu próprio modo e depois se candidatar a membro. Se qualificado, seria autorizado a receber ingresso pleno nos mercados financeiros internacionais. Esse processo poderia trazer vários benefícios, tais como custos mais baixos nos empréstimos de capital e o benefício de um seguro de fiança caso o país sofra uma crise financeira. Mesmo sem qualificação, os países poderiam adentrar os mercados financeiros, mas sem a expectativa de um apoio público internacional em uma crise.

Birdsall e Lawrence sugerem a possibilidade de clubes regionais para as abordagens políticas comuns relacionadas ao comércio. Cook e Sachs sugerem tomarmos as fronteiras territoriais — amiúde regionais ou sub-regionais — dos desafios ao desenvolvimento como uma base para "clubes de ajuda". Também podemos imaginar que algumas das outras propostas organizacionais feitas pelos autores poderiam, ao menos de início, tomar a forma de um clube. Kapstein — baseado em Tanzi (1996) — defende uma organização de taxação internacional. Tal organização poderia facilitar as consultas intergovernamentais sobre questões fiscais e reduzir os problemas da arbitragem de políticas.

Como notado, os benefícios de alguns clubes aumentam com mais membros. Isso se aplica às redes e aos benefícios em rede. Claramente, o banco de dados poderia ser considerado uma rede, como o poderiam os clubes de normas e padrões do tipo recomendado por Wyplosz. Já que alguns clubes possuem um interesse em ampliar o número de seus membros, é com frequência eficiente para esses apoiarem os novos membros para que se qualifiquem. Por conseguinte, vários autores enfatizam a importância da assistência técnica aos membros potenciais. (Esse apoio seria um produto conjunto — proporcionando benefícios privados aos candidatos e benefícios de clube aos membros.)

Grande parte da cooperação técnica atual, especialmente à governança, visa a garantir que as estatísticas, digamos, estejam em seu normal e comparáveis internacionalmente, ou que as regras de representação estejam conformes a um dado modelo. Ou seja, a cooperação internacional já se concentra em ajudar os países a entrar em clubes técnicos, beneficiando tanto aos membros existentes do clube como aos seus novos membros. Mas para ser um instrumento político relevante para o fornecimento de bens públicos globais, os clubes teriam de funcionar aberta e transparentemente para estabelecerem sua legitimidade (sobre esse ponto, ver também Lawrence, Bressand e Ito, 1996).

REPOSICIONANDO O BEM NA ESCALA PÚBLICO-PRIVADA. No início deste capítulo comentamos que o caráter público ou privado de um bem não é uma qualidade invariável. Com frequência depende da escolha política — e, é claro, das tecnologias disponíveis. Os autores discutem várias maneiras de aprimorar o fornecimento dos bens públicos globais tornando estes bens — ou as contribuições críticas à sua produção — mais privados. Isso pode soar como uma contradição. Contudo, um maior caráter privado — digamos, por meio da definição de novos direitos de propriedade — pode evitar o hábito da carona e os dilemas de prisioneiro e retornar à estrutura de incentivo ótima dos mercados privados.

Considere a conhecida tragédia dos comuns e o problema do uso em demasia como pasto de terras comunitárias. Para evitar o desgaste do bem comum disponível a todos, uma solução é definirem-se direitos de propriedade e conceder aos donos a responsabilidade de manter e administrar seus lotes de terra. Dos proprietários se espera que usem seus ativos mais eficientemente. É claro, essa abordagem é bem simples com a terra, que pode ser demarcada e portanto é fisicamente (mas nem sempre legalmente) exclusiva.

Os direitos de propriedade também podem administrar as carências, como o caso das permissões de poluir, descrito por Heal. Mas os problemas da definição dos direitos de propriedade — direitos de poluição, nesse caso — não devem ser subestimados (Cooper, 1994). Como Heal sublinha, uma alocação judiciosa de direitos de poluição (ou quaisquer outras cotas) é importante para permitir aos mercados funcionarem eficientemente. Ele sugere que a alocação de cotas possa ter de favorecer aos países em desenvolvimento proporcionalmente mais do que aos países industrializados para alcançar o requisito da eficiência.

O teorema de Coase (Coase, 1960) contribuiu para nossa compreensão de como enfrentar questões de bens públicos com mecanismos privados. De acordo com o teorema: se não há custos transacionais e se as leis de responsabilidade e os direitos de propriedade estão claros, não há necessidade de uma autoridade central para enfrentar externalidades — as falhas de mercado irão se corrigir por si mesmas. Em um tal cenário a vítima de uma externalidade negativa pode ameaçar com um processo de indenização e depois negociar uma compensação mutuamente acordada. Mas como Cooper (1994) e Streeten (1994) notam, esses mecanismos não são muito adequados

CONCLUSÃO 537

ao cenário internacional, onde há muitas jurisdições, altos níveis de incerteza e, em geral, grandes custos transacionais.

O oposto — tornar os bens privados mais públicos — é também uma estratégia conhecida, especialmente para os bens comuns de criação humana que sofrem de uso e acesso insuficientes, mas também para outros bens privados como as finanças. Um exemplo: o recurso ao financiamento público para o desenvolvimento para países excluídos dos fluxos financeiros privados. A assistência ao desenvolvimento consiste em empréstimos subsidiados, como os providos pelo Banco Mundial, notadamente através da Associação Internacional para o Desenvolvimento (Banco Mundial, 1998). Também consiste em dinheiro de concessão, como os fundos repassados pelo UNDP (ver UNDP, 1998a). Essas organizações facilitam o acesso dos países em desenvolvimento aos recursos financeiros que de outra forma não poderiam reivindicar. A assistência técnica — provida bilateral ou multilateralmente através das agências do sistema da ONU, como a Organização das Nações Unidas para a Agricultura e a Alimentação, a Organização Mundial da Saúde, o Fundo de População das Nações Unidas para a Infância e o Fundo das Nações Unidas — desempenha uma função similar. Promove o acesso a bens privados essenciais, como a alimentação e a moradia. Ao fazê-lo também melhora o bem público global da estabilidade e do progresso econômico e social

PAGANDO O PREÇO CERTO. Acertar nos preços pode ser crucial para fazer-se a cooperação internacional funcionar — por meio da divisão dos custos, devoluções e afins (ver Sandler, 1998). Como Barrett demonstra, o Protocolo de Montreal oferece ajudas de custo aos países em desenvolvimento (através do Fundo Multilateral) e às economias em transição (através do Fundo para o Meio Ambiente Global) pelos custos adicionais ou de incrementação aos quais incorrem por participar no esforço global. A Convenção Básica das Nações Unidas sobre Mudança Climática e a Convenção das Nações Unidas sobre a Biodiversidade fazem provisões semelhantes. Por exemplo, com o Mecanismo para um Desenvolvimento Limpo do Protocolo de Kyoto, os países ricos podem cumprir parte de seus compromissos de reduzir emissões ao proporcionar assistência e incentivos aos países pobres — em vez de terem de ajustar-se (UNDP, 1998b). Mas ajudas de custo podem ser um conceito por demais vago e por demais indiferenciado para garantir um funcionamento eficaz para as trocas de externalidades no futuro.

As contribuições aos bens públicos globais podem ser trocadas, mas em uma troca desse tipo os bens têm de receber um preço. Mais pesquisas e mais debates são necessários para se calcularem os custos — e se julgarem as ofertas — em ambos os lados da negociação. Deveríamos considerar apenas os custos diretos ou incluir os custos de oportunidade na equação? Devíamos levar em conta a escassez do bem? Como deveríamos prover os potenciais lucros de golpes de sorte? Tais lucros podem se acumular se um país pede a outro, que pode fornecer um bem mais eficientemente, que o faça, permitindo ao país solicitante usufruir de economias consideráveis. Como a experiência com as trocas de permissões demonstra, a troca de cotas de pesca sob a Política Europeia de Pesca em Comum (*The Economist*, 21 de novembro, 1998) evidenciou o verdadeiro valor do bem e tornou atraente a troca. Claramente, se o preço ou a compensação estiver no nível correto, a troca de externalidade pode funcionar, e planos como o Mecanismo para o Desenvolvimento Limpo poderiam render resultados significativos.

Uma questão crucial a ser resolvida nesse contexto é a de se administramos o comércio de forma burocrática ou deixamos os mercados funcionarem. Se as ajudas de custo simplesmente reembolsam os atores pelos custos diretos de sua cooperação, um compromisso de longo prazo de uma cooperação recíproca será necessário — para se poder esperar que os custos e os benefícios da cooperação possam ao longo do tempo se igualar de forma justa para todas as partes envolvidas (Axelrod, 1984). Sem um compromisso forte, de longo prazo, à cooperação, cada "jogo" terá de render benefícios líquidos atraentes. Nesse caso, um reembolso direto dos custos pode ser um incentivo por demais modesto.

Nitidamente, planejar um sistema de incentivo público internacional é um assunto intrincado. Mas é factível. E proporciona esperança. Desenvolvendo as técnicas para tornar a cooperação compatível ao incentivo, encontramos uma saída para a lógica impiedosa do dilema de prisioneiro e para a irracionalidade coletiva da carona. Em um mundo em globalização de externalidades crescentes e riscos sistêmicos, a ideia de isolar-se, usar de valentia e optar por outras estratégias não cooperativas apenas trarão ganhos de curta duração. Uma estratégia mais apropriada é a de visar à inclusão — trazendo todos a bordo e evitando a deserção.

Reestruturando o Financiamento para o Desenvolvimento

As iniciativas para fortalecimento dos incentivos públicos internacionais não necessariamente acarretam implicações financeiras, mas a questão do financiamento é importante pela necessidade de se proporcionarem incentivos extras ou de se fortalecerem os elos fracos do sistema global. Como se sai o sistema atual de financiamento para o desenvolvimento em cumprir as exigências do fornecimento de bens públicos? Estará equipado para facilitar as transações financeiras necessárias?

Para simplificar, focalizamos o financiamento oficial para o desenvolvimento, tendo em mente todas as transações financeiras oficiais patrocinadas pelo governo — ajudas de custo, pagamentos dos custos de incrementação, e os pagamentos dos custos de preço fixados por meio de mecanismos de mercado, tais como o comércio das permissões de poluir. Não iremos deixar de lado totalmente os pagamentos pri-

CONCLUSÃO 539

vados, em especial onde estes complementam as transações oficiais. Mas não iremos tratar nesta síntese de como fazer os mercados financeiros funcionarem mais eficientemente e em maior apoio ao desenvolvimento. Os pagamentos privados são cruciais no quadro geral do financiamento ao desenvolvimento (e como discutido no capítulo de Wyplosz), mas nossa preocupação aqui se limita ao financiamento da cooperação internacional ao desenvolvimento. Em particular, discutimos as características principais dos mecanismos de financiamento atuais para a cooperação ao desenvolvimento — e alguns possíveis ajustes desse sistema às novas exigências.

Os acordos de financiamento recentes

O termo "cooperação internacional para o desenvolvimento" hoje significa principalmente a ajuda. Refere-se à assistência oficial para o desenvolvimento (ODA) proporcionada pelos países doadores mais ricos aos países recebedores mais pobres. Cerca de dois terços da ODA são fornecidos por canais bilaterais; o resto por meio de agências de ajuda multilaterais e, mais e mais, pelas ONGs.[15] Como Cook e Sachs apontam, os fluxos da ODA e os programas que apoiam são principalmente direcionados às nações e aos governos nacionais. Alocações a países, em vez de alocações a problemas, são a norma. Dentro dos países, os fundos com frequência fluem através de uma agência especializada tal como a Organização das Nações Unidas para Educação, Ciência e Cultura ou a Organização Mundial da Saúde, refletindo uma abordagem setorial ao desenvolvimento. Em alguns casos, os setores possuem também importância do ponto de vista do bem público global, porque estão ligados a um importante desafio global. Isso se aplica à saúde e à população. Porém, muitos dos desafios de hoje são mais transetoriais do que setoriais: o meio ambiente, a equidade, a eficiência de mercado, o conhecimento e a segurança alimentar. Também o seria a coordenação macroeconômica, se um dia esta se movesse para o centro da cooperação internacional.

Novos arranjos financeiros

Essa situação possui várias implicações para a cooperação visando ao fornecimento de bens públicos globais. Eis aqui algumas das mudanças que podem ser vislumbradas:

EXPANDINDO AS CATEGORIAS DOS ATORES. Os sistemas de hoje oferecem apenas dois papéis: doador ou recebedor da ODA. O critério para ser um recebedor é principalmente o da renda de um país, com outros fatores que possam causar uma vulnerabilidade especial, como ser um país não litorâneo ou propenso a secas. Mas como a discussão acerca de incentivos mostrou, uma estratégia de bens públicos precisa de papéis mais diferenciados. Por exemplo, há necessidade de se distinguir entre os produtores e os recebedores de externalidades. Os recebedores situam-se em dois grupos: os beneficiários de externalidades positivas, e as vítimas de externalidades negativas. Por conseguinte, os geradores de externalidades podem ser uma fonte de benefícios (possivelmente "doadores") ou uma fonte de transbordamentos negativos (possivelmente "poluidores"). Quem desempenha qual papel em relação a quem obviamente irá variar de uma questão a outra. Há também o papel dos atores centrais, sejam eles elos fracos em um regime de bens de fornecimento insuficiente ou provedores preferenciais (tais como os países com grandes reservas de biodiversidade ou bens culturais).

O quadro torna-se ainda mais complexo com o financiamento. Ver o caso, descrito por Jayaraman e Kanbur, de um tradicional doador de ajuda que conclui que investir na redução da poluição em um país em desenvolvimento é mais eficiente que empreender investimentos para esse fim em casa. Assim, o "doador" oferece um incentivo de investimento a um país em desenvolvimento. Será isso ajuda? Será o "doador" um doador? Ou será isso a "obtenção de um serviço"? Quem é de fato o doador nessa relação? A mesma pergunta foi feita anteriormente quando discutimos a assistência para permitir aos países em desenvolvimento adentrarem os clubes de técnica e política: ainda estamos falando de ajuda, nesse caso? Diferentemente das transferências e incentivos necessários à obtenção dos bens públicos globais, a ajuda tradicional tem de ser reenfocada nos imperativos humanos.

Uma resposta confiável a essas indagações requer maior clareza e certeza sobre precisamente como o negócio é estruturado e quais transferências financeiras e de outros recursos estão envolvidas. Não resolveremos tais questões aqui. A discussão tenciona ilustrar que o atual sistema de cooperação ao desenvolvimento necessita de uma tipologia de atores expandida se pretende acomodar as estratégias dos bens públicos globais. Ainda necessitamos dos papéis tradicionais de "doador" e "recebedor". Mas a cooperação ao desenvolvimento será ainda mais importante — e mais complicada — em um contexto de bem público global.

Alocando Recursos por País e Questão. O financiamento futuro da cooperação internacional para o desenvolvimento exigirá mais do que um foco no país. Também irá requerer um foco na questão: para as alocações de recursos de bens públicos globais. Essa mudança poderia ser facilitada diferenciando-se no futuro dois tipos de ODA: alocações de ODA por país (ODA-C), e alocações de ODA globais (ODA-G.) ODA globais poderiam também incluir alocações regionais (ODA-R), em linha com as propostas de Cook e Sachs.

Criando Fundos de Bens Públicos Globais Focalizados. Vários autores sugerem que um financiamento adequado de bens públicos globais requer fundos financeiros especiais para o bem em questão. Hamburg e Holl propõem um fundo para a prevenção de conflitos. Ismail Serageldin argumenta a favor de um fundo para a cultura global, moldado na linha do Fundo para o Meio Ambiente Global (GEF, 1994). E

CONCLUSÃO 541

Wyplosz menciona um fundo global de seguros financeiro, que também necessita de financiamento. Se o banco do conhecimento proposto por Stiglitz fosse estabelecido como uma fundação, ele também precisaria de fundos. Essa lista não é exaustiva, mas demonstra a necessidade geral de um reexame do atual sistema de financiamento para o desenvolvimento para que cada preocupação de importância possua um arranjo adequado para o seu financiamento.

CRIANDO UM FUNDO DE PARTICIPAÇÃO GLOBAL. Um bem público global está obviamente faltando tanto da lista das organizações como dos arranjos para financiamento: a equidade, que pode ser tão transetorial que mal pode ser separada das áreas das questões onde se aplica. É também um conceito amplo que precisa ser operacional. Como sugerido anteriormente, um importante ponto de partida para a equidade é a participação — ter-se a opção de estar completa e eficazmente envolvido nas decisões que afetam nossas vidas. A equidade na participação deveria ser firmada nas estruturas da governança internacional, como argumentam Kapstein e Rao.

Um modo de fazê-lo é criando um fundo de participação global. Este fundo supriria os países em desenvolvimento com uma fonte de recursos que poderiam administrar de modo independente para fortalecer suas capacidades de participação nas negociações internacionais sobre os bens públicos globais. Por exemplo, os países poderiam utilizar os recursos do fundo para coordenar suas ações políticas ou fortalecer suas habilidades de negociação em áreas diferentes — ou para participar de debates internacionais onde de outro modo não seriam ouvidos. Os recursos do fundo poderiam consistir em um adicional de 0,1% do PIB dos tradicionais países doadores, numa base de tempo fixado, de, digamos, cinco anos.

PROMOVENDO FUNDOS REGIONAIS DE ADMINISTRAÇÃO PRÓPRIA. Vários autores apresentaram fortes argumentos a favor de uma abordagem mais regional à identificação de prioridades políticas e à implementação de iniciativas de cooperação. Um complemento natural dessas propostas, como argumentado por Cook e Sachs, é o de se alocarem fundos numa base mais regional nas áreas das principais questões. O precedente para essa sugestão: o Plano Marshall, sob o qual os Estados Unidos proporcionaram assistência às sociedades dilaceradas pela guerra na Europa depois da Segunda Guerra Mundial. A implementação do plano teve administração própria dos países recebedores, os quais examinaram os pedidos de assistência uns dos outros, e por meio de exame e avaliação de pares, asseguraram o uso apropriado dos fundos.[16] Os analistas concordam que o processo do Plano Marshall foi crucial para o estabelecimento de uma base para a subsequente integração da Europa. A OCDE também teve sua origem nesse processo.[17] Hoje, mais de 50 anos depois, talvez tenha chegado a hora de se reproduzir o modelo do Plano Marshall e de se criarem OCDEs regionais, possivelmente integradas em órgãos regionais, tais como o Pacto Andino, a Associação das Nações do Sudeste Asiático, a Comunidade Econômica dos Estados do Oeste Africano, o Mercosul e a Comunidade da África Meridional para o Desenvolvimento.[18]

AJUSTANDO A FINANÇA PÚBLICA NACIONAL. Um aspecto da soberania nacional guardada com o mais extremo zelo pelos governos é a autoridade de taxação. É por isso que o grosso do financiamento para o desenvolvimento precisa vir dos orçamentos nacionais. Portanto é importante assegurar que as dimensões externas das preocupações nacionais — assim como as obrigações do país de internalizar seus transbordamentos além-fronteiras — estejam adequadamente refletidas nos orçamentos nacionais. Para estabelecer uma clara responsabilidade nacional pelos bens públicos, os ministérios setoriais poderiam manter duas principais linhas de orçamento, uma para despesas domésticas e outra para cumprir as implicações financeiras da cooperação internacional. Por outro lado, os ministérios de relações exteriores ou as autoridades da cooperação para o desenvolvimento poderiam acrescentar contas especiais para os bens públicos globais às suas tradicionais alocações de ajuda. Alguns países já estão se movendo nessa direção. A Dinamarca recentemente aumentou sua alocação de ajuda em 0,5% de seu PIB de modo a apoiar as preocupações ambientais globais e o socorro internacional para alívio nos desastres humanos.

Na medida em que um foco mais claro sobre os bens públicos globais significa mais despesas, poderiam ser liberados recursos pela redução de incentivos fiscais perversos, ou incentivos que estimulam males públicos (UNDP, *Human Development Report 1998*). Se os governos visassem a desencorajar mais decisivamente os males públicos, haveria também um enorme âmbito para a mobilização de recursos adicionais. Segundo Cooper (1998), os modelos da OCDE sugerem que um imposto mundial sobre as emissões de carbono renderia em 2020 uns US$ 750 bilhões em receita, ou 1,3% do produto mundial bruto desse ano.

Uma outra opção é a sugerida por Chen, Evans e Cash, de revisitarmos a ideia de uma sobretaxa nas viagens aéreas internacionais — verdadeiramente, uma taxa pelo usufruto do benefício de boas condições de saúde global em todo o mundo. A receita de uma tal taxa poderia ser canalizada de volta ao financiamento de iniciativas em prol da saúde internacional. Stiglitz menciona uma taxa a ser paga pelos inventores que buscam patentes para o estoque de conhecimentos globais de que sem dúvida fizeram uso, e com o qual irão lucrar. Curiosamente, a Organização Mundial da Propriedade Intelectual (Wipo) recentemente baixou em 15% suas taxas porque números recordes de solicitações de patentes permitiram que acumulasse grandes superávits (Williams, 1997). Talvez se possa forjar um vínculo entre as taxas de patentes e o financiamento do banco de dados global. Por exemplo, uma parte dos rendimentos da Wipo poderia ser usada para apoiar pesquisas negligenciadas — por exemplo, sobre as doenças e a agricultura tropicais — e o ensino básico para todos. Também poderia ser usada para patrocinar o acesso dos países pobres a cruciais, mas ainda

CONCLUSÃO 543

patenteados, conhecimentos. A construção de um vínculo mais próximo entre a Organização das Nações Unidas para Educação, Ciência e Cultura (Unesco) e a Wipo poderia portanto ser um passo para a criação de um banco do conhecimento, ou ao menos para a criação de uma central global para uma tal instituição.

Nitidamente, os mecanismos tradicionais de ajuda são por demais restritos para acomodar as novas e variadas exigências de financiamento de uma estratégia de bem público global. A ajuda tradicional é um de seus elementos, mas a estratégia não terá sucesso sem uma estrutura mais ampla de cooperação internacional ao desenvolvimento oferecendo fontes e métodos adicionais de financiamento.

* * *

O conceito de bens públicos globais pode nos auxiliar a compreender e responder aos novos desafios políticos globais que as nações no século XXI possivelmente terão de enfrentar. Atacar essa agenda crescente de preocupações comuns irá requerer pensamento inovador, esforços intensos de pesquisa, novos instrumentos políticos e respostas políticas inovadoras. Porém fica claro que mais pesquisas e debates são necessários para refinarmos e aplicarmos as ideias aqui apresentadas aos problemas políticos individuais. Esperamos que este livro seja um começo.

Notas

As opiniões aqui apresentadas são as dos autores e não necessariamente as da instituição à qual se afiliam.

1 Para exemplos dessas ONGs, ver Social Watch (1998); Human Rights Watch (1998); Anistia Internacional (1998); Brown, Renner e Flavin (1998); Brown e Flavin (1999); e Transparency International (1998).

2. Assinaram-se mais tratados nas quatro décadas após a Segunda Guerra Mundial do que nos anteriores quatro séculos (Grenville e Wasserstein, 1987, p. 1). Em 1972, na Confe rência das Nações Unidas sobre o Meio Ambiente Humano, houve apenas três dúzias de acordos multilaterais sobre o meio ambiente. Quando os países reuniram-se 20 anos depois na Eco 92 no Rio de Janeiro, houve mais de 900 acordos e significativos instrumen tos legais não obrigatórios sobre o meio ambiente (Weiss e Jacobson, 1996, p. 1). Em acréscimo, do Congresso de Viena em 1815 até os anos 1990, o número de organizações internacionais tem aumentado constantemente. Por exemplo, de cerca de 30 em 1910, o número de organizações internacionais cresceu para quase 70 em 1940 e depois para mais de 1.000 em 1980, com 1.147 registradas em 1992 (Shanks, Jacobson e Kaplan, 1996, p. 593 e 598).

3. Um exame da literatura sobre cooperação internacional revela que algumas práticas são críticas ao sucesso das negociações e aos acompanhamentos eficazes. Além de certeza, incluem objetivos definidos de forma clara e "factíveis", um justo e confiável plano que proporciona ganhos para todos e é autoexecutável por meio dos incentivos embutidos, uma abordagem incremental construindo desde acordos de base até compromissos precisos, uma expectativa realista de que a cooperação é um exercício contínuo, uma cultura de altruísmo e uma preocupação com os outros e com as questões globais, e, é claro, uma liderança política. Ver, em particular, Axelrod (1984), Barrett (neste livro), Cooper (1989), e Kindleberger (1986).

4. Como North (1995, p. 22) o formula, "uma política para o desenvolvimento bem-sucedida acarreta uma compreensão das dinâmicas da mudança econômica se as políticas perseguidas pretendem trazer os resultados desejados. E um modelo dinâmico de mudança econômica acarreta como parte integrante deste modelo uma análise das políticas, já que são as políticas que especificam e reforçam as regras formais".

5. Segundo Reinicke (1998, p. 57), "soberania externa implica ausência de uma autoridade suprema e portanto na interdependência de Estados no sistema internacional". Porém, ambos os lados da soberania são proximamente interligados: "dada a natureza da origem da soberania externa, qualquer ameaça a ela iria em última instância também afetar sua contraparte interna. De modo similar, um desafio permanente à soberania interna de um país acabará afetando sua soberania externa" (p. 58).

6. A esse respeito seria útil examinar mais de perto o termo "cooperação". Segundo Bryant (1995), ele é mais bem definido como um guarda-chuva para todo o espectro das interações entre os governos nacionais. Mas também se aplicaria a interações entre outros atores ou grupos de atores. Bryant distingue quatro tipos, ou níveis, de cooperação: consulta, reconhecimento mútuo, coordenação e harmonização explícita (p. 6). Ele acrescenta que "só a consulta envolve apenas um pequeno grau de administração cooperativa. O reconhecimento mútuo e a coordenação são mais ambiciosos, e a harmonização explícita o é ainda mais. No extremo oposto do espectro, que não acarreta nenhuma cooperação e pode ser rotulado de 'autonomia nacional', as decisões dos governos são completamente descentralizadas" (p. 6-7). Em parte, os problemas atuais de cooperação podem brotar do fato de que nós estejamos, em mais e mais áreas de questões, buscando dar um passo adiante: da consulta para o reconhecimento mútuo, ou do reconhecimento mútuo para a coordenação e, cada vez mais, a harmonização.

7. Uma questão particularmente complexa, que poderia surgir ao identificarmos e classificarmos as externalidades, se relaciona aos efeitos transmitidos por meio dos mercados — tais como o comércio e o investimento externos — de país a país. Wyplosz, por exemplo, distingue entre externalidades pecuniárias e não pecuniárias. As externalidades pecuniárias são calculáveis e sujeitas à fixação de preço. Por exemplo, o preço de tomar capital emprestado é normalmente ajustado segundo o risco. Nesse caso, o risco financeiro realmente deixa de ser uma externalidade porque está sendo levado em conta na tomada de decisão econômica. As externalidades não pecuniárias, como os efeitos de

CONCLUSÃO 545

contágio financeiro, por outro lado, são menos previsíveis, e portanto menos receptivas à fixação de um preço.

Uma questão relacionada é a "exportação" de baixos padrões ambientais ou sociais, algumas vezes — mas nem sempre corretamente — chamada de "*dumping* ecológico" ou "*dumping* social". Nesse caso, as condições ambientais ou sociais, que não apresentam externalidades transgressoras de fronteiras, não obstante afetam outros países por estarem incorporadas a bens ou serviços comercializados. O desafio principal aqui é o de não confundirmos externalidades com vantagem comparativa (ou competitividade). E mais, se as sensibilidades culturais são tocadas (ou seja, existem externalidades psicológicas), então pode ser necessário buscar um meio de correção apropriado — por exemplo, uma rotulação social ou econômica (que proporcionaria melhor informação aos consumidores e lhes permitiria fazer escolhas bem informadas entre comprar ou boicotar o bem) ou uma compensação apropriada e ajuda (a qual, por exemplo, poderia visar a reduzir um problema tal como o trabalho infantil). Para uma discussão mais detalhada sobre tais efeitos transmitidos pelo mercado, ver Bhagwati (1997) e Cooper (1994).

8. A análise comparativa de Helliwell (1998) dos vínculos econômicos dentro e através dos países mostra que, entre outras coisas, os vínculos econômicos internos são ainda mais firmes do que os entre as nações. O autor portanto conclui que "a diminuição e a penetração dos efeitos de fronteira revelam que a economia global dos anos 1990 é realmente uma colcha de retalhos de economias nacionais, unidas por uma costura de fios de comércio e investimento que são muito mais fracos do que o tecido econômico das nações" (p. 118).

9. O princípio de subsidiaridade é extensamente debatido dentro do contexto da União Europeia. Uma análise interessante de seus prós e contras em várias áreas de questões, que poderia proporcionar uma orientação pública para a aplicação do princípio em nível internacional, é apresentada em CEPR (1993). Os autores concluem que "políticas coordenadas rendem benefícios quando as economias de escala ou os transbordamentos entre os Estados-membros são importantes. (...) [Mas a centralização] também tem custos. Ao diminuir a responsabilidade, permite que as políticas possam divergir do melhor interesse dos componentes Estados, regiões ou localidades. (...) Mesmo nas questões, o argumento pela centralização é mais fraco para algumas políticas do que para outras. (...) A regulamentação da qualidade da água potável, por exemplo, é inconsistente com a subsidiaridade, mas há um melhor argumento para um papel da política econômica na administração de problemas tais como a poluição do Reno" (p. xv-xvii).

10. Alguns analistas (Gilpin, 1987; Kindleberger, 1986) apontaram a possibilidade de um "líder benevolente" assumindo grande responsabilidade pelo fornecimento dos bens públicos globais, tais como a segurança militar ou os pacotes de ajuda financeira. Porém, experiências passadas a esse respeito (por exemplo, o papel dos Estados Unidos na manutenção da paz internacional) demonstram os limites de uma tal abordagem hegemônica. Um processo de fornecimento hegemônico pode ser injusto, e pode abafar a iniciativa de outros atores e portanto provar-se ineficiente.

11. A Convenção sobre a Proibição do Uso, Estocagem, Produção e Transferência de Minas Contrapessoais e sobre sua Destruição foi assinada por 121 Estados em 3-4 de dezembro de 1997, em Ottawa, Canadá. A convenção representa uma marca na cooperação internacional: foi iniciada por um grupo de países e ONGs, notadamente a Campanha Internacional para Banir Minas Terrestres (ICBL), contra a vontade dos fóruns intergovernamentais envolvidos e sem o apoio de alguns dos maiores poderes (ver http://www.armscontrol.org/FACTS/aplfact.htm). A ICBL recebeu o Prêmio Nobel da Paz em 1997 por seu papel nessa campanha. Um outro exemplo da crescente influência das ONGs na criação de políticas internacionais foram suas iniciativas para adiar as discussões na OCDE do Acordo Multilateral sobre Investimento. Ver Jonquieres (1998).

12. Para informações de pano de fundo sobre as parcerias do setor privado com as organizações multilaterais, ver Nações Unidas, 1998a, 1999 e www.un.org/partners (particularmente "Novas Dimensões da Cooperação: Estudos de Casos do Sistema da ONU") e www.worldbank.org/html/extdr/business/bpcpartners.htm.

13. Esse tema foi trazido à nossa atenção por Ralph C. Bryant.

14. Uma proposta similar foi adiantada pela Comissão sobre a Governança Global (1995) e está também incluída no relatório do secretário-geral das Nações Unidas sobre a reforma da organização (Nações Unidas, 1997). Ao contrário dessas propostas anteriores, não recomendamos a revisão do mandato do Conselho de Curadoria existente, cujo papel era o de supervisionar a administração dos antigos territórios sob curadoria. Antes, sugerimos que um novo Conselho de Curadoria Global das Nações Unidas seja estabelecido, baseado em um novo mandato da Assembleia Geral.

15. Para uma definição dos diferentes tipos de fluxos e estatísticas relevantes, veja OCDE / DAC (1998).

16. Para a descrição do plano, ver Kunz (1997) e Reynolds (1997).

17. Para facilitar um processo conjunto e a autoadministração na implementação do Plano Marshall, os países recebedores formaram a Organização para Cooperação Econômica Europeia (OCEE), a precursora da atual OCDE (Raffer e Singer, 1996). Lançando o olhar ao passado para a experiência do Plano Marshall e ao futuro para o século XXI, Rostow (1997, p. 211-12) conclui que "não é possível superestimar-se a importância do caráter multilateral do Plano Marshall. Foi o que proporcionou um elemento essencial de dignidade e parceria até aos menores poderes. No século XXI, a difusão do poder torna ainda mais essencial que os planos de ação sejam formulados num esquema multilateral. (...) O Plano Marshall não só repôs de pé as economias da Europa Ocidental. Foi parte de um esforço de se criar um mundo diverso do dos anos fracassados do entreguerras... foi a matriz na qual os europeus se aproximaram e aprenderam com o passado paroquial". Como DeLong e Eichengreen (1993, p. 191) argumentam, "o Plano Marshall deveria portanto ser considerado como um grande e enormemente bem-sucedido programa de ajuste estrutural".

18. O clamor por um novo Plano Marshall para os países em desenvolvimento tem ressurgido por várias vezes desde a Segunda Guerra Mundial. Entre outros, o ex-chanceler fede-

CONCLUSÃO 547

ral da Áustria, Bruno Kreisky, foi um vigoroso defensor dessa proposta (Raffer e Singer, 1996, p. 62). Outros defensores são Streeten (1994), Raffer e Singer (1996) e Schelling (1997).

REFERÊNCIAS BIBLIOGRÁFICAS

Anistia Internacional. 1998. *Relatório da Anistia Internacional de 1998*. Londres.

Axelrod, Robert. 1984. *The Evolution of Cooperation*. Nova York: Basic Books.

Banco Mundial. 1998. Relatório Anual do Banco Mundial em 1998. Washington, DC.

Bhagwati, Jagdish. 1997. "The Global Age: From a Sceptical South to a Fearful North". *World Economy* 20(3): 259-83.

BIS (Bank for International Settlements). Vários anos. *Relatório anual*. Basileia.

Boyer, Robert, e Daniel Drache, orgs. 1996. *States against Markets: The Limits of Globalization*. Londres e Nova York: Routledge.

Brown, Lester R., e Christopher Flavin. 1999. *State of the World 1999: A Worldwatch Institute Report on Progress toward a Sustainable Society*. Nova York: W. W. Norton.

Brown, Lester R., Michael Renner e Christopher Flavin. 1998. *Vital Signs 1998*. Nova York: W. W. Norton.

Bryant, Ralph C. 1980. *Money and Monetary Policy in Independent Nations*. Washington, DC. Institution Brookings.

———. 1995. *International Coordination of National Stabilization Policies*. Washington, DC: Institution Brookings.

Bull, Hedley. 1977. *The Anarchical Society*. Nova York: Columbia University Press.

CEPR (Centro de Pesquisas de Políticas Econômicas). 1993. *Relatório anual de 1992-93*. Londres.

Chase, Robert, Emily Hill e Paul Kennedy, orgs. 1999. *The Pivotal States: A New Framework for U.S. Policy in the Developing World*. Nova York: W. W. Norton.

Chote, Robert. 1998. "World Bank Sounds Alarm over Risky Emergency Loans". *Financial Times*. 25 de setembro.

Coase, Ronald H. 1960. "The Problem of Social Cost". *Journal of Law and Economics* 3(1): 1-44.

Comissão sobre Governança Global. 1995. *Our Global Neighborhood: The Report of the Commission on Global Governance*. Nova York: Oxford University Press.

Cooper, Richard N. 1989. "International Cooperation in Public Health As a Prologue to Macroeconomic Cooperation". Em Richard N. Cooper e outros, orgs., *Can Nations Agree? Issues in International Economic Cooperation*. Washington, DC: Institution Brookings.

———. 1994. *Environment and Resource Policies for the World Economy*. Washington, DC: Institution Brookings.

———. 1998. "Toward a Real Global Warming Treaty". *Foreign Affairs* 77(2): 66-79.

Cornes, Richard, e Todd Sandler. 1996. *The Theory of Externalities, Public Goods and Club Goods*. 2ª ed. Cambridge: Cambridge University Press.

Cutajar, Michael Zammit. 1998. "The Complex Process towards Consensus: The State of the Climate Talks before the Buenos Aires Meeting". *Development and Cooperation* 6: 8-11.

De Jonquieres, Guy. 1998. "Network Guerillas". *Financial Times*. 30 de abril.

DeLong, J. Bradford, e Barry Eichengreen. 1993. "The Marshall Plan: History's Most Successful Structural Adjustment Programme". Em Rüdiger Dornbusch, Wilhelm Nölling e Rilard Lagard, orgs., *Postwar Economic Reconstruction and Lessons for the East Today*, Cambridge, MA: MIT Press.

The Economist. 1998. "Financial Traweling". 21 de novembro.

Eichengreen, Barry. 1992. *Golden Fetters: The Gold Standard and the Great Depression 1919-1939*. Nova York: Oxford University Press.

——. 1999. *The New Financial Architecture*. Washington, DC: Instituto de Economia Internacional.

Financial Times. 1999. "Security Advice Goes Online". 8 de fevereiro.

FMI (Fundo Monetário Internacional). Vários anos. *World Economic Outlook*. Washington, DC.

GEF (Global Environment Facility). 1994. *Instrument for the Establishment of the Restructured Global Environment Facility*. Washington, DC.

Gilpin, Robert G. 1987. *The Political Economy of International Relations*. Princeton, NJ: Princeton University Press.

Grenville, J. A. S., e Bernard Wasserstein. 1987. *The Major International Treaties since 1945: A History and Guide with Texts*. Nova York: Methuen.

Haas, Peter, org. 1992. "Epistemic Communities and International Policy Coordination". *International Organization* 46(1).

Helliwell, John F. 1998. *How Much Do National Borders Matter?* Washington, DC: Institution Brookings.

Hirshleifer, Jack. 1983. "From Weakest-Link to Best-Shot: The Voluntary Provision of Public Goods". *Economica* 61(1): 79-92.

Hirst, Paul, e Grahame Thompson. 1996. *Globalization in Question: The International Economy and Possibilities of Governance*. Cambridge: Polity Press.

Human Rights Watch. 1998. *World Report 1999*. Nova York: Human Rights Watch.

Huntington, Samuel P. 1996. "The West: Unique, Not Universal". *Foreign Affairs* 75(6): 28-46.

Instituto de Recursos Mundiais. Vários anos. *World Resources: A Guide to the Global Environment*. Nova York: Oxford University Press.

Kahler, Miles. 1992. "Multilateralism with Small and Large Numbers". *International Organization* 46(3): 681-708.

Kaplan, Robert D. 1994. "The Coming Anarchy". *Atlantic Monthly* (fevereiro): 44-76.

Keohane, Robert O., e Joseph S. Nye. 1989. *Power and Interdependence*. 2ª ed. Nova York: Harper-Collins.

Kindleberger, Charles P. 1986. "International Public Goods without International Government". *American Political Review* 76(1): 1-13.

Kingsbury, Benedict. 1996. "Grotius, Law e Moral Scepticism: Theory and Practice in the Thought of Hedley Bull". Em Ian Clark e Iver B. Neumann, orgs., *Classical Theories of International Relations*. Nova York: St. Martin's Press.

CONCLUSÃO 549

Korten, David C. 1990. *Getting to the 21st Century: Voluntary Action and the Global Agenda.* Hartford, CT: Kumarian Press.

Krause, Keith, e W. Andy Knight, orgs. 1995. *State, Society, and the UN System: Changing Perspectives on Multilateralism.* Tóquio: United Nations University Press.

Kunz, Diane B. 1997. "The Marshall Plan Reconsidered". *Foreign Affairs* 76(3): 162-70.

Lawrence, Robert Z., Albert Bressand e Takatoshi Ito. 1996. *A Vision for the World Economy: Openness, Diversity, and Cohesion.* Washington, DC: Institution Brookings.

Mathews, Jessica. 1997. "Power Shift". Foreign Affairs 76(1): 50-66.

Nações Unidas. 1948. *Declaração universal dos direitos humanos.* Resolução da Assembleia Geral 217 III. Nova York.

———. 1972. "Relatório da Conferência das Nações Unidas sobre o Meio Ambiente Humano". A/CONF.48/141Rev.1. Estocolmo. Também publicado em *International Legal Materials* 31(1992): 849-73.

———. 1992. "Agenda 21". Adotada pela Conferência das Nações Unidas sobre Meio Ambiente e Desenvolvimento. A/CONF.151./26/Rev.1 (vol.1) (93.I.8). Rio de Janeiro, Brasil.

———. 1997. "Renewing the UN: A Programme for Reform". Relatório do Secretário-Geral. A/ 51/950. Nova York.

———. 1998a. "Joint Statement on Common Interests by UN Secretary-General and International Chamber of Commerce". Informe de Imprensa do Departamento de Informação das Nações Unidas SG/2043.9. Nova York.

———. 1998b. "Relatório da Conferência dos Participantes em sua Terceira Sessão". FCCC/CP/ 1997/7. Kyoto, Japão.

———. 1999. Discurso do Secretário-Geral ao Fórum Econômico em Davos. SG/SM.6881/Rev/ 1. Nova York.

Ndegwa, Stephen N. 1996. *The Two Faces of Civil Society: NGOs and Politics in Africa.* Hartford, CT: Kumarian Press.

North, Douglass. 1995. "The New Institutional Economics and Third World Development". Em John Harris, Janet Hunter e Colin M. Lewis, orgs., *The New Institutional Economics and Third World Development.* Londres e Nova York: Routledge.

OCDE/DAC (Organização para Cooperação e Desenvolvimento Econômico/Comitê de Assistência ao Desenvolvimento). 1996. *Shaping the 21st Century: The Contribution of Development Co-operation.* Paris.

———. 1998. *Development Cooperation: Efforts and Policies of the Members of the Development Assistance Committee 1997 Report.* Paris.

Raffer, Kunibert. 1998. "ODA and Global Housekeeping: A Trend Analysis of Past and Present Spending Patterns". GED Estudo em Andamento. Programa das Nações Unidas para o Desenvolvimento, Gabinete de Estudos para o Desenvolvimento, Nova York.

Raffer, Kunibert, e Hans Singer. 1996. *The Foreign Aid Business: Economic Assistance and Development Cooperation.* Cheltenham, Reino Unido: Edward Elgar.

Rawls, John. 1971. *A Theory of Justice.* Cambridge, MA: Harvard University Press.

Reinicke, Wolfgang H. 1998. *Global Public Policy: Governing Without Government?* Washington, DC: Instituição Brookings.

550   BENS PÚBLICOS GLOBAIS

Reynolds, David. 1997. "The European Response: Primacy of Politics". *Foreign Affairs* 76(3): 171-84.

Rodrik, Dani. 1997. *Has Globalization Gone Too Far?* Washington, DC: Instituto de Economia Internacional.

Rostow, Walt W. 1997. "Lessons of the Plan: Looking Forward to the Next Century". *Foreign Affairs* 76(3): 205-12.

Russett, Bruce. 1997. *The Once and Future Security Council.* Nova York: Saint Martin's Press.

Sachs, Jeffrey. 1998. "Making it Work". *The Economist.* 12 de setembro.

Sandler Todd. 1997. *Global Challenges: An Approach to Environmental, Political, and Economic Problems.* Cambridge: Cambridge University Press.

———. 1998. "Global and Regional Public Goods: A Prognosis for Collective Action". *Fiscal Studies* 19(1): 221-47.

Schelling, Thomas C. 1997. "The Cost of Combatting Global Warming: Facing the Tradeoffs". *Foreign Affairs* 76(6): 8-14.

Schmidheiny, Stephan e Conselho de Empresas para o Desenvolvimento Sustentável. 1992. *A Global Business Perspective on Development and the Environment.* Cambridge, MA: MIT Press.

Shanks, Cheryl, Harold K. Jacobson e Jeffrey H. Kaplan. 1996. "Inertia and Change in the Constellation of International Governmental Organizations, 1981-1992". *International Organization* 50(4): 593-627.

Slaughter, Anne-Marie. 1997. "The Real New World Order". *Foreign Affairs* 76(5): 183-97.

Social Watch. *Social Watch.* Uruguai: Instituto del Tercer Mundo.

Strange, Susan. 1996. *The Retreat of the State.* Cambridge: Cambridge University Press.

Streeten, Paul. 1994. "A New Framework for Development Cooperation". Em Terenzio Cozzi, Pier Carlo Nicola, Luigi Pasinetti e Alberto Quadrio Curzio. *Benessere Equilibrio e Sviluppo: Studi in Onore di Siro Lombardini.* Milão: Vita e Pensiero.

Tanzi, Vito. 1996. "Is There a Need for a World Tax Organization?" Estudo apresentado no Instituto Internacional de Finança Pública, 26-29 de agosto, Tel Aviv, Israel.

Transparency International. 1998. *1998 Annual Report — Combating Corruption: are Lasting Solutions Emerging?* Berlim, Alemanha.

UNAIDS (Programa Conjunto das Nações Unidas sobre HIV/Aids). 1998. *UNAIDS Progress Report 1996/97.* Genebra.

UNCTAD (Conferência das Nações Unidas sobre Comércio e Desenvolvimento). Vários anos. *Relatório de comércio e desenvolvimento.* Genebra e Nova York.

UNDCP (Programa Internacional das Nações Unidas para o Controle de Drogas). 1997. *World Drug Report.* Nova York: Oxford University Press.

UNDP (Programa das Nações Unidas para o Desenvolvimento). 1998a. *Relatório anual do administrador 1997.* DP/1998/17. Nova York.

———. 1998b. *The Clean Development Mechanism — Issues and Options.* Nova York.

———. Vários anos. *Human Development Report.* Nova York: Oxford University Press.

UNFPA (Fundo de População das Nações Unidas). Vários anos. *The State of the World Population.* Nova York.

CONCLUSÃO

UNHCR (Alto-comissariado das Nações Unidas para Refugiados). Vários anos. *The State of the World's Refugees*. Nova York: Oxford University Press.

Wade, Robert, e Frank Veneroso. 1998. "Two Views on Asia: The Resources Lie Within". *The Economist*. 7 de novembro.

Weiss, Edith Brown, e Harold K. Jacobson. 1996. "Why Do States Comply with International Agreements? A Tale of Five Agreements and Nine Countries". *Human Dimensions Quarterly* 1(4): 1-5.

Williams, Frances. 1997. "UN Agency Cuts Patent Fees by 15%." *Financial Times*. 3 de outubro.

Young, Oran R. 1989. *International Cooperation: Building Regimes for Natural Resources and the Environment*. Ithaca. NY, e Londres: Cornell University Press.

Zacher, Mark W., e Brent A. Sutton. 1996. *Governing Global Networks: International Regimes for Transportation and Communication*. Nova York: Cambridge University Press.

Glossário

bem de clube: um caso intermediário entre um bem público puro e um bem privado puro. Com um bem de clube a exclusão é realizável, mas o tamanho ótimo do clube é geralmente de mais de um indivíduo. Um exemplo seria uma projeção cinematográfica. Neste exemplo, é possível fixar-se um preço no bem (a exclusão pode ser praticada) e um número de pessoas compartilha o mesmo bem sem que isto diminua o consumo uns dos outros deste bem. O tamanho ótimo do grupo que compartilha é o que maximiza a utilidade em comum.

bens mistos: situam-se entre os polos extremos de um bem privado e um bem público, contendo elementos de ambos. Por exemplo, a vacinação é um bem misto, já que beneficia tanto à comunidade em geral (reduzindo os riscos de doenças) quanto ao indivíduo. Nesse caso, o consumo privado confere uma externalidade benéfica ao resto da comunidade.

bem público: bens públicos apresentam características de não rivalidade no consumo e de não exclusão. Por exemplo, a paz custa pouco ou nada quando usufruída por um indivíduo adicional. Além disso, são altos os custos da exclusão de qualquer indivíduo ao uso desse bem.

bens públicos globais: bens públicos com benefícios marcadamente universais em termos de países (se estendendo a mais de um grupo de países), povos (servindo a diversos, ou de preferência a todos, os grupos populacionais) e gerações (tanto a geração atual como as futuras, ou ao menos suprindo as necessidades das gerações atuais sem impedir as opções de desenvolvimento das gerações futuras).

caroneiro: a pessoa que desfruta dos benefícios de um bem (público) sem pagar por isso. Porque é difícil impedir alguém de usar um bem público puro, aqueles que se beneficiam desses bens sofrem o incentivo de evitar pagar por eles — ou seja, a pegar carona nos benefícios, sendo portanto caroneiros.

custos transacionais: os custos extras (além do preço de compra) de conduzir-se uma transação, sejam eles na forma de moeda, tempo ou conveniência.

Dilema do prisioneiro: a situação na qual uma busca independente de interesses próprios exercida por dois grupos acarreta uma piora de situação para ambos.

eficiente de Pareto: diz-se que uma alocação de recurso é eficiente de Pareto quando ninguém puder ter a sua situação melhorada por alguma reorganização sem que alguém tenha a sua situação piorada.

externalidade: um fenômeno que surge quando um indivíduo ou empresa exerce uma ação mas não arca com todos os custos (externalidades negativas) ou não recebe todos os benefícios (externalidades positivas).

BENS PÚBLICOS GLOBAIS

falha de mercado: a situação na qual o mercado fracassa em atingir a eficiência econômica.

não exclusão: os benefícios disponíveis a todos, uma vez um bem seja fornecido, são denominados não exclusivos. Os bens cujos benefícios podem ser retidos sem custos pelo proprietário ou fornecedor geram benefícios exclusivos. As queimas de fogos de artifício, os dispositivos de controle de poluição e a iluminação das ruas geram benefícios não exclusivos porque, uma vez oferecidos, é difícil, se não impossível, excluir indivíduos de seus benefícios.

não rivalidade: um bem é não rival ou indivisível quando uma unidade deste bem pode ser consumida por um indivíduo sem reduzir as oportunidades de consumo disponíveis a outros desta mesma unidade. O pôr do sol é não rival ou indivisível quando a vista não é obstruída.

risco moral: a tendência daqueles que compram seguros de serem menos cuidadosos, por terem um incentivo reduzido a evitar aquilo contra o que estão segurados.

teorema de Coase: a afirmação de que se os direitos de propriedade e responsabilidade são adequadamente definidos e não existem custos de transação, então as pessoas podem ser consideradas responsáveis por qualquer externalidade negativa que impõem às outras, e as transações de mercado produzirão resultados eficientes.

As definições foram tiradas da segunda edição de *Economics* (Nova York: W. W Norton, 1997), por Joseph E. Stiglitz; da quarta edição de *The MIT Dictionary of Modern Economics* (Cambridge, MA: MIT Press, 1992) ou da segunda edição de *The Theory of Externalities, Public Goods and Club Goods* (Nova York: Cambridge University Press, 1996), por Richard Cornes e Todd Sandler. A definição de bens públicos globais foi tirada do primeiro capítulo deste volume.

LEITURAS ADICIONAIS

COMPILADAS POR PRIYA GAJRAJ

Axelrod, Robert. 1984. *The Evolution of Cooperation*. Nova York: Basic Books.

Banco Mundial. 1997. *Private Capital Flows to Developing Countries: The Road to Financial Integration*. Um relatório de pesquisa de políticas. Nova York: Oxford University Press.

———. 1998. *Assessing Aid: What Works, What Doesn't, and Why*. Um relatório de pesquisa de políticas. Nova York: Oxford University Press.

———. Vários anos. *World Development Report*. Washington, DC.

Barrett, Scott. 1990. "The Problem of Global Environmental Protection". *Oxford Review of Economic Policy* 6: 68-79.

Bergstrom, Theodore C., Lawrence Blume e Hal Varian. 1986. "On the Private Provision of Public Goods". *Journal of Public Economics* 29(1): 25-49.

Bryant, Ralph C. 1995. *International Coordination of National Stabilization Policies*. Washington, DC: Brookings Institution.

Chase, Robert, Emily Hill e Paul Kennedy, orgs. 1999. *The Pivotal States: A New Framework for U.S. Policy in the Developing World*. Nova York: W. W. Norton.

Coase, Ronald H. 1974. "The Lighthouse in Economics". *Journal of Law and Economics* 17 (outubro): 357-76.

Comissão Europeia. 1998. *Towards a More Coherent Global Economic Order*. Forward Studies Series. Nova York: St. Martin's Press.

Conybeare, John A. C. 1984. "Public Goods, Prisoners' Dilemmas and the International Political Economy". *International Studies Quarterly* 28: 5-22.

Cooper, Richard N. 1989. "International Cooperation in Public Health As a Prologue to Macroeconomic Cooperation". Em Richard N. Cooper e outros, orgs., *Can Nations Agree? Issues in International Economic Cooperation*. Washington, DC: Brookings Institution.

———. 1994. *Environment and Resource Policies for the World Economy*. Washington, DC: Brookings Institution.

———. 1995. "The Coase Theorem and International Economic Relations". *Japan and the World Economy* 7: 29-44.

Cooper, Richard N., e outros, orgs. 1989. *Can Nations Agree? Issues in International Economic Cooperation*. Washington, DC: Brookings Institution.

Cornes, Richard, e Todd Sandler. 1996. *The Theory of Externalities, Public Goods and Club Goods*. 2ª edição. Cambridge: Cambridge University Press.

Cowen, Tyler. 1992. "Law As a Public Good". *Economics and Philosophy* 8: 249-67.

556 BENS PÚBLICOS GLOBAIS

Dasgupta, Partha. 1995. *An Inquiry into Well-Being and Destitution*. Oxford: Clarendon Press.

Dasgupta, Partha S., e Geoffrey M. Heal. 1979. *Economic Theory and Exhaustible Resources*. Cambridge: Cambridge University Press.

Dasgupta, Partha, Karl-Göran Mäler e Alessandro Vercelli, orgs. 1997. *The Economics of Transnational Commons*. Oxford: Clarendon Press.

DeLong, J. Bradford, e Barry Eichengreen. 1993. "The Marshall Plan: History's Most Successful Structural Adjustment Programme". Em Rüdiger Dornbusch, Wilhelm Nölling e Rilard Lagard, orgs., *Postwar Economic Reconstruction and Lessons for the East Today*. Cambridge, MA: MIT Press.

Eden, Lorraine e Fen Osler Hampson. 1997. "Clubs Are Trump: The Formation of International Regimes in the Absence of a Hegemon". Em J. Rogers Hollingsworth e Robert Boyer, orgs., *Contemporary Capitalism*. Cambridge: Cambridge University Press.

French-Davis, Ricardo, e Stephany Griffith-Jones, orgs. 1995. *Surges in Capital Flows to Latin America*. Boulder, CO: Lynne Reiner.

Gordon, David, Catherine Gwin e Steven W. Sinding. 1996. "What Future for Aid?" *Occasional Paper 2*. Overseas Development Council, Washington, DC.

Graham, Carol. 1998. *Private Markets for Public Goods: Raising the Stakes in Economic Reform*. Washington, DC: Brookings Institution.

Griffin, Keith, e Terry McKinley. 1996. *New Approaches to Development Cooperation*. ODS Discussion Paper 7. Nova York: Programa para o Desenvolvimento das Nações Unidas, Gabinete de Estudos para o Desenvolvimento.

Haggard, Stephen. 1995. *Developing Nations and the Politics of Global Integration*. Washington, DC: Brookings Institution.

Hardin, Garret. 1968. "The Tragedy of the Commons". *Science* 162 (dezembro): 1243-48.

Hardin, Russel. 1982. *Collective Action*. Baltimore, MD: Johns Hopkins University Press.

Helm, Dieter, org. 1991. *Economic Policy Towards the Environment*. Oxford: Blackwell.

Hirshleifer, Jack. 1983. "From Weakest-Link to Best-Shot: The Voluntary Provision of Public Goods". *Economica* 61 (1): 79-92.

Hook, Steven W. 1996. *Foreign Aid Toward the Millenium*. Boulder, CO: Lynne Reiner.

Brookings Institution. 1994-98. Project on Integrating National Economies. Washington, DC.

Jamison, Dean T., Julio Frenk e Felicia Knaul. 1998. "International Collective Action in Health: Objectives, Functions, and Rationale". *Lancet* 351(9101): 514-15.

Kahler, Miles. 1995. *International Institutions and the Political Economy of Integration*. Washington, DC: Brookings Institution.

Kennedy, Paul. 1993. *Preparing for the Twenty-First Century*. Londres: Harper Collins.

Keohane, Robert O. 1984. *After Hegemony: Cooperation and Discord in the World Political Economy*. Princeton, NJ: Princeton University Press.

Killick, Tony. 1997. "What Future for Aid?" Em Departamento das Nações Unidas para Coordenação de Políticas e Desenvolvimento Sustentável, *Finance for Sustainable Development: The Road Ahead*. Nova York: Nações Unidas.

Kindleberger, Charles P. 1986a. "International Public Goods without International Government". *The American Political Review* 76(1): 1-13.

LEITURAS ADICIONAIS

———. 1986b. *The World in Depression 1929-1939*. Berkeley: University of California Press.

———. 1989 *The International Economic Order: Essays on Financial Crisis and International Public Goods*. Cambridge, MA: MIT Press.

Krasner, Stephen D. 1986. *International Regimes*. Ithaca, NY e Londres: Cornell University Press.

Lawrence, Robert Z. 1996. *Regionalism, Multilateralism, and Deeper Integration*. Washington, DC: Brookings Institution.

Malinvaud, Edmond, Jean-Claude Milleron, Mustapha Nabli, Amartya K. Sen, Arjun Sengupta, Nicholas Stern, Joseph E. Stiglitz e Kotaro Suzumura. 1998. *Development Strategy and Management of the Economy*. Oxford: Clarendon Press.

Martin, Lisa. 1993. "The Rational Choice of Multilateralism". Em John G. Ruggie, org., *Multilateralism Matters: The Theory and Praxis of an Institutional Form*. Nova York: Columbia University Press.

Mendez, Ruben P. 1992. *International Public Finance: A New Perspective on Global Relations*. Nova York: Oxford University Press.

———. 1995. "The Provision and Financing of Universal Public Goods". Em Meghnad Desai e Paul Redfern, orgs. *Global Governance: Ethics and Economics of the World Order*. Londres: Pinter Publishers.

Murdoch, James C., e Todd Sandler. 1997. "The Voluntary Provision of a Pure Public Good: The Case of Reduced CFC Emissions and the Montreal Protocol". *Journal of Public Economics* 63(2): 331-49.

North, Douglass C. 1990. *Institutions, Institutional Change and Economic Performance: Political Economy of Institutions and Decisions*. Cambridge: Cambridge University Press.

O'Hanlon, Michael, e Carol Graham. 1997. *A Half Penny on the Federal Dollar: The Future of Development Aid*. Washington, DC: Brookings Institution.

Olson, Mancur. 1971. *The Logic of Collective Action*. Cambridge, MA: Harvard University Press.

Ostrom, Elinor, Roy Gardner e James Walker. 1994. *Rules, Games and Common Pool Resources*. Ann Arbor: University of Michigan Press.

Oye, Kenneth A., org. 1986. *Cooperation under Anarchy*. Princeton, NJ: Princeton University Pres.

Raffer, Kunibert, e Hans Wolfgang Singer. 1996. *The Foreign Aid Business: Economic Assistance and Development Co-operation*. Brookfield, VT: Edward Elgar.

Randel, Judith, e Tony German, editores. 1998. *The Reality of Aid 1998-1999*. Londres: Earthscan.

Reinicke, Wolfgang H. 1998. *Global Public Policy: Governing Without,*

Riddell Roger. 1996. *Aid in the 21st Century*. ODS Discussion Paper 6. Nova York: Programa das Nações Unidas para o Desenvolvimento, Gabinete de Estudos para o Desenvolvimento.

Riddell Roger. 1996. *Aid in the 21st Century*. ODS Discussion Paper 6. Nova York: Programa das Nações Unidas para o Desenvolvimento, Gabinete de Estudos para o Desenvolvimento.

Rittberger, Volker, e Peter Mayer. 1993. *Regime Theory and International Relations*. Nova York: Oxford University Press.

Rosecrance, Richard. 1992. *Cooperation in a World Without Enemies: Solving the Public Goods Problem in International Relations*. Working Paper 2. Department of Political Science. University of California, Los Angeles.

Rosenau, James N. 1997. *Along the Domestic-Foreign Frontier: Exploring Governance in a Turbulent World*. Cambridge: Cambridge University Press.

Rosenau, James N., e Ernst-Otto Czempiel. 1992. *Governance without Government: Order and Change in World Politics*. Cambridge University Press.

Rosenthal, Joel H., org. 1995. *Ethics and International Affairs: A Reader*. 1ª edição. Washington, DC: Georgetown University Press.

Ruggie, John G., ed. 1993. *Multilateralism Matters: The Theory and Praxis of an Institutional Form*. Nova York: Columbia University Press.

Russett, Bruce M., e John D. Sullivan. 1971. "Collective Goods and International Organization". *International Organization* 25(4): 845-65.

Samuelson, Paul A. 1954. "The Pure Theory of Public Expenditure". *Review of Economics and Statistics* 36 (novembro): 387-89.

Sandler, Todd. 1992. *Collective Action: Theory and Application*. Ann Arbor: University of Michigan Press.

———. 1997. *Global Challenges: An Approach to Environmental, Political, and Economic Problems*. Cambridge: Cambridge University Press.

———. 1998. "Global and Regional Public Goods: A Prognosis for Collective Action". *Fiscal Studies* 19(1): 221-47.

Schelling, Thomas C. 1960. *Strategy of Conflict*. Cambridge, MA: Harvard University Press.

Sen, Amartya K. 1987. *On Ethics and Economics*. Oxford e Nova York: Basil Blackwell.

Stiglitz, Joseph. 1995. "The Theory of International Public Goods and the Architecture of International Organizations". Background Paper 7. Nações Unidas, Departamento de Informação Econômica e Social e Análise de Políticas, Nova York.

———. 1998. "An Agenda for Development in the Twenty-First Century". Em Boris Pleskovic e Joseph E. Stiglitz, orgs., *Annual World Bank Conference on Development Economics 1997*. Washington, DC: Banco Mundial.

Stokke, Olav, ed. 1996. *Foreign Aid Toward the Year 2000: Experiences and Challenges*. Londres: Frank Cass.

Streeten, Paul. 1989. "Global Institutions for an Interdependent World". *World Development* 17(9): 1349-59.

———. 1995. *Thinking about Development*. Nova York: Cambridge University Press.

Takahashi, Kazuo, org. 1998. *Agenda for International Development 1998*. Tóquio: Foundation for Advanced Studies on International Development.

UNDP (Programa das Nações Unidas para o Desenvolvimento). Vários anos. *Human Development Report*. Nova York: Oxford University Press.

Young, Oran R. 1989. *International Cooperation: Building Regimes for Natural Resources and the Environment*. Ithaca, NY e Londres: Cornell University Press.

———. 1997. *Global Governance: Drawing Insights from the Environmental Experience*. Cambridge, MA: MIT Press.

Sobre os Colaboradores

Scott Barrett

Scott Barrett é professor adjunto de economia na London Business School. Graduou-se na Universidade de Massachusetts, em Amherst, na Universidade de British Columbia e na London School of Economics. É autor de vários estudos sobre cooperação internacional, relacionada em especial com a proteção ambiental, e recebeu o Prêmio Erik Kempe por seu trabalho. Também é consultor de algumas organizações internacionais, e foi o autor principal do segundo relatório de avaliação do Painel Intergovernamental sobre Mudanças Climáticas.

Nancy Birdsall

Nancy Birdsall é membro sênior do Fundo Carnegie para a Paz Internacional, onde coordena o programa de economia. Foi vice-presidente executiva do Banco Interamericano de Desenvolvimento de 1993 a 1998, e é autora de várias publicações sobre desenvolvimento econômico. Seu trabalho mais recente explora a relação entre a distribuição de renda e o crescimento. Birdsall tem um M.A. em relações internacionais pela School of Advanced International Studies da Universidade Johns Hopkins e um doutorado em economia pela Universidade de Yale.

Richard A. Cash

Richard A. Cash, M.D., M.P.H., é membro do Harvard Institute for International Development e professor sênior no Departamento de População e Saúde Internacional da Harvard School of Public Health. Foi um dos que desenvolveram a terapia de reidratação oral em Bangladesh e auxiliou a conduzir os testes clínicos iniciais dessa terapia. Continua perseguindo o seu interesse por doenças infecciosas nos países em desenvolvimento, dirigindo um programa de pesquisa aplicada sobre o fortalecimento de capacidades, o papel da pesquisa no desenvolvimento de políticas, e mais recentemente, as doenças infantis e as questões éticas na pesquisa da saúde internacional.

Lincoln C. Chen

Lincoln. C. Chen, M.D., é vice-presidente da Fundação Rockefeller e supervisiona seus programas internacionais ligados a saúde, população, educação, agricultura e meio ambiente. Antes de associar-se à Fundação em 1997, Chen foi Professor Taro Takemi de Saúde Internacional

560 BENS PÚBLICOS GLOBAIS

na Harvard School of Public Health, onde serviu como catedrático do Departamento de População e Saúde Pública. Na Universidade de Harvard, foi diretor do Center for Population and Development Studies. Tem escrito extensivamente sobre políticas de saúde e desenvolvimento.

Lisa D. Cook

Lisa D. Cook é pesquisadora adjunta no Institute for International Development e no Center for International Development da Universidade de Harvard. Seus interesses de pesquisa atuais são os mercados emergentes, as instituições e mercados financeiros (na África, na Rússia e no Centro-Oeste Europeu) e as políticas macroeconômicas nas economias em transição e em desenvolvimento. Recentemente foi consultora econômica do governo de Ruanda. É autora de várias publicações e estudos em andamento. Recebeu o seu Ph.D. em economia na Universidade da Califórnia, em Berkeley, e associou-se a Harvard em 1997.

Tim G. Evans

Tim G. Evans é diretor de equipe da Divisão de Ciências da Saúde da Fundação Rockefeller. Está em licença da Harvard School of Public Health, onde é professor assistente de População e Saúde Internacional. Graduou-se em Economia Agrária (D.Phil, na Universidade de Oxford), em Medicina Clínica (M.D., na McMaster University) e completou sua residência em medicina em Brigham e no Women's Hospital.

Priya Gajraj

Priya Gajraj é pesquisadora adjunta no Gabinete de Estudos para o Desenvolvimento no Programa das Nações Unidas para o Desenvolvimento. Possui um M.A. em relações internacionais, da Universidade de Cambridge, e um B.A. em história, da Universidade de Yale. Antes de associar-se ao UNDP, trabalhou para o Gabinete da Comissão Humanitária Europeia.

Isabelle Grunberg

Isabelle Grunberg é consultora sênior de políticas no Gabinete de Estudos para o Desenvolvimento do Programa das Nações Unidas para o Desenvolvimento. Foi diretora adjunta de estudos das Nações Unidas na Universidade de Yale, membro da MacArthur e professora em Yale. Foi também professora na London School of Economics e no Institut d'Études Politiques, em Paris. Recebeu um equivalente francês de doutorado (agrégation) da Universidade de Sorbonne e da École Normale Supérieure. Suas áreas de publicação incluem economia política internacional e teorias do sistema internacional.

SOBRE OS COLABORADORES

DAVID A. HAMBURG

David A. Hamburg é presidente emérito da Carnegie Corporation de Nova York, tendo sido presidente de 1983 a 1997. De 1975 a 1980 foi presidente do Instituto de Medicina da Academia Nacional de Ciências, e de 1980 a 1983 foi diretor da Divisão de Pesquisa de Políticas de Saúde e Professor John D. MacArthur de Políticas de Saúde, na Universidade de Harvard. Também foi presidente do conselho da Associação Americana para o Progresso da Ciência. É membro do Defense Policy Board e do President's Committee of Advisers on Science and Technology, e copresidente (com Cyrus Vance) da Comissão Carnegie para a Prevenção de Conflitos Mortais.

GEOFFREY HEAL

Geoffrey Heal é Professor Paul Garrett de Política Pública e Responsabilidade Corporativa e professor de economia e finanças, do Programa sobre Informação e Recursos, na Graduate School of Business da Universidade de Columbia. Já lecionou em várias das universidades de destaque da Europa e dos Estados Unidos. Seus livros e artigos cobrem uma ampla gama de tópicos na área da economia ambiental, incluindo-se os mercados ambientais, os recursos esgotáveis e as interpretações econômicas da sustentabilidade. Obteve seu Ph.D. em economia na Universidade de Cambridge.

JANE E. HOLL

Jane E. Holl é diretora executiva da Comissão Carnegie para a Prevenção de Conflitos Mortais, um programa da Carnegie Corporation de Nova York. Antes de associar-se à Carnegie foi diretora de Assuntos Europeus no Conselho de Segurança Nacional durante os governos Bush e Clinton. Foi oficial de carreira do Exército dos EUA e aposentou-se em 1994. Tem Ph.D. em ciências políticas pela Universidade de Stanford.

RAJSHRI JAYARAMAN

Rajshri Jayaraman está no terceiro ano de seu Ph.D. no Departamento de Economia da Universidade de Cornell. Tem um M.A. em economia e desenvolvimento internacional, da Universidade de Yale, e um B.A. em economia e finanças, da Universidade McGill. Antes de associar-se à Cornell trabalhou na missão residente do Banco Mundial, na Índia, em seu departamento europeu e da Ásia Central, em Washington, DC, e no Gabinete do Relatório do Desenvolvimento Humano do Programa das Nações Unidas para o Desenvolvimento, em Nova York.

RAVI KANBUR

Ravi Kanbur é Professor T.H. Lee de Assuntos Mundiais e professor de economia na Universidade de Cornell. Suas principais áreas de interesse são a economia pública, a economia do desenvolvimento e a economia agrária. Seus estudos abarcam as análises conceituais, empíricas e de políticas. Interessa-se, em especial, em unir os mundos da rigorosa análise e da criação de políticas práticas. Tem várias publicações em uma variedade de tópicos, incluindo-se as ações arriscadas, a desigualdade, a pobreza, o ajuste estrutural, o endividamento, a agricultura e a economia política. Kanbur é diretor do *Relatório do desenvolvimento mundial de 2000*, do Banco Mundial.

ETHAN B. KAPSTEIN

Ethan B. Kapstein é Professor Stassen de Paz Internacional no Humphrey Institute of Public Affairs e no Departamento de Ciência Política da Universidade de Minnesota. Foi vice-presidente e diretor de estudos no Conselho das Relações Exteriores, e principal administrador da Organização para Cooperação Econômica e Desenvolvimento, em Paris. Escreveu vários livros e muitos artigos profissionais sobre as relações econômicas internacionais.

INGE KAUL

Inge Kaul é diretora do Gabinete de Estudos para o Desenvolvimento no Programa das Nações Unidas para o Desenvolvimento. De 1990 a 1995, foi diretora do Gabinete do Relatório do Desenvolvimento Humano no UNDP, onde coordenou uma equipe de autores produzindo o *Relatório do desenvolvimento humano* anual. Antes, exerceu cargos seniores nas políticas do UNDP. Tem uma extensa experiência em pesquisa sobre países em desenvolvimento e é autora de várias publicações e relatórios sobre financiamento e ajuda para o desenvolvimento.

ROBERT Z. LAWRENCE

Robert Z. Lawrence é economista-chefe do Conselho de Consultores Econômicos, Professor Albert L. Williams de Comércio e Investimento na John F. Kennedy School of Government, da Universidade de Harvard, e membro sênior do novo século na Brookings Institution. Também é pesquisador adjunto na Agência Nacional de Pesquisa Econômica, edita o Brookings Trade Policy Forum e conduz o Projeto sobre Comércio no Oriente Médio, na John F. Kennedy School of Government. Sua pesquisa atual focaliza a integração global, o comércio no Oriente Médio e o impacto do comércio nos mercados de trabalho. Suas publicações se concentram nos problemas econômicos domésticos e internacionais e foi coautor de *Globaphobia: Confronting Fears About Open Trade* (Brookings Institution Press, 1998).

Lisa L. Martin

Lisa L. Martin recebeu o seu Ph.D. em administração pública pela Universidade de Harvard em 1990. Transferiu-se para a Universidade da Califórnia, em San Diego, lecionando no Departamento de Ciências Políticas. Passou o ano acadêmico de 1991-92 como membro nacional na Hoover Institution, da Universidade de Stanford. Em 1992, transferiu-se para a Universidade de Harvard como professora adjunta no Departamento de Administração Pública e, em 1996, foi promovida a professora plena. Suas publicações são *Coercive Cooperation: Explaining Multilateral Economic Sanctions* (Princeton University Press, 1992) e um livro a ser publicado em breve intitulado *Democratic Commitments: Legislatures and International Cooperation*.

Ruben P. Mendez

Ruben P. Mendez é um ex-oficial sênior de carreira no Programa das Nações Unidas para o Desenvolvimento. Atualmente leciona na Universidade de Nova York e na Universidade de Yale, onde está afiliado ao Centro de Estudos Locais e Internacionais de Yale, e escreve uma história independente do UNDP. Trabalhou como consultor especial do presidente do Conselho Econômico Nacional das Filipinas e como economista no Departamento de Planejamento da Merrill Lynch, da Pierce, da Fenner and Smith. Foi pioneiro na disciplina de finanças públicas internacionais com o seu livro *International Public Finance: A New Perspective on Global Relations* (Oxford University Press, 1992) e outros escritos.

J. Mohan Rao

J. Mohan Rao é professor de economia na Universidade de Massachusetts, em Amherst. Seus principais interesses de pesquisa são o desenvolvimento econômico, a distribuição de renda e as mudanças institucionais nos países em desenvolvimento. Efetuou diversas contribuições para a microeconomia das instituições agrárias e a macroeconomia do desenvolvimento. Também escreveu extensivamente sobre as limitações e as opções nas políticas para o desenvolvimento agrícola. Recentemente publicou estudos importantes sobre as ligações entre o meio ambiente e a economia, a liberalização econômica e o crescimento da produtividade industrial na Índia. Sua pesquisa atual focaliza a lógica da ação estatal e a conexão, em última análise, entre o desenvolvimento e a globalização.

Jeffrey Sachs

Jeffrey Sachs é Professor Galen L. Stone de Comércio Internacional na Universidade de Harvard, diretor do Institute for International Development e do Center for International Development da Universidade de Harvard. Entre 1986 e 1990 foi consultor dos governos da Argentina, Brasil, Equador, Estônia, Mongólia, Rússia, Eslovênia e Venezuela, assim como do movimento polonês Solidariedade, em diversos aspectos da reforma econômica e financeira. Seus interesses de pesquisa atuais são a transição para economias de mercado no Leste Europeu e na antiga União Soviética, os mercados financeiros internacionais, a coordenação internacional das políticas macroeconômicas e as políticas macroeconômicas nos países desenvolvidos e em desenvolvimento.

TODD SANDLER

Todd Sandler é professor emérito de economia e ciência política na Universidade de Iowa. Além de escrever artigos sobre vários temas, foi coautor de *The Theory of Externalities, Public Goods and Club Goods* (2ª edição, Cambridge University Press, 1996). Seu livro recente, *Global Challenges*, aplica métodos econômicos simples ao estudo de diversos problemas, incluindo-se o terrorismo, a chuva ácida, o aquecimento global, a formação das revoluções e dos acordos. Ele e Keith Hartley acabam de concluir um livro a ser publicado em breve, *The Political Economy of NATO: Past, Present, and into the 21st Century* (Cambridge University Press, 1997).

AMARTYA SEN

Amartya Sen tem mestrado do Trinity College, na Universidade de Cambridge e título de Lamont University Professor Emeritus na Universidade de Harvard. Foi Professor Drummond de Economia Política, na Universidade de Oxford, e membro do All Souls College. Lecionou na London School of Economics, na Universidade de Délhi e na Universidade de Cambridge. Foi presidente da American Economic Association, da Associação Econômica Indiana, da Development Studies Association and Social Choice and Welfare Society. Em 1998 recebeu o Prêmio Nobel de Economia.

ISMAIL SERAGELDIN

Ismail Serageldin é vice-presidente dos Programas Especiais para o Banco Mundial e presidente da Comissão Mundial de Águas para o Século XXI. Também é presidente do Grupo Consultivo de Pesquisa Agrícola Internacional, do Grupo Consultivo de Assistência aos Mais Pobres e da Parceria Global de Águas. É copresidente do Comitê Banco Mundial-ONG. Os Programas Especiais do Banco Mundial buscam, entre outros objetivos, integrar a cultura com o paradigma do desenvolvimento e apoiar os esforços dos países-membros do Banco em preservar a história, a cultura e a identidade. Serageldin tem várias publicações acerca do desenvolvimento, da economia, do meio ambiente e da cultura.

DEBORA L. SPAR

Debora L. Spar é professora adjunta na Harvard Business School. Foi coautora de diversos livros sobre as relações empresa-governos, a cooperação econômica internacional e o investi-

SOBRE OS COLABORADORES

mento externo direto. Seu trabalho atual aborda o comércio e o investimento estrangeiros, como as empresas competem nos mercados externos e como as políticas governamentais moldam o cenário dos negócios internacionais. Ela se interessa, em particular, em explorar como o crescimento do comércio em informação está remodelando a economia global e redefinindo as estratégias das empresas nos setores da informação, como a mídia e o entretenimento. Também está envolvida em projetos que examinam as ligações entre o investimento externo direto e os direitos humanos.

MARC A. STERN

Marc A. Stern é analista sênior de políticas no Gabinete de Estudos para o Desenvolvimento, no Programa das Nações Unidas para o Desenvolvimento e candidato a doutorado em assuntos internacionais na Universidade da Califórnia, em San Diego. Sua tese aborda os efeitos da integração econômica nas políticas ambientais dos países em desenvolvimento. Publicou diversos artigos sobre as políticas ambientais mexicanas e é coeditor de *Latin American Environmental Policy in International Perspective* (Westview, 1996). Antes de associar-se ao UNDP, foi editor-chefe do *Journal of Environment and Development*.

JOSEPH E. STIGLITZ

Joseph E. Stiglitz é vice-presidente sênior de economia do desenvolvimento, e economista-chefe no Banco Mundial. Anteriormente, foi presidente do Council of Economic Advisers e membro atuante da equipe econômica do presidente Clinton desde 1993. Está em licença da Universidade de Stanford, onde é professor de economia. Como acadêmico, ajudou a criar uma disciplina da economia — a economia da informação — que recebeu aplicação abrangente por toda a economia. Também é um estudioso de destaque dos aspectos econômicos do setor público.

J. HABIB SY

J. Habib Sy é diretor da organização não governamental Partners for African Development sediada no Senegal. Ocupou diversos postos acadêmicos e cargos na área da imprensa e da televisão. Além disso, foi especialista de programa sênior no Centro de Pesquisa de Desenvolvimento Internacional. É autor de diversos livros e artigos sobre os sistemas e políticas de telecomunicação africanos, a história e os sistemas sociopolíticos africanos. Suas áreas de interesse são a teoria da comunicação de massa, o impacto das novas tecnologias de comunicação, a comunicação educativa, a comunicação transcultural, os sistemas de telecomunicação africanos, as estradas da informação e a história africana.

Charles Wyplosz

Charles Wyplosz é professor de economia internacional no Graduate Institute in International Studies, na Universidade de Genebra, e membro pesquisador no Centro para Pesquisa de Políticas Econômicas. É também editor administrativo de *Economic Policy* e pertence à junta científica de diversas revistas profissionais. Desde 1992 é consultor do governo russo, e de várias organizações internacionais. Tem Ph.D. em economia pela Universidade de Harvard, e publicou extensivamente sobre taxas cambiais, políticas macroeconômicas e mercados de trabalho. Sua pesquisa recente concentra-se nas crises atuais, na União Monetária Europeia e nas taxas cambiais nas economias em transição.

Mark W. Zacher

Mark W. Zacher é professor de ciência política e diretor de pesquisa do Instituto de Relações Internacionais, na Universidade de British Columbia. De 1971 a 1991 foi diretor do Instituto de Relações Internacionais. É especialista em regimes e organizações internacionais. Zacher é autor de *Dag Hammarksjold's United Nations* (Columbia University Press, 1970) e *International Conflicts and Collective Security, 1946-1977* (Praeger, 1979). É coautor de *Pollution, Politics and International Law: Tankers at Sea* (University of California Press, 1979), *Managing International Markets: Developing Countries and the Commodity Trade Regime* (Columbia University Press, 1988) e *Governing Global Networks: International Regimes for Transportation and Communications* (Columbia University Press, 1996).

ÍNDICE

Adam, James, 376-77

Acordos comerciais: benefícios e riscos para os países em desenvolvimento, 179-89; caráter multilateral dos, 172; integração profunda com mais complexos, 171; introduzindo padrões trabalhistas nos, 187-89; mais profundos, 191; reciprocidade sob os recentes, 176-77; supervisão proposta dos, 178

Acordo de Livre Comércio da América do Norte (Nafta), 172, 176-77, 181, 185

Acordo Geral de Tarifas e Comércio (GATT): perspectiva original de uma integração superficial, 174; política trabalhista pósguerra do, 148; tratamento especial dos países em desenvolvimento sob, 173-74; tratamento da Uruguai Round dos países em desenvolvimento, 113, 176; Sistema Generalizado de Preferências, 142, 173-74

Acordo Multifibras, 174

Acordos internacionais: benefícios para os países em desenvolvimento participantes, 179-89; de gestão dos bens públicos globais, 282-84; fora da área do comércio, 174; reforço dos, 92-93; sobre as alterações climáticas, 239; sobre a degradação do ozônio estratosférico, 239

Adoção de transbordamentos, 37, 278-82, 534

Área de Livre Comércio das Américas, proposta, 182

África: desenvolvimento das comunicações na, 374-86; grupos regionais, 488

Agência de Proteção Ambiental dos EUA: cenários para a redução da degradação do ozônio, 247; estudo do ozônio com a Unep, 242

Agência para o Desenvolvimento Internacional (Usaid), 325, 375

Agentes químicos, causadores da degradação do ozônio, 239

Aids International Vaccine Initiative (Iniciativa Internacional para uma Vacina contra a Aids), 347

Ajuda: *Ver* Ajuda externa.

Ajuda externa: assistência oficial para o desenvolvimento (ODA), 12, 33-34, 538-43; ceticismo sobre a eficácia da, 461-62; dos Estados Unidos, 141-42; efeito no crescimento econômico de um país, 364; eficácia recomendada, 155; escolhendo a ajuda ou a contribuição aos bens públicos, 468-74; justificativa ética e moral para, 497; modelo de interação entre dois países relacionado com, 463-68; papel na prevenção de conflitos, 417; proporcionada para os bens públicos regionais, 486-90; técnica e financeira para os países em desenvolvimento, 192; usando os bens públicos internacionais como justificativa para, 461-63, 471-74

Alterações climáticas, globais: diferentes opiniões sobre, 252-53; economia de, 249-53; gases causadores do efeito estufa relacionados a, 239; relação com os gases causadores do efeito estufa e a redução da camada de ozônio, 239-40, 243-44

Altman, Lawrence K., 153

American Society for Hygiene and Tropical Medicine, 325

Anistia Internacional, 508, 543n1

Annan, Kofi, 422

Aoyama, Yuko, 378

Aprendendo na prática, 364

Arndt, Heinz W., 141

Arnold, David, 318

Arrhenius, Svante, 243

Arrow, Kenneth J., 363

Assistência ao desenvolvimento: por região (1996), 488; reestruturação da oficial, 538-43; usos para a oficial, 12-13, 33-34, 539

Assistência econômica, Ver Assistência ao desenvolvimento, Ajuda Externa.

Associação das Nações do Sudeste Asiático (Asean), 182

Atkinson, Anthony B., 426

Atores, não estatais, 99-102, 508

Axelrod, Robert, 93, 538

Banco do conhecimento, proposto, 528-29

Banco Africano de Desenvolvimento, 489-90

Banco Interamericano de Desenvolvimento, 489-90

Banco Mundial, 322, 328; Associação Internacional de Desenvolvimento, 537; empréstimos para bens públicos regionais, 488-89; financiamento de grandes empréstimos pelo, 220; financiamento para a saúde, 343; programa InfoDev, 375; papel na produção e na divulgação do conhecimento, 364; recomendação para empréstimos condicionais do, 152-53; tarefa de reforma do setor financeiro, 210-11

Bancos de desenvolvimento regionais, 489-90

Banco de Pagamentos Internacionais (BIS), 211

Bancos, multinacionais, 150-52

Barrett, Scott, 245, 246, 258, 262, 282, 559

Barsoon, Peter N., 259

Bates, Benjamin J., 372, 373

Bates, Lisa, 341

Bator, Francis M., 45

Bauer, Peter, 461

Baumol, William J., 393

Belanger, Michel, 318

Bell, David, 341

Bem-estar: como um fator na prevenção de conflito, 410, 416-18

Benedick, Richard, 240, 258

Bens de clube: definição de, 553; identificação de intra e intergeracionais, 64-66; em clubes intergeracionais, 79-81; rivais e não rivais mas exclusivos, 44, 62. Ver também Clubes de comércio.

Bens mistos, 553

Bens privados: acesso a, 537; características dos, 271; mercado para, 42, 274-77; necessidade de, 41; tornados mais públicos, 537

Bens públicos: características dos, 271; conhecimento como, 340-41, 353; controle de doenças transmissíveis, 332; controle do uso do tabaco e das drogas, 335-36; custos fixos dos, 534; defesa como, 426-31; definição, 19-20, 425-26; equidade e justiça como, 124-25; equidade na demanda e na oferta de, 121-24; externalidades de, 20-21; externalidades positivas como, 45; financiando, 120-21; justiça social como, 156; modelo de interação entre dois países relacionado com, 463-68; modernos fornecidos privadamente, 271-82; nacionais, 11-12; não rival e não exclusivo, 41, 426-27; paz como, 431-32; privatização dos, 268-69, 528-29; problemas de fornecimento de, 45-48; produtos em comum de, 63-66; propriedades de, 353-56; puros e impuros, 20-21, 42-

ÍNDICE

44, 355; puros e impuros intra e intergeracionais, 64-65; transnacionais, 59-60; usando funções de saúde centrais para a promoção de, 342-44. *Ver também* Bens de clube; Bens privados; Males públicos

Bens públicos globais: classe emergente de, 506-08, 531; como um jogo de dilema do prisioneiro, 244-47; conceito de, 21, 497-500, 510; conhecimento como, 353, 355-56; controle de ameaças ambientais como, 335; controle de doenças, 339; critérios para, 41-42, 48-49; definição de, 553; distinguidos dos bens públicos não globais, 51-54; fechando as brechas no fornecimento de, 26-27; fontes de, 502-03; fornecimento de uma nova classe de, 495-96, 501-02; fraquezas no fornecimento de, 26-27; fundo de participação global proposto, 541; identificando, 48-55; informação como, 340-41; interligação entre, 502; indivisibilidade e não exclusão dos, 41, 331, 339, 497-98; justiça social como, 131-36, 156; mercados internacionais abertos como, 177-79; numa nova era de política pública, 497; papel da equidade no fornecimento de, 111-12; partilhando a responsabilidade do fornecimento, 27-29; prevenção de conflito como, 409-14; problemas de fornecimento de, 54-56, 531-33; razões para o fornecimento insuficiente de, 21; redução em certos agentes químicos e gases como, 239; requisitos para, 49-51; trocando contribuições aos, 537-38; saúde como, 338; tipologia de, 498; vigilância internacional das doenças como, 315-16, 331

Bens públicos intergeracionais: distintos de bens públicos intrageracionais, 61-66; identificados, 62-65

Bens públicos regionais: evidência sobre o fornecimento de, 486-90; exemplos de, 481-83; fornecimento de, 484-85; intra e intergeracionais, 62-65; recomendações para melhorar o fornecimento de, 490-92

Bentham, Jeremy, 162
Berg, Elliot, 24
Bergstrom, Theodore, 466
Berlinguer, Giovanni, 331
Betcher, Douglas, 341
Beveridge, William H., 137, 138
Bhattasali, Deepak, 488
Bipolaridade, Guerra Fria, 433, 443
Birdsall, Nancy, 185, 505, 559
Bjornstad, David, 295
Blinder, Alan, 393
Bloom, David, 484
Blume, Lawrence, 466
Boone, Peter, 155, 461
Boutros-Ghali, Boutros, 421, 442
Boyer, Robert, 508
Brack, Duncan, 260
Brams, Steven, 46
Brandon, Karen, 394
Brauchli, Marcus W., 400
Bremer, Stuart, 413
Bressand, Albert, 536
Bretton Woods: ausência de acordo para planos como, 211; nova conferência proposta, 146-48
Brinkley, Alan, 138-39
Brown, E. Richard, 318
Brown, Michael E., 413, 414
Bruce, Neil, 467
Brundtland, Gro, 153-154
Bryant, Ralph, vi, 506, 522
Buchanan, James M., 473
Bueno de Mesquita, Bruce, 413
Bull, Hedley, 511
Burman, Peter, 290
Burnside, Craig, 462
Buse, Kent, 341
Butler, Stephen, 291

Camada de ozônio: acordos internacionais sobre a redução da, 239; cenários para a redução da degradação da, 247-49; evidência de degradação (1977-85), 241-42

Cantacuzino, Sherban, 290, 297

Caroneiros: definição de, 553; dissuasão nos Protocolos de Montreal e Kyoto, 257-59; evitando, 535-36; no consumo de bens públicos, 45-46, 270, 426; provisões nos Protocolos de Montreal e Kyoto relacionadas com, 258-59. Ver também Vazamento.

Carraro, Carlo, 44

Carta das Nações Unidas: Artigo 55,135; na resolução de disputas locais, 439; proibição da agressão entre Estados, 413; sistema de segurança coletiva na, 435-36

Carta do Atlântico (1941), 132

Cash, Richard A., 559

Cassen, Robert, 461, 462

Castells, Manuel, 378

Catroux, Jean-Michel, 377

CDC. Ver Centros de Controle e Prevenção de Doenças (CDC).

Centro de Microbiologia Aplicada e Pesquisa, Reino Unido, 322

Centros de Controle e Prevenção de Doenças (CDC): capacidades de vigilância, 325-26; Divisão de Quarentena, 322; Programa de Treinamento Epidemiológico, 325-26; publicações sobre doenças infecciosas, 320; respostas aos surtos de doenças, 321-22

Chase, Robert, 533

Chayes, Abram, 259

Chayes, Antonia, 259

Chen, Lincoln, 341, Cheneau-Loquay, Annie, 374

Chichilnisky, Graciela, 272, 277

Chote, Robert, 528

Churchill, Winston, 132

Citrine, Walter, 135

Claessens, Stijn, 225

Cline, William, 249-53

Clorofluorcarbonos (CFCs): aumento do uso de, 241-42; ligação com a redução da camada de ozônio, 239; previsões relacionadas às emissões de CFC, 241-42

Clubes: formação de, 62, 535-36; interge racionais, 79-1; comércio regional, 189-90

Clubes de comércio: custos e benefícios para os países em desenvolvimento, 172; nações como membros dos, 172; regionais, 189-90

Coase, Ronald H., 225, 536

Coate, Stephen, 462, 473

Coerção: no fornecimento dos bens públicos, 114, 118-19

Comércio: barreiras ao, 171, 176, 191-92; término do tratamento preferencial aos países em desenvolvimento, 176-77; sanções impostas pelo sistema internacional, 149; teoria moderna do, 140-41. Ver também Livre Comércio.

Comissão Brundtland. Ver Comissão Mundial sobre o Meio Ambiente e o Desenvolvimento (Brundtland Commission).

Comissão Carnegie para Prevenção de Conflitos Mortais, 411

Comissão de Supervisão Bancária da Basileia, 150, 211-12, 214, 221

Comissão Europeia: política relacionada com o comércio eletrônico, 399

Comissão Internacional de Normas Contábeis (Iasc), 211-12

Comissão Mundial sobre o Meio Ambiente e o Desenvolvimento (Brundtland Commission), 50

Competição: com a privatização, 268-69; entre o Banco Mundial e as empresas privadas, 486; internacional, 175-76; na criação de programas de estabilização,

ÍNDICE

229; nos sistemas reguladores, 206; pressão da competição global nos países em desenvolvimento, 187

Cumprimento da lei: como um bem público regional, 483

Comunicação: falhas no diálogo Norte-Sul, 376-37; papel de uma comunicação efetiva dentro dos países, 361-63. *Ver também* Conhecimento; Informação.

Comunidade Econômica Europeia (CEE): adoção do Sistema Generalizado de Preferências, 142

Comunidades epistêmicas, 99-102

Comuns: bens públicos usufruídos em comum (Samuelson), 426; Tragédia dos Comuns, 45

Comuns, globais: conhecimento preexistente dos, 360-61; mudanças propostas para o uso de, 361; naturais e de criação humana, 498-499, 500-01

Conferência das Nações Unidas para o Comércio e Desenvolvimento (UNCTAD): códigos de conduta, 150; papel proposto para formulação de padrões trabalhistas, 150-51

Conflitos: em cenários bipolares, 433; manutenção da paz em conflitos regionais, 441-43; pós-Guerra Fria entre países e regional, 436-38

Conhecimento: combinando o local e o global, 361-63; como um bem público, 340-41, 353; como um bem público global, 353, 355-56; da saúde mundial é não rival em consumo e não exclusivo, 315-16; disseminação dentro de um país, 362-63; exclusivo, 354-55; fundamental não patenteável,363-65; métodos de transferência para países menos desenvolvidos, 362-63; não rival e não exclusivo, 354-55; no regime de propriedade intelectual proposto, 361-62; papel do governo na transferência do, 362; provindo da vigi-

lância de saúde internacional, 314-16; sobre a saúde mundial, 315-16

Conselho de Curadoria Global da ONU, proposto, 36, 497, 527, 529

Consumo: como uma propriedade não rival de um bem público, 42-43, 353-54, 356, 426-27; bens privados sendo rivais em, 42

Contabilidade, padrões, 209, 221

Contágio, financeiro: ausência de acordo sobre remédios para, 230-31; condições para, 216-17; papel do Banco Mundial e do FMI na prevenção de, 210-11

Controle de armas, 414-16

Convenção de Viena para a Proteção da Camada de Ozônio (1985), 242

Convenção Sanitária Internacional (1903), 313, 316-18

Convenção sobre Armas Biológicas (1972), 415

Convenção sobre Armas Químicas (1997), 415

Conybeare, John A. C., 46, 54

Cook, Lisa D., 560

Cooper, Richard, 44, 54, 143, 317, 331, 347, 508, 536, 542

Cooperação: distribuição de benefícios da, 97-98; facilitando a, 95-96; ganhos com a, 530; no desenvolvimento internacional, 99, 539-40; no jogo do Dilema do Prisioneiro, 46-48, 245; no fornecimento de bens públicos, 114, 119; resolução de problemas de cooperação por instituições internacionais, 97-98; vínculos CDC com outros países, 325-26

Cooperação Econômica da Ásia e do Pacífico (Apec), 172, 175, 177

Cooperação, internacional: âmbito da, 26; considerações de equidade na, 112; elementos no funcionamento da, 496; fatores impedindo a, 509; fatores no sucesso da, 240-41; incentivos para, 22-24; mandato governamental proposto para exigir a, 27; na ajuda da saúde e na saúde pública, 153-54, 339-40, 342; na proteção do desgaste da camada de ozônio, 239; necessidade de incentivos compatíveis para, 530; necessidade de integração, 511; necessidade de uma nova forma de, 11; políticas de promoção de vigilância de doenças, 314; reciprocidade para o alcance de, 93; teorias de, 92-94, 244-47. *Ver também* Protocolo de Kyoto; Protocolo de Montreal.

Cooperação regional, 28-29, 420, 521

Coordenação: papel das instituições internacionais em resolver problemas de, 96-97; problemas estatais de, 95-96; por meio de taxação a nível mundial, 152

Cornes, Richard, 44, 68, 74, 464, 468, 531, 535

Couillaud, Michel, 291

Cowen, Tyler, 43

Culturas: avaliação de, 288-89; definição, 287; necessidade de compreender outras, 420

Custos: da informação, 374-78; da integração profunda, 172-77; dos bens públicos, 533-34; dos clubes de comércio, 172; dos conflitos, 411; para pesquisa e desenvolvimento, 279-80; para os países em desenvolvimento, 185-86, 257-58; relacionados com as emissões de dióxido de carbono, 249-53. *Ver também* Custos de ajuste; Custos transacionais.

Custos de ajuste: no mercado de trocas de emissões, 274

Custos transacionais: definição de, 553; na gestão do fornecimento dos bens públicos regionais, 484-85

Cutajar, Michael Z., 517

Dahlgren, Göran, 340

Dales, John H., 272

Dasgupta, Partha S., 24, 44

Davidson, Cynthia, 297

Davidson, Paul, 146

Davis, David, 436

Davis, J. Ronnie, 45

Declaração de Viena (1993), 119

Declaração Universal dos Direitos Humanos, 119, 135

Defesa: como um bem público não rival não exclusivo, 426-31

Delegação: pelos Estados a instituições internacionais, 92-93

Delon, P. J., 318, 319

Democracia: como um bem público, 117-18

Desenvolvimento: conhecimento para, 363-65; fluxos de ajuda oficial para, 461; problemas de países em desenvolvimento, 484-85; uso dos bens públicos internacionais como uma justificativa para a assistência, 462-63

Desigualdade: internacional, 112-13; no fornecimento de bens públicos, 120-24

Diálogo Norte-Sul: brechas na comunicação do, 376-77; distribuição de bens privados e públicos no, 276-77; necessidade de representação equitativa, 524

Dilema do prisioneiro: alcançando a fronteira de Pareto no, 94; como um modelo dos interesses estatais, 93; condições na ação coletiva para o, 531; cooperação relacionada com os bens públicos, 46-48; definição do, 553; evitado pelos governos, 527; representação da cooperação internacional no, 245

Direito do Mar: direitos de propriedade, 273

Direito dos povos (Rawls), 162-63, 165

Direitos de poluição: comercializando, 272-73; mercados para, 98, 202

Direitos de propriedade: definindo, 536-37; intelectual, 359-62; na alocação de mercado, 274-76; no mercado de emissões comerciáveis, 273; para a estabilidade financeira, 209

ÍNDICE

Dissuasão: como um bem público, 66; relacionada a gastos com a defesa, 427

Dixit, Avinash, 241

Doeleman, Jacobus A., 83

Doenças: transmissíveis, 332; efeito do consumo de tabaco, 335-38; especialistas da OMS, 325; ferimento, 332; não comunicáveis, 332, 335; surtos recentes, 319-21; vício em drogas, 335-38; vigilância internacional de, 316-26. *Ver também* Vigilância da saúde internacional.

Doenças infecciosas: agentes afetados pelas condições em mudança, 335; controle de, 331; custos nos Estados Unidos das, 345; difusão mundial das, 335, 336-37 (mapa); novas desde 1976, 336-37; surtos (anos de 1990), 318-24; taxa de mortalidade relacionada a, 313

Dollar, David, 462

Dols, Michael W., 313

Dooley, Michael, 225

Downs, George W., 259

Doyle, Michael, 413

Drache, Daniel, 508

Dragun, Andrew, 295

Drucker, Peter, 132

Dunne, Nancy, 400

Eco 92 (1992), 243

Economia do *laissez-faire*, 133-35

Economia, global: concepção pós-guerra da, 136; ideias para reformular, 145-55; meios de restaurar a confiança na, 146-48; recomendações de eficiência e equidade na, 149-55

Edgeworth, Francis Y., 162

Educação: como bem público, 20; como uma ferramenta para fechar o hiato do conhecimento, 362-63

Eficiência: na alocação de mercado, 274-76; na economia global, 148-54; no princípio de Pareto dos bens públicos intergera-cionais, 67; no princípio de Rawls de justiça, 160

Eficiência Intergeracional de Pareto (IPE), 67

Eficiente de Pareto, 553

Egyptian Quarantine Board, 317

Eichengreen, Barry, 207, 213, 225, 507, 521

Emissões: alocação de cotas entre os países, 276-82; direitos de poluição comerciáveis, 272-73; Protocolos de Montreal e de Kyoto, 254-58. *Ver também* Clorofluorcarbonos (CFCs); Emissões de dióxido de carbono.

Emissões de dióxido de carbono: custos e benefícios da redução global das, 250-53; custos nos Estados Unidos com o prejuízo das, 249-51; custos nos Estados Unidos com a redução das, 250; países reduzindo as (1992), 243

Employment Act (1986), Estados Unidos, 139

Empresas multinacionais: interesse na Conferência da ONU sobre o Meio Ambiente e o Desenvolvimento (1992), 525; no setor das comunicações, 377-78; recomendação para a supervisão das, 149-52

Equidade: como um bem público, 124-25; contraste entre global e internacional, 159; dentro de um país, internacional e global, 504-05; horizontal e vertical, 111; iniquidades na saúde mundial, 339; na demanda e oferta de bens públicos, 120-24; necessidade de uma representação Norte-Sul equitativa, 524; na oferta e na demanda de bens públicos, 111-12, 120-24; no princípio de justiça de Rawls, 160; para a cooperação internacional, xxx; questão de ameaças ambientais e comportamentais, 339-40; questões relacionadas com a informação, 374-78; saúde como uma questão de, 339

Equilíbrio de Nash, 69-77

Equilíbrio de poder: ao final da Guerra Fria,

434; efeitos do, 434-35; ordem e segurança com, 433-34; teoria de, 433

Espy, Willard, 141

Estado de bem-estar social: como fornecedor de justiça social, 136-140; justiça social no pós-guerra, 136-39; teoria keynesiana como central no pós-guerra, 134

Estados. *Ver também* Governos.

Estados Unidos: adoção do Sistema Generalizado de Preferências, 142; declínio da hegemonia econômica, 112; Estrutura para o Comércio Eletrônico Global (1997), 398

Etheridge, Elizabeth W., 322

Evans, Tim G., 560

Exclusão: de bens públicos, 44, 62; de bens públicos privatizados, 269; do conhecimento, 354-55; relacionada com a Internet, 398-97. *Ver também* Não exclusão.

Externalidades: transnacionais, 462-63; circunstâncias para o surgimento de, 44; como transbordamentos, 44; da defesa, 426-31; da Internet, 394-96; definição de, 553; dos conflitos, 409; definida, 20, 503; falhas de mercado, 503-04; importância crescente das, 269-71; internalizar27-28; males públicos das negativas, 201-03; não exclusão como uma forma de, 503; no perfil de externalidade nacional, 512-15; nos mercados financeiros, 205-06; país a país, 519; positiva e negativa, 45

Falha de mercado: condições para, 203-06; definição de, 554; efeito de intervenção em, 206; estrutura supranacional para corrigir as, 79-81; origem de instabilidade financeira na, 230-31; pelo interesse próprio em nível nacional e internacional, 428-31; respostas políticas às, 428-29

Fearon, James D., 95, 96

Federação Mundial de Sindicatos de Comércio (WFTU), 135

Fidler, David P., 280, 318, 319, 320, 321, 322, 327

Fine, Sidney, 134

Fletcher, Matthew, 400

Fluendy, Simon, 400

FluNet, 325

Fluxos de capitais: ajuste das políticas à mobilidade dos, 221-30; Ásia e América Latina (1980-96), 218; efeito de monitoramento dos, 210; mobilidade em nível internacional, 151

Foley, Duncan K., 272

Frankel, Jeffrey, 213

Frenk, Julio, 342, 462

Frezza, Bill, 398

Fundo Monetário Internacional (FMI): empréstimos e condicionalidades, 217-20; informação mantida pelo, 214; papel e propósito do, 146, 210, 213, 228-30; papel na crise financeira asiática, 228; papel para as taxas de câmbio flexíveis, 222; propostas para um papel no gerenciamento de crises, 215-16; recomendação para o empréstimo condicional do, 252-53; recomendação para um ajuste do papel do, 223; tamanho dos pacotes de empréstimo, 220

Fundo de Participação Global, proposto, 34

Fundos monetários regionais, 228-30

Gajraj, Priya, 560

Gallup, John L., 484

Gandy, Oscar H., Jr., 372, 373

Gardner, Richard, 140

Garrod, Guy, 296

Garrett, Geoffrey, 96

Garrett, Laurie, 315, 320

Gases causadores do efeito estufa. *Ver* Alterações climáticas.

Gilbert, Frank, 290

ÍNDICE

Gilpin, Robert G., 23

Gladden, Washington, 134

Globalização: convergência em questões básicas com a, 341; da Internet, 390-91; mercados privados com a, 340; resposta a, 113

Godlee, Fiona, 341

Goldstein, Judith, 94

Goodman, Neville, 317, 318, 319

Governos: elementos para estabilidade interna, 418-19; estratégias para a intervenção no ciberespaço, 401-02; evitando o dilema do prisioneiro, 526; financiamento de bens públicos, 426; financiamento de gastos com a defesa, 427; nos movimentos das ONGs, 525; papel na garantia de oportunidade econômica, 416-17; papel na prevenção de conflito mortal, 411, 413-14; papel na transferência de conhecimentos, 562; papel no fornecimento de bens públicos, 355-61; responsabilidade pelos cidadãos atuando além-fronteiras, 27; responsabilidade por uma ação preventiva, 411

Grupo das Sete (G-7) nações, 211

Grupo das Oito (G-8) nações: proposta de expansão para um G-16, 424-25, 497

Grupo das Dez (G-10) nações: Relatório Rey, 225-26

Grupos de interesse: resposta doméstica aos acordos comerciais mais profundos, 192

Grunberg, Isabelle, 560

Guerra Fria: atitudes dos grandes poderes durante, 436; ausência de equilíbrio de poder ao término de, 433; conflitos após o término de, 437-38; efeito nas Nações Unidas, 443; paz ao término de, 436-37; paz em um cenário bipolarizado, 432; regimes econômicos ao término de, 112

Gulick, Edward Vose, 433

Gwin, Catherine, 341, 462

Haas, Peter, 100, 509

Hafkin, Nancy, 377

Haines, Andrew, 335

Hamburg, David, 561

Hamelink, Cees J., 374, 377

Hansen, Alvin, 137, 139

Hardin, Garrett, 23, 44, 45

Hardin, Russell, 46

Harmonização: benefícios para os países em desenvolvimento, 187; como parte da integração profunda, 174-75, 191; efeitos da, 172, 179

Harrison, Babatunda, 384

Hart, Michael, 189

Hartley, Keith, 430

Hawkins, Mike, 133

Heal, Geoffrey, 183, 269, 272, 277, 283, 505, 561

Hegemonia: declínio da, econômica dos Estados Unidos, 112; efeito da, 435; teoria da hegemonia benevolente, 434-35

Helleiner, G. K., 381-82

Helliwell, John, 525

Hill, Emily, 533

Hirshleifer, Jack, 468, 531

Hirst, Paul, 507

Hobbes, Thomas, 115

Hobson, Williams, 313

Hoel, Michael, 261

Holl, Jane, 561

Howard-Jones, Norman, 313, 317, 318

Hsieh, David, 400

Hulett, Joe R., 45

Human Rights Watch, 508, 543n1

Hume, David, 42, 45

Huntington, Samuel P., 508

Hyman, David, 427

Incentivo, hiato no: fechando, 26, 32-34, 530-38

Indivisibilidade: de um bem público, 41, 331, 339, 497-98

Informação: acesso desigual a, 374-78; assimétrica, 203-06, 218; benefícios de melhor, 214; como um bem público, 340-41; papel na cooperação internacional, 97-99; para a cooperação internacional, 91-99; problema de uma, incompleta, 99; proporcionada pelo ProMed-mail, 323; proporcionada por instituições e organizações internacionais, 91-99; proporcionada por ONGs e comunidades epistêmicas, 99-102; Rede de Informação Global de Saúde Pública, 324; reunida pela OMS, 326-27; transmitida pela Internet, 402-04. *Ver também* Conhecimento; Doenças infecciosas; Saúde.

Iniciativa Internacional para Vacina da Aids (Aids International Vaccine Initiative), 347

Instituição Brookings, 23

Instituições: com uma perspectiva intergeracional, 81-82; propostas para reforma das atuais, 30-31; provisão de informação por, 315; reorganização proposta das existentes, 28-29. *Ver também* Clubes.

Instituições internacionais: atuando sob autoridade delegada, 92-93; propostas de novas, 496-97; papel das, 94-99; papel em moldar os resultados econômicos, 146-47; superintendência do setor financeiro, 210-15. *Ver também* Instituição específica por nome.

Instituto de Medicina dos EUA, 320

Instituto Pasteur, 322, 326

Instituto de Virologia, Johannesburgo, 322

Integração: definição de uma superficial, 173-74; efeito de uma global, 103

Integração profunda: benefícios e riscos para os países em desenvolvimento, 179-89; custos e benefícios da, 172-76; efeito de acordos comerciais complexos na, 171; entre países desenvolvidos, 174-76; entre países desenvolvidos e países em desenvolvimento, 176-77

Interesse próprio: do setor militar, 430; falhas de mercado por causa de, nacionais, 428-31; informado, 117-18, 421; nacionais, 55, 245; na negociação, 117; no fornecimento dos bens públicos, 124; nos tratados de acordos, 282

Internet: argumento contra o *status* de bem público da, 396-98; como um bem público, 389-96; como um bem público global, 29; fatores causando um uso insuficiente, 498; não rivalidade e não exclusão da, 393-94; limitada participação da África, 375-76; origens e desenvolvimento da, 390-93; Página de Rumor de Surto da OMS, 314, 324; papel na divisão do conhecimento, 363; ProMed-mail, 323; tentativas de regulamentação, 398-04

Inundamentos: no modelo de bens públicos intergeracionais, 69, 74; nos perfis de externalidades nacionais, 512-16

Investimento: competição global, 177-78; tecnologias da informação e comunicação como, 372

Investimento estrangeiro direto, 362

Israel, Fred, 134, 139, 156

Jakobsson, Kristin, 295

Jamison, Dean T., 338, 342, 462

Jayaraman, Rajshri, 328, 469, 561

Jensen, Michael, 374

Jervis, Robert, 43, 433

John, A. Andrew, 59, 81

Jonquieres, Guy de, 400

Jurisdicional, hiato: fechando, 26-29, 510-23

Justiça: como o que é justo (Rawls), 160, 162, 529: como um fator na prevenção de conflito, 410, 418-19; conceitos de, global, 161-64; distributiva global, 142-44; domínio da, internacional, 162-63; esfor-

ÍNDICE

ços estatais de promover, 418-19; ideias de, 159; justiça social como um bem público, 156; ligada a igualdade, 119-20; princípios de (Rawls), 160. *Ver também* Justiça social.

Justiça social: como um bem público, 132-36, 156; compromisso das Nações Unidas a, 131-32; domínio da, 159; fornecimento de, 156

Justo, o que é: com afiliação plural, 163-66; na estrutura de Rawls, 160, 162. *Ver também* Particularismo, nacional (Rawls); Posição original (Rawls); Universalismo, grande.

Kagan, Donald, 446
Kahler, Miles, 533
Kahn, James, 295
Kanbur, Ravi, 328, 469, 562
Kant, Immanuel, 162
Kaplan, Robert D., 507
Kapstein, Ethan, 97, 150, 151, 504, 562
Katz, Michael L., 357
Kaul, Inge, 562
Keck, Margaret E., 100
Kehoe, Louise, 399
Keller, William., 427
Kellogg, Edmund, 290
Kennedy, Paul, 533
Keohane, Robert, 23, 53, 91, 93, 94-95, 315, 507
Keynes, John Maynard, 118, 133, 134
Kimber, Richard, 46
Kindleberger, Charles, 23, 49, 51, 116, 198, 431
King, Edmund, 120
Kingsbury, 506
Knaul, Felicia, 338, 342, 362
Knight, W. Andy, 518
Koivusala, Meri, 328
Korten, David C., 526
Krasner, Steven D., 23, 53, 94, 95, 96
Krause, Keith, 518

Krautkraemer, Jeffrey, 82
Kristrom, Bengt, 278
Krugman, Paul, 178, 206, 212
Kull, Steven, 344

Lalman, David, 413
Lapin, Todd, 399
Lawrence, Mark, 394
Lawrence, Robert, 505, 562
Lederberg, Joshua, 315, 320, 331, 335
Lee, Kelley, 341
Leive, David M., 318, 319
Levy, Steven, 399
Lewis, Peter H., 397
Liberdade (Rawls), 160
Lichfield, Nathaniel, 290
Livre comércio: consequências distributivas, 136; influência pós-guerra do internacional, 140; visões pós-guerra diferentes do, 140-41
Lodge, George C., 391
Loomis, John, 44
Lopez, Alan, 339
Lucas, Adetokunbo, 341
Lumsdaine, David H., 135
Lynn-Jones, Sean M., 413

McDermott, Darren, 400
Machlup, Fritz, 372
McMichael, Anthony J., 335
McNeill, Williams H., 313, 331
Mäler, Karl-Göran, 44
Males públicos: circunstâncias criando, 25; de externalidades negativas, 201-02; exemplos de, 48
Males públicos globais: circunstâncias para, 501-03; com a escassez de comuns globais, 502; degradação da camada de ozônio e alterações climáticas como, 239; fontes de, 503-04; instabilidade financeira como, 197
Malinvaud, Edmond, 45
Mankiw, N. Gregory, 427

Manning, Anita, 323
Mansfield, Edward, 427
Manutenção da paz, 432; cronologia das operações da ONU, 449-51; modelos da ONU de, 439-43; papel da ONU na, 441-46, 451; papel da Otan na, 444
Martin, Lisa, 94, 563
Mathews, Jessica T., 342, 508
Mayer, Peter, 23
Mead, Walter, 44
Mecanismo de Desenvolvimento Limpo, proposto, 534, 537
Meier, Gerald, 141
Mendez, Ruben P., 23, 43, 431-32, 447, 563
Mercado Comum do Sul (Mercosul), 172, 182
Mercados: competição pelo, global, 123; competindo em, externos, 175-79; dependência nos bens públicos, 19-20; desempenho com os bens privados e públicos, 274-77; eficiência de alocação nos, 274-77; externalidades causando a falha de, 503-04; forças para melhorar o fornecimento de bens públicos, 33; na integração da economia mundial, 340; para direitos de poluição, 272-73; sistema de saúde privado, 339-40
Mercados financeiros: condições para falha de mercado, 203-06; crises autorrealizadas da taxa cambial, 206-08, 226; crises nos, 198-201; efeito da mobilidade do fluxo de capital, 201-03; efeito de um eficiente e profundo, 210; efeitos da liberalização, 221-22; regulamentação e estabilização como um bem público regional, 482; risco moral e seleção adversa nos, 203, 223; volatilidade do preço dos ativos, 198-99
Metcalfe, Bob, 397
Milesi-Ferretti, Gianmaria, 213
Mill, John Stuart, 144, 162
Miller, Steven E., 413
Milleron, Jean-Claude, 45

Morris, Stephen, 462
Morrow, James, 97
Mosco, Vincent, 371, 378
Murdoch, James C., 64
Murray, Christopher J. L., 339
Murray, James, 139
Myrdal, Gunnar, 141

Nações Unidas: abordagem à justiça distributiva, 131; agenda para paz, 442-43; Administração Transitória no Camboja (1992-93), 437; Conferência Internacional sobre a Camada de Ozônio (1977) do Programa para o Meio Ambiente (Unep), 242; Conferência sobre o Meio Ambiente e o Desenvolvimento (1992), 517, 525; Conferência sobre o Meio Ambiente Humano (1972), 517; Conselho de Curadoria Global proposto, 527, 529; Convenção Básica sobre Mudança Climática (1997), 243-44, 517, 537; Convenção sobre a Biodiversidade, 537; financiamento de atividades de paz e segurança, 443-46; Força de Emergência, 441; fornecimento de bens públicos regionais, 489; necessidade de um Conselho de Segurança mais democrático, 524; papel na manutenção da paz, 440-46, 449-52; papel na paz e na segurança, 440-41; papel na prevenção de conflito, 421-22
Nakajima, Hiroshi, 335
Não exclusão: como propriedade do bem público, 331, 353-55, 426-27; como uma forma de externalidade, 503; da defesa, 427; da paz como um bem público, 431; da saúde mundial, 315-16; definição de, 554; da Internet, 393-94; do conhecimento, 315-16, 355-56
Não rivalidade: conhecimento da saúde mundial, 315-16; da defesa, 426-27; da Internet, 393-94; do conhecimento,

ÍNDICE

315-16, 355-56; do consumo de bens públicos, 42-43, 353-54, 356, 426-27; dos bens de clube, 44, 62

Nayyar-Stone, Ritu, 291

Ndegwa, Stephen N., 508

Negociação: como uma forma de cooperação internacional, 28; problemas estatais de, 95-97

Negociações: dois níveis de, internacionais, 191; intergovernamentais, 55; para conquistar uma integração mais profunda, 191-92; relacionadas com os Protocolos de Kyoto e de Montreal, 241-47

Negroponte, Nicholas, 389

Nelson, Joan, 462

Niang, Bocar, 381

Nordhaus, Williams, 249-53, 427

Norma de lei: na gestão das relações entre as pessoas, 418-19; segurança, bem-estar e justiça baseados em, 410

Normas: da União Europeia (UE), 179; para a conquista e a manutenção da cooperação, 154-25; para a regulamentação e supervisão internacional, 214-15; universais, 498

Noumba-Um, Paul, 376

Nye, Joseph, 507

Oaks, Stanley C., Jr., 315, 320

O'Brien, Rita Cruise, 381

Obediência: aos Protocolos de Kyoto e de Montreal, 259-61

Obstfeld, Maurice, 178

OIHP. *Ver* Organização Nacional de Saúde Pública (OIHP)

O'Leary, Sheila, 291

Ollila, Eeva, 328

Olson, Mancur, 23, 45, 47, 53, 246

Oneal, John, 436

ONG. *Ver* Organizações não governamentais (ONGs).

Ordem: como uma condição para a produ-

ção de bens públicos, 115; fatores na construção da, 124; nacional, internacional e global, 115 18; perturbação da, 121

Ordeshook, Peter C., 46

Organização das Nações Unidas para Educação, Ciência e Cultura (Unesco), 28

Organização Sanitária Pan-americana (1902), 313, 317, 322

Organização de Saúde da Liga das Nações, 313, 317

Organização do Tratado do Atlântico Norte (Otan), 444

Organização Internacional do Trabalho (OIT); padrões trabalhistas da, 149, 187; política trabalhista pós-guerra, 148

Organização Internacional da Comissão de Seguridade (Iosco), 211-12

Organização Mundial da Saúde (OMS): assistência durante o surto de ebola no Zaire, 321; Centros Colaboradores, 322, 325, 326; Divisão de Doenças Transmissíveis Emergentes, 324; estabelecimento (1948), 313; Página de Rumor de Surto, 316, 324; papel da, 318-19; processo de reforma, 342; Regulamentações Internacionais de Saúde da, 319, 326-27, 331

Organização Mundial da Propriedade Intelectual (Wipo), 29, 542

Organização Mundial do Comércio (OMC), 172, 185, 188-89, 192

Organização Nacional de Saúde Pública (OIHP), 313, 316-18

Organizações não governamentais (ONGs): atividades nos assuntos da saúde das, 342-43; como condutoras de ideias, financiamentos e assistência técnica, 412; escrutínio dos atores não estatais pelas, 508; informação proporcionada pelas, 99-102; papel em expansão das, 525; papel na prevenção de conflitos das, 412;

proporcionando bens públicos globais, 525

Organização para Cooperação e Desenvolvimento Econômico (OCDE): códigos de conduta, 150; padrões de sistemas bancários da, 180; papel de supervisionamento, 211; relatório da Comissão de Assistência para o Desenvolvimento (1996), 513; sistema de informação da Comissão de Assistência para o Desenvolvimento, 486-88; solicitação de contribuição trabalhista, 147

Organizações: intergovernamentais, 526; papel das, internacionais, 94-102; Organização Internacional de Comissões de Valores, 150

Oye, Kenneth, 46, 91, 92

Padrões ambientais: efeitos da adoção por um país de, 278-81; efeito das exigências para a adoção por um país em desenvolvimento, 184-89

Padrões de vida: como um direito humano universal, 416; convergência nos países industrializados dos, 112

Padrões trabalhistas: demanda crescente por igualdade dos, 113; efeito da exigência de adoção pelos países em desenvolvimento, 184-89; incentivos para os países que melhorem os, 149; programas de indenização dos trabalhadores, vinculados à liberalização do comércio, 148-49; recomendação de vincular a liberalização do comércio aos, 148-49

Page, Talbot, 67

Pagiola, Stefano, 294, 297

Painel Intergovernamental sobre Mudanças Climáticas (IPCC), 243

Países desenvolvidos: integração profunda entre, 174-76; padrões de, 184-89; políticas comerciais estratégicas dos, 177-78; protecionismo, 178, 184

Países em desenvolvimento: ajuda externa para, 461; assistência continuada para, 497; assistência de fora para, 155; benefícios dos clubes de comércio regionais para, 190-91; benefícios e riscos da integração profunda para, 179-89; cultura nas cidades históricas dos, 488-89; custos do financiamento para, 257-58; dilemas relacionados à Internet, 402-04; efeito da integração profunda nos, 172; efeito das exigências de adoção dos padrões dos países desenvolvidos, 184-89; efeito das políticas de comércio internacional nos, 173-77; efeito das quedas da moeda nos, 200-01; fluxos de investimento privado para, 155; gastos com pesquisa e desenvolvimento, 157-58; pobreza nos, 13; gestão da dívida externa, 217; nos acordos comerciais modernos, 180-81; política de substituição de importação, 173; política de substituição de importação pós-guerra, 173; resistência à vinculação do comércio a padrões, 189; respostas aos surtos de doenças, 316, 321; riscos morais de emprestadores privados para, 225-28; Sistema Generalizado de Preferências para, 142-43; sob o Acordo Multifibras, 174; surtos de doenças em (anos de 1990), 321-22; tratamento especial sob o GATT, 173-74; uso da educação para fechar o fosso do conhecimento, 362

Parfit, Derek, 125

Participação, hiato na: fechando, 29-32, 26, 523-29

Particularismo, nacional (Rawls), 161, 163-64

Partilhar de responsabilidade: no financiamento de bens públicos, 120-21

Patrimônio cultural: avaliação do, 291-93; benefícios do, 293-97; investimento em, 290-97

Paz: ameaças a, 12-13; a paz justa como um

ÍNDICE

bem público global, 410; como um bem público, 431; durante e ao término da Guerra Fria, 433, 436-37; global e regional, 432; na ideia da segurança coletiva, 435-36; promovida pelo livre comércio, 136

Pearce, David W., 294

Pecchenino, Rowena, 59, 81

Pedersen, Karl R., 466

Perfis de externalidades, nacional, 612-16

Pesquisa agrícola: como um bem público regional, 483

Pezzey, John, 82

Pickard, Rob, 290

Pigou, Arthur C., 162

Plano Marshall, 421, 491, 541

Point Four, programa (Truman), 141

Polanyi, Karl, 119, 132

Política comercial: efeito da liberalização na, 173-81; políticas de livre comércio pós-guerras, 140-42; protecionismo nos mercados dos países desenvolvidos, 178, 184; recomendação de vinculação de padrões trabalhistas à liberalização, 148-49

Política pública: além das fronteiras nacionais, 25-27; desafios impostos pelos bens públicos globais, 498; implicações dos bens públicos, 356; implicações para a Internet, 398-404; nova era de, 497; para reduzir ou evitar os transbordamentos além-fronteiras, 28; recomendações para permitir a cooperação na vigilância da saúde, 314; resultados globais, 498, 499

Pool, Ithiel de Sola, 372

Porat, Marc Uri, 371, 372

Portes, Richard, 225

Posição original (Rawls), 160-64

Prebisch, Raul, 141

Preston, Richard, 320

Prevenção: cultura de, 419-22; de cima para baixo e de baixo para cima, 411-12; de

conflitos mortais, 411-19; operacional e estrutural, 411

Prevenção de conflitos: como um bem público global, 409-14; papel das Nações Unidas na, 421-22; papel das ONGs na, 412; valor prático e moral da, 420

Princípio da Diferença (Rawls), 160

Princípio da subsidiaridade, 28, 204, 229

Princípio de Pareto: alcançando a fronteira de Pareto, 94-96; eficiência intergeracional, 67; encontrando soluções Pareto-superiores, 213-14; no modelo de transbordamentos de bens públicos intergeracionais, 67

Pritchett, Lant, 143

Privatização: da Internet, 391; das telecomunicações, 379-81; efeito na natureza dos bens públicos, 268; vantagens e desvantagens, 364-65

Problemas de ação coletiva: circunstâncias para, 531-32; dos comuns globais de criação humana, 498; dos resultados de política global, 499, 501; impedindo a cooperação internacional, 508-09; papel das instituições internacionais em, 94-99; relacionados ao fornecimento insuficiente dos bens públicos globais, 26-27, 201

Problemas de corrupção, 364-65

Programa das Nações Unidas para o Desenvolvimento (UNPD): Iniciativa Internet para a África, 375; papel na produção e na divulgação do conhecimento, 364; *Relatório do desenvolvimento humano*, 12, 527

Programa das Nações Unidas para o Meio Ambiente (Unep): Conferência Internacional sobre a Camada de Ozônio (1977), 242; estudo do ozônio com a Agência de Proteção Ambiental, 242

Programas de assistência à saúde, 316

ProMed-mail, 323

Propriedade intelectual: conceito de, 359-62; preservando incentivos relacionados com os direitos de, 358-59; regime planejado para proteger os direitos de, 359-61; usando o conhecimento no regime internacional proposto, 361

Protocolo de Kyoto, 239, 244, 517, 519; comparado com o Protocolo de Montreal, 253-62; Mecanismo para um Desenvolvimento Limpo proposto, 534, 537-38

Protocolo de Montreal: adoção de e participação em, 32-33, 241-42; Comitê de Implementação, 260; comparado com o Protocolo de Kyoto, 253-62; cooperação na proteção da camada de ozônio no, 239-40, 247-49; exigências e emendas (1990, 1992) do, 242-44, 242-44; sob o Fundo para o Meio Ambiente Global, 33, 301; sob o Fundo Multilateral para o Desenvolvimento, 33, 537; Substâncias Depletoras do Ozônio, 282

Público global: gerações como, 50-51; grupos socioeconômicos como, 50; países como, 49

Putnam, Robert, 54, 191

Questões ambientais: direitos de poluição comerciáveis, 272-74; efeitos de transbordamento, 278-82; impacto distributivo da política relacionada com, 272-74; meio ambiente como um bem público regional, 481; reconhecimento da necessidade de cooperação nas, 244-47; soluções como bens públicos globais, 244-47. *Ver também* Caroneiros; Emissões; Protocolo de Kyoto; Protocolo de Montreal; Vazamento.

Radelet, Stephen, 208, 212, 217
Raffer, Kunibert, 513
Rao, J. Mohan, 97, 499, 504, 563
Rawls, John, 160, 162-64, 529

Ray, James Lee, 413
Raymond, Susan U., 344
Rayport, Jeffrey, 391
Razin, Assaf, 213
Reciprocidade de estratégias: operação de, 93; papel das instituições em, 95; sob acordos comerciais recentes, 176-77; surgindo da repetição dos jogos, 93

Recursos de fundo comum: bens públicos como, 44; cooperação usando, 95

Rede de Informação Global de Saúde Pública, Canadá, 324

Redução de responsabilidades, 226-27

Regimes internacionais: como bens públicos, 52-53

Regras do jogo: internacionais, 113-14; para os países em desenvolvimento, 177-78

Reinicke, Wolfgang, 507, 511, 525

Relatório Rey (G-10), 225-26

Representação Norte-Sul, 524-25

Resolução de disputas, 93

Rhodes, Tom, 394

Riddell, Roger C., 461

Riera, Per, 278

Riker, William H., 46

Risco moral: definição de, 554; de emprestadores privados para os países em desenvolvimento, 225-28; evitando o, 209; implicações geopolíticas do, 205; nas organizações financeiras mundiais propostas, 226-28; no setor público com crise financeira, 217; nos mercados de seguros, 203-04; nos mercados financeiros, 203-04; nos mercados financeiros globais, 223

Rittberger, Volker, 23

Rivalidade: de bens de clube, 44, 62; relacionada com a Internet, 397-98. *Ver também* Não rivalidade.

Rocker, David M., 533Rodan, Garry, 400

Rodrik, Dani, 144, 315, 507

Roosevelt, Franklin D., 132, 134, 139, 156

Rose, Andrew, 207, 213

ÍNDICE

Rosecrance, Richard, 414
Rosen, Harvey, 427
Rosen, Sherwin, 295
Rothschild, Emma, 436
Ruggie, John Gerard, 53, 140
Rummel, Rudolph J., 413
Russett, Bruce, 23, 413, 436, 524

Sachs, Jeffrey, 31, 208, 212, 217, 484, 563-64
Samuelson, Paul A., 23, 355
Sanções comerciais: cumprimento de padrões por meio de, 187-89; provisões nos Protocolos de Kyoto e de Montreal, 256-58
Sandler, Todd, 23, 44, 49, 59, 61, 64, 67, 68, 74, 79, 82, 83, 280, 315, 430, 464, 465, 467, 468, 531, 535, 564
Sandnes, Hilda, 64
Sargent, Keith, 64
Saúde: com a mudança global, 332-38; como um bem público global, 338, 346; função central e de apoio da, 342-44; iniquidades na, global, 339; mercados privados, 340; objetivos e funções de organizações relacionadas com, 342-44; oportunidades da, global, 340-41; papel da Internet na divulgação internacional, 325: Royal Society for Hygiene and Tropical Medicine, 325; rede de profissionais, 325; reformas propostas para governança global da, 341-47; Regulamentações Internacionais de Saúde, 319, 326-27, 331; vigilância internacional da, 313-20, 339. *Ver também* Organização Mundial da Saúde (OMS).
Saúde, pública: como um bem público regional, 481, 483-84; como um problema nos países em desenvolvimento, 484; global, 101-02, 153-54; Rede de Informação Global de Saúde Pública, 323
Scharpf, Fritz, 146
Schelling, Thomas, 96, 258, 462, 470, 526
Schepin, Oleg, 317, 318

Schmidheiny, Stephan, 525
Schwartz, Stephen I., 430
Segurança: ameaças à, 415; como um fator na prevenção de conflito, 410, 414-16; conceito do dilema da segurança, 433-34; fontes de insegurança, 414-15; mecanismos para garantir, 414-16; modelo de segurança coletiva, 433, 435-36; pós-Guerra Fria, 436-37; segurança econômica (Hayek), 135. *Ver também* Segurança coletiva.
Segurança coletiva: para a produção da paz, 433-36; regional, 439-40
Seleção adversa: condições para os problemas de, 218-19; nos mercados financeiros, 203
Sen, Amartya, 24, 45, 97, 100, 160, 166, 505, 564
Serageldin, Ismail, 294, 297, 298, 564
Setor das comunicações: cotas de mercado no, 377-78; tecnologias de, 372, 379-83. *Ver também* Telecomunicações.
Setor financeiro: adoção de reformas pelos países em desenvolvimento de, 180; ajustes recomendados no papel do FMI no, 223-25; alívio das responsabilidades em crises, 226-28; males públicos das externalidades negativas no, 201-02; mecanismos para promover estabilidade, 209-15; propostas para prevenção de instabilidade no, 213-15. *Ver também* Mercados, financeiro.
Setor financeiro, internacional: cooperação proposta para, 151; estabilidade como um bem público, 20; gestão de crises, 215-21; ideia de controles de capitais para, 151; mobilidade e integração pós-guerra do capital, 144, 146; recomendação para uma supervisão do, 150-52
Setor privado: emergência de mercados globais no, 417; papel do governo no, 417
Shapiro, Carl, 357
Sheehan, Michael, 433

Shmanske, Stephen, 42
Shope, Robert E., 315, 320
Siddiqi, Javed, 328
Sidgwick, Henry, 162
Sikkink, Kathryn, 100
Silverman, Victor I., 135
Singer, Hans, 141
Singleton, Solveg, 400
Sinha, Nikhil, 372, 379-381
Siniscalco, Domenico, 44
Sistema de patentes: efeito da criação de, 356; emissão governamental de patentes, 356; mecanismo de autosseleção no, 357-58
Sistemas de satélite, 377-78
Sistema Generalizado de Preferências, 142-43, 173-74
Sivard, Ruth, 446
Slaughter, Anne-Marie, 526
Smith, Adam, 42
Snidal, Duncan, 94
Soberania, operacional ou interna, 511
Social Watch, 508, 543n1
Sollenberg, Margareta, 446
Solomon, Jay, 153
Solow, Robert, 82
Spar, Debora L., 499, 504, 564-65
Speth, James G., 119
Srinivasan, T. N., 116
Stabler, Michael, 294
Stein, Arthur, 94, 96
Stern, Marc A., 565
Stern, Peter, 372, 379, 381
Stiglitz, Joseph, 44, 528, 355, 365, 393, 395, 426, 427, 565
Stokke, Olav, 24
Stone, Christopher D., 44
Strange, Susan, 47-48, 115, 508
Streeten, Paul, 49, 536
Sullivan, John, 23
Sullivan-Trainor, Michael, 391
Sutton, Brent, 506, 525
Svensson, Jakob, 462, 463

Sy, Jacques Habib, 382, 528, 565
Tanzi, Vito, 152, 535
Tarifas ótimas, 178
Taxa Tobin: proposta de, 148, 151
Taxação: organização mundial de taxação proposta, 152; proposta de taxa Tobin, 148, 151, 210
Taxas de câmbio: crises autorrealizadas em, 206-08; efeito nos compromissos de empréstimo da depreciação das, 226-28; flexibilidade proposta para, 222-23
Taylor, Sue, 290
Telecomunicações: como um bem público regional, 394; componentes da reforma nas, 379-81; papel das, 372
Teoria da escolha pública, 241, 430
Teoria de interdependência, 143-44
Teoria do jogo: interações estratégicas dos países, 283-84; repetido, 93. Ver também Dilema do prisioneiro.
Thompson, Grahame, 507
Thurow, Lester, 112, 124
Tiebout, Charles M., 355
Toman, Michael A., 82
Tornell, Aaron, 206
Transbordamentos: de benefícios de bens públicos, 66-67; dos bens públicos intra e intergeracionais, 62-63; externalidades como, 44; internalizando os que atravessam fronteiras, 515, 516-18; modelo de, nos bens públicos, 66-79; nos mercados financeiros internacionais, 204-05; política pública para reduzir ou evitar os que atravessam fronteiras, 27. Ver também Adoção de transbordamentos.
Transparency International, 508, 543n1
Transporte: como um bem público regional, 482
Tratados: cooperação sob, 240
Tripartismo, 525
Truman, Harry S., 139, 141, 421

ÍNDICE

União Europeia (EU): acordos para reciprocidade, 176; responsabilidade por regulamentação competitiva e antitruste, 150; surgindo da cooperação regional, 420
Universalismo, grande, 161-63
Urquhart, Brian, 442

Varian, Hal, 395, 466
Vazamento: limites dos Protocolos de Kyoto e de Montreal ao, 261-62; nos cenários de redução da degradação na camada de ozônio, 249; Protocolos de Kyoto e Montreal, 253-57
Velasco, Andrès, 206
Veneroso, Frank, 521
Vercelli, Alessandro, 44
Vernon, Raymond, 123
Vigilância da saúde internacional: como um bem público global, 313-16; das infecções emergentes, 338; história da, 316-20

Wade, Robert, 521
Wallensteen, Peter, 446
Walt, Gill, 341
Warner, Andrew, 225
Warr, Peter G., 466
Wasko, Janet, 371, 378
Watts, Sheldon, 318

Weindling, Paul, 318
Weingast, Barry, 96
Wellenius, Bjorn, 372, 379, 381
Wheeler, David, 185
Wijkman, Per Magnus, 44
Williams, Frances, 542
Williams, Green, 317, 542
Williams, Jr., 290
Willis, Clint, 395
Willis, Ken, 296
Wilson, Theodore, 132
Winpenny, James T., 294
Wolfensohn, James, 365
Wollstonecraft, Mary, 124
Woodall, Jack, 323
Worksett, Roy, 289
World Watch Institute, 508
Wyplosz, Charles, 151, 207, 208, 212, 213, 528

Yach, Derek, 341
Yamey, Basil, 461
Yermakov, Waldermar, 317, 318
Young, Oran R., 508

Zacher, Mark, 101, 506, 525, 528
Zhang, Mo, 391
Zinsser, Hans, 331
Zurn, Michael, 23

Este livro foi composto na tipologia Minion,
em corpo 10,5/14, e impresso em papel
off-white 80g/m² no Sistema Cameron
da Divisão Gráfica da Distribuidora Record.